U0135207

臺灣學者中國史研究論叢

婦女與社會

李貞德　梁其姿　主編

中國大百科全書出版社

總編輯:徐惟誠　　　　社　長:田勝立

圖書在版編目(CIP)數據

婦女與社會/李貞德,梁其姿主編．—北京:中國大百科全書出版社,
2005.4

(臺灣學者中國史研究論叢:9/邢義田,黃寬重,鄧小南主編)
ISBN 7－5000－7277－5

Ⅰ．婦…　Ⅱ．①李…②梁…　Ⅲ．婦女—歷史—中國—文集
Ⅳ．D442.9

中國版本圖書館 CIP 數據核字(2005)第 024993 號

中國大百科全書出版社出版發行
(北京阜成門北大街 17 號　郵政編碼:100037　電話:010－68315609)
http://www.ecph.com.cn
北京市智力達印刷有限公司印刷　新華書店經銷
開本:635 毫米×970 毫米　1/16　印張:31　字數:474 千字
2005 年 4 月第 1 版　2005 年 4 月第 1 次印刷
印數:1－5000 冊
ISBN 7－5000－7277－5/K·448
定價:50.00 元

目　　録

出 版 説 明

　　《臺灣學者中國史研究論叢》是數十年來臺灣學者在中國史領域代表性著述的匯編。叢書共分十三個專題，多角度多層面地反映海峽對岸中國史學的豐碩成果，如此大規模推介，在大陸尚屬首次。

　　叢書充分尊重臺灣學者的表達習慣和文字用法，凡不引起歧義之處，都儘可能遵照原稿。由於出版年代、刊物、背景不同，各篇論文體例不盡相同，所以本叢書在格式上未強求統一，以保持原作最初發表時的風貌。各篇論文之后都附有該論文的原刊信息和作者小傳，以便讀者檢索。

　　在用字方面，既尊重原作者的用法，又充分考慮到海峽兩岸不同的用字和用詞習慣，對原稿用字不一致的情況進行了一些處理。

　　錯誤之處，在所難免，敬請方家指正。

論叢編委會

2005 年 3 月

總　序

邢義田

　　爲了增進海峽兩岸在中國史研究上的相互認識，我們在中國大百科全書出版社的支持下，從過去五十年臺灣學者研究中國史的相關論文選出一百七十八篇，約五百三十萬言，輯成《臺灣學者中國史研究論叢》十三冊。

　　十三冊的子題分別是：史學方法與歷史解釋、制度與國家、政治與權力、思想與學術、社會變遷、經濟脈動、城市與鄉村、家族與社會、婦女與社會、生活與文化、禮俗與宗教、生命與醫療、美術與考古。這些子題雖不能涵蓋臺灣學者在中國史研究上的各方面，主體應已在內，趨勢大致可現。

　　這十三冊分由研究領域較爲相近的青壯學者一或二人擔任主編，負責挑選論文和撰寫分冊導言。選文的一個原則是只收臺灣學者的或在臺灣出版的。由於是分別挑選，曾有少數作者的論文篇數較多或被重複收入。爲了容納更多學者的論文，主編們協議全套書中，一人之作以不超過四篇、同一冊不超過一篇爲原則。限於篇幅，又有不少佳作因爲過長，被迫抽出。這是選集的無奈。另一個選錄原則是以近期出版者爲主，以便展現較新的趨勢和成果。不過，稍一翻閱，不難發現，各冊情況不一。有些收錄的幾乎都是近十餘年的論文，有些則有較多幾十年前的舊作。這正好反映了臺灣中國史研究方向和重心的轉移。

　　各冊導言的宗旨，在於綜論臺灣中國史研究在不同階段的內外背景和發展大勢，其次則在介紹各冊作者和論文的特色。不過，導言的寫法沒有硬性規定，寫出來各有千秋。有些偏於介紹收錄的論文和作者或收錄的緣由，有些偏於介紹世界性史學研究的大趨勢，有些又以自己對某一領域的看法爲主軸。最後我們決定不作統一，以保持導言的特色。這樣或許有助於大家認識臺灣史學工作者的多樣風貌吧。

　　此外必須說明的是所收論文早晚相差半世紀，體例各有不同。我們不作統一，以維持原貌。有些作者已經過世，無從改訂。多數作者仍然健在，他們或未修改，或利用這次再刊的機會，作了增刪修訂。不論如何，各文之後附記原刊數據，以利有興趣的讀者進一步查考。

　　半個多世紀以來，海峽兩岸的中國史研究是在十分特殊的歷史境遇下各自發展的。大陸的情況無須多說。[1] 臺灣的中國史研究早期是由一批 1949 年前後來臺的文史和考古學者帶進臺灣的學術園地如臺灣大學、師範大學（原稱師範學院）和中央研究院的。[2] 從 1949 到 1987 年解除戒嚴，臺灣學界除了極少數的個人和單位，有將近四十年無法自由接觸大陸學者的研究和考古發掘成果。猶記在大學和研究所讀書時，不少重要的著作，即使是二十世紀二三十年代已經出版的，都以油印或傳抄的方式在地下流傳。出版社也必須更動書名，改換作者名號，刪除刺眼的字句，才能出版這些著作。在如此隔絕的環境下，臺灣史學研究的一大特色就是走在馬克思理論之外。

　　臺灣史學另一大特色則是追隨一波波歐美流行的理論，始終沒有建立起一套對中國史發展較具理論或體系性的說法。記得六十年代讀大學時，師長要我們讀鄧之誠、柳詒徵、張蔭麟或錢穆的通史。幾十年後的今天，大學裏仍有不少教師以錢穆的《國史大綱》當教本。[3] 中國通史之作不是沒有，能取而代之的竟然少之又少。說好聽一點，是歷史研究和著作趨向專精，合乎學術細密分工和專業化的世界潮流；說難聽點，是瑣細化，少有人致力於貫通、綜合和整體解釋，忽略了歷史文化發展的大勢和精神。

　　這一趨向有內外多方面的原因。二十世紀五六十年代臺灣學者之中，並不缺融會古今、兼涉中外的通人。然而初來臺灣，生活艱

---

〔1〕　可參逯耀東《中共史學的發展與演變》，臺北：時報文化公司，1979 年；張玉法《臺海兩岸史學發展之異同（1949~1994）》，《近代中國史研究通訊》18（1994），頁 47~76。

〔2〕　在日本統治臺灣的時期，臺灣唯一一所高等學府是臺北帝國大學。臺灣收復後，日籍研究人員離臺，仍在臺大的教員有楊雲萍、曹永和、徐先堯等少數人。但他們的研究此後並沒有成為主導的力量。請參高明士、古偉瀛編著《戰後臺灣的歷史學研究，1945~2000》，臺北：國家科學委員會，2004 年，頁 3。

〔3〕　參高明士、古偉瀛編著《戰後臺灣的歷史學研究，1945~2000》，頁 6。

困，爲了衣食，絕大部分學者無法安心治學著述。加上形格勢禁，爲求免禍，或噤而不言，不立文字；或退守象牙之塔，餖飣補注；或遠走海外，論學異邦。這一階段臺灣百廢待舉，學校圖書普遍缺乏，和外界也少聯繫。新生的一代同樣爲生活所苦，或兼差，或家教，能專心學業者不多。唯有少數佼佼者，因緣際會，得赴異國深造；七八十年代以後陸續回臺，引領風騷，才開展出一片新的局面。

除了外部的因素，一個史學內部的原因是早期來臺的學者有感於過去濫套理論和綜論大勢的流弊，多認爲在綜論大局之前，應更審慎地深入史料，作歷史事件、個人、區域或某一歷史時期窄而深的研究，爲建立理論立下更爲穩固的史實基礎。早在二十世紀二三十年代，陶希聖經歷所謂社會史論戰之後，即深感徒言理論之無益，毅然創辦《食貨》月刊，召集同志，爬梳史料。本於同樣的宗旨，1971 年《食貨》在臺灣恢復出刊，成爲臺灣史學論著發表的重要陣地。來臺的歷史語言研究所在傅斯年的帶領下，也一直以史料工作爲重心。

這一走向其實正和歐美史學界的趨勢相呼應。二十世紀之初，除了馬克思，另有史賓格勒、湯恩比等大師先後綜論世界歷史和文明的發展。此一潮流在第二次世界大戰以後漸漸退去，歷史研究趨向講求實證經驗，深窄專精。以檔案分析見長的德國蘭克（L. V. Ranke）史學，有很長一段時間成爲臺灣史學的一個主要典範。中央研究院歷史語言研究所先後整理出版了《明實錄》和部分明清檔案，後者的整理至今仍在進行；中央研究院近代史研究所在郭廷以先生的率領下，自 1957 年起整理出版了《海防檔》、《中俄關係史料》、《礦務檔》、《中法越南交涉檔》、《教務教案文件》等一系列的史料；臺灣大學和政治大學則有學者致力於琉球寶案和淡新檔案的整理和研究。基於以上和其他不及細說的內外因素，臺灣的歷史學者除了錢穆等極少數，很少對中國史作全盤性的宏觀綜論。[4]

二十世紀七八十年代是臺灣史學發展的關鍵年代。外在環境雖然荊棘滿佈，但已脫離初期的兵荒馬亂。經濟快速起飛，學校增加，設備改善，對外交流日益暢通，新的刺激源源而入。以臺大爲例，

---

[4] 參張玉法，前引文，頁 76。

七十年代初,研究圖書館啓用,教師和研究生可自由進入書庫,複印機隨後開始使用,大大增加了隨意翻書的樂趣和免抄書的方便。六七十年代在中外不同基金會的資助下,也不斷有中外學者來校講學。猶記大學時聽社會學家黃文山教授講文化學體系。他曾應人類學巨子克魯伯(A. L. Kroeber)之邀,任哥倫比亞大學客座學人,也曾翻譯社會學名家素羅金(P. A. Sorokin)的《當代社會學》、《今日社會學學說》和李約瑟(J. Needham)的《中國科學與技術史》等名著。聲名如雷,聽者滿坑滿谷。研究所時,則聽以寫《征服者與統治者:中古中國的社會勢力》(*Conquerors and Rulers : Social Forces in Medieval China*)著名的芝加哥大學歷史教授艾柏哈(Wolfram Eberhard)講中國社會史。

除了正式的課程,校園内演講極多。二十世紀七十年代以後,言論的尺度稍見放寬,一些勇於挑戰現實和學術的言論、書籍和雜誌紛紛在校園内外,以地上或地下的形式出籠。以介紹社會科學爲主的《思與言》雜誌自 1963 年創刊,曾在校園内造成風潮。心理學、社會學、人類學、政治學和經濟學等社會科學幾乎成爲歷史系學生必修的課程,儘管大家不一定能會通消化。走出充滿科學主義色彩的教室,於椰子樹下,月光之中,大家不是爭論沙特、老、莊,就是膜拜寒山、拾得。邏輯實證論、存在主義、普普藝術和野獸派,風靡一時,無數的心靈爲之擺蕩在五光十色的思潮之間。屢禁屢出的《文星》雜誌更帶給青年學子難以言喻的刺激和解放。以個人經驗而言,其衝擊恐不下於孫中山出洋,見到滄海之闊、輪舟之奇。臺灣内外的形勢也影響著這時的校園。"文化大革命"、反越戰、萌芽中的婦女解放和政治反對運動,曾使校園内躁動不安,充滿虛無、飄蕩和萬流競奔的景象。

這一階段臺灣史學研究的主流風氣,除了延續史料整理的傳統,無疑是以利用社會科學、行爲科學的方法治史,或以所謂的科際整合爲特色。在研究的主題上有從傳統的政治史、制度史轉向社會史和經濟史的趨勢。這和 1967 年開始許倬雲主持臺大歷史系,舉辦社會經濟史研討會,推動相關研究;陶希聖之子陶晉生在臺大歷史研究所教授研究實習,支持食貨討論會,有密切的關係。1978 年張玉法出版《歷史學的新領域》,1981 年康樂、黃進興合編《歷史學與社會科學》，可以作爲這一時期尋找新理論、探索新方向努力的象徵。

　　二十世紀八九十年代以後，社會學大師韋伯（Max Weber）和法國年鑑學派的理論大爲流行。1979 年創刊的《史學評論》不但反省了史學的趨勢，也介紹了年鑑學派、心態史學和其他新的史學理論。從 1984 年起，康樂主持新橋譯叢，邀集同志，有系統地翻譯韋伯、年鑑學派和其他歐美史學名著。這一工作至今仍在進行。約略同時，一批批在歐美教書的學者和留學歐美的後進，紛紛回臺，掀起一波波結構功能論、現代化理論、解構主義、後現代主義、思想史、文化史和文化研究的風潮。1988 年《食貨》與《史學評論》先後停刊，1990 年《新史學》繼之創刊。1992 年黃進興出版《歷史主義與歷史理論》，1993 年周樑楷出版《歷史學的思維》，2000 年古偉瀛、王晴佳出版《後現代與歷史學》。臺灣史學研究的理論、取向和題材從此進入更爲多元、多彩多姿的戰國時代。仔細的讀者當能從這套書的不同分册窺見變化的痕跡。[5]

　　曾影響臺灣中國史研究甚巨的許倬雲教授在一篇回顧性的文章裏說："回顧五十年來臺灣歷史學門的發展軌跡，我在衰暮之年，能看到今天的滿園春色，終究是一件快事。"[6] 在 2005 年來臨的前夕，我們懷著同樣的心情，願意將滿園關不住的春色，獻給海峽對岸的讀者。

2004 年 12 月

〔5〕　請參本叢書《史學方法與歷史解釋》彭明輝所寫《導論：方法、方法論與歷史解釋》；王晴佳《臺灣史學五十年：傳承、方法、趨向》，臺北：麥田出版，2002 年。

〔6〕　許倬雲《錦瑟無端五十弦——憶臺灣半世紀的史學概況》，收入中央研究院歷史語言研究所編《中央研究院歷史語言研究所七十五周年紀念文集》，臺北：中央研究院歷史語言研究所，2004 年，頁14。

導　言

李貞德　梁其姿

臺灣的中國婦女史研究，嚴格說起來，要到 1970 年代以後才算正式出現。雖然之前有關傳統中國婦女的文章不絕如縷，但大多環繞着歷史上的名女人，以講古或述異的筆調，出現在非學術性的刊物上。女性在傳統史籍中的聲音微弱，大學歷史系中的女生雖然不少，但得以留在學術界中的則屬鳳毛麟角，不論從研究對象或從研究者的角度而言，與婦女相關的課題，皆不易引起歷史學者的廣泛注意。1960 年代，歐美婦運蓬勃，性別議題備受關注，但當時的臺灣正處於對社會運動和意識形態高度敏感的時代，是否受到這一波西方風潮的影響，說法不一。[1] 不過，女性若在歷史上的音量够響、動作够大，以求真存實爲職志的歷史學者終究無法忽視。1970 年代初期，幾篇關於清末民初女權思潮、運動和地位變化的學位論文相繼出現。[2] 1975 年，李又寧和張玉法兩位教授則編輯出版《近代中國女權運動史料》兩册，雖然編者宣稱是爲保存歷史資料而非爲婦運張目，但有了史料作基礎，與近代女權相關的論文便紛紛出爐。[3]

1977 年，鮑家麟教授在臺大歷史系首開“中國婦女史”的課

---

〔1〕　討論見李貞德《超越父系家族的藩籬——臺灣地區“中國婦女史研究”（1945～1995）》，《新史學》7.2（1996），頁 139～179，注 1。

〔2〕　如陳重光《民國初期婦女地位的演變》，私立中國文化學院史學所碩士論文（1972）；林維紅《同盟會時代女革命志士的活動（1905～1912）》，國立臺灣大學歷史所碩士論文（1973）；林勝利《清代女權思想的萌芽與發展》，私立東海大學歷史所碩士論文（1975）等。臺灣歷年來研究近現代中國婦女問題的博碩士論文一覽表，見中央研究院近代史研究所“婦女與性別史研究群”網頁資料庫：http://www. sinica. edu. tw/~women/taiwanpaper. htm。1970 年代祇有極少數不涉及近代女權運動的婦女史學位論文，如樊亞香《從明律的比較看明代妻權的低落》，臺大歷史所碩士論文（1975）。

〔3〕　李又寧、張玉法主編《近代中國女權運動史料：1842～1911》（臺北：傳記文學社，1975）。學位論文書目，見李貞德《超越父系家族的藩籬——臺灣地區“中國婦女史研究”（1945～1995）》，頁 139～179，文末書目。臺灣學術期刊中近現代婦女史相關論文一覽表，見 http://www. sinica. edu. tw/~women/taiwanissue. htm。

程，益發引起學生對婦女史研究的熱誠。當時，婦女史相關的論著不多，課程採用 1926 年陳東原在上海出版的《中國婦女生活史》爲教材。陳東原這本近代婦女史的奠基之作是典型五四思潮的產物，把傳統中國婦女看成單純地被封建社會壓迫的受害者。他在書前自述寫作旨趣："我這本書不是要稱誦什麼聖母賢母，也不想推尊什麼女皇帝女豪傑給女性出氣，因爲這一班人與大多數的婦女生活並没有什麼關係。我祇想指示出來男尊女卑的觀念是怎樣的施演，女性之摧殘是怎樣的增甚，還壓在現在女性之脊背上的是怎樣的歷史遺蜕！"[4]不過，這番帶有二十世紀婦女運動色彩的豪言壯語，和 1970 年代臺灣的保守政治及社會氛圍不盡相合，並未能反映在傳統中國婦女史的研究成果上。[5]鮑家麟教授 1979 年編輯出版第一册《中國婦女史論集》時，其中所收著作，半數以上發表於 1930 年代，可說是陳東原那一代學者的作品，而少數幾篇 1970 年代在臺灣首見的新作，則仍環繞着清末民初的婦運和女權思想作論。[6]

1980 年代末期，臺灣面臨重大變化，解嚴所帶來的開闊氣象並不限於政治與社會運動，也表現在學術方面。鮑教授出版第一集《論集》之後不久，李又寧和張玉法兩位亦曾編輯《中國婦女史論文集》(1981)，其中有三篇文章和鮑編重複。[7]李、張後來又出第二輯(1988)，鮑亦出續集(1991)，由於可選擇的作品逐漸增加，其中已無相同文章。之後，鮑編《中國婦女史論集》三(1993)、四(1995)、五(2001)、六集(2004)相繼出版，臺灣第一份婦女史的專門學術期刊《近代中國婦女史研究》也在 1993 年發刊，中國婦女史的研究呈現一片欣欣向榮的景象，不僅課題日新月異，取徑也漸趨敏鋭。[8]大部分學者已不滿足於世紀初的反封建婦運論調，即將中國女性視爲父權制度的可憐、軟弱、無能的受害者，而更加注意婦女在歷代社會中所扮演

---

〔4〕 陳東原《中國婦女生活史》(上海：商務印書館，1926)，頁 19。
〔5〕 討論見李貞德《傑出女性、性別與歷史研究——從克莉斯汀狄琵珊的故事說起》，收入王雅各編《性屬關係》下册《性別與文化、再現》 (臺北：心理出版社，1999)，頁 1~15，轉載於《書寫歷史》2《東西方之間——對歷史思想的探詢》(上海：三聯書店，2004)。
〔6〕 鮑家麟編《中國婦女史論集》(臺北：稻鄉出版社，1979)，共收 20 篇論文。
〔7〕 李又寧、張玉法主編《中國婦女史論文集》(臺北：臺灣商務印書館，1981)。
〔8〕 李、張二位的論文集仍交給商務印書館出版，鮑編論集則持續由稻鄉出版社負責。《近代中國婦女史研究》期刊由中央研究院近代史研究所出版。

的重要角色。女性遭受控制的身體已不被單純地視爲男性的玩物,而涉及國族建構中的深層政治與文化意義。才女名媛依舊吸引學者關懷,但分析的角度已經轉向作者、文本和讀者之間的對話。即使是最傳統的課題——家族與婚姻,在性別意識的啓蒙之下,也有了新的發現。加上近年來醫療史和文化史等新興領域的衝擊,婦女與社會的交涉顯得益形複雜。諸如"婦女地位"之類的問題已不限於西力東漸或現代化的脈絡,陳東原所欲挑戰的男尊女卑也有了多層次的面貌。本次所選十二篇論文都是 1990 年以後的作品,大致上便反映了最近十多年來中國婦女史研究在臺灣的發展。

陳東原企圖指出男尊女卑的展演場域,也是近代女權運動挑戰的對象,其中最重要的,莫過於傳統中國的父系家族。雖然學者一直懷疑中國古代曾經經歷母系社會的階段,但不可否認的是,傳統父系家族的結構,在周代便已確立,並且是此後數千年中國最重要的社會組織。婚姻禮制也在周代大致形成,藉以維持父系家族永續不絕。女性經由婚配從一個父系家族(本家)進入另一個父系家族(夫家),她在兩家所遭受的待遇,不論是規範、保護或尊崇,都彰顯著她的地位並牽動兩家成員的關係。當婚姻出現變數時,她的言行與動向,不論是出棄、守節或再嫁,也都反映她的處境並攸關父系家族未來的興衰。職是之故,家族與婚姻,一直是婦女生活史的重要課題。[9] 本次所選錄的論文中,陳昭容、劉增貴、陳弱水、柳立言和賴惠敏的作品,都展現這方面的研究成果。這些論文與二十世紀初婦運觀點不同之處在於不再簡單地控訴傳統"封建"社會對女性的迫害,而是更精細地從家族結構、"家—國"關係、婚姻制度及相關的經濟分配條件來分析婦女社會地位變化的關鍵所在。換言之,這些作者爲所謂"男尊女卑"的傳統意識形態提供了具體的社會經濟內容,並且對這個意識形態作了重要的修正,提出了歷史變化的深度。

陳昭容針對一千餘件的青銅器銘文作細部分析,説明周代父系家族確立的情形。出嫁婦女祭祀的對象以夫家爲主,零星的金文資料顯示,嫁女即使爲本家父母作器,也只能轉贈兄弟代爲祭拜。爲人母是女性最崇高的身份,但爲亡夫製作宗廟祭器的主導權,仍然

---

[9] 李貞德《超越父系家族的藩籬——臺灣地區"中國婦女史研究"(1945～1995)》,頁 139～179。

掌握在身爲繼承人的兒子手中。雖然死後成爲夫家祖先的一員，女性受祀的機會仍遠遠少於男性祖先。父系家族禮法在周代形成，過去研究多從傳世典籍出發，自瞿同祖以來，不少學者就《儀禮·喪服》中所揭示的規範來討論家族成員中的親疏尊卑及其中女性所處的地位。[10] 陳昭容從金文入手，將研究材料擴大到出土文獻，爲父系家族禮法實質運作的情形增加了經典之外的證據。

父系家族禮法漸次形成，除了表現在祭祀之外，也在女性的名字稱謂上反映出來。劉增貴指出周漢之間姓氏普及化的過程中，婦女繫本家之姓的風俗逐漸被"稱名"、"冠姓稱氏"和"冠夫姓"所取代。雖然男女通用名在婦女名字的案例中佔了三分之二，顯示社會對兩性道德和行爲的要求，相去尚不甚遠，不過一些強調婦容與婦德的名字日益增加，而具有政治抱負的名字卻完全歸屬於男性。漢代的父母固然都期望子女福壽吉利，但婦女的名字卻仍透露了社會上重男輕女的價值觀。

古代婦女史的資料零星而分散，一向給人沒有什麼題目可作的印象。中研院史語所自1984年以來嘗試開發古籍數位化的工作，二十年來成果可觀。近年更結合各界力量共同建立大型資料庫，協助學術研究，對古代婦女史的展開可説助益匪淺。陳昭容參考"殷周金文暨青銅器資料庫"，運用大批金文材料來討論周代婦女在祭祀中的地位，劉增貴藉由"漢籍全文資料庫"查證，全面搜羅整理婦女的名字來分析漢代社會的性別期望。兩篇文章對過去僅有粗略成説的課題作出細緻而明確的結論，都是利用資料庫進行婦女史研究很好的例子。

尋找新材料是擴展婦女史研究的基礎。陳弱水討論唐代婦女與本家的關係，主要便是透過分析大量的墓誌碑銘，得知婦女婚後或夫隨妻居，或長期歸寧，或返家照顧老病父母，或夫亡歸宗，或歸葬本家。唐代已婚婦女仍和本家保持密切往來，並未如禮法所規範那般全以夫家爲生活場域，由於持續獲得本家的奧援和支持，無形中便提昇了婦女在夫家的地位。

---

[10] 例如瞿同祖《中國法律與中國社會》(上海：上海商務印書館，1947；臺北：里仁書局重印，1982)；杜正勝《傳統家族試論》，原載《大陸雜誌》65(1982)，見本叢書《家族與社會》冊；李貞德《女人的中國中古史——性別與漢唐之間的禮律研究》，《中國の歴史世界——統合のシステムと多元的發展》(東京：汲古書院，2002)，頁469～492。

婦女地位的高低一直是婦女史相關論著關切的問題，然而衆説紛紜卻判準不明。其實，女性獲得資源的機會與多寡，毋寧可作爲一項指標。除了本家親黨的支援之外，女性是否有足夠的資源自決前途，也是判斷其地位的重要參考，此所以歷來針對寡婦守節與再嫁的討論層出不窮。不論五四運動從禮教思想談起，或後來從婚姻契約觀念著手，不少著作都企圖確認宋代婦女受困於爲夫守貞的父系禮法，因而地位陡降。柳立言在不排除貞節觀念、個人意願、家庭結構等因素的前提下，特別著重財産在中上層婦女守節問題上的重要性。他指出宋代寡婦攜財再嫁，造成夫家損失，元代禁之，致使寡婦再嫁行情看跌，爲生計故，只有留在夫家守節一途。然而貞節觀念在宋代雖已異軍突起，卻要到明代，當資本主義萌芽、小家庭經濟結構轉變、政府法令配合之後，守節事例才大量增加。換言之，獲得經濟資源的機會與多寡，正是婦女是否得以自決前途的基礎，因此也成爲判斷婦女地位高低的一項標準。

的確，傳統家族中的財産繼承往往左右著女性的處境和地位。[11]賴惠敏長期投入清代内府旗婦的研究，針對其財産權等問題頗多論述。本次所選論文雖然題爲法律地位，其實財産繼承仍是爭論的重點。内府旗婦利用社會上"婦女無知"的刻板印象，以及漢人女子所没有的訴訟機制，超越皇帝奴僕的卑微地位，進而捍衛自己的權利，通篇論文可説從性別、族群和階級等三方面，爲婦女資源與地位的研究做了一個示範。

另一個被挑戰的與性別有關的意識形態是"男外女内"。二十世紀初婦運的目標之一就是鼓勵女性走出家庭，尋求經濟獨立與自我的肯定。這個訴求主要針對傳統社會要求良家婦女"三步不出閨門"的庭訓，及其所指涉的受制於私領域的女性身體和行動。然而，近年學者的研究卻顯示傳統婦女跨越閨房的種種嘗試，乃至她們在各種行業中的具體表現。然而，在這方面，臺灣學者的著墨並不算多。近現代史部分，學者在討論資本主義擴張等重大變局時，偶爾觸及

〔11〕 如游惠遠《宋代婦女的財産權》，《勤益學報》11（1993）；賴惠敏、徐思泠《清代旗人婦女財産權之淺析》，《近代中國婦女史研究》4（1996），頁3~34；顧盼、張純寧《明代徽州婦女繼承、處置夫家産業之權限——以徽州散件賣契爲例》，《東吳歷史學報》9（2003）。

女工的問題。[12] 至於傳統時期，如明清手工業發展的過程中，女性以各種形態參與勞動市場的事迹，西方學者用力甚勤，但臺灣在這方面的研究並不顯著。[13] 不過，本次所選李貞德和梁其姿的研究，或許可以從這個角度來看。李貞德分析醫書中的要求與規範，配合墓誌、筆記和正史中的相關資料，描繪漢魏六朝的乳母如何藉由女性的生理特質——健康的乳汁，以及比擬於母親的照顧之情，突破階級與性別的雙重限制，自婢僕而列登官家，身受封賞並澤及子孫。梁其姿介紹宋元明清的女性醫療從業者，包括產婆和女醫生，說明她們的技藝訓練、服務對象、所受待遇和社會形象等。她細究"三姑六婆"此一貶抑說法形成的歷史過程，指出雖然官僚體系和民間專門家對女性行醫皆有壓制或管控，但類似西方獵巫狂潮對女性醫療從業者所造成的打擊，並不曾也無法在中國社會中出現。亦即，傳統中國女性在面對不公平的待遇時，未必坐以待斃，而是積極應戰，或巧用周遭的環境，或仰賴自身的技藝，或倚恃女性的特質，甚至將劣勢轉化爲利基，藉以爭取有利的地位。

這兩篇關於乳母和女醫的論文，雖然都涉及女性的職業營生，主要卻是放在身體與醫療交涉的歷史脈絡中討論。近年來臺灣的身體史和醫療史研究方興未艾，相關論著漸露頭角，其中針對理論與實作關係的反省，毋寧甚具啓發性。[14] 交流的結果，使婦女史的課題範圍擴大延伸，對於典型地位問題的分析也得以深化。儘管如此，纏足或娼妓之類與身體史和醫療史密切相關的課題，或因涉及女性的負面形象，過去並不常獲得臺灣學者青睞。近年來，青樓故事隨著文人生活與城市文化史的研究而逐漸浮現，但纏足的歷史研究則仍有待開發。[15] 類似美國學者從小鞋的布料、製作、流傳等物質文化的角度取徑研究纏足的歷史，在臺灣並未形成風氣。林維紅研究

---

[12] 如陳慈玉《二十世紀初期的女工》，原刊於《歷史月刊》2（1988），後收錄於鮑家麟編《中國婦女史論集續集》（臺北：稻鄉出版社，1991），頁337～358。

[13] 臺灣極少數的研究，如羅麗馨《明代紡織手工業中婦女勞動力之探討》，《興大歷史學報》9（1999）。西方學界論著，見 Paul Ropp 著，梁其姿譯《明清婦女研究：評介最近有關之英文著作》，《新史學》4.2（1991），頁163～168。

[14] 臺灣的中國醫療史研究，見本叢書《生命與醫療》冊。

[15] 青樓文化，例如本叢書中《生活與文化》冊所收王鴻泰《從消費的空間到空間的消費——明清城市中的酒樓與茶館》。又如李孝悌《士大夫的逸樂——王士禛在楊州》，《中央研究院歷史語言研究所集刊》76.1（2005）。

清季的不纏足運動，將西方宣教師、中國維新家、傳統禮學者和清朝政府等各種力量在女性小腳上大作文章的情形呈現在讀者面前，是截至目前臺灣難得一見關於纏足的論文。[16]

和其他學術領域的互動對話，確實擴展了婦女史研究的視野。近年來受文本分析的衝擊，學者也從過去"將婦女放回歷史、將歷史還給婦女"的素樸呼籲，進一步提問：哪一種婦女？真有其人其事嗎？是誰訴說的？目的何在？這些建構的過程有何意義？婦女史的問題頓時顯得複雜而詭譎。劉靜貞研究孟姜女的故事，說明孟姜女不侍奉舅姑，卻萬里尋夫、哭倒長城，此一故事母題在漢代女教書、唐代小說到明清寶卷等不同文類中反復出現。她分析故事主角和主線與其他人物細節的搭配組合、轉折與流傳，探討歷代人們如何認識、詮釋並解決夫妻私情與國家公義之間的衝突。如此一來，是否真有孟姜女其人其事已非研究的重點，反而是她的故事如何被敘述、閱聽和解讀，才是探求的目標。

文本分析、解讀的運用，幫助婦女史學者突破大多數歷史資料皆由男性敘寫的困境，將婦女的問題提昇至性別之社會建構的層次，確實是一項研究利器。[17] 不過，也有學者擔心，倘若僅僅抓住文本，而忽略其所從出的社會脈絡，則歷史研究難免出現沙上浮宮的危機。例如清初貧農女詩人賀雙卿的故事，引人好奇而真偽莫辯，晚近的中外研究大多迴避雙卿是否真有其人的問題，而僅就其詩詞內容分析其中的性別意涵。周婉窈挑戰這類做法，主張回歸雙卿出現的文本——清初邊緣文人史震林的《西青散記》，配合史震林的其他著作及其交游網絡，透過嚴格的考證，除了探索男性文人筆下的心靈世界，也可進一步追究文人身處的現實社會乃至其中的兩

---

[16] 美國學者高彥頤的研究，見 Dorothy Ko, *Every Step a Lotus: Shoes for Bound Feet* (Berkeley: University of California Press, 2002)。關於臺灣學者涉及纏足的研究，最近的著作是王秀雲在美國寫成的博士論文，其中將小腳視爲分析東西文明接觸、對話與代言的工具，處理西方醫療傳教士將小腳病理化對中國改革者與西方醫學界的意義。討論見 Wang, Hsiu-yun, *Stranger Bodies: American Missionary Women and Chinese Women*, 1870s~1930s, Ph. D. dissertation, University of Wisconsin-Madison, 2002.

[17] 關於歷史文獻的性質，書寫與意義的討論，見王明珂《歷史事實、歷史記憶與歷史心性》，《歷史研究》5 (2001)，頁 136~147。關於臺灣學界對婦女史和性別研究的理解與運用，見李貞德《傑出女性、性別與歷史研究——從克莉斯汀狄琵珊的故事說起》。

性關係。

雙卿真偽之所以依然引人入勝，除了歷史學者求真存實的典型好奇之外，更因爲在絕大多數史料皆出自男性手筆的現實下，女作家的作品顯得彌足珍貴。對婦女史學者而言，女性書寫代表"女性自己的聲音"，不論就史料價值或主體性問題而言都意義非凡。胡曉真分析清代的彈詞小說，其文類的歸屬、文字和內容的階級性，以及寫作動機等，指出清代才女有意識地選擇此種跨越詩詞與小說的文類，作爲對自我"作家形象"的堅持，認爲是婦女文學發展史上的重要里程碑。她並且指出，過去婦女文學史既以傳統男性爲主的文學史分期爲依歸，因此也以唐詩宋詞明清小說爲標準，判斷值得研究的女性文學家，如唐代女詩人薛濤、宋代女詞人李清照等。近年來學者逐漸以女性作家的作品多寡爲判準，女性積極參與文學活動的明清時代，才引起廣泛的研究興趣。而女作家以彈詞小說自表的做法，更修正了傳統文學史的分期方式。[18]

女性固然發聲說話，男性也未必靜默傾聽，倘若女性的發言涉及父系家族的盛衰或國家民族的興亡，則更是衆聲喧嘩。或者反過來說，女性一旦發言，難免被賦予關乎家國存亡的詮釋或評論。游鑑明爬梳二十世紀前半各種報章雜誌中涉及女性獨身的言論，說明女性對性、身體與婚姻的自決，如何遭逢來自傳統家族倫理、現代衛生觀念、國家民族前途等各方面的挑戰與回應，一方面標示出清末民初婦運女權的研究已漸趨多元，另方面也彰顯了"女性自己的聲音"的複雜性，使我們不得不再度回顧傳統父系家族的力量，重思陳東原近一世紀前的振臂疾呼。

本次所選十二篇論文，在時間上含括自兩周至二十世紀上半葉，而半數則集中在明清以下，一方面編者儘量涵蓋整個歷史時期，嘗試呈現各時代婦女史的成果，另方面近年來明清史學界著重新史料與新視野的氣氛也表現在婦女史的研究上。這十二篇論文中，除兩篇在 1991 年出版之外，其餘皆爲最近十年內發表者，其中甚至有三篇是 2003 年的著作。這並非編者喜新厭舊，而是最近十年來臺灣的婦女史研究蓬勃發展，視角新穎而佳作如林。十二篇之中，兩篇出

---

〔18〕 胡曉真《最近西方漢學界婦女文學史研究之評介》，《近代中國婦女史研究》2（1994），頁 271～290。

自《中央研究院歷史語言研究所集刊》、三篇出自《新史學》雜誌、三篇出自《近代中國婦女史研究》，也大致反映了較常登載中國婦女史相關論文的刊物情況。《史語所集刊》的論文一般集中在傳統時代，本次所選亦屬中古史範圍。《新史學》雜誌標榜新的研究取徑，不時刊登婦女與性別研究的論著，並不限於中國史的領域。而《近代中國婦女史研究》是截至目前臺灣唯一一份婦女史的專門學術期刊，雖然在"論著"部分多以近現代中國為主，但其他如"學術討論"、"研究動態"、"史料分析"或"書評"等專欄則包羅萬象，囊括古今中外各種婦女與性別議題。

這十二篇文章雖然大致反映了臺灣最近有關中國婦女史的研究，但絕對不能涵蓋全部的成果，讀者從附注中徵引的其他論文或研究回顧可窺得一二。從本冊所選的論文看來，近年來臺灣有關中國婦女史的研究，可說具有以下特色。第一、由於資料分散並且領域位處邊緣，學者對於研究策略一向採取多多益善的態度。利用大型資料庫，結合其他史學領域，嘗試新興理論都是"史無定法"的表現。第二、自1980年代中期以來，臺灣學界受西方學風的影響顯而易見，本冊作者中半數以上曾留學歐美，注腳中引用西方學界著作者不乏其人。尤有甚者，投入這方面研究的學者不限於女性，本冊男性作者就有三人之多，同時他們並非以婦運分子的身份進入此一領域，足見婦女史的重要性早已超越女性學者自我認識的階段，而成為目前歷史研究拼圖中不可或缺的一塊。婦女史在臺灣史學界的成長或許可以歸功於整個社會在過去二十年來的不斷開放與自由化，使得以前各種思想的框架得以一一打破，甚至連性格保守的歷史學也變得多元起來，研究角度、方法與觀點也活潑起來。第三、近年的婦女史已不再強調婦女的"解放"問題，而多著墨於從社會邊緣角度看主流的重要性與趣味性。這個變化與臺灣女性日益強大的自信不無關係，畢竟學術研究與社會發展息息相關。不過在這方面，臺灣學者在主題創新的部分仍有很大的開拓空間，如上文提到的纏足和娼妓等婦女特殊經驗的研究尚有待加強。

最後，我們或許可以再問，既然已開展了婦女史的研究，是否應回頭重新檢討"男性"的問題？既然傳統女性的歷史角色已不斷被重新分析，傳統男性的角色是否仍能在歷史中不動如山？對男女社會角色的再認識究竟對整體歷史解釋有多大影響？這類問題已在西方學術界引起興趣，在臺灣則值得有志之士繼續深思。

周代婦女在祭祀中的地位

——青銅器銘文中的性別、身份與角色研究（之一）

陳昭容

一、前　言

　　先秦歷史研究中，家庭形態研究一直是重要的課題。這個領域所依賴的資料，以先秦典籍文獻的記載爲最直接的記録，其次是從漢代以來許多經學大家對先秦典籍深入細密的注疏，也累積了相當豐富的資料。二十世紀以後，新學術思潮興起，考古學、社會學、人類學等新興學科加入，使得古代史研究跳脱傳統文獻的範疇，有了新的思考面向，尤其是新材料如甲骨、金文、簡牘的陸續出土，從各種不同角度切入的研究，更使得先秦研究豐富而多樣。家庭形態的研究在多重學科配合、多方材料引證之下，也取得極佳的成績。

　　朱鳳瀚在《商周家族形態研究》一書的《緒論》中，曾對"研究商周家族形態的意義"及"舊有研究成果"作了扼要的概括性論述，對於商周家族形態研究學史作了重要的回顧，同時也指出這個範疇研究的不足之處：縱向變化及其規律描繪不夠清楚、斷代研究不夠細緻具體。[1] 朱鳳瀚的著作《商周家族形態研究》一書對於上述兩個"不足"之處，已經作了相當程度的補足工作，取得極佳的成績。此外，還有謝維揚的《周代家庭形態》也在同一年出版。[2] 這些成果對於我們瞭解商周家族形態有很大的幫助。

　　周代家庭形態研究除了文獻及考古資料外，青銅器銘文是大宗的一手資料，目前可見的有銘銅器，包括傳世及出土器，已累積將近一萬四千件，銘文中的記録，反映出人與人之間親疏遠近的關係（如親屬關係、致祭者與享祭者、作器者與受器者、賞賜者與被賞賜者、姻親與

〔1〕　朱鳳瀚《商周家族形態研究》，天津：天津古籍出版社，1990，頁1～10。
〔2〕　謝維揚《周代家庭形態》，北京：中國社會科學出版社，1990。

血親等等），社會階級與身份（如大宗與小宗、氏族成員交通、財富支配與權利等等），很值得再作仔細的分析與探討。

"兩周青銅器銘文中的性別、身份與角色"這個研究課題，是希望利用大量青銅器銘文爲基本資料，分別對銘文中反映出來的人物性別、身份及其在家庭結構中的角色與地位，作多角度的分析與討論。本文先以"周代婦女在祭祀中的地位"爲子題，作嘗試性的探討，希望從婦女研究的角度出發，重新審視女性在周代以父權爲主的家族形態中的角色及地位。

二、取向、方法及其局限

關於"婦女"與"祭祀"兩者之間的關係，朱鳳瀚有一段非常簡要的説明：

> 能用來説明女性在家族内地位高低的標誌之一，就是女性在家族祭祀活動中所處的位置。因爲祭祀祖先等神靈無疑是宗法制度下家族成員顯示其身份的最重要的活動之一。也正因此，女性參與祭祀的程度亦可以説在一定程度上反映了家族内宗法形態的差異與父權的強弱，是從一個側面探討古代家族制度的重要課題。[3]

這一段話清楚的説明了對女性與祭祀的關係探討，是瞭解女性在家族及社會地位的一種重要方式。朱鳳瀚在文中引述下列幾件周代青銅器銘文資料：

1. 西周早期康、昭之際的《庚嬴卣》（《殷周金文集成》05426），[4]内容是"庚嬴"受王賞賜而爲其"文姑"（夫之母）作器。

2. 西周早期昭王時期的《縣改簋》（《集成》04296），内容是"伯犀父"賜"爵"給"縣伯"之妻"縣改"，以供婦人進行家祭之用器。

3. 西周中期的《尹姞鬲》（《集成》00754），銘文叙述"天君"（上級貴族或王后）到"尹姞"宗室，並賜予"玉五品、馬四匹"。尹姞擁有自己的宗室。

4. 西周晚期的《叔鐘》（《集成》00088～00092），内容叙述作器者

---

〔3〕 朱鳳瀚《論商周女性祭祀》，《中國社會歷史評論》第一卷（1999），頁129～135。
〔4〕 本文在每件青銅器後以括弧加注著錄資料，《殷周金文集成》已收者，以《集成》器號（五位阿拉伯數字）爲主，不另説明。《集成》未收者另加出處説明。

“叔”爲其先人“己伯”作祭器，並用來享樂賓客，“叔”强調與其配偶“蔡姬”共同寶愛此器並用以祭祀先人。

朱鳳瀚據此説明西周中期以後，貴族家族内婦女有權參與家族重要祭祀，介入男性貴族的世襲領地，在家庭祭祀中居主要地位。[5]

雖然該文中僅提出四件青銅器銘文資料作研究，卻提出重要的概括性結論，給予我們許多啓發。在金文資料搜尋及引述更加便利的今日，相信認真檢視大量金文資料，可以對上述的結論提出更多的數據證明。同時我們也注意到：上述四件銘文資料中的女性關係人基本上是還在人世，至於已經去世的女性在祭祀中處於甚麼地位，似可以再作檢討。

女性的一生，可因其人生階段的變化而有不同的身份，從親屬稱謂而言，未嫁爲“女”，庶出之女稱“庶女”，已嫁爲“婦”（自夫家言），自夫的立場則稱“妻”，生子而爲“母”，子取婦則成“姑”，已逝之祖母稱“妣”，在兄弟而言爲“姐”爲“妹”，對“侄”（兄弟之子女）而言爲“姑”（父親之姊妹）。這些女性身份稱謂出現在青銅器的銘文中，多數時候是傳達“作器者與受器者”或“致祭者與受祭者”的關係，有時是出現在自述身家以示“系出名門”時。一般而言，銘文會清楚的説明身份關係，但也有許多銘文因當事人很清楚彼此的身份關係而有所省略，今日讀者需依銘文内容自作判斷。青銅器銘文由於受到形式與内容的限制，出現的親屬關係不如《爾雅·釋親》或《儀禮·喪服》中所記那麼豐富而成系統。目前所能見到的青銅器銘文中女性稱謂，上述的幾種大概已可含括。[6] 作爲嫁妝的青銅器（媵器）中，有時出現陪媵的女性，與作器者的關係，既非父/女，也不一定有親屬關係，和結婚的女主角也未必是侄娣關係，似乎没有恰當的身份稱謂。[7]

判斷金文中的女性身份，與金文中女性稱名、稱國習慣有密切的關係，這個問題相當複雜，已有許多研究成果發表，也提出不少條例及

---

〔5〕 朱鳳瀚《論商周女性祭祀》，頁 129 提要、頁 134。
〔6〕 李仲操在《兩周金文中的婦女稱謂》中舉《虢仲鬲》“虢仲作虢改尊鬲”，認爲是舅（夫之父）爲媳（子之妻）作器之例，見《古文字研究》18 輯（1992），頁 404～405。此説頗有可商，“虢改”應是改姓女子嫁與虢仲後冠以夫國族氏，雖然女子婚後，自夫家立場稱呼，以冠女子母國爲常例，但是也有不少冠夫家國氏的例子。金文中未見“媳”字，未明確以“媳”與姑公（翁姑）對應關係出現。
〔7〕 陪媵的問題與祭祀無關，在此暫不討論。詳見筆者另文《兩周婚姻關係中的女性地位與身份》。

規律,但爭議性的問題仍然不少。[8] 茲以《齊侯匜》(10272)爲例,説明在一般狀況下,女子在不同環境中稱名的多種變化。[9]《齊侯作虢孟姬良母寶匜》銘文:

> 齊侯作虢孟姬良母寶匜,其萬年無疆,子子孫孫永寶用。

(10272)

這件盥洗器是"齊侯"爲"虢孟姬良母"所做,銘文是典型的夫爲妻作器的格式,銘文中的女子,單稱字爲"良母"(女字常見"某母",與男字常見"某父"相同),[10]單稱姓爲"姬"(虢國姬姓),她出生行第爲長女,行第與姓連稱爲"孟姬",姓與字連稱爲"姬良母",行第、姓與字連稱爲"孟姬良母"。站在母家立場,可以稱這個嫁到齊國去的女兒爲"齊孟姬"或"齊孟姬良母";站在夫家的立場,可以稱這個從虢國來的女子爲"姬氏"、"虢姬"、"虢孟姬"、"虢姬良母",也可以稱其爲"虢孟姬良母"。就這個嫁到齊國的虢國女子而言,她有可能會自稱"齊姬"、"齊虢姬"或"虢姬""虢齊姬"等。

女子稱謂非常複雜,變化又多,如果像前述的《齊侯作虢孟姬良母寶匜》這樣,把夫家、母家的國氏名都記錄完整,不論該女子如何稱呼,都不會出現解讀上的困擾。但是青銅器銘文上的記錄,在當時、當事人都很清楚的情況下,往往會有所省略,加上某些國或氏未見於文獻記錄或記錄不一,無從知其確實國族氏姓,一旦時過境遷,就很難弄清楚,往往同一件器物銘文,解讀卻有很大的出入。茲以"伯夏父"爲"畢姬"所作器爲例,銘文很簡單:

《伯夏父作畢姬尊鼎》(02584) 共 1 件

《伯夏父作畢姬尊鬲》(00719～00728) 共 10 件

《伯夏父作畢姬尊盨》(00967～00968) 共 2 件

---

[8] 盛冬鈴《西周銅器銘文中的人名及其對斷代的意義》,《文史》17 期(1983),頁 27～64;吳鎮鋒《金文人名彙編》,北京:中華書局,1985。李仲操《兩周金文中的婦女稱謂》,《古文字研究》18 輯(1992),頁 398～405。林聖傑《春秋媵器銘文彙考》,臺北:中國文化大學研究所碩士論文,1996。吳鎮鋒《金文人名研究》,《周秦文化研究》(西安:陝西人民出版社,1998),頁 417～436;曹定雲《周代金文中女子稱謂類型研究》,《考古》1999 年 9 期,頁 78～87;汪中文《兩周金文所見周代女子名號條例》,紀念甲骨文發現百周年文字學研討會論文(臺中:靜宜大學中文系,1999),頁 163～165。

[9] 吳鎮鋒在《金文人名研究》頁 427 也曾舉《齊侯匜》爲例作説明,此例甚好。本文亦引此例作女性稱名的説明,由於本文中的解説與吳文略有不同,故不以引文方式呈現。

[10] 王國維《觀堂集林》卷三《女字説》,收入《海寧王靜安先生遺書》(臺北:臺灣商務印書館,1979 年臺二版),頁 151～153。

由於"伯夏父"的國氏不詳,而"畢"國的國姓,文獻有"姬姓""任姓"兩種記載,[11]因此"伯夏父"與"畢姬"的關係就有被解讀爲"夫/妻"或"父/女"兩種可能,若畢國姬姓,"伯夏父"就是爲畢國來的姬姓女子作器,是夫爲妻作器的類型;若畢國任姓,則該器應解讀爲姬姓國的"伯夏父"爲其出嫁到任姓畢國的女兒所做器。[12] 陳槃引《潛夫論·志氏姓》指出"畢國任姓"的資料有誤,"畢"國應爲姬姓,[13]則知"伯夏父"與"畢姬"的關係是夫妻。一説有"媿"姓之"畢",是根據《佣仲鼎》(02462)而來,[14]銘文"佣仲作畢媿媵鼎,其萬年寶用",是典型的青銅媵器銘文格式。"佣仲"是爲嫁到"畢國"去的"媿"姓女子作器,"佣仲"應是"媿"姓女子的父親(或長輩),從《佣仲鼎》的銘文無法得出"畢國媿姓"的結論。以上舉例,只是説明女性稱名稱國,因牽涉到婚前婚後稱謂的變化,而有種種判斷上的困難,甚至連像"鄭"國這樣不算太小的國,都會有複雜的狀況發生。[15]

如果銘文中的關係人沒有記錄國氏名,出土地或同出器物對銘文內容關係人的身份判斷有時會有些幫助,例如 1961 年陝西長安張家坡出土窖藏青銅器群有《伯庸父作叔姬鬲》(00616~00623)共八件,銘文中都沒有説明"伯庸父"與"叔姬"的國族氏名,兩人關係很難確認,幸有同一窖藏出土《荀侯作叔姬媵盤》(10096)一件,因知"叔姬"原是

---

〔11〕《尚書·顧命》,《疏》引《正義》曰:"畢、毛,文王庶子",見《尚書注疏》(1815 年阮元刻本)卷一八頁 275;《春秋左傳正義》(1815 年阮元刻本)卷四《隱公十一年傳》,《正義》引《世本氏姓篇》"任姓,謝、張、薛、舒、呂、祝、終、泉、畢、過"。參看陳槃《春秋大事表列國爵姓及存滅表譔異》(三訂本)(臺北:中央研究院歷史語言研究所,1988),册四,頁 657。

〔12〕李仲操引《世本氏姓篇》資料認爲"畢姬"稱謂屬"夫國本姓",是父母爲已嫁女子作器,"伯夏父"是"畢姬"的父親。見《兩周金文中的婦女稱謂》,頁 404。

〔13〕陳槃引《潛夫論·志氏姓》指出《世本氏姓篇》的"畢"爲"卑"之誤。見陳槃《春秋大事表列國爵姓及存滅表譔異》册四,頁 657。

〔14〕陳槃《春秋大事表列國爵姓及存滅表譔異》册四,頁 658 以爲是"畢氏自媵其女;或媵其同姓之女,無論屬何一事,均可證有媿姓之畢"。

〔15〕根據 1985 年河南省永城縣出土的《鄭伯匜》,銘"鄭伯乍宋孟姬媵匜"(李俊山《永城出土西周宋國銅匜》,《中原文物》1990 年 1 期,頁 104),知此爲姬姓鄭國嫁女於子姓宋國所做之媵器。又據 1969 年陝西寶鷄出土的《矢王簋蓋》銘"矢王作鄭姜尊簋"(03871)看,應是"矢王"爲"鄭國"來的"姜"姓女子所做器,是陝西另有姜姓之鄭。鄭國族姓的討論牽涉到"散國""矢國"國姓的問題、鄭國徙國的問題、還牽涉到陝西鄭地曾爲井(稱爲"鄭井")及虢(稱爲"鄭虢")所佔領,十分複雜,此不再細説,請參看曹定雲《周代金文中女子稱謂類型研究》,頁 83~85;尚志儒《奠井國銅器及其史迹之研究》,《中國考古學研究論集》(西安:三秦出版社,1987),頁 294~303。

"荀侯之女"，來自姬姓的"荀國"，則"伯庸父"可確定爲其丈夫。又如1976陝西扶風縣雲塘村出土窖藏銅器有《伯公父壺》，銘曰"伯公父作叔姬醴壺，萬年子子孫孫永寶用"（09656）。"伯公父"與"叔姬"的關係不清楚，幸好同窖出有《伯公父勺》兩件，銘曰"伯公父作金爵，用獻用酌，用享用孝于朕皇考，用祈眉壽，子孫永寶用考"。（09935～09936兩器銘文連讀），知此器是"伯公父"爲享孝於亡故的父親所做的祭器，這個窖藏銅器應屬"伯公父"家族所有，那麼《伯公父作叔姬壺》就可確定是夫爲妻作器，因爲此壺如果是"伯公父"爲"叔姬"作的媵器，一般不會置於父家。[16]

有時候要將銘文中的人物身份關係釐清，也不容易。例如寶雞弢國墓地茹家莊一號墓出土器物，以"弢伯"自作器爲主（共9件），墓主應爲"弢伯"大概可以確定，時代約爲西周中期。茹家莊二號墓出土器物以弢伯爲邢姬所做器爲主（共7件），墓主是自邢國來、嫁與弢伯爲妻的女子，應該也可以確定，此墓可稱爲"邢姬墓"。唯獨邢姬墓中出有一件《夌姬鬲》，銘曰"夌姬作寶齊"（BRM2：12），"夌姬"的身份就很費猜疑。[17] 如果聯繫到弢伯墓中還有《陵作父乙尊》一件（BRM1：34）、弢季墓出有《夌伯觶》一件（BZM4：1），"夌伯""夌姬"器出現在同一個家族的不同族人墓葬中，我們推測"夌伯""夌姬"可能是"弢"家族的共同祖先，再仔細讀邢姬墓出土的《弢伯作邢姬用鼎》（BRM2：2）附耳鼎一件，銘文字迹十分凌亂，其中有"祖考夌公宗室"等字樣。周代丈夫爲妻子作器目的之一，是要妻子以該器去祭祀祖先，享孝于夫家的先祖。如果"祖考夌公宗室"釋讀有參考價值，則"夌姬"應是嫁與"夌伯"爲妻的姬姓女子。[18] 否則"弢伯"作器給妻子"邢姬"去祭"夌公宗室"就很難理解。

以上舉例説明青銅器銘文中的人物身份分析，牽涉到相當複雜的資料，研判時很難做到準確。再加上傳世器往往不知出土處、不知並

---

[16] 媵器一般應隨出嫁女子帶入夫家，但是也有例外，如壽縣蔡侯墓出土器物中，發現墓主蔡侯申爲其女兒大孟姬"敬配吳王"所做的媵器尊、盤、盥、缶共四件都隨之入葬。吳王光嫁女兒叔姬嫁入蔡家所做的《吳王光鑑》兩件（10298、10299）及《吳王光鐘》（00224），也在蔡侯墓中。詳中國科學院考古研究所編《壽縣蔡侯墓出土遺物》，北京：科學出版社，1956。

[17] 盧連成、胡智生認爲"夌伯"是"夌姬"的父叔輩，夌伯之女嫁與弢國。見《寶雞弢國墓地》（北京：文物出版社，1988），頁420～421。

[18] 這個推測也還存在一些問題，例如"夌伯"人名的結構如何分析？

出器物,這種情況下判斷就更難了。所以,本文在處理相關資料作研判時,統計數字是儘量以可作判斷的資料爲根據,舉例儘量採用明確的例子,以免治絲益紛,反而模糊了需要聚焦的主題。

本文取材以《殷周金文集成》所收器一萬兩千餘件和《集成》漏收及新出器一千四百件左右爲主,去除其中屬於殷代及戰國部分,[19] 時代判斷以《集成》的判斷爲主,部分器物時代有疑者,略作修改。西周銅器分早中晚三期,不再細分,基本上所謂早期約指武、成、康、昭時期;中期指穆、共、懿、孝;晚期指夷、厲、共和、宣、幽。銘文儘量採寬式隸定。

三、祭祀中對女性祖先的追溯

(一)女性祖先的受祀權

過去的研究都明確指出,周代的家族基本上是一種父權家族,血緣性的家族組織是基本社會單位,這一點多數人已經同意。祭祀是社會基本單位與宗族關係中最密切也是最重要的活動,而青銅器的製作,很大部分正是爲祭祀而作,銘文中記載了相當豐富的資料。在對祖先的追溯方面,多表現在製作青銅器以奉獻給祖先,置於宗室裏作爲祭祀之用,製作者多爲與受祭者有血緣關係的子輩或孫輩;受祭者,以父方男性祖先爲主,也包括男性祖先的配偶。三代"曾祖"以上的例子極少見。爲"父"、"祖"作祭器或同時作一器兼祭"祖、父",佔青銅器中絕大部分,銘文格式相當規律,大都指明受器者身份,如"作父乙尊彝""作皇祖文考尊彝"等。

女性受祀的情況如何? 這是本節討論的重點。前面已經談過,女性一生中因人生不同階段而有不同的身份,銘文中受祭者的親稱往往是確定受祭者身份最重要的標記。[20] 儘管親稱前常有許多不同的美稱,如"皇""文""王"等,但並不影響對身份的判斷,因爲多數銘文格式很固定,如"作妣辛彝""作文母 XX 尊"等。根據《殷周金文集成》所收資料中能確定性別(女性)及身份(已去世的親屬且有明確親稱)

---

〔19〕 銘刻習慣因時代而異,戰國時期銘文内容以"物勒工名"爲主,與本文主題相關資料極少。

〔20〕 青銅器中有些器物是丈夫作給妻子,其目的是由妻子以此器祭祀母親,表面上看,受器者是妻子,受祀者是妻子的姑,但實際上真正的享用者是作器者的母親,應歸入"子/母"一類。

者,作分析與統計,我們發現屬於兩周女性的各種不同身份中,只有
"母""妣""姑""妻"這四種身份的女性有受祀的權利,其中爲"母"作
的祭器有101件,爲"妣"作的祭器有30件,爲"姑"作的祭器有3件,
爲"妻"作器有1件。[21] 由於"姑"與"妻"的受祀記錄較少,將另外討
論。請看以鼎、簋爲例的統計分析:

表一

	鼎						簋						總計
	西周不分期	周早	周中	周晚	春秋	合計	西周不分期	周早	周中	周晚	春秋	合計	
子/父	18	166	37	8	1	230	6	147	41	57	2	253	483
子/母	1	8	2	1	1	13	0	9	2	3	2	16	29
子/父母	0	0	2	9	0	11	0	1	5	20	1	27	38
孫/祖父	0	14	2	12	0	29	0	17	11	13	2	43	72
孫/祖母	0	3	0	0	0	3	0	1	0	0	0	1	4
孫/祖妣	0	0	1	0	0	1	0	0	0	3	0	3	4
子孫/父祖	0	1	2	5	5	13	0	1	19	21	1	41	54

表一是以鼎、簋爲例,[22]統計兩周不同時期爲女性親屬"母"與
"妣"作祭器的數量。從表一中可以清楚的看出所有的親屬關係中,
子/父關係最爲親密(483件),其次是孫/祖父(72件),而子孫作器並
祀父親與祖父數量也不少(54件),這正是祖、父、子、孫三代間關係最
爲緊密的呈現。相對於男性祖先,子孫作器祭祀女性祖先的比例明顯
的偏低,其中母親的身份(29件)較祖母的身份(4件)受到較多的重
視。子對父母並祭的情況(38件)也多於孫對祖妣並祭(4件),顯見
兩周人重視兩代關係,其緊密遠超過三代間的關係。若以性別爲考慮
因素,母親的身份儘管與子女最親,但其受重視的程度仍不如隔代的
男性祖輩,這顯然是以男性爲主導所反映的社會現象。在所有的記錄
中找不到專爲"母妣"並祭作器的例子。

再看以受祭者性別爲主所做的分析:

---

[21] 此處是將"爲父母同作"之器計入"爲母作器"中、"爲祖妣同作"也同樣計入"爲妣作
器"中。

[22] 以鼎、簋爲例的原因,主要是鼎與簋數量較多,且每個時段都均勻分佈。

表二

	鼎	簋	鬲	甗	盨	簠	卣	尊	合計	
男性特祭(父)	230	253	25	31	7	1	119	168	834	
男性特祭(祖)	29	43	0	5	0	0	13	28	118	1026
父祖合祭	13	41	7	0	8	2	1	2	74	
女性特祭(母)	13	16	3	1	0	0	2	3	38	45
女性特祭(妣)	3	1	3	0	0	0	0	0	7	
父母合祭	11	27	1	0	1	0	0	0	40	44
祖妣合祭	1	3	0	0	0	0	0	0	4	

表二是以性別作區分,爲男性祖先作器(1026件)與爲女性祖先作器(45件)的比例約爲22:1。[23] 其比例之懸殊,十分明顯。這樣懸殊的比例並不令人意外,而是更具體的説明兩周時期社會是以男性爲重心的事實。

(二)兩性受祀比例懸殊的原因

對於這樣懸殊的比例,可能的原因之一是:子對母的祭祀,附祭於父,與父並祭;孫對妣的祭祀,也附祭於祖。金文中有一些祖與妣、父與母並祭的例子,正可以作説明,如:

《戜方鼎》:戜……作寶櫱尊鼎,其用夙夜享孝于厥文祖乙公,于文妣日戊,其子子孫孫永寶。(02789,西周中期)

《叔皮父簋》:叔皮父作朕文考蒂公衆朕文母季姬尊簋,其萬年子子孫孫永寶用。(04090,西周晚期)

《仲戲父簋》:仲戲父作朕皇考遟伯、王母遟姬尊簋,其萬年子子孫孫永寶,用享於宗室。(04102、04103,西周中期)[24]

《襄盤》:襄……用作朕皇考鄭伯、鄭姬寶盤,襄其萬年子

---

[23] 表中所列以八種器類作統計,大抵是兼顧烹煮器、盛食器與酒器。

[24] "王母"一詞,據《爾雅·釋親》"父之考爲王父,父之妣爲王母",應是"祖母"。見《爾雅注疏》(1815年阮元刻本)卷四《釋親》,頁61。在《仲戲父簋》及(史□鼎)銘"史□作朕皇考蘆仲、王母泉□尊鼎"(02762)中"王母"與"皇考"並列,只能理解爲"母親",不能理解爲"祖母"。

子孫孫永寶用。(10172,西周晚期)

用"附祭"來解釋對女性祖先的祭祀少於對男性祖先的祭祀,應該是合理的推測,傳統文獻資料中也有相類似的說法。

《詩經·周頌·豐年》:"爲酒爲醴,烝畀祖妣,以洽百禮,降福孔皆。"《序》曰:"豐年,秋冬報也。"《正義》曰:"豐年詩者,秋冬報之樂歌也。謂周公成王時,致太平而大豐熟,秋冬嘗烝報祭宗廟。詩人述其事而爲此歌焉。經言年豐而多穫黍稻爲酒醴,以進與祖妣,是報之事也。言烝祖妣,則是祭於宗廟。[25]

"爲酒爲醴,烝畀祖妣"也出現於《詩經·周頌·載芟》中。[26]《儀禮·少牢饋食禮》也有類似的記載:

主人曰:"孝孫某,來日丁亥,用薦歲事于皇祖伯某,以某妃配某氏,尚饗。"[27]

在以男性爲主的周代社會,對女性祖先的追溯和祭祀,不曾每每給予特別的祭器,而是合併於其配偶的祭祀當中,可能是妣、母等女性祖先祭器少於男性祖先的原因之一。對妣、母的祭祀,其意義可能重在他們是男性祖先的配偶,因而女方的親屬(如外祖父、外祖母)都不曾出現在子孫的祭祀中。

前述將祖妣、考母並列受祀的例子,多出現於西周中期和晚期,尤以晚期爲多,西周早期沒有此例。這在某種程度上可能反應西周中期以後,女性祖先在祭祀中地位有所提高。

上表中還有一個值得注意的地方。從統計數字中發現,春秋時期爲祖先祭祀而作器的數量極少,並不能理解爲當時不爲祖先作祭器,而是銘刻習慣的改變,西周早期"作父某彝"這一類的銘文減少了,往往只寫上作器者的名字"某某作寶鼎",其用仍爲宗廟祭祀,但銘文中常常沒有出現受祭者親稱,無法判斷作器者與受祭者的身份關係。

(三)對三代女性祖先的追溯

對於三代以前的祖先"曾祖"的追溯,基本上較"祖"輩爲少,女性尤較男性更少。例如商代晚期或西周早期的《盠婦方鼎》(02368)和

〔25〕《毛詩正義》(1815 年阮元刻本)卷一九《周頌·豐年》,頁 731。
〔26〕《毛詩正義》卷一九《周頌·載芟》,頁 748。
〔27〕《儀禮注疏》(1815 年阮元刻本)卷四七《少牢饋食禮》,頁 557。

《盠婦簋》（05265）祭"示己、祖丁、父癸"[28]《瘋鐘》（00246～00259）追溯"高祖辛公、文祖乙公、皇考丁公"《墻盤》（10175）追溯"剌祖、乙祖、亞祖、文考乙公"，這類例子不多，對女性的追溯尤爲少見。春秋中晚期的《鮛鎛》（00271）是爲其已去世的母親"仲姜"作器，特別説明享孝於三代祖先：

> 齊辟鮑叔之孫、齊仲之子鮛作子仲姜寶鎛，用祈侯氏永
> 命萬年。鮛保其身，用享用孝于皇祖聖叔、皇妣聖姜，于皇祖
> 又成惠叔、皇妣又成惠姜、皇考齊仲、皇母，用祈壽考毋死，保
> 吾兄弟……

銘文中的"子仲姜"即與"皇考齊仲"並列的"皇母"，此時已經去世，寶鎛的受器者雖是"皇母仲姜"，實際上是用來享孝於三代祖先。作器者"鮛"是齊國大夫鮑叔牙（又成惠叔）的孫子，鮑叔牙有大功於齊國，孫輩追溯及於曾祖父、曾祖母，"鮛"因祖"又成惠叔"而貴，聖叔、聖姜因"子"（鮑叔牙即"又成惠叔"）而貴，這類祭祀及於三代男女先祖的例子，兩周金文中僅此一見。

附帶一提"祔姑"的問題。文獻中記載諸侯夫人去世，應該"赴于諸侯"（夫人初死時告於同盟諸侯）、"反哭於寢"（既葬反哭於寢）、卒哭（卒無時之哭）以後"祔於姑"（以死者之主祔於祖姑之廟），[29]《左傳》隱公三年記載聲子之卒，特別記載"不祔于姑"，就是不以國君夫人之禮治喪，可見一般應以附於其姑（或祖姑）之廟在夫家享祭爲常。[30] 不過在青銅器銘文中，極少見到單獨以"婦、姑""妣、母"或"曾祖母、母"並祭的記錄，[31] 而是"父、祖"合祭、"父、母"合祭或"祖、妣"合祭的例子較爲常見，反映當時是以接近己身的祖先及男性祖先爲重，並及這些男性祖先的配偶，而並未刻意著墨於女性祖先之間的承繼關係。

---

〔28〕 譚步雲認爲"示己"應當讀爲"主己"，指曾祖。《盠氏諸器▼字考釋——兼説"曾祖"原委》，《容庚先生百年誕辰紀念文集·古文字研究專號》（廣州：廣東人民出版社，1998），頁438～443。

〔29〕《春秋左傳正義》卷三，頁50《隱公三年》："夏，君氏卒。聲子也。不赴於諸侯，不反哭于寢，不祔于姑，故不曰薨，不稱夫人，故不言葬。"《正義》"《喪服小記》曰：婦祔於祖姑；《雜記》曰妾祔於妾祖姑，是祔於姑者，祔於祖姑也。"

〔30〕 參看楊伯峻《春秋左傳注》（北京：中華書局，1999），頁26。

〔31〕 殷器《天黽作婦姑將彝》共鼎2件02137、02138；甑1件00891；斝1件09243，如何解讀需再討論。

（四）女性祖先與男性並列受祀時的稱名問題

前面已經討論過,女性受祭者與男性受祭者在有銘青銅器中所佔的比例極爲懸殊,原因之一是以男性爲中心的社會形態中,不特別注重爲女性作祭器,另一原可能是將已歿的女性祖先附於男性祖先的祭祀中,不必特別作祭器。女性附屬於男性祖先祭祀,在青銅器銘文中有所反映,有時只寫"皇考、皇母"(02680、04458)或"王父、王母"(04160、04161)。考母並列受祀,有時會記載較詳,前面提過一些例子,如:《
彧方鼎》中稱"用夙夜享孝于厥文祖乙公、于文妣日戊"(02789,西周中期)、《叔皮父簋》稱"叔皮父作朕文考菲公衆朕文母季姬寶簋"(04090,西周晚期)、《仲叔父簋》稱"仲叔父作朕皇考遲伯、王母遲姬尊簋"(04102、04103,西周中期)等。以下再舉一些其他例子:

> 《衛鼎》:衛作文考小仲、姜氏盂鼎,衛其萬年子子孫孫永寶用。(02616,西周中期)
>
> 《師酉簋》:師酉拜諸首,對揚天子丕顯休令,用作朕文考乙伯、宄姬尊簋,酉其萬年子子孫孫永寶用。(04288 ~ 04289,西周中期)
>
> 《伯頵父鼎》:伯頵父作朕皇考犀伯、吳姬寶鼎,其萬年子子孫孫永寶用。(02649,西周晚期)
>
> 《不其簋》:不其拜諸手休,用乍朕皇祖公伯、孟姬尊簋,用匃多福,眉壽無疆,永屯需終,子子孫孫其永寶用享。(04328 ~ 04329,西周晚期)
>
> 《宰獸簋》:宰獸作剌祖幽仲、益姜寶尊簋。(《集成》未收,西周中期)[32]

這些例子中的女性祖先名字,或以日干爲名,或以生前名字(名或排行加上母家姓),與其配偶並列,即使名字前沒有親稱,其身份也無混淆之虞。[33]

另有一種女性祖先在祭器中的稱名方式,是跟隨配偶的諡號或尊號,如前面已經提過的《
鐲鎛》銘文中稱"用享用孝于皇祖聖叔、皇妣聖姜,于皇祖又成惠叔、皇妣又成惠姜",其中的"聖""又成惠"都是諡號,皇妣的稱名是跟從皇祖的諡號加上母家姓而來。以下還有一些例

〔32〕 羅西章《宰獸簋銘考略》,《文物》1988 年 8 期,頁 83 ~ 87。
〔33〕 楊樹達《積微居金文説》(北京:中華書局,1997)卷三《曾侯簋跋》,頁 71。

子：

《師趛鬲》：師趛作文考聖公、文母聖姬尊鬲，其萬年子子
孫孫永寶用。（00745，西周中期）

《頌鼎》：頌敢對揚丕顯魯休，用作朕皇考龔叔、皇母龔姒
寶尊彝，用追孝……（02829，西周晚期）

《善夫梁其簋》：善夫梁其作朕皇考惠仲、皇母惠弋尊簋，
用追孝享……（04147～04151，西周晚期）

女子去世後稱名仍保有其母家姓，説明其生身自來，僅有極少數的例
子不見母家姓。[34] 例如《鄭臧公之孫鼎》銘文曰：

《鄭臧公之孫鼎》：余鄭臧公之孫；余刺之文子，虖作鑄將
鼎，以爲父母其屖于下都，曰：嗚呼哀哉，刺叔，刺夫人萬世用
之。（《集成》未收，春秋晚期）[35]

以上這些例子説明女性在與配偶並列受祀時，其稱名或以日名、或生
前稱名，或冠以配偶謚號，在銘文中的地位都跟隨在男性配偶之後，甚
至可以没有親稱，基本上都反映出受祭女性從屬地位的事實。[36] 女
性終其一生，所堅持保有的，大概只有説明其生身自來的母家姓，這個
堅持至死不渝。這類與丈夫並列受祀的例子，多見於西周中期（9 件）
以後到春秋（1 件），多數集中在西周晚期（23 件）。

四、女性對祭祀祖先的主導權

（一）女性作器以祭祖先

周代的家族中，男性家長（族長、宗子）無疑是掌有財産的主要支
配權和祭祀的主導權，從前面的表一、表二中，已經看得很清楚：作爲
一個母親，去世後受到兒子製作祭器的比例，遠遠的低於子對父作祭
器；作爲祖母，受到孫輩作祭器的可能性就更低了。女性祖先受祭，主
要是附屬於男性配偶中。

至於女性在祭祀中居於主導地位的可能性有多大？ 從分析青銅

---

[34] 稱"夫人"多以夫家立場爲主，偶會不繫女性的母家姓，如"黄夫人"（09663、09664）、
"宋君夫人"（02358）、"蘇夫人"（10080）等，但都是生稱。

[35] 襄樊市博物館《湖北襄陽團山東周墓》，《考古》1991 年 9 期，頁 781～802。此器説明
爲父母"徙于下都"而作，可能是特爲陪葬鑄造而非宗廟祭器。

[36] 《叔□父簋》銘"叔□父作文母、剌考尊簋"（03921～03922），將女性列在男性祖先前
面，這樣的例子僅此一見。

器銘文的作器、受器與性別關係中,可得到一個初步的概況,茲舉鼎、簋爲例,統計如下:

表三

	鼎				簋			
	西周早	西周中	西周晚	春秋	西周早	西周中	西周晚	春秋
總數	478	159	148	146	427	206	346	48
有作器者名者	276	132	140	142	285	197	346	48
女性作器者	9	6	12	13*	20	7	20*	13*
注				*其中7件爲宗婦鼎			*其中6件爲㝬叔㝬姬共作	*其中12件爲宗婦簋

　　表三中有作器者名的鼎簋合計 1566 件,女性作器者有 100 件,約佔有作器者名的鼎簋總數的 6%,男性作器者與女性作器者的比例約爲15:1。這個懸殊的數據反映了一個事實,那就是女性在支配財産製造青銅器的能力方面是相當薄弱的。一個可能性就是婦女在丈夫在世時,以夫爲主;丈夫去世後,以子爲主,所以“子/父祭器”和“孫/祖祭器”或“子孫/父祖祭器”爲青銅祭器中的最大宗。

　　再看女性作祭器的器類分佈:

表四

	鬲/甗	鼎/簋	盨/簠/豆	卣/尊/觶/瓠/爵/觥	盉/壺/罍	盤/匜/盆	合計
西早	1/1	7/21		2/1/1/1/2/0	0/2/1		40
西中	13/1	5/7			2/2/1	1/0/0	32
西晚	28/0	8/15	2/1/2		0/1/0	2/2/0	61
春秋	2/0	10/13	0/2/1		0/2/0	4/2/3	39
西周		0/2					2
合計	44/2	30/58	2/3/3	2/1/1/1/2/0	2/7/2	7/4/3	174

　　表四是根據《殷周金文集成》所收青銅器,分析銘文,區別男性作器者與女性作器者,將女性所作器物去除非祭器(媵器、盥洗器、行器

等)之後的統計數字。[37] 表中的 174 件器物,根據自名"寶尊彝""寶彝""宗彝""彝"等,可以確定是祭器。從表中可以看出婦女製作祭器集中在鬲、鼎、簋三種器類。[38]

下表是根據這 174 件女性所作祭器,分析其受祭對象及身份:

表五[39]

無受祭者名	不詳[40]	婦/姑	妻/夫	祖先 用享用孝	宗彝	其他[41]	合計
24/23/46/13/2	9/7/5/1/0	3/0/0/0/0	3/1/4/1/0	1/1/3/2/0	0/0/0/22/0	0/0/3/0/0	40/32/61/39/2
108	22	3	9	7	22	3	174

女性作器有時只稱"寶簋""尊彝"等,不一定加上受祭者名,例如:

《王伯姜鬲》:王伯姜作尊鬲,永寶用。(00606、00607,西周晚期)

《王伯姜壺》:王伯姜作尊壺,其萬年永寶用。(09623、09624,西周晚期)

《楚嬴盤》:唯王正月初吉庚午,楚嬴鑄其寶盤,其萬年子孫永用享(10148,西周晚期)。

《王伯姜》是姜姓女子嫁入王家後所作的器物,[42]"楚嬴"是嫁到楚國的嬴姓女子,都沒有指明受器者。這一類的例子佔女性作器的大部分(108/174),沒有特別指定受祭對象時,推測應該是夫方的祖先,因爲女性作器,多以祭夫家祖先爲主,茲舉數例如下:

《簋婦鼎》:示己、祖丁、父癸,簋婦尊。(02368,西周早期)

《簋婦簋》:示己、祖丁、父癸,簋婦尊。(05265,西

---

[37] 盥洗用具若説明是宗彝或用享,仍收入統計。由於青銅器銘文有時記録太簡,是否爲祭器,判斷很難絶對精確。本表數字僅供參考。

[38] 鬲的實用性很高,但根據自名稱"寶鬲""尊鬲"等,列爲祭器。

[39] 表中第二欄是以"/"區分時段,欄中數字代表:西周早/西周中/西周晚/春秋/西周(不分期)各期的件數。

[40] 受祭者身份不詳者,是銘文中記載了受祭者名,但是沒有親稱,或是記載不全、或銘文不清楚等,無法判别受祭者的身份。

[41] 其他類兩件是爲女兒作(但未説明是媵器)、另一件是女兒爲母家已去世父母親親而作,討論詳後。

[42] 劉啓益認爲"王伯姜"是周懿王的后妃。參看劉啓益《西周金文中所見的周王后妃》,《考古與文物》1980 年 4 期,頁 85~90。

周早期）

《季姒□罍》：季姒□作寶罍，其用萬年，享孝于厥多公，是萬年子子孫孫寶用。（09827，西周中期）[43]

《虢姜簋》：虢姜作寶尊簋，用祈追孝于皇考惠仲，旂匃康□屯右，通彔永令，虢姜其萬年眉壽，受福無疆，子子孫孫永寶用享。（04182，西周晚期）

《辛中姬皇母鼎》：辛中姬皇母作尊鼎，其子子孫孫用享孝于宗老。（02582～02583，西周晚期）

《姬奐母豆》：姬奐母作大公、牆公、□公、魯仲臤省伯、孝公、敬公豆。（04693，春秋）

《大師子大孟姜匜》：大師子大孟姜作盤匜，用享用孝，用祈眉壽，子子孫孫用爲元寶。（10274，春秋）

例中所舉出的先祖，都是以夫家的男性親屬爲主。如《盉婦方鼎》的“盉”是氏族徽記，“盉婦”是此氏族之婦，作尊器以祭其三代祖先。“辛中姬皇母”是嫁到辛氏的姬姓中氏女，名叫“皇母”，她在夫家作宗室享器，享孝於夫家的宗老。《虢姜簋》的例子很特別，我們知道金文中沒有可以確認爲親稱“舅”（夫之父）的例子，[44]《虢姜簋》中的“虢姜”是嫁到虢國來的姜姓女子，“皇考惠仲”應是其夫家的父輩，也就是虢姜的“舅”，虢姜爲“舅”作器，但不稱“舅”，而是站在丈夫的立場稱“皇考”。對於“姑”（夫之母），卻常見由“婦”的身份作器，並直接稱“姑”，而不站在丈夫的立場稱“文母”或“皇母”。

女性製作祭器的受祭對象，受祭者身份常爲夫方親屬，或是説明“用孝用享”，或是在銘文上就指明是“宗彝”，這類器物合計有29件之多。由此看來，未指定受祭對象身份的器物，可能是泛指宗廟享祭之用，應是合理的推測。

從表五看，西周早期婦女對於婦/姑關係特別重視，作器以慎重姑之祭事，例如：

---

[43] 此從張亞初釋，見張亞初《殷周金文集成引得》，北京：中華書局，2001 年，頁148。

[44] 《洹子孟姜壺》“齊侯之女雷聿喪其簋”（09729，春秋）、《陳肪簋》“用追孝於我皇簋”（04190，戰國），這兩器銘文中的“簋”被認爲“假爲‘舅’”，不過前者仍有許多爭議，後者銘文不清，難於確認。

《姬作厥姑日辛鼎》：姬作厥姑日辛尊彝。（02333，西周早期）

《陸婦作高姑簋》：陸婦作高姑尊彝。（03621，西周早期）

《庚嬴卣》：唯王十月既望，辰在己丑，王各于庚嬴宮，王蔑庚嬴曆，賜貝十朋，又丹一析，庚嬴對揚王休，用作厥文姑寶尊彝，其子子孫孫萬年永寶用。（05426，西周早期）

這是繼承商代以來就有的傳統，甲骨文和商代的金文中，有很多實例可以説明婦/姑關係特別緊密的事實。[45]

西周中期開始，婦女也偶見具名與丈夫並列作器或共同寶用，例如：

《鈇叔信姬鼎》：鈇叔、信姬作寶鼎，其用享用孝于文祖考。（02767，西周中期）

《釐伯鬲》：釐伯、□母子剌作寶鬲，子孫永寶用。（00663~00665，西周晚期）

《叔鐘》：唯正月初吉丁亥，叔作寶鐘，用追孝于己伯，用享大宗，用樂好賓，叔及蔡姬永寶，用邵大宗。（00088~00092，西周中期或晚期之初）

《士父鐘》：□□□□作朕皇考叔氏寶林鐘，用喜侃皇考，……用廣啓士父身，勵於永命，士父其及□姬萬年，子子孫孫永寶用享于宗。（00145~00148，西周晚期）

《翏生盨》：王征南淮夷，翏生從，執訊折首，俘戎器、俘金，用作旅盨，用對剌，翏生眾大娟其百男百女千孫，其萬年眉壽永寶用。（04459~04461，西周晚期）

《豩叔盤》：豩叔多父作朕皇考季氏寶盤，用賜屯禄，受害福，用及孝婦嬛氏，百子千孫其事。（《集成》未收，《小校經閣金文拓本》9.79，西周晚）

上述《鈇叔信姬鼎》是很明確的夫妻共作祭享之器享孝于祖考。《叔鐘》和《士父鐘》都説明此鐘是爲祭祀祖先，還要宴樂賓客，並與婦女（應該是妻子）共同寶用，婦女與丈夫並稱，共同參與家族祭祀，[46]這

---

[45] 參看朱鳳瀚《論商周女性祭祀》，頁 129~133。

[46] 《叔鐘》、《士父鐘》等器的作器者是男性，女性非作器者，而是與男性共同寶愛，未列入女性作器統計中。

應該是婦女在家族中地位提昇的一種表徵。[47] 比較有趣的是《馭鐘》和《士父鐘》的銘文裏,婦女的名稱都不與全銘同鑄,《馭鐘》銘文中的"蔡姬"明顯是將原來銘文刮去後原位加刻,《士父鐘》則是女名在"姬"字前留一個字空缺,這是否意味著共同持有該寶鐘以享孝於祖先的女主人是可替換的?

(二)婦女作器祭祀亡夫

兩周金文中,婦女以妻子的身份作器祭祀已故丈夫,其例不多,黄銘崇已經從金文中辨認出幾個婦人稱已歿丈夫爲"辟"的例子,[48]兹略舉數例如下:

《庚姬卣》:庚姬作文辟日丁寶尊彝。(05404,西周早)

《庚姬尊》:庚姬作文辟日丁寶尊彝。(05997,西周早)

《孟姬淯簋》:孟姬淯自作饋簋,其用追孝于其辟君武公,孟姬其子孫永寶。(04071~04072,西周晚期)

除了銘文中稱"辟"之外,金文中看不到女子爲夫作祭器而署有親稱的例子。以下數例是否爲亡夫而作,值得討論:

《伯姜鼎》:唯正月既生霸庚申,王在蒡京溼宫,天子滅寚伯姜,伯姜對揚天子休,用作寶尊彝,用凤夜盟享于卲伯日庚,天子萬年,百世孫孫子子受厥屯魯,伯姜日受天子魯休。(02791,西周早期)

《齊叔姬盤》:齊叔姬作盂庚寶盤,其萬年無疆,子子孫孫永受大福用。(10142,西周晚期)

《漾姬簋》:漾姬作父辛尊簋,用作乃後御,孫子其萬年永寶。(03978,西周中期)

《叔皮父簋》:惟一月初吉,作鑄叔皮父尊簋,其妻子用享考(孝)于叔皮父,子子孫孫寶皇,萬年永用。(04127,春秋早期)

以上前兩例推測是女子爲丈夫而作,原因是女子祭祀以夫家祖先爲主,若是祭父輩、祖輩,應有親稱"皇祖""文考""皇考"之類,没有親稱

---

[47] 這類夫妻共同作器(或共同寶用),屬於西周中期的 7 件,西周晚期 11 件。這是根據《殷周金文集成》所收器的統計,其中包含夫妻爲女兒共做媵器。

[48] 黄銘崇《論殷周金文中以"辟"爲丈夫歿稱的用法》,《中央研究院歷史語言研究所集刊》第 72 本第 2 分(2001),頁 393~441。

的,推測可能就是丈夫。《伯姜鼎》中,伯姜受到天子賜貝百朋之後作器要"用夙夜盟享于卲伯日庚","卲伯日庚"最有可能是伯姜已歿的配偶。[49]《齊叔姬盤》的作器者叔姬是嫁到齊國的女子,"孟庚"最可能是"叔姬"的配偶。《溓姬簋》的例子比較特別,"溓姬"稱受器者爲"父辛",表面上看起來,"溓姬"的身份似乎是"父辛"的子女,但銘文説"用作乃後御","乃"字爲指示代詞,指"父辛","乃後"即"父辛之後","御"者"用"也,"溓姬"雖説作器給"父辛",卻是爲"父辛的後輩子孫"用來祭祀"父辛","溓姬"看來有可能是"父辛"的配偶。《叔皮父簋》銘文已説明是妻子用來祭祀叔皮父,叔皮父在銘文中的身份無疑是已故的丈夫。

婦女作祭器祭祀已歿配偶例子較少,原因可能是在丈夫去世之後,由兒輩出面爲"父"作器,這也反映了女性在製作寶器參與祭祀的自主能力較低。

(三)夫爲妻作器以祭祀祖先

丈夫爲妻子作器,受器者是婦女,其目的是要婦人以該器祭祀祖先,這類例子也不少見。這種轉贈而另有用意的青銅器,在商代晚期或西周早期,主要集中在婦/姑關係上,西周中期以後,則以祭祀夫家祖先爲主。

《子作婦嫿卣》:子作婦嫿彝,汝子母庚歼祀尊彝。(05375,商晚期)

《顝作母辛卣》:顝作母辛尊彝。顝賜婦𧈪,用將于乃姑歼。(05388～05389,商晚或西周早)

前一例是兒子作器祭祀母庚,銘文卻説"作婦嫿彝":後一例是顝將器賜給婦𧈪,由婦𧈪去祭祀母辛。婦/姑關係密切,自古皆然,祭祀"姑"的禮儀,可能有某些祭儀是由"婦"負責主持。西周中期《散車父壺》銘曰:

散車父作皇母龘姜寶壺,用逆妠氏,伯車父其萬年子子孫孫永寶。(09697,西周中期)

另一件《散氏車父壺》銘曰:

---

[49] 李學勤認爲"卲伯日庚"大約是伯姜的丈夫或者弟兄,見《論長安花園村兩墓青銅器》,《文物》1986年1期,頁34。黄盛璋認爲"伯姜"當爲"卲伯"之配,見《長安鎬京地區西周墓新出銅器群初探》,《文物》1986年1期,頁41。

散氏車父作癇姜尊壺,其萬年子子孫孫永寶用。
(09669,西周中期)

兩件壺爲同一人所做,"癇姜"是散車父已去世的母親。銘文中的"逆"是迎娶的意思,爲什麼要用祭祀母親的寶壺去迎娶姑氏?我們猜測其用意可能跟前述的婦嫡、婦嫡一樣,在姑氏入夫家門之後,用以祭祀其姑"癇姜"。[50]

西周中期之後,作寶器給婦女,其目的是用來祭祀夫家祖先,例子不少,如出於寶鷄茹家莊二號墓的《強伯鼎》(02676~02677,西周中期),銘文"強伯作邢姬用鼎簋",邢姬是強伯之妻,銘文中又提到"㝬公宗室",似是以該器祭祀宗室爲目的。茲再舉數例如下:

《叔噩父簋》:叔噩父作鷺姬旅簋,其夙夜用享孝于皇君,其萬年永寶用。(04056~04058,西周晚期)

《瘨叔樊鼎》:瘨叔樊鑄陽姚寶鼎,用享孝于朕文祖。(02679,西周晚期)

《伯偈父簋》:伯偈父作姬麋寶簋,用夙夜享于宗室。(03995,西周晚期)

《遟盨》:遟作姜𘐎盨,用享孝于姑公。(04436,西周晚期)

《伯爛簋》:伯爛作塊氏旅,用追孝。(03692~03693,西周中期)

《伯大祝追鼎》:伯大祝追作豐叔姬籲彝,用祈多福,伯氏其眉壽黃耇萬年,子子孫孫永寶享。"[51](《集成》未收,西周晚期)

上述銘文中的婦女身份應該都是作器者的妻子,享孝於宗室祖先是這些婦女所需參與的工作。《伯大祝追鼎》作器給豐叔姬,祈求夫方家族(伯氏)多福萬年,也應與享孝於宗室性質相同。

祭祀之後,還有宴享的工作需婦女參與,例如:

《室叔簋》:室叔作豐姞慈旅簋。豐姞慈用夙夜享孝于諴公,于室叔倗友……(《小校經閣金文拓本》8.45,西周中期,《集成》未收)

---

[50] 曹瑋認爲二壺是伯車父爲"用逆姑氏",將此事在宗廟裏告訴已故的母親,以求得她的福佑,也可備一說。見《散伯車父器與西周婚姻制度》,《文物》2000年3期,頁65。
[51] 陳佩芬《新獲兩周青銅器》,《上海博物館集刊》第8期(2000年12月),頁133。

《叔家父簋》：叔家父作仲姬匡，用盛稻粱，用速先後諸
兄，用斨眉考無疆，哲德不忘，孫子之光。（04615，春秋早期）

豐姞懿爲室叔之妻，室叔作器除了要其妻祭祀她的"舅"（夫之父）
諴公之外，還需以此去宴享丈夫室叔的同宗兄弟。[52] 叔家父爲仲姬
作簋，則是要"用盛稻粱"以祭祀，"先後諸兄"指其同宗兄弟。[53]
男性作器給女性，許多是給妻子用於祭祀祖先，並於祭後燕享宗族。

五、女性配偶與青銅祭器

前面討論的受祀女性祖先，是指去世的"祖母"，和"母親"。
從女性角色爲出發點的立場，另一個必須討論的是"丈夫爲妻子作
祭器"的問題。當"妻子"先於其夫去世，由丈夫爲其妻作器，這
種狀況理論上當然存在，青銅器銘文如何表現夫/妻關係？這是一個
比較棘手的問題。

《禮記·曲禮下》"天子之妃曰后，諸侯曰夫人，大夫曰孺人，
士曰婦人，庶人曰妻。"[54] 青銅器銘文中男性配偶的稱謂，不論是
自稱或他稱，和《禮記·曲禮》的記載並不完全一致。

在兩周金文中，"妻"的稱謂出現四次，《叔皮父簋》（04127）是爲
"叔皮父"作尊簋，讓"其妻子用享孝于叔皮父"，作器者是誰並沒有明
講，比較可能的是"叔皮父"之妻，因爲兒子爲亡父作器多半應有親稱。
另有《淮伯鼎》（《小校》3.3.1、《總集》01204）曰"丕其及厥妻、子孫、
百生□餽厥肉"、[55]《涂太子伯辰鼎》"涂太子伯辰□作爲其好妻□鼎"
（02652）、《夫𫗦申鼎》"甫虘公甚六之妻夫𫗦申擇厥吉金作鑄飤
鼎"。[56] 這幾件都是春秋器，銘文中的妻子都仍健在。

表明"妻子"的身份，金文中還有："室"、"配"、"婦"、"夫人"四種
方式。稱"室"的例子僅出現一次，即《縣改簋》（04269）"伯屖父休于

---

〔52〕 西周金文中《倗友》指包含親兄弟在內的同族兄弟。參看朱鳳瀚《商周家族形態研
究》，頁306~311《倗友考》。

〔53〕 楊樹達《積微居金文說》頁97《叔家父簋跋》認爲"先後"是指"姒娣"，根據
是《釋名·釋親屬》"少婦爲長婦曰姒，以其先來，己所當法似也；長婦謂少婦曰
娣，娣，弟也，後己來也。或曰先後，以來先後弟之也。"

〔54〕 《禮記注疏》（1815年阮元刻本）卷五《曲禮下》，頁94。

〔55〕 文術發《淮伯鼎銘文考釋》，《古文字研究》24輯（2002），頁229~232。

〔56〕 江蘇省丹徒考古隊《江蘇丹徒北山頂春秋墓發掘報告》，《東南文化》1988年第3、4
期，頁21；董楚平《吳越徐舒金文集釋》（杭州：浙江古籍出版社，1992），頁326。

縣改曰：𡚸，乃任縣伯室，伯犀父是縣改的父親或長輩，將縣改嫁與縣伯爲妻，"乃任縣伯室"的"室"即妻室之謂。《禮記·曲禮上》》"三十曰壯，有室"，鄭《注》"有室，有妻也，妻稱室"。[57]

　　稱"配"的例子，如《拍敦》"拍作朕配平姬庸宫祀彝"（04644）是爲其妻"平姬"所做祭器。《叔夷鎛》中，叔夷自述家門，不忘其顯赫的出身"丕顯穆公之孫、其配襄公之妣而成公之女，雫生叔夷，是辟于齊侯之所"（00276、00280、00285）。[58] 這些"配"都指配偶，即妻子。兩周青銅器所見稱"配"之例，僅《拍敦》及《叔夷鎛》，皆春秋器，另見於戰國器《陳逆簠》。[59]

　　在金文中稱"夫人"的例子，多見於春秋時期，例如"黄夫人"，或"黄夫人孟姬"是黄君孟對妻子的稱呼；[60] "句敔夫人"（04589～04590）是宋公欒爲其妹嫁爲吳國夫人時，對其妹的稱呼。"樊夫人龍嬴"（00675）是自作器，[61] 另有"衛文君夫人叔姜"（00595）、[62] "蘇夫人"（10080、10205）、"宋君夫人"（02358）、"喬夫人"（02284）等，都未説明是"自作"，器主"夫人"之稱系自稱或他稱，從銘文無法判斷。[63] 這些"夫人"前冠夫國名，[64] 都是生稱，而且都是諸侯國君夫人，[65] 與《禮記·曲禮》"諸侯曰

〔57〕《禮記注疏》卷一《曲禮上》，頁 16。參看楊樹達《積微居金文説》卷四，頁 97《伯寰卣跋》。楊氏又舉《伯寰卣》銘"伯寰作乃室寶尊彝"，認爲徐同柏釋"室"爲宗室有誤，應從鄭業敩、劉心源釋爲"妻"。按：比較"伯寰作厥室寶尊彝"（05326～05327）及《吕伯簋》"吕伯作厥宫室寶尊彝簋"（03937）銘文，《伯寰卣》的"室"恐仍應作"宫室"解。

〔58〕叔夷的父親是宋穆公的遠孫，他的配偶（妻子，即叔夷的母親）是宋襄公的外甥女（《爾雅·釋親》"男子謂姊妹之子爲妣"），又是杞成公之女，真是一門顯赫。見馬承源編《商周青銅器銘文選》（四），頁 542～543。

〔59〕戰國早期器《陳逆簠》銘"擇厥吉金，以作厥原配季姜之祥器，鑄兹寶簠，以享以孝於大宗皇祖、皇妣、皇考、皇母……"（04629～04630）。

〔60〕有時也稱"黄孟姬"（09987）。黄君孟爲夫人作器甚多，不詳列器號。

〔61〕樊夫人器共五件 00675、00676、09637、10082、10209。

〔62〕《衛文君夫人鬲》出自河南浚縣辛村五號墓，同出兩器，現藏南京博物院。《集成》00595 所收拓片模糊，《商周青銅器銘文選》（北京：文物出版社，1988）797 所收拓片較清晰，銘文原鑄"衛夫人作其行鬲"，"文君"與"叔姜"四字爲加刻。

〔63〕王國維認爲"諸侯稱夫人乃他人尊之之稱，非大夫稱其妻也"，見王國維《王國維學術隨筆》（北京：社會科學文獻出版社，2002）卷二《東山雜記·夫人非夫對人稱妻之辭》，頁 57～58。

〔64〕《鄧公簋》（04055）"唯鄧九月初吉，不姑女夫人以作鄧公"，以鄧記年，應是記薄姑女夫人來歸鄧公，"夫人"前所加爲夫人之母家國名。

〔65〕戰國器《君夫人之鼎》（02106）雖無夫家國名，仍有可能是諸侯國。

夫人"之記載相合。[66]

"婦"的稱謂較複雜，一種是與"姑"（夫之母）對應的稱謂，多見於商代或西周早期，已如前述；[67]一種是指妻子，多見於西周晚期或春秋。[68]作爲妻子的稱呼，如"昆君婦䰟霝"（09434）、"邛君婦龢"（09639）、"王婦異孟姜"（10240）、"王子刺公之宗婦鄙娶"（02683等），這些是婦人以丈夫爲主體的自稱；《召樂父匜》"召樂父作婦改寶匜"（10216）、《仲叡父盤》"仲叡父作婦姬尊盤"（《小校》9.73、《總集》06753），是丈夫對妻子的稱呼。《芮公鬲》是芮公爲其女兒嫁給"京仲氏"爲妻所作媵器，稱"京仲氏婦叔姬"（00711、00712、00743）。《豕叔多父盤》銘文中，豕叔多父自稱爲"孝子"（《小校》9.79、《總集》06786），"用及孝婦嬭氏百子千孫其事"中的"孝婦嬭氏"，正與"孝子"相對，[69]是孝子豕叔多父之婦（妻），"孝子"之稱是因父子關係而來，"孝婦"之稱則是因夫妻關係而來。上述這些例子中的"婦"，没有可被確認爲丈夫對已殁妻子的稱呼者。

金文中究竟有没有爲亡妻作祭器？前述的例子中，只有拍敦"拍作朕配平姬庸宫祀彝"明説是爲亡妻而作。此外尚有一些例子，由於没有親稱，比較難判斷，如《伯作蔡姬尊》"伯作蔡姬宗彝"（05969），既作蔡姬"宗彝"，"蔡姬"有没有可能已經逝世？《魯侯盉》"魯侯作姜享彝"（09408）中的姜姓女子應該是魯侯的妻子，既爲"姜"作"享彝"，"姜"有没有可能也已經去世？又如《伯衛父鼎》（02489）、《伯衛父盉》（09435）"伯衛父作嬴𤑱彝，其孫孫子子萬年永寶"，考慮到"𤑱"字的意義，像祭祀時陳列肉類於几案之形，[70]銘文中有"用夙夕𤑱享"，是"𤑱"爲享祭之義，則"伯衛父作嬴𤑱彝"有没有可能是爲妻作祭器？抑或只是和"尊彝"一樣，是作給妻子爲祭祀之用，也不無可能。

---

〔66〕 春秋晚期的《鄭臧公之孫鼎》稱已逝的父母爲"刺叔、刺夫人"，這種用法僅此一件。

〔67〕 詳參黃銘崇《論殷周金文中以"辟"爲丈夫殁稱的用法》，頁393~441。

〔68〕 西周早期器《令簋》稱"婦後人永寶"（4300），其中的"婦"可能指妻子。

〔69〕 李學勤《叔多父盤與〈洪範〉》，《華學》第5輯（2001），頁108~111。

〔70〕 詳參周法高《金文詁林》（香港：中文大學，1975）卷七，0932𤑱字條，字像以匕從鼎中取肉置於几案之形，或爲"爿"聲。

類似以下兩器銘文，受器女性没有親稱、没有身份標記，從字面上很難斷定受器女性的身份及其與作器者的關係，例如：

《𤔲尊》：唯十又三月辛卯，王在岸，賜𤔲采，曰：哉，賜貝五朋，𤔲對王休，用作姞寶彝。（05992 尊，西周早期）另有同銘卣一件（05402）

《匽侯鼎》：匽（燕）侯旨初見事于宗周，王賞旨貝廿朋，用作姒寶尊彝。（02628 鼎，西周早期）[71]

總之，在青銅器銘文中，能確認是以丈夫的身份爲去世的妻子作祭器的情況，並不多見。是習俗丈夫不爲妻子作祭器嗎？還是有其他的原因？我們理解到，男性作爲一家之主，當他去世後，在男權較爲强勢的社會中，妻子可能退處於“兒子”背後，由其子輩爲亡父作器，所以金文中子爲父作器的例子特多。但是如果妻子先丈夫而逝，也由子輩爲母作器嗎？這兩種情況是否可以等同看待？這個問題可能需要多作思考。

六、關於女性尊器的一些思考

青銅器中有不少器物在自名前面加上“尊”字，金文中“尊”字出現次數極多，根據《殷周金文集成引得·單字出現頻度表》統計，共出現 1533 次，[72] 最常見的是“寶尊彝”“作尊彝”“作寶尊將彝”“作尊鼎”“作尊簋”等。“尊”字是什麽意思？“尊”的性質如何？有一些男性作器者爲女性作“尊器”，但受器的女性名字前没有親屬稱謂，作器與受器兩者間的關係是甚麽？很值得討論。上一節中已討論過幾個爲婦女作“宗彝”“享彝”“祀彝”“𩵦彝”的例子，銘文中婦女受器者皆無親稱，我們推測受器者或有可能是作器者已去世的妻子，但也無法確定。這一節中，主要擬討論“尊器”的性質，尤其要集中討論受器者爲無親稱女性的尊器的性質。

金文中“尊”字出現頻度極高，但是學界對於“尊”字的用法卻尚未有一致的結論。過去有幾種説法，或以“尊”爲尊貴之尊；

〔71〕 馬承源認爲“姒”是匽侯旨的母姓。見《商周青銅器銘文選》三（北京：文物出版社，1988），頁 28。

〔72〕 張亞初編著《殷周金文集成引得》（北京：中華書局，2001），頁 1511。“尊”字出現的頻度居第 11 位，僅次於作、子、父、用、寶、孫、其、王、永、彝。

或以爲即"奠"字，《説文》"奠，祭也"；或以爲"尊"當讀爲"宗"，"尊彝"即"宗彝"等。[73] 如果不再細分的話，將"尊彝"認爲與"寶彝"一樣，都是禮器的統稱，[74] 是酒、食類禮器的大共名，[75] 是一般比較能够接受的看法。唐蘭的意見很特別，值得注意，他説：

> 凡稱爲"尊"的器，是指在行禮時放置在一定位置的器。《左傳·昭公十二年》説："以文伯宴，樽以魯壺"。《士冠禮》："側尊一甒醴在服北"，鄭《注》云："置酒曰尊。"胡培翬《儀禮正義》説："置酒謂之尊，猶布席謂之筵，皆是陳設之名，非謂酒器。'側尊一甒醴'，猶言特設一甒醴耳。"這個説法是很正確的。鼎在刻銘裹有時稱爲"尊鼎"，可見即使並非盛酒之器，也可以稱尊。"尊鼎"等於是陳設用的鼎。[76]

> 金文常説"寶尊彝"，青銅彝器有很多種，旅彝、宗彝是指宗廟裏的器，而尊彝、饙彝是指祭器。[77]

張亞初認爲器名的"尊"字意思與"寶"字相近，他不贊成將"尊"當作"宗彝"或"祭祀陳設"，他指出：

> 我們知道，自作或爲女子所作器，有的也稱爲尊。例如，《曾子白父匜》云"曾子白□□自作尊彝"（《三代》17.28.5），《伯訧父鬲》云"伯訧父作邢姬、季姜尊鬲"（《三代》5.26.2），可見尊字不同於宗廟之宗。[78]

這個質疑的確劈刀直入，也很有道理。看來"尊器"的性質並未取得共識。

關於這個問題，函皇父爲妻子琱娟作的一組青銅器中，將盥洗用具與尊器分列，對思考尊器的性質有所啓發：

[73] 詳見周法高編《金文詁林》卷一四，1892 尊字條。
[74] 張亞初《殷周青銅鼎器名、用途研究》，《古文字研究》18 輯（北京：中華書局，1992），頁275。
[75] 朱鳳瀚《古代中國青銅器》（天津：南開大學出版社，1995），頁96。
[76] 唐蘭《〈五省出土重要文物展覽圖録〉序言》，收入《唐蘭先生金文論集》（北京：紫禁城出版社，1995），頁83。
[77] 唐蘭《論周昭王時代的青銅器銘刻》，收入《唐蘭先生金文論集》（北京：紫禁城出版社，1995），頁284。
[78] 張亞初《殷周青銅鼎器名、用途研究》，頁275。

《函皇父簋》：函皇父作琱娟盤、盉，尊器簋具，自豕

鼎降十，又簋八，兩罍、兩壺，琱娟其萬年，子子孫孫永

實用。（04141～04143，西周晚期）

銘文中尊器指鼎簋食器及壺罍酒器，這些都是常見的宗廟禮器，這表示盥洗用具作爲實用器，與鼎簋等"尊器"的性質有所區別。許多墓葬中隨葬器的陳列位置也是將禮器和盥洗用具井然分列。[79]

關於這個問題，首先，我們注意到銘文中的"尊"字與去世祖先的密切關係。表六是以鼎、簋爲例，先區別出尊器與非尊器的數量，然後統計尊器中確爲祖先祭器的數量。在討論祭祀與婦女問題的時候，不得不面對"尊"字重新思考，將受器者爲女性而其稱名前沒有標明親稱的銘文（如季姜、毛仲姬等例），分別列一欄（即受器者爲女性而女名前沒有母、妣等親稱的尊器）。

表中"無受器者名"的這一類尊器，泛指寶器或祭器，對於討論尊器的性質關係不大。在有受器者名的尊器中，有祖先親稱者佔絕大多數（尊鼎 119/161、尊簋 202/259），也就是説尊器的受祭者身份標誌大部分都很清楚，這個現象説明"尊器"作爲祭器的特質相當明顯。

其次討論沒有祖先親稱的尊器，其中作器/受器關係不清且受器者非女性者，數量極少，不致影響討論。[80] 我們要特別關注的是沒有祖先親稱的尊鼎 42 件中，有 28 件受器者是女性；沒有祖先親稱的尊簋 57 件中，有 43 件受器者是女性，佔了無祖先親稱的尊器中大多數，這個現象究竟該怎麼理解？男性在青銅"尊器"的受器者中，絕大多數身份都是祖、考（父），極少數的已歿丈夫（辟），其爲受祭者身份是很清楚的，換句話説，沒有祖先親稱的男性受器者尊器，並不多見，但是沒有親稱的女性受器者尊器卻習常出現。

---

[79] 陳昭容《從古文字材料談古代盥洗用具及其相關問題》，《中央研究院歷史語言研究所集刊》第 71 本第 4 分（2000），頁 857～954。

[80] 表中最後一欄作器/受器關係不清的器物，有的是沒有作器者名（或名字不清楚），自然無法得知兩者關係；有的是關係不清但是受器者有日名，有可能表示已經去世（當然日名的問題需要進一步討論）。當銘文所傳達的資料太簡單時，很難判斷人物之間的關係，例如《伯吉父作毅尊鼎》（02656）、《叔作單公寶尊彝》（02270）。這一類受器者是男性而又沒有親稱的例子不多，扣除上述因素之後，大約有尊鼎 4 件、尊簋 6 件。

表六

	西周早期	西周中期	西周晚期	春秋	合計	備　　注
鼎器名中有尊字者	171/478	30/159	55/148	8/146	264	斜線後爲該時期鼎的總件數（時代分期不清者不計）
無受器者名的尊鼎	67	16	17	3	103	
有受器者名的尊鼎	104	14	38	5	161	
有祖先親稱的尊鼎	80	14	22	3	119	
無祖先親稱的尊鼎	24	0	16	2	42	
無祖先親稱的女性尊鼎	11	0	15	2	28	
無祖先親稱而作器/受器關係不清的尊鼎	13	0	1	0	14	受器者非女性，但與作器者關係難判斷

	西周早期	西周中期	西周晚期	春秋	合計	備　　注
簋器名中有尊字者	153/427	73/206	150/346	6/48	382	斜線後爲該時期簋的總件數（時代分期不清者不計）
無受器者名的尊簋	76	18	29	0	123	
有受器者名的尊簋	77	55	121	6	259	
有祖先親稱的尊簋	66	50	83	3	202	
無祖先親稱的尊簋	11	5	38	3	57	
無祖先親稱的女性尊簋	4	3	34	2	43	
無祖先親稱而作器/受器關係不清的尊簋	7	2	4	1	14	受器者非女性，但與作器者關係難判斷

我們知道青銅器的製作,許多都是爲宗廟祭享而作,"寶器"是珍寶器物的總稱,如果器物自名只說"寶鼎""寶簋""寶用鼎"等,除非有祖先親稱,否則無法判斷是不是祭器,但是其爲祭器的可能性仍然很大。基本上,子孫對已去世的祖先,都會注明親屬關係,不會直呼其名。有些看來像是直呼母親、祖母名字的例子,其實都是跟在已去世的皇祖、文考之後,例如:《旬簋》"旬作文祖乙伯、同姬尊簋"(04321)、《趞鼎》"趞作皇考釐伯、鄭姬寶鼎"(02518)、《衛鼎》"衛作文考小仲、姜氏孟鼎"(02616)、《宰獸簋》"宰獸作剌祖幽仲、益姜寶匜簋"(《集成》未收)[81]等,雖然這些女性受祭者沒有親稱,但對其身份的辨認並無妨害,是祭器也絕無問題。這一點前面已經談過。

茲略舉沒有祖先親稱的女性受器者尊器數例如下:

(A)

《虢仲鬲》:虢仲作姑尊鬲。(00561～00562,虢國姬姓)

《單伯原父鬲》:單伯原父作仲姞寶尊鬲。(00737,單國姬姓)

《善夫旅伯鼎》:善夫旅伯作毛仲姬尊鼎。(02619,毛國姬姓)

《芮子仲殿鼎》:芮子仲殿作叔媿尊鼎。(02517,芮國姬姓)

《邿翔伯鼎》:邿翔伯作此嬴尊鼎。(02640～02641,邿國曹姓)

《王作姜氏簋》:王作姜氏尊簋。(03570,王,姬姓)

《辛叔皇父簋》:辛叔皇父作中姬尊簋。(03859,中氏姬姓)

《呂王壺》:呂王造作芮姬尊壺。(09630,呂國姜姓,芮國姬姓)

(B)

《杜伯鬲》:杜伯作作叔祁尊鬲。(00698,杜國祁姓)

《王作垂姬鼎》:王作垂姬寶尊鼎。(02273,王,姬姓)

---

[81] 羅西章《宰獸簋銘略考》,頁83。

《應侯簋》:應侯作姬原母尊簋。（03860，應國姬姓）

《虢伯鬲》:虢伯作姬大母尊鬲。（00709，虢國姬姓）

《吹作楷妊鼎》:吹作楷妊尊彝。（02179，楷國姬姓）[82]

《王伯姜鼎》:王伯姜作季姬福母尊鼎。（02560，王，姬姓）[83]

以上所舉都是作器或受器者的國氏清楚的例子，這些例子中的作器者都是男性，受器者都是女性，（A）類是作器男性與受器女性國姓不同者，（B）類是作器者與受器者女性國姓相同者。

以（A）類辛叔皇父作中姬尊簋（03859）爲例，從“中伯作辛姬變人媵壺”（09667～09668），可知道“變人”是“中伯”的女兒，姬姓，嫁到“辛氏”去，以同姓不婚的原則來看，辛叔皇父不是姬姓，跟中姬的關係應是夫妻。再以“善夫旅伯作毛仲姬尊鼎”（02619）這個例子來說，文獻上記載“毛國姬姓”，“毛仲姬”應該是“姬姓毛國排行老二的女子”，“毛仲姬”與“善夫旅伯”的關係，不會是直系的父/女關係。[84]

至於（B）類，受器者與作器者同姓，以同姓不婚的原則來看，作器子孫不應與受器母親或祖母同姓，所以這一類銘文也就不可能是子/母或孫/妣關係。一般兒子爲母親作祭器，典型的記錄方式應像“散季肇作朕王母叔姜寶簋”（04126）、“靜用作文母外姞尊簋”（04273）那樣，以親稱說明作器者與受器者的身份關係。

多數“尊器”，除了受器者是没有親稱的女性尊器外，幾乎都是爲已逝先人而作，使得我們朝向“尊器”不只是“寶器”而是“祭器”的角度思考。但是尊器有自作器，有學者因而質疑尊器非祭器。其實金文中有些例子可以説明“自作尊器”並非爲自己而作，如:

《章叔將簋》：章叔將自作尊簋，其用追孝于朕嫡考，

---

[82] 根據《楷侯簋》銘楷侯“作文母楷妊寶簋”（04139），知“楷妊”爲楷侯母親，楷國非妊姓，又據“師趛盨“師趛作楷姬旅盨（04429），知楷國姬姓。參李學勤《菁簋銘文考釋》，《故宫博物院院刊》2001 年 1 期，頁 1～3。

[83] “王伯姜”嫁入周王室的姜姓女子，“季姬福母”應爲周王及伯姜之女。

[84] 父親爲女兒作器，往往女名前不加母家國族名，如果女名前繫國族名，往往是女兒出嫁後的夫家國族。僅有極少數例外，如《異侯作異邢姜妢母媵尊簋》（新出《集成》未收），見張光裕《新見異侯媵器簡釋》，《第三屆國際中國古文字學研討會論文集》（香港：香港中文大學，1997），頁 327～328。此器爲姜姓異國嫁女於邢國，一般僅稱“邢姜妢母”，夫家國“邢”之前不加母家國“異”。

其子子孫孫永寶用之。（04038）

《勇叔買簋》：勇叔買自作尊簋，其用追孝于朕皇祖嫡
考，用賜黃耇眉壽，買其子子孫孫永寶用享。（04129）

《郜公平侯鼎》：郜公平侯自作尊盂，用追孝于厥皇祖
晨公，于厥皇考犀□公……（02771～02772）

《徐王義楚觶》：徐王義楚擇余吉金，自作祭鍴，用享
于皇天及我文考……（06513）

這些“自作尊器”（或自作祭器）顯然不能理解爲作給自己用，而
應該是自己作一個祭器用於宗廟祭享。

一般而言，媵器是父母作給女兒的嫁妝，但媵器也有“尊器”，
就使得“尊器”是“宗廟祭器”受到質疑。我們查了所有的媵器銘
文，發現有四件“媵尊器”：

《許男鼎》：許男作成姜逗母媵尊鼎，子子孫孫永寶用。
（02549）

《復公仲簋》：復公仲若我曰：其擇吉金，用作子孟姙
寢小尊媵簋，其萬年永壽，用狙萬邦。（04128）

《蔡侯申尊》：蔡侯申作大孟姬媵尊。[85]（05939）

《異侯簋》：異侯作異邢姜妢母媵尊簋。[86]

這種例子並不多見，不過如果想到媵器也有爲女兒夫家宗廟而作的
例子，這個問題也就能够解決了。例如壽縣蔡侯墓出土四件蔡侯申
爲大孟姬嫁給吳王所做的媵器，其中尊、盤銘文上説：

蔡侯申虔共大命，上下陟配，敨敬不惕，肇佐天子，
用作大孟姬媵彝盤，禋享是台，祇盟嘗啻，祐受毋已……
（06010、10171）

另外兩件尊及缶銘曰：

蔡侯申作大孟姬媵尊。（05939）

蔡侯申作大孟姬媵盥缶。（10004）

這兩件媵器雖没有説明是爲禋享之用，但是在同一次嫁女作的媵器
尊與盤的銘文上，已經説得很清楚了。此外還有吳王光爲女兒“叔
姬寺吁”嫁到蔡國所做的媵器《吳王光鑑》（10298、10299），銘文

---

〔85〕 此“尊”爲尊器之尊，不是酒器之尊。
〔86〕 張光裕《新見異侯媵器簡釋》，見327～328。

説是"宗彝薦鑒""用享用孝";[87] 晉國嫁長女於楚國所做的媵器《晉公盨》（10342）也説"虔恭盟祀"；曾國嫁女到黄國，曾侯也作了媵器《曾侯簠》（04598）以爲"飤彝"，這些都是媵器作爲宗室祭器的例子。

根據以上的討論，可以看出"尊器"中有自作器及媵器，不能成爲否定"尊器"爲祭器的證據。

"尊"也當動詞用，有"致祭"之意，例如《晉侯僰馬壺》銘曰：

> 晉侯僰馬既爲寶盂，則作尊壺，用尊於宗室，用享用孝……[88]

《作册令簋》銘：

> 用作丁公寶簋，用尊事于皇宗。（04300~04301）

尊器作爲宗室享孝之用，基本上是説得通的。

前述受器者爲女性卻没有親屬稱謂的尊器，排除是爲已去世長輩而作的可能性之後，其作器與受器者的關係，推測有如下幾種可能性：

（A類）作器者與受器者不同姓時——爲"因婚姻關係而成親屬"的女性而作，最可能的是妻子。

（B類）作器者與受器者同姓時——爲"作器者本家女性親屬"而作，可能是姑母、姊妹、女兒。

以上這兩類女性尊器，受器的女性可能都仍在世，下列的例子可以説明：

《王伯姜鼎》：王伯姜作季姬福母尊鼎，季姬其永寶用。（02560，西周晚期）

《仲師父鼎》：仲師父作季**㚤**姒寶尊鼎，其用享用孝于皇祖帝考。（02743、02744，西周晚期）

《旛嫳簋》：旛嫳作尊簋，旛嫳其萬年子子孫孫永寶用。（03874、03875、03876，西周晚期）

---

〔87〕 吳王光還爲叔姬寺吁作了一套甬鐘（00224），銘文雖没有寫明是宗彝，但此穌鐘之用應該也是爲宗廟禮器，詳參曾憲通《吳王光編鐘銘文的再探討》，《華學》第5輯（廣州：中山大學出版社，2001），頁112~129。

〔88〕 北大考古系、山西省考古所《天馬——曲村遺址北趙晉侯墓地第五次發掘》，《文物》1995年7期，頁7。

《🔣方鼎》:女🔣覲于王,癸日,賞🔣貝二朋,用作🔣尊彝。

（02579,西周早期）

受器的女性既要寶用此尊器以享皇祖,又要將器傳及後世子孫,則其受器當時,應該仍然在世,是可以肯定的。就（A）類而言,最可能是作器給妻子,用以祭祀夫家祖先,這種爲妻作器以祭祀夫家祖先的例子甚多,前面已舉例討論過。就（B）類而言,受器女性與作器者同姓,需是本家親屬才有可能。青銅器中有爲姑（父之姊妹）或姊妹作器之例:

爲姑作器:

> 伯庶父作王姑凡姜尊簋。（03983,西周晚期）
>
> 復公子白舍作我姑鄧孟媿賸簋。（04011～04013,西周
晚期）

爲姊作器:

> 季宮父作仲姊壤姬賸簋。（04572,西周晚期）
>
> 公仲佻作公姊寶簋。（西周中期）。[89]

爲妹作器:

> 兼伯受作元妹叔嬴爲心賸簋。（04599,春秋）
>
> 宋公繺作其妹句敔夫人季子賸簋。（04590,春秋）

至於爲女兒作器,例子甚多,不贅述。

這些爲女性作的尊器,而又沒有親稱説明作器/受器者兩者的身份,猜想所有的可能不出上述幾種關係。鑒於青銅器中以"爲妻作器"與"爲女作器"數量最多,前述的幾種關係當中,應該也是以"爲妻作器"與"爲女作器"的可能性最大,兩者都是以祭祀夫家宗廟祖先、燕享族人爲目的。

七、婚姻與祭祀

（一）嫁女與夫家祭祀

一般而言,女子既嫁,一切祭祀以夫家爲主,出嫁時的賸器並不一定涉及夫家祭祀的種種。在《殷周金文集成》所收器中,銘文確實標有"賸"字的共118件,《集成》失收或新出器中有16件,從銘文中能確定

---

[89] 王世民《公仲簋》,保利藝術博物館《保利藏金續》（廣州:嶺南美術出版社,2001）,頁119～121。

該媵器作爲享孝宗廟祭器的例子，前面已經引述過，壽縣蔡侯墓出土四件蔡侯申爲大孟姬"敬配吳王"所做的媵器，稱"作大孟姬媵彝盤，裡享是台，祗盟嘗啻，祐受毋已"，此外還有吳王光爲女兒叔姬寺吁嫁到蔡國所做的媵器《吳王光鑑》（10298、10299）：

> 吳王光擇其吉金，玄鋊白鋊，以作叔姬寺吁宗彝薦鑒，用

享用孝……
晉國嫁女於楚國（宗婦楚邦）所做的媵器《晉公𥂴》（10342）也説：

> 盂作元女，……媵盞四酉，……虔恭盟祀，……

吳蔡聯姻、晉楚聯姻，自然都是基於政治上的考量，《禮記·昏義》"昏禮者，將合兩姓之好，上以事宗廟，下以繼後世也"。[90] 前述的例子都是大國將婚姻視爲邦交的一部分，不惜製作精美的重器，以期達成婚姻之外的重要企圖。這些媵器作爲隣彝，恐怕不只是簡單的享孝于夫方的祖先而已。

比較起來，默叔、默姬嫁伯媿媵簠（六件）和曾侯嫁叔姬到黃國媵簠，就比較感受不到濃濃的政治味，用意只是期勉出嫁的女兒要享孝於"姑公"或子孫永用於祭享：

> 默叔、默姬作伯媿媵簠，用享孝于其姑公……（04062～
04067 西周晚期）

> 叔姬霝作黃邦，曾侯作叔姬、邛嬭媵器隣彝，其子子孫孫
其永用之。（04598，西周晚期）

前述《許男鼎》"許男作成姜逗母媵尊鼎"（02549）和《復公仲簠》"復公仲若我作孟姆寢小尊媵簠"等"媵尊器"，其用意應與此相同。

媵器常在銘文中直接標明"媵"字，但"媵""尊"連用則比較少見，"隣彝"或"享孝"這些指明爲夫家祭祀用器的銘文，也不多見於"媵器"中。可能媵器銘文的"媵"字主要在於傳達出嫁贈品的意義，並未以"祭祀夫家"爲銘文重點。但是這些媵器隨女子到夫家後，還是有可能作爲"祭祀夫家""享孝姑公"的用途。至於是爲女兒（或姊妹）所作的尊器，即使沒有標明"媵"字，也有可能作爲夫家祭享寶器。

青銅器銘文中的媵器是女兒出嫁當時的嫁妝，若是爲同姓女作器而未標明"媵"字者，有可能是女兒出嫁當時的嫁妝，也可能是女兒出

---

[90] 《禮記注疏》卷六一《昏義》，頁999。

嫁後,來自生身母家的饋贈。文獻上確實記載女兒出嫁後,生身父母可以請人代爲探視,《左傳》成公九年記載成公的女兒伯姬"歸於宋",夏天,成公請季文子"如宋致女"。[91] 可惜多數銘文記載並未詳盡,無法確定這些爲女兒所做的非"媵"器物,是否"致女"的禮物。[92] 探視出嫁女兒並致贈禮物,《兩簋》有詳細的記載,可供參考:

> 唯六月既生霸辛巳,王命兩眾叔𤔲父歸(饋)吳姬𪐴器,
> 師黃賓章(璋)一、馬兩,吳姬賓帛束,兩對揚天子休,用作尊
> 季姜。(04195,西周中期)

銘文的意思是周王請兩及叔𤔲父去探視已出嫁到吳國的女兒吳姬,並且贈送"𪐴器",兩因而受到吳姬的丈夫師黃賓贈璋一件、馬兩匹,吳姬賓贈帛一束。[93] 兩任務圓滿並得賓贈,就作了這一件尊簋給"季姜"(兩的妻子),並把這個過程記錄在器物上。需要特別討論的是"𪐴器",𪐴字從食從異省,容庚認爲是"飴"字的籀文寫法,應讀作"飤",[94] 郭沫若認爲可能假爲"飤"或"禩",如果讀作"禩",就是祭祀用的器物。[95] 參考《作册大方鼎》銘文"公東鑄武王成王異鼎"(02758~02761),"異鼎"即"禩鼎"(祀鼎),就是祭祀用的鼎。[96]《兩簋》的銘文"𪐴器"也可能與此相似。儘管"𪐴器"一詞的釋讀仍有討論空間,但父母得於女兒出嫁後,遣使探望並饋贈銅器,是可以肯定的。

周代的已婚婦女,以生身母家所饋贈的器物,在夫家參與祭祀活動,從青銅器銘文中,可以得到證實。

---

[91] 《春秋左傳正義》卷二六《成公九年》,《傳》"夏,季文子如宋致女,復命,公享之,賦《韓奕》之五章",頁447~448。季文子賦《詩經·韓奕》,藉韓姞出嫁生活安樂説明伯姬在宋的情形。

[92] "致女"的真正含意,經籍注疏異見頗多,可能是結婚儀節中"成婦禮"的一部分,其意義可能不只是"探視"而已。

[93] "賓"通常指主人酬答使者的物品。參考彭裕商《保卣新解》,《考古與文物》1998年4期,頁68~72。

[94] 容庚説見《金文詁林》卷五,682"飴"字條,又容庚《金文編》(北京:中華書局,1985)卷五,0837"飴"字條。

[95] 郭沫若《金文餘釋·釋𪐴》,《金文叢考》(東京:文求堂書店,1954年重訂本),頁180。

[96] 容庚《金文編》卷一,0021"祀"字條"《説文》祀或從異作禩"。

（二）已嫁婦女與母家祭祀

女子既已出嫁，應隨夫家從事祭祀活動，祭祀夫家祖先。從青銅器銘文中呈現的狀況來看，不論是婦女主動製作祭器，或是被動的接受丈夫製作的祭器，都以祭祀夫家祖先爲主，《蔡姞簋》是唯一出嫁女子與母家祭祀相關的青銅器。其銘如下：

> 蔡姞作皇兄尹叔尊鷰彝，尹叔用妥多福于皇考德尹、惠姬，用旂匄眉壽，綽綰永令，彌厥生，霝終，其萬年無疆，子子孫孫永寶用享。（04198，西周晚期）

"蔡姞"是嫁與姬姓蔡國的姞姓女子，"尹叔"是蔡姞的哥哥，"皇兄"之"皇"爲美稱，[97] "皇考德尹、惠姬"是蔡姞與尹叔的父母。蔡姞在出嫁之後，作祭器給母家的兄長，用以祭祀父母，以求去世的父母降下多福。[98] 蔡姞爲何不自己作器祭生身父母？何以需要作器轉贈給母家兄長？我們猜想可能跟已嫁女子不便參與母家祭祀有關。女子既嫁，就納入夫家的宗族系統，與母家的親屬關係有所變化，和未嫁時不同，服父母喪時"降服一等"，就是很具體的反映。蔡姞嫁與蔡國爲夫人，夫家地位顯赫，顯非母家所能比，因而有能力作器致贈母家。在青銅器中，出嫁婦女作祭器致贈娘家，恐非常例。"蔡姞"是姞姓女嫁與姬姓蔡國，而"蔡姞"的母親"惠姬"又是從姬姓國來。這是姞姓、姬姓兩代通婚的例子。

（三）姻親與家族祭祀

祭祀後的燕享活動是凝聚族人的重要方式,除了以有血緣關係的家族成員爲基本中心之外,也包含非血緣關係的姻親。這些包括宴請"婚媾"的青銅器,除了《壴卣》外,都出現在西周晚期到春秋。例如：

> 《壴卣》:文考日癸,乃沈子壴作父癸旅宗尊彝,其以父癸夙夕鄉爾百婚遘。（05401,西周早期）

> 《善夫克盨》:……克拜稽首,敢對天子不顯魯休揚,用作旅盨,唯用獻于師尹、朋友、婚遘,克其用朝夕享于皇祖

---

[97] 《幾父壺》（09721～09722）稱賞賜者同仲爲"皇君"、《師𩰫簋》（04311）稱賞賜者伯龢父爲"皇君"。

[98] "妥多福"即《詩·載見》"綏以多福",通"隤",有"降下"之意。見徐中舒《金文嘏詞釋例》,《徐中舒歷史論文選集》（北京：中華書局,1998）,頁517。原載《中央研究院歷史語言研究所集刊》第6本第1分（1936）。或以爲"綏,安也"。詳參《金文詁林》卷一二,1562"妥"字條。

考……(04465,西周晚期)

　　《乖伯簋》:……歸夆敢對揚天子丕杯魯休,用作朕皇考武
乖幾王尊簋,用好宗廟,享夙夕,好倗友與百諸婚媾,用祈屯彔
永命魯壽子孫,歸夆其萬年日用享于宗室。(04331,西周晚期)

　　《叔季良父壺》:叔季良父作□姒尊壺,用盛旨酒,用享孝
于兄弟、婚媾、諸老,用祈匃眉壽,其萬年霝終難老,子子孫孫
是永寶。(09713,西周晚期)

姻親是透過婚姻關係而自然形成,兩姓合婚,在貴族既然常帶有政治
色彩,則修好姻親,維持良好關係,恐怕也帶有某種政治目的,宴請昏
媾是手段之一。不過就青銅器中的記録來看,宴請有血緣關係的同宗
兄弟朋友(25 次),其重要性超過没有血緣關係的姻親(4 次),從這兒
我們也可推想到家族祭祀,是以凝聚宗族爲主要目的,姻親的重要性
自然不及血親。從宴請的宗親未見女性看來,宴請的姻親可能也僅及
於男性,女性姻親可能不被邀請。[99]

八、祭祀中婦女參與的角色與深度

(一)從婦女作器的角度看

　　前面已經談過,女性爲已去世的丈夫製作祭器的例子不多,原因
可能是在以男性爲中心的社會裏,妻子在丈夫去世後,多數由兒子爲
父親作祭器。即使不看祭器,包括各種不同目的的器物製作,女性作
器的能力都是很貧乏的。過去我們曾統計過盤、匜、湯鼎、浴缶的作器
者,男/女作器者的比例是 189:20。[100] 再以鼎、簋爲例,根據表三,在
西周春秋共 931 件鼎中,只有 40 件的作器者是女性;西周春秋共 1027
件簋中,僅 60 件的作器者是女性,這些女性作器包括作尊器、作寶器、
自作器或爲女兒作媵器等,不限於祭器。若限於祭器,從西周到春秋,
根據表四,女性作器約僅 174 件。這些都可説明女性自主作器能力不
高,被動接受丈夫或父親作器贈與,佔女性器物的大宗,用於夫家祭祀
是其中重要的一部分。[101]

---

〔99〕　朱鳳瀚《商周家族形態》,頁 331、357,注〔9〕。

〔100〕　陳昭容《從古文字材料談古代盥洗用具及其相關問題》,《中央研究院歷史語言研究所
　　　　集刊》第 71 本第 4 分(2000),頁 884。

〔101〕　詳另文《兩周青銅器作器與受器身份關係分析》。

究竟甚麼身份的婦女比較有製作祭器的機會？從作器女性的名字上並不容易分辨，因爲青銅器銘文有時很省簡，並沒有交代所有的訊息。有些名字可給我們一些線索，譬如"王伯姜"（02560）是嫁到王室的姜姓女子，共作三鬲一鼎二壺，"魯姬"（00593）是出身魯國的姬姓女子，"眔孟姜"（10240）是嫁作王婦的姜氏女，前述的爲母家作祭器的"蔡姞"（04198）、爲丈夫的父親（舅）作祭器的"虢姜"（04182），夫家都是大貴族。

春秋時期最突出的一位女性作器者是鄀嫚，根據《陝西金石志》，鄀嫚器在清光緒中出土於陝西鄠縣，同時出土的器物共有七鼎、六簋、兩壺、一盤，[102] 銘文均同：

　　　　王子剌公之宗婦鄀嫚，爲宗彝𣪤彝，永寶用，以降大福，保

　　薛鄀國。

鄀國的地望不詳，應該離出土處不遠。器主鄀嫚作器時，其夫"王子剌公"可能已經過世（"剌"可能是謚號），鄀嫚應爲嫚姓女子嫁到鄀國來，其身份爲"宗婦"，其夫應爲"宗子"。從鄀嫚宗婦器群，可以推想"宗婦"在當時的家族中有特殊的地位，在丈夫去世之後仍以宗子遺孀的身份作器，祈求保乂"鄀國"，以夫家國爲念。

晉姜鼎（02826）中的晉姜更是豪氣萬千，她不僅提到"嗣朕先姑君晉邦"，強調他作爲晉邦女君的合法地位，她還"紹匹予辟"，輔佐君主，"乂我萬民"，並去"征繁陽""取吉金"作寶尊鼎，這也是難得一見的女子。

金文中許多作器女子的身份，或是周王后妃、或是國君夫人、或是宗子之婦，都因丈夫而有貴尊的地位。有些身份並不明確，但他們必定是在該貴族家庭中有特殊的地位，即使在丈夫去世後仍有作器的能力。例如《伯姜鼎》中的"伯姜"在其夫"郘伯日庚"去世後作祭器"夙夜明享于郘伯日庚"（02791），《孟姬㝬簋》中的"孟姬㝬"，也一樣以孀婦的身份作器"用追孝于其辟君武公"（04071～04072）。下例中的"叔妟"是比較特別的例子：

　　　　叔妟作寶尊簋，眔仲氏萬年，用侃喜百生、倗友眔子婦，

　　孫孫永寶用，夙夜享孝于宗室。（04137）

從銘文中看得出來"叔妟"的丈夫"仲氏"仍然在世，卻由"叔妟"具名

---

〔102〕《集成》共收鄀嫚作器 7 件鼎（02683～2689）、12 件簋（04076～04087）、2 件壺（09698～09699）、1 件盤（10152）。

作宗室祭器,這樣的例子極爲少見。

(二)從祭祀後的燕享活動看

關於周代祭祀活動的過程及家族歡聚,《詩·小雅·楚茨》有很生動的描述:

> 執爨踖踖,爲俎孔碩。或燔或炙,君婦莫莫。
> 爲豆孔庶,爲賓爲客。獻酬交錯,禮儀卒度。
> 笑語卒獲,神保是格。報以介福,萬壽攸酢。
>
> 禮儀既備,鐘鼓既戒。孝孫徂位,工祝致告。
> 神具醉止,皇尸載起。鼓鍾送尸,神保聿歸。
> 諸宰君婦,廢徹不遲。諸父兄弟,備言燕私。

主婦忙碌的準備祭品,接著是祭祀的繁複過程,然後提到禮成之後的燕樂。這類家族祭祀活動之後的餘興節目,通常宴請的嘉賓,包括"父兄"、"宗子與百姓""兄弟"、"佣友"、"多友",所指不外是有血緣關係的同宗族人。此外還包括少數的"昏媾",指沒有血緣關係的姻親,有時還會有一些"嘉賓",看來像是沒有血緣關係"諸賢""庶士""寮人"等,卻很少看到女性也參與其中,《叔妖簋》(04137)銘文中提到"用侃喜百生、佣友眔子婦",是少數"婦"參與祭祀後歡宴的例子。另有《淮伯鼎》"丕其及厥妻、子孫、百生□飤猒肉"(《小校》3.3.1、《總集》01204),作器者"淮伯"與受器者"丕"的關係待考,銘文中提及讓丕和他的妻子孫共享飽食。《叡鐘》雖然説明作器者叡與蔡姬永寶,但在"用享大宗,用樂好賓"中並不包括蔡姬。從家族中男女成員在祭祀中的參與角色看來,女性除了忙碌於祭祀工作之外,並不是常常被接受和男性族人共享燕樂。男性中心與性別差等明顯可見。

九、結　語

本文根據大量周代青銅器銘文作細部分析,觀察兩周婦女在祭祀中的地位。就一位婦女去世後受祭祀的情況來看,"母"的身份高於"妣",西周早期傳承殷的習慣,重視"姑"的身份。從西周中期以後出現一些女性祖先"母、妣"具名與"父、祖"並列受祀的例子。女性祖先受祀者與男性祖先受祀者比例十分懸殊,可能女性祖先是附屬於其配偶中同祭,男女祖先因性別而有所差等。

製作祭器的決定權多握在男性手中，多數女性被動的接受丈夫或父親作器贈與，用以祭祀夫家祖先。婦女出嫁後其製作寶器的自主能力亦薄弱，遠不及男性。少數婦女如周王后妃、諸侯夫人或宗子之婦，身份地位較高，在其丈夫去世後，有可能參與製作宗廟祭器，但是與男性作祭器相比，數量懸殊。即使是對已歿丈夫作祭器，也不多見。兒子爲已歿父親作祭器佔有銘青銅器的大宗，説明婦女（妻子）自主能力不高。

出嫁女性祭祀以夫家祖先爲主，必需享孝於男方的父母（姑公），除個別例外，出嫁女子一般不爲母家作器祭祀。祭祀後的燕享活動以夫家宗族爲主，婦女雖於祭祀過程參與準備祭品的工作，但極少被邀請參與祭後燕享。姻親有時亦受邀請，但重要性不及宗親。

女性與男性具名並列共同作器、共同寶用，共同受祀，都出現在西周中期之後，尤以晚期爲多，説明女性在祭祀中的參與能力增加，在家族中的地位略有提高。

總的看來，周代是以男性或父權爲中心的時代，祭器的製作和整體祭祀活動，掌握在男性手中；去世後享祀，男性祖先的地位亦高於女性祖先。婦女一生中四種最重要的身份是“女”“妻”“母”“妣”，其中以“母”的地位最爲崇高。儘管爲已歿母親作的祭器數量遠不及爲亡父作器，但頗有感人佳作，1975 年出土於陝西扶風縣法門縣莊白大隊的《戜鼎》（02824）《戜簋》（04322）就是極好的例子。戜是西周穆王時期的將領，曾帶兵攻打淮戎，執訊俘兵，立下戰功。戜製作青銅器以記其戰功，並頌母德。銘文中提到：

> 朕文母競敏□行，休宕厥心，永襲厥身，俾克厥敵……卒博，無尤於戜身。乃子戜拜𩑢首，對揚文母福剌，用作文母日庚寶尊簋。俾乃子戜萬年，用夙夜享孝于厥文母，其子子孫孫永寶。

> 我的先母强幹敏捷的美德，庇護並開拓了我的心，永遠及於我身，使我戰勝了敵人……搏鬥完畢，在戜的身上没有差錯，你的兒子拜、叩頭贊揚文母的福佑和功烈，用以作文母日庚的寶簋，讓你的兒子戜萬年用來早晚祭祀他的文母，子子孫孫永寶！[103]

---

〔103〕 語譯參看唐蘭《用青銅器銘文來研究西周史》附録《伯戜三器銘文的譯文和考釋》，《唐蘭先生金文論集》，頁 506～508。

鼎銘中還説"朕文考甲公、文母日庚，式休則尚，安永宕乃子
戔心，安永襲戔身"（我的文考甲公、文母日庚美好的餘蔭，可以永
遠開拓你兒子戔的心，永遠沿及到戔自身），"用穆穆夙夜尊享孝綏
福"，孺慕之情，深刻動人之至。

參考書目

《毛詩正義》,1815 年阮元刻本。

《尚書注疏》,1815 年阮元刻本。

《春秋左傳正義》,1815 年阮元刻本。

《爾雅注疏》,1815 年阮元刻本。

《儀禮注疏》,1815 年阮元刻本。

《禮記注疏》,1815 年阮元刻本。

丁　鼎,2002,《〈儀禮·喪服〉的親屬稱謂所反映上古的婚姻禮
俗》,《河南大學學報》42 卷 3 期,頁 54～57。

中國社會科學院考古研究所編,1956,《壽縣蔡侯墓出土遺物》。
北京:科學出版社。

中國社會科學院考古研究所編,1986,《殷周金文集成》,北京:中
華書局。

引俊敏,2000,《叔姜簋及其相關問題》,南陽市博物館編《紀念南陽市
博物館建館四十周年學術研究文集》(北京:科學出版社),頁 169～173。

文術發,2002,《淮伯鼎銘文考釋》,《古文字研究》24 輯,頁 229～232。

王　暉,1997,《西周宗法制度新證》,《陝西歷史博物館館刊》第 6
期,頁 51～55。

王世民、陳公柔、張長壽,1999,《西周銅器分期斷代研究》,北京:
文物出版社。

王世民,2001,《公仲簋》,收入保利藝術博物館編《保利藏金續》
(廣州:嶺南美術出版社),頁 119～121。

王育成,1982,《從兩周金文探討婦名"稱國"規律》,《江漢考古》
第 1 期,頁 53～58、71。

王國維,1979,《海寧王靜安先生遺書》,臺北:臺灣商務印書館,臺
二版。

王國維,2002,《王國維學術隨筆》,北京:社會科學文獻出版社。

北大考古系、山西省考古所,1995,《天馬——曲村遺址北趙晉侯墓地第五次發掘》,《文物》7 期,頁 4～39。

石　磊,1982,《〈儀禮·喪服〉所表現的親屬結構》,《中央研究院民族學研究所集刊》53 期,頁 1～43。

石　磊,1989,《從〈爾雅〉到〈禮記〉:試論我國古代親屬體系的演變》,《中央研究院第二屆國際漢學會議論文集·民俗與文化組》,臺北:中央研究院,頁 127～140。

石　磊,1991,《從〈爾雅·釋親〉看我國古代親屬體系的演變》,《中央研究院民族學研究所集刊》71 期,頁 63～86。

伍仕謙,1992,《微氏家族銅器群年代初探》,原載《古文字研究》5 輯(1981),又收入尹盛平主編《西周微氏家族青銅器群研究》(北京:文物出版社),頁 184～224。

朱鳳瀚,1990,《商周家族形態研究》,天津:天津古籍出版社。

朱鳳瀚,1992,《論卜辭與商金文中的"后"》,《古文字研究》19 輯,頁 422～444。

朱鳳瀚,1995,《古代中國青銅器》,天津:南開大學出版社。

朱鳳瀚,1999,《論商周女性祭祀》,《中國社會歷史論叢》第 1 卷,頁 129～135。

朱鳳瀚,2000,《論周金文中"肇"字的意義》,《北京師範大學學報》第 2 期,頁 18～25。

江頭廣,1967,《金文中の家族制度に關する二三の問題》,《日本中國學會報》19 期,頁 77～92。

江蘇省丹徒考古隊,1988,《江蘇丹徒北山頂春秋墓發掘報告》,《東南文化》3、4 期,頁 13～58。

池澤優,1999,《西周金文の祖先祭祀における祭祀對象》,收入《中國古代の文字と文化》(東京:汲古書院),頁 159～178。

西江清高,1999,《西周時代の關中平原における集團位置》,收入《中國古代の文字と文化》(東京:汲古書院),頁 207～244。

吳鎮鋒,1985,《金文人名彙編》。北京:中華書局。

吳鎮鋒,1998,《金文人名研究》,收入《周秦文化研究》編委會編《周秦文化研究》(西安:陝西人民出版社),頁 417～436。

李仲操,1992,《兩周金文中的婦女稱謂》,《古文字研究》18 輯,頁

398～405。

李俊山,1990,《永城出土西周宋國銅匜》,《中原文物》1 期,頁104。

李學勤,1986,《論長安花園村兩墓青銅器》,《文物》1 期,頁34。

李學勤,2001,《𦥏簋銘文考釋》,《故宮博物院院刊》1 期,頁1～3。

杜家祈,1987,《媵器銘文探微》,《書目季刊》20 卷4 期,頁20～29。

汪中文,1999,《兩周金文所見周代女子名號條例》,紀念甲骨文發現百周年文字學研討會論文,臺中:靜宜大學中文系。

周法高,1951,《說女子之字》,收入《金文零釋》(臺北:中央研究院歷史語言研究所),頁171～182。

周法高編,1974～1975,《金文詁林》,香港:香港中文大學出版社。

尚志儒,1987,《𣄼井國銅器及其史迹之研究》,收入《中國考古學研究論集》(西安:三秦出版社),頁294～303。

林聖傑,1996,《春秋媵器銘文彙考》,臺北:中國文化大學研究所碩士論文。

姜濤、王龍正、喬斌,2002,《三門峽虢國女貴族墓出土玉器精粹》,臺北:眾志美術出版社。

唐　蘭,1992,《略論西周微史家族窖藏銅器群的重要意義—陝西扶風新出墻盤銘文解釋》,原載《文物》1978 年3 期,又收錄於《西周微氏家族青銅器群研究》(北京:文物出版社),頁111～128。

唐　蘭,1995,《〈五省出土重要文物展覽圖錄〉序言》,收入《唐蘭先生金文論集》(北京:紫禁城出版社),頁73～85。

唐　蘭,1995,《用青銅器銘文來研究西周史》,附錄《伯三器銘文的譯文和考釋》,《唐蘭先生金文論集》(北京:紫禁城出版社),頁506～508。

夏麥陵,1993,《原氏仲簠與春秋婚制》,《鄭州大學學報》1 期,頁68～71、61。

容　庚,1985,《金文編》,北京:中華書局。

徐中舒,1998,《金文嘏詞釋例》,原載《中央研究院歷史語言研究所集刊》第6 本第1 分(1936),又收入《徐中舒歷史論文選集》(北京:中華書局),頁502～564。

徐少華,1994,《周代南土歷史地理與文化》,武昌:武漢大學出版社。

馬承源,1988~1990,《商周青銅器銘文選》,北京:文物出版社。

張光裕,1997,《新見貴侯媵器簡釋》,《第三屆國際中國古文字學研討會論文集》(香港:香港中文大學),頁 323~328。

張亞初、劉雨,1982,《商周族氏銘文考釋舉例—摘自〈商周青銅器族氏銘文的資料和初步研究〉》,《古文字研究》7 輯,頁 31~42。

張亞初,1983,《兩周銘文所見某生考》,《考古與文物》5 期,頁 83~89。

張亞初,1992,《殷周青銅鼎器名、用途研究》,《古文字研究》18 輯,頁 273~315。

張亞初編著,2001,《殷周金文集成引得》,北京:中華書局。

張政烺,1989,《伯唐父鼎、孟員鼎甗銘文釋文》,《考古》6 期,頁 551~552。

曹　瑋,2000,《散伯車父器與西周婚姻制度》,《文物》3 期,頁 63~65、74。

曹兆蘭,2002,《金文中的女性祭享者及其社會地位》,《深圳大學學報》19 卷 3 期,頁 79~86。

曹兆蘭,2002,《女性稱謂中的古姓》,《考古與文物》2 期,頁 51~60。

曹兆蘭,2002,《周代金文崁姓的稱謂結構模式》,《古文字研究》24 輯,頁 484~489。

曹定雲,1999,《周代金文中女子稱謂類型研究》,《考古》9 期,頁 78~87。

盛冬鈴,1983,《西周銅器銘文中的人名及其對斷代的意義》,《文史》17 集,頁 27~64。

郭沫若,1954,《金文叢考》(重訂本),東京:文求堂書店。

陳　槃,1988,《春秋大事表列國爵姓及存滅表譔異》(三訂本),臺北:中央研究院歷史語言研究所。

陳佩芬,2002,《新獲兩周青銅器》,《上海博物館集刊》第八期,頁 124~143。

陳昭容,2000,《從古文字材料談古代盥洗用具及其相關問題》,《中央研究院歷史語言研究所集刊》第 71 本第 4 分,頁 857~954。

陳筱芳,1999,《論春秋時期的媵制》,《西南民族學院學報》7 期,頁 117~121。

彭裕商,1998,《保卣新解》,《考古與文物》4 期,頁 68~72。

曾　謇,1935,《周金文的宗法紀録》,《食貨半月刊》2 卷 3 期,頁 24 ~ 30。

曾憲通,2001,《吳王光編鐘銘文的再探討》,《華學》第 5 輯(廣州:中山大學出版社),頁 112 ~ 129。

黄盛璋,1986,《長安鎬京地區西周墓新出銅器群初探》,《文物》1 期,頁 37 ~ 43。

黄銘崇,2001,《論殷周金文中以"辟"爲丈夫殁稱的用法》,《中央研究院歷史語言研究所集刊》第 72 本第 2 分,頁 393 ~ 441。

楊伯峻,1999,《春秋左傳注》,北京:中華書局。

楊樹達,1997,《積微居金文説》(增訂本),北京:中華書局。

董楚平,1992,《吳越徐舒金文集釋》,杭州:浙江古籍出版社。

裘錫圭,1983,《關於商代的宗族組織與貴族和平民兩階級的初步研究》,《文史》17,頁 1 ~ 26。

裘錫圭,1996,《從幾件周代銅器銘文看宗法制度下的所有制》,《盡心集——張政烺先生八十慶壽論文集》(北京:中國社會科學出版社),頁 127 ~ 136。

鄒衡主編,2002,《天馬—曲村 1980 ~ 1989》,北京:科學出版社。

熊　焰,1996,《上古漢語親屬稱謂與中國上古婚姻制度》,《暨南學報》1 期,頁 100 ~ 105。

劉　桓,1995,《試説"多生"、"百生"與"婚媾"》,《陝西省博物館館刊》6 期,頁 136 ~ 138。

劉士莪、尹盛平,1992,《微氏家族青銅器群研究》,《西周微氏家族青銅器群研究》,北京:文物出版社,頁 1 ~ 110。

劉啓益,1980,《西周金文中所見的周王后妃》,《考古與文物》4 期,頁 85 ~ 90。

盧連成、胡智生編,1988,《寶鷄強國墓地》,北京:文物出版社。

襄樊市博物館,1991,《湖北襄陽團山東周墓》,《考古》9 期,頁 781 ~ 802。

謝維揚,1990,《周代家庭形態》,北京:中國社會科學出版社。

豐田久,1999,《西周金文に見える"家"について》,《中國古代の文字と文化》(東京:汲古書院),頁 131 ~ 158。

羅西章,1988,《宰獸簋銘考略》,《文物》8 期,頁 83 ~ 87。

譚步雲,1998,《盉氏諸器▼字考釋——兼説"曾祖"原委》,《容庚先生百年誕辰紀念文集》(廣州:廣東人民出版社),頁438~443。

顧頡剛,1982,《由"烝"、"報"等婚姻方式看社會制度的變遷》,《文史》(上)7期,頁1~29:(下)9期,頁1~25。

※ 本文原載《清華學報》新31卷4期,2003年。
※ 陳昭容,東海大學中文研究所博士,中央研究院歷史語言研究所副研究員。

漢代婦女的名字

劉增貴

一、前　言

　　名字是一個人的符號，無論是自己或他人所取，在相當程度上都顯示了人們的思想、信仰、人生期盼與社會處境。它與家族結構、價值觀念、風俗好尚息息相關，也常因社會的發展而不同，具有鮮明的時代特色。因此，透過名字的分析，可以曲折的反映世變，其所透露的歷史文化信息十分豐富。

　　從中國婦女的名字，可以看出傳統社會對兩性角色的認定，其變遷更顯示婦女地位的昇沉。可惜的是，關於中國姓名的研究雖然不少，婦女名字卻未得到應有的重視。先秦時期婦女的名字，由於涉及古代文字、姓氏、封國、地理的考訂，稍有學者注目，[1] 但就名字本身內容分析者，已不多見。至於秦漢以下婦女的名字，多以通論的方式附帶提及，各時代更鮮有專文討論。[2] 這種情形，多少反映了傳統婦女的社會處境。

　　春秋以下，中國姓氏觀念起了很大的變化，到了戰國，姓氏合而爲一，下及於漢，姓普及於一般平民，[3] 以姓爲主體的周代婦女名字，被豐富多彩的平民婦女名字所取代，反映了社會的變動，非常值得我們注意。本文搜集了秦漢以迄三國可考的五百七十餘位婦

〔1〕 例如盛冬鈴《西周銅器銘文中的人名及其對斷代的意義》，《中華文史論叢》第 17 輯；王育成《從兩周金文探討婦名稱國規律》，《江漢考古》1982 年 1 期，頁 53；方炫琛《左傳人物名號研究》（臺北：政治大學博士論文，1983）；李仲操《兩周金文中的婦女稱謂》，《古文字研究》第 18 輯（1992）。

〔2〕 蕭遙天《中國人名的研究》（馬來西亞：檳城教育出版社，1970），頁 213～230。有女名的一些討論。近年鄭寶倩《華夏人名與中國文化》（北京：中國人民大學出版社，1993）一書，有《華夏婦女人名的文化內涵》一章，這些都是通論。張孟倫的《漢魏人名考》（蘭州：蘭州大學出版社，1988），雖然是漢代人名的專著，但關於婦女名字的討論也不多。

〔3〕 參考徐復觀《中國姓氏的演變與社會形式的形成》，收於所著《兩漢思想史》卷一（臺北：學生書局，1978），頁 295～323。

女名字，列爲《總表》（見附録），作爲討論的依據。[4] 從名字與家族、性別、社會的關係三個層面加以討論，當時婦女稱名的方式如何？名字所顯示的性別特質如何？流行的婦女名字有哪些？這些名字反映了什麽樣的社會風氣？這些都是本文嘗試討論的。這些問題的解答，對秦漢社會的婦女形象與地位的瞭解，或亦有所助益。

二、稱名、繫姓與冠姓——名字與家族

探討漢代婦女名字的特點，必須明瞭周漢間婦女名字的變化。周代貴族婦女的名字，如與男子名字相較，有很明顯的區别。《禮記・喪服小記》：

> 復與書銘，自天子至於士，其辭一也。男子稱名，婦
> 人書姓與伯仲，如不知姓則書氏。

這段話雖説的是銘旌書名之制，但從《左傳》所載人名看來，生前稱呼習慣亦應相同。據此，周代名字的特點是，"男子稱名，婦人書姓與伯仲"。男子稱名，是男子在政治、社會上居主導地位的反映。女子稱姓，則爲了别婚姻。[5] 當時女子除了姓與伯仲之稱，並不是没有名字，[6] 如晉惠公女名"妾"，宋平公夫人名"棄"，齊景公夫人名"重"，[7] 彝器銘文中，女子名字列於所嫁國氏、伯仲、姓之後的也不少，[8] 但是史書中出現的周代婦稱，"姓與伯仲"仍是最基本的形式，伯姬、季姜之類最爲常見，其名反而不顯。雖不能説是"以姓爲名"，但姓遠較名重要，則是事實。

戰國下迄秦漢，由於社會流動的加速，姓氏合而爲一，男子也冠姓，女子亦稱名。女子"名"的重要性逐漸突顯。由於"民數"的重視，平民女子之名亦載於官方文書。《商君書・境内篇》："四境之内，丈夫、女子皆有名於上，生者著，死者削。"漢簡所見，除了

---

〔4〕見文後所附《漢代婦女名字總表》，本文所提名字，凡漢代者，皆參總表，非必要不另注出處。

〔5〕王國維《殷周制度論》，見《觀堂集林》（臺北：河洛圖書出版社，1975）卷一〇，頁475。

〔6〕李錫厚認爲："古代女子無名，以姓爲名。"（見張聯芳主編《中國人的姓名》〔北京：中國社會科學出版社，1992〕《漢族》，頁69）這個説法，是對古代女子姓名制度的誤解，説見下文。

〔7〕見《左傳》僖公十七年、襄公二十六年、昭公二十七年。

〔8〕參考注〔1〕各文。

一些法律案件相關文書中的女子姓名皆具外，不少全家名籍中，婦女多只載其名，其稱名的方式大都類似，茲舉一例，以概其餘：[9]

妻大女捐年卅四

毋傷隊卒陳譚　　　　　　　七月旦居署盡晦

子小女小婢年八　　　　　　（EPT40.17）

此簡中只戶主一人姓名皆具外，家屬皆不載其姓。戶主之妻亦不載姓，而只稱名，其名字更已不復周代的繫姓形式。又如現存東漢碑《三老諱字忌日記》中，除載有祖孫三代男子名諱外，也有婦女名諱：“祖母失諱，字宗君，……母諱捐，字謁君，……子女曰无明，次女反曰君明”。[10] 這些婦女都有名有字，其稱名與男子不異。[11] 李慈銘論此碑，指出《後漢書》多載女名，《獻帝伏皇后紀》廢后詔有“皇后壽”之句，可證“當時詔策，皆書婦人之名”。[12] 書女名可能是當時的習慣。

漢代婦女的自稱，見於漢印者不少。漢印中的女子私印，可以瞭解婦女稱名的情況，稱妾並署名者最多，有妾倚菁、妾喻、妾剽、妾服、妾因諸、妾繻、妾款、妾盧豚、妾於次、婕仔妾緒、妾異方、妾婐、妾異人、妾倚精、妾衷牛、妾繡、妾緒、妾增何、妾姁、妾徵、妾頗等。也有稱女、母、新婦、姑者，如女季孺、女定處、燕女枝印、女印不侵、杜女私印、陳印女子、曹新婦白疏、范母私印、姑陶婑等。[13] 這些印章，除少數稱姓外，大多自署其名，尚未如後

---

〔9〕 本文所引漢簡，其簡號前無英文代號者，皆 1930 年代出土之居延漢簡，簡文參考勞榦《居延漢簡·考釋之部》（臺北：中央研究院歷史語言研究所，1975）；中國社會科學院考古研究所編《居延漢簡甲乙編》（北京：中華書局，1980）；以及謝桂華、李均明、朱國炤合編《居延漢簡釋文合校》（北京：文物出版社，1987）諸書。編號前有 EPT 或 EPF 等代號者，爲 1973、1974 間出土的居延漢簡，釋文參考甘肅省文物考古研究所、甘肅省博物館、中國文物研究所、中國社會科學院歷史研究所合編《居延新簡——甲渠候官》（北京：中華書局，1994）。以下同。

〔10〕 釋見高文《漢碑集釋》（開封：河南大學出版社，1985），頁 1~2。

〔11〕 按漢代不少婦女都有名有字，詳參文末所附總表。表中許多列在“名”欄的，以《三老諱字忌日記》視之，可能也都是“字”，例如“君寧”之類，本文對“名”與“字”同加討論，不作別擇。

〔12〕 李慈銘《越縵堂讀書記》（臺北：世界書局，1961），《三老碑拓本》條，頁 1069。

〔13〕 以上見羅福頤《漢印文字徵》（北京：文物出版社，1978）第一，頁 9；第二，頁 7；第三，頁 7、10、13；第八，頁 1~2、15；第十二，頁 11~13；第十三，頁 3~6、11；第十四，頁 4、15~17。羅福頤《漢印文字徵補遺》（北京：文物出版社，1982）第三，頁 4；第六，頁 2；第七，頁 4；第八，頁 3；第九，頁 2。

世之不輕示婦人名諱。

婦女稱名，並非只有自稱才如此，上述漢簡名籍以及廢伏后詔皆直書婦女名諱，而東方朔向武帝陳述，謂割肉"歸遺細君",[14] 在皇帝前直呼妻名。宣帝以璽書向陳遂要昔日賭債云："妻君寧時在旁，知狀。"[15] 直呼遂妻之名，可見他人相稱的情形下，仍有稱名不諱者。

不過，在某些非自稱的場合，有時不著婦女之名，仍以姓稱，即採"冠父姓"於前的方式，通常是以父姓加一"氏"字，例如《史記》載齊悼惠王之母曰"曹氏"。[16]《漢書》載文帝竇后之立："皇太后曰：'立太子母竇氏爲皇后'"。[17] 曹丕《典論》提到"袁紹妻劉氏",[18] 皆當時之稱。這種方式沿自周代，見於《左傳》者如鄭武公夫人武姜稱"姜氏"（隱公元年）、晉獻公夫人驪姬稱"姬氏"（僖公四年）之類，其例甚多，此處不備舉。這種"冠姓"於前，與前述"繫姓"於後的方式不同，在漢代已頗流行，東漢尤然。我們在東漢晚期碑文中，很少發現婦女的名字，例如《金鄉長侯成碑》附載其夫人之終，不著姓名。[19] 張賓公妻柱文，載其夫、子、孫名，竟無其自身之名。[20] 但當時碑刻卻有許多冠姓者，例如磚文有"幽州燕郡朱嚴妻郊記"。[21]《馬江碑》載其夫人云"冤句曹氏",[22]《戚伯著碑》稱其妻"朱氏",[23]《李翊夫人碑》，亦但知其姓臧而不名,[24] 金廣延母及妻皆稱"徐氏"。[25] 這或爲碑體所限，但也反映了冠姓的流行，已部分取代了稱名，這點也被後世所沿襲。

――――――――――

〔14〕《漢書》（新校標點本，本書所引正史，凡未注明特殊版本者，皆新校標點本，以下同）卷六五《東方朔傳》，頁 2846。

〔15〕《漢書》卷九二《陳遵傳》，頁 3709。

〔16〕《史記》卷五二《齊悼惠王世家》，頁 1999。

〔17〕《漢書》卷四《文帝紀》，頁 113。

〔18〕《後漢書》卷七四上《袁紹傳》，頁 2403，注引《典論》。

〔19〕 洪适《隸釋》（北京：中華書局影晦木齋本，1985）卷八，頁 7。

〔20〕《隸釋》卷一三《張賓公妻穿中二柱文》，頁 9～10。

〔21〕 王鏞、李淼編撰《中國古代碑文》（北京：知識出版杜，1990），頁 69，第 148 件。

〔22〕《隸釋》卷八《郎中馬江碑》，頁 12。

〔23〕《隸釋》卷一二《戚伯著碑》，頁 11。

〔24〕《隸釋》卷一二《李翊夫人碑》，頁 16。

〔25〕《隸釋》卷一五《金廣延母徐氏紀產碑》，頁 10～11。

　　然而"繫姓"是否完全被"冠姓"與"稱名"所取代，而就此消失呢？歷史的發展往往是曲折的，雖然經過周漢間的社會變動，貴族婦女的"繫姓"方式，被平民百姓的稱名方式所取代，大部分的婦女名字已不再繫姓；但隨着漢代儒學的發展，士大夫收宗合族的努力下，古代宗法、禮制常是仿效的對象。東漢以下，又漸有一部分上層階級及士大夫以"繫姓"的方式命字。例如漢光武女淯陽公主，名禮劉；著名的班昭，字惠班；荀爽之女荀采，字女荀等；或繫本姓於名，或繫本姓於字，可説尚有古繫姓遺風。《華陽國志》中載有漢代益州婦女，其中司馬敬被稱爲"司馬敬司"、常元被稱爲"常元常"、常紀被稱爲"常紀常"，此外還有"助陳"（即陳助）、"貢羅"（羅貢）、"玹何"（何玹）、"進楊"（楊進）、"敬楊"（楊敬）等，[26] 都將名與姓倒稱。這種稱呼方式，恐怕不能單純的視爲晉代常璩個人的稱名習慣，以上述東漢士大夫繫姓的復古風氣看來，"敬司"等置姓於後是可以理解的。當然，漢代的繫姓方式，並未以伯仲排行或諡號置姓前，與周已頗不同。

　　"繫姓"的重現，除了儒學復古風外，可能也與另一種"冠姓"習慣——類似"冠夫姓"或以夫姓相稱之俗的形成有關，這與前述之"冠父姓"不同。當時婦女以夫姓相稱的習慣已逐漸形成，所以繫其本姓於後，以明所出。先秦雖有以夫之國氏冠於名前之俗，所冠並非夫姓。秦漢姓氏合一，一般婦女遂有以夫姓相稱者。例如漢高祖之母，姓字不顯，當時稱爲劉媪。[27] 元帝王皇后女弟名司馬君力，根據蘇林的解釋："字君力，爲司馬氏婦"。[28] 前漢霍光妻顯被稱爲霍顯，甚至被稱爲"霍氏"，[29] 與上述冠父姓加氏稱者不同。祁太伯母稱祁夫人，後漢鄧疊母元當時稱爲鄧夫人，都是類似的例子。[30] 漢末龐淯母娥爲親報仇，以義烈著名，本姓趙氏，但以龐娥

[26]　以上見常璩著、劉琳校注《華陽國志校注》（成都：巴蜀書社，1985）卷一〇上、卷一〇中、卷一〇下之《先賢士女總贊》，頁 732～736、784、827；卷一二《益梁寧三州先漢以來士女目録》，頁 920、943、949。
[27]　《史記》卷八《高祖本紀》，頁 341。
[28]　《漢書》卷六〇《杜欽傳》，頁 2670～267，注引蘇林。
[29]　見《漢書》卷四五《息夫躬傳》，頁 2179～2180；同書卷九七上《孝宣許皇后》，頁 3966。
[30]　祁夫人見《漢書》卷九二《原涉傳》，頁 3718；鄧夫人見《後漢書》卷四五《張酺傳》，頁 1532，李賢注以"鄧夫人"之稱與霍顯、祁夫人相證。

之名見稱於世,[31] 都是直接以夫姓相稱。此外,有些稱號也從夫稱,例如前漢末,真定恭王之女嫁郭昌,號爲"郭主",[32] 三國吳孫權步夫人生二女,長女魯班因嫁全琮,被稱爲"全主"(全公主),少女魯育嫁朱據,被稱"朱主",[33] 都是以夫姓爲號。

最值得注意的是鄧朱之例。和帝陰皇后外祖母,出自朱祐一族,嫁爲鄧氏婦,史載其名爲"鄧朱"。[34] 其名字中夫姓與本姓連稱,冠夫姓於本姓上,已具有後世冠夫姓的特色。這種稱名的出現,顯示婦女"既嫁從夫"倫理之被強調。後漢時代,這種稱謂已成爲一般習慣,《風俗通義》中載有一則故事:[35]

> 九江太守武陵陳子威,……見一老母,……因就問:"母姓爲何?"曰:"陳家女李氏",……子威再拜長跪自白曰:"子威少失慈母,姓陳氏,舅氏亦李,……"因載歸家,供養以爲母。

從陳子威之言,可知老母自稱的"陳家女李氏"一語,陳爲其夫姓,李則爲其父姓,女子以夫家爲家,所以稱爲"陳家"。在答"姓爲何"之問時,先舉夫姓繼以父姓,再加一氏字,這是冠夫姓的另一形式。此外還有不同的方式,漢末楊彪妻袁氏,答曹操卞夫人書云:"彪袁氏頓首",[36] 以夫名署於本姓之上,作爲自稱。由以上二例可知,不但社會上流行稱夫姓,即婦人亦以此自稱,不但冠夫姓,甚至冠夫名。一般説來,以兩漢相較,"男尊女卑"的社會倫理,東漢比西漢更爲強調,女子對夫家的附屬性更爲加強,[37] 婦女冠夫姓的情形也爲此提供了例證。

至於周代婦名的另一特點——以"伯仲"稱名,在漢代也已不同。《禮記·曲禮上》:"男女異長。"以漢人對男女名字記載看來,

〔31〕《三國志》卷一八《龐淯傳》,頁 548～550,注引皇甫謐《列女傳》。
〔32〕 袁宏著、周天游校注《後漢紀校注》(天津:天津古籍出版社,1987)卷四《光武帝紀》,頁88～89。
〔33〕《三國志》卷五〇《吳書五·妃嬪》,頁 1198、1200。
〔34〕《後漢書》卷二二《朱祐傳》,頁 791～792,《校勘記》考證。參考拙著《漢代婚姻制度》(臺北:華世出版社,1980),頁 227,圖 42《朱氏》。
〔35〕 應劭著、王利器校注《風俗通義校注》(北京:中華書局,1981)卷三《愆禮》頁 138。
〔36〕 袁氏《答曹公夫人卞氏書》,收於嚴可均編《全後漢文》,收《全上古三代秦漢三國六朝文》(北京:中華書局影黃崗王氏本,1958)卷九六,頁 10。
〔37〕 參考拙著《漢代婚姻制度》,頁 17～18。

如光武之母生三男三女，其三男：長男伯升，次仲，次文叔（即光武）。三男自爲排行，三女不與其列，確是“男女異長”。不過漢代男子以伯仲叔季爲字的雖不少，而且嚴格，[38] 但婦女名字中用伯（孟）仲叔季爲名者已不多見。以光武母所生三女之名來看：長女黃，次女元，三女伯姬。[39] 伯姬之名雖類於周人，然非長女而爲三女，實不具排行的意義。且姬亦非姓，與周代“婦人書姓與伯仲”的傳統大異。《列女傳》載有任延壽妻名季兒，[40] 漢印有“女季孺”印，[41] 東漢石椁題字有郭季妃，[42] 漢末王堂妻文極字季姜，桓範妻名仲長，吳孫奮的母親名仲姬，這些仲、季等可能都與排行相關，可惜没有其姊妹的資料可供佐證。

除了伯仲叔季外，漢代婦女名字中用以表示長幼之次的字，還有一些爲先秦所無，這也與男子的新排行字相符合。[43] 例如呂后字娥姁，其姊名長姁，[44] “長”字表長女，與男名中的“長”字用法相同。[45] 漢簡有女子名“惡女”者，陳槃認爲“惡”即“亞”，意爲次女，與男子名字如周亞夫之“亞”同義。[46] 衛青之母有三女，其次女名少兒。東漢鮑宣妻桓氏，字少君。從衛少兒之例，可知稱“少”，未必最小。漢明帝十一女中，其名有姬、小姬、迎、小迎、次、仲，[47] 這些“少”“小”“次”“仲”只是略別長幼，與嚴格的排行不同。安帝母左姬字小娥，其姊字大娥；孫權長女字大虎，少女字小虎，則以“大”、“小”別長幼。此外，尚有另一種命名方

---

〔38〕 張孟倫，前揭書，頁 27 ~ 31。據他的考證，漢代男子伯仲排行“是極其嚴格而一絲不苟的。”

〔39〕 《後漢書》卷一四《北海靖王興傳》，頁 555 ~ 556。

〔40〕 劉向著、王照圓補注《列女傳補注》（臺北：商務印書館《國學基本叢書》本，1968 臺一版）卷五《郃陽友娣》條，頁 96。

〔41〕 《漢印文字徵》卷一二，頁 11。

〔42〕 永田英正編《漢代石刻集成·圖版、釋文編》（京都：同朋舍，1994）第 169 件，《郭季妃石椁題字》，頁 134。

〔43〕 蕭遙天，前揭書，頁 49 ~ 52。

〔44〕 娥姁見《漢書》卷三《高后紀》頁 95 顏師古注；長姁見《史記》卷九《呂太后本紀》，頁 401。

〔45〕 例如衛青兄“長子”，後改名“長君”，衛青則字“仲卿”。見《史記》卷一一一《衛將軍驃騎列傳》，頁 2921。

〔46〕 簡見勞榦《居延漢簡》，編號爲 254.11。參考陳槃《漢晉遺簡識小七種》（臺北：中央研究院歷史語言研究所專刊六十三，1975）《惡女》條，頁 106。

〔47〕 《後漢書》卷一〇下《皇后紀下·附皇女》，頁 459 ~ 460。

式，即在名字中以相同之字表示姊妹，例如東漢清河孝王諸女（即安帝姊妹）中有名直得、賢得、別得者，但其他姊妹未皆以此命名，這種方式只別輩份，看不出長幼，在男子名字中也曾發現。[48]

總之，隨著社會的變動，婦女稱名的方式也產生了一些變化，漢代婦女在姓氏、名字兩方面，可說都有了新的發展，這些方式也都被後世所沿襲。至於婦女排行不如男子之明確與嚴格，可能與婦女外嫁，男子則擔負了家族延續的使命相關，在家族倫理秩序的強調下，行輩先後也就自然趨於嚴格了。

三、名字的性別特質

在後世婦女名字的研究中，女性化的名字（如梅蘭芳霞之類）最受注目，事實上，這類名字也是婦女名字的主體。[49] 然而漢代婦女的名字，卻很少是女性化的，與男子的名字差別不大，茲舉東漢公主之名為例。東漢公主，從光武姊妹到靈帝女，共三十三人，其中除一人不詳外，其餘皆有名字可考，是二百年完整的世代名單，可說彌足珍貴，試列如下（參總表）：

> 黃、元、伯姬（以上光武姊妹）；義王、中禮、紅夫、禮劉、綬（以上光武女）；姬、奴、迎、次、致、小姬、仲、惠、臣、小迎、小民（以上明帝女）；男、王、吉（以上章帝女）；保、成、利、興（以上和帝女）；生、成男、廣（以上順帝女）；華，堅、修（以上桓帝女）。

三十二個名字中，除伯姬、姬、小姬為女性名字外，其他名字可說都與男子無別。這不僅是皇家或上層家族婦女如此，見於漢簡中的一般基層婦女也是如此。事實上，本文搜集的五百七十多例中，具有明顯女性特質的名字，不及三分之一。大部分的婦女名字都是男女通名，這點可說是漢代婦女名字的重要特色之一，非常值得重視。

漢代婦女名字多用男女通用字，其例不勝枚舉，這裏只稍加說明。例如漢末有巴郡婦女趙英，但名"英"者在男子中也不少，前

---

[48] 按《日知錄》（徐文珊點校《原抄本日知錄》本〔臺南：平平出版社，1974〕）卷二四《排行》條指出："兄弟二名而同其一字者，……起自晉末，漢人所未有也。"此一說法已受到許多學者的駁正，東漢祭遵兄弟都以"孫"為字（《後漢書》卷二〇《祭遵傳》，頁738、744），即為一例。

[49] 鄭寶倩，前揭書，頁249～257。

漢武帝時，代郡都尉朱英及白馬三老朱英皆其例。[50] 東漢則有楚王劉英。漢代婦女有王異者，男子則有漢武帝時大司農顏異。[51]《總表》中婦女名"脩"者甚多，而見於史之男子名"脩"者亦不少，如安帝時之太尉李脩、桓帝時之御史中丞盛脩、河內牢脩等。[52] 至於"惠"字，亦見於男名，如宣帝時之校尉常惠、河內賈惠等。[53] 其他"昭"、"明"、"華"、"業"、"進"、"貴"、"福"、"壽"、"謁"、"迎"、"請"、"憲"、"禮"、"義"，"節"、"敬"、"廉"等，在當時男名中也都常見。

男女通用之字在漢代婦名案例中佔了三分之二以上，這個估計雖不具統計代表性，但也反映了不可忽略的事實。它說明了漢代社會雖然重男輕女（這點也在名字中表現出來，後文將有討論），但在名字上所顯示的，對男女的期望相去尚不甚遠，名字中男女性別特質之強調，也還不明顯，至少婦女柔弱卑婉的一面，尚不如後世之甚。

有些名字，被後世認定爲婦女專用，但究之當時習慣，並非如此。其中"阿"與"君"最受學者注目，這裏略加討論。漢代婦女稱"阿"者，有漢簡名"阿"的二人，以及東漢周郁妻趙阿。這些都是單名，還有雙名或名中含"阿"字的，如武帝陳皇后名阿嬌，西漢末有寡婦左阿君，東漢順帝梁后妹名阿重，龐儉母字阿橫，漢末荀攸妾名阿鶩等皆是。自宋至清都有學者認爲"阿"爲婦女之稱，或以"婦人無名"，故用姓加"阿"爲稱者，[54] 但據張孟倫研究，男子名阿者也不少，漢碑中人名繫以"阿"者，一碑有達四十餘人者，可見"阿"只是發語詞，其使用無分男女。[55]

至於漢代婦女以"君"爲名字者，在本文《總表》中多達四十八例，可說是案例中最大宗的材料。大體可以分爲兩種形式：第一種是"某君"的形式，例如少君、文君、細君、昭君、政君、貞君、

〔50〕 見《史記》卷一一○《匈奴列傳》，頁 2907；及《漢書》卷七六《王尊傳》，頁 3237～3238。

〔51〕 《史記》卷三○《平準書》，頁 1433。

〔52〕 《後漢書》卷五《安帝紀》，頁 216；同書卷七《桓帝紀》，頁 310 及 318。

〔53〕 《漢書》卷八《宣帝紀》，頁 243～244。

〔54〕 見趙彥衛《雲麓漫抄》（臺北：世界書局影點校本，1959）卷一○，頁 136～137；錢大昕《十駕齋養新錄》（臺北：商務印書館《國學基本叢書》本，1967 臺一版）卷一九，頁 444，《婦人稱阿》條。

〔55〕 張孟倫，前揭書，頁 57～61。

憲君、佳君等。第二種是"君某"的形式，如君力、君夫、君明、君佳、君俠、君寧、君憲、君曼等。其中較爲後世婦女採用的爲第一種。雖然以"君"爲名字的婦女如此之多，並不表示"君"具有女性意味。事實上，漢代以"君"爲名，不限女性，更多男性。[56]即使最有名的少君、昭君之稱，也不限女性。例如文帝竇后弟廣國亦字少君，漢武帝時有方士李少君。[57]王莽時有方士涿郡昭君皆其例。[58]"君"在古代本指封君，但在漢代早已成爲對人的尊稱。以尊稱爲名是常見的現象，不限於"君"。例如婦女也有名"卿"的，《總表》中即有陶望卿、孫第卿、郭徵卿、請卿等。尊稱在名字中猶如虛字，只是指"某人"，洪邁即指出，"政君"之類，雖有二字，"其義祇從一訓"。[59]因爲不具實質意義，所以尊卑同用，亦不以爲嫌。例如前漢王禁字稚君，女君俠、政君、君力、君弟，兩代皆以君爲字。[60]上文提到的《三老諱字忌日記》中的三代婦女宗君、謁君、君明亦爲一例。這種情形，與六朝父子同用"之"字類似。

在漢代含"君"的女名中，最常被指與女性有關的爲"細君"一名。東方朔妻、江都王建女皆名細君。漢簡中也有二婦女名細君。（145.1、EPT50.86）"細君"的意義，顏師古在《漢書·東方朔傳》注云："細君，朔妻之名。一説，細，小也，朔自比於諸侯，謂其妻曰小君。"學者多據此，認爲細君之義，同於小君。[61]古代諸侯邦君之夫人有"小君"之稱，許多學者多有論述。[62]但謂漢代"細君"之名取義於此，恐怕不確。首先，一如上述昭君等名，我們發現名"細君"者不限女性，也多男性。如西漢末的樊崇、劉歆（劉植從兄）皆以"細君"爲字，包咸學於長安，師事左師細君。[63]男子名細君，如以諸侯妻之"小君"釋之，便不可解了。其次，漢

〔56〕 張孟倫，前揭書，頁49。
〔57〕 《史記》四九《外戚世家》，頁1973；卷一二《孝武本紀》，頁453~454。
〔58〕 《漢書》卷九九下《王莽傳》，頁4180~4181。
〔59〕 洪邁《容齋隨筆·五筆》（臺北：商務印書館人人文庫本，1979）卷一《古人字祇一言》條，頁9。
〔60〕 《漢書》卷九八《元后傳》，頁4104~4105。
〔61〕 見陳槃前揭《漢晉遺簡識小七種》，《細君》條，頁47。
〔62〕 參考呂思勉《呂思勉讀史札記》（上海：上海古籍出版社，1982），頁510《女稱君亦稱君子條》。
〔63〕 以上見《後漢書》卷一一《劉玄劉盆子傳》，頁478~479，注引《東觀記》；卷二一《劉植傳》，頁760，注引《東觀記》；卷七九下《包咸傳》，頁2750。

代以"君"爲字既是不分男女的普遍現象,"細君"之"君",應與其他名"君"者意義相同,皆以尊稱爲字,不應獨視爲取義於古。例如王莽字巨君,[64] "巨君"與"細君"相對,其取義亦應相同。

總之,"君"也是中性名字,男女通用。那麼後世婦名之"君"(如"蘭君"、"慧君"等名),是否可視爲漢代婦女名"君"風氣的持續發展?此一說法值得商榷。檢視這四十八個名君的婦女,可發現他們大多出現於西漢,最晚爲東漢建武年間的《三老諱字忌日記》。東漢初年之後,男子雖仍以君名,卻未見婦女名君者的記載。下及於隋,其間也只發現兩個案例,一是晉明帝庾后字文君,一是北齊婁后字昭君,[65] 可見此一命名習慣中斷已久。中斷原因爲何?這裏不敢妄測,然則後世婦女之名君,與漢代婦女以君爲名之俗没有直接關係,倒有可能是受到著名婦女文君、昭君等故事普遍流傳的影響。

關於漢代名字的性別區分,學者都注意到一些名字與性別相反的情形,清代學者趙翼有《男人女名女人男名》一文,[66] 其中男人女名,姑且不論,而女人男名,所舉漢代之例有:相者許負,高祖後宮趙子兒,武帝皇后衛子夫及其姊君孺、少兒,女醫淳于衍字少夫,元后王政君、君力、君弟姊妹,以相馬聞名的陳君夫,鮑宣妻桓少君,孫權兩女字大虎、小虎等。這些例子中,許負正是女名而非男名(見下段),"小虎"等涉及對婦女的期望,留待下節再述。含"君"諸名,也已討論,只有含"兒"、"夫"諸名,還須稍作疏釋。其實"兒"、"夫"一如"君",本亦男女通用之稱,不必把它視爲男性專用,而説成"女人男名"。婦女本可稱"兒",其例甚多。如楚漢之際,趙將李良遇趙王姊,行禮而未得答,其部下云:"今女兒乃不爲將軍下車,請追殺之";[67] 趙王姊非幼小,而稱"女兒"。齊地長女不嫁,名爲"巫兒";[68] 一般侍女稱爲"侍兒";[69]

---

[64] 《漢書》卷九九上《王莽傳》,頁4039。

[65] 《晉書》卷三二《后妃下》,頁972;《北齊書》卷九《后妃》,頁123。

[66] 趙翼《陔餘叢考》(臺北:華世出版杜影湛貽堂本,1975)卷四二《男人女名女人男名》條,頁1。

[67] 《史記》卷八九《張耳陳餘列傳》,頁2522~2578。

[68] 《漢書》卷二八下《地理志》。

[69] 《史記》卷一〇一《袁盎傳》,頁2743。

史皇孫王夫人將被其寄居家所賣，母王媼謂寄居家："兒居君家，非受一錢也"；[70] 韓信爲呂后計擒，臨刑曰："乃爲兒女子所詐"；[71] 王莽也對人稱所買婢"此兒"云云，[72] 都説明了女子亦稱"兒"，所以漢代女名稱兒的在《總表》中也有九例。至於"夫"用於名字，只是人稱，不是"丈夫"之意。顏師古曰："夫，夫人也，亦猶彼人耳"。[73] 所以其用法亦如"君"等人稱，"少夫"、"少君"皆意爲"'少'這個人"，《總表》之"孝夫"也應解爲"孝的人"，而非"孝於其夫"。由此觀，與其將這些看成"女人男名"的現象，不如放在漢代大量使用男女通用名的背景中來理解。至於一些學者推測的，魏晉六朝更趨顯著之"性逆轉心理"（性別倒錯），[74] 與此也沒有直接的關係。

漢代男女名之別不嚴，已如上述，然而當時也出現了一些標示性別的字，例如"媼"與"負"。根據司馬貞的説法："媼是婦人老者通號"，如淳則指出"俗謂老大母爲阿負"，[75] 兩者皆老婦之稱。史書中所見之劉媼、王媼、魏媼、衛媼、武負、張負、許負，這些人中，有的可能並非稱謂，而是取老婦之義而爲名，這點尚有爭辨，[76] 姑置不論。除此外，還有一些標示女性的名字，以下對幾種不同的命名方式稍作説明。

第一種，是以最直接的方式，用"女"、"母"等字爲名，以標示其性別。漢簡婦女有名"女"者（EPT25.17），有名"小女"者（58.20），漢印有"魏小女"，此外尚有杜女、虞女、郝女、晁女、韓女等，其雙名者如王女、令女、猛女、惡女、賈女、橋女等皆是。其以母爲名者見於漢簡（274.28），漢印有范母，前漢末有琅玡女

〔70〕《漢書》卷九七上《外戚傳》，頁3962。

〔71〕《史記》卷九二《淮陰侯列傳》，頁2628～2629。

〔72〕《漢書》卷九九上《王莽傳》，頁4040，正文及顏師古注。

〔73〕《漢書》卷四八《賈誼傳》，頁2259～2260，顏師古注。釋參周法高《中國古代語法·稱代篇》（臺北：中央研究院歷史語言研究所，1959），頁138。

〔74〕説見金良年《姓名與社會生活》（臺灣版，臺北：文津出版社，1990）頁155～159。

〔75〕見《史記》卷四九《外戚世家》，頁1970，注《索隱》；《漢書》卷一上《高帝紀》，頁2～3，注引如淳。

〔76〕例如史載漢高祖封許負爲鳴雌亭侯，負應爲其名。又富人張負，或以爲男子之名，但陳槃先生以爲仍爲女子之名。説見陳槃《婦女名負》（收《漢晉遺簡識小七種》），頁48。

子呂母等。這種取名方式可能也是源自西周、春秋時代，當時稱字的方式，男的在字下加"父"，女的在字下加"母"或"女"，[77] 只是漢代已成爲名字的一部分，不再只是美稱。

第二種方式是在名字中"女"字後加一字，這是古代傳說中人物名字常有的方式，例如"女媧"。此外尚有黃帝所下天女"女魃"，黃帝次妃"女節"，顓頊氏之裔孫"女修"（即大業之母），大業之妻"女華"，堯妻"女皇"，舜妻"女英"，鯀妻"女志"等。[78] 不過在先秦非傳說人物之婦女中，尚不見這類名字，只有《越絕書》提到春申君之妾"女環"（即李園女弟），[79] 然《越絕》較後出，女環之事不見於《戰國策》及《國語》，可信度尚有疑問。漢代婦女的名字中，這類方式倒是常見，可視爲當時婦女命名習慣之一。例如江陵鳳凰山八號及九號漢墓遣册中有婢名女□及女己，漢簡中有女君、女足、女包，漢印有女枝，漢代樂府辭有秦女休，漢昭帝時有巫名李女須，桓帝梁皇后字女瑩，漢末荀爽之女字女荀，魏文郭后字女王等皆是。

第三種方式，是取一偏旁爲"女"之字。這在先秦婦名中已出現。例如《莊子‧齊物論》有美女毛嬙，管仲妾及齊傷槐衍之女都名婧，趙簡子夫人名娟，齊威王虞姬名娟之，都是例證。[80] 按《說文》在"嬎"字以下十四個從女之字，皆釋爲"女字也"，可見古代一部分婦女命"字"，有用從"女"偏旁字的習慣。漢代女子名字以"女"爲偏旁之字，見於總表的約有三十個。包括姬、姜、娥、媛、姣、媚、嫖、媼、嬈、嬌、嬥、嬪、嬐、孊、妣、妙、妠、姁、媼、嫛、斐、婢、妨、嫻、孋、妸、姊、婉、娋、娛等。從這些字來看，漢代婦女實際所用從女字，比許慎所說爲廣，三十字中只有三字（嬥、嫛、妸）在許氏十四字之內。這類字的意義都與婦女有關。例如"姁"字，呂后字娥姁，其姊長姁，以姁爲名的還有景帝

〔77〕 楊寬《試論西周春秋間的宗法制度和貴族組織》，收於《古史新探》（北京：中華書局，1965），頁179。

〔78〕 以上見《史記》卷一《五帝本紀》，頁1～4、10～11、20～23各頁注；卷二《夏本紀》，頁49～50、81各頁注；卷五《秦本紀》，頁173。

〔79〕 《越絕書》（臺北：中華書局《四部備要》本，1980臺三版）卷一四《越絕外傳‧春申君》，頁1。

〔80〕 管仲妾以下諸名見《列女傳補注》卷六，頁99、103、107、110。

王夫人名兒姁，武帝鉤弋夫人姑趙君姁，酷吏義縱姊義姁，漢印有田兒姁等。《説文》：“姁，嫗也。”段玉裁指出：“然則姁亦母稱也。”至於“媛”，據《説文》：“美女也。”“媚”謂愛悦；“姣”、“嫽”皆訓爲“好”；“嬌”、“嬈”亦言其美。“嫖”爲輕快，“嬐”意敏疾，“嫺”表嫺雅，“婉”則婉順。所描述的不外乎女子的容貌、體態與個性。這些字中“娥”與“姬”、“姜”出現較多，值得特別一提。

“娥”字，《説文》釋爲“舜妻娥皇字”，在傳説人物中名“娥”還有嫦娥，到漢代女子名娥的就多了起來。如高祖吕后名雉，字娥姁，景帝王皇后女脩成君女、後漢和帝鄧后姊女、漢末巴郡宕渠趙萬妻都名娥，安帝所生母左姬字小娥，其姊字大娥，又有宋娥、李娥、蘇娥、曹娥、趙娥（即龐娥）、李敬娥等。時間從漢初到漢末，空間分亦分佈甚廣。娥的意義是什麼呢？武帝後宮有“婳娥”之號，顏師古云：“皆美貌也。”[81]《方言》云：[82]

　　　娥，𡢃，好也。秦曰娥，宋魏之間謂之𡢃，秦晉之間

　　凡好而輕者謂之娥。自關而東河濟之間謂之媌，或謂之姣。

　　趙魏燕代之間曰姝，或曰妦。自關而西秦晉之故都曰妍。

　　好，其通語也。

可見“娥”是美貌輕盈之意，與“姣”“妍”等相近。對容貌的强調常是婦女命名的特色之一，“娥”的廣泛使用也就不難理解。

另一類常見的女旁字是“姬”及“姜”。姬姜本是周代的貴姓，顏師古曰：“姬者，本周之姓，貴於衆國之女，所以婦人美號皆稱姬焉。故《左氏傳》曰：‘雖有姬、姜，無棄蕉萃。’姜亦大國女也。後因總謂衆妾爲姬。”[83] 據此，姬姜在當時已爲婦女美稱，具有身份高貴的含意。清代俞正燮即指出：“蓋自周時人皆以王姬爲貴，女子美者稱姬，猶男子賢者稱君子矣。”[84] 漢代婦女以“姬”、“姜”爲名者不少。名姬者，有光武女弟伯姬，明帝女姬及小姬，齊武王晃母太姬，班昭一名姬，安帝閻皇后亦名姬，李固女、蔡邕女皆字

---

〔81〕《漢書》卷九七上《外戚傳》，頁3935。

〔82〕 揚雄著、周祖謨校箋《方言校箋》（北京：中華書局，1993）卷一，頁2。

〔83〕《漢書》卷四《文帝紀》，頁105 注引。

〔84〕 俞正燮《癸巳存稿》（臺北：商務印書館人人文庫本，1971）卷四《姬姨》條，頁125。

文姬,《華陽國志》中有陽姬、謝姬、杜泰姬、曹敬（字敬姬）等,
三國則有孫奮之母仲姬。以姜名者有馬援女馬姜、趙岐妻馬宗姜
（馬敦女）、程文矩妻李穆姜、盛道妻趙媛姜、尹仲讓妻韓姜、王堂
妻文極（字季姜）、鮮尼之母姜等、甄逸長女甄姜等。值得注意的
是,名姬及姜的,除光武之妹外,都是東漢以下才出現,東漢中晚
期以下出現尤多,且多出於士大夫之家。其名皆甚典雅,如"文
姬"、"穆姜"、"敬姬"之類,頗近於古之謐號,這種現象可能與儒
學的發展有關。士大夫以姬姜名其女,具有象徵身份高貴的意義。

第四類是名字中不含"女"字或女旁字,但以婦女容貌、舉止
相關的字眼爲名。例如"麗華"、"都"、"蘭"、"芝"或"珠"、
"玉"等,這類字後世常用,在漢代卻不如上述各類爲多,下節將有
較詳細的討論,這裏不擬贅述。不過值得一提的是,這類字雖稍具
女性特質,但其中一些亦見於男名。例如"蘭",有漢畫中常見孝子
丁蘭,"都"爲美貌,而霍光奴名馮子都,[85] "芝"在男子中也有曹
芝,[86] 這些都再度說明了漢代男女通名的普遍。

四、名字與社會——名字意義的分析

名字無論是父母、長輩、自己或他人所取,多少反映了社會上
一般的人生期盼與價值觀念,也是當時一些社會現象的投影。然而
另一方面,名字的產生又有其個別的情境,例如漢末郭永見其女之
表現,云:"此乃吾女中王也。"因以"女王"爲字;[87] 陸續在鬱林
所生女,取名爲"鬱生"。[88] 還有一些地區,民眾爲感恩而以地方
官吏之姓爲子女名。[89] 不知道這些個別情境,就無法正確地瞭解其

〔85〕《漢書》卷六八《霍光傳》,頁2950。
〔86〕見《敦煌長史武斑碑》,收洪适《隸釋》卷六,頁12。
〔87〕《三國志》卷五《魏書后妃》,頁164。
〔88〕《三國志》卷五七《陸續傳》,頁1329裴注。
〔89〕這類的有賈彪在漢末爲新息長,民養子男名"賈子",女名"賈女"(《後漢書》卷
六七《賈彪傳》,頁2216)。宗慶爲長沙守,民養子者三千餘人,男女皆以"宗"
爲名,事見《東觀漢紀校注》(劉珍等撰,吳樹平校注〔河南:中州古籍出版社,
1987〕)卷一九《宗慶傳》,頁843。而《謝承後漢書》(收周天游輯注《八家後漢
書輯注》〔上海:上海古籍出版社,1986〕)卷七《宋度傳》,頁227有同樣的記載,
或爲同一事,宗慶、宋度字形相近,傳寫有誤,不知何者爲是。此外,鄭渾於漢末
爲下蔡長、邵陵令,使民豐給,所育男女,多以"鄭"爲字,亦爲一例,見《三國
志》卷一六《鄭渾傳》,頁509。

命名之由。可惜的是，這一類的記載實在太少，大部分都只留下名字，其命名之由早已無法得知。因此本節所述，只是爲名字的意義提供可能的解釋而已。茲分幾點稍加説明。

（一）重男輕女、賤名、惡名：漢代社會相較於後世，或許男女地位較爲平等。但是無可諱言的，自古以來的重男輕女之風早已深入人心。武帝時謠云："生男無喜，生女無怒"，[90] 很反諷地顯示生男本當喜，生女本當怒的事實。在女名上也反映了這點。漢成帝時，有宮婢名張棄，[91] 漢碑有女子名"捐"，[92] 漢簡中也有女子名"捐"（EPT40.17、EPT43.92）、"捐之"（27.4）者。《説文》："捐，棄也。"有棄養不舉之義，似乎顯示了當時重男輕女之風。另外漢簡婦女名"女足"的有六例（29.2、55.20、207.3、203.12、EPT59.780、EPT65.119），又有名"止"（EPT59.675、27.3）、"止耳"、"止氏"（27.4）的，陳槃認爲"足"有不復需要之意，而"止"謂止於此而已，[93] 都有不願再生女的意味。東漢梁商生三男四女，其第三女名"阿重"，[94] 或亦指此女爲多餘。此外尚有女子名"寄"、名"侍"、名"倚郎"者，亦有輕女之意。更值得注意的是有些女子名"男"（三例）或"成男"（成帝女名），或"雄"（叔先雄），或"侍男"（清河孝王女），更直接了當地表示了重男的意願。

古人不諱卑名，春秋以來，就有爲子女取卑名的習俗，這點倒是無分男女。例如晉惠公因卜者預言其將生之一子一女，"男爲人臣，女爲人妾"，故將其雙胞胎子女取名爲"圉"及"妾"（《左》僖十七年）。江陵張家山出土的《奏讞書》載秦時女子有名"婢"者，[95] 漢代婦女的名字中，也有一些這種名字。濟北王才人名豎，漢簡有名婢（EPT65.222）、小婢（EPT40.17）者，漢印中有苗妾、翟婢、薄婢，皆其例。漢高祖吕后之妹名吕須（有些地方寫成

〔90〕《史記》卷四九《外戚世家》，頁1983。
〔91〕《漢書》卷九七下《孝成趙皇后》，頁3990~3991。
〔92〕見前揭《三老諱字忌日記》。
〔93〕陳槃，前揭書，《使男使女、七歲爲斷、婦女命名》條，頁30。
〔94〕《後漢紀校注》卷一八《順帝紀》，頁498。
〔95〕見《奏讞書》第22條，此條李學勤認爲在秦時，參所著《〈奏讞書〉解説（下）》，《文物》1995年第3期，頁38。

"嬰"），漢昭帝時女巫名李女須，史皇孫王夫人名翁須。按"須"或"女須"也是卑下的稱呼。天有須女星，《史記・天官書》云："須女，賤妾之稱，婦職之卑者，主布帛裁制嫁娶。"[96] 須女之稱或取義於此。又有名"奴"、"臣"者，西漢江都王劉建女弟名徵臣，東漢明帝諸女中，有劉奴、劉臣二人，是帝王家女，亦取卑名。爲何取卑名？是否如一些學者所説，取易生易養之意？或者是"名之以厭不祥"？[97] 我們尚無足夠的資料可供證明，只有存疑了。

卑名之外，漢代婦女名字中，還有一些惡名，如有名"妄人"者，有名"妨"、"耐"，"通耐"者，妄者非正，妨是有害，耐則爲當時刑法之一，取這類名字，當各有原因，今已不可考了。

（二）福壽吉利、富貴顯榮：與卑名惡名相反，人的一生，總希望能避凶趨吉，福壽綿長，順利平安，甚至飛黃騰達的，漢代男子名字中這類名字甚多，[98] 婦女名字中也有不少。例如名"福"的有王上妻袁福，名"壽"的有梁冀妻孫壽及獻帝后伏壽，名"喜"的在漢印文字中有一條，名"久長"有清河孝王慶女。此外"吉"（章帝女劉吉）、"利"（和帝女劉利）、"成"（霍光女霍成君、和帝女劉成）、"良"（漢簡一例）、"盈"（獻帝伏后母、寶禮妻）、"饒"（姚饒）、"興"（和帝女、靈帝何后母）、"寧"（漢簡有君寧，陳遂妻亦名君寧，此外尚有文寧、傅寧）皆各有數例。不過，當時在男子名字中常見的病已、棄疾、去病、延年、益壽、千秋、萬歲等名則尚未見。

在婦名中有另一類字，包括"貴"（如呂貴）、"顯"（如霍顯）、"勛"（如劉勛）、"榮"（如王榮）、"綏"（如劉綏）、甚至"增秩"等與官爵相關的字，顯示"貴"的追求，一樣是婦女的願望。本來男性中心的漢代社會中，官爵爲男性所專有，婦女封爵之事甚少，[99] 即使在通行兩漢基層社會的"賜民爵"制度中，也是男子賜爵，女子則受牛酒。官爵既無其份，然而名字中又何以有這些字呢？

---

[96] 《史記》卷二七《天官書》，頁 1311。

[97] 楊伯峻注上述晉惠公以"妾"、"圉"名子女事之言，見所著，《春秋左傳注》（臺北：源流出版社，1982）僖公十七年，頁 372。

[98] 見張孟倫，前揭書第七章《福祿喜喜》。

[99] 參考徐天麟《西漢會要》（臺北：世界書局，1971）卷三四《婦人封邑》條，頁 356；《東漢會要》（臺北：世界書局，1971）卷一八《婦人封號》條，頁 183。

事實上，婦女地位的高低，有時可因其夫或子之官爵而不同。其夫
若得高官，婦則爲“命婦”，[100] 出則亦可“乘其官車，帶夫本官
綬”。[101] 如果貴爲公主，本身就有印綬，[102] 上述劉綬即爲光武女。
也有少數婦女以功勛得封的，例如順帝乳母宋娥即以擁立之功，封
山陽君。[103] 漢代後宮之職中，甚至有“貴人”一名。從這些例子看
來，婦女之名“勛”、名“綬”也就不難理解。“貴”爲婦女的人生
理想之一，還可由一些例子瞭解。高祖呂后曾被相者認爲“天下貴
人”。[104] 薄姬與趙子兒、管夫人相約：“先貴無相忘”。[105] 景帝王皇
后，本嫁金王孫，已生一女，因相者説當貴，其母奪之金氏，而得
入太子宮，後爲皇后。[106] 這些例子，都説明了“貴”的期望是不分
男女的。然而婦女之貴，多半是“妻以夫貴”，或“母以子貴”，因
此像“邦”、“安國”、“安世”、“定國”、“忠”這類男子在政治上
的抱負與表現，也就不見於女名。

（三）美貌崇尚：美貌的強調與追求，是社會上的一般觀念，也
是父母、婦女本身的期盼。自先秦以來，男女擇對的重要條件即是
“男富”“女美”，[107] 東漢的《先生郭輔碑》也稱其四男三女“高賢
姣麗”。[108] 高賢是對男子的形容，姣麗爲女子願望。美貌的崇尚在
漢代女名中信而有徵。昌邑王妻名嚴羅紨（顏注紨音敷），羅敷可能
是古代美女之名，[109] 以美女之名爲名，説明了美貌的崇尚。上節女
性化的名字中，如“媛”、“嬌”、“姣”、“媚”、“嬈”、“嫖”、
“娥”等，也無非言其美。另外，還有一些名字，可能也與美貌相
關。例如婦女中名“佳”者有佳、趙佳、君佳、佳君四例，按

〔100〕《後漢書》卷五《安帝紀》，頁219。
〔101〕丁孚《漢儀》（孫星衍輯，《漢官六種》本，周天游點校〔北京：中華書局，
　　　　1990〕）頁218～219。
〔102〕《後漢書》·卷一〇下《皇后紀下·附皇女》，頁457～458注。
〔103〕《後漢書》卷六一《左雄傳》，頁2021～2022。
〔104〕《史記》卷八《高祖本紀》，頁346。
〔105〕《史記》卷四九《外戚世家》，頁1970～1971。
〔106〕《史記》卷四九《外戚世家》，頁1975。
〔107〕《戰國策》（臺北：九思出版社影新校標點本，1978）卷二九《燕一·燕王謂蘇
　　　　代》，頁1074～1075。
〔108〕《隸釋》卷一二《先生郭輔碑》，頁13。
〔109〕見王先謙，《漢書補注》（臺北：藝文印書館影影長沙王氏本）卷六三《昌邑王傳》，
　　　　頁21，注引周壽昌。

"佳"也與"姣"、"娥"等同爲"好"之意。李斯《諫逐客書》：
"佳冶窈窕趙女不立於側也"。[110] 李延年歌曰："北方有佳人，絶世
而獨立"，[111] 揚雄《反離騷》："閨中容競淖約兮，相態以麗佳"，[112]
皆以"佳"形容其美，此名佳者所取義。另外有名"麗"、"華"
者，如陰麗華、麗戎、長御倚華、趙曼君妻華、李華、曹華、劉華
等，也是美好文飾之意。有名"都"的，如陶望卿女弟陶都、光武
母樊嫺都、獻帝貴人宋都等，"都"也是美貌，《詩·有女同車》：
"洵美且都"。此外，又有以花草爲名的，如戚夫人侍兒賈佩蘭、焦
仲卿妻劉蘭芝、馬融女馬芝、鍾會之母張昌蒲等。蘭、芝、昌蒲都
是以香草比擬其美。

以體態之描述作爲婦名，在先秦已出現，如楚武王夫人鄧曼，
文穎云"曼者，其色理曼澤也"。[113] 漢代名曼的如漢簡有君曼、山
陽公女名劉曼皆其例。楚懷王之幸姬名鄭袖，學者指出，鄭國出善
舞之美女，袖所以舞，鄭袖之名當取義於此。[114] 漢代亦有其例，漢
成帝趙后，在陽阿主家學歌舞，以其體輕，故名飛燕。[115] 此外還有
名燕、飛君者，可能也與此相關。從這些名字看來，漢代似乎以體
態輕盈爲尚，上述"嫖"爲輕快，"嬐"意敏疾，"娥"之好而輕，
與飛燕、飛君諸名，都反映了這種崇尚。

在美的崇尚下，自然也著重裝飾。女子以珠玉爲飾，以之爲名，
是顯其美麗寶貴。名珠者有彭寵女彭珠，而以玉飾爲名的較多。按
《竹書》載："桀伐岷山，得女二人，曰琬曰琰，桀愛二女，斲其名
于苕華之玉"，[116] 是先秦的例證。漢代有蔡邕女名琰，字文姬。以
"碧"爲名的，有王莽時狂女子碧，後漢有平原郡女子周碧。以
"玉"爲名的，後漢陳留有爲父報仇的大女緱玉，和帝時有宮人趙
玉。此外，《華陽國志》所載漢代婦女還有程貞瑛（字瓊玉）、何
玹、劉泰瑛、李珥、楊禮珪等，皆以玉飾爲名。桓帝梁皇后名女瑩，

〔110〕《史記》卷八七《李斯列傳》，頁 2543～2544。
〔111〕《漢書》卷九七上《外戚傳》，頁 3591。
〔112〕《漢書》卷八七上《揚雄傳》，頁 3518。
〔113〕《史記》卷一一七《司馬相如列傳》，頁 3011～3012，注正義引。
〔114〕《戰國策》卷一六《楚三·張儀之楚貧》，頁 539～540，注引周紫芝《楚辭説》。
〔115〕《漢書》卷九七下《外戚傳》，頁 3988，正文及顏注。
〔116〕《史記》卷一一七《司馬相如列傳》，頁 3027～3028，注崔駰引郭璞言釋苕華。

也以玉色狀其美。

此外，當時還流行戴耳飾。睡虎地秦簡《編年紀》有"產穿耳"的記載，注釋者認爲"穿耳"當爲女孩名，[117] 此一推論極爲可能。考中國古代婦女有穿耳之俗，《莊子·德充符》已云："爲天子之諸御，不爪翦，不穿耳。"漢代以下，記載更多。[118] 上述的"李珥"，珥即耳飾，與穿耳之俗相關。

（四）婦功、才德：婦女名字有與其工作相關者。漢代男女分職，主要是"男耕女織"，女工之事，本爲婦女的主要工作，這也在其名字中反映出來。有以絲帛爲名者，如前漢有女子名素，齊淳于意之少女緹縈亦其例。翟義母名練，漢印有妾縑、婕仔妾綃、妾繡等。按《說文》，素爲細白繒，緹是丹黃帛，練是湅繒，縑是采繒，綃爲生絲，繡備五采，都是紡織品。至於吳孫權時，有婢名"紡績"，則直以其工作爲名。

事婦功、主中饋、生育兒女，被認爲是婦女的主要任務。孟母所謂："婦人之禮，精五飯，冪酒漿，養舅姑，縫衣裳而已矣。故有閨內之修，而無境外之志。"[119] 在這種觀念下，婦女心力所注，皆爲內事，知識聞見也就不廣。漢簡中有婦女名"毋知"者，雖不能即以爲輕視婦女知識能力之證，但婦女見識有限的看法，在當時是存在的。例如呂公欲嫁女於劉邦，語其妻："此非兒女子所知也。"[120] 當時鄙語云："兒婦人口不可用。"[121] 吳世孫亮也有"女人既不曉大事"之語。[122] 雖所舉之事各異，但皆以女子無知爲言。然而生子望其聰明，畢竟無分男女，故有名聖（息夫躬母、王聖、田聖）、聖通（郭聖通）、曉（曹曉）、解事者。至於才能，班昭《女誡》中提到婦德，認爲"不必才明絕異也"。有些士大夫也强調女子不以才智稱，魏世荀粲更極端的認爲"婦人者，才智不足論，自宜以色爲主"。[123] 雖然如此，有才女子畢竟爲人所羨，班昭本人即以

〔117〕 睡虎地秦墓竹簡整理小組《睡虎地秦墓竹簡》（北京：文物出版社，1990）釋文，頁 7～8。
〔118〕 參考陳登原《國史舊聞》（臺北：明文書局，1984）卷二八，頁 826，《穿耳》條。
〔119〕 《列女傳補注》卷一《母儀傳·鄒孟軻母》，頁 17。
〔120〕 《史記》卷八《高祖本紀》，頁 344～345。
〔121〕 《漢書》卷四〇《陳平傳》，頁 2048。
〔122〕 《三國志》卷六四《孫綝傳》，頁 1448～1449，注引《江表傳》。
〔123〕 《三國志》卷一〇《荀彧傳》，頁 319，注引《晉陽秋》。

"博學高才"爲世所稱。漢代婦女名字中有名"偉能"、"懷能"者，也有名"英"、名"異"者，都有才能傑出之義。

傳統對婦女的要求，不外乎卑弱柔順，服從爲婦德之基本要義。所以《女誡》七篇，始於《卑弱》，所謂"男以彊爲貴，女以弱爲美"，[124] 漢代婦女的名字中對此也有反映。例如武帝時有女子楚服，漢簡及漢印各有一名"服"者，漢印有名"陶婉"者，漢中郡的"陳氏二謙"（順謙、惠謙），以"謙"爲名，都有卑下柔順之義。然而有趣的是，漢代婦女名字中也有剛強的一面，例如成帝時有女子陳持弓，昌邑王賀女名持彎，史玉母名軍，弓馬軍事，本非女子所得預，而以爲名。王莽女名捷，桓帝女名堅，桓帝鄧皇后名猛女，漢印中還有名劋的，劋猛堅捷，也不合女子柔弱之義。而孫權二女，一字小虎，一字大虎，更與《女誡》所説當時鄙諺"生男如狼，猶恐其尪；生女如鼠，猶恐其虎"相反。這些名字説明了，雖然一般認爲女子以柔弱爲美，但在社會上，有能力的女性仍被肯定，柔弱的崇尚，未如後世之絶對。試看古辭《隴西行》中所描寫的婦人，操持家務，迎送賓客，得到"健婦持門户，亦勝一丈夫"的贊語，可以瞭解當時部分地區的社會風氣。

除柔順外，名字中還有一些婦德的要求。例如梁鴻爲其妻取名孟光，字德曜，即強調其德行。婦女名貞者有"貞"三例，"貞君"、"貞玦"各一例。名"孝"者有"孝夫"、"孝兒"各一例，名"禮"的共有七例（劉中禮、李純母禮、王禮、鄭禮、張禮修、楊禮珪、劉禮劉），名"淑"者有三例，名"義"者有三例，名"儀"者有三例。這些説明了儒家的道德理念也逐漸影響了婦女的命名。

需要説明的是，這些標榜德行的名字，正如上文所説，也是男女共用的。"禮"、"義"之類固然如此，即使後世婦女常用的"貞"、"淑"也是如此。以"貞"言，男子方面前漢即有酷吏李貞，[125] 漢印也有胡貞及左貞夫。[126] 至於名"淑"男子，史料所見更比女子爲多，如更始時有軍帥將軍李淑，明帝時有太中大夫許淑，

---

〔124〕 《後漢書》卷八四《列女傳》，頁 2787～2788。
〔125〕 《史記》卷一二二《酷吏列傳》，頁 3154。
〔126〕 《漢印文字徵補遺》第三，頁 7。

和帝時有節鄉侯趙淑、原鹿侯陰淑、城陽懷王劉淑，此外尚有靈帝
祖父解瀆侯劉淑，漢末的名士荀淑、劉淑、賈淑等。[127] 但是，如果
細審這些男女通用之名，用字雖同，其具體德行內容，對男女要求
可能有異。例如"貞"表貞信，本男女通用之詞，戰國時蔡澤曾云：
"父慈子孝，夫信妻貞，家之福也。"[128] 秦始皇會稽刻石，所倡貞
節，也是男女雙方的。[129] 但"忠臣不事二君，貞女不更二夫"[130]
之類詞語的出現，顯示二者忠貞的對象不同。東漢劉長卿妻亦自言
其家風"男以忠孝顯，女以貞順稱"。[131] 東漢有鏡銘云："女貞男
聖"，[132] 皆強調"女貞"的一面。這種情況，後漢尤甚，[133] 使
"貞"在婦名中與男名中漸具不同的意義。此例說明了一些男女通名
之字在作爲女名時，其德行標準已被賦予女性的特質，可說通名也
在分化之中。這類的變化，並非單由名字所能說明，尚有待將來進
一步的研究。

五、結　語

　　名字的研究，常被當作談助資料，較少嚴謹的著述，尤其婦女
名字，可以說是有待開拓的新領域。本文分析漢代婦女的名字，一
方面嘗試解明婦名的一般特色，一方面藉此瞭解當時婦女的角色、
理想與處境。

　　歷史的發展有因有革，漢代婦女的名字清楚的說明了這點。從
周代的繫姓不稱名，到漢代的稱名及冠姓，是一個很大的變化。而
隨著儒學的發展，繫姓風氣又再度出現，姬姜之類的婦字也重被士
人之家採用，然而在意義與形式上都與周代有了很大的不同。冠夫
姓的形成，也是既承襲了周代，而又不全同於周代，這些都反映了

[127] 以上李淑見《後漢書》卷一一《劉玄劉盆子列傳》，頁 471～472；許淑見卷三六
《范升傳》，頁 1228；趙淑見卷二六《趙憙傳》，頁 915；陰淑見卷三二《陰識傳》，
頁 1130；城陽懷王見卷五五《章帝八王傳》，頁 1810；解瀆侯見卷八《靈帝紀》，
頁 327；漢末名士荀淑見卷六二本傳，頁 2049；劉淑見卷六七《黨錮列傳》，頁
2190；賈淑見卷六八，《郭泰傳》，頁 2229。
[128] 《史記》卷七九《范雎蔡澤列傳》，頁 2421。
[129] 《史記》卷六《秦始皇本紀》，頁 261～262。
[130] 齊人王蠋語，見《史記》卷八二《田單列傳》，頁 2457。
[131] 《後漢書》卷八四《列女傳》，頁 2797。
[132] 江西省博物館《江西南昌東漢、東吳墓》，《考古》1978 年 3 期。
[133] 參考拙著，前揭書，頁 25～27。

平民姓氏、家族的搏成與發展。

　　漢代婦女的名字相較於後世，也有明顯的不同，其主要特色之
一是男女通名的普遍使用。這種情形，反映了社會上對男女之要求
或期盼，差距尚未如後世之甚。不過，其中一些通用名字，對男女
有不同的意義，顯示名字的女性特質也在發展之中。此外，漢代也
仍有一些明顯的女性化婦名，大多強調女性的美貌、體態與個性，
而重男輕女之風也反映於名字。婦名上呈現的婦女，固然可以像男
子一樣追求福壽、富貴與地位，但大多數卻被定位爲"不曉大事"，
無益於安邦定國。而冠夫姓的形成，更反映了婦女的附屬性，這些
也都被後世所承襲。

1996. 11. 04 初稿

1996. 11. 18 修訂

漢代婦女名字總表

【説明】

（一）本表出處各書,其版本多已見正文注,以下資料未見於正文之注,
　　　特列於此：

　　　《西京雜記》(臺北:商務印書館影《歷代小史》本,1979)

　　　王充著、劉盼遂集解,《論衡集解》(臺北:世界書局,1962)

　　　洪适《隸續》(北京:中華書局影晦木齋本,1985)

　　　黄節《漢魏樂府風箋》(臺北:學生書局影印,1972)

　　　池田温《中國歷代墓券略考》,《創立四十周年紀念論集》(東京:
　　　東京大學東洋文化研究所,1981)

　　　李均明、何雙全《散見簡牘合輯》(北京:文物出版社,1990)

　　　睡虎地秦墓竹簡整理小組《睡虎地秦墓竹簡》(北京:文物出版
　　　社,1990)

　　　江陵張家山漢簡整理小組《漢簡'秦讞書'釋文(一)》,《文物》
　　　1993 年第 8 期。

　　　江陵張家山漢簡整理小組《漢簡'奉讞書'釋文(二)》,《文物》
　　　1995 年第 3 期。

　　　揚州市博物館《揚州西漢"妾莫書"木椁墓》,《文物》1980 年第 12 期。

陳平、王勤金《儀徵胥浦 101 號西漢墓'先令券書'初考》,《文物》
1987 年第 1 期。

陳雍《儀徵胥浦 101 號西漢墓'先令券書'補釋》,《文物》1988 年
第 10 期。

(二)本表一些簡稱:《史記》、《漢書》、《後漢書》、《三國志》簡稱"史"、
　　"漢"、"後"、"三",數字表示卷:頁。《續漢志》即附於《後漢書》
　　後之司馬彪《續漢書》各志。只有數字號或有 EPT、EPF 等代號者
　　皆爲居延漢簡簡號。"漢碑"指高文《漢碑集釋》及頁碼,"漢刻"
　　指永田英正"漢代石刻集成‧圖版、釋文篇"及其件號。"散"代
　　表李均明等之《散見簡牘合輯》,其後數字爲書內簡號。"墓券略
　　考"即池田溫《中國歷代墓券略考》,其後數字爲文內件號。

(三)本表以名或字之筆順排序,不以姓排序。

(四) 列在"名"欄的,有些可能爲"字",但因史闕有間,仍暫列
　　於"名"欄。

姓	名	字或號	身　份	出　　處
左		大娥	安帝母之姊	後 55: 1803
郭		女王	魏文帝郭后	三 5: 164 ~ 165
梁		女瑩[134]	桓帝梁皇后	後 10 下: 443
左		小娥	安帝母	後 55: 1803
桓		少君	鮑宣妻	東觀漢紀校注 18: 833 ~ 834
		无明	三老通之孫女	漢碑 1 ~ 2 三老諱字忌日記
王 (司馬)		君力[135]	元后妹,司馬氏婦	漢 98: 4014 ~ 4015、 漢 60: 2669 ~ 2670
王		君弟	元后妹	漢 98: 4014 ~ 4015
王		君俠	元后姊	漢 98: 4014 ~ 4015
		宗君	三老通之妻	漢碑 1 ~ 2 三老諱字忌日記
		宛若	神君之姒娌	史 12: 452 ~ 453
張		昌蒲	鍾會母	三 28: 784 ~ 785
馬		芝	馬融女	後 84: 2796

〔134〕　據司馬彪《續漢書》卷一《后妃傳》,頁 322,女瑩爲字而非名。
〔135〕　蘇林以爲字君力,是則其姊妹政君、君俠、君弟等亦皆爲字。

姓	名	字或號	身　份	出　處
呂		長姁	呂后姊	史 9:401
艾		阿橫	龐儉母	風俗通義校注 593～594
王		政君	元帝皇后	漢 98:4014～4015
馬		倫	馬融女	後 84:2796
友		通期	梁冀妾	後 34:1180～1181
趙		號飛燕	成帝趙皇后	漢 97 下:3988
呂		榮	許升妻	後 84:2795
樊		嫻都	光武母	後 14:555～556
	桌		景帝姬	漢 100 上:4216 注引應劭
	□青		遣册所載大婢	散 671,鳳凰山 8 號墓簡
	□新		某人妻	103.24
楊	凡		名籍類簡内大女	散 869,鳳凰山 10 號墓簡
劉	久長		清河孝王女,安帝妹	後 55:1804～1805
	女		隧卒宋自予之妹	EPF25.17
韓	女		濟北王侍者	史 105:2808～2809
杜	女		杜女私印	漢印文字徵 12:11
虞	女			漢印文字徵 5:7
郝	女			漢印文字徵 6:14
晁	女			漢印文字徵補遺 13:4
	女□		遣册所載大婢	散 662,鳳凰山 8 號墓簡
	女己		遣册所載大婢	散 786,鳳凰山 9 號墓簡
	女包		隧卒李護宗妻	203.19
秦	女休		洛陽人	漢魏樂府風箋 15:192
張	女君		女子名	EPT49.86B
	女足		隧卒甯蓋邑妻	203.12
	女足		隧卒孫青肩女	203.7
	女足		隧長張彭祖女	29.2

姓	名	字或號	身　　份	出　　處
	女足		隧卒伍妻	55.20
	女足		某人妻	EPT59.780
	女足		隧卒王誼女	EPT65.119
燕	女枝			漢印文字徵補遺 3:6
李	女須		漢昭帝時女巫	漢 63:2760~2761
羊	子		成帝時婢	漢 97 下:3994~3995
衛	子夫		武帝衛皇后	史 110:2921
王	子羽		爰書提及女子	EPS4T2.52
	小		婢	漢刻 144 簿書殘碑
	小女		某人女	58.20
魏	小女			漢印文字徵 12:11
劉	小民		明帝女	後 10 下:460
劉	小迎		明帝女	後 10 下:460
劉	小姬		明帝女	後 10 下:459~460
	小婢		隧卒陳譚女	EPT40.17
	不侵		女印不侵	漢印文字徵 8:2
劉	中禮		光武女	後 10 下:458
	之		隧卒王歆嫂	EPT65.16
劉	元		光武姊	後 14:555~556
	元		鄧疊母	後 45:1531~1532
常	元		常良女,便進賓妻	華陽國志 10 上:735
	反	君明	三老通孫女	漢碑 1~2 三老諱字忌日記
	壬		遺册所載大婢	散 663,鳳凰山 8 號墓簡
石	夫		孤山里女子	EPT56.261
	太姬		齊王晃母	後 14:553~554
衛	少兒		武帝衛皇后姊	史 110:2921
楊	少兒			漢印文字徵 8:15

姓	名	字或號	身　份	出　　處
卓	文君		司馬相如妻	史 117：3000～3001
李	文姬		李固女，趙伯英妻	華陽國志 10 下：813
	方		某人妻	EPT44.39
	方		算簿内女名	散 842，鳳凰山 10 號墓簡
孫	止		平陵女子	257.30
	止		某人妻	EPT59.675
	止□		某人妻	27.3
	止氏		隧卒周賢妻	27.4
張	毋方		爰書	EPW.35
	毋知		隧卒王並母	203.13
劉	王		章帝女	後 10 下：460～461
	王女		隧長孫時女	29.1
	以君		漢廣陵國女子	胥浦先令券書，文物 1987：1
夏侯	令女		曹文叔妻	三 9：293
	仙君[136]		漢廣陵國女子	胥浦先令券書，文物 1987：1
	充漢		息夫躬妻	漢 45：2186～2187
	出於		齊北宫司空命婦	史 105：2804
劉	奴		明帝女	後 10 下：459～460
趙	左君		廣陵厲王胥後宫	漢 63：2762
李	平	正流	李元女，楊文妻	華陽國志 12：941
李	平		成帝倢伃	漢 97 下：3984～3985
許	平君		宣帝許后	漢 97 上：3964～3965
	幼孫		被稱"少婦"	10.16A
馮	弁		馮參女，中山孝王后	漢 97 下：4007
	母		某人妻	274.28

〔136〕 陳雍《儀徵胥浦 101 號西漢墓〈先令券書〉補釋》釋爲"儇君"，此處仍暫從陳平之釋。

姓	名	字或號	身　份	出　處
呂	母		琅琊女子	漢 99 下: 4150~4151
笵	母		笵女私印	漢印文字徵 12: 11
	永	伯榮	安帝乳母王聖女	後 14: 564
趙	玉		和帝時宮人	後 10 上: 420
緱	玉		陳留人	後 53: 1751
劉	生		順帝女	後 10 下: 461~462
胡	生		廣陵屬王胥後宮	漢 63: 2762
	用		隧卒左豐妻	EPT65. 478
梁	田		順帝梁后姊	後漢紀校注 18: 498
董	白		董卓孫女	三 6: 177~178 注引英雄記
王	示		王堂女	華陽國志 10 下: 825
劉	仲		明帝女	後 10 下: 459~460
	仲長		桓範妻	三 9: 290~291 注引魏略
	仲姬		孫奮母	三 59: 1373~1374
孟	光	德曜	梁鴻妻	後 83: 2776
	光		前漢濟北王式后	漢 44: 2157
劉	吉		章帝女	後 10 下: 460~461
	同		蕭何夫人	漢 39: 2012~2013
	合歡		哀帝時婢	漢 80: 3325
	因諸		姜因諸	漢印文字徵 3: 10
王	地餘		廣川王去姬	漢 53: 2428
	妄人		史皇孫王夫人母	漢 97 上: 3962~3963
	存		隧卒丁仁母	254. 11
劉	成		和帝女	後 10 下: 461
	成光		江都王建后	漢 53: 2416
霍	成君		霍光小女	漢 68: 2952
劉	成男		順帝女	後 10 下: 461~462

續表

姓	名	字或號	身　份	出　處
柳	朱		松江女子	三 57：1326 注引會稽典録
鄧	朱		和帝陰后外祖母	後 22：791～792
	次		氾譚妻	EPT65.454
劉	次		明帝女	後 10 下：459～460
李	羽生		中山簡王傅婢	後 50：1672
	耳		隧長孫時妹	29.1
劉	臣		明帝女	後 10 下：460
	自予		隧卒張放妻	231.25
	自如		隧卒虞護妹	194.20
謝	自然		女道士	風俗通義校注 599
	至		隧卒張霸妻	133.20
龐	行		姜詩妻	華陽國志 10 中：768
	行		耿秉妾	華陽國志 12：935
劉	伯姬		光武妹	後 14：555～556
劉	別得		清河孝王女，安帝妹	後 55：1804～1805
劉	利		和帝女	後 10 下：461
陳	助		楊鳳珪妻	華陽國志 10 上：734
薄	吾		臨淄氾里女子	史 105：2809
	呂		某人妻	50.4
	君□		某人妻	EPT11.11
	君之		馮太后弟婦	漢 97 下：4006～4007
陳	君夫		以相馬聞名	史 127：3221～3222
	君至		某人妻	203.32
石	君佚		爰書提及女子	EPS4T2.52
	君佳		隧長竇永妻	EPF22.211
	君來		某人女	EPT59.675
趙	君姁		鉤弋夫人姑	漢 97 上：3957

姓	名	字或號	身　份	出　　處
	君相		某人妻	EPF22. 786
	君真		隧長徐況妻	EPF22. 209
	君曼		某人妻	EPF22. 215
	君程		隧長單宮母	EPF22. 212
	君閒		隧長陳當妻	EPF22. 208
	君寧		隧長石野妻	EPF22. 206
	君寧		陳遂妻	漢 92：3709
	君憲		隧卒王誼妻	EPT65. 119
王	妨		王莽孫女	漢 99 下：4152～4153
姚	妣		姚超女	華陽國志 10 上：736
竇	妙		桓帝竇后	後 10 下：445
	孝夫		王子褒婦	271. 16
	孝兒		前漢濟北王式姬	漢 44：2157
趙	宋兒			漢印文字徵 8：15
韓	序		中山簡王焉姬	後 42：1449
	弟		隧卒張孝妻	55. 25
	弟史		烏孫公主	漢 96 下：3904
	男		某人婦	EPT53. 18
劉	男		章帝女	後 10 下：460～461
王	男		順帝乳母	後 6：249
	良		某人妻	EPT43. 335
	辛		某人妻	EPT43. 271
梁	妠		順帝梁后	後 10 下：436～437
何	侍		許遠妻	風俗通義校注 588～589
劉	侍男		清河孝王女,安帝妹	後 55：1804～1805
趙	佳		送證女子	181. 2A
	佳		某人妻	203. 4

續表

姓	名	字或號	身　　份	出　　處
	佳君		某人母	EPF22. 205
徐	來		衡山王姬	史 118:3095
賈	佩蘭		戚夫人侍兒	西京雜記 3:12
臧	兒		景帝王后母,臧荼孫	史 49:1975
唐	兒		景帝唐姬	漢 53:2426
王	兒姁		景帝王夫人	史 59:2093
田	兒姁			漢印文字徵 8:15
	其		劉仲卿妻	漢 97 上:3962~3963
張	叔紀		張霸女孫,王遵妻	華陽國志 10 上:733
王	和		便敬妻	華陽國志 10 中:769
鄭	奉		女子自言	123.49
苗	妾			漢印文字徵 14:4
段	妹			漢印文字徵 12:13
王	始		王堂女	華陽國志 10 下:825
	姇		隧卒孫青肩妻	203.7
	姇		隧卒宋自予母	EPF25. 17
郭	季妃			漢刻 169 郭委妃石椁題字
	季兒		任延壽妻	列女傳 5:96
	季孺		女季孺	漢印文字徵 12:11
	宗		安帝閻后母	後 10 下:436
馬	宗姜		馬敦女,趙岐妻	後 64:2121~22 注三輔決録
	定處		女定處	漢印文字徵 14:4
張	宜春		女子	EPT56. 73A
黄	帛		張貞妻	華陽國志 10 中:788
	幸		遣册所載大婢	散 670,鳳凰山 8 號墓簡
	幸金		遣册所載大婢	散 674,鳳凰山 8 號墓簡
	延		名籍類簡内女	散 870,鳳凰山 10 號墓簡

續表

姓	名	字或號	身　　份	出　　處
道	房		成帝時宮婢	漢 97 下：3990～3991
	放		成帝舅王崇妻	漢 72：3067～3068
	於		隧卒孫青肩女	203.7
	於次		妾於次	漢印文字徵 3：10
匽	明		桓帝母	後 10 下：441
	明文		郭輔季女	郭輔碑，隸釋 12：14
	服		某人妻	EPT65.288
	服		妾服	漢印文字徵 3：10
楚	服		武帝陳皇后親信女子	漢 97 上：3948
劉	直得		清河孝王女，安帝妹	後 55：1804～1805
	肩		隧卒丁仁妹	254.11
	初		珠崖令之女	列女傳 5：94
劉	迎		明帝女	後 10 下：459～460
閻	迎		安帝閻后姊	後漢紀校注 16：454
荀	采	女荀	荀爽女	後 2798～2799
	阿		某人女	286.6
	阿		隧卒徐親	EPT65.411
趙	阿		周郁妻	後 84：2784
左	阿君		寡婦	漢 92：3711～3712
梁	阿重		順帝梁后妹	後漢紀校注 18：498
陳	阿嬌		景帝姊嫖女	史 49：1979
	阿鶩		荀攸妾	三 29：809
張	雨		壽張縣女子	後 82 上：2714～2715 注謝承書
彭	非		王輔妻	華陽國志 10 中：768
義	姁		義縱姊	史 122：3144～3145
	信		遣册所載大婢	散 788，鳳凰山 9 號墓簡
劉	保		和帝女	後 10 下：461

姓	名	字或號	身　份	出　　處
金	俗		即武帝異母姊修成君	史 49：1982 集解引徐廣
	則		武帝時掖廷宮婢	漢 74：3144～3145
劉	則		清河頃王湯女	漢 47：2212
	南		廣陵厲王胥姬	漢 63：2760～2761
	南		金當母	漢 68：2965～2966
李	南		漢宮長	漢 97 下：3991
田	南		齊田氏，臨淄獄史蘭妻	奏讞書 3，文物 1993：8，p. 22
	南弟		某人母	EPT65. 383
	南來		張輔妻	29. 2
周	卻君		女子自言責隧	58. 15A
劉	哉皮		平帝妹封承禮君	漢 97 下：4008
甄	姜		魏文甄后姊	三 5：159～160 注引魏書
韓	姜		尹仲讓妻	華陽國志 10 中：787
	姜		鮮尼母	華陽國志 12：935
馬	姜		馬援女，賈武仲妻	漢碑 20 賈武仲妻馬姜墓記
紀	姣		通緝名單中女子	EPT43. 31
	宣		桓帝鄧皇后母	後 10 下 444
周	度		相登妻	華陽國志 10 中：785
	待		某人妻	203. 23
	待		隧卒徐誼女	203. 3
	待		君至女	203. 32
文	思		文叔陽次女	漢刻 61 文叔陽食堂畫像記
	思		遣册所載大婢	散 785，鳳凰山 9 號墓簡
陳	持弓		成帝時女子	漢 27 下之上：1474～1475
劉	持彎		昌邑王賀女	漢 63：2767～2768
趙	春		平帝時朔方女子	漢 27 下之上：1473
任	昭		梁王立后	漢 47：2216

姓	名	字或號	身　份	出　　處
班	昭(一名姬)	惠班	曹世叔妻	後 84：2784～2785
王	昭平		廣川王去姬	漢 53：2428
遲	昭平		王莽時平原女子	漢 99 下：4170
郭	昭君		廣陵屬王胥後宮	漢 63：2762
陽成	昭信		廣川王去姬	漢 53：2428
張	昭儀		朱叔賢妻	華陽國志 10 上：736
郭	昱		魏文郭后姊	三 5：165
王	流		王堂女	華陽國志 10 下：825
	盈		竇禮妻盈	三 24：689～690
	盈		獻帝伏后母	後 10 下：453～454
劉	相夫		楚解憂公主女弟	漢 96 下：3905～3906
	眇		隧卒徐誼妻	203.3
	穿耳		女	秦簡《編年紀》，7～8
劉	紅夫		光武女	後 10 下：458
王	紀		王堂女	華陽國志 10 下：825
常	紀		趙侯夫人	華陽國志 10 上：735
	耐		氾譚女	EPT65.454
	胥		隧卒虞護妻	194.20
劉	致		明帝女	後 10 下：459～460
	若		淳于長母	漢 93：3732
	若		河間王元后	漢 53：2411～2412
趙	英		趙昂女	三 25：702～703 注皇甫謐列女傳
趙	英		趙瑨女	華陽國志 12：934
	苟□		遣冊所載大婢	散 665，鳳凰山 8 號墓簡
淳于	衍		女侍醫	漢 8：251

續表

姓	名	字或號	身　　份	出　　處
鄭	貞		望之妻	160.14
	貞		某人女	EPT44.1
	貞		賈長兒妻	漢 97 上：3962～3963
	貞君		史恭母	漢 97 上：3961
程	貞玦	瓊玉	張惟妻	華陽國志 12：943
張	負		户牖富人	史 56：2051～2052
許	負		女相者	史 57：2074
武	負		老婦	漢 1：2～3
	軍		史玉母	後 48：1610～1611
王	飛君		掖庭女樂	漢 98：4028
	胸臑		東平思王劉宇姬	漢 80：3323～3324
何	玹		趙憲妻	華陽國志 10 上：736
	乘舒		衡山王后	史 118：3095
	倚郎		奉世妻	54.19
	倚菁		妾倚菁	漢印文字徵 1：9
	倚華		武帝時皇后之長御	漢 63：2743～2744
	倚精		妾倚精	漢印文字徵 8：4
左	脩		廣陵厲王胥姬	漢 63：2760～2761
張	脩		昌邑王歌舞者	漢 63：2767～2768
劉	姬		明帝女	後 10 下：459～460
閻	姬		安帝閻后	後漢紀校注 16：454
陽	姬		楊文方妻	華陽國志 10 中：785
謝	姬		儀成妻	華陽國志 10 中：787
	姬		趙王貴妻	華陽國志 12：934
	娥		景帝王后女修成君女	史 52：2007
宋	娥		順帝乳母	後 78：2518
曹	娥		會稽孝女	後 84：2794

續表

姓	名	字或號	身　份	出　處
	娥		和帝鄧后姊女	後漢紀校注 14:410～411
	娥		趙萬妻	華陽國志 12:935
蘇	娥		蒼梧女子	謝承後漢書 6:207
李	娥		建安時武陵女子	續漢志 17:3348
趙	娥(即龐娥)		龐淯母	三 18:548 注皇甫謐列女傳
	娟		緁妤妾娟	漢印文字徵 8:2
召	宫		隴西略陽女子	EPT51.374
曹	宫	偉能	成帝時宫女官	漢 97 下:3990～3991,27 中之下:1416～17
	宫持		某人妻	43.30
	弱君		漢廣陵國女子	胥浦先令券書,文物 1987:1
王	恩		女子	EPT52.201
	捐		隧卒陳譚妻	EPT40.17
	捐		麗戎母	EPT43.92
	捐	謁君	三老通子忽妻	漢碑 1～2 三老諱字忌日記
	捐之		隧卒周賢女	27.4
房	桃枝		雒陽大女	墓券略考,第 19 件
杜	泰姬		趙宣妻	華陽國志 10 下:811
劉	泰瑛		楊矩女	華陽國志 10 下:810
	智		遣册所載大婢	散 667,鳳凰山 8 號墓簡
相	烏		袁稚妻	華陽國志 10 中:769
彭	珠		彭寵	後 12:504～505
	畜		遣册所載大婢	散 664,鳳凰山 8 號墓簡
	留人		遣册所載大婢	散 661,鳳凰山 8 號墓簡
	益		遣册所載大婢	散 668,鳳凰山 8 號墓簡
	益		告地策内大婢	散 870,鳳凰山 168 號墓竹牘
	益宦		遣册所載大婢	散 672,鳳凰山 8 號墓簡

姓	名	字或號	身　　　份	出　　　處
	真省		隧卒虞護女	194. 20
	神君		武帝時長陵女子	史 12：452～453
	租		走馬都魁妻	奏讞書 17，文物 1995：3，p. 33
	紡績		吳孫權時婢	三 47：1148
翟	素		永寧女子	三 57：1326 注引會稽典録
	素		公士丁母	秦讞書 21，文物 1995：3，p. 35
	素光		烏孫公主	漢 96 下：3904
	索君		范壽妻	157. 7
王	翁須		史皇孫王夫人	漢 97 上：3962～3963
	衷牛		姜衷牛	漢印文字徵 8：15
陳	訓謙		曹寧妻	華陽國志 10 下：814
	豹		遣册所載大婢	散 669，鳳凰山 8 號墓簡
羅	貢		羅倩女，景奇妻	華陽國志 10 上：735
	迺始		淳于長小妻	漢 81：3355
	陞		伯興妻	漢刻 112 伯興妻墓碑
	高		某人妻	EPT43. 220
劉	鬲子		平帝妹封尊德君	漢 97 下：4008
	魃		女魃	漢印文字徵補遺 9：3
李	珥	敬娥	馮季宰妻	華陽國志 12：940
劉	曼		山陽公長樂郡主	三 2：83～84 注引魏書
	商弟		隧卒徐□妻	317. 2
劉	堅		桓帝女	後 10 下：462
	婢		某人母	EPT65. 222
翟	婢			漢印文字徵 4：4
薄	婢			漢印文字徵補遺 1：4
	婢		秦時女子	奏讞書 22，文物 1995：3，p. 35
楊	寄		王莽時官婢	漢 99 上：4044～4045

姓	名	字或號	身　份	出　處
	得綏		張掖田升寧小婦	散244,武威五壩山3號墓牘
	捷		王莽女	漢99下:4166
陶	望卿		廣川王去姬	漢53:2429
張	棄		成帝時宮婢	漢97下:3990～3991
	清		巴寡婦	史129:3260
	清		漢初婢	奏讞書3,文物1993:8,p.23
	淑		某人大母	EPT59.428
曹	淑		魏明帝女	三25:707
徐	淑		黃門侍郎秦嘉妻	全後漢文96:8
	焉		王莽子宇妻	漢99上:4065～4066
鄧	猛女		桓帝鄧皇后	後10下:444
王	異		趙昂妻	三25:702～703注皇甫謐列女傳
	異人		妾異人	漢印文字徵8:1
	異方		妾異方	漢印文字徵3:13
孫	第卿		隧長孫時妻	29.1
	符		大夫明女奴,隱官解妻	奏讞書4,文物1993:8,p.23
	細君		某人母	EPT50.86
	細君		東方朔妻	漢65:2746～2747
劉	細君		江都王建女	漢96下:3903
胡	組		宣帝保母	漢74:3144～3145
公孫	習		成帝時婢	漢97下:3994～3995
馮	習		馮太后女弟	漢97下:4006～4007
	習		趙欽姬	漢69:2994
甄	脫		魏文甄后姊	三5:159～160注引魏書
	修		劉曄母	三14:442～443
劉	修		桓帝女	後10下:462

續表

姓	名	字或號	身　份	出　處
	修		常山憲王后	史 59: 2102
崔	修成		廣川王去姬	漢 53: 2429
	莫書		妾莫書（銀印）	揚州西漢墓, 文物 1980: 2
	荼		淮南王安后	史 118: 3082 ~ 3083
	貪		隧卒王音妻	203. 16
齊	通耐		女子自言責	EPF22. 694
陶	都		陶望卿女弟	漢 53: 2429
宋	都		宋泓女, 獻帝貴人	後 72: 2340 ~ 2341 注引獻帝起居注
劉	陵		淮南王女	史 118: 3082 ~ 3083
桃	斐		大女	漢碑 487 曹全碑
	庫		遣冊所載大婢	散 666, 鳳凰山 8 號墓簡
	最		婢	漢刻 144 簿書殘碑
	喜		婢喜	漢印文字徵補遺 12: 4
	喻		妾喻	漢印文字徵 2: 7
	媚		漢高祖時婢	奏讞書 2, 文物 1993: 8, p. 22
馮	媛		元帝馮昭儀	漢 79: 3301 ~ 3302
趙	媛姜		盛道妻	華陽國志 10 中: 788
	惡女		隧卒丁仁妹	254. 11
劉	惠		明帝女	後 10 下: 459 ~ 460
馬	惠		桓帝乳母	後漢紀校注 21: 577
	惠		算簿内女名	散 827, 鳳凰山 10 號墓簡
張	惠英		張亮則女	華陽國志 10 下: 812
全	惠解		孫亮夫人	三 50: 1200 注引吳錄
陳	惠謙		張亮則妻	華陽國志 10 下: 814
	曾		某人妻	EPT65. 413
	款		妾款	漢印文字徵 3: 10

姓	名	字或號	身　份	出　處
	渠	明君	王莽母	漢 98:4026;70:3025~26
哀	焦		哀置姊	後 50:1672
劉	無采		衡山王女	史 118:3095
田	無嗇		哀帝時山陽女子	漢 27 下之上:1473
	紫		遣册所載大婢	散 658,鳳凰山 8 號墓簡
	舒君		某人女	73.9
李	華		魏齊王芳後宮	三 4:129~130
曹	華		曹操女	後 10 下:455
劉	華		桓帝女	後 10 下:462
	華		趙曼君妻	華陽國志 12:934
	貴		某人妻	EPT65.495
吕	貴		獻帝乳母	後漢紀校注 28:787
楊	進		王博妻	華陽國志 10 中:784
宋	閏		濟南安王鼓吹妓女	後 42:1432
	開明		王莽侍者	漢 99 下:4166
叔先	雄		犍爲孝女	後 84:2799
吕	須(嬃)		漢高祖女,樊噲妻	史 9:404
劉	黄		光武姊	後 14:555~556
劉	愔		王臨妻	漢 99 下:4165
	掾(?)		算簿内女名	散 829,鳳凰山 10 號墓簡
蔡	琰	文姬	蔡邕女	後 84:2800
	剽		姜剽	漢印文字徵 3:10
劉	園子		梁荒王女弟	漢 47:2216
衛	媪		衛青母	史 111:2921~2922
魏	媪		薄太后母	史 49:1970
劉	媪		高祖母	史 8:341

姓	名	字或號	身　份	出　處
王	媪		老婦	漢 1:2~3
	廉		河間王元姬妾	漢 53:2441~2442
	意		婢	漢刻 144 簿書殘碑
	意		遣册所載大婢	散 787,鳳凰山 9 號墓簡
杜	慈		杜季女,虞顯妻	華陽國志 10 下:826
榮	愛		廣川王去姬	漢 53:2430
楊	敬		楊文女,郭孟妻	華陽國志 10 下:827
曹	敬	敬姬	周紀妻	華陽國志 12:943
張	敬		張安世孫女	漢 59:2649
趙	敬		雒陽大女	墓券略考,第 19 件
司馬	敬(敬司)		張霸妻	華陽國志 10 上:732
	業		粟君妻	EPF22.10
	業		某人大母	EPT59.455
王	業		成帝時婢	漢 97 下:3994~3995
文	極	季姜	王堂妻	華陽國志 12:949
	當		某人妻	EPT65.455
	當		曹洪乳母	三 12:388
曹	節		曹操女	後 10 下:455
鄧	綏		和帝鄧后	後 10 上:418
哀	置		掖庭技人	後 50:1672
	義		馬妙祈妻	華陽國志 12:934
劉	義王		光武女	後 10 下:458
田	聖		桓帝采女	後 10 下:445
王	聖		安帝乳母	後 5:241~243
	聖		息夫躬母	漢 45:2186~2187
郭	聖通		光武郭后	後漢紀校注 4:88~89

續表

姓	名	字或號	身　份	出　處
	葉		某人妻	EPT65.193
	解事		隧卒張孝女	55.25
劉	解憂		楚王女	漢 8:272
董	訾		廣陵厲王胥後宮	漢 63:2762
	賈女		新息縣女名	謝承後漢書 4:135
甄	道		魏文甄后姊	三 5:159～160 注引魏書
呂	雉	娥姁	呂后	漢 3:95 注顏師古
	綃		婕仔妻綃	漢印文字徵 3:10
	蕙		遣册所載大婢	散 675,鳳凰山 8 號墓簡
伏	壽		獻帝皇后	後 10 下:452
孫	壽		梁冀妻	後 34:1179
陶	婉		姑陶婉	漢印文字徵 12:12
劉	嫖		景帝姊	史 49:1972
文	寧		文叔陽長女	漢刻 61 文叔陽食堂畫像記
傅	寧		零陵女子	論衡校釋 19:400
甄	榮		魏文甄后姊	三 5:159～160 注引魏書
王	榮		靈帝王美人,順帝母	後 10 下:449～450
周	碧		平原人,胡譚妻	風俗通義校注 590
原	碧		王莽妻侍者	漢 99 下:4165
	碧		王莽時長安狂女子	漢 99 中:4118
袁	福		王上妻	華陽國志 10 中:769
	綠		遣册所載大婢	散 657,鳳凰山 8 號墓簡
劉	綬		光武女	後 10 下:458
	與		隧長呂成母	EPF22.207
	蒙		昭帝宮人	漢 68:2940～41
	頗		姜頗	漢印文字徵補遺 9:2
羅	鳳		漢貞女羅鳳闕題字	貞女羅鳳墓闕,隸續 20:8

姓	名	字或號	身　份	出　處
梁	嫕		梁竦女	後 10 上：416
	儀		隧卒王放妻	EPT65.83
李	儀		陳敬王夫人	後 50：1668
	增何		姜增何	漢印文字徵 13：11
	增秩		王莽侍者	漢 99 下：4166
董	嬌饒		洛陽人	漢魏樂府風箋 14：175
李	娥		掖庭出女	後 50：1668
趙	嬈		靈帝乳母	後 60 下：1998～1999
	媛		姜媛	漢印文字徵補遺 1：6
劉	廣		順帝女	後 10 下：461～462
	徵		姜徵	漢印文字徵補遺 8：3
	徵史		東平思王字后	漢 76：3230
劉	徵臣		江都王劉建女弟	漢 53：2414～2415
郭	徵卿		宣帝保母	漢 74：3144～3145
	徵側		交阯女子	後 24：838
	徵貳		交阯女子	後 24：838
	瞀		姜瞀	漢印文字徵 4：2
	練		翟義母	漢 84：3435～3436
淳于	緹縈		文帝時淳于意之女	史 10：427～428
	請		某人女	EPT40.136
	請卿		隧卒甯蓋邑母	203.12
	豎		濟北王才人	史 105：2805
劉	賢得		清河孝王女，安帝妹	後 6：257 注引東觀記
	醉		遣冊所載大婢	散 673，鳳凰山 8 號墓簡
孫	魯育	小虎	孫權次女	三 50：1198
孫	魯班	大虎	孫權長女	三 50：1198

續表

姓	名	字或號	身　份	出　處
馮	嫽		解憂公主侍者	漢 96 下: 3907
劉	勛		魏齊王芳後宮	三 4: 129 ~ 130
	憲		某人妻	EPT44. 1
	憲		某人妻	EPT59. 622
曹	憲		曹操女	後 10 下: 455
	憲君		某人妻	EPT65. 384
辛	憲英		辛毗女,羊耽妻	三 25: 699 ~ 700 注引世語
曹	曉		成帝時宮婢	漢 97 下: 3990 ~ 3991
	曄		王莽女	漢 99 下: 4166
韓	樹南		趙子賤妻	華陽國志 10 下: 815
鄧	燕		鄧后姊	後漢紀校注 14: 410 ~ 411
	盧豚		妾盧豚	漢印文字徵 3: 10
李	穆姜[137]		程祗妻	華陽國志 10 下: 810
	縛		遣册所載大婢	散 660,鳳凰山 8 號墓簡
	興		靈帝何后母	後 10 下: 449 ~ 450
劉	興		和帝女	後 10 下: 461
李	親		元帝王皇后母	漢 98: 4018
許	謁		成帝許后姊	漢 97 下: 3982
	謁		東平煬王雲后	漢 80: 3325
劉	謁臣		平帝妹對修義君	漢 97 下: 4008
	辦		某人妻	EPT40. 136
	静		宋遷	風俗通義校注 509
	噲		秦時女子	奏讞書 22,文物 1995: 3,p. 35
	媨		漢初河東女子	奏讞書 13,文物 1993: 8,p. 24
	嬰□		隧卒騰勛妻	176. 27,176. 40

〔137〕《後漢書》卷八四《列女傳》,頁 2793 ~ 2794 載爲"字穆姜",很可能《華陽國志》中其他名字如媛姜、泰姬、禮珪、文姬等也都是字而非名。

姓	名	字或號	身　份	出　處
姜	嬪	義舊	姜穆女，司馬雅妻	華陽國志 12：940
衛	孺（君孺）[138]		武帝衛皇后姊	史 110：2921
	戴		遣冊所載大婢	散 789，鳳凰山 9 號墓簡
王	檣[139]	昭君	元帝後宮	漢 9：297～298 注應劭
	營		婢	漢刻 144 簿書殘碑
	臨		士伍王妻	EPT65.121
	甄		漢初北地女子	奏讞書 7，文物 1993：8，p. 24
張	稿女			漢印文字徵 6：14
	虵		秦時女子	奏讞書 22，文物 1995：3，p. 35
	禮		李純母	東觀漢紀校注 11：388
王	禮		梁節王暢乳母	後 50：1676～1677
鄭	禮		定陶恭王后母	漢 97 下：4002
張	禮修		趙嵩妻	華陽國志 10 下：814
楊	禮珪		陳省妻	華陽國志 10 下：812
劉	禮劉		光武女	後 10 下：458
	繡		妾繡	漢印文字徵 12：3
曹	豐生		班昭夫之妹	後 84：2792
	懷能		王莽侍者	漢 99 下：4166
嚴	羅紲		嚴延年女，昌邑王妻	漢 63：2767～2768
秦	羅敷		焦仲卿鄰女	漢魏樂府風箋 14：176
秦	羅敷		邯鄲秦氏女	漢魏樂府風箋 1：10
	難		隧長張護嫂	EPT65.12
常	麇		殷仲孫妻	華陽國志 10 上：735
	麗戎		通緝女子，嬰齊妻	EPT43.92

---

〔138〕 孺，《漢書》卷五五《衛青傳》，頁 2471 作"君孺"。
〔139〕 檣，《漢書》卷九上下《匈奴傳》，頁 3803～3804 作"墙"。

續表

姓	名	字或號	身　份	出　處
陰	麗華		光武陰后	後 10 上：405
	嬈姉			漢印文字徵 12：12
	嚴		隧卒王並妻	203. 13
殷	嚴		掖庭女樂	漢 98：4028
姚	饒		姚超女	華陽國志 10 上：736
	繻		姜繻	漢印文字徵 3：10
劉	蘭芝		焦仲卿妻	漢魏樂府風箋 14：178
	辯		算簿內女名	散 840，鳳凰山 10 號墓簡
任	孋		成帝時婢	漢 97 下：3994 ~ 3995
許	嬻		成帝許后姉	漢 97 下：3983
霍	顯		霍光妻	漢 45：2179 ~ 80
陸	鬱生		陸績女	三 57：1329 注

※　本文原載《新史學》7 卷 4 期，1996 年。

※　劉增貴，臺灣大學歷史研究所博士，中央研究院歷史語言研究所研究員。

漢魏六朝的乳母

李貞德

一、前　言

西晉開國重臣賈充,前後兩妻,而無男胤。前妻李氏僅生一女。後妻郭槐雖誕育二男二女,然其中二男皆夭殤。至於二女,不但成長,並且賈南風成爲晉惠帝皇后,賈午則成爲驃騎將軍韓壽之夫人。其中,嬰兒的死生夭壽,乳母似扮演著重要角色。《世説新語·惑溺篇》載:

> 賈公閭後妻郭氏酷妒,有男兒名黎民,生載周,充自外還,乳母抱兒在庭中,兒見充喜踊,充就乳母手中嗚之。郭遙望見,謂充愛乳母,即殺之。兒悲思啼泣,不飲它乳,遂死。郭後終無子。[1]

《晉書·賈充傳》則稱郭槐"後又生男,過期,復乳母所抱,充以手摩其頭。郭疑乳母,又殺之,兒亦思慕而死,充遂無胤嗣"。[2]

1950 年代洛陽出土晉墓中,則有賈南風乳母徐義的墓誌銘:

> 晉賈皇后乳母美人徐氏之銘。美人諱義,城陽東武城人也。其祖禰九族,出自海濱之寓。昔以鄉里荒亂,父母兄弟終亡,遂流離迸竄司川河内之土。娉處太原人徐氏爲婦。美人……溫雅閒閒,容容如也……憮育群子,勖導孔明……晉故侍中行大子大保大宰魯武公賈公,平陽人也。公家門姓族,鮮於子孫。夫人宜城君郭,每産輒不全育。美人有精誠篤爽之志,規立福祚,不顧尊貴之門,以甘露三年歲在戊寅,永保乳賈皇后及故驃騎將軍南陽韓公夫人。美人乳侍,在於嬰姟。抱勖養情若慈母,恩愛深重過其親。推燥居濕,不擇冰霜,貢美吐飡,是將寢不安枕,愛至貫腸。勖語未及,導不

---

〔1〕《世説新語》卷下《惑溺第三十五》,頁 490,徐震堮校箋(香港:中華書局,1987)。以下稱《世説新語校箋》。

〔2〕《晉書》卷四〇《賈充傳》,頁 1170。

毗匡。不出閨閣，戲處庭堂。聲不外聞，顏不外彰。皇后……年十三，世祖武皇帝……泰始六年……娉爲東宮皇太子妃。妃以妙年，託在妾庶之尊。美人隨侍東宮，官給衣裳，服冕御者。見會處上待禮，若賓有所。論道非美人不説，寢食非美匪臥匪食，游觀非美人匪涉不行，技樂嘉音非美人匪睹不看。潤洽之至，若父若親。大康三年……武皇帝發詔，拜爲中才人。息烈，司徒署軍謀掾。大熙元年……武皇帝薨。皇帝陛下踐祚。美人侍西宮，轉爲良人。永平元年三月九日，故逆臣大傅楊駿委以内授舉兵，圖危社稷。楊大后呼賈皇后在側，視望勞候，陰爲不軌……美人設作虛辭，皇后得棄離。元惡駿伏罪誅。聖上嘉感功勛。元康元年拜爲美人。賞絹千匹，賜御者廿人。奉秩豐重，贈賜隆溢……元康五年二月，皇帝陛下中詔，以美人息烈爲大子千人督……美人以元康七年……寢疾，出還家宅，自療治。皇帝陛下、皇后，慈仁衿愍，使黃門旦夕問訊，遣殿中太醫……就家瞻視。供給御藥、飲食衆屬……疾病彌年，增篤不損，厥年七十八……皇后追念號咷，不自堪勝。賜秘器衣服，使宮人女監宋端臨親終殯。賜錢五百萬，絹布五百匹，供備喪事……[3]

郭槐"每產輒不全育"，按《世説》與《晉書》的説法，是因其妒殺乳母所致。[4] 妒忌乳母如妒妾婢，殺之而喪子。即使如此，賈南風和賈午出生之後，郭槐仍將之交由乳母照顧。徐氏爲流離之人，無父母兄弟，既稱"娉處太原人徐氏爲婦"，則連本家姓氏都不可知。[5] 墓誌中稱她"不顧尊貴之門"而任賈家乳母，當爲過譽之辭。何以過譽如此？應和當時一般乳母的出身有關。根據墓誌，她性情溫和，自有子女，並且經驗豐富（憮育群子）。按元康七年（297）以七十八歲疾歿算來，甘露三年（258）她到賈家之時已是三十九歲的中年婦人了。未知先前是

〔3〕 趙超《漢魏南北朝墓誌彙編》（天津：古籍出版社，1992），頁 8～10。《徐義墓誌》見圖一，發掘報告見《洛陽晉墓的發掘》，《考古學報》1957 年第 1 期，頁 169～186。

〔4〕 然傅暢《晉諸公贊》稱郭氏"爲性高朗，知后無子，甚憂愛慇懷，每勸屬之"。劉孝標注《世説》此段，引之而論郭氏"向令賈后撫愛慇懷，豈當縱其妒悍，自斃其子。然則物我不同，或老壯情異乎？"傅暢記載與劉孝標注，俱見《世説新語校箋》卷下《惑溺篇第三十五》，頁 490。

〔5〕 婦女姓字不顯，以夫姓冠於名字之前，漢代已然。見劉增貴《漢代婦女的名字》，《新史學》7.4（1996），頁 33～94。

否已有擔任乳母的經驗與口碑,或因年長而未引起郭槐的妒情?[6]
徐氏的工作,包括賈后嬰幼時的乳侍、抱勔、推燥居濕、貢美吐湌,以及
出嫁時的隨侍東宮、教誨監督。並在宮廷政爭時,協助賈后鬥倒楊駿。
徐氏先後因乳保身份和救難有功,不但自己拜爲中才人和美人,其子
徐烈亦累遷司徒署軍謀掾和太子千人督,其餘人力、物資的賞賜更不
在話下,終其一生,受賈后優遇。

郭槐、賈南風與徐美人的故事,是漢魏六朝有關乳母的史料中
最爲完整者,其中透露中古早期貴族家庭慣用乳母的情形。《世說》
的記載顯示乳母地位卑微,在主人家的處境並不安全穩定。而徐氏
墓誌卻顯示乳母和乳子關係密切,若能獲得主人家的信賴,她的任
務不僅是乳哺,所獲待遇不全是金錢,而她的影響力也將不限於乳
子的血氣之軀。以流離之女而任職豪門,自身及子嗣並因而屢獲爵
賞,所以寄託者,初則爲女性的生理特質——乳汁,繼則爲溫婉照
護的母親角色。以性別特質而逾越階級的限制,乳母在傳統家庭與
社會中的定位,令人好奇。

乳母現象,涉及女性的職業營生、社會階層的流動、當代對母職角
色的認定,乃至於婦幼醫學的發展,是值得深究的問題。歐美史學界
基於醫學史和性別研究的發展,對此主題已探討多時。[7] 中國史方
面,截至目前,則只有少數討論育嬰史的著作提及,一來不以乳母爲主
要對象,二來僅限於宋元以降。[8] 唐代以前的情況,或因資料有限而

---

〔6〕 古代醫書論述女性一生,多從十四歲天癸至、可生育,到四十九歲"地道絕而無子",三
十九歲的婦人可謂正當中年。又依現存墓誌資料來看,六朝女性的平均壽命約五十
五歲,三十九歲亦當中年。醫書論述女性一生,見郭靄春主編《黃帝内經素問校注》卷
一《上古天真論篇》頁9~13,討論見李貞德《漢唐之間求子醫方試探——兼論婦科濫
觴與性別論述》,《中央研究院歷史語言研究所集刊》68.2(1997),頁283~367。六朝
墓誌所呈現的女性平均壽年,見Lee,Jen-der,"The Life of Women in the Six Dynasties,"
Journal of Women and Gender Studies 4(1993):47~80.

〔7〕 Valerie Fildes,*Wet Nursing: A History from Antiquity to the Present* (New York:Basic Black-
well Inc. ,1988)一書是截至目前介紹乳母研究最完整的專書。書後羅列諸學者研究歐
亞非各地乳母歷史的專門著作,超過一百種,其中三分之二以上爲討論歐洲者。

〔8〕 熊秉真《傳統中國的乳哺之道》,《中央研究院近代史研究所集刊》21(1992):123~
146,其中有"擇乳母"一節,唯其重點在宋元明清家庭中長養嬰孺的情形,而非以乳母
爲主要討論對象。梁其姿研究明清的育嬰堂,亦討論堂中乳母的來源與待遇,唯不及
唐宋以前的狀況,見梁其姿《十七、十八世紀長江下游之育嬰堂》,《中國海洋發展史論
文集》(臺北:中央研究院中山人文社會科學研究所,1984),頁97~130。西文著作亦
不多,見 Victoria Cass,"Female Healers in the Ming and the Lodge of Ritual and Ceremo-
ny,"*Journal of American Oriental Society* 106(1986):233~240.

乏人間津。然而有限的資料卻不能抹煞漢魏六朝乳母活動的情形。我曾研究漢唐之間的生育文化，發現其間政權多遷、社會階層分化，各種思想競爭的同時，也正是婦科醫學理論逐漸形成的階段。世家大族以婢僕爲乳母撫育嬰幼，下層女性則以乳汁爲進身階，實在展現了乳母在漢魏六朝社會中的特殊意義。基於此，本文將搜集漢魏六朝的正史、禮說、醫方、墓誌資料等，探討當時與乳母相關的種種議題，包括乳母的背景、選擇、職務、待遇和影響力，乃至當代對乳母的評價及其所展現的性別與階級意義。一方面延續我過去對漢唐之間生育文化的探討，另方面嘗試開拓女性醫療照顧者的研究新領域。行文之時爲避免贅語重複，相同史料的引用盡量採取前詳後略的辦法。

二、乳母現象

產母不親自哺乳而以乳母代之，自古以來即有記載。先秦貴族家庭選用乳母喂養新生兒，似爲一無庸置疑的成規。《禮記·內則》稱諸侯之妻生子之後，以"士之妻、大夫之妾使食子"。[9] 除此之外，又於衆妾與傅御之中，擇其"寬裕、慈惠、溫良、恭敬、慎而寡言者，使爲子師，其次爲慈母，其次爲保母"。鄭玄注稱此乃人君養子之禮："子師教示以善道者，慈母知其嗜欲者，保母安其居處者，士妻食乳之而已。"[10] 而大夫之子亦有"食母"，鄭玄注稱："選於傅御之中，《喪服》所謂乳母也。"[11] 唯有士之妻"自養其子"，鄭玄謂："賤，不敢使人也。"[12] 似乎古代貴族家庭照顧嫡生嬰兒的婦女衆多，且各有職司，喂乳只是其中之一。並且選用乳母的主要背景，並非由於產母病變或死喪等特殊狀況，而是因其地位高貴，家饒妾婢之故。

漢魏六朝醫方中之順乳藥多以療妒乳、乳腫爲主，[13] 而其病因則在於"產後不自飲兒，及失兒，無兒飲乳"之故。[14] 醫方言論除

---

〔9〕《禮記》卷二八《內則》，頁12a。
〔10〕同上，頁13ab。
〔11〕同上，頁18a。
〔12〕同上，頁18b～19a。
〔13〕參考李貞德《漢唐之間醫書中的生產之道》，《中央研究院歷史語言研究所集刊》67.3（1996），頁533～654，附錄K："無乳、妒乳，溢乳"。
〔14〕《外台秘要》卷三四《婦人方》，頁943ab引《集驗方》。

暗示當時代的嬰兒死亡率頗高之外，是否亦暗示漢魏六朝之貴族産母多不自飲兒，而以乳母代之？證諸史料，可知漢代以降，皇室與貴族家庭大多選用乳母。漢文帝時名醫淳于意便曾診療濟北王阿母之病。"阿母"張守節《正義》引服虔注云："乳母也。"[15] 史稱漢武帝少時，"東武侯母常養帝，帝壯時，號之曰'大乳母'"。[16]

即使因宮廷政爭，皇子無法經由正常管道採用乳母，救難之臣爲保存皇胤，亦多盡心選用乳母。漢宣帝始生數月，以皇曾孫坐衛太子巫蠱事繫獄。丙吉時奉武帝詔治巫蠱於郡邸獄，見宣帝而憐之，史稱其"擇謹厚女徒，令保養皇曾孫……曾孫病，幾不全者數焉，吉數敕保養乳母，加致醫藥"。[17] 漢成帝時官婢曹宮以皇帝臨幸而懷孕，於掖庭牛官令舍産子。皇后趙飛燕專寵，遣人取兒殺之。掖庭獄丞籍武欲救曹宮之子，將他交給中黃門王舜，史載王舜擇官婢張棄爲乳母。[18] 東漢靈帝王皇后於光和四年三月癸巳生獻帝，庚子日因渴飲米粥而暴薨，獻帝遂歸掖庭。自癸巳至庚子，其間不過八日，而嬰兒已然離開母親，史稱："暴室嗇夫朱直擁養，獨擇乳母。"[19] 其餘未明言出身但有迹可考之漢代皇室乳母，尚包括哀帝乳母王阿舍、[20] 安帝乳母王聖、[21] 順帝乳母王男、[22] 宋娥、[23] 桓帝乳母馬惠、[24] 靈帝乳母趙嬈、[25] 獻帝乳母吕貴等。[26]

---

〔15〕《史記》卷一〇五《扁鵲蒼公列傳》，頁2805。張守節《正義》並引鄭玄注乳母稱乃："慈己者"。漢代乳母又稱阿母，例如楊震稱東漢安帝乳母王聖、左雄稱順帝乳母宋娥皆稱阿母，范曄《後漢書》亦稱袁閎乳母爲阿母。見《後漢書》卷五四《楊震傳》，頁1761；卷六一《左雄傳》，頁2021～2022；卷四五《袁閎傳》，頁1525。細節見下討論。

〔16〕《史記》卷一二六《滑稽列傳》，頁3204。張守節《正義》注此段引《高祖功臣表》云："東武侯郭家，高祖六年封。子他，孝景六年棄市，國除。蓋他母常養武帝。"查《高祖功臣侯者年表》，東武侯名郭蒙。見《史記》卷一八，頁905～906。

〔17〕《漢書》卷七四《丙吉傳》，頁3142。

〔18〕《漢書》卷九七《外戚傳》，頁3991。但三天之後，仍爲皇后發覺，"以詔書取兒去，不知所置"，看來凶多吉少。

〔19〕王皇后之死，或爲何進之女何皇后所爲。獻帝由朱直所擇乳母養至歲餘，才由桓帝之后、竇武之女竇太后保護。見司馬彪《續漢書》卷一《后妃傳》，頁325。

〔20〕《後漢書》卷七七《毋將隆傳》，頁3264。

〔21〕《後漢書》卷五《安帝紀》，頁242。

〔22〕《後漢書》卷一五《來歷傳》，頁590～591。

〔23〕《後漢書》卷五一《左雄傳》，頁2021～2022。

〔24〕袁宏《後漢紀》卷二一《桓帝紀》，頁577。

〔25〕《後漢書》卷六六《陳蕃傳》，頁2169。

〔26〕袁宏《後漢紀》卷二八《獻帝紀》，頁787。

　　魏晉南北朝皇室乳母的資料不多，參照前後朝代皇室和貴族家庭的情形來看，想必亦以選用乳母協助照顧新生兒爲常態。孫皓時，陸凱上書指陳皓之不遵先帝舊制二十事，便提到對諸王乳母的家庭照顧不周的問題：

> 先帝在時，亦養諸王太子，若取乳母，其夫復役，賜與錢財，給其資糧，時遣歸來，視其弱息。今則不然，夫婦生離，夫故作役，兒從後死，家爲空戶，是不遵先帝十二也。[27]

劉宋明帝寢疾危殆之時，召吳興太守褚彥回返京，託以後事，稱欲使著“黃羅襦”。李延壽謂“黃羅襦，乳母服也”。[28] 明帝欲託年幼太子於彥回，故比彥回爲乳母。可見乳母責任重大，並在宮中有特定服飾。南北朝時期其餘有名可考的乳母，尚包括東晉成帝乳母周氏、[29]陳後主乳母吳氏、[30]北魏太武帝保母竇氏、[31]文成帝乳母常氏、[32]和北齊後主乳母陸令萱等。[33] 有趣的是，六朝時代的乳母大多和漢代者相似，她們之所以進入史籍記載，並非因其長養主人之子、功不可沒，而是因爲逾制弄權或參與政争而引起士大夫的注意與批評。[34]

　　至於士大夫家，其實亦多用乳母，鄭玄注《儀禮·士昏禮》之“姆”字，稱：“婦人年五十無子，出而不復嫁，能以婦道教人者，若今時乳母矣。”[35] 史籍記載列傳人物幼年之事，常透露乳母隨侍在旁的訊息。《搜神記》載羊祜尋金鐶，顯示乳母是日常照顧之人：

---

〔27〕《三國志》卷六一《陸凱傳》，頁1406。

〔28〕《南史》卷二八《褚彥回傳》，頁750。

〔29〕《晉書》卷八三《顧和傳》，頁2164。

〔30〕《陳書》卷二八《高宗二十九王傳》，頁366。

〔31〕《魏書》卷一三《皇后列傳》，頁326；《北史》卷一三《后妃傳》，頁494同。

〔32〕《魏書》卷一三《皇后列傳》，頁327～328；《北史》卷一三《后妃傳》，頁495同。

〔33〕《北齊書》卷五〇《恩倖傳》，頁689。

〔34〕至於《魏書》記載竇氏、常氏則似乎有不同的背景因素。北魏自道武帝始，“後宮産子將爲儲貳，其母皆賜死”，是否因此太武帝、成帝才由保母、乳母撫養呢？查諸《魏書》，明元帝生於道武帝登國七年（392），其母劉皇后於道武帝末年賜死，明元帝已逾十歲；明元帝之子太武帝生於道武帝天賜五年（408），其母杜貴嬪於明元帝泰常五年賜死，太武帝已十二歲；太武帝之嫡長孫文成帝生於真君元年（440），其母郁久閭氏於太武帝末年薨，文成帝亦近十歲。如此看來，三位生母死時，太子皆已十歲上下，非必乳母方能存活之年。《魏書》不載明元帝之乳母，獨錄竇氏、常氏之事，應是由於竇、常後被尊爲太后，得享殊榮之故（見下討論），既非由於太子之賜死，方才另擇乳保，也非因皇帝尊崇乳母而遭士人批評，值得大書特書。三帝與三乳母事，見《魏書》卷三《太宗紀》頁49、卷四《世祖紀》頁690、卷一三《皇后列傳》頁325～327。

〔35〕《儀禮》卷五《士昏禮》，頁16。

羊祜,年五歲時,令乳母取所弄金鐶,乳母曰:"汝先無此物。"祜即詣鄰人李氏東垣桑樹中,探得知。主人驚曰:"此吾亡兒所失物也,云何持去!"乳母具言之,李氏悲惋。時人異之。[36] 東晉名相謝安之八世孫謝藺年五歲時,"每父母未飯,乳媼欲令藺先飯,藺曰:'既不覺飢。'强食終不進。"[37]謝藺母親健在,卻有乳母,並且至藺五歲時仍爲家中照顧之人。[38] 即使境遇不豐的家庭,似乎亦不例外。南朝齊開國皇帝蕭道成的母親陳道止生道成時,其夫蕭承之任濟南太守。[39]《南齊書》稱:"太祖(蕭道成)二歲,乳人乏乳,后(陳道止)夢人以兩甌麻粥與之,覺而乳大出,異而説之。"[40]陳道止少家貧,即使蕭承之、道成父子先後爲官,《南齊書》仍稱其"家業本貧"。[41] 即使如此,道止生產,仍有乳人代爲乳兒。

而隋文帝楊堅於西魏文帝大統七年(541)生於同州大興國寺時,據説"赤光照室"、"紫氣滿庭",而"嬭母以時炎熱而就扇之,寒甚幾絶,困不能啼。"直到被神尼智仙所養,才得其所哉。楊堅生母尚在,卻先有乳母,後有神尼代爲養兒。[42] 其餘士家大族乳母有名可考者,又包括東漢梁節王劉暢乳母王禮、[43]曹魏時曹洪乳母當、[44]隋末獨孤師仁乳母王蘭英。[45] 而前引賈充家三用乳母養育四兒,更爲貴族家庭普遍採用乳母的最佳範例。

乳母既爲上層社會家庭哺育新生兒的重要人物,勢必應謹慎揀選。從正史、典制與醫籍看來,皇室、貴族在選擇乳母時,大致上有出身、性情和健康等三方面的考慮。至於平民百姓,倘因一胎多產而照顧不及,或因產母病變死喪而不克乳兒時,無力備買乳母,只能依靠政

〔36〕 干寶《搜神記》卷一五,頁114。《晉書》則稱"時人異之,謂李氏子則祜之前身也"。見《晉書》卷一三《羊祜傳》,頁1023~1024。

〔37〕 《梁書》卷四七《孝行傳》,頁658。

〔38〕 逮至唐代,官宦之家亦多用乳母。唐代詩人白居易自稱:"僕始生六、七月時,乳母抱弄於書屏下,有指'之'字、'無'字示僕者,僕口未能言,心已默識。"則乳母是白居易自幼聰慧的見証人。見《舊唐書》卷一六六《白居易傳》,頁43~46。

〔39〕 《南齊書》卷一《高帝本紀》,頁2~3。

〔40〕 《南齊書》卷二〇《皇后傳》,頁390。

〔41〕 《南齊書》卷二〇《皇后傳》,頁390。

〔42〕 《廣弘明集》卷二六《感通》,頁667之2~667之3。

〔43〕 《後漢書》卷五〇《梁節王暢傳》,頁1676。

〔44〕 《三國志·魏書》卷一二《司馬芝傳》,頁388。

〔45〕 《舊唐書》卷一九三《列女傳》,頁5139~5140。

府幫忙或仰賴親友協助,不能挑剔乳母的品質。以下便依序討論乳母的來源、選擇,及其主要職務。

三、乳母的來源、選擇與職務

(一)乳母的來源與出身

《漢官舊儀》稱:"乳母取官婢。"[46] 漢代時諸官署皆有官婢,供給令使。其來源或由私奴婢募入,或由俘虜,或以自願,最主要則來自連坐没入,如鄭玄注《周禮·天官》"酒人"稱:"古者從坐男女没入縣官爲奴,其少才知以爲奚,今之侍史官婢。"[47] 趙飛燕追殺皇子,王舜爲曹宮之子擇官婢張棄爲乳母,雖然當時情勢緊急,事關機密,或以近水樓台之便,卻仍符合漢宮制度。[48] 前引獻帝生八日而母王皇后死,獻帝歸於掖庭。以朱直爲暴室嗇夫的身份來看,乳母或亦選自官婢。[49]

孫吳諸王子則似取乳母於平民之家。前引陸凱指責孫皓不顧乳母家庭,顯示吳景帝孫休在位時,皇室選用乳母之後,"其夫復役,賜與錢財,給其資糧,時遣歸來,視其弱息",因而乳母之家亦得保全。烏程侯孫皓主政,乳母之夫仍需服徭役,乃至"兒從後死,家爲空户"。如此看來,皇室所用乳母,當爲核心家庭之平民婦女,而非如漢宮舊制以選於官婢爲規範。[50]

至於北朝,北魏太武帝保母竇氏、文成帝乳母常氏,和北齊後主乳母陸令萱,則似皆出身坐罪没入之官婢:

> 先是世祖(太武帝)保母竇氏,初以夫家坐事誅,與二女俱入宮。操行純備,進退以禮。太宗(明元帝)命爲世祖保

---

〔46〕 衛宏《漢官舊儀》卷下《中宮及號位》,頁 46。雖然《漢官舊儀》顯示漢宮中的規定如此,但在實際生活中或亦有以良民婦女甚至諸侯之妻爲皇室乳母者。如漢武帝少時,東武侯郭他之母常養武帝之例,見前注〔16〕引。

〔47〕 鄭玄注,見孫詒讓《周禮正義》卷一《天官冢宰第一》,頁 39b"酒人"。募民爲奴婢,如《漢書·食貨志》:武帝"募民能入奴婢得以終身復,爲郎增秩"。《漢書》卷二四《食貨志》,頁 1158。俘虜,如金日磾以休屠太子,爲渾邪王所虜,没入黃門養馬是也。見《漢書》卷六八《金日磾傳》,頁 2959～2966。自願,如緹縈願没入爲官婢以贖父罪,見《漢書》卷二三《刑法志》,頁 1097～1098。漢代官私奴婢的來源,見勞榦《漢代奴隸制度輯略》,《中央研究院歷史語言研究所集刊》5.1(1935),頁 1～11;瞿宣穎《中國社會史料叢鈔》甲集(臺北:臺灣商務印書館,1965 臺一版),頁 637～639。

〔48〕 《漢書》卷九七《外戚傳》,頁 3991。

〔49〕 司馬彪《續漢書》卷一《后妃傳》,頁 325。

〔50〕 《三國志·吳書》卷六一《陸凱傳》,頁 1406。

母。性仁慈,勤撫導,世祖感其恩訓,奉養不異所生。及即位,尊爲保太后,後尊爲皇太后,封其弟漏頭爲遼東王……真君元年崩……謚曰惠。[51]

高宗(文成帝)乳母常氏,本遼西人。太延中,以事入宮,世祖選乳高宗。慈和履順,有劬勞保護之功。高宗即位尊爲保太后,尋爲皇太后,謁於郊廟。和平元年崩……謚曰昭……依惠太后故事,別立寢廟,置守陵二百家,樹碑頌德。[52]

穆提婆,本姓駱,漢陽人也。父超,以謀叛伏誅。提婆母陸令萱嘗配入掖庭,後主襁褓之中,令其鞠養,謂之乾阿奶,遂大爲胡后所昵愛。[53]

常氏"以事入宮",或因家人犯罪,連坐入宮,史籍未明載。竇氏和陸令萱則皆因丈夫有罪誅死,以妻坐夫入宮爲婢,並且入宮時已有子女。可能因有生育經驗而被選爲皇子之乳保。[54] 不論如何,皆可見北朝沿用漢宮舊制之迹。唯北魏宣武帝,因先前頻喪皇子,得胡氏才生孝明帝,故而"深加慎護,爲擇乳保,皆取良家宜子者。養於別宮,皇后及充華嬪(胡氏)皆莫得而撫視焉"。[55] 顯然認爲沒入之官婢尚不足取。

皇室乳母或選自官婢,或取良家宜子者;世家大族則可能以家婢擔任乳母。漢代蓄奴之風頗盛,即使中資以下亦然,如馮衍自稱"家貧無僮……惟一婢";[56] 而魏晉南北朝貴族豪強家中更不乏奴客婢妾,供給役使。[57] 曹魏時討論爲乳母服喪的問題,便顯示世族以婢爲乳

〔51〕 《魏書》卷一三《皇后列傳》,頁326;《北史》卷一三《后妃傳》,頁494同。
〔52〕 《魏書》卷一三《皇后列傳》,頁327~328;《北史》卷一三《后妃傳》,頁495同。
〔53〕 《北齊書》卷五〇《恩倖傳》,頁689。《北史》卷九二《恩倖傳》,頁3047則稱"提婆母陸令萱配入掖庭,提婆爲奴"。
〔54〕 漢魏六朝妻坐夫罪的處置方式,頗有演變,見李貞德《西漢律令中的家庭倫理觀》,《中國歷史學會史學集刊》19(1987),頁1~54。Lee, Jen-der, "The Death of a Princess: Codifying Classical Family Ethics in Early Medieval China," in Sherry Mou ed., *Presence and Presentation: Women in the Chinese Literati Tradition* (New York: St. Martin's Press, 1999).
〔55〕 《魏書》卷一三《皇后列傳》,頁337。
〔56〕 馮衍例見《後漢書》卷二八《馮衍傳》注頁1003引。此外,史稱黃香家貧,謂"無僕妾",則是以蓄奴婢爲常,而以不蓄奴婢爲變例也,見《後漢書》卷八〇《文苑傳》,頁2614。漢代蓄奴之風及私奴婢之來源,見勞榦《漢代奴隸制度輯略》,頁1~11。
〔57〕 討論見許輝、蔣福亞編《六朝經濟史》(江蘇:古籍出版社,1993),"奴婢"一節,頁185~189。關於賤妾侍婢的來源與地位,見劉增貴《魏晉南北朝時代的妾》,《新史學》2.4(1991),頁1~36。

母的情形：

> 劉德問田瓊曰：“乳母緦。注云：‘養子者有他故，賤者代之慈己。’今時婢生口，使爲乳母，得無甚賤不應服也？”瓊答曰：“婢生口故不服也。”[58]

晉代袁準表示支持，主張乳保不過“婢之貴者”，不必爲之服喪：

> 保傅，婦人輔相，婢之貴者耳。而爲之服，不亦重乎！先儒欲使公之庶子爲母無服，而服乳母乎？此時俗之名，記者集以爲禮，非聖人之制。[59]

　　前引羊祜令乳母爲其取金鐶、謝藺乳母爲其備飯，都可見乳母雖有母名，實爲家中婢僕。或正因乳母乃以婢僕爲之，晉代賈充之妻郭槐兩殺乳母而不聞其受刑罰，而賈南風乳母徐氏以良民任乳母，其墓誌作者稱其爲“不顧尊貴之門”。如此看來，漢魏六朝皇室，貴族家庭的乳母出身，並非按先秦禮書中所言：以大夫之妻乳諸侯之子，大夫之妾乳大夫之子，士之妻自乳其子。而是皇室在一般情況下採自官婢，特殊情況時則採自平民婦女。貴族家庭則極可能以生口之婢爲乳母。[60]

　　至於平民百姓，一般産家應無乳母。倘有特殊情況，需要乳母，則只有仰賴政府賞賜或親友協助。《吳越春秋》記載越王句踐爲伐吳復國而鼓勵人民生育以增加人口，曾制曰“將免者以告於孤，令醫守之……生子

---

〔58〕《通典》卷九二《禮五十二》“緦麻成人服三月”，頁2512。

〔59〕《通典》卷九二《禮五十二》“緦麻成人服三月”，頁2512。

〔60〕四川彭山漢代崖墓中曾出土婦人乳兒俑，從婦人衣著樸素看來，或亦貴族家婢乳兒之狀，見圖二，討論見賈瑞凱《四川彭山漢代崖墓》（北京：文物出版社，1991）。漢代既有以胡虜爲婢之事，則不免以外族擔任保傅，照顧嬰幼。漢代陶製燭臺有以成人懷抱幼兒爲主題者，學者或謂此成人乃土耳其種之僕人，見圖三，討論見 E. Schloss, *Arts of the Han* (China Institute of America, 1979), p. 52. Schloss 書中亦收類似燭台圖像。漢人以胡虜爲奴婢，見勞榦《漢代奴隸制度輯略》頁9。北魏陶俑則顯示家中女僕處理內務情形，包括照顧嬰兒等，見圖四，收入 Annette L. Juliano ed., *Art of the Six Dynasties: Centuries of Change and Innovation* (New York: China House Gallery, 1975)。唐代史料則顯示貴族士大夫亦多買婢爲乳母。唐中宗韋后“微時乳母王氏，本蠻婢也”，後因韋氏立后，乳母則“封莒國夫人，嫁爲（竇）懷貞妻”。則唐代既有外族奴婢，乳母亦不免有選自外族者。見《舊唐書》卷一八三《外戚傳》頁4724。唐代奴婢來源，見李季平《唐代奴婢制度》（上海：上海人民出版社，1986），頁115～162；外族奴婢，見李季平《唐代奴婢制度》頁74～86。以外族爲乳母，顯然不擔心其異族血氣乳汁影響新生兒之發展。唐武宗時，前彭州刺史李鈇因“買本州龍興寺婢爲乳母，違法”，遭劾奏而貶爲隨州長史。或因唐代地方官雇買乳母亦有迴避之制，或因不得買賣寺婢爲乳母？見《舊唐書》卷一八《武宗本紀》頁609。不論如何，與前韋后乳母蠻婢參看，唐代乳母似亦多選自婢僕。但盧氏《逸史》（涵芬樓說郛本）卷二四，頁21b“蕭氏乳母”條卻顯示蕭家雇用乳母的情形，見黃清連《唐代的雇傭勞動》，《中央研究院歷史語言研究所集刊》59.3（1978），頁393～438，注92。則在唐代雇傭勞動漸興的情況下，乳母或亦有以雇傭行之者。

三人,孤以乳母"。[61] 後趙石勒之時,堂陽人陳豬妻一産三男,黎陽人陳武妻一産三男一女,勒除賜其衣食之外,並各賜乳婢一口。[62] 凡此,皆因統治者鼓勵人民生育,賜多産者乳母以協助撫養新生兒,顯爲特例,而非常態。從乳婢之稱看來,政府所賜乳母,或亦出自官婢。

我曾研究漢隋之間的"生子不舉"問題,發現貧家因産母死亡,又無力傭買乳母,而不得不考慮棄養新生兒。[63] 事實上,産母病變、死喪,很可能是漢魏六朝平民産家尋求乳母的唯一原因,卻也可能因財力不足而作罷。史稱晉武帝皇后楊瓊芝,"母天水趙氏早卒,后依舅家,舅妻仁愛,親乳養后,遣他人乳其子。"[64] 楊瓊芝本非貧家,[65] 然父母皆早卒,楊氏宗族並未領養之而讓她依賴舅家而生。[66] 舅母仁愛親自乳養,而"遣他人乳其子",可見富貴之家似乎隨時有乳母可用。然而倘爲貧家,則只能靠親友相助。劉宋開國皇帝劉裕"産而皇妣殂,孝皇帝貧薄,無由得乳人,議欲不舉高祖(劉裕)。高祖從母生懷敬,未期,乃斷懷敬乳,而自養高祖"。[67] 劉裕家貧,乃至無法雇買乳母,而懷敬未期斷乳,顯然家中亦無乳母可用。

一般平民雖無乳母,卻可能因皇室、貴族之採擇或雇用而成爲豪門之乳母。此時,若無法攜子前往,又無他人代爲照顧,則自己的子女便可能面臨不舉之困。然而,皇室、貴族在選用乳母之時,卻未必歡迎乳母舉家遷入。尤其乳母丈夫更是不宜,此實與漢魏六朝醫方對乳母身心狀況的要求有關。以下便討論乳母的選擇與規範。

(二) 乳母的選擇與規範

皇室、貴族的乳母,或爲妾婢,或爲平民,不論如何,皆以選擇性情慈惠溫良,寡言慎行者爲上。[68] 官婢則選"慈和履順"(北魏文成帝乳母常氏)、或"操行純備、進退以禮"者(北魏太武帝

---

〔61〕《吳越春秋》卷一○《句踐伐吳外傳》,頁 235~238。

〔62〕《晉書》卷一○五《載記第三》,頁 2737。

〔63〕討論見李貞德《漢隋之間的"生子不舉"問題》,《中央研究院歷史語言研究所集刊》66.3(1995),頁 747~812。

〔64〕《晉書》卷三一《武元楊皇后傳》,頁 952。

〔65〕楊瓊芝之父楊文宗,"其先事漢,四世爲三公。文宗爲魏通事郎,襲封蓨亭侯。早卒,以後父,追贈車騎將軍。"見《晉書》卷九三《外戚傳》,頁 2412~2413。

〔66〕六朝孤兒常不依父系家族大功之親生活,而賴鄰里、舅家救濟。此或與當時家庭結構有關。討論見李貞德《漢隋之間的"生子不舉"問題》,頁 781~787。

〔67〕《宋書》卷四七《劉懷肅傳》,頁 1404。

〔68〕《禮記》卷二八《內則》,頁 12a 載應以"寬裕、慈惠、溫良、恭敬、慎而寡言者"爲乳保。

保母竇氏）；平民則選"良家宜子者"（北魏孝明帝乳母）、或"溫雅閒閒，容容如也"的婦人（西晉賈后乳母徐美人）。這類判準，和六朝醫方擇乳母的要求相符。劉宋陳延之《小品方》乃現存醫方中最早提及乳母品質者，認爲"乳兒者，皆宜慎喜怒。"[69] 而隋唐醫方如《千金方》亦沿襲此説，[70]《崔氏》則稱"乳兒者，皆須性情和善"，説法皆大同小異，一脈相承。[71]

由於傳統醫方相信乳母的身心皆能影響乳汁的品質，進而左右乳兒的健康，因此對乳母的要求又不僅止於性情而已，還包括身體方面：

> 《小品方》云：乳母者，其血氣爲乳汁也。五情善惡，氣血所生也。乳兒者，皆宜慎喜怒。夫乳母形色所宜，其候甚多，不可悉得。今但令不胡臭、瘦瘤、腫瘻、氣味、蝸蚧、癬瘙、白禿、痤瘍、瀋脣、耳聾、齆鼻、癲眩，無此等病者，便可飲兒也。師見其故灸瘢，便知其病源。[72]

《千金方》和《崔氏》之説與《小品方》大同小異，顯爲承襲傳鈔。[73] 其中所言注意事項，雖説"形色所宜，其候甚多"，但主要似在避免選用有皮膚病的婦人。[74] 即使當下不見病徵，也應仔細檢查過去患病所遺留的疤痕。此外，脣口瀋瀝、[75] 耳聾、鼻塞、[76] 氣喘咳嗽、胡臭、氣味之人，也不宜採用。醫方多以之爲血氣不佳的

---

[69] 《醫心方》卷二五，頁17ab引。

[70] 《千金方》卷五《少小嬰孺方》，頁136。《千金方》雖成於唐初，但其作者孫思邈（581～682）則歷經北周、隋、唐三朝，書中所録當可顯示六朝時代的醫學發展與觀念。

[71] 《外台秘要》卷三五，頁980b。

[72] 《醫心方》卷二五，頁17ab引。

[73] 《千金方》卷五《少小嬰孺方》，頁136有擇乳母之法："凡乳母者，其血氣爲乳汁也。五情善惡，皆是血氣所生也。其乳兒者，皆宜慎於喜怒。夫乳母形色所宜，其候甚多，不可求備。但取不胡臭、瘦癧、氣欬、瘑、疥、痴、癭、白禿、癧、瘍、沈脣、耳聾、齆鼻、癲癇，無此等疾者，便可飲兒也。師見其故灸瘢，便知其先疾之源也。"《外台秘要》卷三五，頁980b則引《崔氏》擇乳母法："乳母者，其血氣爲乳汁也。五情善惡，悉血氣所生。其乳兒者，皆須性情和善，形色不惡，相貌稍通者。若求全備，不可得也，但取不胡臭、瘦癧、氣嗽、瘑疥、痴瘙、白禿、癧瘍、瀋脣、耳聾、齆鼻、癲癇，無此等疾者，便可飲兒。師見其身上舊灸瘢，即知其先有所疾，切須慎耳。"兩書在用字行文及注意內容方面皆與《小品方》相同。

[74] 癧，《説文》："頸瘤也"；癭，《説文》："頸腫也"；瘑，《玉篇》："疽瘡也"；白禿，《本草》"羊蹄"附方："頭上白禿"，爲頭部之皮膚病；瘙，與癩同，《説文》："癩，癩也。"

[75] 《説文》："瀋，汁也。"

[76] 齆，《説文》："齆，病寒鼻窒也。"齆，《字彙》："鼻塞曰齆。"

現象，而隋代《產經》則以之爲"醜疾相也"。[77]

除"醜疾"之外，《產經》還從面貌與體態方面列舉"淫邪"、"勝男"、"多病"等不宜擔任乳母之婦女，爲醫方所謂"其候甚多，不可悉得"的"形色"提出了補充說明：

> 《產經》：夫五情善惡，七神所禀，無非乳渾而生化者也。所以乳兒，宜能慎之。其乳母黃髮黑齒、目大雄聲、眼睛濁者，多淫邪相也。其椎項節、高鼻長口、大臂、脛多毛者，心不悦相也。其手醜惡，皮厚骨强，齒齘口臭，色赤如絳者，勝男相也。其身體恒冷，無有潤澤，皮膚無肌而瘦瘰者，多病相也。[78]

並且乳母本命生年，需"與兒無剋"，否則將"害兒不吉"。[79]

有趣的是，《產經》對乳母面貌體態的要求，與擇女爲妻的看法並無二致。《產經》"相女子形色吉凶法"稱："女子不可娶者，黃髮黑齒，息氣臭，曲行邪坐，目大雄聲。"又稱："厚皮、骨强，色赤如絳，煞夫，勿娶……身體恒冷，瘦多病者，無肥完，無潤色，臂脛多毛，槌項結喉，鼻高，骨節高顆，心意不和悦，如此之相皆惡相也，慎勿娶。必欺虛夫，妨煞夫，貧窮多憂之相也。"[80]其中描繪詳盡，説明體温、胖瘦、骨骼狀况，觀察細密，並多涉及陰私，包括對肬、脛、陰、乳、毛的大小與質地的要求。除與產育相關之外，亦防其貧窮、欺夫、煞夫。雖然，男子娶妻，終將希望她生育子嗣成爲母親，但妻子總是來自類似階層，而乳母則爲雇買之婢僕，選擇之時條件竟如此相似，不免令人驚嘆。乳母血氣、情志影響乳汁，"淫邪"、"多病"、"心不和悦"固然不宜，至於"勝男"之相，内容既與"煞夫"類同，則似乎非妻子或乳母的特殊條件，而是凡女人皆不宜也。[81]

精挑細選之後，對乳母的飲食起居亦應加以監控。《產經》指出"凡兒初生，乳母食諸雞鮮魚胞美以乳兒者，令兒傷喜洞泄也"。則乳

〔77〕 《醫心方》卷二五《小兒方》，頁9a。

〔78〕 《醫心方》卷二五《小兒方》，頁8b～9a。

〔79〕 《醫心方》卷二五《小兒方》，頁9a。

〔80〕 《醫心方》卷二四，頁31b～33b引。

〔81〕 相妻子與相乳母類同，卻與相男子大異，更可見以男子觀看、選擇女子時，性別差異貫穿階級的現象。《產經·相男子形色吉凶法》所言，只包括身材體格、面貌聲音、舉措應對，大多在一般"望聞"即可明瞭的範圍内，不需脫衣，不涉及陰私，亦與產育無關。而相女子則不但著重產育，並需防其欺夫、煞夫。《產經》中所言其他不可娶者，尚包括"虎顏蛇眼，目多白少黑，媚邪欺夫。黑子在陰上多媱，及口上愛他人夫，勿娶。大肬而陰水，甲夾而乳小，手足惡，必貧賤夫，勿娶。""蛇行雀走，財物無儲，勿娶。小舌煩頭鵝行，欺夫，口際有寒毛似鬚。"以上《產經》之言皆引自《醫心方》卷二四，頁31b～33b。

母的飲食應有所調節，不宜太過豐盛鮮美。[82] 此外，乳母新飽、新怒、新吐、有熱、有疾，都不宜乳兒，否則兒將"喘熱腹滿"、"發氣疝病"、"虛羸"、"變黃不能食"和"病癲狂"。尤其醉酒及行房而後乳兒，"此最爲劇，能煞兒，宜慎之。"[83] 正因爲此，醫方對於"乳母有夫不能謹卓者"，更是特別防備。[84]

倘若乳母有虧職守，則可能遭受鞭笞處罰。茲再引丙吉養宣帝之事爲例。《漢書》稱丙吉爲人深厚，絕口不道前恩。宣帝即位後，便引起乳母宮婢則邀功之事：

> 掖庭宮婢則令民夫上書，自陳嘗有阿保之功。章下掖庭令考問，則辭引使者丙吉知狀。掖庭令將則詣御史府以識吉，吉識，謂則曰："汝嘗坐養皇曾孫不謹督笞，汝安得有功？獨渭城胡組、淮陽郭徵卿有恩耳。"[85]

照顧不謹可能遭到督笞，倘若與乳子之生母、主人家之主婦相處不善，則可能如賈充家之乳母一般遭殺身之禍。《漢書》並未明言宮婢則"坐養皇曾孫不謹"是指何事，賈家故事卻顯示乳母職務及其與主人家的關係複雜。究竟乳母都擔任何種工作？以下便試論之。

（三）乳哺、教養與救難盡忠

顧名思義，乳母的主要工作即在乳養新生兒。但從史籍醫方的記載來看，其職務似又不止於此。嬰兒初生，洗浴斷臍，皆需人手。醫方以爲嬰兒洗浴以每隔一二日洗一次爲度。[86] 斷臍裹衣之後，《小品方》和《千金方》皆認爲應先讓嬰兒吸吮甘草湯，使其"吐去胸中惡汁"，然後給與朱蜜，"以鎮心神、安魂魄也。"[87] 乳母倘

---

[82] 《醫心方》卷二五《小兒方》，頁8b引。宋代醫書《聖惠論》則謂："乳母忌食諸豆及醬、熱麵、韭、蒜、蘿蔔等。可與宿煮羊肉、鹿肉、野雞、雁、鴨、鯽魚、葱、薤、蔓菁、萵苣、菠薐、青麥、苕蓬、冬瓜等食。若兒患疳，即不得食羊肉及魚，否則，到於兒前，惡氣觸兒，兒若得疾，必輒救療也。"見《衛生家寶產科備要》卷八，頁115引。
[83] 《醫心方》卷二五《小兒方》，頁8b引《產經》；《千金方》卷五《少小嬰孺方》，頁138同。
[84] 《衛生家寶產科備要》卷八，頁115引《聖惠論》。
[85] 《漢書》卷七四《丙吉傳》，頁3144。
[86] 《醫心方》卷二五《小兒方》，頁10a引《產經》。
[87] 《醫心方》卷二五，頁7b引《千金方》並引《小品方》。熊秉真曾討論明清幼科醫學對初生二十四小時的嬰兒照護，特別說明斷臍法的進步有助於嬰兒存活率增加，並提及隋唐醫書以甘草法取代朱蜜法。見熊秉真《中國近世的新生兒照護》，《中國近世社會文化史論文集》(臺北：中央研究院歷史語言研究所，1992)，頁387～482。然而，若《醫心方》所載不誤，則甘草法在劉宋時已有陳延之倡言，而不待孫思邈。

由家中婢僕爲之，則可能在分娩過程中或隨後即參與照料的工作。
《千金方》並稱："新生三日後，應開腸胃，助穀神。可研米作厚飲，
如乳酪厚薄，以豆大與兒咽之，頻咽三豆許止，日三與之，滿七日
可與哺也。"[88] 又稱："凡新生小兒一月內常飲豬乳大佳。"[89] 則乳
母除自身乳汁之外，或亦以豬乳和米漿哺食新生兒。至於乳兒之時，
《產經》認爲：

> 當枕臂與乳頭平，當乳，若不然，則令兒噎。凡乳兒，
> 當先施去宿乳，以乳兒之。不然，令兒吐唲下利。凡乳兒，
> 先以手按乳，令散其熱，乃乳兒之。不然，乳汁奔走於兒
> 咽，令兒奪息成疾也。凡乳兒，母欲寐者，則奪其乳，恐
> 覆兒口鼻，亦不知飽，令致兒困也。凡乳兒，須不欲大飽，
> 大飽則令兒吐唲。若吐唲，當以空乳乳之則消。夏不去熱乳
> 以乳，令兒嘔逆；冬不去寒乳，令兒咳下利[90]。

喂乳期間應當多久，唐代以前之醫方並未明言。以前引劉懷敬
之母"未期，斷懷敬乳"以養劉裕而被視爲仁義的故事看來，喂食
母乳至少一年以上。蕭道成兩歲時"乳人乏乳"尚造成其母陳道止
之憂慮，則喂乳兩年者亦有之。[91] 乳哺期間，乳母之職當亦包括懷
抱教養。[92] 其實，乳母的工作並不止於嬰兒周歲，前引羊祜與謝藺

---

[88] 《千金方》卷五《少小嬰孺方》，頁138。

[89] 《千金方》卷五《少小嬰孺方》，頁138。

[90] 《醫心方》卷二五《小兒方》，頁7b～8a引：《千金方》卷五《少小嬰孺方》，頁
138同。宋代以後乳兒的方式似大多承襲隋唐之説，唯陳自明曾提出兩點修正性意
見，一則建議乳兒之人爲嬰兒準備幾個填有豆子的袋子做枕頭，夾託嬰兒以乳之，
二則主張夜間喂乳應起床坐好，不宜以臥姿喂乳。討論見熊秉真《傳統中國的乳哺
之道》，頁129。

[91] 亦有學者主張傳統中國嬰兒多半在兩足歲時才真正斷乳，見熊秉真《傳統中國的乳
哺之道》，頁140。

[92] 宋代《衛生家寶產科備要》卷八，頁113引張渙論曰："嬰兒生後兩滿月，即目瞳
子成，能笑，識人，乳母不得令生人抱之，及不令見非常之物。百晬任脈生，能反
復，乳母當存節喜怒，適其寒溫。半晬尻骨已成，乳母當教兒學坐，二百日外掌骨
成，乳母當教兒地上匍匐。三百日臏骨成，乳母當教兒獨立。周晬膝骨已成，乳母
當教兒行步。上件並是定法，蓋世之人不能如法存節，往往抱兒過時，損傷筋骨，
切宜謹之爲吉。"由此看來，自嬰兒出生兩個月到周歲之間，乳母除了乳哺之外，
要注意嬰兒勿令驚嚇或受涼，並應按著嬰兒身體發育的順序，教他學坐、爬行、站
立和走路。由於六朝醫方遺佚不少，醫方又多有承襲傳鈔的現象，因此即使此種説
法不見於現存唐代以前的資料，卻未必是宋代才發展出來的育兒之法。文中"晬"，
指一周。半晬即半歲，周晬即一歲。以行文順序來看，"百晬"疑爲"百日"之誤。

故事可知，幼兒五歲時乳母仍在左右，爲日常照顧之人。[93] 而徐美人墓誌更表示徐氏除"推燥居濕"、"貢美吐湌"之外，對賈后亦勤加輔導匡正。

教養之責，按古典禮書的說法，應由傅姆擔任，即前引《禮記·內則》所稱"子師"、"慈母"、"保母"也。其中子師負責教導，慈母負責喂養，而保母負責照顧。然而鄭玄以"乳母"釋"姆"，並稱其爲"婦人年五十無子，出而不復嫁，能以婦道教人者，若今時乳母矣"。因此賈公彥認爲漢時乳母與古時乳母有別。古時若"慈母闕，乃令有乳者養子，謂之爲乳母"。分工的方式，乃"師教之，乳母直養之而已"；而"漢時乳母，則選德行有乳者爲之，並使教子"。[94] 漢人是否真擇出婦有德者，乳養並教育嬰孩，難以確知。鄭注與賈疏之論，與其視爲古時與漢時之別，或不如視爲經說與實況之異。

經說乳保有別，實況則可能乳保之分並不明顯。首先，婦人年五十無子而出，即使有德能教人，又怎能有乳？[95] 然而鄭玄以之釋"姆"，並等同於當時的乳母。其次，《魏書》稱太武帝保母竇氏之功在於"勤撫導"、"恩訓"，文成帝乳母常氏之功則在"劬勞保護"。如此看來，稱爲保母者，功在教導，稱爲乳母者，功在保護，而二人卻同尊爲"保太后"。蕭子顯《南齊書·魏虜傳》形容此事則稱"佛狸（太武帝）以乳母爲太后"，在他看來，顯然乳母和保母的差別也並不太大。[96] 最後，乳母又稱"阿母"，唐李賢注《後漢書》稱"保，安也；阿，倚也。言可依倚以取安，傅姆之類也。"[97] 則又將乳保與傅姆並稱。東晉王獻之保母李如意去世，獻

---

〔93〕 唐太宗時太子承乾之乳母遂安夫人常白長孫皇后曰："東宮器用闕少，欲有奏請。"由乳母爲太子宮中奏請器用之物，可見乳母爲太子日常生活的負責人。承乾後不循法度，東宮侍講孔穎達每犯顏進諫，史載"承乾乳母遂安夫人謂曰：'太子成長，何宜屢次面折？'"則乳母與保傅之間時或亦溝通太子教養之道。見《舊唐書》卷七三《孔穎達傳》，頁 2602。

〔94〕 《儀禮》卷五《士昏禮》，頁 16 賈公彥疏。

〔95〕 未曾懷孕生育是否可能有乳，說法不一。東晉散騎侍郎賀嶠妻于氏無子，養嶠仲兄群之子率爲子，後嶠妾張氏生子纂，于氏爲養子率立爲後之事上書皇帝，文中稱自己初收養子時"服藥下乳"。見《通典》卷六九《養兄弟子爲後後自生子議》，頁 1907～1913。但一般醫方下乳之藥皆錄於産後之篇，顯然不以未孕産者爲對象。或稱以現代吸乳器長時間刺激乳腺，可能導致未孕産者分泌乳汁，此說目前尚未獲得證實，暫時存疑。

〔96〕 《南齊書》卷五七《魏虜傳》，頁 986。

〔97〕 《後漢書》卷六《順帝沖帝質帝紀》，頁 282 引。

之書其墓誌，稱其"在母家志行高秀，歸王氏柔順恭勤。善屬文，能草書，解釋老旨趣"。[98] 名爲保母，未必没有師傅的功能。顯然自漢至唐在實際生活上，"子師"、"慈母"與"保母"的人選和職務，並非如禮經所言截然分明，而是有許多重疊的現象。事實上，以史籍中的事例看來，乳母與孩童自幼相處，朝夕與共，不論是有意"以婦道教人"，或無意之潛移默化，都不免對嬰幼産生影響。

乳母既爲家中婢僕，除乳養新生兒之外，似亦參與其他家務勞動。前引醫方稱小兒新生三日即可研米作漿飲之，未必須要人乳才能存活。如此説來，乳母的工作和功能除了乳汁之外，或更在於她所提供的人力資源。東漢袁閎"少勵操行，苦身修節。父賀，爲彭城相。閎往省謁，變名姓，徒行無旅。既至府門，連日吏不通，會阿母出，見閎驚，入白夫人，乃密呼見"。[99] 可見乳母在乳兒成年之後，隨主人夫婦在相府服侍，仍然是貴族家中的勞動人口。[100]

乳母既爲家中婢僕，一般而言皆隨乳兒之所居住，但也有例外。[101] 東晉王恭有庶兒未舉，養在乳母之家，王恭在政變中遇害，臨死前託故人將庶兒交由桓玄撫養，得以保存一線血脈。[102] 王恭之事亦顯示乳母與乳子關係密切，或因"愛至貫腸"，或因禍福相倚，在漢魏六朝宫廷政争或戰亂流離中，便常成爲保孤救難之人。東漢

---

〔98〕 王獻之《保母磚志》，《全晉文》卷二七，頁11b，收入嚴可均編《全上古三代秦漢三國六朝文》。

〔99〕 《後漢書》卷四五《袁閎傳》，頁1525。謝承《後漢書》形容此事，則稱"乳母從内出，見在門側，面貌省瘦，爲其垂泣"。見《後漢書》卷四五《袁閎傳》，頁1525注引。

〔100〕 魏晉南北朝貴族豪强蔭下的勞動人口，前輩學者研究甚爲豐富，但多集中在農業勞動人口部分，專門討論家中僕役者不多，女性家僕的研究則幾乎不見。相關研究，參見勞榦《漢代奴隸制度輯略》；高敏《兩漢時期的"客"和"賓客"的階級屬性》，原載《秦漢史論集》，收入《中國社會經濟史參考文獻》（臺北：華世出版社，1984），頁257~292。唐長孺《魏晉南北朝時期的客和部曲》，《魏晉南北朝史論拾遺》（北京：中華書局，1983），頁1~24。李季平《唐代奴婢制度》。

〔101〕 漢魏六朝的乳母採自婢僕並居住家中，此點與羅馬帝國的乳母情形相似，而和歐洲中古末期以降，將乳子送至簽約之乳母家中撫養不同。羅馬時代的乳母研究，見 Bradley, K. R., "Wet-nursing at Rome: a Study in Social Relations," B. Rawson ed., *The Family in Ancient Rome* (London: Croom Helm, 1986), pp. 201~209; Joshel, Sandra R., "Nurturing the Master's Child: Slavery and the Roman Child-nurse," *Signs* 12 (1986): 3~22。歐洲中古乳母研究，見 C. Klapisch-Zuber, "Blood Parents and Milk Parents: Wet-nursing in Florence, 1300-1530," L. G. Cochrane tr., *Women, Family, and Ritual in Renaissance Italy* (Chicago: University of Chicago, 1985), pp. 132~164.

〔102〕 王恭嫡生五男及弟爽、爽兒子等皆死，見《晉書》卷八四《王恭傳》，頁2186~2187。

章帝之子慶，宋貴人所生，原立爲皇太子，後因宋貴人遭竇皇后誣爲挾邪媚道而自殺，廢慶爲清河王。史稱慶"常以貴人葬禮有闕……竇氏誅死後，始使乳母於城北遥祠"。[103] 乳母顯爲廢太子的至親至信之人。三國吳廢帝孫亮遭孫綝起兵圍宮時，本欲帶鞭執弓而出，被"侍中近臣及乳母共牽攀止之，乃不得出"。[104]

在南朝，劉宋冠軍將軍，雍州刺史袁顗，於明帝泰始（465～471）初年舉兵奉晉安王子勛，事敗誅死，其子袁昂年才五歲，"乳媪攜抱匿於廬山，會赦得出"，得以逃過一劫。[105] 劉宋末年，袁粲鎮石頭城以禦蕭道成之兵，事敗而死。史稱："粲小兒數歲，乳母將投粲門生狄靈慶"。誰知靈慶以蕭道成有厚賞而出賣了袁粲之子，終爲乳母所咒詛。[106] 梁簡文帝之子大摯幼年時見侯景陷京城，嘆曰："大丈夫曾當滅虜屬。"史載："奶媪驚，掩其口。"[107] 陳宣帝之子始興王叔陵欲纂位，伺宣帝小斂，後主服喪時，以剉藥刀斫後主，"中項，後主悶絶於地，皇太后與後主乳母樂安君吳氏俱以身捍之"，待長沙王叔堅來援，吳媪更扶後主避賊。[108]

在北朝，北魏趙琰幼年時當符氏之亂，"爲乳母攜奔壽春，年十四乃歸。"則乳母不僅爲保孤救難之人，更有長養之恩。[109] 孝莊帝之侄元韶，年幼時避爾朱榮之亂，與乳母共寄滎陽太守鄭仲明家。[110] 隋末群雄並起，獨孤武都謀叛王世充歸李淵，事覺誅死，武都之子師仁，年僅三歲，世充使禁掌之，史稱"乳母王氏，號蘭英，請髡鉗，求入保養"。當時喪亂年饑，人多餓死，而蘭英扶路乞食以養師仁。之後，更藉採拾之機會，"竊師仁歸於京師"。李淵嘉其義，

〔103〕《後漢書》卷四五《清河孝王慶傳》，頁1801。宋貴人自殺事，見《後漢書》卷一○《皇后紀》，頁4150。

〔104〕《三國志·吳書》卷六四《孫綝傳》，頁1448引《江表傳》。

〔105〕《梁書》卷三一《袁昂傳》，頁451。

〔106〕此故事有下文。史稱："乳母號泣呼天曰：'公昔於汝有恩，故冒難歸汝，奈何欲殺郎君以求小利。若天地鬼神有知，我見汝滅門。'此兒死後，靈慶常見兒騎大觿狗戲如平常，經年餘，斗場忽見一狗走入其家，遇靈慶於庭噬殺之，少時妻子皆没。此狗即袁郎所常騎者也。"見《南史》卷二六《袁粲傳》，頁706～707。

〔107〕《梁書》卷四四《太宗十一王傳》，頁618。

〔108〕《陳書》卷二八《高宗二十九王傳》，頁366、495。

〔109〕《魏書》卷八六《孝感傳》，頁1882。

〔110〕《北齊書》卷二八《元韶傳》，頁388。

封蘭英爲永壽郡君。[111]

乳母對乳子及主人家盡忠保護，乳母有難，主人家亦可能設法相救。曹魏明帝時，禁絕淫祠，而曹操從弟曹洪之乳母當，與臨汾公主之侍者共事無澗神，因而繫獄。卞太后爲相救，曾遣黃門詣府傳令，唯遭司馬芝所拒。[112] 曹洪爲曹操從弟，魏之開國重臣，家富而吝嗇。文帝曹丕時曾欲殺之，因卞太后施壓而不果。[113] 無澗神之案時，曹洪已是老人，乳母當更老，卻仍在洪家，並勞卞太后相救，可見乳母與主人家關係密切。[114]

凡此種種，皆顯示貴族家庭中乳母對主人及其子嗣的盡忠保護。乳母在乳子斷乳之後，可能仍是家中的重要勞動人口，負責照顧並保護幼子，因而在政治鬥爭中佔關鍵性位置。然而，雖然都是乳養劬勞，各護其主，乳母所獲得的待遇與評價卻未必相同。儘管卞太后救援乳母當的例子確曾存在，類似郭槐兩殺乳母之事卻可能更爲頻繁。郭槐未聞遭受懲罰，而卞太后卻爲司馬芝所拒。乳母難以獲得法律等正式管道的保護，卻可能透過乳養之恩與近水樓台之便，發揮其非正式的影響力，而這常是她們引起當代議論並留名史籍的原因。

四、乳母的待遇與評價

關於漢魏六朝乳母的一般待遇，由於缺乏直接史料，實在難以細述。[115] 前引孫吳諸王取乳母於民間，"其夫復役，賜與錢財，給其資糧"。乳母既離家而隨乳子居住，則應"時遣歸來，視其弱

---

〔111〕《舊唐書》卷一九三《列女傳》，頁 5139～5140。

〔112〕《三國志·魏書》卷一二《司馬芝傳》，頁 388。

〔113〕《三國志·魏書》卷九《曹洪傳》，頁 278。

〔114〕唐天寶年間，高仙芝乳母之子鄭德詮爲郎將，史載"德詮母在宅內，仙芝視之如兄弟，家事皆令知之，威望動三軍。"仙芝出外征討時，德詮因對留後使封常清無禮，遭常清所縛，時"仙芝妻及乳母於門外號哭救之"，然常清不理，終於杖死德詮。見《舊唐書》卷一○四《封常清傳》，頁 3208。

〔115〕關於乳母待遇的問題，明清育嬰堂之類的機構聘用乳母，偶有約定規範，可一窺究竟；西方則自羅馬帝國乃至中古歐洲皆有雇傭乳母的契約殘存，以供研究。明清事例，見梁其姿《十七、十八世紀長江下游之育嬰堂》；西歐事例，見 Bradley，"Wet-nursing at Rome：a Study in Social Relations"；Klapisch-Zuber，"Blood Parents and Milk Parents：Wet Nursing in Florence，1300～1530."

息"。[116] 此當爲皇室採用平民乳母的基本待遇，孫皓因未能執行而
遭陸凱批評。貴族之家倘若傭雇良民爲乳母，其待遇是否亦包括錢
財與休假，史料闕如，難以確知。以徐美人之例看來，乳母亦可能
攜子前往任職。如前所述，漢魏六朝皇室、貴族之乳母，既多爲官
婢或家中婢僕，其正式的待遇除和一般奴婢相同，得享主人家的食
宿之外，恐難有其他薪資。然而，非正式的待遇和影響力，卻可能
經由長年累月與乳子及其家庭相處而發展累進。[117] 實則，此種待遇
和影響力也正是士人學者批評乳母，乃至史籍資料中乳母形象的基
礎。以下先談乳母的待遇及其影響力。

（一）乳母的待遇和影響力

乳子基於恩義，乳母生時，可能賜她錢帛、田宅、人力，乃至
爵賞；乳母死後，則或爲之服喪。物質方面的賞賜，大多未聞有反
對者，名號方面的優待，則常引起議論紛紛。在此先討論乳母所受
物質方面的待遇，而將名位問題引起的批評留待下節。

皇室乳母所受恩遇最爲明顯，前引漢武帝少時，東武侯母常養
帝，及帝成長，恩賞不絕：

> 帝壯時，號之曰"大乳母"，率一月再朝。朝奏入，有
> 詔使幸臣馬游卿以帛五十匹賜乳母，又奉飲糒飧養乳母。
> 乳母上書曰："某所有公田，願得假倩之。"帝曰："乳母欲
> 得之乎？"以賜乳母。乳母所言，未嘗不聽。有詔得令乳母
> 乘車行馳道中。當此之時，公卿大臣皆敬重乳母。乳母家
> 子孫奴從者橫暴長安中，當道掣頓人車馬，奪人衣服，聞
> 於中，不忍致之法。有司請徙乳母家室，處之於邊，奏可。
> 乳母當入至前，面見辭，乳母先見郭舍人，爲下泣，舍人
> 曰："即入見辭去，疾步數還顧。"乳母如其言，謝去，疾
> 步數還顧，郭舍人疾言罵之曰："咄！老女子！何不疾行！
> 陛下已壯矣，寧尚須汝乳而活邪？尚何還顧！"於是人主憐
> 焉悲之，乃下詔無徙乳母，罰謫譖者。[118]

〔116〕《三國志·吳書》卷六一《陸凱傳》，頁1406。
〔117〕 西方學者亦曾討論羅馬時代乳婢與主人之子間所發展出的親密關係及其社會意義，
　　　 見 Joshel, "Nurturing the Master's Child: Slavery and the Roman Child-nurse."
〔118〕《史記》卷一二六《滑稽列傳》，頁3204。《西京雜記》卷二，頁1075~1則將此計
　　　 歸於東方朔之名下。

武帝雄才之主，有殺妻戮子之迹，然而優遇乳母，定期接見，不論衣帛、飲食，乃至田宅皆有求必應。甚至乳母家奴從者犯罪，亦不忍將乳母繩之以法，究其原因，即在幼時乳哺之恩，令成長之乳子"憐焉悲之"之故。皇室乳母影響力大，亦可從寧平公主乳母之奴白日殺人，酷吏董宣殺之而惹惱皇帝看出。[119]

錢帛田宅之外，西漢哀帝並曾"使中黃門發武庫兵，前後十輩，送董賢及上乳母王阿舍"。此舉曾經引起毋將隆的反對，稱："武庫兵器，天下公用，國家武備，繕治造作，皆度大司農錢。大司農錢自乘輿不以給共養，共養勞賜，壹出少府。"[120] 然而毋將隆之奏諫，主要在於大司農與少府的公私之分，並非反對賞賜乳母。

乳母儼然至親之人，其言常能取信於皇帝。東漢末年幼君繼立，對乳母之依賴甚深。宮廷政爭，除太后、外戚與宦官之外，乳母亦時常成爲重要角色。東漢安帝十三歲即位，和帝鄧皇后以皇太后臨朝。史稱安帝乳母王聖"見太后久不歸政，慮有廢置，常與中黃門李閏候伺左右"，共譖太后兄執金吾鄧悝等，言欲廢帝。及建光元年（121），鄧太后崩，安帝遂誅鄧氏，鄧氏宗族多人免官、自殺。史稱"內寵始橫，安帝乳母王聖，因保養之勤，緣恩放恣；聖子女伯榮出入宮掖，傳通奸賄"。[121]

安帝延光三年（124），皇太子（後之順帝）因驚病不安，而。"避幸安帝乳母野王君王聖舍"。太子乳母王男、廚監邴吉等認爲王聖之舍"新繕修，犯土禁，不可久御"。結果造成"聖及其女永與大長秋江京及中常侍樊豐、王男、邴吉等互相是非，聖、永遂誣譖男、吉，皆幽囚死，家屬徙比景"。太子懷念乳母王男，數爲嘆息。江京、樊豐懼有後患，遂構讒太子及東宮官屬，導致安帝怒而廢太子爲濟陰王。[122] 由此看來，不但皇帝乳母與太子乳母互相構陷，並且乳母子女亦參與其中。王聖之女似又不止永一人。《後漢書·宗室傳》中載泗水王劉護無子封絕，其從兄瓌與王聖之女伯榮私通，"遂取伯榮爲妻，得紹護封爲朝陽侯，位侍中"。[123] 則沒落宗室，仍得依憑皇帝乳母之女而攀昇封爵。

〔119〕 司馬彪《續漢書》卷五《酷吏董宣傳》，頁485～486。

〔120〕 《後漢書》卷七七《毋將隆傳》，頁3264。

〔121〕 《後漢書》卷五《安帝紀》，頁233；《後漢書》卷一六《鄧寇列傳》，頁616～617；《後漢書》卷七八《宦者傳》，頁2514。

〔122〕 《後漢書》卷一五《來歷傳》，頁590～591。

〔123〕 《後漢書》卷一四《宗室四王三侯傳》，頁564。

安帝延光四年(125)三月丁卯崩,十九天後北鄉侯立爲少帝,二十五天之後,四月辛卯時,王聖等人即遭整肅,或誅或徙。[124] 及北鄉侯薨,閻太后之兄車騎將軍閻顯及大長秋江京等白太后,秘不發喪;而更徵立諸國王子,乃閉宮門,屯兵自守。中黃門孫程等十九人,共斬江京等,迎濟陰王即皇帝位,即順帝。[125] 謀立過程中,順帝乳母宋娥曾參與,順帝以娥有功,遂封娥爲山陽君,邑五千户。[126]

桓帝無子而崩,皇太后與父竇武定策禁中,迎解瀆亭侯宏爲靈帝。靈帝乳母趙嬈亦隨帝入宮。竇太后非靈帝生母,趙嬈亦初來乍到,二人似乎互相需要。《陳蕃傳》稱"帝乳母趙嬈,旦夕在太后側",《竇武傳》則稱"趙夫人及女尚書,旦夕亂太后"。[127]《後漢紀·靈帝紀》則稱"趙夫人旦夕亂政,其患最甚"。而其"惡行",據《靈帝紀》所載,則爲"與中常侍曹節求諂於太后,太后信之,數出詔命,有所封拜。蕃、武每諫,不許"。[128] 竇武、陳蕃欲誅宦官,反爲宦官曹節、王甫等縛殺,事發之時,曹節"令帝拔劍踊躍,使乳母趙嬈等擁衛左右,取榮信,閉諸禁門"。[129] 而靈帝開鴻都門榜賣官爵時,"常侍""阿保"即爲收費授官的管道。史稱崔烈"時因傅母入錢五百萬,得爲司徒。及拜日,天子臨軒,百僚畢會。帝顧謂親幸者曰:'悔不小靳,可至千萬。'程夫人於傍應曰:'崔公冀州名士,豈肯買官?賴我得是,反不知姝邪!'"[130] 則傅母之徒不僅被動收賄,並且主動運作。

乳母在朝廷的影響力至六朝而未衰,並且於公於私皆有迹可尋。東晉孝武帝時,會稽王司馬道子當政,史稱:"於時孝武帝不親萬機,但與道子酣歌爲務,姏姆尼僧,尤爲親暱,並竊弄其權。"[131] 而弄權的方式則是"僧尼乳母,競進親黨,又受貨賂,輒臨官領衆"。[132] 以接近權力核心之便發揮其非正式的政治力量。而劉宋明帝以諸公主妒忌爲患,使人作書批評時將之歸咎於"姆奶爭媚,相

---

〔124〕 《後漢書》卷五《安帝紀》,頁 242。
〔125〕 《後漢書》卷六《順帝紀》,頁 249。
〔126〕 《後漢書》卷五一《左雄傳》,頁 2021～2022。
〔127〕 《後漢書》卷六六《陳蕃傳》,頁 2169;《後漢書》卷六九《竇武傳》,頁 2242。
〔128〕 《後漢紀》卷二三《靈帝紀》,頁 636。
〔129〕 《後漢書》卷六九《竇武傳》,頁 2243。
〔130〕 《後漢書》卷五二《崔駰列傳》,頁 1731。
〔131〕 《晉書》卷六四《會稽文孝王道子傳》,頁 1733。
〔132〕 此許榮上疏痛陳亂政五患之語,見《晉書》卷六四《會稽文孝王道子傳》,頁 1733。

勸以嚴，尼媼競前，相詔以急".[133] 可見乳母與公主關係親密，對公主的婚姻生活也具影響力。[134]

至於貴族家庭，乳母既爲長居家中之婢僕，則其所生子女，一方面可能成爲家中的人力資源，另方面亦可能因主人之家而攀龍附鳳。西漢元帝初即位時，史高以外屬而任大司馬車騎將軍，領尚書事，其所舉薦"不過私門賓客，乳母子弟".[135] 前引賈后乳母徐美人之子亦爲一例。西魏時的毛遐，有二弟鴻賓、鴻顯，而鴻顯即"遐乳母所産也，一字七寶，遐養之爲弟，因姓毛氏".[136] 毛鴻顯雖爲乳母之子，卻藉由主人家的收養而位至散騎侍郎，封縣侯，更因"勁悍多力，後隨諸兄戰鬥，多先鋒陷陣"，而於文帝大統四年，任廣州刺史。[137]

錢帛田宅的賞賜之外，漢魏六朝的乳母也可能因帝王恩寵而受爵封，或乳子報義爲之服喪。帝王爵封乳母似從東漢安帝始。安帝封乳母王聖爲野王君，[138] 順帝封乳母宋娥爲山陽君，[139] 靈帝封乳母趙嬈爲平氏君，[140] 獻帝則追號乳母呂貴爲平氏君。[141] 凡此爵賞，大多引起士人非議。而爲乳母服喪，涉及"母"名的問題，從前引劉德和田瓊的討論，可知魏晉以降士人的意見紛歧。乳母出身微賤，卻因乳養之功備受乳子恩遇。然而，錢帛田宅之類的賞賜再多，也不會改變乳母出身婢僕的事實。爵封與服喪等名號上的優待，卻將

---

[133] 《宋書》卷四一《后妃傳》，頁1290～1291。

[134] 在史籍記載中，東漢皇室乳母常和宦官並列，如王聖與江京、李閏共詔；趙嬈與曹節、王甫同謀：而魏晉南朝乳母則常和僧尼並列，成爲士人批評朝政的焦點。僧尼列登"弄權"榜，究其原因，當與六朝帝王崇信佛教有關。《晉書》評論孝武帝不理政事，便稱他："又崇信浮屠之學，用度奢侈，下不堪命。"見《晉書》卷六四《會稽文孝王道子傳》，頁1733。

[135] 《漢書》卷八一《匡衡傳》，頁3332。

[136] 《北史》卷四九《毛遐傳》，頁1809。

[137] 《北史》卷四九《毛遐傳》，頁1810。此外，《舊唐書》卷一五二《高固傳》載高固"爲叔父所賣，展轉爲渾瑊家奴，號曰黃苓，性敏惠，有膂力，善騎射，好讀《左氏春秋》。瑊大愛之，養如己子，以乳母之女妻之，遂以固名，取左氏傳高固之名也"。高固乃家奴而爲主人養如己子，既娶乳母之女，一來可見乳母乃家中"婢之貴者耳"，二來亦可見乳母子女皆可爲主人家所用。

[138] 《後漢書》卷五《安帝紀》，頁242。

[139] 《後漢書》卷六一《左雄傳》，頁2021。

[140] 袁松山《後漢書》卷一《靈帝紀》，頁625："建寧二年，爵乳母趙堯爲平氏君"。與獻帝乳母呂貴封號同，未知是否有誤。

[141] 袁宏《後漢紀》卷二八《獻帝紀》，頁787："興平二年，追號乳母呂貴爲平氏君"。與靈帝乳母趙嬈封號同，未知是否有誤。

乳母自婢僕的地位，於公提昇到貴族的階層，於私提昇到"慈母"的位置。此種逾越階級身份的情形，才是士人無法接受的理由；乳母的評價與形象，便因此越界現象而低落不良。

（二）乳母的評價與定位

漢魏六朝士人學者針對乳母問題而發的議論不少，但站在乳母立場，如陸凱批評孫皓未能善待乳母者，則屬絕無僅有。對於皇室與貴族之家多用乳母乳哺照顧新生兒，反對之聲也不強烈，並且反對的重點似非乳母本身的問題。目前所見僅三例。其一、東漢順帝即位十餘年而未有皇嗣，李固建議應"兼採微賤宜子之人，進御至尊，順助天意。若有皇子，母自乳養，無委保妾醫巫，以致飛燕之禍"。[142] 一方面認爲皇帝爲求子嗣，不必介意社會地位較低女子，[143] 另方面則主張生產之後，產母應親自乳養，而非如漢宮舊制交由保傅巫醫。其立論基礎並非母乳對嬰兒健康有益，而是擔心有專寵嬪妃藉機掠殺皇子。

其二、劉宋明帝封征北公劉昶之子燮爲晉熙王，卻下詔數劉昶之母晉熙太妃謝氏之過，遣還本家。詔書中稱"謝氏食則豐珍，衣則文麗，奉己之餘，播覃群下；而諸孫纊不溫體，食不充飢，付於姆奶之手，縱以任軍之路"。[144] "乍看之下似乎以乳母育兒，是虧缺母職的表現，應當受罰。然而以上下文觀之，謝氏之被責，或不因雇請乳母，而在寬待自己，酷遇子孫。[145]

其三、北魏孝明帝尚在襁褓中時，出入宮中，"左右乳母而已，不令宮僚聞之"，詹事丞楊昱因而諫曰："（太子）進無二傅撫導之美，退闕群僚陪侍之式，非所謂示民軌儀，著君臣之義。"[146] 前引

[142] 《後漢書》卷六三《李固傳》，頁 2078。

[143] 以微賤宜子之人求子之觀念，見李貞德《漢唐之間求子醫方試探——兼論婦科濫觴與性別論述》，《中央研究院歷史語言研究所集刊》68.2（1997），頁 283～367。

[144] 《宋書》卷七二《晉熙王劉昶傳》，頁 1870。劉昶於前廢帝時因被誣謀反而棄母妻北投鮮卑。明帝即位始得平反，號征北公。

[145] 劉宋明帝實以打擊婦女著名。史稱明帝"嘗宮內大集，而裸婦人觀之，以爲歡笑"，因皇后"以扇障面"抗議而大怒。以妒忌之由賜死湖熟令袁慆之妻，又使近臣虞通之撰《妒婦記》。左光祿大夫江湛孫江斅當尚孝武帝女，宋明帝乃使人爲斅作表讓婚，抗議公主善妒。事見《宋書》卷四一《皇后傳》，頁 1290～1292、1295。晉熙太妃謝氏是否果真酷遇子孫，不得而知，但宋明帝顯然以皇權介入諸侯之家，以其無爲母之道而將之遣還本家。而將子孫付諸姆奶，雖然是漢魏六朝貴族家庭的常態，卻也被視爲"沈刻無親"的一種表現。

[146] 《魏書》卷五八《楊昱傳》，頁 1292～1292。

宣武帝先是頻喪皇子，得胡氏才生孝明帝，因而"深加慎護，爲擇乳保，皆取良家宜子者。養於別宮，皇后及充華嬪（胡氏）皆莫得而撫視焉"。[147] 宣武帝頻喪皇子，或因北魏"後宮産子將爲儲貳，其母皆賜死"的故事，[148] 爲嚴加保護計，孝明帝不但由乳保照顧，嫡母（皇后）、生母（胡氏）皆不得撫視，且乳母並不循例選自官婢，而是"取良家宜子者"。[149] 然而楊昱的批評，重點卻不在乳母、生母之別，而在太子教育的問題。

乳母與乳子關係密切，潛移默化在所難免，便經常因乳子行爲不端而成爲衆矢之的。東漢和帝時，梁節王暢乳母王禮自言能見鬼神，聲稱神言暢當爲天子。暢因此遭豫州刺史舉奏不道，和帝不忍重罰，暢於是上疏辭謝，將自己的過失歸咎於"生在深宮，長養傅母之手"。[150] 前引劉宋明帝責備公主善妒，則形容"姆奶敢恃耆舊，惟贊妒忌，尼媼自倡多知，務檢口舌"，認爲公主制夫嚴妒，是受了僧尼乳母等人的壞影響。[151] 乳母出身微賤，與乳子的關係多爲恩情，其影響策略便多採甘言悲辭，在士大夫眼中實與邪臣並列，連帶地被視爲天災的罪魁禍首。西漢哀帝時李尋解釋當時水出地動、日月失度、星辰亂行等災異，便主張皇帝應"强志守度，勿聽女謁邪臣之態"，並且"諸保阿乳母甘言悲辭之託，斷而勿聽"。[152]《宋書·五行志》解釋晉孝武帝太元十七年秋旱至冬的天象時，亦以"丘尼乳母親黨及婢僕之子，皆緣近習，臨民領衆"爲人間禍患。[153]

其實，士人學者對乳母的批評，大多不在乳汁品質的良窳或乳養之時盡責與否，而是以乳母逾越階級和性別的界限爲主。[154] 東漢

---

〔147〕《魏書》卷一三《皇后列傳》，頁337。
〔148〕 李貞德《漢隋之間的"生子不舉"問題》，頁750，注10。
〔149〕 史書特加説明，更顯示魏宮舊制或以官婢任乳母爲常態。
〔150〕《後漢書》卷五六《梁節王暢傳》，頁1676。
〔151〕《宋書》卷四一《后妃傳》，頁1290～1291。
〔152〕《漢書》卷七五《李尋傳》，頁3184。前已言及，哀帝曾因發武庫兵送董賢及乳母王阿舍而爲毋將隆所諫。
〔153〕《宋書》卷三一《五行志》，頁911。
〔154〕 漢魏六朝士人對乳母的批評集中在政治面而非醫療面，可能與史料性質有關。由於現存唐代以前的醫書和筆記資料有限，學者較難從中細究醫者與士人對乳母的態度。然而，以現存的醫療資料來看，醫者關心的重點在於如何選擇乳母，而非鼓勵産母親自乳養。學者研究宋元以降的情形，也指出士人與醫家大多對備乳之事無嚴重異議，唯需注意"不可置乳母，以饑人之子"。重點在於人道主義的社會面，而非血氣營養等生物面。見熊秉真《傳統中國的乳哺之道》，頁132，注37引《鄭氏家範》。

安帝封乳母王聖爲野王君，順帝封乳母宋娥爲山陽君，亦皆引起朝臣爭議。楊震反對王聖之封，上疏説明乳母地位的基礎和限制：

> 阿母王聖出自賤微，得遭千載，奉養聖躬，雖有推燥居濕之勤，前後賞惠，過報勞苦，而無厭之心，不知紀極，外交屬託，擾亂天下，損辱清朝，塵點日月。書誡牝鷄牡鳴，詩刺哲婦喪國……易曰："無攸遂，在中饋。"言婦人不得與於政事也。宜速出阿母，令居外舍，斷絕伯榮，莫使往來，令恩德兩隆，上下俱美。[155]

對前引劉瓌以妻王聖女伯榮而獲襲爵事，亦加批評：

> 臣聞高祖與群臣約非功臣不得封，故經制父死子繼，兄亡弟及，以防篡也。伏見詔書封故朝陽侯劉護再從兄瓌襲護爵爲侯，護同產弟威，今猶見在，臣聞天子專封封有功，諸侯專爵爵有德，今瓌無佗功行，但以配阿母女，一時之間，既位侍中，又至封侯，不稽舊制，不合經義。[156]

左雄反對宋娥之封，則引王聖之事爲歷史見證，主張爵封乳母將導致災異：

> 高皇帝約，非劉氏不王，非有功不侯。孝安皇帝封王聖、江京等，遂致地震之異。臣伏見詔書顧念阿母舊德宿恩，欲特加顯賞。案尚書故事，無乳母爵邑之制，惟先帝時阿母王聖爲野王君，聖造生讒賊廢立之禍，生爲天下所咀嚼，死爲海內所歡快……今阿母躬蹈約儉，以身率下，群僚蒸庶，莫不向風，而與王聖並同爵號，懼違本操，失其常願……乞如前議，歲以千萬給奉阿母，內足以盡恩愛之歡，外可不爲吏民所怪。[157]

雄上書後，適逢地震、山崩之異，便再諫言：

> 今封山陽君而京城復震，專政在陰，其災尤大。臣前後瞽言封爵至重，王者可私人以財，不可以官，宜還阿母之封，以塞災異。[158]

---

〔155〕《後漢書》卷五四《楊震傳》，頁1761。
〔156〕《後漢書》卷五四《楊震傳》，頁1761~1762。
〔157〕《後漢書》卷六一《左雄傳》，頁2021~2022。
〔158〕《後漢書》卷六一《左雄傳》，頁2021~2022。

　　楊震、左雄皆以漢高祖非劉氏不王、非有功不封的傳統立論。其實漢代婦人有封爵者，蔡邕《獨斷》曰：“漢異姓婦人以恩澤封者曰君，比長公主。”西漢景帝王皇后之母封平原君，武帝母王太后之前夫金氏之女封修成君。王莽時，崔駰之曾祖母師氏，能通經學百家之言，王莽賜號儀成夫人。東漢和帝鄧后臨朝，爵其太夫人爲新野君，薨，贈長公主，諡曰敬君；梁冀妻孫壽，封襄城君，比長公主；梁商夫人陰氏薨，追號開封君。[159] 觀楊、左之論，其實重點有二。其一、乳母出身微賤，不應接受封爵。據楊震之語，王聖想必亦選自官婢。左雄則主張對乳母可以賜以私財，卻不可授封爵號。其二、婦人不得干預政事。楊震明白言之，而左雄對宋娥名褒實貶，所防忌者，亦無非“專政在陰”。楊、左批評乳母之封，實因乳母採自官婢，出身微賤，且爲私僕，而非公職，與宦官同列，爲側近之屬。而東漢皇室乳母突破階級與性別的雙重界線，顯然造成男性官僚的不悅。

　　乳保封爵之議，在東晉時復起。東晉成帝（326～342）以保母周氏有阿保之勞，欲假其名號。雖然群臣皆已奉詔，唯獨顧和上書反對。他的論點承襲楊震、左雄，以爲“周保祐聖躬，不遺其勤，第舍供給擬於戚屬，恩擇所加已爲過隆”。主張第舍恩澤便已足够，“若假名號，記籍未見明比”。他並舉漢靈帝封乳母趙嬈爲平氏君之例，認爲“此末代之私恩，非先代之令典”，不合典章，不足師法，而成帝亦未堅持。[160]

　　漢晉之時士人對乳母待遇的爭議，除了爵賞，還有服喪。《儀禮‧喪服》稱“爲乳母服緦麻三月”。[161] 漢鄭玄注《喪服》，釋“乳母”爲“養子者有他故，賤者代之慈己”。[162] 服虔注濟北王阿母

---

〔159〕《通典》卷三四《職官十六》，頁 948～949。

〔160〕《晉書》卷八三《顧和傳》，頁 2164。其實魏晉以降，亦多婦人封爵之例，如前引晉賈充之妻郭槐爲宜城君。《通典》討論后妃及内官命婦，稱晉武帝對羊祜妻夏侯氏爲萬歲鄉君，對鄭冲、何曾，皆假夫人、世子印綬，如郡公侯比。又，“王導妻卒，贈金章紫綬。”“虞潭母亦拜爲武昌侯太夫人，加金章紫綬。”“韋逞母宋氏，其父授以周官音義。逞仕苻堅爲太常，乃就宋家立講堂，置生員一百二十人，隔絳紗幔受業，號宋爲宣文君。”唯劉宋時，鄱陽縣侯孟懷玉上母檀氏拜國太夫人，有司雖奏許，但御史中丞袁豹以爲婦人從夫之爵，懷玉父綽見任大司農，其妻不宜從子，奏免尚書右僕射劉柳、左丞徐羨之及郎何邵之官。以上引文皆見《通典》卷三四《職官十六》，頁 949。

〔161〕《儀禮》卷三三《喪服》，頁 8b。

〔162〕《儀禮》卷三三《喪服》，頁 8b。

引鄭注，直稱乳母爲"慈己者"。而唐賈公彥疏則稱"三母（即前引子師、慈母、保母）之內，慈母有疾病或死，則使此賤者代之養子，故云乳母也"。[163] 言下之意，鄭玄所謂"養子者有他故"者，非指生母，而是父命慈己之妾，若此慈母有故，復以婢慈己，才稱乳母。[164] 之所以會有這一番迂迴的解釋，實因漢魏以降，乳母多爲家中婢僕，出身低賤，引起士大夫質疑，認爲其不配得母之名。

《喪服》說明爲乳母服，乃"以名服也"，[165] 馬融釋爲"以其乳養於己，有母名也"，[166] 漢《石渠禮議》所謂"報義之服"。[167]晉代賀循亦主張："爲乳母緦三月，士與大夫皆同，不以尊卑降功服故也。"[168] 梁氏稱乃因"服乳母緦者，謂母死莫養，親取乳活之者，故服之緦功"。[169] 由此看來，主張服緦者，重點多在"恩"、"功"與"義"，而馬融則以"乳養於己"認可"母"名。然而前引曹魏時的田瓊和晉代的袁準顯然都認爲鄭玄所謂賤者，非指婢僕。倘爲婢僕，則不必爲之服喪，將重點放在乳母的出身，顯然並不以乳汁、抱養或教導爲"母"名的要素。[170]

有趣的是，在鮮卑統治的北魏，爵封與服喪似皆未曾引起爭議。更有甚者，皇帝乳母被尊爲太后，其家屬亦以外戚之故屢受封賞：

> 先是高宗（文成帝）以乳母常氏有保護功，既即位，尊爲保太后，後尊爲皇太后。興安二年太后兄英，字世華，自肥如令遷爲散騎常侍、鎮軍大將軍，賜爵遼西公。弟喜，鎮東大將軍，祠曹尚書、帶方公。三妹皆封縣君，妹夫王睹爲平州刺史、遼東公。追贈英祖、父，符堅扶風太守亥爲鎮西將軍、遼西簡公，渤海太守澄爲侍中、征東大將軍、太宰、遼西獻王，英母許氏博陵郡君。遣兼太常盧度世持

---

[163] 《儀禮》卷三三《喪服》，頁8b。
[164] 《儀禮》卷三〇《喪服》，頁3a："慈母如母"，傳曰："慈母者何也？妾之無子者，妾子之無母者，父命妾曰：'女以爲子'，命子曰：'女以爲母'。若是，則生養之終其身如母，死則喪之三年。如母貴父之命也。"
[165] 《儀禮》卷三三《喪服》，頁8b。
[166] 《通典》卷九二《禮五十二》"緦麻成人服三月"，頁2512。
[167] 《通典》卷九二《禮五十二》"緦麻成人服三月"，頁2512。
[168] 《通典》卷九二《禮五十二》"緦麻成人服三月"，頁2512。
[169] 《通典》卷九二《禮五十二》"緦麻成人服三月"，頁2512。
[170] 此實牽涉漢唐之間對於母職角色的認定問題，值得細究，也是我即將展開的研究之一。

節改葬獻王於遼西，樹碑立廟，置守冢百家。[171]

太武帝尊保母竇氏爲惠太后。文成帝依其故事於興安元年（452）即位之時便尊常氏爲皇太后，並且常氏之異母兄及其母、同母弟妹，妹夫、已逝之祖、父等都在封賜之列。太安年間又多次擢拔，擴及常氏從兄及其子弟，並於太安五年詔以常太后母宋氏爲遼西王太妃。[172]

太武帝保母竇氏、文成帝乳母常氏皆以連坐入宫，以官婢入選爲乳保，並尊爲皇太后，卻未遭遇群臣反對。北魏自道武帝始，師法漢武帝立子殺母故事，"後宫産子將爲儲貳，其母皆賜死"。[173] 竇，常二人或許因適逢北魏立嗣殺母的太后空檔中，才得以脫穎而出。而蕭子顯著《南齊書》卻認爲"佛狸（太武帝）以乳母爲太后，自此以來，太子立，輒誅其母。"[174] 顯然倒果爲因，並且未提效法漢武帝之事，似乎有意以尊乳母爲太后的行爲，凸顯鮮卑胡虜義近禽獸，非我族類之情。[175]

五、結　論

漢魏六朝皇室、貴族多用乳母乳哺新生嬰兒。乳母出身，雖有平民良家之例，大多則爲"婢之貴者"。以女婢擔任乳母，在社會條件方面，必須有大量奴婢勞動人口，而雇傭勞動尚不發達；在醫學觀念上，則必須不忌諱乳母的族裔與階級影響其性情與形貌。六朝醫方擔心乳母血氣影響乳汁，進而左右新生兒的發展，但其重點不在出身，而在挑選溫順健康的婦女，然後嚴加督導，調節飲食，並且防其酒醉、行房。

---

[171] 《魏書》卷八三《外戚傳》，頁1817；《北史》卷八○《外戚傳》，頁2675同。
[172] 《魏書》卷八三《外戚傳》，頁1817；《北史》卷八○《外戚傳》，頁2675同。
[173] 《魏書》卷一三《皇后列傳》，頁325。此"故事"的源起、發展與意義，見蔡幸娟《北魏立后立嗣故事與制度研究》，《成功大學歷史學報》16（1990），頁257～309。
[174] 《南齊書》卷五七《魏虜傳》，頁986。
[175] 但北魏傳統顯然未爲唐代宫廷所承襲。唐中宗初即位時（684），欲與乳母子五品官，爲裴炎所固爭。《舊唐書》卷八七《裴炎傳》，頁2843～2844。唐哀帝時（904～907）："内出宣言：'嬭婆楊氏可賜號昭儀，嬭婆王氏可封郡夫人，第二嬭婆王氏先帝已封郡夫人，准楊氏例改封。'中書奏議言：'乳母古無封夫人賜内號之例，近代因循，殊乖典故。昔漢順帝以乳母宋氏爲山陽君，安帝乳母王氏曰野王君，當時朝議，猶或非之。今國祚中興，禮宜求舊。臣等商量，楊氏望賜號女聖君，王氏曰福聖君，第二王氏曰康聖君。'從之。"見《舊唐書》卷二○《哀帝紀》，頁799。

　　不適任或與主人相處情況不佳的乳母，可能遭致嚴重懲罰，甚至處死。平民婦女擔任皇室乳母，也可能因缺乏休假回家的機會，導致親生兒女死亡。然而，也有乳母因乳哺照護、經年相處而成爲主人、乳子的親信之人。不論皇室或貴族對於親信乳母大多賞賜有加，甚至言聽計從，澤及乳母子女。而乳母的影響力也在這種乳子顧念恩情的氣氛中發展，一方面成爲攀龍附鳳者的重要管道，另方面也成爲士大夫批評的對象。

　　以現存史料來看，漢魏六朝士人之所以反對乳母，並非因爲乳母來自低下階層，血氣乳汁有窳劣之虞，也非針對產母未能克盡母職；而是擔心在宮廷政爭中，將皇子皇孫交由乳母照顧，有安全上的顧慮。對乳母角色的批評，一般也非以乳母的乳養職務爲焦點，而是環繞在乳母的待遇和影響力方面。史籍記載中，評價好的乳母被形容爲對乳子和主人之家盡忠保護，兼具忠僕和慈母的角色；而評價差的乳母則被形容爲逾越了她原本所屬的階級和性別界線。

　　乳子成年之後對乳母的賞賜，包括錢帛田舍等物資。這類待遇較少引起非議，究其原因，或因賞賜畢竟是主人對待婢僕的方式，沒有逾越階級的分際。但若對乳母的待遇超過婢僕的身份，便可能引起爭論。魏晉士人反對爲乳母服喪，是因她出身卑賤，不配有“母”之名。至於東漢士大夫反對皇帝爵封乳母，則除了乳母出身卑賤之外，又包含了男性官僚對女性參與政治的嫌惡與恐懼，所謂“專政在陰”將引起山崩地震等災異。

　　皇室乳母以官婢而受爵封，貴族乳母及其子女自婢僕而列登官家，所仰賴者，初則爲女性的生理特質——健康的乳汁，繼則爲比擬於母親的照顧之情。乳子之於乳母，生時“憐焉悲之”（漢武帝爲大乳母），死則或“數爲嘆息”（順帝爲王男），或“悲思啼泣”（賈充子黎民爲其乳母）、或“追念號咷”（賈后爲徐美人）。正由於乳子成年之後顧念舊恩，使得乳母得以展現出突破自身性別和階級的側近權力，而士人學者對此無不大加撻伐。

　　至於乳母之於乳子，雖不乏救命保護的故事，其中原因，卻可能錯綜複雜。文獻或形容乳母對其乳子“愛至貫腸”，極盡照顧之能事。然而若放在漢魏六朝宮廷和貴族政爭的脈絡中來看，乳子的禍福生死與乳母利害相關，乳母盡忠護衛，似不能以感情深厚一言以

蔽之。當一個身爲婢僕的女性，被選來喂養主人的子女時，一方面
她被迫出讓自己的乳汁，減少或放棄對自己兒女的付出，必須戰戰
兢兢，避免犯錯導致主人家新生兒的病變死亡；另方面卻也藉此提
昇自己在主人家婢僕中的地位，並使自己的兒女得以攀龍附鳳。由
於歷史從來不是由低下階層的婦女所撰寫、記錄，究竟乳母的心思
意念如何，千古之下，我們也只能努力揣摩而難以確知了。

引用書目

一、傳統文獻

《周禮》，孫詒讓正義，藝文印書館影印楚學社本，1955。

《黃帝內經素問》，郭靄春等校注，北京：人民衛生出版社，1992。

《漢魏南北朝墓誌彙編》，趙超彙編，天津：天津古籍出版社，1992。

《儀禮》十三經注疏本，臺北：藝文印書館，1955。

《禮記》十三經注疏本，臺北：藝文印書館，1955。

漢·司馬遷《史記》，北京：中華書局，1959。

漢·班固《漢書》，北京：中華書局，1962。

漢·許慎《說文解字》，段玉裁注，臺北：藝文印書館，1989。

漢·劉歆《西京雜記》，清·王謨輯，增訂漢魏叢書(二)，1791。

漢·趙曄《吳越春秋》，四部叢刊本，上海：上海書店，1989。

漢·衛宏《漢官舊儀》，孫星衍等輯，周天游點校，北京：中華書局，
1985。

晉·干寶《搜神記》，汪紹楹校注，臺北：里仁書局影印點校本，
1982。

晉·司馬彪《續漢書》，清·汪文臺輯，《新校本後漢書附補編十三
種》，臺北：鼎文書局，1977。

晉·袁宏《後漢紀》，周天游校注，天津：天津古籍出版社，1987。

晉·袁松山《後漢書》，清·汪文臺輯，《新校本後漢書附補編十三
種》，臺北：鼎文書局，1981。

晉·陳壽《三國志》，北京：中華書局，1959。

劉宋·范曄《後漢書》，北京：中華書局，1965。

劉宋·劉義慶《世說新語》，徐震堮校箋，香港：中華書局，1989。

梁·沈約《宋書》，北京：中華書局，1974。

梁·蕭子顯《南齊書》,北京:中華書局,1972。

北齊·魏收《魏書》,北京:中華書局,1974。

隋、唐·姚察、姚思廉《梁書》,北京:中華書局,1973。

隋、唐·姚察、姚思廉《陳書》,北京:中華書局,1972。

唐·王燾《外台秘要》,臺北:中國醫藥研究所出版,1964。

唐·李百藥《北齊書》,北京:中華書局,1972。

唐·李延壽《北史》,北京:中華書局,1974。

唐·李延壽《南史》,北京:中華書局,1975。

唐·杜佑《通典》,北京:中華書局,1988。

唐·房玄齡等《晉書》,北京:中華書局,1974。

唐·孫思邈《千金方》(《備急千金要方》),吉林:吉林人民出版社新校訂宋刻本,1994。

唐·釋道宣《廣弘明集》,高楠順次郎編,《大正新修大藏經》No. 2103,東京:大正一切經刊行會,1924~1934。

後晉·劉昫等《舊唐書》,北京:中華書局,1975。

宋·朱端章《衛生家寶產科備要》,上海:三聯書店,上海中醫學院朱邦賢、王若水主編,《歷代中醫珍本集成》,《婦科類》(一),1989。

宋·顧野王《玉篇》,臺北:臺灣商務印書館,1983。

明·梅膺祚《字彙》,上海:上海辭書出版社,1991。

清·嚴可均編《全上古三代秦漢三國六朝文》,光緒刻本,北京:中華書局影印,1958。

日·丹波康賴《醫心方》,臺北:新文豐出版公司,1982。

二、近人論著

蔣若是、郭文軒

1957《洛陽晉墓的發掘》,《考古學報》1957. 1: 169~186。

李季平

1986《唐代奴婢制度》,上海:上海人民出版社。

李貞德

1987《西漢律令中的家庭倫理觀》,《中國歷史學會史學集刊》19: 1~54。

1995《漢隋之間的"生子不舉"問題》,《中央研究院歷史語言研究所集刊》66. 3: 747~812。

1996《漢唐之間醫書中的生產之道》,《中央研究院歷史語言研究所集刊》67. 3: 533~654。

1997《漢唐之間求子醫方試探——兼論婦科濫觴與性別論述》,《中央研究院歷史語言研究所集刊》68. 3: 283~367。

唐長孺

1983《魏晉南北朝時期的客和部曲》,《魏晉南北朝史論拾遺》,北京:中華書局,頁1~24。

高敏

1984《兩漢時期的"客"和"賓客"的階級屬性》,原載《秦漢史論集》,收入《中國社會經濟史參考文獻》,臺北:華世出版社,頁257~292。

梁其姿

1984《十七、十八世紀長江下游之育嬰堂》,《中國海洋發展史論文集》,臺北:中央研究院中山人文社會科學研究所,頁97~130。

許輝、蔣福亞編

1993《六朝經濟史》,江蘇:古籍出版社。

勞榦

1935《漢代奴隸制度輯略》,《中央研究院歷史語言研究所集刊》5. 1: 1~11。

黄清連

1978《唐代的雇傭勞動》,《中央研究院歷史語言研究所集刊》59. 3: 393~438。

賈瑞凱

1991《四川彭山漢代崖墓》,北京:文物出版社。

熊秉真

1992《中國近世的新生兒照護》,《中國近世社會文化史論文集》,臺北:中央研究院歷史語言研究所,頁387~428。

1992《傳統中國的乳哺之道》,《中央研究院近代史研究所集刊》21: 123~146。

劉增貴

1991《魏晉南北朝時代的妾》,《新史學》2. 4: 1~36。

1996《漢代婦女的名字》,《新史學》7. 4: 33~94。

蔡幸娟

1990《北魏立后立嗣故事與制度研究》,《成功大學歷史學報》16: 257～309。

瞿宣穎

1965《中國社會史料叢鈔》甲集,臺北:臺灣商務印書館。

Bradley, K. R.

1986 "Wet-nursing at Rome: a Study in Social Relations. " B. Rawson ed. *The Family in Ancient Rome.* London: Croom Helm, pp. 201～209.

Cass, Victoria

1986 "Female Healers in the Ming and the Lodge of Ritual and Ceremony. " *Journal of American Oriental Society* 106: 233～240.

Fildes, Valerie

1988 *Wet Nursing: A History from Antiquity to the Present.* New York: Basic Blackwell Inc.

Hobson, R. L.

1925～1928 *The George Eumorfopoulos Collection: Catalogue of Chinese, Corean and Persian Pottery and Porcelain.* London: E. Benn, Ltd.

Joshel, Sandra R.

1986 "Nurturing the Master's Child: Slavery and the Roman Child-nurse". *Signs* 12: 3～22.

Juliano, Annette L.

1975 *Art of the Six Dynasties: Centuries of Change and Innovation.* New York: China House Gallery.

Klapisch-Zuber, C.

1985 "Blood Parents and Milk Parents: Wet-nursing in Florence, 1300～1530. " L. G. Cochrane tr. *Women, Family, and Ritual in Renaissance Italy.* Chicago: University of Chicago, pp. 132～164.

Lee, Jen-der(李貞德)

1993 "The Life of Women in the Six Dynasties. " *Journal of Women and Gender Studies*(臺大婦女研究室《婦女與兩性學刊》)4: 47～80.

1999 "The Death of a Princess: Codifying Classical Family Ethics in Early Medieval China. " in Sherry Mou ed. , *Presence and Presentation: Women in the Chinese Literati Tradition.* New York: St. Martin's press.

Schloss, E.

1979 *Arts of the Han.* China Institute of America.

※ 本文原載《中央研究院歷史語言研究所集刊》第 70 本第 2 分, 1999 年。

※ 李貞德, 美國西雅圖華盛頓大學博士, 中央研究院歷史語言研究所副研究員。

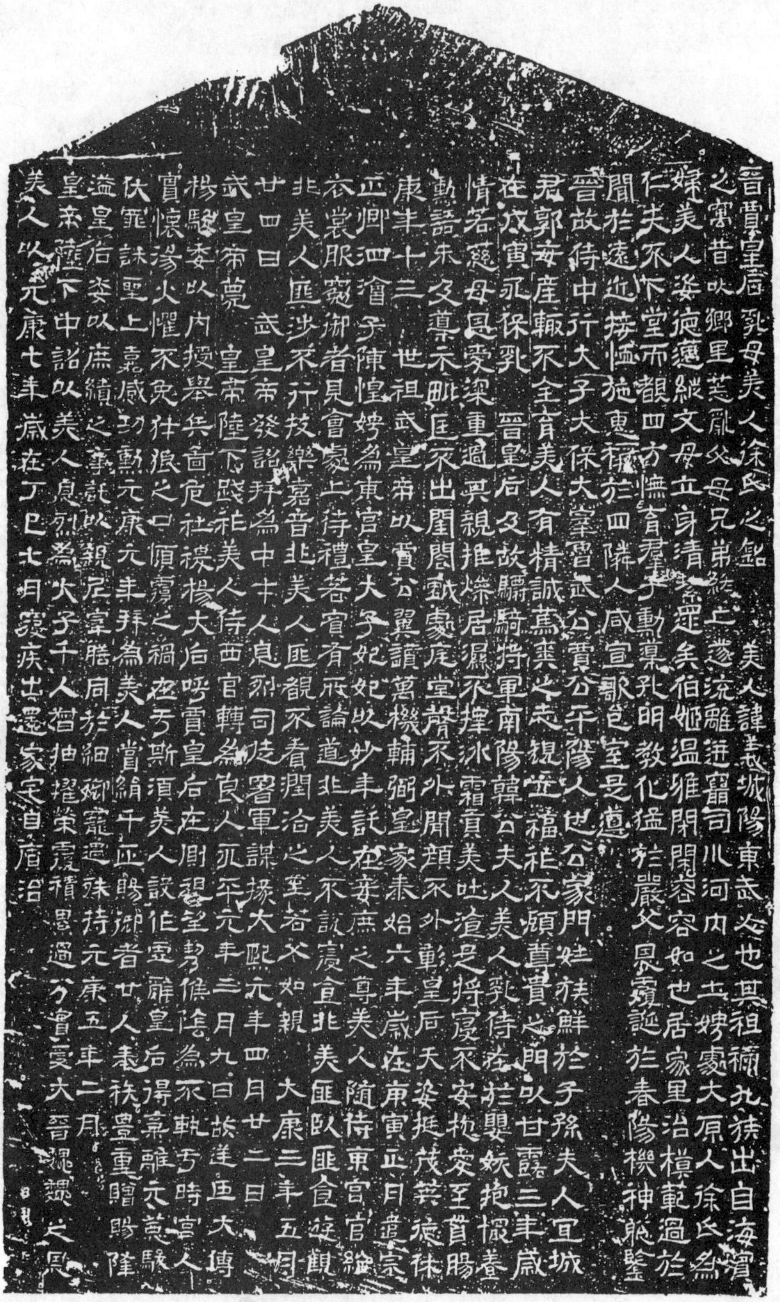

圖一:晉賈皇后乳母美人徐氏之銘

録自《洛陽晉墓的發掘》,《考古學報》1957 年第 1 期。

皇帝陛下皇后慈在拴憖使黃門旦夕間諸遑殿中大醫奉

車駕枉臨中焦程撓劉琮等航家瞻視供給御藥飲食衆屬

皇后所嗷珍奇異物僕人悲蒙足疾病弥丰增篤不痟廔丰

亡時襄殯十。以八丰歲在戊午十四月丁酉朔廿有四日庚申直平

皇后殯賜鎔五百萬絹布五百匹供備喪事

皇帝陛下遣使者郎中趙憶奉三牲祠

皇后追念殤姚不自堪朕賜衻器衮服使宮人女監宋端臨

親絰殯遣道使者郎中郎將成公苗奉少牢祠万家

皇墓次九丰一月丑日祖載安厝永即窆窆子孫替墓斷絕

常墓次九丰一月永無瞻奉嗚唔哀夬作頌曰

惟嚴齡神爽飛散斯頌終始素銘

棄嚴齡神爽飛散長駈寶寶悠悠痛夬千秋登生殤姚割剝

螫辟五情謹讚斯頌終始素銘

圖一續

圖二：婦人乳兒圖

録自賈瑞凱《四川彭山漢代崖墓》

圖三:漢代抱兒燭臺

錄自 Hobson,*The George Eumorfopoulos Collection* Vol. I, Plate 9, No. 60.

圖四：北魏家務陶俑

録自 Juliano, Annette L. , *Art of the Six Dynasties*.

試探唐代婦女與本家的關係

陳弱水

一、導　言

　　直截地説，本文的主題在討論唐代婦女與娘家的關係。本文所謂的"本家"，與今天一般所説的"娘家"範圍差不多，是指出嫁女子的本生家庭及其兄弟所組成的家庭。出嫁女子的已婚姊妹因已入其他家族，不包括在本文所稱的"本家"之内。本文也不處理比丘尼、女道士與其本生家庭的關係。

　　"娘家"一詞不知起於何時，我在唐代文獻中未能得見。在中古（漢末至唐末）史料裏，就已婚女子的立場而言，與"娘家"義近者有以下數詞：本宗、本族、本家、本親。在這幾個詞語中，"本宗"和"本族"的字面意義稍微過廣。[1]"本親"的内涵與本文所要探討的"娘家"範圍相當接近，可指已婚女子的本來的、由自然關係而產生的親屬。然而，由於此詞的意涵不若"本家"一目了然，加以在禮律議論中又有其他涵義（如稱過繼予人爲子者之親生父母爲此人之本親），因而不予採用。[2] 本文既以"本家"來指稱"娘家"，兹舉數例以證明唐代有此用法。顧況（727？～816？）《棄婦詞》：

　　　　古人雖棄婦，棄婦有歸處。今日妾辭君，辭君欲何去？

---

〔1〕 "本宗"例見《唐會要》（臺北：世界書局影印本，1989）卷三七，頁682；毛漢光《唐代墓誌銘彙編附考》第17册（臺北：中央研究院歷史語言研究所，1994），《一六五一‧大唐故朝散大夫汝州長史安平縣開國男□□夫人安平縣君太原王氏墓誌銘并序》，頁246。"本族"例見《漢書》（北京：中華書局，1962）卷八四，頁3439，顏師古注；《舊唐書》（北京：中華書局，1975）卷二七，頁1019。除了字面意義過廣，"本宗"、"本族"亦常用以指父系家族本支，與娘家之義可説適爲相反，不合本文之用。"本親"和"本家"的用法，詳下文。

〔2〕 在中古文獻中，"本親"一詞極常見，意涵頗有出入，大略是指近親或有血統關係的親屬。例見：《唐律疏議》（臺北：商務印書館，1990）卷一七《賊盜律‧祖父母夫爲人殺》條，頁228；卷二三《鬥訟律‧毆妻前夫子》條，頁284；《通典》（北京：中華書局，1988）卷六〇《周服降在小功可嫁女娶妻議》，頁1693。關於"本親"指出嫁女之本來親屬，例見《宋書》（北京：中華書局，1974）卷一五，頁408。

本家零落盡，慟哭來時路。……[3]

薛渙思（或作薛漁思，文宗大和年間〔827～835〕在世）《河東記》有云：

〔申屠澄與妻〕復至妻本家，草舍依然。但不復有
人矣。[4]

又，貞元十五年（799）《唐前衛卿賜紫金魚袋張公夫人太原郡君郭氏墓誌銘并序》讚揚郭氏能同時照顧娘家與夫家，文曰：

本家不闕，夫□（族？）無虧，共稱賢妻，亦傳
孝女。[5]

現在，我想說明一下個人研究此題的目的，希望能藉此揭示本文對中國中古史與婦女史研究所可能有之貢獻。首先，婦女與本家的關係是婦女生活中重要的一環，探討這個問題，應能增進我們對唐代婦女經驗的認識。在傳統中國社會，婦女與本家的關係不但重要，而且特殊。依儒家禮法和一般習俗，婦女結婚之後，即脫離本家，成爲夫家的一員，所以女子出嫁叫做"歸"。女子婚後與本家的關係究當如何，不是禮教措意的重點，社會上對此似乎缺乏整體性的規範。但另一方面，婦女在婚後，無論出於個人行動或透過姻親來往，與本家仍常有千絲萬縷的聯繫。這種關係因非禮法之所重，在一般史料——至少是唐代史料——中未有清楚的呈現。我們若能爬梳前人遺文，將此關係稍整理出眉目，應能對瞭解古代婦女的生活與心靈大有助益。

這裏想對婦女與本家的關係在傳統婦女生活中的重要性作進一步的說明。研究傳統中國婦女的路徑很多，但最關鍵者還是在瞭解她們在家庭生活中的狀況，因爲在近代以前，家庭是絕大多數婦女唯一可能有深度參與的生活領域。關於唐代婦女在家庭中的角色，《新唐書·列女傳》的前言中有明確的展現：

---

[3] 王啓興、張虹注《顧況詩注》（上海：上海古籍出版社，1994），頁20。此詩有異文，竄入李白集。有關説明，見安旗主編《李白全集編年注釋》（成都：巴蜀書社，1990），頁1733～1735。

[4] 《河東記》已佚，此條出於李昉等《太平廣記》（臺北：明倫出版社影印本，1971）卷四二九，《申屠澄》，頁3488。

[5] 周紹良主編、趙超副主編《唐代墓誌彙編》（上海：上海古籍出版社，1992），頁1901。

> 女子之行，於親也孝，婦也節，母也義而慈，
> 止矣。[6]

這段話的性質是價值判斷，但清楚點出了女兒（唐人通稱"女"）、"婦"、"母"是女性在其生命中要扮演的三個基本角色。這段話雖然是北宋人寫的（宋祁或歐陽修），觀點則與唐人略無二致。開元二十二年（734）《唐故冀州棗強縣令贈隨州刺史裴公墓誌銘并序》稱讚裴夫人蘭陵段氏曰：

> 夫人令淑天資，敏懿家範，始乃親於織紝，用就厥功，
> 女則昭矣；次乃務於澣濯，施諸條枚，婦道成矣；終乃勤
> 於訓立，皆以忠信，母儀備矣。[7]

白居易（772～846）也屢次在文章中表明婦女生命過程中的三大角色是"女"、"婦"、"母"。茲舉一例以爲證。樂天《唐河南元府君夫人滎陽鄭氏墓誌銘并序》有云：

> 噫！昔漆室、緹縈之徒，烈女也；及爲婦，則無聞。
> 伯宗、梁鴻之妻，哲婦也；及爲母，則無聞。文伯、孟氏
> 之親，賢母也；爲女爲婦時，亦無聞。今夫人女美如此，
> 婦德又如此，母儀又如此，三者具美，可謂冠古今矣。[8]

甚至爲人妾者也以有此三德爲美。文宗大和九年（835）《嬪吳氏墓誌銘并序》曰：

> 夫人少爲淑女，長爲孝婦，終爲嚴母，全之也。[9]

"女"、"婦"、"母"在用詞上爲三，就實際角色而言，則爲四。"婦"（或"新婦"），既指妻子，又指媳婦；以上段引文爲例，"哲婦"代表前者，"孝婦"則屬後者。這是兩個不甚相同的角色。要瞭解唐代婦女生活的基本面貌，理想上應對所有的這些角色及其相

---

〔6〕《新唐書》（北京：中華書局，1975）卷二〇五，頁5816。

〔7〕《唐代墓誌彙編》，頁1423～1424。

〔8〕朱金城《白居易集箋校》（上海：上海古籍出版社，1988）卷四二，頁2717。關於白居易用"女"、"婦"、"母"的概念來描繪婦女生活的其他例子，可見《唐故坊州鄜城縣尉陳府君夫人白氏墓誌銘并序》卷四二，頁2727；《太原白氏家狀二道·襄州別駕府君事狀》卷四六，頁2838；《唐故溧水縣令太原白府君墓誌銘并序》卷七〇，頁3754。

〔9〕《唐代墓誌彙編》，頁2161。誌文未明言吳氏爲妾，但由文字判斷，可能性極高。唐代墓誌提及婦女三大角色的例子尚多，可參見《唐代墓誌彙編》，頁1809、2177、2433、2440。當然，在唐代文字中，"女"和"婦"還有其他意思。譬如，"女"可泛指女性，"婦"可爲已婚女性的通稱。

互關係都作系統的研究。這個艱巨的工程顯然不是幾篇論文甚至幾本書能够完成的，但本文探討婦女與本家的關係，則直接觸及了婦女角色系統中的一個重要環節——"女"與"婦"之間的關係。就這個觀點看來，本文的主題應屬中國婦女生活史的核心部分。

中國歷史上婦女地位的問題，是本文另一個可能有貢獻的所在。當代婦女研究的興起，直接導因於男女平等與女性解放的思潮。婦女的地位和權利不但是西方婦女史家念茲在茲的課題，也是二十世紀中國婦女史研究的中心關懷。[10] 過去對於中國史上婦女地位的探索，主要反映在守貞和再嫁問題的研究上。這個趨向背後的一個基本假設是，中國古代和中古對婦女的禮教要求並不十分嚴格，但宋代理學興起，宋學強調個人道德實踐，以貞節爲主軸的婦德遂益受社會重視，終至造成婦女束縛增多，地位下降。許多學者因而企圖從再嫁問題上觀察宋代以後婦女地位的實況及其演變。[11] 另外，研究唐代婦女的諸多著作，也從種種角度論證當時婦女的地位甚高。支持這個看法的主要理由有：唐代婚姻關係寬鬆，貞節觀念較淡薄，離婚改嫁頗容易；夫妻關係相當平等，妒婦多，懼內之風盛；婦女常有户外活動、社交生活。[12] 這些雖然只是斷代性質的研究，不涉及其他時期，但一般隱含的看法是，宋代或元明以下，婦女地位降低了很多。

---

[10] 中國婦女史研究對婦女地位的關心在早期的通論性作品中表現尤其明顯。例見陳東原《中國婦女生活史》（臺北：商務印書館臺九版，1990）；趙鳳喈《中國婦女在法律上的地位》（臺北：食貨出版社，1973 年臺灣初版）。

[11] 學者對中國歷史上婦女守節與再嫁問題的研究甚多，有關宋代者尤夥。以下列舉若干較重要的論著：聶崇岐《女子再嫁問題之歷史的演變》，收入鮑家麟編《中國婦女史論集》（臺北：稻鄉出版社，1992 年再版 2 刷），頁 128～138；董家遵《從漢到宋寡婦再嫁習俗考》，同前書，頁 139～164；徐秉愉《遼金元三代婦女節烈事迹與貞節觀念之研究》，收入鮑家麟編《中國婦女史論集續集》（臺北：稻鄉出版社，1991），頁 215～240；張邦煒《宋代婦女的再嫁問題與社會地位》，收入鮑家麟編《中國婦女史論集三集》（臺北：稻鄉出版社，1993），頁 61～95；劉紀華《中國貞操觀念的歷史演變》，收入高洪興、徐錦軍、張强編《婦女風俗考》（上海：上海文藝出版社，1991），頁 515～544；柳立言《淺談宋代婦女的守節與再嫁》，《新史學》第 2 卷第 4 期（1991 年 12 月），頁 37～76；陶晉生《北宋婦女的再嫁與改嫁》，《新史學》第 6 卷第 3 期（1995 年 9 月），頁 1～26。

[12] 參考高世瑜《唐代婦女》（西安：三秦出版社，1988）；牛志平《唐代妒婦述論》，《人文雜誌》1987 年第 3 期，頁 92～97；《唐代婚姻的開放風氣》，《歷史研究》1987 年第 4 期，頁 80～88；《說唐代的"懼內"之風》，《史學月刊》1988 年第 2 期，頁 38～41。

關於傳統中國的婦女地位，儘管學者已頗有論述，待發之覆仍多。探討古代婦女地位並非易事，其中關鍵在於如何衡量婦女的地位。依個人之見，要對這個問題有準確的掌握，我們還需要更廣泛、更深入的研究，因爲對婦女地位的評估必須立足於對其生活的全面瞭解。如果我們以現代女權主義興起後的價值作標準，不但會和過去的歷史環境脫節，更無法對婦女地位變化的情狀作精細的觀察——按照現代的標準，無論宋代前後，婦女地位都可以用"男尊女卑"、"主中饋"之類的話一言以蔽之。因此，要對傳統婦女的地位得出比較實際的認識，必須立足於原始的歷史情境。我們可以在古代生活中找出較能反映婦女地位的部分，對此部分在不同時代、地域、階層中的表現進行實證研究，再以這些研究爲基礎，作通盤的解釋。守貞與再嫁是一個能觀察婦女地位變化的一個適當課題，但爲使認識更廣闊周全，我們還需要其他類似的研究。本文選擇探討唐代婦女與本家的關係，上述的方法論考慮便是一個主要的因素。

爲什麼研究婦女與本家的關係能幫助我們瞭解婦女的地位呢？我的想法是，傳統婦女生活的一個主要困境是，婦女必須離開本生的家，一個在正常情況下有自然之愛的家，到另一個家庭度過她生命的絕大部分——如果她不早死的話。換句話說，爲了當"婦"的義務，女子時常必須放棄"女"的角色與情感。在婦女的現實生活上，"女"與"婦"的角色不一定有重大的衝突，但衝突存在的可能性並不低，特別是在婚姻初期。由於"女"和"婦"的關係存在着先天的緊張，婦女與本家的關係似乎可以作爲衡量婦女地位的指標之一。如果一個社會或時代能容許婦女多方面保持與本家的紐帶，婦女在婚後就容易從本家得到支持，這對她在夫家中的處境應有所幫助。這也顯示女兒的角色在家庭中有相當的重要性。反之，如果一個社會強調婦女必須儘量減少與本家的聯繫，至少在青年和中年時，婦女的處境就只能取決於她與夫家成員（特別是丈夫和婆婆）的關係，而不易有其他的奧援。需要強調，依我對唐代婦女史的考察，對婦女的地位而言，婦女與本家的聯繫並非只有提高的作用，這種聯繫有時是在壓抑婦女的地位與自主意志。但大體上來說，兩者之間有正面的相關性。個人希望，也相信，本文對唐代婦女和本家關係的探討將能有助於我們對當時以及其他時代婦女地位的衡量。

但要聲明的是,本文對婦女地位問題的建樹只能是間接的。個人對婦女與本家關係的探討,只針對李唐一代,加以學界目前並沒有對其他時代同一課題的研究,比較的工作無從著手。本文可能有的貢獻在以下兩個方面。首先,本文將建立對唐代婦女與本家關係的基本知識,我們如能繼續此一探索,擴大及後代,如宋、金、元,就可在守貞與再嫁的傳統課題外,開闢一個瞭解從中古到近世婦女地位變化的新途徑。其次,也許是更重要的,從本文的研究,我們將能準確找出婦女與本家關係中足以作爲觀察婦女地位變化的若干座標。換言之,本文可以爲婦女地位的研究開拓另一個方法論的基礎。

簡而言之,本文是一個實證研究,首要目的在增加我們對唐代婦女生活的瞭解,但也希望對當時婦女的地位有所揭露。本文的主體分爲兩個部分。一是討論有關婦女與本家關係的規範,一是考察實際的情況。這兩部分並不能完全嚴格地區分。討論規範時,有時須以實例作說明;描述實況時,也無法避免分析它們的文化涵義。還有一點需要解釋的是,本文在討論規範時,會有若干涉及魏晉南北朝時期的地方。在思想文化史上,唐代屬於中古傳統的後期,這個時代大多數的重要價值和觀念都形成於魏晉南北朝,這兩個時代是不可能分割的。本文論實況的部分儘量以唐代爲限,但偶爾會以稍前或稍後時代的事例作補證。

二、規範理論

婦女與本家的關係不是中國傳統禮教之所重,唐人對於這項關係並沒有固定的規範系統。從傳世文獻,我們看到的是,各式各樣或明或晦的觀點散佈在各種形態的論述中。但這也不是說,唐人對這個問題的看法完全是混亂的。在他們的言辭中,偶爾也有人試圖提出一般性的原則。即使在全然不涉及普遍原則的議論裏,我們也常能發現背後涵蘊的整體性觀點。本節想作的,是透過林林總總的言論以及對若干實例的分析,找出可能流行於唐代的對婦女與本家之關係的一般性看法。

對有關倫理規範的問題,唐人有兩個大家共同承認的基本判斷標準。那就是儒家經典和"人情"。當一個人在討論具體的禮律問題或一般性的規範時,無論抱持什麼看法,當他要聲稱自己的觀點是正確的時候，他有兩個選擇。他可以説，他的看法合於經典，也可以説它順乎人情。當然，最好的辦法是説，經典與人情都站在自己這一邊。儒家經典和"人情"的觀念有這樣的力量，是因爲唐人相信這兩者是人類行爲應有的基準，換句話説，是訂定或修改規範的依據。唐初名學者顏師古（581～645）在一篇討論喪服的文字就清楚地點出了這個事實：

> 原夫服紀之制，異統同歸。或本恩情，或申教義。所以慎終追遠，敦風厲俗。[13]

"恩情"就是人情，人情莫大於恩，故稱恩情；"教義"是儒教義理，在中古時代的觀念裏，教義必本於聖人之言，視之爲經義亦可。現再引一段文字，以實吾説。隋文帝仁壽三年（603）七月有詔論母死父在的服制，其中有言：

> 夫禮不從天降，不從地出，乃人心而已者，謂情緣於恩也。故恩厚者其禮隆，情輕者其禮殺。聖人以是稱情立文，別親疏貴賤之節。[14]

這幾句話的意思是，"情"與聖人所立之禮是合一的。不見得所有的人在所有的情況下都同意這個立場，但在隋唐，人情與經義之爲行爲規範理論的兩大準則，殆無疑義。

以上所述其實是中古時代普遍流行的倫常觀，而非隋唐所獨有的思想。中古同時重視經典與人情的傳統大約形成於東晉（317～420）。中國自西漢中葉起，在家庭和社會倫理的領域內，儒家居於獨尊的地位，經書成爲聖典，有至高無比的權威。但自東漢晚期，個性解放之風漸興，至曹魏末年、自然與名教之爭大起。以阮籍、嵇康爲首的名士鄙棄禮法，提倡越名教而任自然。嵇康明説："六經以抑引爲主，人性以從欲爲歡；抑引則違其願，從欲則得自然"（《難自然好學論》），把經典和人性放在對立的位置。西晉統一中國以後，名教與自然進入調和的階段，出現"名教中自有樂地"的論調。[15] 爾後永嘉亂起、晉室南渡，此一觀點在南方成爲主流，一般

---

〔13〕 顏師古《嫂叔舅服議》，《全唐文》（臺北：大通書局影印本，1979）卷一四七。
〔14〕 《隋書》（北京：中華書局，1973）卷二，頁50。
〔15〕 這是西晉時人樂廣的話，見余嘉錫《世説新語箋疏》（臺北：華正書局影印本，1989），《德行第一》，頁24；《任誕第二十三》，頁735。

都以爲"禮"與"情"、經義與人性是可以兼顧的。在北方，士族特重禮法，但也有人强調人情。[16] 北方行爲規範重人情的風氣還有另一個來源，就是胡族統治集團無漢人式的禮法觀念，他們的行爲在許多漢族士人看來，都太過任自然了。[17] 隋唐承繼東晉、北朝以來的傳統，視經義與人情爲人類行爲之基準的看法極爲深入人心。在唐代，由於行爲規範的理論是處於相當穩定的狀態，相關的討論比東晉南北朝少了很多，這也是爲什麼本文在處理規範問題時，有時必須引證前人的議論。

這裏需要指出，在唐代關於行爲規範的討論中，經典和人情基本上只是論辯的根據，不能反映具體的立場。人情是什麼，各人有不同的體會。經典的內容也是紛雜駁歧，矛盾之處，所在多有；對同一問題採取相反看法的人，常能在經書中各取所需，彼此攻伐。至於經典的解釋，則是百家爭鳴，拉一派打一派的空間也很大。然而，反過來說，特別重視經義或特別强調人情也經常是某種態度的反映。重視傳統禮法的人常有强調經典的傾向，希望改變現行禮法的人則好從人情立論。

上文已對教義與人情在中古倫理思想中的地位和涵義作了說明，現在就先檢視唐代文化中的"教義"對婦女與本家的關係有什麼主張。茲徵引盛唐學者韋述(？～757)的一段文字，以爲討論的基礎：

> 家無二尊，喪無二斬，人之所奉，不可二也。特重於大宗
> 者，降其小宗：爲人後者，減其父母之服；女子出嫁，殺其本家
> 之喪。蓋所存者遠，所抑者私也。今若外祖及舅更加服一

---

〔16〕 關於魏晉南北朝時"情"與"禮"、自然與名教的問題，可參看陳寅恪《陶淵明之思想與清談之關係》，《金明館叢稿初編》，《陳寅恪先生文集》（臺北：里仁書局影印本，1982），册一，頁180～205；余英時《漢晉之際士之新自覺與新思潮》，收入氏著《中國知識階層史論·古代篇》（臺北：聯經出版事業公司，1980），頁231～327；《名教危機與魏晉士風的演變》，同前書，頁330～372。以上三文都未論及北朝的情形。北方士族重禮法，情禮兼重或緣情制禮的風氣主要盛於東晉南朝，但北方似亦逐漸受影響。此事尚待深究，今姑舉一例爲說。西魏北周時人、河東大族解縣柳氏之柳慶（517～566）被過繼給四叔，他在生父死時，不顧他人之議論，堅持要服重服（應即斬衰三年）。理由是叔父早已過世，現在須依情行事。柳慶說："禮者蓋緣人情，若於出後之家，更有苴斬之服，可奪此從彼。今四叔薨背已久，情事不追。豈容奪禮，乖違天性！"（《周書》卷二二，北京：中華書局，1971，頁369）柳慶之言與許多南方禮律議論如出一口。

〔17〕 此問題似乎尚乏研究。有關北方漢人知識分子對胡人統治者行爲的批評，例見《魏書》卷六七《崔光傳》，頁1493～1494；《魏書》卷七八《張普惠傳》，頁1731～1733。

等,堂舅及姨列於服紀之內,則中外之制,相去幾何? 廢禮徇
情,所務者末。古之制作者知人情之易搖,恐失禮之將漸,別
其同異,輕重相懸,欲使後來之人,永不相雜……聖人豈薄其
骨肉,背其恩愛。情之親者,服制乃輕,蓋本於公者薄於私,
存其大者略其細,義有所斷,不得不然。[18]

韋述此議發於玄宗開元二十三年(735),內容是針對朝廷一場關於子
女對母族或外家之服制的爭論。[19] 這場爭論的主題雖然不在出嫁女
子,但韋述以爲兩者有關係,因此一併論及。

在該段文字中,韋述的基本論點是,一個人行禮,要以"大宗"爲
先,"小宗"爲後。但他所謂的"大宗"、"小宗",與一般熟悉的宗法制
度中的大、小宗並不完全相同。引文裏的"大宗"應是指過繼爲人後者
的所後父家以及出嫁女子的夫家(後一點稍有爭議,詳下文)。"小
宗"則是指爲人後者的本生父母家與出嫁女的本家。韋述引介這一組
概念的原因是,他認爲子女的父族可以比擬爲"大宗",母族則類同
"小宗"。人要識大小之別,不可爲了情感的要求而加重對"小宗"的
服制。《舊唐書》中華書局本的標點者在"特重於大宗者,降其小宗"
句後標上分號,我在上文將其改爲冒號,以求文意更爲明晰。

我認爲韋述所說的"大宗"、"小宗"的意涵與一般習知者不甚一
致,根據何在呢? 最重要的根據就是《儀禮·喪服》。韋述這段文字幾
乎完全採自《喪服》篇,比照《儀禮》此章與韋述之文,他的意旨才得以
顯豁。《喪服》篇中用了"大宗"、"小宗"的概念闡釋爲人後者與出嫁
女的服制。以下是爲人後者的部分:

　　……期者。……爲人後者爲其父母,報。傳曰:何以期也?
不貳斬也。何以不貳斬也? 持重於大宗者,降其小宗也。爲人

---

[18] 《舊唐書》卷二七,頁 1033~1034。標點有一處改動,說明見正文。
[19] 有關的爭論文字見《舊唐書》卷二七,頁 1031~1036。亦見《唐會要》卷三七,頁 680~
　　684。唐代對喪服制有三場主要的討論或爭議。一是關於叔嫂服的問題,一是關於父
　　在母死的服制,另一則是此處所說的對母族的服制。有關叔嫂服的議論,可見《唐會
　　要》卷三七,頁 672~674;關於父在母死時服制的爭論,本人曾有論析,見 Chen Jo-Shui
　　"Empress Wu and Proto-feminist Sentiments in T'ang China," in Frederich Brandauer and
　　Chunchieh Huang, eds., *Imperial Rulership and Cultural Change in Traditional China* (Se-
　　attle: University of Washington Press,1994), pp. 85~88。顧炎武有文綜論唐人改服制
　　之事,見《原抄本日知錄》(臺北:明倫出版社,1970)卷七,頁 161~162。唐代對出嫁
　　女的服制系統沒有爭議或改動。

後者孰後？後大宗也。曷爲後大宗？大宗者，尊之統也。[20]

這段話的大意是：過繼爲人後者之所以爲本生父母只服一年（而非三年），是因爲人後者必然是爲大宗嗣後；大宗是家族的主幹，須受尊崇，不可斬絕，爲人後者既爲大宗的所後父母服三年，[21] 對小宗的本生父母就只能服一年了。《儀禮·喪服》這段話裏的"大宗"、"小宗"確是指宗法制度下的大、小宗，但韋述所說的則未必如此。在韋述的時代，宗法制度早不存在，任何無後的家庭依法都可找族子承嗣，並不限於所謂的"大宗"（開元二十五年令："諸無子者，聽養同宗於昭穆相當者。"）[22] 在唐代禮制上，"爲人後者"是指所有爲人承嗣的養子，他們爲所後父服三年，稱爲"義服"，爲本生父母只服一年，稱爲"降服"。[23] 簡言之，我認爲，韋述在他的奏議中取用《喪服》篇的概念，意涵則未必相同，他恐怕是把所有所後

---

[20] 《儀禮注疏》（《十三經注疏》本）卷三〇，頁13右。

[21] 《儀禮·喪服》的"斬衰"部分包括爲人後者，曰："何以三年也？受重者必以尊服服之。何如而可爲之後？同宗則可爲之後。何如而可以爲人後？支子可也。爲所後者之祖父母，妻、妻之父母，昆弟、昆弟之子，若子。"這段話是說，爲所後者要爲所後者服斬衰三年，爲所後者的主要親屬——如妻子——的服制，則如所後者的親子。換言之，要把所後父的妻子當作自己的母親。關於這段文字的解釋，參見《儀禮注疏》卷二九，頁3；〔清〕胡培翬著、〔清〕楊大堉補《儀禮正義》（王先謙編《皇清經解續編》本）卷二一，頁19右~20右。需要說明的是，依《儀禮·喪服》的禮制，子爲母服三年只限於父親已卒的情況，如果父親尚在，則服一年。此制至唐玄宗時才改定爲，無論父親在否，子爲母一律服三年。關於此事之大要，參見《唐會要》卷三七，頁675~678。

[22] 所引"開元令"見仁井田陞《唐令拾遺》（東京：東京大學出版社，1964年復刻版），頁233。本文所引唐令之標點皆參照仁井田陞著，栗勁等編譯《唐令拾遺》（長春：長春出版社，1989）。到目前爲止，似乎所有關於中古時代繼嗣問題的研究都未觸及無子的情況。依個人粗檢史料所見，無子時之繼嗣，以侄子和族子爲主，與唐令的規定大抵相符。但亦有其他情況者，如養異姓子爲嗣，或兄弟代嗣。晚唐著名文學家司空圖（837~908）無子，以甥爲嗣，爲御史所劾，但唐昭宗不之罪。見《舊唐書》卷一九〇下，頁5084；《新唐書》卷一九四，頁5574。敦煌寫本斯5647號、斯5700號也都是養甥爲嗣的契書。見唐耕耦、陸宏基編《敦煌社會經濟文獻真迹釋錄》（北京：全國圖書館文獻縮微複製中心，1990）第2輯，頁172~174、193~194。中古時代因已無宗法制度，經書中所說的"爲人後"與現實生活中的養子繼嗣異同何在，頗爲混淆，《通典》載有一個相關的爭論（東晉成帝咸和五年〔330〕），見卷六九《養兄弟子爲後後自生子議》，頁1907~1913。

[23] 見蕭嵩等《大唐開元禮》（《四庫全書》本）卷一三二，頁2右、7左。《開元禮》未訂爲所後母的服制。依禮制的精神，此應爲齊衰三年，所以有禮學家認爲此條統於"子爲母服"內。見馬建石、楊育裳等編、〔清〕吳壇原著《大清律例通考校注》（北京：中國政法大學出版社，1992），頁105。宋代禮書也未有爲所後母服的條目，至《明集禮》始明言此服爲齊衰三年。

父母的家庭都當作爲人後者的"大宗"。[24]

與本文關係特爲密切的是，《儀禮·喪服》也提及，對出嫁女而言，本家是她的"小宗"。這個"小宗"似乎只是比擬之詞，與宗法制度的"小宗"關係不大。《儀禮·喪服》有一段話解釋爲什麼出嫁女爲父母服一年喪，而非如在室女之服三年，曰：

> 爲父何以期也？婦人不貳斬也。婦人不貳斬者何也？
> 婦人有三從之義，無專用之道，故未嫁從父，既嫁從夫，
> 夫死從子。故父者，子之天也；夫者，妻之天也。婦人不
> 貳斬者，猶曰不貳天也。[25]

該章接著解釋爲何出嫁女子也要爲自己父親的嗣子服一年喪，而非如對其他兄弟之服大功九月：

> 爲昆弟之爲父後者何以亦期也？婦人雖在外，必有歸
> 宗，曰小宗，故服期也。[26]

韋述稱出嫁女的本家爲其小宗，根據即在此。

綜合而言，韋文的主題是在爲母族的服制。但文章透露出，韋述對出嫁女與本家的關係有一個明確的、以經典爲根據的認識。這個認識含有兩個要點。一是對出嫁女子而言，本家只是小宗，所以行禮應以夫家爲本。另一個要點是，出嫁女子與本家有骨肉之情，是恩愛之所在，但出嫁女必須抑其私情，以夫家爲主，這是爲了維護家庭秩序的基本倫理，"義有所斷，不得不然"。在中古時代，經典中被用來申論出嫁女與本家之關係的文句頗有一些，但論此兩者的基本關係，似乎以韋述所表達的最爲明白直接。

在唐代的禮律議論中，用"小宗"一詞來指稱出嫁女之本家的，就我目前所知，只有韋述一個例子。但這並不意謂，韋述的看法毫無代表性。經學家中，顯然頗有人注意到《儀禮》將出嫁女的本家指爲歸宗或小宗。孔穎達（574～648）等的《毛詩正義》在注解

---

〔24〕 韋述之文直抄《儀禮·喪服》處甚多，我未具引，以免累贅。但有趣的是，《儀禮》"持重於大宗者，降其小宗"在韋文中變成"特重於大宗者，降其小宗"。一撇之差，文意迥異。（按，"持重"即持宗廟祭祀之重之意。）不知這是傳抄的差錯，還是韋述無心之誤——或竟是他有意的更動！又，〔明〕毛晉（1599～1659）所刻汲古齋本《儀禮》中，"持重"確是作"特重"，但似乎沒有任何古本是如此寫的，韋述之字誤，應非版本問題。參考《儀禮注疏》，阮元《校勘記》卷三〇，頁6右。
〔25〕 《儀禮注疏》卷三〇，頁15左。
〔26〕 同上。

《小雅·黄鳥》"言旋言歸，復我諸兄"句時，就引了"婦人雖在外，必有歸宗，曰小宗"之語。[27] 孔穎達等的《禮記正義》在解釋《檀弓下》"齊穀王姬之喪"條時，也提及出嫁女的本家爲歸宗、小宗。[28] 賈公彦（高宗永徽年中〔650~655〕任太學博士）撰《儀禮疏》，當然知道出嫁女之歸宗曰小宗的語句，他並爲此句的鄭玄注作了疏解。[29] 杜佑（735~812）《通典》也有兩處提及女子歸宗曰小宗，還引了馬融、王肅、鄭玄的解釋。[30] 要言之，在唐代，經典中稱出嫁女之本家爲其小宗的説法並未普遍流行，[31] 但顯然頗有學者意識到這個概念的存在，韋述還將其應用於實際禮制問題的討論。

《儀禮·喪服》"婦人雖在外，必有歸宗，曰小宗"之語，文字簡略，確切涵義究竟爲何，歷來學者頗有討論。此句中的"歸宗"意思清楚，指除夫家之外，出嫁女可往歸之處，並無爭議。現以鄭玄注爲例，説明學者的基本理解：

> 歸宗者，父雖卒，猶自歸，宗其爲父後持重者，不自絕於其族類也。[32]

至於《喪服傳》爲何要稱"歸宗"爲"小宗"，經學傳統上有兩種主要意見。第一種是把此處的"小宗"仍當成宗法制度下的"小宗"來解釋。鄭玄注可爲代表：

> 曰小宗者，言是乃小宗也。小宗明非一也，小宗有四。丈夫婦人之爲小宗，各如其親之服。[33]

鄭玄的意思大概是，在宗法制度中，昆弟是宗子的小宗（繼禰宗、父宗），女子雖出嫁，對在本家爲父親繼嗣的兄弟仍應視爲其小宗，在他去世後，依原本的服制爲服（即齊衰不杖期），不考慮因出嫁而該減降的因素。鄭玄基本上是照宗法制度的"小宗"義爲説，特別之處是將此原則應用於婦女。經學史上的另一個主要見解是認爲出嫁女的小宗直指本家，與宗法制度毫無關聯。這項看法可以元朝敖

---

[27] 《毛詩注疏》（《十三經注疏》本）卷一一之一，頁 15 右。
[28] 《禮記注疏》（《十三經注疏》本）卷九，頁 8 左。
[29] 《儀禮注疏》卷三〇，頁 16。
[30] 《通典》卷九〇，頁 2466；卷一三四，頁 3440。馬、王、鄭的注解在頁 2466。
[31] 在唐代，《儀禮》已號稱難讀，解者蓋寡。參見韓愈《韓昌黎全集》（臺北：新文豐出版公司影印本，1977）卷一一，《讀儀禮》。
[32] 《儀禮注疏》卷三〇，頁 15 左。
[33] 同上。"小宗有四"語出《白虎通·宗族》，指父宗、祖宗、曾祖宗、高祖宗。

繼公的《儀禮集説》爲代表。敖氏曰：

> 《儀禮》此一節釋爲其昆弟之爲父後者也。歸宗者，所
> 歸之宗也。婦人雖外成，然終不可忘其所由生，故以本宗
> 爲歸宗也。……其於爲父後者特重，以其爲宗子也。以私
> 親言之，故曰小宗。其昆弟雖繼別，猶謂之小，所以別於
> 夫家之宗也。[34]

敖繼公的意思是，《儀禮》稱出嫁女的本家爲小宗，是爲了和夫家作
區別，本家爲女子之"私親"，相對於夫家，只能算"小"。他還明
説，這裏的小宗與宗法制度無關，即使女家的大宗（繼別者）也還
是出嫁女的小宗，因爲他是私親。我們可以更明白地引申：依照敖
氏的看法，夫家是出嫁女的大宗，本家是小宗；"小宗"在此只是比
擬之詞，顯示出嫁女不因婚姻而脱離本家，但比起夫家，這層關係
只能算是次要的。

在經學史上，鄭玄和敖繼公的意見都有支持者，但顯然贊成鄭
玄的較多。[35] 在這裏，我無法爲兩造的爭論定是非。我只想指出，
無論"小宗"的涵義爲何，《儀禮·喪服》"歸宗"、"小宗"的説法
旨在點明出嫁女仍爲父家的一部分（即鄭玄所言："不自絶於其族類
也"），但相較於夫家，這是次要的關係。這一點是歷來的注疏所共
同承認的。也許就是因爲"婦人雖在外"句的大意並不成問題，有
些研究《儀禮》的學者根本就不理會難解的"小宗"一詞。南宋李
如圭在他的《儀禮集釋》中只這樣簡單地解釋此句：

> 女子子適人爲昆弟爲父後期者，雖外成，猶重本統也。[36]

關於唐人對《儀禮》此句的理解，除了賈公彦的《儀禮疏》外，我
們別無資訊（賈公彦爲鄭注作疏，目的在闡明鄭玄的意旨。）但可以

---

[34] 敖繼公《儀禮集説》（收在徐乾學等輯《通志堂經解》，康熙十九年刻本）卷一一，
頁 28 左 ~ 29 右。

[35] 關於對《儀禮》鄭玄注的一個清楚説明，可參看〔清〕鄭珍，《儀禮私箋》（《皇清
經解續編》本）卷五，頁 1 左 ~ 2 右。〔清〕吳延華對鄭注稍有批評，但見解基本
相同。見吳著《儀禮章句》，收在阮元編《皇清經解》（臺北：漢京文化事業有限
公司影印）卷二八一，頁 11 右。按，在鄭玄之前，馬融已以宗法制度解説出嫁女
之小宗，唯語言更簡。參見〔清〕盛世佐《儀禮集編》（《四庫全書》本），卷二
三，頁 59 左。關於支持敖繼公看法的例子，可參看鄂爾泰等奉敕撰（乾隆十三年），
《欽定儀禮義疏》（《四庫全書》本）卷二三，頁 48 左。批評的意見，見於黃以周《禮書
通故》（臺北：華世出版社影印光緒十九年本，1976），《器服二》，頁 12。

[36] 李如圭《儀禮集釋》（《四庫全書》本）卷一七，頁 33 右。

肯定地説，唐人的認識不會跟李如圭有什麼差別。更重要的是，唐代對婦女與本家關係的一般認識和《儀禮·喪服》"歸宗"、"小宗"概念所表現出的想法是一致的。對這個問題，唐人禮教觀中有兩點基本看法。一是女子結婚後，改以丈夫爲主尊，以夫家爲自己的家庭。另一點則是，出嫁女雖以夫家爲主家，與本家仍有關聯，她如果必須離開夫家，本家就是她的歸處。

在唐代，女子婚後以夫家爲主家在觀念上可説是天經地義。兹舉數例，以爲證明。玄宗時的盧履冰在一篇奏書中説："《禮》：'女在室，以父爲天；出嫁，以夫爲天。'又：'在家從父，出嫁從夫，夫死從子。'本無自專抗尊之法。"[37] 顧況《棄婦詞》異文："十五許嫁君，二十移所天。自從結髮日未幾，離君緬山川。"[38] 鄭氏（玄宗時人）《女孝經·三才章》：

> 夫者，天也，可不務乎？古者女子出嫁曰歸，移天事
> 夫，其義遠矣。天之經也，地之義也，人之行也。[39]

上面兩段引文中的"移所天"、"移天"，就是由以父爲天轉爲以夫爲天的意思。敦煌變文中有一篇作品，尤其戲劇性地顯露了"三從"、"移天"的教義在唐代深入人心的程度。這份文獻是描述釋迦牟尼佛本事的《太子成道經》，有關文句是這樣的：

> 太子遂問其女："夫人能行三從，我納爲妻。不能行者，
> 迴歸亦得。"耶□（輸）陁羅問太子云："何名三從？""婦女有
> 則：在家從父，出嫁從夫，及至夫亡，任從長子。但某乙有一
> 交言語，説與夫人，從你不從？"耶輸答曰："争敢不從。"[40]

引文中的太子即釋迦牟尼，耶輸陁羅是他的太太。在這篇變文中，

〔37〕《舊唐書》卷二七，頁1026。

〔38〕安旗主編《李白全集編年注釋》，頁1733。有關此詩的説明，可見注〔3〕。

〔39〕《女孝經》（《二十二子全書》本）卷三上。鄭氏在進《女孝經》的奏表（頁1）中説，此書是爲她册爲永王妃的侄女而寫的。據史傳所載，唐代的永王只有玄宗第十六子永王璘（原名澤）。〔宋〕宋敏求編《唐大詔令集》卷四〇有《册永王侯莫陳妃文》（上海：學林出版社1992年重排版，168），此文發佈於開元二十六年（738）正月十八日。按，鄭氏的丈夫名爲侯莫陳邈，可見鄭氏進書表所説的侄女實爲其夫之侄女。《女孝經》成書在何時雖不可確知，要在侯莫陳氏受册爲永王妃時或其後不久。又，永王妃於至德元年（756）七月丁卯，連同宗室其他八十餘人在長安被安禄山政權殺害。見《舊唐書·肅宗本紀》卷一〇，頁243。

〔40〕王重民等編《敦煌變文集》（北京：人民文學出版社，1957年初版），頁291。標點符號略有更改。

釋迦牟尼在婚前要求耶輸守三從，否則就不與她結婚。（"但某乙有一交語言，說與夫人"意即"我有一句話問夫人"。)[41] 釋迦牟尼是印度人，他要求夫人守三從的故事當然是中國的產物。變文與民眾文化的關係很深，從"三從"的觀念堂而皇之地進入變文有關釋迦牟尼的論述，可見儒教有關婦女的規範在社會上是被普遍接受的。

出嫁女子以夫家為主家不僅是個根本性的倫理觀念，也是她們最基本的現實處境。女子結婚後，絕大多數都住進夫家，擔負起為妻、為媳、為母，乃至為嫂為姒娌的責任。本家親屬死亡的時候，除了少數的例外，服制要比在室女所服降一等[42] 自己過世之後，經常葬在夫家的墓地，甚至與夫同葬。如果夫家出了大官，可立家廟，自己的神靈還可為丈夫之"配"。[43] 用柳宗元（773～819）的話來說，就是："從人之道，內夫家，外父母家。"[44]

在唐代，就原則而言，女子出嫁從夫，是以夫家為主家，但一般認為本家對出嫁女仍有相當程度的干涉權。換言之，出嫁女雖以夫家為主家，她並未完全脫離本家，仍然是娘家的一分子。就我檢閱資料所得，除了經學家或禮學家"歸宗"、"小宗"的說法，這種觀念主要反映於習俗、法律和以人情思想為根據的論述。關於人情思想與法律的課題，本節下文將有討論；至於習俗的發掘，則留待下節。現在謹略引幾條魏晉南北朝時期的資料，說明除了前述的"小宗"概念之外，中古時代也有人從禮教或經義的一般性立場肯定出嫁女與本家的聯結。西晉初人劉克義有言："女子從人，出之則歸，命之則反，上奉夫母以為姑，下育夫兒以為子。"[45] 此語顯示，本家是女子被出時的當然去處。

---

〔41〕 參見蔣禮鴻主編《敦煌文獻語言詞典》（杭州：杭州大學出版社，1994），頁70、367。

〔42〕 關於出嫁女子的服制圖，可參見馬建石、楊育裳等編、〔清〕吳壇原著《大清律例通考校注》，頁83、85～86；〔宋〕車垓《內外服制通釋》（《四庫全書》本）卷一，頁4～5、10～11。車垓書稱本文導言所指之"本親"皆為"私親"，甚合禮意。吳壇書卷三對歷代喪服制的演變有精要的敘述，是一本方便的參考書。

〔43〕 關於唐代的家廟制度，可參看甘懷真《唐代家廟禮制研究》（臺北：商務印書館，1991）。此書未述及婦女在祭室中為其夫之配的制度。這方面的例子，可見朱金城《白居易集箋校》，《淮南節度使檢校尚書右僕射趙郡李公家廟碑銘并序》，頁3791；《劉禹錫集》（北京：中華書局，1990），《彭陽侯令狐氏先廟碑》，頁23。

〔44〕 《柳宗元集》（北京：中華書局，1979；臺北：漢京文化事業有限公司影印本，1982），《伯祖妣趙郡李夫人墓誌銘》，頁330。

〔45〕 《通典》卷五四，頁2553～2554。劉克義之名，嚴可均《全晉文》卷七〇作劉克，不知何據。見嚴可均《全上古三代秦漢三國六朝文》（北京：中華書局影印本，1991），頁1880。

東晉初的谷儉(字士風)有言:"婦人夫没無子,有歸宗更出之義。"[46] "更出"在此是更適、再出嫁的意思,這裏所談的是另一種情況的"歸宗"。此外,北魏末的崔光(451~523)在給靈太后的一份奏表中,略引杜預的《春秋釋例》説:"〔國君〕夫人父母在,有時歸寧",意在勸靈太后不要頻頻到王公親戚家,歸寧要有節制。[47] 這些話也透露出,在中古時人的心中,出嫁女子歸寧是於經典有據的行爲。以上資料,在在顯示婦女與本家的聯結在中古時代是得到普遍承認的。

在前面所引韋述的文字中,他除了申明教義,也承認女子與本家的情感出於自然,只是爲了禮教之"公",不得不有所犧牲。韋述的立場是堅持禮法,儘量淡化恩情。但他到底處於"緣情制禮"的思想盛行的時代,必須對人情的問題有所處理。從他對"廢禮徇情"之危險的三復斯言,可看出人情論力量之大。以下我們就舉出幾個側重人情的例子。

新舊《唐書・列女傳》都載有唐初一位叫夏侯碎金的女子的故事。夏侯原本是劉寂的妻子,生有兩個女孩後,父親失明了。她要求與劉寂離婚,返回本家侍奉父親,而且對後母也極孝順。她歸家後十五年,父親去世,夏侯居喪過禮,哀毀備至。夏侯碎金的故事也許不算十分特別,在任何時代,奇行異事都不少,何況夏侯之所爲,並未大離一般人情的範圍。這個故事的特別處在,夏侯的父親死後,夏侯於貞觀年中以至孝的理由,得到朝廷的褒揚,並詔賜帛二十段、粟十石。[48] 我們不知道朝廷詔書的內容,但可以確定的是,朝廷未考慮夏侯對夫家與對本家的責任間所可能有的衝突。我們可以想像,在決定褒揚夏侯的官員的心中,"孝"——對親生父母的"孝"——是德行中的至高者,在夏侯的例子上,高過於她對丈夫貞順的責任,高過她對舅姑盡孝的責任(假定夏侯離婚時,舅姑尚有在者)。視"孝"爲至高德行是中古文化中很重要的態度,[49] 這個觀念無疑在許多人考量婦女與本家的

---

〔46〕 《通典》卷五九,頁2637。

〔47〕 《魏書》卷六七《崔光傳》,頁1493。杜預的《春秋釋例》原文,見孔穎達等《春秋左傳正義》(《十三經注疏》本)卷一〇,頁10左。

〔48〕 《舊唐書》卷一九三,頁5143;《新唐書》卷二〇五,頁5819。對於夏侯碎金父親的死時,《舊唐書》作夏侯歸家後十五年,《新唐書》作五年,不知孰是,姑用舊書之説。

〔49〕 參見陳子展《孝經在兩漢六朝所生之影響》,《復旦學報》第4期(1937年1月),頁136~165;林麗真《論魏晉的孝道觀念及其與政治、哲學、宗教的關係》,《國立臺灣大學文史哲學報》第40期(1993年6月),頁27~52;康樂《從西郊到南郊——國家祭典與北魏政治》(臺北:稻鄉出版社,1995),頁238~245。

關係時，發揮了相當大的影響。

白居易集中有兩個"判"就是從"情"或"孝"的觀點强調婦女與本家的聯繫。其中一個提出的案子是，某人之妻服喪時，丈夫在她身旁奏樂，妻子就責駡他，他不服氣，告進官裏。白居易對此案提供的答案是，夫婦貴在同心，一方有喪事，另一方仍奏樂不斷，實有傷好合之義。結論是："誠無惻隱之心，宜受庸奴之責"，大概就是人人得而駡之的意思。[50] 此判中的妻子居喪而夫未有服，顯然是妻子本家的喪事。白居易此判只就一般做人的道理立論，未直接提及妻子和本家的問題，但我們應仍可推論，此判有要丈夫尊重妻子對本家的情感的涵義。

白居易另一判内容很有趣。案情是：某人之妻替在田裏工作的丈夫送飯，路途上遇到自己的父親，父親告訴女兒他很餓，女兒就把飯給父親吃，於是丈夫挨了餓，一怒之下就出妻，妻子不服，告進官裏。這個案子直接觸及做女兒與做妻子的責任衝突問題，是典型的道德兩難。白居易的判決是，妻子的舉動本乎自然，丈夫的要求無理，離婚無效。樂天承認案中的女子有雙重責任，他說："象彼坤儀，妻惟守順；根乎天性，父則本恩。"當她碰上兩難時，作了一個選擇："義雖乖於齊體，孝則見於因心。"她作此選擇的理由是："孰親是念，難忘父一之言；不爽可徵，無效士二其行。"結論是："犬馬猶能有養，爾豈無聞？鳳凰欲阻于飛，吾將不取。"[51]

白居易的判中有一些典故，在此須稍加解釋。"齊體"指的就是妻子。《白虎通·嫁娶》："妻者齊也，與夫齊體"，是此詞的直接來源。"父一之言"典出《左傳·桓公十五年》，雍姬問母親，父親與丈夫孰親，她母親回答："人盡夫也，父一而已。胡可比也！""不爽"之句出自《詩經·衛風·氓》："女也不爽，士貳其行。"此判整篇的理路是，妻子應同時盡爲女與爲妻的責任，但若不幸必須作選擇，只好以父親爲先，因爲父親只有一個，此愛根於天性；但作此選擇並不表示妻子不貞順，其實她"不爽可徵"，倒是男的不一定

〔50〕 朱金城《白居易集箋校》，《得景妻有喪景於妻側奏樂妻責之不伏》卷六六，頁3582。

〔51〕 同上，《得乙在田妻餉不至路逢父告飢以餉饋之乙怒遂出妻妻不伏》卷六六，頁3607。

可靠，因此離婚實無理由。白居易對婦女的處境極有同情，在他傳世的作品中，有百篇以上的詩文涉及婦女問題。[52] 這篇判所透露的看法，與白居易對婦女命運的一貫關心是有密切關係的。

唐人在有關婦女與本家的問題上側重人情的程度，似較傳世文獻中直接表露者爲高。我們在下一節討論實例時，將能對此狀況有進一步的瞭解。現在，本文要以法律爲主要對象，輔以對零星觀念的探討，來考察唐代有關婦女與本家關係的規範。在唐代，法律的一項根本精神就是用刑罰的力量來維護禮教的施行，可説是儒教化法律體系的典範。因此，唐代法律所透露的有關婦女與本家關係的想法，在很大程度上可以代表唐代禮教觀對此問題的立場。[53] 但法律到底不純是理念或意識形態的產物，它經常也是社會習慣的反映——習慣的規則化。從這個角度看來，法律是一個有相當獨立性的規範系統。

根據唐代法律的規定，男女的離婚書上要有女方家長的簽名或蓋指印。據仁井田陞所重建的開元二十五年《户令》："諸棄妻須有七出之狀……皆夫手書棄之，男及父母伯姨舅，並女父母伯姨舅，東鄰西鄰，及見人皆署。"[54] 在敦煌發現的唐代離婚狀中，的確也有女方父母簽署的例子。如斯6537號："各自分離，更無□期，一言致定。今請兩家父母、六親眷屬，故勒手書，千萬永別。"[55] 這顯然就是婦女本家歸宗地位在法律和習俗上的反映。

唐代法律還有一項關於離婚的規定也明白顯示了出嫁女仍是本家的一員，這就是"義絶"。義絶是一種强制離婚的制度，夫妻在義絶的情況下不分手，要處以徒刑。《唐律疏議》曰："諸犯義絶者離之，違者，徒一年。"[56] "義絶"主要指夫或妻與對方的家庭發生嚴重衝突或

[52] 參考劉興《白居易婦女詩婚姻觀探索》，《湖南師大社會科學學報》1987年第5期，頁89～93；王秉鈞《爲婦女呼籲鳴不平的白居易》，《蘭州大學學報》（社會科學版），1983年第4期，頁43～53。

[53] 參見徐道鄰《唐律中的中國法律思想和制度》，收在氏著《中國法制史論集》（臺北：志文出版社，1975），頁57～61；戴炎輝《唐律通論》（臺北：正中書局，1964），頁18～22。

[54] 仁井田陞《唐令拾遺·户令第九》，頁253。

[55] 唐耕耦、陸宏基編《敦煌社會經濟文獻真迹釋録》第2輯，頁178。另參考伯3212號背，同書，頁195；向淑雲《唐代婚姻法與婚姻實態》（臺北：商務印書館，1991），頁138、141。向書頁138亦載仁井田陞之斯6537號錄文，與本文所引稍有異。

[56] 《唐律疏議》卷一四《户婚律·義絶離之》條，頁185。

亂倫情事,使夫妻之義斷絕,在情理上必須分開。義絕的情況有好幾種,如丈夫殺死或打傷妻子的尊長及近親,或妻子詈罵、傷害丈夫的父母及近親。最能反映出嫁女與本家的關聯的情況則是,夫妻家庭之一方的成員殺害另一方的成員。唐開元二十五年户令的原文是:

> ……若夫妻祖父母、父母、外祖父母、伯叔父母、兄弟姑姊妹,自相殺,……皆爲義絕。[57]

這條規定的特殊處在於,如果結爲姻親的兩家之間發生殺人流血事件,即使夫妻自身未捲入衝突,他們也必須離婚。這項條文清楚地揭示,唐代法律基本上是把婚姻視爲兩個家族的結合。當兩姓好合的情況破裂時,妻子是本家成員的身份就獲到確認,基於對家族的忠誠,她必須揚棄"移天"、"既嫁從夫"的原則,歸返本家。

除了上面所談的離婚問題,本家也可介入女兒守節之事。新舊《唐書·列女傳》都載有敬像子(或作象子)的事迹。敬像子嫁夫樊氏,甫生子丈夫即死,她留在夫家,養子事舅姑。像子的哥哥因她年輕,千方百計要她再嫁,甚至曾以母病的藉口把她騙回本家安排婚事,像子抵死不從。[58] 事實上,敬像子之兄的作爲是違法的。據《唐律疏議·户婚律·夫喪守志條》:"諸夫喪服除而欲守志,非女之祖父母父母,而强嫁之者,徒一年。期親嫁者,減二等。各離之。女追歸前家,娶者不坐。"《疏議》解釋此條曰:"婦人夫喪服除,誓心守志,惟祖父母、父母,得奪而嫁之。"《疏議》接著說明,"期親"是指如伯叔父母、兄弟姊妹、姑侄等近親,這些人若强嫁守志之親屬,杖九十(即由徒一年減二等);至於關係較遠者强嫁,就須服徒刑一年。[59] 唐律的這條規定一方面保護了婦女守節的意願,另一方面則給予祖父母、父母對喪偶女兒的强嫁權。這似乎顯示,在中古文化中,出嫁女子本家的小宗地位可因其喪夫而提高,單就夫喪守志條而言,本家幾乎已是大宗了。前文引東晉谷儉之言:"婦人夫没無子,有歸宗更出之義",似乎也是同

---

[57] 《唐令拾遺·户令第九》,頁255。"義絕"的其他情況均見於此頁。《唐律疏議》卷一四《户婚律·妻無七出》條"疏"的部分亦引此令。見頁185。關於一個對唐代"義絕"制度的簡要說明,可參看錢大群、錢元凱著《唐律論析》(南京:南京大學出版社,1989),頁199~200。

[58] 《舊唐書》卷一九三,頁5140~5141;《新唐書》卷二〇五,頁5818。

[59] 《唐律疏議》卷一四,頁183。"期親"的本義是爲其服一年喪的親屬。但這是就在室女的立場而言,出嫁女對這些親屬只服大功九月。

一態度的反映。此外可注意的是，唐律有此規定，應是由於祖父母、父母以外的親屬强嫁守志女的情事很多。由此端倪，我們或可推測，在實際生活上，本家涉入已婚女子生活的情況相當普遍。

在唐人的想法裏，不但本家可涉入出嫁女的生活，出嫁女似乎也應幫助本家。對這個課題，有兩項材料可舉出。任蕃《夢遊録》中有一故事《櫻桃青衣》，文中寫天寶初有一姓盧的年輕人赴都應舉，累年不第，困窘遍嘗。有一次，他在佛寺中聽僧侣開講，困倦而至睡著。在睡眠中，作了一個快速昇官娶美妻的大夢。夢中幫他最多忙的則是一位堂姑。[60] 另一出於五代范資《玉堂閒話》的故事，提及後晉太常卿崔梲年輕時至姑姑家游學，與表兄弟一起讀書。此故事頗涉神怪，應非實録，但《新五代史》説崔梲在晚唐五代之際曾避世難達十餘年，他在姑家求學事未必爲虚。[61] 總之，以上兩例都是小説物語，反應多少現實甚爲難説。但拿來作唐人意識中認爲出嫁女應照顧本族的例子，或不爲大過。

根據唐代的法律，出嫁女在特殊情況下也有財産繼承權。依《唐律疏議》所引的《户令》，家産應由兄弟均得，女子無份。[62] 但若親死無子，身喪户絶，則出嫁女可以繼承本家的財産。仁井田陞所輯的開元二十五年《喪葬令》有一條的内容是：

> 諸身喪户絶者，所有部曲、客女、奴婢、店宅、資財，並令近親（親依本親，不以出降）轉易貨賣，將營葬事及量營功德之外，餘財並與女……；無女，均入以次近親。[63]

這一條文"親依本親，不以出降"之語明白顯示，在户絶的情況下，出嫁女對本家財産有處分權。此外，學者配合其他相關資料研判，認爲此條中繼承財産的"女"指"親女"，即不分已婚未婚，都可適用。如《宋刑統》所引的一道唐文宗開成元年（836）七月五日敕文，明白確定出嫁女在本家户絶時可繼承財産。[64] 唐代還有一道作者失名的《判》，案

---

〔60〕　任蕃《夢遊録》，收在清同治年北京琉璃廠刻《唐人説薈》卷一一，頁81～83。

〔61〕　故事見《太平廣記》卷四六七《崔梲》，頁3852。崔梲事迹見《舊五代史》（北京：中華書局，1976）卷九三，頁1231～1233；《新五代史》（北京：中華書局，1974）卷五五，頁635～637。

〔62〕　《唐律疏議》卷一二《户婚律·卑幼私輒用財》，頁169～170。

〔63〕　《唐令拾遺》，頁835。這是無遺囑的情況；如有，准遺囑。

〔64〕　同上，頁837。原文見《宋刑統》（北京：中華書局，1984），《户婚律·户絶資産》條，卷一二，頁198。

情是洛陽縣人任蘭死後户絶，縣府將其資財轉予他人，該《判》作者依《令》、《式》明文，判決財産還給出嫁女。[65] 北宋初修改了此一條文，規定身喪户絶時，莊田交近親承佃，出嫁女僅可得三分之一莊田以外的財産，其餘充公。[66] 純就此條法律的演變看來，唐人所認定的出嫁女在本家的權益較宋人爲大。但值得注意的是，唐代法律對出嫁女財産繼承權的規定雖似相當清楚，執行情况如何，則頗有可疑。《文苑英華》中有一判即不以户絶時資産全歸出嫁女爲然。[67]

總體上來説，唐代的各種規範系統都認爲婦女與本家有相當之聯繫。對這個問題，唐人有基於人情的考慮，但更重要的也許是所謂"家族主義"的因素。唐代文化並不特別把婦女視爲性别的範疇。在中古文獻中，我們不常看到類似"女人"或"女性"的概念。唐人在議論婦女問題時，焦點大都在有關婦女之特定角色——如"女"、"婦"、"母"——的作爲或規範，很少泛論男女問題。在當時一般的看法裏，女子即使結婚，成爲另一個家庭的媳婦、妻子或母親，套用《儀禮》的話來説，本家仍是"歸宗"；她還是本家的女兒或姊妹，要受到這個角色所帶來的限制，也能獲得由這個角色而生的利益。然而，婦女與本家在觀念上的聯繫能有多深，最關鍵的因素恐怕還是文化對婦女整體地位的認識。在傳統中國，女性行爲最基本的規範原則就是"從人"(《禮記·郊特牲》："婦人，從人者也")。也就是説，永遠要當一個附屬者。已婚婦女所附屬的對象主要是她的夫家；相對於夫家，本家多少是自我的一部分——雖然在婚前，她算是父兄的附屬者。因此，一個人或一個時代如果要把"從人"的道理講得極認真，已婚婦女就必須儘量降

〔65〕《宅判》，《文苑英華》(《四庫全書》本)卷五四四，頁14左~15左。《全唐文》作《對宅判》，見卷九八〇，頁9。關於唐代出嫁女財産繼承權的討論，可參看仁井田陞著、江兼生譯《唐宋之家族同産及遺囑法》，《食貨半月刊》第1卷第5期(1935年2月)，頁27、30；中田薰《唐宋時代の家族共産制》，收入氏著《法制史論集》第3卷下(東京：岩波書店，1971年版)，頁1347~1348；袁俐《宋代女性財産權述論》，收在鮑家麟編《中國婦女史論集續集》，頁212~213。

〔66〕這一條法律後來有變動，如仁宗時(1023~1063)規定將原充公的三分之二資産給予出嫁女以外的親屬。但大體來説，出嫁女得三分之一財産的原則仍舊維持。參見袁俐《宋代女性財産權述論》，頁179~183。

〔67〕見《户絶判》，《文苑英華》卷五二九，頁9。又，前引唐開成三年敕文對出嫁女繼承户絶之本家財産有如下的但書："其間如有心懷覬望，孝道不全，與夫合謀，有所侵奪者，委所在長吏，嚴加糾察。如有此色，不在給予之限。"這條但書或許爲不願給出嫁女財産的人所利用。

低與本家的關係。由本節所述,在唐代,一般的情況是,已婚婦女從夫的原則得到無條件的承認,但這個原則常因對人情和家族主義的重視而打了折扣。

三、實況的若干形態

在本節中,我要就檢閱唐代文獻之所得,舉出一些可顯示婦女與本家之關係的實例,並試圖勾勒出這個關係的幾個主要面相。我要舉的例子,在數量上並不大,但應能略有助於瞭解此問題在實際生活上的呈現。本文在討論實例時,有時也會將其與規範理論相比參,使我們對唐代婦女與本家的關係能有整體的觀照。

甲、婦女婚後生活的典型狀況

我們在求瞭解任何具體問題時,都會想先知道,一般的、典型的現象是什麼。在唐代婦女與本家之關係的問題上,我還不敢說,我已具備了這個基本知識。根據嚴格的知識標準,我目前並不能確定一般的狀況是什麼。在個人所看過的資料中,大部分描述的都是理想的——也就是符合"從人之道,內夫家,外父母家"(前引柳宗元語)——的情景。但是,這些資料有多少基本上符合實情,有多少是誇大其辭,有多少全然是謊話或想當然耳之言,我完全沒有判斷的依據。個人的假定是,在士人階層,基本上符合儒家教義的情況極多,應該佔大多數。在庶民階層,"內夫家,外父母家"也是相當普遍的狀態。在出身北亞民族的統治階級分子中,行爲不合教義的頗不少,但隨著時間的推移,有"儒家化"的傾向,安史之亂以後,也許大多數有胡族背景的統治階層家庭都開始力求行事合乎禮法了。[68]

以上所說的只是假定。現在引一段顯示理想狀態的描述,以爲想像實況的基礎:

> 夫人劉氏……璇室載蘭,蕙林曾秀;嗜嗜黃鳥,豔豔清明;聞詩聞禮,竊比諸生;茂行淵心,實稱士女。及鳳飛啓縣,夫婦盡琴瑟之和;鷄鳴咸纏,舅姑移喬梓之敬。友愛洽乎姒

---

[68] 我作此假定的根據是,從八世紀下半開始,唐代皇族男女成員的婚姻行爲有明顯的"儒家化"趨勢。參看王壽南《唐代公主之婚姻》,收入李又寧、張玉法編《中國婦女史論文集》第2集(臺北:商務印書館,1988),頁90～144;Sung-ming Wong, "Confucian Ideal and Reality: Transformation of the Insitution of Marriage in T'ang China (A. D. 618-907)"(Ph. D. dissertation, University of Washington, 1979), pp. 121～144.

孺，任恤周乎姻戚。豈惟禮備澄幕，工深機杼，固以能循法
度，宜其室家矣。[69]

這段文字以華辭麗藻，把劉氏寫得才德俱美，幾若完人。其中大部分
的内容和劉氏的婚後生活有關，夫家可説是她展現美德、完成人生責
任的最重要場所。值得注意的是，此段描述無一語及於本家，給人的
印象是，劉氏婚後完全以夫家爲生命重心。在唐代婦女的墓誌銘中，
我們可以發現無數的類似叙寫。現在再引兩例，以爲佐證。貞元十三
年(797)《唐殿中監博野縣鎮遏大將太原王公妻韓氏墓誌銘並叙》曰：

夫人〔韓氏〕……自結褵歸室，十有二載，每晨昏就舅姑
之堂，盥嗽箕帚，手執躬奉，爲將軍之妻，玉珍□之位，儉服素
容者，未之前聞。[70]

大中十二年(858)《唐湖州□□□□□□故夫人墓誌銘并序》云：

夫人金氏……宜其室家，鸞鳴鳳和，塤篪□協，敬修賓
饋，然薦鹽梅，謹侍舅姑，謙恭娣姒，肅□閨壼，舉宗僉嘉，訓
育兒女，咸就婚適。[71]

上引文字所描述的或許多屬理想形態，不盡符合實情。[72] 但我也傾
向於相信，這種婚後從夫、敬侍舅姑的理想對現實生活有相當的束縛
力。現在再引幾條寫實性較高的材料，作爲對我的假設的進一步
支持。

柳宗元的大姐去世後，子厚爲她寫了一篇墓誌蓋石文。文章是這
樣開頭的：

我伯姊之葬，良人博陵崔氏爲之誌。凡歸于夫家，爲婦
爲妻爲母之道，我之知不若崔之悉也。然而自笄而上以至于
幼孩，崔固不若我之知也。[73]

柳文直述個人經驗，性質全然不同於上段的引文。從宗元的叙述，我
們可以確知，他大姊的婚後生活是以夫家爲主。後文的一些例子將會

〔69〕 張説《司屬主簿博陵崔訥妻劉氏墓誌銘》，《全唐文》卷二三一。
〔70〕 《唐代墓誌彙編》，頁1890。
〔71〕 同上，頁2366。
〔72〕 墓誌文字之多虛誇，唐人已自言："大凡爲文爲志，記述淑美，莫不盛揚平昔之事，以虞
陵谷之變，俾後人覩而瞻敬。其有不臻夫德稱者，亦必模寫前規，以圖遠大。至天下
人視文而疑者過半，蓋不以實然，故絶。"(李璋撰《唐范陽盧夫人墓誌銘》，收在《唐代
墓誌彙編》，頁2388)
〔73〕 柳宗元《柳宗元集·亡姊崔氏夫人墓誌蓋石文》，頁334。

顯示,事實上柳家許多婦女與本家的關係甚爲密切,因此,這裏所寫的決非保守的形態。宗元出身河東名族,此例應該很能代表士人——至少是士族——家庭婦女婚後生活的基本狀況。

現在要引的另一項材料是曹鄴(活躍於九世紀中晚期)的《棄婦》,這首詩描寫的似是一般人家的婦女:

> 嫁來未曾出,此去長別離。父母亦有家,羞言何以歸。
> 此日年且少,事姑常有儀。見多成自醜,不待顏色衰。何人
> 不識寵,所嗟無自非。將欲告此意,四鄰已相疑。[74]

此詩起頭就説"嫁來未曾出,此去長別離",好像這位女子自嫁後就未回過娘家。這或爲誇大之詞,但作者所要表達的,顯然是一位女子婚後將心力完全放在夫家卻又孤立無助的情狀。從這位女子在婚姻中缺乏娘家奧援之況,以及"四鄰已相疑"的句子,她似乎不是出身大户人家。曹鄴是男性知識分子,又曾任州刺史,此詩自是代弱者立言,而非個人經驗。但由曹鄴詩多咏民間婦女事,或可推論他對一般婦女的處境頗有留意,"嫁來未曾出"也許能够反映社會現實的一個重要部分。[75] 此外,敦煌發現的《崔氏夫人訓女文》,以母親的口吻告誡出嫁女在夫家應有何種行爲與態度,或許也能透露出民間社會的一般情況。文末附有二詩,其一曰:

> 拜別高堂日欲斜,紅巾拭淚貴新花。徒來生處卻爲客,
> 今日隨夫始是家。[76]

這裏描寫新娘的心情,她到了成婚之日才恍然大悟,作了許久嬌生慣養的女兒,[77]原來一直只是客人,現在終於要到真正的"家"了。就白居易的詩所見,連小民女子私奔都是長住夫家,明媒正娶的情況如何,可以想知。白詩曰:

> 墙頭馬上遥相顧,一見知君即斷腸。⋯⋯到君家舍五六

[74] 《全唐詩》(北京:中華書局,1960 年初版)卷五九三,頁 6874。

[75] 關於曹鄴的生平,可見傅璇琮《唐才子傳校箋》(北京:中華書局,1990)卷七,頁 356～363。曹鄴的詩作主要收在《全唐詩》卷五九二、五九三。陳尚君輯校的《全唐詩補編》(北京:中華書局,1992)又收有三首,見頁 1161～1162。

[76] 此文原文及解説,見高國藩《敦煌古俗與民俗流變——中國民俗探微》(南京:河海大學出版社,1990)第十八章。引詩見頁 463。錄文與相關討論亦見鄭阿財《敦煌寫本"崔氏夫人訓女文"研究》,《法商學報》(中興學報法商篇)第 19 期(1984 年 7 月),頁 321～334。

[77] 此文前面有句:"在家作女慣嬌憐"。

年,君家大人頻有言。聘則是妻奔是妾,不堪主祀奉蘋蘩。
終知君家不可住,其奈出門無去處。[78]

關於唐代婦女謹守夫家、不輕易出門的情況,我所看到的最具體
材料是會昌元年(841)的《滎陽鄭夫人墓誌銘》。誌曰:

> 夫人性閒默澹重,不喜華飾,每親戚會集,以一出户猶登
> 山涉江。在夫家凡十四年,於晨夕侍問,鮮及庭砌,未嘗出
> 行。去家僅逾年,夫人之姊既寡,告別適淮海,以車輿召夫
> 人,語分離。夫人辭曰:某聞婦人送迎不出門,見兄弟不逾
> 門,今姊雖遠訣,且束於聖人之教,不得盡私愛,不敢往。其
> 姊竟不能强。遂就其家而訣去。[79]

就我個人依過目史料所作的判斷,鄭夫人這種以禮法爲名、幾乎足不
出户的風格,可能屬於少數的情況,誌文以鄭夫人不赴"親戚會集"爲
異,似乎就暗示了一般已婚婦女是會出門參加本家親戚聚會的。此
外,鄭夫人的行事方式並不純源於對禮教的信仰,還和内向的性格有
關。但上條資料的確顯示了,對禮法作嚴格解釋並身體力行的婦女,
在唐代實有其人。對這些女性而言,在婚後,夫家就是她唯一的家,她
和本家只能保有最起碼的接觸。

乙、夫隨妻居的問題

説明了我所假定的一般狀況——也就是婦女婚後住在夫家、生活
重心全在夫家,本文接著要作一些細部的考察。我主要將討論婦女與
本家的聯繫,這些聯繫很多完全是在"内夫家,外父母家"的情境中進
行的,有些則不甚符合一般有關婦女與本家關係之規範。還有若干情
形,如用儒家教義的嚴格標準來衡量,可説是處於灰色地帶。個人希
望,藉著對這些例子的介紹和分析,我們能對唐代婦女與本家的問題
有較深入的瞭解。在開始這部分論述之前,我想説明,本文將不涉及
某些特殊的政治狀況。譬如,我將不討論女性政治人物——如武曌、
韋后,太平公主、安樂公主——與本家的關係。政治人物競逐權力,本
家爲其重要資源,與其關係易於密切;此事自古多有,且在社會上缺乏
代表性,故不具論。再者,本文爲求焦點清晰,只談婦女個人與本家的

---

[78] 此詩爲新樂府中的《井底引銀瓶》。有關的討論見陳寅恪《元白詩箋證稿》,《陳寅恪
先生文集》册三,頁 279~280。

[79] 《唐代墓誌彙編》,頁 2214。

關係,而不論男子與妻黨或母族的問題。在唐代文獻中,經常可發現內外家屬往來密切,如岳婿之間、舅甥之間、內兄弟姊妹夫之間,關係深厚者,所在多有。王維詩:"寧親爲令子,似舅即賢甥",很生動地點出了這種關係的親密性。[80] 男子與妻黨、母族的來往有時與出嫁女和本家的聯繫有關,但有時並不相干。很多時候,兩家聯姻,是因雙方的男性成員早有淵源,聯姻之後,關係仍然維持,甚至愈加密切。尤有進者,唐代盛行近親聯姻,尤其是表親婚;婚姻雙方若本來就是親族,則兩家男性成員的往來是自然不過的。[81] 這些關係都在相當程度上獨立於出嫁女子。總之,本文的討論,以婦女和本家的直接關係爲限,而不從男性親屬的交往作任何推測。

前文已説過,唐代基本的婚姻形式應該是女子成婚後長居夫家,侍奉舅姑(如果他們還健在的話)。但唐代社會有没有婚後夫妻長住女家的習俗呢? 答案應該是:有的。此事因爲甚爲隱晦,須從幾個方面作説明。

首先,從魏晉南北朝到隋唐的長期歷史過程中,不斷有北亞民族入居華北,並大量進入統治階層。在北亞民族之間,夫妻婚後長居女家是相當多見的。此俗被帶進中土,並感染及若干華夏居民,應是可想像之事。夫妻婚後長住女家的習俗在東北亞最爲流行。現存史乘中有關此俗的記載,以《後漢書·烏桓鮮卑列傳》與《三國志·魏書·烏丸鮮卑東夷傳》裴松之注所引《魏書》(西晉王沈撰)爲最詳。今引《魏書》,以見其情:

> 烏丸者……其嫁娶皆先私通,略將女去,或半歲百日,然後遣媒人送馬牛羊以爲聘娶之禮。婿隨妻歸,見妻家無尊卑,旦起皆拜,而不自拜其父母。爲妻家僕役二年,妻家乃厚

---

[80] 王維著、趙殿成箋注《王右丞集箋注》(中華書局香港分局,1972),《送嚴秀才還蜀》卷八,頁134。

[81] 關於唐人"親上加親"的情況,墓誌資料中記載極多。現從周紹良主編的《唐代墓誌彙編》隨手舉幾個例子:《唐太常寺奉禮郎盧瞻故妻清河崔氏夫人墓誌》(頁1907,墓主嫁長舅之子);《唐故河南府司錄李君墓誌銘》(頁2217,墓主娶舅舅之女);《唐故京兆韋府君夫人高陽齊氏墓誌銘并序》(頁2379,墓主嫁親姑之子)。至於山東士族的著房更以施行圈內婚爲維持其特殊地位的主要手段。關於此圈內婚的若干實況,可參見毛漢光《中古大族著房婚姻之研究——北魏高祖至唐中宗神龍年間五姓著房之婚姻關係》,《中央研究院歷史語言研究所集刊》第56本第4分,頁620、651~693。關於一個岳婿先相識再結爲姻親的例子,見《唐代墓誌彙編》,頁2009。

遣送女,居處財物,一出妻家。故其俗從婦人計,至戰鬥時,乃自決之。[82]

此處所述,民俗學上常稱爲"勞務婚"或"服役婚",即男方以爲女家服一定時期的勞務爲婚姻完成之要件。據中古史籍所載,東北亞民族中有類似習俗者,除了烏桓,尚有高句麗、東沃沮、室韋等。以位於契丹之北、靺鞨之西的室韋爲例,《隋書》謂其:"婚嫁之法,二家相許,婿輒盜婦將去,然後送牛馬爲聘,更將歸家。待有娠,乃相隨還舍。"[83]《舊唐書》則稱室韋婚姻之法爲:"男先就女舍,三年役力,因得親迎其婦",[84]對男居女家之時限的説法略有不同。在後世,女真、朝鮮皆有此習。[85] 在中古時代入居漢土的北亞民族中,以鮮卑勢力最大,最具影響,而鮮卑諸部源出今日之中國東北、蒙古東部,其人若有行"勞務婚"者,亦不足爲異。

東北亞而外,夫從妻居也有見於北亞游牧民族的。《隋書》有鐵勒傳,言其風俗:"大抵與突厥同,惟丈夫婚畢,便就妻家,待産乳男女,然後歸舍,⋯⋯此其異也。"[86]鐵勒爲回紇所由出的部族,分佈甚廣,類似"勞務婚"的風俗亦有可能由此路徑滲入中國。

關於唐代中國存在夫妻婚後長住妻家之風俗的事實,已爲周一良所抉發。周先生在《敦煌寫本書儀所見的唐代婚喪禮俗》中引敦煌寫本斯1725號,輔以其他文獻若干,論證此事。[87] 斯1725號寫本書儀(即寫信範本)云:

曰:何名婦人疏? 答曰:婦人於夫黨相識曰書,不相識曰

---

[82] 《三國志》(北京:中華書局,1959年初版)卷三〇,頁832。亦參見《後漢書》(北京:中華書局,1965)卷九〇,頁2979。

[83] 《隋書》(北京:中華書局,1973)卷八四,頁1882。據《北史》(北京:中華書局,1974)卷九四,頁3130,此爲南室韋的習俗。

[84] 《舊唐書》卷一九九下,頁5357。另見《新唐書》卷二一九,頁6176。又,關於高句麗、東沃沮夫住妻家的習俗,見《三國志》卷三〇,頁844,847;《後漢書》卷八五,頁2813。

[85] 關於女真的"勞務婚"習俗,參見宇文懋德著,崔文印校證,《大金國志校證》(北京:中華書局,1986)卷三九,頁554;何俊哲、張達昌、于國石,《金朝史》(北京:中國社會科學出版社,1992),頁70~71。朝鮮的情況,參考 Yung-Chung Kim, ed. and tr. , *Women of Korea : A History from Ancient Times to* 1945 (originally written under the direction of the Committee for the Compilation of the History of Korean Women ; Seoul : Ewah Woman's University,1976) , 43 , 94.

[86] 《隋書》卷八四,頁1880。亦見《北史》卷九九,頁3304。

[87] 見周一良《敦煌寫本書儀所見的唐代婚喪禮俗》,收於氏著《魏晉南北朝史論集續集》(北京:北京大學出版社,1991),頁249~250。

疏。……婦人親迎入室,即是於夫黨相識。若有吉凶覲問,
曰即作書也。近代之人,多不親迎入室,即是遂就婦家成禮,
累積寒暑,不向夫家。若逢誕育,男女非止一二,道途或遠,
不可日別〔?〕通參舅姑。其有吉凶,理須書疏。婦人雖已成
禮,即於夫黨元不相識,是各〔名〕疏也。[88]

據學者相當可靠的考訂,這份書儀是初唐的作品,至遲不晚於玄宗開
元年間。[89] 文中明説:"近代之人,多不親迎入室,即是遂就婦家成
禮,累積寒暑,不向夫家",指夫妻婚後住妻家爲常俗,而且到了"男女
非止一二"尚未搬離,居住的時間比北亞一般所行的兩三年或至妻子
産兒還長。值得注意的是,斯 1725 號寫本所述,與一般所説的招贅婚
顯然不同。中國社會中的入贅,通常是指男子家貧,入居無子嗣的女
家,爲其延續香火,或入居寡婦家,協助其照養家庭。贅婿與妻子所生
的子女通常隨妻姓,有時自己也要改姓。[90] 這種男人在社會上地位
低,受歧視。唐代司馬貞(開元初任國子博士)在他的著作《史記索
隱》中解釋"贅婿"曰:"女之夫也,比於子,如人疣贅,是餘剩之物
也。"[91]敦煌變文《齖𪗨書》有贅夫自道:"没處安身,乃爲入舍女婿。"
又有詩云:"可惜英雄丈夫兒,如今被使不如奴。"[92]以上的詞語都可
反映出社會對贅婿的典型態度。斯 1725 號所談的是書信的標準格式
和語言,對從妻居的婚姻則決無歧視的意謂。

斯 1725 號寫本叙述夫婦長居女家之事,内容非常具體明確。此
事在其他敦煌文獻中可以得到相當的支持——但還不能算是直接的
佐證。敦煌文書《下女夫詞》與伯 2646 號張敖撰《新集吉凶書儀》均
顯示唐代有新婚夫妻在女家成禮的習俗。《下女夫詞》描寫的情景全

〔88〕 此書儀全文可見趙和平《敦煌寫本書儀研究》(臺北:新文豐出版公司,1993),頁 395 ~
419。譚蟬雪《敦煌婚姻文化》(蘭州:甘肅人民出版社,1993),頁 7 ~ 11,收有節錄之
文,題爲《大唐吉凶書儀》。本文之引文同時參考了趙書、譚書與周一良的引文。

〔89〕 參見譚蟬雪《敦煌婚姻文化》,頁 133 ~ 134;趙和平《敦煌寫本書儀研究》,頁 421 ~
422。

〔90〕 參考董家遵《談談贅婚制度的形式與成因》,原載《建國評論》第 2 卷第 2、3 期(1947
年),現收入董家遵著、卞恩才整理《中國古代婚姻史研究》(廣州:廣東人民出版社,
1995),頁 352 ~ 354。

〔91〕 《史記》(北京:中華書局,1959 年初版)卷一二六,頁 3198。

〔92〕 轉引自羅宗濤《敦煌變文社會風俗事物考》(臺北:文史哲出版社,1974),頁 103。有
關唐代招贅婚的若干其他材料,參見陳鵬《中國婚姻史稿》(北京:中華書局,1990),
頁 774。

發生在晚上,顯示新郎將夜宿新娘家。根據《新集吉凶書儀》,新郎到新娘家行婚禮前,要辭別自家父母,並"微哭三五聲",[93]看來並不立即歸來。但夫妻留在妻家多久,這兩份文獻都沒有説明。周一良雖然懷疑《下女夫詞》所描寫的婚儀是夫住妻家習俗的反映,但以證據不足,只能"姑懸此解,以俟通人"。[94]

在唐代史料中,要找到夫隨妻居的具體事證並不太容易。就我個人所見,新舊《唐書》中只有一例。現舉《舊唐書》的記載,略作説明。《舊唐書·良吏傳》記張允濟在隋大業中任武陽縣令時(武陽在今魯西,臨河北、河南省界處),曾插手辦了鄰縣元武縣的一個案子。案情是:

> 元武縣……有人以牸牛依其妻家者八九年,牛孳産至十
>
> 餘頭,及將異居,妻家不與,縣司累政不能決。[95]

此案的原告長期居住妻家,毫無疑義。但此人是否爲一般所説的贅婿,或與妻家有相當平等的關係,則不得而知。又,此案雖發生於隋末,以歷史情勢度之,夫妻常住妻家之事仍繼續存在於唐代,則可以斷知。

在唐代的墓誌資料中,我們也能發現妻子新婚後仍住本家的事例。墓誌銘多爲上層社會所遺留,充滿禮法名詞,這種資料有些用類似"未廟見"的詞語來點出女子婚後未入夫家的事實。以下由這個概念出發,嘗試考察上層社會夫隨妻居的問題。

在個人寓目的資料裏,有兩份用了"未廟見"的概念來説明妻子婚後即病,沒有到夫家。李商隱在爲他二姊(?)裴氏夫人所寫的祭文中,説她"以既笄闕廟見之禮,故卜吉舉歸宗之禮。"[96]另一篇文章對這位

[93] 趙和平《敦煌寫本書儀研究》,頁 542;譚蟬雪《敦煌婚姻文化》,頁 15。解説見譚蟬雪書,頁 169。

[94] 周一良《敦煌寫本書儀所見的唐代婚喪禮俗》,頁 250。周文未舉張敖的《新集吉凶書儀》爲證。周文在討論《下女夫詞》時,是使用王重民的早期校録本(見王重民等編,《敦煌變文集》,頁 273～277)。現在有學者認爲,王校本事實上摻入了另一份文件。但即使去除這一文件,《下女夫詞》顯示的還是婚禮在夜間行於女家的情景。關於學者對王校本的批評,見譚蟬雪《敦煌婚姻文化》,頁 42。

[95] 《舊唐書》卷一八五上,頁 4784;《新唐書》卷一九七,頁 5618 亦載此事,唯文經剪裁,語意時有不清。此爲《新唐書》之通病。

[96] 李商隱《樊南文集》(上海:上海古籍出版社,1988),《祭裴氏姊文》卷六,頁 340～341。義山多處文字均指裴氏姊爲仲姊,但有一文亦稱另一徐氏姊爲仲姊(《樊南文集》卷六,頁 332),不知何處有誤。注《樊南文集》的馮浩也指出此問題,見頁 339。

姊姊的情況説得更清楚:"年十有八,歸於河東裴允元,……既歸逢病,未克入廟,實歷周歲,奄歸下泉。"[97] 兩段文字綜而觀之,李商隱之姊在婚後即病,未赴夫家,一年後去世,葬於本家(出嫁女葬本家的問題,後文將有討論)。開元二十七年(739)的《唐故滎陽鄭賓妻博陵崔氏墓誌銘並叙》記有類似的情形:崔氏夫人"年十有九,歸于滎陽鄭賓,未及廟見,而嬰沉痼,……奄以開元二十七年八月八日終於叔祖東都□留守之官舍,春秋廿有□。"[98]

現在要對以上資料作進一步的分析。"廟見"爲出嫁女子在婚後所行的禮,《禮記·曾子問》對此禮如何施行有如下的説明:

> 孔子曰:"……三月而廟見,稱来婦也。擇日而祭於禰,成
>
> 婦之義也。"曾子問曰:"女未廟見而死,則如之何?"孔子曰:

"不遷於祖,不祔於皇姑,……歸葬于女氏之黨,示未成婦也。這段文字有兩個要點。第一,女子出嫁入夫家後三個月,要到夫家的祖廟祭拜,經過這個步驟,才算是夫家完全的成員。第二,如果出嫁女在廟見之前死亡,因尚未成爲夫家真正的媳婦,必須返葬於本家。新婚妻子在什麼情況下要"廟見"呢?照鄭玄的説法,是丈夫父母雙亡的時候;也就是説,"廟見"是拜見舅姑的替代禮。[99]以上幾個要點是中古時代對"廟見"禮的基本理解。[100]

我們如果拿"廟見"在禮經中的定義來對照前文所引的資料,則嚴格來説,李商隱姊和崔氏夫人都不能算是未廟見。在禮法上,"廟見"是以丈夫親迎妻子入室爲前提,妻子入夫家後,如舅姑已殁,則在三個月後祭宗廟,完成爲婦之禮。但前引的兩個例子顯然都是在妻家成禮,後來妻子生病,無法至夫家。李商隱的姊夫裴允元是否與妻子同住,從資料中無法判斷。崔氏夫人的情況則有夫隨妻居的嫌疑。首先,誌文説崔氏"未及廟見,而嬰沉痼",可見她是婚後才生病的,而非因病無法至夫家成禮。其次,崔氏十九歲與鄭賓結婚,死時年二十□。即使缺損之字是"一",崔氏也是婚後兩年

---

[97] 同上書,下冊,《樊南文集補編·請盧尚書撰李氏仲姊河東裴氏夫人誌文狀》卷一一,頁862。

[98] 《唐代墓誌彙編》頁1495。

[99] 《禮記》原文與鄭玄注均見《禮記正義》卷一八,頁16左~17左。

[100] 參見《禮記正義》卷一八,頁18右,孔穎達等疏;《通典》卷五九,頁1668~1669、1679;卷八八,頁2419;卷九九,頁2639。

才去世，由此而觀，她染疾時可能距婚禮已有一陣時日了。再者，
崔氏死於叔祖家，據此或可推斷她一直住在本家，而非隨夫獨立居
住。總結而言，從以上兩例看來，"未廟見"在唐代文獻中的實際指
涉可以是妻子婚後留於本家，其中應當也包括夫隨妻居的情形。"廟
見"在這些文獻中所取之義主要是"成婦"，而非狹義的廟見禮。
這是中古慣常的用法，晉武帝司馬炎曾說："拜於舅姑，可准廟
見"。[101] 意思就是，拜見舅姑即可算是完全的媳婦了。

　　另外有一篇用了"廟見"概念的墓誌，則明白顯示出夫隨妻居
的情況。這份資料內容豐富，故不避煩長，多引其文。元和二年
（807）《唐許州長葛縣尉鄭君亡室樂安孫氏墓誌銘并序》云：

　　　　孫氏……以鄭君高門良士，故仰而歸之，初屬先夫人
　　違念，不忍離供養，及禍酷奄鍾，則哀毀生疾，故未暇修
　　廟見來婦之禮，每至歲時祭祀，必視其備物之蠲潔，躬授
　　於攝事者，齋莊祗慄，如親承焉。……迨其喪之訃於鄭也，
　　自長及幼，物哀共歎，如已久歸其室……。所痛乎有行備
　　禮，言歸未剋，結禍加景，雖迨此五秋，共牢升屋，遂同
　　乎一宇，既夫祿之不享，又子食之永絕，銜恨即世，此哀
　　何窮！一女生三歲矣，貌焉在抱，奄爾偏孤，言念顧懷，
　　痛心酸骨。鄭君哀悼所至，情禮加焉，存得如賓之宜，歿
　　有傷神之感……。[102]

針對本文的主題細繹此資料，我們可以得到以下幾點認識。第一，
孫氏與其夫鄭鍊共結婚五年，一直住在洛陽本家。墓誌所給的理由
是：結婚之初母親有疾，照顧心切，母親死後，自己又病，一直沒
有空（"未暇"）往歸夫家。第二，在結婚期間，鄭鍊曾任職長安和
長葛縣（開封附近），可能有時未與妻子長期共居。但他顯然是以妻
族爲家。墓誌說兩人"共牢升屋，遂同乎一宇"，這個"屋"和
"宇"只能是在女家。兩人也育有一女。第三，奇妙的是，孫氏雖然
未至夫家，卻與夫家頗有接觸，以致逝世時夫族闔家都哀傷。孫氏
甚至定時爲夫家的祭典準備供品，以盡媳婦奉祭祀的責任。這樣看

---

[101]　《通典》卷五九，頁1682。晉武帝此言出現於對"拜時"禮的議論中，"拜時"係
　　　漢末以後兵馬倥傯之際所流行的簡化婚禮。此禮在唐代似已不存。
[102]　《唐代墓誌彙編》，頁1959。此墓誌爲孫氏仲兄孫保衡所撰。

來，鄭家也是在洛陽了。[103]

以上幾點判斷是從墓誌文字直接歸納出的。但這些訊息的可靠度如何？孫氏是否真有重大困難無法住到夫家？還是墓誌所説的原因主要是用來緣飾孫氏的違禮行爲？對於這些問題，由於資料所限，確定的答案是不可能有的。幸運的是，孫氏母親的墓誌尚存，得以讓我們作一些推測。據此誌，孫母有四子一女，生前曾久病，逝世於永貞元年（805）九月八日，時在孫氏婚後三年，去世前兩年。[104]依此，孫氏在婚後共照顧了母親三年。這是一段相當長的時間，孫母在此期間病情的嚴重程度如何，我們不得而知。但孫氏有兄弟四人，至少仲兄並未入仕，家中並非無人照養母親。孫氏不入夫家顯然是自己的選擇，而非環境逼令致此（即墓誌所謂“不忍離供養”），更何況依唐代習慣，女兒出嫁後仍可回本家照顧生病的父母（見下文）。再者，孫氏是在母親死後將近兩年才病逝。如果説，在此期間，孫氏一直找不出遷住同在洛陽的夫家的時機，則令人難以相信。簡而言之，我的大膽推測是，孫母身體不好是事實，但孫氏留於本家是一個特殊的決定，此事應也得到夫家的同意。孫家屬於樂安孫氏，鄭鍊家爲榮陽鄭氏，都是中古名族。由此事及其他類似例子判斷，在唐代的士族文化中，夫隨妻居雖非常態，但也是習俗所許可的。

除了上文分析的例子，唐代墓誌中還頗有未用“廟見”的觀念，但實際表現的仍是妻子婚後住本家或夫隨妻居的情形。[105] 這類例子我見到了五個。照資料本身的説法，其中兩個是妻子婚後即病，無法赴夫家。另一個是因母病而留在本家。在這三人中，確知有兩位死後是葬在本家的墓地，合於《禮記·曾子問》所説的禮則。[106] 另一個是晚唐著名文士陳商（？ ~855）的例子。陳商家在吳地，和妻

---

〔103〕 墓誌又説，孫氏本來是安排與逝去的婆婆葬在一起，但因恐不合於禮（因孫氏未歸夫家），後打消此議。從這項安排看來，丈夫鄭家的祖墳應在洛陽或其附近。

〔104〕《唐故桂州刺史兼御史中丞孫府君故夫人范陽郡君盧氏墓誌銘并序》，收在《唐代墓誌彙編》，頁 1944～1945。鄭鍊妻孫氏死於元和二年六月底。孫夫人與其女逝世於同一處所，可確知孫氏在母親死後一直留在本家。關於孫氏本家的資料，又見《唐代墓誌彙編》，頁 1989。

〔105〕 有一種“未廟見”的情形是，妻子婚後隨夫居於任職處，至死都未至夫家。這種狀況當然不在本文討論之列。例見《唐代墓誌彙編》，頁 1926。

〔106〕 見《唐代墓誌彙編》，頁 1599、1686、2266～2267。

子南氏結婚（顯然在洛陽）後，在洛陽的妻家住了七十天，然後赴
長安應舉，試後因家中有變故單身回江南。如果不是因爲考試和家
中變故，陳商應會在妻家住得更久。[107] 在唐代，上層社會的男子時
須出遠門參加考試或求仕宦，他如在異地結婚，就很有可能住在妻
家。[108] 陳商的情況決非稀有。陳商的妻子死後亦葬於本家的祖墳。
最後一個例子是夫隨妻居。原因是丈夫是妻父的學生，婚前似乎就
住妻家。到妻子逝世爲止，這對夫妻共結褵十一年，妻子始終未至
夫家。[109]

此外，白居易的妻姊楊夫人似乎也一直住在本家。居易《祭楊
夫人文》曰：

> 夫人雖宜其室，竟未辭家；蓄和順之誠，不得施於娣
> 姒；蘊孝敬之德，不得展於舅姑。

逝世前的景況是，"伏枕七旬，姊妹視疾；歸櫬千里，弟兄主喪"。[110]
白文未述及楊夫人居本家的原因，但由她有一個小女兒，可推知留
居本家有相當的時日。文中又説，丈夫在遠地，或爲仕宦之故。至
於"歸櫬千里"，不知是歸葬祖墳還是往葬夫家之墓地。如屬後者，
對未拜舅姑的婦女而言，就是比較特別的了。最後要舉出的是《雲
谿友議·辭雍氏》條所載的崔涯的故事。崔涯實有其人，是活躍於
九世紀初的詩人。[111] 他在婚後，顯然一直與妻族合住於揚州，生活
所資全仰女家，直到被岳父趕出家門爲止。[112]

綜合而言，從種種迹象與資料判斷，在一般的丈夫親迎、妻子

---

[107] 見《唐故潁川陳君夫人魯郡南氏墓誌銘并序》，收在《唐代墓誌彙編》，頁 1983。
陳商生平可略見勞格、趙鉞《唐尚書省郎官石柱題名考》（北京：中華書局點校本，
1992）卷一二，頁 641～642；周祖譔主編《中國文學家大辭典·唐五代卷》（北
京：中華書局，1992），頁 470，陳商條（陳尚君撰）。

[108] 唐代屢有物語寫男子在外游歷、讀書或考試，巧遇美人（多爲天仙），不告父母而
於女家成婚。此類情事雖或有現實之根據，但以純屬小説家言，不在本文討論之
列。例見汪辟疆校錄《唐人小説》（中華書局香港分局，1985），《崔書生》、《裴
航》；《太平廣記》（臺北：明倫出版社影印，1971）卷六五《姚氏三子》、卷三四
三《寶玉》。

[109] 《唐代墓誌彙編》，頁 2249。誌文缺題。這位妻子雖未長住夫家，但死後是歸葬夫家
先塋。

[110] 以上引文皆見朱金城《白居易集箋校》卷四〇，頁 2654～2655。

[111] 崔涯詩尚存留十二首又一句。有關他的大概年代和少數記載，可參見傅璇琮《唐才
子傳校箋》卷六，頁 164～166、175～176。

[112] 范攄《雲谿友議》（臺北：世界書局影印本，1991）卷中，頁 32～34。

婚後即居夫家的婚姻形態之外，唐代社會還存在著婚禮行於妻家，妻子婚後留在本家或夫隨妻居的情況。這種情形顯然同時出現在庶民社會和統治階層，而且不同於一般所謂的招贅婚。唐代法律曾對"丈夫"作了如下的定義：

> "夫"者，依禮，有三月廟見，有未廟見，或就婚等三種之夫，並同夫法。[113]

三月廟見之夫是指正規的隨夫居婚姻中的丈夫，就婚之夫則是指贅夫。以上試圖指陳的情況大概就包括在"未廟見"的範疇吧！[114]

丙、婦女與本家的一般性接觸

現在回到婦女新婚後隨夫居的狀況。在這種情況下，出嫁女通常仍與本家保持接觸。唐代婦女的活動範圍基本上限於家庭，婦女與本家的一般性接觸因此也以歸寧、本家人探訪以及相互間的訊問幫助爲主。婦女歸寧可粗分爲兩大類。一是短期、例行性的探視；一是長期的歸省，原因常爲特殊事故。在例行性的探視方面，或有歲時探視的習俗。《舊唐書·李晟傳》：

> 嘗正歲，崔氏女歸省，未及階，晟卻之曰："爾有家，況姑在堂，婦當奉酒醴供饋，以待賓客。"遂不視而遣還家，其達禮敦教如此。[115]

"正歲"是正月的意思。從文字看來，此段是說，李晟（727～793）看到自己嫁與崔家的女兒在新年期間回娘家省親，忿其不守禮法，遂遣歸家。但李晟之女所爲，是否確實違禮犯教，則不能無疑。李晟出身武人世家，文化素養有限，他以領神策軍致高位，以平定李懷光、朱泚之亂立大功，他的親家很有可能是山東名族的博陵崔氏或清河崔氏。這是出身寒微的新貴經常採用的通婚高門（marrying up）手段，以求社會地位亦受肯定。李晟以悖禮爲由趕回女兒，或許是新貴以文化高標準模仿門第而有的矯枉過正之舉。

婦女歸寧——尤其是經常性的探視——是日常生活的瑣事，在

---

〔113〕《唐律疏議》卷一《名例·四曰惡逆》條，頁17。

〔114〕 Patricia Ebrey 曾對宋代的從妻居婚姻（uxorilocal marriage）有所討論。她的論述似乎涵蓋了本文所謂的"未廟見"婚姻與入贅婚。見 Patricia Ebrey, *The Inner Quarters: Marriage and the Lives of Chinese Women in the Sung Period* (Berkeley: University of California Press, 1993), Chap. 13.

〔115〕《舊唐書》卷一三三，頁3674。又見《新唐書》卷一五四，頁4782。

史料中很難找到具體事例。關於唐代是否有出嫁女節日歸寧的習俗，
我尚未找到直接的證據。此處提出北宋的一份材料，或可推斷唐代
應有此習。北宋大儒胡瑗（993~1059）的孫子胡滌曾説："先祖治
家甚嚴，尤謹内外之分。兒婦雖父母在，非節朔不許歸寧。"[116] 胡
瑗的時代離唐末僅及百年，以他治家之嚴，猶許媳婦於節日時歸寧，
若謂唐時無此風習，令人甚難想像。

　　唐代出嫁女平日回娘家之事，晚唐名詩人張祜（792?~853?）
有詩咏之：

> 三升酸醋瓦瓶盛，請得姑嫜十日程。赤黑畫眉臨水笑，
> 草鞋苞脚逐風行。黄絲髮亂梳撩緊，青袴裙高種掠輕。想
> 得到家相見後，父娘由唤小時名。[117]

"姑嫜"是"舅姑"的意思。此詩描寫一位村婦得到公婆的允許，
回娘家十天，一路欣喜。末兩句"想得到家相見後，父娘由唤小時
名"（由者，猶也），尤其生動點出了女兒與本家深摯的情感。除此
詩外，唐代墓誌亦有提及出嫁女歸寧者。大多數的這類資料都是叙
述特殊原因的歸寧，但出嫁女有經常性的省親，則可以推知無疑。
大中十三年（859）一失題的墓誌記墓主曲氏夫人死前不久的情景：

> 夫人……誡其子及家人輩曰：慎無報吾女。吾女性和
> 孝，必驚奔請視吾疾。吾疾不瘥，兼病吾女。

曲氏夫人家在洛陽，她的女兒在南陽（今河南南陽）爲某官員（縣
令?）侍妾，且有孕在身，曲氏夫人不願她因長途旅行而生意外。我
們由墓誌可知，曲氏的女兒隨夫到南陽前，亦居洛陽，以她和母親
關係之密切，當時應經常回本家。[118] 其他墓誌也有述及日常省親
的。[119] 再者，據唐制，皇后備有歸寧專用的禮車，此或可爲唐代禮
俗視出嫁女歸寧爲當然之事的另一佐證。[120]

　　在史書中，我還發現了一個隋代的經常性歸寧的例子。現在舉

---

〔116〕　《宋元學案》（臺北：河洛出版社影印本，1975），《安定學案》卷一，頁30，轉引
　　　　自陳東原《中國婦女生活史》，頁133。

〔117〕　詩題：《戲贈村婦》，收在何立智等選注《唐代民俗與民俗詩》（北京：語文出版
　　　　社，1993），頁272。此詩亦收入孫望輯録《全唐詩補逸》卷八，見陳尚君輯校
　　　　《全唐詩補編》，頁184，唯詩首"三升"作"二升"。

〔118〕　《唐代墓誌彙編》，頁2376。

〔119〕　同上，頁2377。頁2041提及的歸寧似乎也是短期性的。

〔120〕　《舊唐書》卷四五，頁1934；《新唐書》卷二四，頁512。

出，或有助於進一步揭示中古時代婦女歸寧的現象。《隋書・列女傳》載韓覬妻于氏年輕喪夫無子，其父要她改嫁，她堅決不從，矢志守節，養其夫之"孽子"。于氏孀居後爲了避嫌，絕不到"親族之家"，但有時仍然回本家。[121] 以上所論爲例行性的歸省，至於特殊原因的歸寧，因有時會導致婦女長居本家，而脫離"内夫家，外父母家"的從夫居格局，將留至後文討論。

唐代婦女住在夫家時，與本家的另一種互動機會爲本家人來訪。中唐古文名家獨孤及（725～777）在一篇文章中就曾提及一位朋友因公幹出差之便，訪視已婚的姊姊，"展歡申悲"。[122] 長慶二年（822）一篇墓誌記載墓主王夫人房氏，父母早逝，每與兄弟見面分手後就極難過，"慘凄累日"，他們見面的機會不外是房氏歸寧，或兄弟來訪。[123] 在本家人探訪出嫁女的情況中，女兒或姊妹有病痛是一個重要的時機。柳宗元在爲二姊裴夫人所寫的墓誌上有這樣的記載：

> 始夫人之疾也，夫人之族視之如己（一作"己宗"），
> 其家老、長妾、臧獲之微，皆以其私奔謁於道路，禱鬼神、
> 問卜筮者相及也。既病，太夫人在側……[124]

宗元二姊的夫家與本家同在長安。據墓誌，裴夫人最後死於夫家。由引文，可知她病重時母親曾往探視，本家的僕人更是屢次"奔謁"。誌文雖未明説，其他家人很可能也都曾去探訪。再舉一個例子。天寶初年一個兒子爲母親（名叫裴夫民）寫的墓誌中，記載了舅舅（母親之弟）的一段話："四姊久得道，隱化時顧命勤勤，祇令歸依三寶，不驚不怖，如眠如睡。"[125] 這是説裴氏信佛篤誠，臨終前神色安然，只是要求身旁的人歸依三寶。裴夫人逝世於自己的宅第。很明顯地，她去世時，弟弟是在身旁，並轉述姊姊的遺言給外甥。

---

[121] 《隋書》卷八〇，頁 1806。

[122] 獨孤及《送崔員外還鄂州序》，《全唐文》卷三八八。

[123] 《大唐洛陽縣尉王師正故夫人河南房氏墓誌銘并序》，收在《唐代墓誌彙編》，頁 2066。

[124] 柳宗元《柳宗元集》，《亡姊前京兆府參軍裴君夫人墓誌》，頁 337。

[125] 《大唐故泗州刺史琅耶王妻河東裴郡君夫民墓誌銘并序》，收在《唐代墓誌彙編》，頁 1587。

　　現在再討論一個本家人探視出嫁女例子。開元二十七年（739）的一份墓誌記載，一位楊夫人張氏去探訪隨夫住在外地（今山西文水）的女兒，死於其家，五年後女兒護送母親的靈柩返葬洛陽。在唐代芸芸衆生生老病死的過程中，這不能算是一件突出的事端。這份墓誌值得我們特別注意的不是事實的部分，而是作者在文末發出的一個感嘆：“古人云：生女不生男，非通論也。”[126] 這個喟嘆似乎頗有助於我們瞭解唐代出嫁女與本家的一般關係。“生女不生男”是“生女不生男，緩急非有益”的省語，此句出自有名的緹縈故事，是緹縈的父親淳于意有罪當刑時所發的慨嘆。[127] 撰者的意思大約是，女兒是有用的，結婚的女兒並非潑出去的水，她們還是能孝敬父母，養生送死。但由墓誌的作者辯駁此語，我們也可判斷，女兒無用論恐怕還是當時流行的看法。女兒無用的一個主要原因當然是，她們終究是要離開父母長住夫家的。[128]

　　出嫁婦女雖大都住在夫家或自己單獨主家，許多人對本家的事務還是會關心的。如果本家發生困難，給予幫助，則也是人情之常。婦女與本家的這類接觸或因屬日常瑣事，史料中記載不多。一個具體的例子見於天寶十載的一篇墓誌。此誌説墓主李夫人崔氏對本家極關心，“有伯兄季弟，長姊〔即姊〕孤侄，或死生契闊，時命屯否，拯之救懸，常若不及”。[129]

　　婦女結婚後，與本家來往互動的方式很多，用分類的方式説明，比較清晰，但容易流於細瑣割裂。現在舉一個例子，希望對婦女與本家可能有的密切聯繫作具體直接的展示。文宗大和五年（831）十月，一位盧夫人崔氏逝世於洛陽康俗里，次年安葬，她的弟弟崔讜

〔126〕 以上所述，皆見《大唐故邛州司馬楊公夫人張氏墓誌銘并序》，收在《唐代墓誌彙編》，頁1499。從此誌無法看出，張氏住女兒家屬於短期探訪還是長期居留，誌文用的語言是“往問之”。又，此誌實際上是説張氏去探訪女婿，這當然是門面話，不足爲信。

〔127〕 緹縈的故事可見《史記》卷一〇《孝文本紀》；卷一〇五《扁鵲倉公列傳》；《漢書》卷二三《刑法志》。在這些記載中，“生女不生男”都作“生子不生男”，後世通常説成“生女不生男”，以求清楚。“緩急非有益”之句在《史記》、《漢書》中也有幾種大同小異的説法。

〔128〕 敦煌曲子詞《論女婿》，（斯3909）：“柏是南山柏，將來作門額。門額長時在，女是暫來客。”

〔129〕 《大唐故監察御史趙郡李府君夫人博陵崔氏墓誌銘并序》，收在《唐代墓誌彙編》，頁1669。

爲她寫了一篇墓誌，其中對她和娘家的關係有細緻的叙述。現在不避煩長，具引於下：

> 間歲，讜觀伯姊于洛陽，乃嘆息曰：吾念晨昏之違，未嘗少寧其心也。河洛衣冠所萃，且家世之舊，爾其圖之。及侍板輿徙家，夫人締構儲序，惟懼己力之不足。異時孜孜以昆弟婚仕後時爲慮，聞一有所遂，即拜慶高堂，喜形於色，所以懼棣華之榮，慶門户之有光也。[130]

這段文字寫得十分具體，頗能讓我們體會到生活的細節。據此文，崔氏的本家原不住洛陽，一次，崔讜去拜訪姊姊，崔氏勸他把家人遷來洛陽，讓她能爲父母盡孝心。崔家搬到洛陽後，崔氏和本家往來密切，時常造訪，而且給予財務幫助。在墓誌未引的部分，崔讜還特別説，甚至自己結婚時，都得到姊姊的資助。

現在要介紹住在夫家的婦女照顧本家的一個特殊的方式，這就是將本家人接來同住。這種情形以母親長居女兒家爲主，我目前只見到兩個例外，一是弟弟在婿姊家養病數月，[131] 一是已婚姊姊在母親去世後接妹妹來住。[132] 長住女兒家的母親當中，絕大多數都是寡母。一個可能的例外是開元後期的樊夫人田氏。她晚年住女兒、女婿家。田氏有三個兒子，但選擇與在異地的女兒同住。從資料中，我們看不出田氏的丈夫是否還健在。[133]

寡母隨女兒住的例子很多，這裏略舉少數。獨孤及曾在一墓誌中説，墓主夫人晚年於丈夫亡故後，"隨長女從夫"而居。這位宋氏夫人也有兩個兒子。[134] 對没有兒子的婦女而言，在丈夫身後，遷至女兒家的機會就更大了。譬如，一位大和三年（829）逝世的鄭夫人杜氏早年喪夫無子，與獨女同住幾十年，她死於軍營官舍，顯然女婿是軍人。[135] 中唐著名文學家、思想家李翱的岳母在夫亡之後的晚

---

〔130〕 《唐故試太常寺太祝范陽盧府君妻清河崔夫人墓誌銘并序》，收在《唐代墓誌彙編》，頁 2127。

〔131〕 《唐故鄉貢進士潁川陳君墓誌》，收在《唐代墓誌彙編》，頁 2198。

〔132〕 《（上闕）大理司直嘗殿中侍御史賜緋魚袋弘農楊公（中闕）墓誌銘并序》，收在《唐代墓誌彙編》，頁 2555。

〔133〕 《南海郡番禺縣主簿樊君夫人田氏墓誌銘并序》，收在《唐代墓誌彙編》，頁 1542。

〔134〕 獨孤及《唐故朝散大夫中書舍人秘書少監頓邱李公墓誌》，《全唐文》卷三九一。

〔135〕 《唐故鄭府君故夫人京兆杜氏墓誌銘并序》，收在《唐代墓誌彙編》，頁 2113。其他例子可見《唐代墓誌彙編》，頁 1347、1532、2196。

年也是"從其女子依於李氏",與女兒、女婿同住。[136] 值得注意的是,出嫁女接母親同住,不全然是在沒有兄弟的情況才發生。但基本上,寡婦遷住女兒家應該算是與兒家同住的一種變形;對沒有兒子的婦女,遷居出嫁的女兒家更是安排寡居生活的一項主要選擇。

出嫁女子還有一個主要的參與本家事務的機會,這就是本家有喪葬事宜——特別是父母去世——的時候。父母去世時,出嫁女即使在外地,也經常奔喪。父母過世,在異地的子女奔喪,是人類社會普遍的行為,也是親子之情自然的表現。唐代有篇墓誌稱出嫁女兒因父母之喪而歸家為"適人者恨絕歸寧",非常生動地勾寫出這幕在人間不斷重演的景象。[137] 其他用語如"出女來赴"、"奔護喪禮,罔失其儀",都能讓我們在千載之下,感受當時的氣氛。[138] 有時候,墓誌會特別提到,出嫁女因在遠方,"不及歸哭"或"不克會葬",背後的意思是,如果沒有重大的實際困難,她們一定會回來的。[139]

有時出嫁女子還須主持喪葬事宜。唐代家庭——尤其是統治階層——喪葬之事很多,也是家中的大事。除了家人去世後必有的喪儀,唐代有夫妻合葬的習俗,子女為了合葬父母,常須遷葬某方,或兩者都改葬。再者,由於唐代的上層社會有族葬的習俗,人死於外地,經常過了很久的時間,家人還設法將其歸葬祖墳。凡此種種,都需要費力費財的規劃經營,這些工作也常由出嫁女來擔當。出嫁女主持喪事,有時是因家中沒有男子。有時她們雖有兄弟或侄兒,仍然主其事。此外,很多資料只直書出嫁女某某主喪,並未提及家庭狀況或女兒主喪的原因。[140] 現在舉幾個家中有男子而主喪的例子,使說明較具體。根據一位名叫王媛(648~721)的婦女的墓誌,她生前對本家事務非常關心,曾極力奔走父母和姊姊的喪事。王媛

---

〔136〕 《大唐故朔方節度掌書記殿中侍御史昌黎韓君夫人韋氏墓誌銘》,收在《唐代墓誌彙編》,頁1926。

〔137〕 《唐代墓誌彙編》,頁1344。同書載有一個出嫁女因父喪悲痛過度而去世的事例,見頁1848。

〔138〕 見《唐代墓誌彙編》,頁1648、2497。

〔139〕 見《唐代墓誌彙編》,頁2062、2513。

〔140〕 出嫁女主持父母喪事或遷葬之事,其例正多。可見《唐代墓誌彙編》,頁1328、1336、1358、1504、1513、1746、1767、1791、1825、1887、1898、1971、2090、2539;毛漢光《唐代墓誌銘彙編附考》第17冊,《一六六四·唐故青州長史長孫府君墓誌銘并序》,頁318。

是有兄長的。[141] 開元二十三年(735)有一位李夫人白氏在洛陽主持母親的下葬,李夫人有兄弟十人,僅二人已逝。[142] 天寶四載(745)一位霍夫人王氏與弟弟一起辦理父母合祔事宜。她顯然是主其事者,所以墓銘贊曰:"有孝伊女,喪事具舉。"[143] 乾元元年(758)的一篇墓誌對墓主楊夫人秦氏主持父母合祔之事有生動的描述:"主祭則兄子之輩,成事乃夫人挺然",稱贊她爲"孝於私親,不虧公議。"[144] 意思是說,本家父母雖於女子是私親,但對其盡孝則是合乎公理的。附帶要說,已婚婦女辦理本家喪葬之事,並不限於父母,也有爲兄弟理喪的。[145] 還有一個例子是,長女爲母遷葬,但得到自己兩個已婚女兒的資助。[146]

已婚婦女與本家的一般性接觸應當相當頻繁,但因屬於日常生活事務,史料中反而難見踪影。以上爬梳鱗爪,分類叙述,希望能達到略舉大要的目的。

丁、長期歸寧與夫亡歸宗

前文曾經說過,婦女歸寧除一般性、短期的歸寧,還有特殊原因的歸寧,這種歸寧常導致已婚婦女長住本家。此外,我們還看到有些已婚婦女長居本家的描述並未說明原因,有的長期歸寧則顯然與特殊事故無關。很明顯地,這些婦女的生活都脫離了正規的從夫居形態。本節是對這些現象的介紹與分析。

關於特殊原因的歸寧。先引一段武則天與名將劉仁軌夫人對話的材料,以爲討論的基礎:

> 及文獻夫人(按·即劉仁軌夫人)老疾,公(按,劉仁軌之子劉濬)與夫人親侍湯藥,豈惶懈怠,年逾十年,日勤一日。天后召文獻夫人曰:年老抱疾,幾女在旁? 對曰:妾有男及婦,殊勝於女。太后嘉之。[147]

---

〔141〕 毛漢光《唐代墓誌銘彙編附考》第17冊,《一六五一·大唐故朝散大夫汝州長史安平縣開國男□□夫人安平縣君太原王氏墓誌銘并序》,頁245~247。
〔142〕 見《唐故中大夫行太子内直監白府君墓誌銘并序》,收在《唐代墓誌彙編》,頁1446。
〔143〕 《唐代墓誌彙編》,頁1571。
〔144〕 《唐故朝散大夫懷州武德縣令楊府君夫人安昌縣君新興秦氏墓誌銘并序》,收在《唐代墓誌彙編》,頁1366。
〔145〕 例見《唐故滑州司法參軍范陽盧君墓誌銘并序》,收在《唐代墓誌彙編》,頁2112。
〔146〕 《唐故王侍御夫人南陽張氏墓誌銘并序》,收在《唐代墓誌彙編》,頁2196。
〔147〕 《大唐故十學士太子中舍人上柱國河間縣開國男贈率更令劉府君墓誌》,收在《唐代墓誌彙編》,頁1366。

武曌與劉仁軌夫人的對話爲何時之事，當時劉夫人年歲若干，均不得而知。但劉夫人其時已老邁，則可確定。從武曌直問劉夫人有幾女在旁，我們或可推測，當時女性年老由女兒照料的相當普遍，而年老婦女的女兒應都已婚。換言之，出嫁女回本家照顧父母（或母親）爲常見之事。這些女兒有的或居住不遠，可經常回家；有的或爲寡居，可長期奉養；有的則雖然夫在，仍然長期歸寧。以上都是可由情理推知的可能狀況。以下再舉兩個例子，以輔吾説。

九世紀前期一位劉夫人盧氏在婚後十二年回本家長住。墓誌是這樣叙述的：

> 夫人從人之後，心不離家，夫官秩罷，兩遂歸寧，奉養慈親，如在室焉。[148]

盧氏不但以養親的理由回本家，退休的丈夫也隨她一起前往。約在九世紀中葉，有一個同樣的例子。一位盧夫人崔氏因母親寡居年老，回家照顧。與崔氏同在本家的還有一位嫁至李家的姊姊，這個姊姊可能喪夫，不能確定。後來盧夫人的丈夫從官職退休，顯然也住到妻子的本家。[149] 然而，本家有困難，並不限於父母之事，出嫁女既可爲父母的老疾歸寧，也可爲其他事故返回本家。現在就對這些情況提出一些事證。

柳宗元的妻子楊氏是在本家過世的。據子厚的叙述，其妻在病重時回娘家的原因是，"以謁醫救藥之便"。[150] 其實，柳家與楊家同住長安城內，在就醫方便上，應該没什麼差別。楊氏回本家或係出於人情的考慮，讓她在病痛中能得到親情的撫慰。宣宗大中（847～859）末年，一位孫夫人韋氏也爲醫病，移居哥哥家。[151] 質言之，出嫁女生病回本家療養，亦是歸寧的一個可能原因。

開元二十二年（734）的一篇墓誌説墓主李夫人蘇氏"壽纔弱齡，笄暨六稔，……覲親而未及返，誕子而未及名，遘疾彌留，奄

---

[148] 《唐前州海陵縣令劉尚賓夫人范陽盧氏墓誌銘》，收在《唐代墓誌彙編》，頁2125。

[149] 《唐故太子司議郎分司東都范陽盧府公夫人清河崔氏祔葬墓誌銘并序》，收在《唐代墓誌彙編》，頁2422。另一個已婚女子歸宗奉母的例子見，《唐代墓誌彙編》，頁2487。

[150] 《柳宗元集·亡妻弘農楊氏誌》卷一三，頁339～340。

[151] 《唐故京兆韋夫人墓誌銘并序》，收在《唐代墓誌彙編》，頁2369。唐代文獻稱某夫人通常是冠夫姓，如不提夫姓，也大都會説某氏夫人。這篇墓誌是韋氏丈夫所寫，卻逕稱其妻爲韋夫人，屬於少數的形態。爲免讀者誤解，正文仍稱孫夫人韋氏。

忽長逝"，[152] 李夫人甫産子即於本家去世，不知她是否爲生産而歸寧？東漢應劭《風俗通義》有言："不宜歸生"，是説出嫁女不宜回本家産子，因爲在娘家嬰孩容易被掉包。[153] 這句話顯示東漢社會有歸家産子之習。應劭是二世紀末的人，唐代若還有歸家産子之事，當爲前代民風之遺留。

　　動亂也是婦女長期歸寧另一個可能的原因，我在資料中檢得兩個這方面的例子。八世紀中葉，一位崔夫人李氏原住洛陽地區。安史亂起後，她攜家南奔，至洪州（今江西南昌）依靠二叔。後來連丈夫也辭官，同依妻子的本家。李氏甚得其叔器重，洵而主持家務。這一家人後來顯然就與李氏的二叔合家，未再分離。[154] 再者，僖宗乾符四年（877），今河南澠池縣發生動亂，一位名叫李陲的人到澠池迎接姊姊、姊夫和姊夫的母親到洛陽避難，後來這位李氏就死於洛陽的弟弟家。[155]

　　唐代還有關於出嫁女長住本家的記載，並未説明其原因。這方面的例子相當多，這裏只選一些説明。新舊《唐書·列女傳》都載有盧甫妻李氏的事迹。代宗永泰元年（765），李氏的父親李瀾是蘄縣（在今安徽北部）縣令，身陷藩鎮亂事，爲叛軍所執，欲加殺害，李氏要求以己身代父死，遂皆遇害。[156] 我們從《舊唐書》的記載可知，李氏遇害時丈夫還在，且在異地任官，不知李氏何以隨父生活。再者，根據一篇天寶末年的墓誌，墓主盧招於天寶十三載（754）在夫人崔氏的本家逝世，當時盧夫人仍然健在。墓誌直述盧招終於洛陽"崔氏之館"，給人長居妻家的印象。墓誌又説盧招退休後在濟水築有居處。濟水離洛陽不遠，也許盧氏夫妻是以洛陽妻子的本家爲城居，濟水之濱爲別墅。無論如何，盧招去世前顯然是隨妻子居住其本家。[157] 德宗時名臣于邵（718？～798？）的長姊也是奉養於邵

---

〔152〕　《唐同州河西主簿李君故夫人蘇氏墓誌銘并序》，收在《唐代墓誌彙編》，頁1433。

〔153〕　應劭撰、王利器校注《風俗通義校注》（臺北：明文書局影印，1982），《佚文》，頁562。

〔154〕　見《唐朝散大夫著作佐郎襲安平縣男□□崔公夫人隴西縣君李氏墓誌銘并序》，收在《唐代墓誌彙編》，頁1881～1882。

〔155〕　《唐故趙郡李夫人墓誌銘并序》，收在《唐代墓誌彙編》，頁2484。

〔156〕　《舊唐書》卷一九三，頁5148；《新唐書》卷二〇五，頁5824。

〔157〕　《有唐登仕郎行魏郡冠氏縣尉雲騎尉盧公墓誌銘并序》，收在《唐代墓誌彙編》，頁1707。這篇墓誌是中唐名臣兼著名文章家崔祐甫（721～780）寫的，祐甫即盧夫人之弟。

家，具體情況亦不詳。[158]

出嫁女兒不住夫家，長期歸寧，固然常有具體的原因，有時也可能純屬家庭生活的安排，而非有特殊需要。譬如，大和六年（832）王璠出任浙西觀察使，招家在洛陽的已婚女兒前來，理由只是"晨昏戀切，固請東下"。女兒因此歸寧，次年，身體有疾，恐懼不起，才回家與丈夫兒子重聚。[159]

再者，懿宗咸通十二年（871），一位任職於魏博節度使府的官員紇干瀋的女兒過世，在爲女兒寫的墓誌中，所呈現的也是類似的情況。據紇干瀋的描述，他女兒婚後顯然先住夫家：

> 既及笄，適前隨州隨縣尉李克諧。宗室子弟，衣纓□
> 人，琴瑟韻諧，伉儷恩重，克顯宜家之稱，亦期從爵之榮，
> 奉蘋蘩於歲時，睦宗親於內外，故得婦順之美，首冠六姻；
> 閨闈之行，載光女史。

但是，三年後，事情有了變化，紇干瀋要求女兒、女婿與他同住。他的記載是這樣的：

> 瀋以比遭閔凶，生意且落，弟兄終鮮，骨肉凋零，夫
> 人雖從李氏三年，瀋不忍有一日之別，夫人亦不忍一日去
> 膝下。今年五月，瀋……來魏博，又明月，夫人與良人自
> 洛偕至，從父命也。

在這段文字，紇干瀋明白說，他因爲親情難捨，要求女兒和女婿住到本家。值得提出的是，紇干氏往歸本家的時候，母親健在，弟妹顯然也住家中，紇干瀋以自己"弟兄終鮮，骨肉凋零"等事，作爲不忍與女兒分離的理由，似乎有些牽強。無論如何，在魏博，紇干氏和夫婿是與紇干全家同住，爲構成紇干家的一分子。更難得的是，墓誌對紇干氏在本家的居住情況有細膩的描寫：

> 〔瀋〕薄宦寸祿，分少絕甘，晨出暮歸，先省吾女。處
> 居第則垣墻相接，聲響相間；守儉約則菜食鶉衣，誓相
> 存暖。[160]

〔158〕 見于邵《謝贈姊隴西郡夫人》，《全唐文》卷四二四。
〔159〕 《大唐故太原王氏夫人墓誌銘并序》，收在《唐代墓誌彙編》，頁 2145；王壽南《唐代藩鎮與中央關係之研究》（臺北：嘉新水泥公司文化基金會，1969），頁 818。
〔160〕 以上三段引文皆見《唐故李氏夫人紇干氏墓誌并序》，收在《唐代墓誌彙編》，頁 2453。

從以上資料看來，婦女長期歸寧，有時也和本家人對出嫁女子的依戀有關。

總而言之，唐代婦女長期歸寧、居住本家之事相當常見。對這方面的事例，有的我們能瞭解其原因，有的限於資料的性質，已難追溯緣由。有的似乎與特殊的事故並無關係，親情的召喚就是充分的理由了。至於長期歸寧是否與當事人的文化背景有關，尚須搜集更多的資料，才能作有意義的分析。

在唐代史料中，我們還看到一種可能導致出嫁女長期歸寧的狀況。這就是家庭沒有子嗣，或男孩早逝，而由女兒承家。舉例而言，建中元年（780）的一篇墓誌說，墓主"一子既歿，二女承家"，這兩個女兒自己都有孩子。[161] 另一個例子是，某家有一子三女，兒子早逝，三個女兒都結婚了，但次女"適張氏，而承其家焉"。[162]

女兒如何承家？資料沒有說明，這裏只能稍作猜測。如果家中的男孩是在女兒婚前過世，她們（或其中之一）可能行招贅婚。如果男孩死於姊妹結婚之後，她們則可能長住本家。以我目前對唐代婦女與本家關係的瞭解作推斷，即使家中的兒子在其姊妹婚前去世，她們也不一定要招贅，可以用長期歸寧的方式來照管本家。就人類近代以前一般的健康和死亡情況看來，即使在有妾媵制的社會，一個家庭沒有男嗣的可能性還是不低。對唐代社會如何處理這種情況，學界似乎尚無系統的研究。就"女兒承家"而論，在個人寓目的資料中，還沒有明白提及承家女兒的婚姻形式的，本文對此事的討論，僅能止於提出問題的階段，以待學者進一步參究。

以上討論了長期歸寧現象的大部，但還有一個重要的面相沒有觸及。這就是夫亡歸宗的問題。在出嫁女未離婚而歸本家的種種可能原因中，最常見的就是丈夫去世。這個現象對我們瞭解唐代的婦女生活和家庭結構都有非常重要的意義，因此需要比較細緻的討論。這裏要強調的是，寡婦長住本家普遍的程度，已使人得到了一個印象：這是唐代婦女寡居生活的一個基本形態。從家庭結構的觀點來看，我們可

---

[161] 《唐贈太子司議郎皇甫府君墓誌銘并序》，收在《唐代墓誌彙編》，頁1822。
[162] 《大唐康公夫人墓誌銘并序》，收在《唐代墓誌彙編》，頁2347。女兒承家的情況應該不少，但史料常不明說。關於一個可能是女兒承家的例子，見《唐代墓誌彙編》，頁1484。

以説,寡居的女兒及其子女是家庭成員的一個主要類別。在支持以上論斷的證據裏,最重要的當然就是直接陳述此類事件的資料。

在《由墓誌看唐代的婚姻狀况》一文,作者趙超説:"唐代守節的孀婦……往往返回母家,由父母,兄弟甚至侄子瞻養,母家親友也將這種瞻養看作是一種義務。"[163] 對於這個觀察,作者舉了三個例證,數量雖然很少,但因作者是上海古籍出版社版《唐代墓誌彙編》的副主編,讀過大量的唐代墓誌銘,他的印象應相當可靠。依個人的看法,至少就經濟能力較佳的上層社會而言,趙先生的論斷決然是正確的,下文就提出較詳細的叙述與分析。

唐代史料中,有關寡婦返居本家的記載很多,現在舉出一些不同形態的例子,希望能對此現象作一大體的勾勒。開元二十年(732)的一份墓誌記載墓主王怡"以在疚之辰,年纔艸歲,母氏鞠育,迄於成長",又説王母"以女氏之愛,少留咸京,公之友于,亦同於彼"。"在疚"是居喪憂傷的意思。這幾句話清楚指出,王怡幼年喪父,隨母往居母家,對外家有深厚的情感。[164] 中唐古文名家獨孤及的大姊,夫婿早逝,夫没後"罷助祭之事",歸宗依弟。獨孤氏也是攜子回本家。丈夫逝世時,她三十六歲,也許小孩(似乎共有四個兒子)還未成年。[165] 中唐另一古文名家梁肅(753~793)曾爲一位李夫人蕭氏寫墓誌,蕭氏也是夫没歸宗(弟弟家),但她没有孩子。[166]

再者,約當公元八世紀末,貞元年間,一位婦人崔氏在夫亡後攜子住到弟弟家,大弟爲了擔起扶養孀姊、孤侄、幼弟的重任,就設法找得小吏的工作。當時他才十五歲,後來終身未婚。[167] 從這個情况看來,這家人的父親大概很早就去世了。會昌三年(843)的一篇墓誌説,墓主夫人李氏的兩個女兒"皆早孀,多養膝下"。李氏的女兒喪夫時,母親尚在,所以是母女同住。更值得注意的是,李氏的兩個女兒都回

---

〔163〕 趙超《由墓誌看唐代的婚姻狀况》,《中華文史論叢》1987年第1期,頁203。

〔164〕 《唐故朝散郎行潞州長子縣尉太原王公墓誌銘并序》,收在《唐代墓誌彙編》,頁1398。

〔165〕 參見梁肅《大唐故李府君墓誌銘》,《唐代墓誌彙編》,頁1808~1809;《金剛般若波羅密經石幢贊并序》,《全唐文》卷五一九;《衢州司士參軍李君夫人河南獨孤氏墓誌銘》,《全唐文》卷五二一。後文亦見《唐代墓誌彙編》,頁1793~1794。

〔166〕 梁肅《監察御史李君夫人蘭陵蕭氏墓誌銘》,《全唐文》卷五二一。

〔167〕 《唐故邕管招討判官試左清道率府兵曹參軍清河崔公墓誌銘并序》,收在《唐代墓誌彙編》,頁2169。崔氏之弟崔洧享年五十四。他雖終身未娶,但有女三人,顯爲妓妾所生。這在唐代是相當常見的。

本家,顯示這種行爲是相當普遍的。[168] 還有一份資料報導,一位孀婦主理本家事務達四十年,根本就是一家之主了。[169] 前文曾提及李翺的岳母與女兒、女婿同住。但在此之前,早寡的李母已先歸父家,父親死後,又住到已婚的姊姊家,最後是姊姊去世,"天下無所歸託矣",才去與女兒同住。[170] 從這個例子看來,在唐人的行爲和觀念裏,女子喪夫後,離開夫家,與本家人相依爲命(甚至包括出嫁的姊妹),是一種很自然的安排。最後要提出的事例是,大曆末年,一位寡居的趙夫人裴氏不但逝世於長沙的哥哥家,後來還遷葬本家在洛陽的祖墳。裴家的說法是:"夫人夫族凋落,禋祀無主,永念同氣,幽淪異鄉,故有"舟車萬里","歸櫬鞏洛"之舉。[171] 出嫁女子歸葬本家的問題還有待後文討論。這裏只是想點出,雖然依照家族制度,出嫁女子算是夫家的成員,但對唐代許多人而言,"同氣",同胞的關係也是安排家庭生活時一項重要的考慮。這個考慮不但使孀婦得以長居本家,她們之中有人甚至還能合祔先塋,久享父族的祭祀。

以上提出的是唐代有夫亡歸宗習慣的直接證據。除此而外,我們還看到許多含有間接迹象的資料。這些資料大別有二:一是有關唐人撫養外甥或外孫的記載,另一則是唐代男子贍養寡居姊妹的報導。先論前者。在今存唐人傳記資料——特別是墓誌銘——中,母家撫養外孫或外甥的記載非常普遍,隨意檢索就可得見。這裏只舉少數例子,以概其餘。中唐名詩人、大曆十才子之一的盧綸(748? ~798?)有詩《送姨弟裴均尉諸暨》,起句云:"相悲得成長,同是外家恩。舊業廢三畝,弱年成一門。"可見盧綸與表弟裴均是一起在母家長大。[172] 在德宗建中二年(781)一位外孫爲外婆寫的墓誌中,撰者自述其"粵自襁褓,遭罹愍凶,特蒙撫字,爰至成□(長?)"。他感念外婆的撫育之

---

〔168〕 《唐故洪州武寧縣令于君夫人隴西李氏墓銘并序》,收在《唐代墓誌彙編》,頁2227。李氏自己亦早寡,她是否也回本家,墓誌没有說明。但從誌文是由其再從弟所撰,文中提及李氏的兩個弟弟,卻無一語及於夫家之人,這個可能性很高。

〔169〕 《唐故京兆韋府君夫人高陽齊氏墓誌銘并序》,收在《唐代墓誌彙編》,頁2379。

〔170〕 《大唐故朔方節度掌書記殿中侍御史昌黎韓君夫人韋氏墓誌銘》,收在《唐代墓誌彙編》,頁1926。

〔171〕 《故賀州長史趙府君妻河東裴夫人墓誌銘并序》,收在《唐代墓誌彙編》,頁1813。

〔172〕 詩見劉初棠校注《盧綸詩集校注》(上海:上海古籍出版社,1989),頁9。關於盧綸與裴均同受養於母家之事,又可見劉初棠《盧綸簡譜》,收在《盧綸詩集校注》,頁603。

恩。[173] 一位在德宗貞元年間曾任洛陽縣令的王顏,説自己"孤當幼童,養在伯舅,恩承訓導"。[174] 外甥或外孫依於母家的可能情況很多,但最重要的原因顯然是父死或父母雙亡,以上隨手舉的幾個例子都屬這類情形。如果兒童因父亡而受外家的養育,則母親隨行的可能性很大,此又不言可喻。

唐代還有一些資料記載男子贍養寡居的姊妹。舉例而言,玄宗時人崔義邕的墓誌稱此人"慮姊之孀立,憂甥之多艱,公室素貧,盡禄無匱"。[175] 楊虞卿(? ~835)是元和、長慶年間的名臣,牛黨要人。白居易曾稱其德行曰:"奉寡姊,親護其夫喪;撫孤甥,誓畢其婚嫁。"[176] 一位曾出使新羅的官員苗弘本(797~855)據稱非常照顧家人,"每奉諸昆諸姊及孤甥遺侄衣服百須,必先身而經紀之,雖遠不差寒暑。"[177] 上引文獻都只抽象地提到男子對寡居姊妹的資助照顧,並未明説是否接來同住。個人的猜測是,這類語言所指涉的,也包括了出嫁女夫亡歸宗的情境。

現在,我要提出一個特別的例子,以結束對夫亡歸宗現象的介紹。在九世紀下半葉某年,一位名叫孫幼實的河南府長水縣丞,任期尚未滿,就辭職求去。當時他的姊姊陽夫人正孀居於襄陽一帶,撫育子女。孫幼實見其家"群稚無主",決定攜帶家人去同住,"奉姊庇甥,未嘗一日有間"。[178] 從具體的行動看來,陽夫人孫氏在喪夫後並沒有回本家。但她雖未歸宗,本家人卻來同住,和歸宗的結果是一樣的。從這個例子,我們可以更清楚地看出,在唐代,婦女寡居後,與本家之親人合家,是一個安排生活的主要選擇。

戊、長住本家與家庭結構

上文對唐代出嫁女子長期歸寧和夫亡歸宗的事例作了相當詳細的叙述。由這些描述,我們可以得知,唐代婦女長期歸寧是普遍可見的現象,夫亡歸宗尤其可算是一種定型的生活方式。我們甚至可

---

〔173〕 《大唐故明威將軍高府君夫人頓丘李氏墓誌》,收在《唐代墓誌彙編》,頁1826。

〔174〕 《唐齊州豐齊縣令程府君墓誌銘并序》,收在《唐代墓誌彙編》,頁1859。

〔175〕 《故濟陰郡參軍博陵崔府君墓誌銘并序》,收在《唐代墓誌彙編》,頁1667。

〔176〕 朱金城《白居易集箋校》卷四四《與楊虞卿書》。

〔177〕 《唐故殿中少監苗公銘》,收在《唐代墓誌彙編》,頁2322。

〔178〕 《唐故河南府長水縣丞樂安孫府君墓誌銘并序》,收在《唐代墓誌彙編》,頁2504。該誌先以"季妹"稱陽夫人,後又改稱"姊"。如果録文不誤,她或應是孫幼實的姊姊。因爲墓誌是幼實的哥哥寫的,他先以自己的觀點叫陽夫人爲"季妹"。

説，這是一種習俗——它流行於上層社會，但不甚合乎禮教。然而，我們要怎樣瞭解這個“習俗”呢？從文化的觀點，我們或許可以説，這些生活方式表現了一種價值傾向，就是對父母手足的關係與情感的重視，這個重視的強度影響到了婦女與本家的關係，當本家發生重大變故，或出嫁女子自己的生活出現重大變化——譬如喪夫——之時，返回本家就成了一個主要的解決問題的方式。以上所説的只是一個假設。這個假設不容易得到證實，但卻不是不合理的假設。

除了文化性、價值性的解釋，唐代婦女夫亡歸宗或長期歸寧的現象還可以從結構的觀點求得瞭解。也就是説，長期歸寧——特別是夫亡歸宗——之所以出現頻繁，是因爲這種行動與社會上原本存在的某些秩序是吻合的。婦女長住本家，有時並非出於行動者任何特定的價值觀，而是因爲這樣做是社會結構給予的一個選擇，這樣做很方便。

這裏所説的結構是家庭結構。在中國家族史上，唐代家庭以人口多著稱，三代同堂是典型，已婚兄弟共居也常可見，故有“唐型家庭”之名。[179] 唐代家庭之大，結構之複雜，尤以經濟能力較豐裕的上層社會爲甚。白居易詩：“一家五十口，一郡十萬户；出爲差科頭，入爲衣食主”，[180] 是這種景況生動的寫照。從研究婦女與本家關係的角度看來，唐代家庭——至少是統治階層的家庭——一個極重要的特色是，家中經常同時包含了男主由血緣與由婚姻而來的成員，有時甚至還包括了女主人的家人。更具體地説，姑嬸、姊嫂、甥侄同處一家是常見的事。在這種結構下，如果婦女的本家發生變故，在夫家遇到困難，或夫亡無告，都可以選擇返回本家。反之，婦女若在夫家有相當的權力地位，也可把本家的人接來同住。簡單地説，這裏的看法是，唐代婦女之所以常能和本家人同住，與當時的家庭結構有深切的關係。現在我想先舉一個例子，來展開有關的討論。

出身博陵崔氏第二房的崔暟（632～705；德宗時名臣崔祐甫之祖）的哥哥和姊夫都早殁，崔暟“奉姊及嫂，盡禄無匱”。後來姊

---

〔179〕　參見杜正勝《傳統家族結構的典型》，收在氏著《古代社會與國家》（臺北：允晨文化實業公司，1992），頁780～853，特別是頁800～815。

〔180〕　朱金城《白居易集箋校》卷二一《自咏五首》。

姊、嫂嫂又去世，崔暟則扶養遺孤：“群甥呱呱，開口待哺，公之數子，咸孺慕焉”。[181] 崔暟夫人王氏的墓誌説得更清楚：夫人“視養生〔即甥〕侄，曲成惠和”，“爰撫孤弱，濟于艱難”。[182] 可見崔暟兄嫂的小孩也住在他家。崔暟家的形態在唐代的統治階層是相當平常的。家中有男主，成年女性除了主人的妻子，還可能有男主寡居的嫂嫂和姊妹，她們如有小孩，通常也住在一起。至於未寡居而長期歸寧的婦女，則較少見。從這種家庭結構看來，婦女在丈夫過世後，可能留在夫家，也可以回本家，至於決定寡婦住處的主要因素有哪些，還有待探究，這裏只能舉個例子稍作説明。約在九世紀初，一位王夫人韋氏喪夫，她有一子一女，住到堂弟家。韋氏從小隨叔父長大，堂弟家其實就是本家。韋氏墓誌説她歸返本宗的理由是：“夫之族無家可歸”。[183] 這個説法好像表示，婦女夫亡後應以留居夫家爲優先考慮，如此途不可行，再回本家。不過，夫族是否有家可歸，有時恐怕也跟主觀的認定有關。我懷疑，在寡居地點的問題上，孀婦還是有相當程度的選擇空間。

上文藉崔暟的例子初步討論了唐代的家庭結構與婦女長居本家的關係。現在爲了更清楚揭示有關的現象，要作進一步的舉證。晚唐一位名叫高湜的人在咸通四年（863）曾自叙其家的狀況：“余同氣素鮮，凋零已半，惟孀妹季弟，逮孤侄孤甥，寒衣飢食，取給於我。”從文章語氣看來，高湜的弟妹甥侄都和他同住。[184] 前文提過一位崔夫人李氏，安史亂起，攜家眷投奔在洪州的二叔。兩家會合後，“中外相依，一百八口”，“娣姒同居，甥侄皆在”。[185] 這個合家的事件雖是直接由戰亂所引發。但類似李家的家庭結構在承平時期也非罕見，現舉一例。德宗建中四年（783），文章名家權德輿（761～818）的叔父從洛陽移家至今浙江遂安，就養於其長子，路過今江蘇丹陽權德輿的居處，因而有一場聚會。德輿對兩家歡宴的情景作了

〔181〕《有唐朝散大夫守汝州長史上柱國安平縣開國男贈衛尉少卿崔公墓誌》，收在《唐代墓誌彙編》，頁1802。此例趙超在他的《由墓誌看唐代的婚姻狀況》中曾舉出，見頁203。

〔182〕《有唐安平縣君贈安平郡夫人王氏墓誌》，收在《唐代墓誌彙編》，頁1804。

〔183〕《唐故太原王府君王夫人韋氏墓誌銘并序》，收在《唐代墓誌彙編》，頁2363。

〔184〕《亡妻滎陽鄭氏夫人墓誌銘》，收在《唐代墓誌彙編》，頁2404。

〔185〕《唐代墓誌彙編》，頁1881。

這樣的描寫：

> 拜慶之後，式展讌餞；掇蔬焚枯，以實圓方。叔父諸
> 姑既就坐，群從伯仲，或冠或丱，中外稚孺，凡四五十人，
> 差其長幼，爲侍坐之列。暢之以旨酒，既醉不諠；侑之以
> 清絃，中奏彌静。[186]

這是一段生動的文字。從這段描述以及文章題目《秋夜侍姑叔讌會序》可知，叔父是與他的一些姊妹（也就是權德輿的姑姑）同行的，德輿姑姑們的年紀應已不小，當是寡居或長居本家。與會兒童被稱爲"中外稚孺"，則顯示他們之中頗有不姓權的，也許是歸宗婦女的小孩，也許還有權家妻子的親戚。另外值得注意的是，德輿叔父一家人是要與其長子合住，到時候，家庭結構就更複雜了。

有時候，複雜的家庭結構是以婦女爲中心的，茲舉數證。第一個例子是安史亂後重臣、宗室嗣曹王李皋的母親鄭氏。鄭氏的丈夫李戟在她二十四歲時去世（約當公元734年）。之後，她就居家於王屋山下的別墅："挈今之嗣王（即李皋）與女子子，泊夫族之叔妹未冠笄者，與本族凋喪之遺無告者，合而家之。"[187] 從這段細緻的叙述可見，鄭氏家中的主要成員有自己的兒女，丈夫年輕未婚的弟妹，以及自己本家亡殁者的遺族（可能包括遺孀、遺孤）。鄭氏的夫家雖是宗室，但從上引文字看來，家族成員需要彼此幫助救濟，與統治階層一般的生活方式並沒有明顯不同。另一個例子是逝世於開成元年（836）的馮夫人吳氏。墓誌稱贊她在夫家四十年："未曾一日失職。内以行純而孝，若侄若甥，嬬女孤兒，遠千里者，必提而聚之"。[188] 前文曾提過的一位逝世於乾元元年（758）的楊夫人秦氏，丈夫先卒，爲"夫家之宗母"，扶養"出自寶、裴、盧等三姓之孫數人"——也就是三個女兒所生的外孫。[189]

---

[186] 權德輿《秋夜侍姑叔讌會序》，《全唐文》卷四九〇。在文中德輿用"新定"指遂安，用"雲陽"指丹陽，這些都是三國吳時的古名。他如此做，或許有文章修辭的理由，或許因爲自己就是吳人，舊名可表達鄉土的情感。

[187] 《唐贈尚書左僕射嗣曹王故妃滎陽鄭氏墓誌銘并序》，收在《唐代墓誌彙編》，頁1840。

[188] 《唐陝虢都防護衙前朝議郎試撫州司馬上柱國馮夫人吳氏陰堂誌》，《唐代墓誌彙編》，頁2171。

[189] 《唐故朝散大夫懷州武德縣令楊府君夫人安昌縣君新興秦氏墓誌銘并序》，收在《唐代墓誌彙編》，頁1366。

　　上文對婦女長期歸寧與夫亡歸宗的討論，基本上利用文集與墓
誌材料，大都反映統治階層的生活，至於民間百姓的狀況如何，由
於資料難得，尚待細考。下文主要利用敦煌，吐魯番的唐代户籍殘
卷，略微考察婦女長居本家的一些間接迹象。敦煌文書天寶六載
（747）敦煌郡敦煌縣龍勒鄉都鄉里户籍殘卷載有十九户的資料（十
七户較完整），其中十四家含有户主的姊妹，兩家有户主的姑姑。現
在將這些資料表列如下（括號内的數字表示年齡）：[190]

户主	姊妹	姑姑
某	1 人（49）	
鄭恩養（43）	3 人（48，38，31）	
曹思禮（56）	1 人（43）	
劉智新（29）	2 人（29，7）	
陰承光（29）	1 人（20）	
徐庭芝（17）	1 人（27）	2 人（47，47）
程思楚（47）	2 人（40，31）	
程大忠（51）	2 人（17，16）	
程大慶（47）	2 人（30，22）	
程智意（49）	2 人（50，43）	
令狐仙尚（33）	1 人（28）	
杜懷奉（45）	2 人（46，44）	1 人（42）
卑二郎（29）	2 人（31，27）	
某	5 人（23，23，16，12，11，7）	

　　這份户籍中，還出現許多年長的户主女兒，現在將三十歲以上
者也列表：

户主	年長女兒（年齡）
某	1 人（36）
曹思禮	1 人（31）
曹懷瑀	1 人（30）
程什住	4 人（53，39，33，31）
程仁貞	5 人（45，43，41，33，31）
卑德意	1 人（32）

---

[190] 以下二表之製作主要參考：池田溫《中國古代籍帳研究》（東京大學東洋文化研究
所，1979），頁 90、192～214。另參考杜正勝《傳統家族結構的典型》，收在氏著
《古代社會與國家》頁 809；仁井田陞《支那身份法史》（東京：座右寶刊行會，
1942），頁 353～354。此户籍的影本與錄文，亦見唐耕耦、陸宏基編《敦煌社會經
濟文獻真迹釋錄》第 1 輯，頁 161～188。

　　以上二表顯示,這些户口中大部分的姊妹和姑姑都是年長婦女,年長的女兒也很多。這份資料如果是正確的,在唐代的敦煌地區,夫亡歸宗或出嫁女長期歸寧幾乎就是家庭生活的通則了。今存其他兩份天寶年間的户籍也顯現了類似的現象。天寶三載(744)敦煌郡敦煌縣神沙鄉弘遠(?)里籍户主張奴奴家中有女兒年三十九歲。天寶六載敦煌効穀鄉□□里籍户主□仁明(年四十一)家中有二姊一妹,年齡分別爲四十七、四十四、三十五。[191] 然而,敦煌天寶年間户籍女口遠多於男口,是今存户籍中一個突出的現象,也是有爭議的問題。學者多認爲這些資料僞濫的可能性很大,證據力相當有限。[192]

　　要判斷天寶年間户籍女口數的可靠性有多高,一個有效的方法就是與唐朝其他年代的資料作比勘。就目前所見,非天寶年間的户籍都甚零散殘缺,提供的消息不多,但仍有可探討之處。一般來説,這些文獻中的年長女口的確比天寶年間的户籍少很多。現在簡單叙述查得的資料。開元七年(719)龍勒鄉户籍殘卷某家有户主之妹,五十二歲。[193] 大曆四年(769)沙州敦煌縣懸泉鄉宜禾里手實載有户主張介妹張妃妃,年三十九。[194] 吐魯番文書大谷8073號武周時代西州籍有户主之姊,年五十。這份文書特別值得留意的是,籍中另一人顯爲户主的寡嫂,年五十六。這是同奉姊嫂的情況。[195] 吐魯番文書柏林藏ch一四五五號唐至德二載(?)交河郡户口資料載有户主之姑,年五十四。[196] 此外,還有户籍載有二十餘歲的户主姊妹若干、户主之姑一人,但因年齡較輕,有可能尚未結婚。[197]

　　在年長女兒方面,家中居有三十歲以上女兒的資料有兩則。開元

〔191〕　見池田温《中國古代籍帳研究》,頁190～191;唐耕耦、陸宏基編《敦煌社會經濟文獻真迹釋録》第1輯,頁159～160。

〔192〕　參考池田温《中國古代籍帳研究》,頁92～94、97;池田温著、龔澤銑譯《中國古代籍帳研究》(北京:中華書局,1984),頁258～264。關於天寶年間户籍女口特多的現象,可另參考斯4583號文書。見唐耕耦、陸宏基編《敦煌社會經濟文獻真迹釋録》第1輯,頁160。

〔193〕　唐耕耦、陸宏基《敦煌社會經濟文獻真迹釋録》第2輯,頁491,列寧格勒藏ЛХ5937號。

〔194〕　池田温《中國古代籍帳研究》,頁217。

〔195〕　同上,頁239。有關此籍嫂嫂的部分,説明其身份(是否爲寡)的資料已脱落,但由嫂嫂之前是户主姊姊的名字,而非嫂嫂之夫(即户主兄弟),可以推斷這位婦女是寡居。

〔196〕　同上,頁262。

〔197〕　同上,頁174、187、191、220、221、228、237。

十年（722）沙州敦煌縣懸泉鄉籍户主趙玄義家有一女趙妙介年三十五，一女趙阿屯年三十一。[198] 大曆四年敦煌縣懸泉鄉宜禾里手實户主王山子家，則有一女買娘年三十九。[199]

　　唐代天寶年間以外的殘留户籍還有一個值得注意的地方，就是籍中頗有户主寡居的伯母、叔母和嫂嫂。很明顯地，這表現的是婦女在丈夫逝世後留居夫家的情况。[200] 天寶年間的敦煌户籍共留下二十一户的資料，内容遠較其他年代爲完整，但竟無一位留居夫家的寡婦，更坐實了這批文獻僞濫的可能性。

　　除了敦煌、吐魯番文書，還有一份唐代文獻可能有助於我們瞭解一般民間婦女長居本家的問題。麟德元年（664）懷州（今河南沁陽）《周村十八家造像塔記》錄有相當詳細的十八家人口資料。在這些家庭中，周子政家住有他的妹妹，她可能是攜女歸宗。[201] 再者，周操家住有女兒、女婿以及外甥。周家沒有兒子，女兒可能行招贅婚，也可能只是長期歸寧。[202]

　　對以上介紹的敦煌、吐魯番文書和《周村造像記》，最後要提出幾點綜合的觀察。第一，天寶年間的敦煌户籍載有非常多户主年長的女兒、姊妹和姑姑。這部分的資料多不可靠，但其他年代的户籍裏也有這類人，唯數目較少。《周村造像記》則很可能含有婦女攜子歸本家的資料。第二，在我查考過的户籍中，對所有年長本家婦女的記載，都寫爲"中女"或"丁女"，沒有任何寡居的記錄。第三，在所有的這些資料中，沒有任何户主外甥或外孫的記載，也沒有任何女婿、姑丈和姊妹夫的蹤影。從這幾點觀察看來，好像敦煌、吐魯番户籍中所有與户主有血緣關係的年長婦女都是未出嫁或無子歸宗，但這樣的結論實在有違一般情理以及我們對唐代家庭生活的具體知識。我個人大膽的猜測

〔198〕　池田温《中國古代籍帳研究》，頁 183。

〔199〕　同上，頁 232。

〔200〕　同上，頁 167、226、228、230、232、233、239、243。

〔201〕　關於周子政家的成員，造像記原文是："周子政、妻路、男隱師、妻習，孫男擇言、妹胡、女光兒"。仁井田陞在《支那身份法史》分析此記時，把"女光兒"當成周子政的女兒。（頁 357）但按該家人員排列的邏輯，光兒有可能是周子政的外孫女。又，該記稱周子政之妹爲"妹胡"，她也許叫周胡，但我覺得"胡"較有可能是指她丈夫的姓。《周村十八家造像塔記》原收於（清）陸耀遹通纂《金石續編》卷五，錄文與討論又可見仁井田陞《唐宋法律文書研究》（東京：東京大學出版會，1983 年復刻版），頁 753～754。

〔202〕　從造像記，很難判斷周操的外孫是從父姓還是從母姓。

是,這些婦女確有寡居和攜子歸宗的。唐代户籍同時含有户口和土地登記,回本家婦女的子女因受田和財産都在父家,因此未出現在母家的户籍。至於何以夫亡歸宗的婦女未有寡居的記載,甚難索解。這或許由於若登記爲寡婦,則須進行授田,承擔課役。然敦煌授田不足,租庸調仍然施行,寡婦受田徒增家庭負擔,因而户籍記載不實。這個説法不啻認爲所有現存敦煌乃至吐魯番户籍均嚴重偽濫。另一可能性是,夫亡歸宗的婦女無寡居注記係定制,只有嫁入户主家的婦女才在户籍上作此注明。此説絶無文獻根據,純爲本人在無從索解的情況下所擬的假説。[203] 總之,由於資料所限,對唐代民間婦女夫亡歸宗與長期歸寧的現象,我們瞭解還很少。我暫時的結論是,唐代民間家庭的結構看來比上層社會簡單,歸宗女不可能有天寶六載敦煌龍勒鄉籍所暗示的那麽多,但或許也不能説是稀有之事。

己、本家對婦女婚姻的干涉

以上論述的是出嫁女與本家之間聯繫、照顧與居留的關係。除此之外,婦女和本家間還存在著一種性質迥異的關聯,這就是本家介入出嫁女的婚姻。前文在討論規範問題時已經説明,依唐代法律,本家父母、祖父母都對夫亡之出嫁女有强嫁權。其實,對仍有婚姻關係的女兒,本家也頗有迫其離婚或改嫁之事。以下先舉兩個例子。

新舊《唐書·列女傳》都載有隋末唐初名臣裴矩的女兒淑英的事迹。淑英的丈夫李德武在煬帝時被貶,徙嶺南,當時淑英才新婚一年多,裴矩上表給煬帝,要求離婚,得煬帝准許。但淑英堅決不肯。過了十餘年,李德武仍然未歸,裴矩決心要她再嫁,甚至替她訂了親,淑英誓死不從,"斷髮不食",裴矩只好聽任女兒自己的意願。後來李德武回來,兩人復合。[204]

另一個例子則是前文已經提過的詩人崔涯。崔涯個性放蕩,娶雍氏女後,住在妻家,不敬岳父,常直呼他爲"雍老"。他岳父是個軍人,一怒之下,就命女兒出家爲尼,與崔涯離婚,任憑崔涯如何悲泣悔過,也不動心改意。崔涯只好離家,"親戚揮慟"。[205]《雲谿友議》所載雖

---

[203] 關於唐代户籍文書與制度的整體討論,參見池田温《中國古代籍帳研究》第三章;宋家鈺《唐朝户籍法與均田制研究》(鄭州:中州古籍出版社,1988)第二至六章。

[204] 《舊唐書》卷一九三,頁5138~5139;《新唐書》卷二〇五,頁5816。

[205] 范攄《雲谿友議》卷中,頁32~34。

不知可靠度如何,但故事本身似乎透露,在一般民間,本家介入出嫁女兒的生活也是頗可想像之事。有學者曾從上述兩個事例推論,唐代的妻父對女兒的婚姻有離婚權。[206] 在文化上,這也許不是明顯意識到的權利,但此事恐怕不是非常罕見。以下再舉出若干本家介入女兒婚姻的例證。

據開元十九年(731)《大唐故江王息故澧州刺史廣平公夫人楊氏墓誌》的描述。楊氏夫人出自武則天的母家,原本嫁給李唐宗室李息。武周代唐後,丈夫遭到貶謫,並有敕令要求楊氏離婚。楊氏原不從,但父親親來"脅奪志懷,改醮胡氏",以"君父之命,難以固違",只好屈從。[207] 在天寶初年,一位鄭夫人万俟氏嫁到鄭家後,曾被她的哥哥强迫離開夫家,後來母親介入,"引於禮則",万俟氏才得重歸鄭家。[208] 一位去世於天寶十載(751)的婦人郭氏,平生曾二度結婚,據墓誌,她的再婚是因爲"叔父奪志",本家介入守節。[209] 一個大約發生在九世紀初的例子是,劉氏早寡,"父兄憫其稚,遂奪厥志。"[210]

關於本家干預出嫁女子的婚姻,還有一個相當奇妙的例子。一位名叫陳照的女子(697～744),父親早死,被外祖父母嫁給一位姓徐的男子,並生有一子。但生子未久,"爲伯父叔父所奪,改嬪於盧氏"。盧氏即盧全善,後任官至縣令。此事奇特的地方有幾處。第一,陳照少時,即爲伯父叔父所愛重,關係似早已親近,但不知她的伯叔父有何方法能使她在生子後離婚,改嫁他人。第二,陳照雖主動離開徐氏,但兒子歸她扶養。第三,陳照之改嫁,固是出於本家伯叔的干涉,但她的初次婚姻,則是由母家所定,也是一個本家介入出嫁女兒家中事的例子。[211] 從以上的事例看來,在女子婚後,本家仍可以有很大的影響力。本家長輩或兄長强迫婦女離婚的現象也顯示,出嫁女與本家之聯繫對她們地位的影響不必然是正面的,因爲本家的作爲往往不顧及婦

---

[206] 見向淑雲《唐代婚姻法與婚姻實態》,頁134。

[207] 《唐代墓誌彙編》,頁1383。

[208] 《大唐故朝議郎行洪府法曹參軍滎陽鄭府君故夫人河南万俟氏墓誌銘并序》,收在《唐代墓誌彙編》,頁1576。

[209] 《唐故中郎將獻陵使張府君夫人太原郭氏臨淄縣君墓誌銘并序》,收在《唐代墓誌彙編》,頁1659。

[210] 《唐故彭城劉夫人墓誌銘并序》,收在《唐代墓誌彙編》,頁2236。

[211] 此事見《大唐潁川郡夫人三原縣令盧全善故夫人陳氏墓誌銘并序》,收在《唐代墓誌彙編》,頁1582～1583。

女自己的意願或福祉。

唐代有關本家介入女兒婚姻的記載,存有一個重要的疑點,須稍作辨析。在唐代墓誌中,對於婦女改嫁或再嫁的記載有一個特色,就是記述者幾乎無例外地表示,這些行爲並非婦女本願,而是家人逼迫。[212] 這種記述方式相當有趣,它達成了兩個效果。首先,這些墓誌肯定了婦人守節的價值,而且暗示墓主有此心志。其次,在現實上,有些婦女雖然未能終身事一夫,但責任不在她們,"壞人"倒是本家——尤其是父兄。在找到更詳細的資料前,我們無法否認,也許所有的記載都符合事實,但在情理上,這種機會不大。墓誌撰者有時可能爲了保護墓主的聲譽而採用格套的寫法。根據研究,在宋代,再嫁婦女的傳記也大都有這樣的叙寫,其真實性也受到了懷疑。[213] 我在這裏想表達的看法是,唐代本家經常介入出嫁女兒的婚姻,此事應無疑義,但這方面的記載也有渲染的嫌疑,未可盡信。

關於本家介入出嫁女婚姻的討論,本文想以新舊《唐書·列女傳》中的一個案例作結束。約在武周時期,一位出身官宦家庭的婦人盧氏,丈夫崔繪早逝,兄長常要她改嫁,她都稱病拒絕。中宗神龍初年,盧氏已故姊姊的丈夫李思沖任職工部侍郎,希望盧氏嫁給他,兄長們爲其應允,到婚期前才告訴她。盧氏連夜逃至原來的夫家,後來出家爲尼以終。[214]

這個例子有兩點值得特別注意的地方。首先,涉及此事的盧、崔、李三家的社會背景相當特殊。史稱盧氏出身山東著姓。按,盧氏的父親盧獻在武曌掌政時曾任鸞臺侍郎,文昌左丞,族屬范陽盧氏第二房,確爲士族名門。[215] 李思沖之父李敬玄爲高宗朝重臣,毫

---

[212] 顧方蕭《唐故趙氏夫人墓誌銘并序》説趙氏再嫁係"貧無以爲節",是比較特別的講法。見(清)陸心源《唐文續拾遺》(臺北:文海出版社影印,1979)卷五。此誌亦見《唐代墓誌彙編》,頁2047~2048。

[213] 參見陶晉生《北宋婦女的再嫁與改嫁》,《新史學》6卷3期(1995年9月),頁7。

[214] 見《舊唐書》卷一九三,頁5147;《新唐書》卷二〇五,頁5821。關於李思沖要求與崔家續婚的時間,新舊《唐書》的記載有衝突。此處依《舊唐書》。參考嚴耕望《唐僕尚丞郎表》(臺北:中央研究院歷史語言研究所,1956)卷二二,頁1067。據《朝野僉載》,盧氏的丈夫爲鄭姓,似乎顯示其夫家爲滎陽鄭氏。按,《新唐書》關於盧氏的記載頗有取於《朝野僉載》,但仍説其夫是崔繪。此處依新舊《唐書》。參見張鷟《朝野僉載》(臺北:新文豐出版公司影印,叢書集成新編第八十六册)卷三,頁29~30;《太平廣記》卷二七一,頁2129。

[215] 參考《新唐書》卷七三上,頁2913~2914;嚴耕望《唐僕尚丞郎表》卷七,頁412。

州譙縣人，以久掌銓選，人多依附，與趙郡李氏合譜，前後三娶，皆山東士族。很明顯地，李思沖家族原爲寒門，以官位顯重，攀緣同姓士族。[216] 李敬玄三娶皆山東士族，李思沖與山東高門聯姻，也是極其自然的了。至於崔繪，姓字不見於《新唐書·宰相世系表》，是否爲山東名族（博陵崔氏或清河崔氏），亦無其他資料可得而知。但由他是崔姓且與范陽盧氏通婚一事推斷，其爲山東士族的可能性相當高。綜合以上資料判斷，盧、崔、李三家的婚姻雖不屬典型的山東士族内婚圈，但也相當接近，而盧家之爲山東高門，更無疑義。盧氏的經歷似乎顯示，素以講求禮法著稱的山東士族對婦女守節之志並不一定重視。問題是，此事的代表性有多高？這或許是一個值得追索的課題。盧氏的案例值得注意的另一處地方是，盧氏在夫亡後返回本家，她是在被逼嫁的前夕才逃往夫家。這個事實進一步支持了前文所作的推斷：歸反本家是唐代寡居婦女一個主要的生活形態。

庚、歸葬本家

在唐代婦女與本家的實際關係上，與正統規範體系差距最大的，就是出嫁女歸葬本家的現象。唐代社會頗有族葬的習俗，夫妻死後合葬的風氣也很盛。人過世的時候，限於客觀環境，經常無法葬在家族墳地或與配偶合葬；在這種情況下，爲人子女乃至孫子女者常須遷葬先人，以求符合習俗的要求。此類事例在唐代史料中真可說是觸目皆是。

族葬與夫妻合葬並非同一事。族葬是指族中成員同葬一處，在此，夫妻可合葬，也可不合葬。很多時候，限於經濟能力、戰亂阻隔或其他原因，也有夫妻合葬而未祔於先塋的。妻子依習俗，或葬在夫家的墓地，或單獨與丈夫合葬，就文化意義而言，皆可說是唐代婦女以夫家爲主家的表現。對於這類情事，唐人墓誌習慣用套語，如：“窆某地，陪先塋，禮也”，“合葬於某地，禮也”，或“合祔於某地舊塋，禮也”。[217] 從這些格式化的語言，我們可以知道，唐人一般以爲婦女祔於夫家先塋或與丈夫合葬是應當遵守的“禮”。白居

[216] 《舊唐書》卷八一，頁2754～2756；《新唐書》卷一〇六，頁4052～4053。

[217] 這類辭語遍見於唐代的墓誌資料。又可參見周次吉《唐碑誌所見女子身份與生活之研究》（臺北：政治大學中文研究所博士論文，1991）第六章。

易《贈內》："生爲同室親，死爲同穴塵",[218] 又有詩句："義重莫
如妻……誓將死同穴",[219] 都反映了夫妻合葬的觀念深入人心的地
步。唐人遵循此禮，有時已到極端的地步，傳世墓誌甚至顯示有三
位先後娶的夫人與丈夫合葬的例子。[220]

　　然而，我們卻發現，唐代有出嫁女子，大反一般承認的禮制，
不但不葬於夫家先塋或與夫合葬，竟也不單獨下葬，反而是葬在本
家的墓地。這類的例子有出於皇家者。在唐太宗的陵園——昭陵
——已辨識的陪葬墓中，七個是公主的陪葬墓，五個有駙馬合葬，
換言之，是丈夫葬於妻家墳地。[221] 在橋陵——唐睿宗的陵園，也有
公主的陪葬墓，如郯國長公主、涼國長公主之墓。[222] 當然，公主的
情形是例外，不可以一般禮俗度之。至遲從西漢開始，跟公主結婚
叫"尚主"，也就是"嫁"到皇家。漢代的皇陵也有公主的陪葬墓。
東漢儒學世家的荀爽（128～190）、荀悅（148～209）叔姪就都曾
批評"尚主"的儀制，認爲是以卑臨尊，顛倒陰陽。[223]

　　比較值得注意的是，公主陪葬皇陵雖是舊制，在唐代卻得到張
說（667～731）和蘇頲（670～727）的特別辯護。張說《郯國長公
主神道碑銘》云："不祔不從，古之道也。"意思是，不祔於夫家之
墓或不與丈夫同葬，合於古道，是正當的。蘇頲則在《涼國長公主
神道碑》中說，公主陪葬之舉是："生資敬愛，歿效充奉。蕭史樓
中，鳳音何望；軒轅台下，龍得仍攀。"[224] 蕭史傳說爲春秋時人，
善吹簫，作鳳鳴，秦穆公以女妻之，常爲夫婿之代稱。這幾句的大
意是，公主雖逝，留下悵望的夫婿，但仍能長伴君父之側，繼續生

〔218〕 朱金城《白居易集箋校》卷一，頁42。

〔219〕 同上，《和微之聽妻彈別鶴操因爲解釋其義依韵加四句》卷二一，頁1428。

〔220〕 毛漢光《唐代墓誌銘彙編附考》第17册，《一六七一·大唐故陪戎校尉崔府君墓誌銘
并序》，頁353。關於唐代夫妻合祔之風的一般說明，可參看趙超《由墓誌看唐代的婚
姻狀况》，頁205～206；周次吉《唐碑誌所見女子身份與生活之研究》，頁117～127；盧
向前《唐代胡化婚姻關係試論——兼論突厥世系》，收在王永興編《紀念陳寅恪先生百
年誕辰學術論文集》（南昌：江西教育出版社，1994），頁537。

〔221〕 見楊寬《中國古代陵寢制度史研究》（上海古籍出版社，1985），頁251～252。

〔222〕 見張說《郯國長公主神道碑銘》，《全唐文》卷二三〇；蘇頲《涼國長公主神道
碑》，《全唐文》卷二五八。

〔223〕 荀家叔姪的批評見《後漢書》卷六二。漢代公主陪葬父陵之事，見任常泰《中國陵
寢史》（臺北：文津出版社，1995），頁67、70。

〔224〕 以上兩段引文的來源，均見注〔222〕。

前的愛敬。

張説和蘇頲的説詞所依的理由不同。蘇頲用的是人情論，生前的愛敬就足以爲死後陪葬的根據。張説則以經典爲説，以不從夫家葬爲當然。張説之言典出《禮記‧檀弓上》：

> 舜葬於蒼梧之野，蓋三妃未之從也。季武子曰：周公
> 蓋祔。[225]

這段話涉及兩件事。一是舜及其夫人的葬法。據説舜征有苗而死，即埋於南方，妃子未從葬。依《史記》的記載，舜死於蒼梧，葬在九疑（今湖南南部），而舜的兩個妃子——娥皇、女英——則葬於湘陰（今湖南北部）。[226] 從禮經、古史所言雷同看來，舜未與其妃合祔是大家共同承認的。上引《禮記‧檀弓》之文所涉及的另一件事是，季武子（公元前六世紀魯國之貴族）解釋合葬禮的起源，認爲大約是始自周公。

張説在《鄎國長公主神道碑銘》中引據經典，是爲了正當化公主陪葬父陵的舉動。但就事理而言，合不合祔與出嫁女葬於本家是兩回事。在唐代，族葬與夫妻合葬雖是通行的風俗，不如此做的也不少，在這種情況下，人們常會説這是行古制。[227] 但歸葬本家則可有完全不同的涵義。這可以意謂，婦女在本家並不是客人，在生命終極歸宿的層面，她是屬於本家的。這個意涵與“内夫家，外父母家”的意識形態顯然有衝突。張説和蘇頲爲公主陪葬父陵所作的辯護之所以有趣，是因爲唐代婦女與本家同葬並不限於皇室。民間也有這種情形。出嫁女歸葬本家的具體狀況如何，唐人如何在觀念上處理此事，下文將試圖討論。

在介紹民間出嫁女歸葬本家的例子之前，必須作一個背景説明。在唐代，女兒未嫁而死，依禮俗是葬於家族墓地，在觀念上顯然也認爲未嫁女死後與本家男子的魂靈仍屬同一家族。就我目前所見，大部分傳世的唐代在室女墓誌都明寫她們是祔葬於先塋。許多死在

---

[225] 《禮記注疏》卷七，頁2左。

[226] 《史記》卷一，頁44；卷六，頁248。〔劉宋〕裴駰《史記集解》引《皇覽》中《禮記‧檀弓上》句爲："舜葬蒼梧，二妃不從"，與今本《禮記》之"三妃"不同。見《史記》卷一，頁44～45。

[227] 一個開元時期的墓誌記載了墓主要求不必與夫人合葬，理由是"古無合葬"。見毛漢光《唐代墓誌銘彙編附考》第17冊，《一六七〇‧唐故□□持節隨州諸軍事隨州刺史河南源公墓誌銘并序》，頁348。

外地的未嫁女，後來都遷葬回祖墳，這更表明，未嫁女與家人葬於
一處是社會肯定的習俗，而非權宜之計。對於在室女祔葬先塋之舉，
墓誌大多以"禮也"來形容，也有少數説"順也"。[228] 有的墓誌更
以具體的言辭表達死後仍是一家人的看法。譬如，大曆年間的一篇
墓誌叙述一位未婚女子的兄弟將她徙葬祖墳，他們的期望是："骨肉
之恩無絶也。"[229] 貞元年間未嫁女張容成的哥哥爲妹妹撰寫墓誌，
對她的葬事作了如下的説明：

　　　克次先殯，東西密邇，樹柏同陰，不離塋城之中，獲

　　展晨昏之事，魂兮有託，少慰余心。[230]

此處的"先殯"指的是張容成母親的墓，容成就葬在旁邊，繼續生
前的孝敬。最後一個例子是，一位在室女於長慶三年（823）在鄭州
逝世，殯於當地，她的一位長輩（很可能是父親）在墓銘中立誓將
來一定要將她遷葬祖塋。銘曰：

　　　玉已摧，蘭已萎，鄭之南兮魂權依，過年有力當西歸，

　　誓昭昭兮不吾欺。

三十年後——大中六年（852）——她的家人終於將她遷葬洛陽祖
墳，埋在父母之旁。[231] 墓誌大都爲統治階層所遺留，從以上的叙
述，我們可以看到，在唐代的上層文化，女子未嫁而死，就如生前，
明確地屬於父母家。在這個文化背景的對襯下，出嫁女歸葬本家就
不能算是太突兀的現象了。

　　唐代出嫁女子葬於本家有幾種類型。一類是未廟見的已婚婦女，
這一點前文已有説明，並指出此事合於《禮記·曾子問》所説的禮
則。但未廟見女也有歸葬夫家的。[232] 另一類是長期歸寧的婦女。前
文討論夫亡歸宗問題時曾提到一位趙夫人裴氏，就是在本家逝世後
遷葬祖塋。此外，天寶十載有一位李夫人崔氏在夫亡歸宗後葬於故
鄉，墓誌説"不忘本也"，或許也是葬於祖墳。[233] 李翺的岳母也是

〔228〕　例見《唐代墓誌彙編》，頁 1784、2046、2160、2323、2335、2381、2458、2488。
　　　　頁 1784 還説在室女之葬，"禮宜從父"。
〔229〕　《唐代墓誌彙編》，頁 1785。誌題已失。
〔230〕　《唐故清河張氏女殤墓誌銘并序》，收在《唐代墓誌彙編》，頁 1919。
〔231〕　《唐故樂安孫廿九女墓誌》，收在《唐代墓誌彙編》，頁 2300。
〔232〕　見《唐代墓誌彙編》，頁 2249。
〔233〕　《大唐故監察御史趙郡李府君夫人博陵崔氏墓誌銘并序》，《唐代墓誌彙編》，
　　　　頁 1669。

葬在本家，但她的夫婿早年殁於吐蕃，尸骨無存，所以算是特例。[234] 在唐代夫亡歸宗的衆多例子中，我僅看到這三個明確顯示葬於本家，很可能屬於少數的情況。[235]

婦女歸葬本家的第三種類型可説是特殊原因的歸葬。大曆四年（769），一位竇夫人崔氏的弟弟將姊姊遷葬至洛陽父母墓旁，當時崔氏的丈夫在遠處任官，墓誌説此事僅爲權宜。似乎意謂，崔氏將來還是要遷葬夫家的。[236] 另一個例子是，元和末年的一位趙氏夫人葬於母親墳墓之旁，有學者推測她因曾再醮，不得不歸葬父母之家。再醮與歸葬本家有何關係，尚須再考察，此事姑列於此。趙氏夫人墓誌中有一值得注意之點，就是作者説她祔於先姒之墓乃“禮也”，顯然不以此爲大不諱之事。[237]

再者，元和年間，一位楊姓出嫁女子念家心切，屢次要求丈夫與夫母準她離婚歸家，此事尚未有結局，楊氏即過世。楊氏的兄弟請求楊氏歸葬本家，終得夫家允許，楊氏即埋土於本家祖塋。她的歸葬可説是離婚歸家願望在身後的實現。楊氏的墓誌是她一位堂兄寫的，對其歸葬本宗之事，他在誌文中説：“禮也”，在銘中則云：“夫家塋域兆未吉，先人松柏神歸之”。後者顯爲託辭，但卻也顯露卜筮在唐人生活與文化中扮有重要的角色。[238]

最後要談未歸宗婦女無特殊原因的歸葬。開元二十五年（737）五月四日，一位楊夫人源氏逝世，“遺命薄葬，願陪考姒之塋域，不忘本也。”從墓誌資料看來，源氏夫婿先逝，但她並無歸宗的迹象。[239] 貞元十二年（796），一位臧夫人翟氏逝於揚州。她死前有遺囑：“吾考姒松柏在洛城西北金谷鄉，願早歸祔塋葬。”，次年，長子就安排她歸葬洛陽的本家墳地，而且形式上是夫妻合祔。不過，翟

〔234〕 《唐代墓誌彙編》，頁 1926~1927。

〔235〕 夫亡歸宗後再返葬夫家或與夫合葬的例子見，《唐代墓誌彙編》，頁 1677、1808~1809、2363、2379、2447。另一個疑似葬本家的例子見《唐代墓誌彙編》，頁 2238~2239。

〔236〕 《唐濮州臨濮縣竇公故夫人崔氏墓誌銘并序》，《唐代墓誌彙編》，頁 1769。

〔237〕 《唐故趙氏夫人墓誌銘并序》，《唐文續拾遺》卷五。學者的推測，見周次吉《唐碑誌所見女子身份與生活之研究》頁 126。“趙”爲夫人本姓。墓誌作者顯然因爲夫人曾二適，第一次婚姻且長達二十餘年，故避免以夫姓稱其爲某夫人。

〔238〕 《唐陝州安邑縣丞沈君弘農楊氏夫人墓誌銘并序》，收在《唐代墓誌彙編》，頁 1988。

〔239〕 《大唐故汴州尉氏縣尉楊府君夫人河南源氏墓誌銘并序》，《唐代墓誌彙編》，頁 1521。

氏的丈夫早在天寶十五載（756）哥舒翰與安禄山的靈寶大戰中溺死
黃河，骸骨没於水波，這裏行的是中古時代所謂的"招魂葬"。[240]
此外，元和十四年（819），一位李氏夫人逝世於"夫之私第"，卻
歸葬父親的墓地。更令人注目的是，爲她撰寫墓誌的堂叔説此事：
"非權也，不忘本也"，直接了當地肯定歸葬本家的合法性。[241]

上引事例中，前兩個都明寫歸葬本家是婦女自己的意願。第三
個例子可能也是如此，而且本家全力支持配合。現在要引述的材料
則更清楚地表現了婦女要求在身後與本家重聚的期望。中唐古文運
動先驅獨孤及有位堂姊在過世前要求祔於父親墳旁，死後她的兒子
依其遺願，安排葬地。獨孤及是這樣描寫此段過程的：

> 初，夫人少因有行，思歸寧而不得。晚值多故，去故
> 族而無復。由是終身有遠父母兄弟之痛焉。臨終顧其子，
> 葬我必於先大夫之塋。季華等泣奉遺旨。……反葬洛陽龍
> 門潁川府君塋兆之側，夫人之志也。[242]

獨孤及在這裏用了一個典故，就是《詩經》中的"女子有行，遠父
母兄弟"。此句並見於《邶風·泉水》，《鄘風·蝃蝀》；行者，嫁
也。[243] 獨孤及用經典中的語言來表達獨孤氏心中的情感以及歸葬的
願望，應是有表示此事爲正常的意味。柳宗元的一位姑姑也是葬於
本家。她用的理由是，她身體不好，没有善盡侍養舅姑之責，又生
子夭折，似不够格葬在夫家的墓地。她過世前向丈夫提出要求："願
殺禮，以成吾私，邇先夫人之墓而穸我焉。"她表示，她可等丈夫辭
世之後，再與他合葬。[244] 我們不知柳氏後來有没有與其夫合葬，但
從"以成吾私"之語，應可看出，她的心情與獨孤氏相差不遠。

我目前所搜集到的唐代婦女歸葬本家的例子還相當零星，很難

---

[240] 《唐故朔方節度十將游擊將軍左内率府率臧府君墓誌銘并序》，《唐代墓誌彙編》，頁
1896。"招魂葬"是指對無遺骸的魂靈所作的安葬形式，盛行於戰亂頻仍的魏晉南
北朝。參見《通典》卷一○二，頁2701～2704。
[241] 《唐故隴西李夫人墓誌銘并序》，《唐代墓誌彙編》，頁2041。此誌特別的一點是，
李氏的丈夫姓陳，依唐代慣例應稱陳夫人李氏，此誌稱李氏爲李夫人，或爲以女家
爲主之意。按，據誌文，李氏結婚逾二十載，養舅姑，育有二男一女，墓銘還説
她："穆穆令德，惠和淑慎，好合君子，柔嘉淑聞"，看不出婚姻有異常的迹象。
[242] 獨孤及《唐故亳州刺史鄭公故夫人河南獨孤氏墓版文》，《全唐文》卷三九二。獨孤
及在文中稱獨孤氏爲"伯姊"。經推斷，是堂姊而非親姊。
[243] 馬瑞辰《毛詩傳箋通釋》（北京：中華書局，1989）卷四，頁148～149。
[244] 《柳宗元集·亡姑渭南縣尉陳君夫人權厝誌》卷一三，頁333。

作系統的分析。現在能說的是，這個現象並不常見。關於可能導致
婦女歸葬本家的主要因素，除了"未廟見"的情況，歸葬本家有時
可能是行正規葬事前的"權葬"。其他可能的因素，目前還無法作推
測。不過，對於歸葬本家在唐代文化中的正當性的問題，這裏願意
表達兩個看法。柳宗元的姑姑在提出歸葬本家的要求時說，"願殺
禮"。這句話清楚地點出，婦女歸葬本家在唐代是不合禮制的——至
少是打了一個大折扣。但此事並非完全不具正當性。正當性的第一
個來源似乎就是家族觀念。從唐代未婚女子葬於祖墳的普遍狀況，
我們可以得知，唐人——至少是士人階層——對婦女的生命角色與
後世某些風俗有相當不同的看法。他們並没有女兒在本質上不屬於
父母家的觀念。顯然，女兒如果没有結婚，無論爲人、爲鬼魂都是
父母家的成員。[245] 反過來說，許多迹象顯示，女子出嫁後，她作爲
父母家成員的身份也没有完全消失；用《儀禮·喪服》的話來說，
本家仍是她的"歸宗"、"小宗"。出嫁女歸葬本家在文化上的一個
主要立足點就是這個持續保有的身份。

　　現在，我想藉兩個具體的例子給予上述論點進一步的支持。晚
唐詩人李商隱（813～858）家的祖塋，葬有他大姊、二姊。義山在
爲遷葬仲姊於本家而寫的祭文中說：二姊的墓地"南望顯考，東望
嚴君，伯姊在前，猶女在後"；目前一家之內，唯有祖妣（可能指曾
祖母）尚未歸祔，此事辦妥之後，則"五服之內，更無流寓之魂；
一門之中，悉共歸全之地。"[246] 從這段文字，可看出這個墳地葬有
商隱的大姊、二姊和侄女。商隱的侄女未婚而死，二姊則爲"未廟
見"婦，前文已有討論。至於伯姊爲誰，不能確定。很有可能是一
位"徐氏姊"，她死後權葬於本家，丈夫逝世後，再遷去與丈夫合
祔。商隱在寫祭二姊文時，大姊正權葬於本家。[247] 無論確實情況爲
何，這裏要說的重點是，李商隱把本家女子——無論已婚、未婚——葬

---

〔245〕　唐代有冥婚的習俗，但以目前資料所見，並不普遍。此現象的內容與文化意義尚待
　　　　進一步的研究。可略見向淑雲《唐代婚姻法與婚姻實態》頁101～102。

〔246〕　李商隱《樊南文集》卷六《祭裴氏姊文》，頁344、345。另參《樊南文集》下冊，
　　　　《樊南文集補編》卷一一《請盧尚書撰李氏仲姊河東裴氏夫人誌文狀》。

〔247〕　有關商隱對婦女喪葬之事，除前注提及的資料，另參《樊南文集》卷六，《祭徐姊
　　　　夫文》、《祭徐氏姊文》、《祭小侄女寄寄文》。商隱徐氏姊的例子似乎再次顯示，唐
　　　　代婦女在與丈夫合祔或葬於夫家先塋之前，可權葬於本家。正文對此已稍提及。

於祖墳當作家族的重聚,是一件合理而極可欣慰的事。

另一個例子是,八世紀前期有一位名爲王修本的人死前有遺囑曰:"鬻其第,將我歸于洛師,啓遷我祖父伯仲女兄女弟凡七穴。"這是説他要求家人把現在的房子賣掉,歸葬他於埋有祖父等7人的家庭墓地。[248] 王修本死前的願望是與已逝的家人聚首,這些家人包括他的姊妹。我們雖然不知道他的姊妹是否曾結婚,但修本的遺言明確顯示一種以祖父母,父母爲中心的永恒家庭觀,這個家庭是包含女兒姊妹的。這個觀點顯然是使出嫁女歸葬本家在唐代具有若干合法性的源頭之一。

在唐代歸葬本家婦女的墓誌中,爲這種行爲賦予的最主要意義就是"不忘本"。這個詞語含有兩個因子,一是"本"——本源、本家,一是"不忘"——對本生家庭的懷念依戀。這是一種用婦女與本家在情感上的關聯來建立合法性的説法。女子出嫁後,長居夫家,思念本親,乃人之常情。而此思念之情,有臨死而愈切者,至有要求歸葬本家而得遂其心願的事例。獨孤及説他堂姊"終身有遠父母兄弟之痛",最能表現歸葬本家行動的情感因素。即使在未歸葬本家的婦女間,有時這種情感也有令人動容的表達。元稹(779~831)記其大姊的遺言云:"吾幼也辭家,報親日短,今則已矣。不見吾親,親乎親乎!"可謂情辭淒切。元稹的姊姊十四歲結婚,享年三十餘,其臨終之言,應是許多唐代婦女的共同心聲。[249]

北魏末時,張普惠勸諫靈太后勿在她亡父的尊號上加"太上"二字,不可因私情而損害公制。普惠在密表中説:

> 天下母以義斷恩,不可遂在室之意,故曰:"女子有行,遠父母兄弟。"[250]

---

〔248〕 《唐故太原王府君夫人韋氏墓誌銘并序》,收在《唐代墓誌彙編》,頁2363。

〔249〕 《元稹集》(臺北:漢京文化事業有限公司影印本,1983),《夏陽縣令陸翰妻河南元氏墓誌銘》卷五八,頁610~611。墓誌中提及元稹母親曾久病,元稹姊親侍湯藥達兩三年,可見她曾長期歸寧。又,元氏死時,父母已逝,丈夫與兄都有事無法料理其喪事,元氏之喪後由元稹的從父與堂兄弟主持。凡此皆可窺唐代婦女與本家關係密切程度之一斑。附識,墓誌中關於元氏之享年,脱去一字。唐代文獻中對於婦女與本家深厚感情的描寫,可另見《有唐盧氏故崔夫人墓銘并序》,《唐代墓誌彙編》頁2351。另一已婚婦女死前唯以母親爲念的例子見《唐代墓誌彙編》,頁2412。

〔250〕 《魏書》卷七八,頁1733。

對唐代某些死後與本家同葬的婦女來説，她們的作爲與張普惠的話恰好背道而馳，可説是親情不可遏抑，終遂在室之意。而《詩經》"女子有行，遠父母兄弟"之語，在張普惠看來，是表示婦女應該和本家保持距離，但對許多生活在夫家的婦女，則可勾起終身之痛。

就目前所知，唐代婦女死後歸葬本家的情形並不多見。然而，這類情況雖然在事實的層面沒有高度的代表性，就對社會和文化的探究而言，則可能相當重要。一個社會中特殊的事件，例外的現象，常能提供我們省視行爲與規範系統之深層性質的機會。這些例外也不一定是由奇思怪想所造成的，它們往往透露出社會中普遍的——但經常是被壓抑的——思緒與願望。我相信，本文對唐代婦女歸葬本家的分析，對我們瞭解唐代婦女與其本生家庭的關係有重要的助益。這個分析也使我們捕捉到了從唐代婦女隱蔽的情感世界射出的幾道閃光。

四、結　論

這篇論文是對唐代婦女與本家關係的一個初步探討。文章涉及的範圍很廣，從思想、行爲規範到實際生活的種種方面，都作了叙述和分析，可説是個全面性的考察。本文運用的材料主要有正史、文集、《通典》、《全唐文》中的單篇文章、墓誌以及敦煌文獻，特別詳於中晚唐的資料。個人希望，這個研究已爲唐代家庭和婦女史上的一個重要環節——婦女與本家的關係——建立起基本知識，發掘出重要問題，並提出了深入瞭解問題的若干線索。

對於本研究的具體成果，這裏作一個簡單的摘要。在規範的探討方面，由於婦女與本家的關係不是禮法之所重，唐人對這個關係沒有明顯的規範系統，本文根據零星的資料，設法找出相關的主要看法。毫無疑問，在唐人的意識裏，婦女結婚是"移天"，由以父爲天轉爲以夫爲天，婚後當全心奉獻夫家，敬事舅姑，訓育兒女，"內夫家，外父母家"。以上所説不僅是古聖先賢的教誨，也是實際生活所表現出的理念。但已婚女子和本家還是有關聯的，她仍是本家的成員。根據韋述和《儀禮·喪服》的説法，本家可算是她的小宗。唐代其他兩種主要的行爲規範準則——人情論和法律，似乎都比儒家教義更强調婦女與本家的聯繫。

在實際狀況方面，婦女一般在生活上是以夫家爲主，鮮出夫家門戶者當不在少數。但本文也察覺到，出嫁女和本家通常仍維持著各種形式的關係。有的關係存在於"内夫家，外父母家"的格局内，有的則已逸出此格局。這些關係包括歸寧省親，日常接觸、照料娘家、夫隨妻居、長居本家等等。本文的一個重大發現是，至少在統治階層，婦女夫亡歸宗是一種生活的常態。這個現象可能與文化價值的傾向有關，但也有家庭結構的因素。值得注意的是，本家有時會介入出嫁婦女的婚姻，最極端的就是逼迫女子離婚。這種作爲往往不顧及婦女自己的意願，可見本家和婦女的聯繫對婦女福祉的影響有時是負面的。在婦女與本家的各種關係中，和一般規範理論相距最遠的就是出嫁女死後葬在本家的墓地。除了在"未廟見"婦的情況，這類事件相當罕見。但這種行動似乎具有象徵性的意義，代表對"内夫家，外父母家"文化的迴避或拒斥。綜合而言，在婦女與本家的關係上，實際行爲遠比規範理論多樣而寬鬆。

在本文的導言，我曾經表示，本文的首要目的在增加我們對唐代婦女生活的瞭解，但也盼望能對歷史上婦女地位的探索有所幫助。對前一個目標，個人相信，已在相當的程度上達成了。至於後者，本文的貢獻有幾個方面。首先，本文顯示了婦女與本家的關係是個可行的研究課題，希望能因此激發學界對研究其他時代同一課題的興趣，從而使我們對婦女地位的問題能有更廣闊的衡量基礎。再者，從本文的研究，我們可以找到一些用來觀察婦女地位的具體指標。夫亡歸宗，長期歸寧也許就有這樣的功能。此外，透過對在室女祔葬祖墳、出嫁女歸葬本家等現象的探討，我們也發現，在生命終極歸屬的層次，對唐代的家庭而言，女兒並不一定只是客人或外人。這種婦女觀與後代的某些信仰有顯著的不同。譬如，依臺灣漢人社會的傳統習俗，女兒若未嫁而死，就變成無主的鬼，在自家是没有歸處的，若埋葬，也不能葬於家族墓地。[251] 這個對比提示我們，中國歷史上婦女身後地位的問題值得深入追索。

---

[251] 參見施芳瓏《姑娘仔"污穢"的信仰與其社會建構：以北臺灣三間廟宇爲例》，發表於中央研究院民族學研究所主辦"婦女與宗教小型研討會"，1996 年 6 月 8 日；Arthur P. Wolf, "Gods, Ghosts, and Ancestors," in Arthur P. Wolf, ed. , *Studies in Chinese Society* (Stanford: Stanford University Press, 1978), pp. 148 ~ 152。關於未婚女子埋葬方式的訊息，承施芳瓏小姐提供。

在唐代婦女與本家關係的研究上，本文是開拓性之作。我們如果要對這個問題取得大體周備的瞭解，需要努力的地方還很多。現在想對此課題的待發掘之處作幾點簡單説明。首先，我們對於唐代婦女與本家關係的種種相關事實，尚須再作廣泛的搜集，筆記小説、墓誌、詩文資料尤其還有開發的空間。在個人研究的過程中，發現最難獲得資訊的反而是最平常的現象——婦女與本家一般性、例行性的接觸。或許由於這些事情太常見、太瑣碎，記載非常稀少。對於這種有關日常生活的研究，必須再廣搜資料，仔細梳理，才能重建比較清晰的影像。

其次，本文基本上是一個以唐代爲時間範圍、以中國爲地理界限的統合論述。文中沒有對觀察到的現象作時代、地域、種族的區分，對階級與本家問題的關係略有涉及，但也是淺嘗輒止。這是一個有意的決定，因爲我目前掌握的材料還沒有豐富到能讓我作有意義的細部分類。希望隨著資料的累積，這個情況能得到改善。

最後，在這篇對唐代婦女與本家關係的概略論述中，一些有意義的課題還是沒能得到探討的機會。現在稍提出，一方面供學者參究，一方面也代表對自己的期許。本文論婦女與本家的關係，處理的對象都是妻子，但唐代有極多婦女爲人妾，爲人侍婢，她們和本家的關係又如何呢？這其中一定涵藏了極多有知識和啓示價值的人世經驗。現在舉兩個情況相反的例子，以見一斑。九世紀中，一位只知叫支氏的女子曾爲監察御史歸仁晦的妾，爲他育有五男二女，後來歸仁晦娶妻，支氏就"歸養"本家，與兒子分離（二女早夭）。[252] 這個歸宗事件背後相信有一段悲慘的境遇。另一個例子也出現在九世紀中葉。一位叫張氏的婦女爲李瑄的妾，張氏的父母都隨她居住夫家。從資料看來，張家能有這樣的幸運，不必然是出於李瑄的好心腸。據李瑄自言，張氏"出余外氏家"，可能是母家的庶女或寒微親戚，兩人的關係本就不同平常，加以李瑄自幼生長舅家，親情就更深一層。[253]

再者，本文爲求焦點清楚，沒有處理比丘尼、女道士與本家的關係。尼姑、道士雖名爲出家人，但和本家保持密切關係的恐怕不

---

〔252〕 墓誌失名，見《唐代墓誌彙編》，頁2307。
〔253〕 《唐河南府河南縣尉李公别室張氏墓誌銘并序》，收在《唐代墓誌彙編》，頁2457。

少。探討這個問題，不但有助於瞭解唐代的家庭狀況，對宗教史的研究也會有貢獻。[254] 今後對婦女與本家的研究似乎也可包括婦女和本家其他已婚姊妹的關係。從本文的論述，我們可以看出，對同胞手足情感的重視是唐代許多婦女與本家保持密切關係——甚至歸宗——的主要動力，就此點而言，出嫁姊妹間的關係與婦女、本家兄弟間的關係在性質上並無二致。事實上，在個人寓目的材料中，頗有顯示本家姊妹在婚後保有極密切關係的，合家之事亦有之。[255]

現在文章要以一個夢作結。前文曾提到一位在晚唐動亂中到河南澠池迎接姊姊回本家的李陲。姊姊崔夫人回洛陽本家不久，就罹病逝世，令李陲非常傷心。姊姊去世後某一晚，他作了一個夢，夢中姊姊告訴他：

　　　　吾獲計於前途，得歸身於我黨，因緣復結，似可庶幾？

這是說，姊姊預見自己將來會再投生本家，又與弟弟結緣，感到欣喜。李陲不是受到佛洛伊德影響的現代人，認爲夢其實代表的是個人潛意識中的期望。他似乎真的相信姊姊在託夢，所以他說："釋不云乎：隨願往生。此夫人之深志也。"[256] 我們當然不能把李陲的夢當作崔夫人的意志，但他確信姊姊懷有再生本家的願望。

引用書目

一、傳統文獻

《毛詩注疏》(《十三經注疏》本)。

《儀禮注疏》(《十三經注疏》本)。

《禮記注疏》(《十三經注疏》本)。

《禮記正義》(《十三經注疏》本)。

《春秋左傳正義》(《十三經注疏》本)。

《史記》，北京：中華書局，1959。

《漢書》，北京：中華書局，1962。

[254] 關於比丘尼和本家的密切關係，可例見《唐代墓誌彙編》，頁 1655、2560。在敦煌文書斯 4710 號唐末沙州陰屯屯等戶口簿中，有些戶中還有出家爲僧尼的家人。見唐耕耦、陸宏基編《敦煌社會經濟文獻真迹釋録》第 2 輯，頁 470。

[255] 例見《唐代墓誌彙編》，頁 1839～1840、1930～1931、2018～2019。

[256] 《唐故趙郡李夫人墓誌銘并序》，收在《唐代墓誌彙編》，頁 2484。李陲有誤用佛家語之嫌。佛教説隨願往生，通常是指往生西方浄土或兜率天，而非再投人世。

《後漢書》,北京:中華書局,1965。

《三國志》,北京:中華書局,1959。

《宋書》,北京:中華書局,1974。

《魏書》,北京:中華書局,1974。

《周書》,北京:中華書局,1971。

《北史》,北京:中華書局,1974。

《隋書》,北京:中華書局,1973。

《舊唐書》,北京:中華書局,1975。

《新唐書》,北京:中華書局,1975。

《舊五代史》,北京:中華書局,1976。

《新五代史》,北京:中華書局,1974。

《全唐文》,臺北:大通書局影印本,1979。

《全唐詩》,北京:中華書局,1960。

《文苑英華》,(《四庫全書》本)。

《唐律疏議》,臺北:商務印書館,1990。

《通典》,北京:中華書局,1988。

《唐會要》,臺北:世界書局影印本,1989。

《宋刑統》,北京:中華書局,1984。

元稹《元稹集》,臺北:漢京文化事業有限公司影印本,1983。

王維著,趙殿成箋注《王右丞集箋注》,中華書局香港分局,1972。

白居易著,朱金城箋校《白居易集箋校》,上海:上海古籍出版社,1988。

宇文懋昭著,崔文印校證《大金國志校證》,北京:中華書局,1986。

安旗主編《李白全集編年注釋》,成都:巴蜀書社,1990。

任蕃《夢游錄》,收在清同治年北京琉璃廠刻《唐人說薈》卷一一。

吳延華《儀禮章句》(阮元編,《皇清經解》本)。

宋敏求編《唐大詔令集》,上海:學林出版社1992年重排版。

李如圭《儀禮集釋》(《四庫全書》本)。

李昉《太平廣記》,臺北:明倫出版社影印本,1971。

李商隱《樊南文集》,上海:上海古籍出版社,1988。

汪辟疆校錄《唐人小說》,中華書局香港分局,1985。

車垓《內外服制通釋》(《四庫全書》本)。

柳宗元《柳宗元集》,北京:中華書局,1979;臺北:漢京文化事業有限公司影印本,1982。

胡培翬著,楊大堉補《儀禮正義》(王先謙編《皇清經解續編》本)。

范攄《雲谿友議》,臺北:世界書局影印本,1991。

孫望輯錄《全唐詩補逸》,北京:中華書局,1982。

馬建石、楊育裳等編,吳壇原著《大清律例通考校注》,北京:中國政法大學出版社,1992。

馬瑞辰《毛詩傳箋通釋》,北京:中華書局,1989。

張鷟《朝野僉載》,臺北:新文豐出版公司影印本,《叢書集成新編》第 86 冊,1985。

敖繼公《儀禮集說》,收在徐乾學等輯《通志堂經解》(康熙十九年刻本)。

盛世佐《儀禮集編》(《四庫全書》本)。

陳尚君輯校《全唐詩補編》,北京:中華書局,1992。

陸心源《唐文續拾遺》,臺北:文海出版社,1979。

陸耀遹纂《金石續編》,臺北:藝文印書館影印本,1966。

勞格、趙鉞《唐尚書省郎官石柱題名考》,北京:中華書局點校本,1992。

鄂爾泰等奉敕撰(乾隆十三年)《欽定儀禮義疏》(《四庫全書》本)。

黃以周《禮書通故》,臺北:華世出版社影印光緒十九年本,1976。

黃宗羲、全祖望等,《宋元學案》,臺北:河洛出版社影印本,1975。

劉禹錫著,卞孝萱校訂《劉禹錫集》,北京:中華書局,1990。

蓮塘居士(陳世熙)《唐人說薈》(北京琉璃廠刻本)。

鄭氏《女孝經》(《二十二子全書》本)。

鄭珍《儀禮私箋》(《皇清經解續編》本)。

盧綸著,劉初棠校注《盧綸詩集校注》,上海:上海古籍出版社,1989。

蕭嵩等《大唐開元禮》(《四庫全書》本)。

應劭撰,王利器校注《風俗通義校注》,臺北:明文書局影印,1982。

韓愈《韓昌黎全集》,臺北:新文豐出版公司影印本,1977。

嚴可均《全上古三代秦漢三國六朝文》,北京:中華書局影印本,1991。

顧況著,王啓興、張虹注《顧況詩注》,上海:上海古籍出版社,1994。

顧炎武《原抄本日知錄》,臺北:明倫出版社,1970。

二、近人論著

中田薫《唐宋時代の家族共産制》,收入氏著《法制史論集》第 3 卷下,東京:岩波書店,1971 年版。

仁井田陞著,江兼生譯《唐宋之家族同産及遺囑法》,《食貨半月刊》1 卷 5 期(1935 年 2 月)。

仁井田陞《支那身份法史》,東京:座右寶刊行會,1942。

仁井田陞《唐令拾遺》,東京:東京大學出版社,1964 年復刻版。

仁井田陞著,栗勁等編譯《唐令拾遺》,長春:長春出版社,1989。

仁井田陞《唐宋法律文書研究》,東京:東京大學出版會,1983 年復刻版。

毛漢光《唐代墓誌銘彙編附考》第 17 冊,臺北:中央研究院歷史語言研究所,1994。

毛漢光《中古大族著房婚姻之研究——北魏高祖至唐中宗神龍年間五姓著房之婚姻關係》,《中央研究院歷史語言研究所集刊》第 56 本第 4 分。

牛志平《唐代妒婦述論》,《人文雜誌》1987 年第 3 期。

牛志平《唐代婚姻的開放風氣》,《歷史研究》1987 年第 4 期。

牛志平《說唐代的"懼內"之風》,《史學月刊》1988 年第 2 期。

王秉鈞《爲婦女呼籲鳴不平的白居易》,《蘭州大學學報》(社會科學版)1983 年第 4 期。

王重民等編《敦煌變文集》,北京:人民文學出版社,1957 年初版。

王壽南《唐代藩鎮與中央關係之研究》,臺北:嘉新水泥公司文化基金會,1969。

王壽南《唐代公主之婚姻》,收入李又寧,張玉法編《中國婦女史論文集》第 2 集,臺北:商務印書館,1988。

甘懷真《唐代家廟禮制研究》,臺北:商務印書館,1991。

任常泰《中國陵寢史》,臺北:文津出版社,1995。

向淑雲《唐代婚姻法與婚姻實態》,臺北:商務印書館,1991。

池田温《中國古代籍帳研究》，東京：東京大學東洋文化研究所，1979。

池田温著，龔澤銑譯《中國古代籍帳研究》，北京：中華書局，1984。

何立智等選注《唐代民俗與民俗詩》，北京：語文出版社，1993。

何俊哲、張達昌、于國石《金朝史》，北京：中國社會科學出版社，1992。

余英時《漢晉之際士之新自覺與新思潮》，收入氏著《中國知識階層史論·古代篇》，臺北：聯經出版事業公司，1980。

余英時《名教危機與魏晉士風的演變》，收入氏著《中國知識階層史論·古代篇)，臺北：聯經出版事業公司，1980。

余嘉錫《世說新語箋疏》，臺北：華正書局影印本，1989。

宋家鈺《唐朝户籍法與均田制研究》，鄭州：中州古籍出版社，1988。

杜正勝《傳統家族結構的典型》，收在氏著《古代社會與國家》，臺北：允晨文化實業公司，1992。

周一良《敦煌寫本書儀所見的唐代婚喪禮俗》，收入氏著《魏晉南北朝史論集續集》，北京：北京大學出版社，1991。

周次吉《唐碑誌所見女子身份與生活之研究》，政治大學中文研究所博士論文，1991。

周祖譔主編《中國文學家大辭典·唐五代卷》，北京：中華書局，1992。

周紹良主編、趙超副主編《唐代墓誌彙編》，上海：上海古籍出版社，1992。

林麗真《論魏晉的孝道觀念及其與政治、哲學、宗教的關係》，《國立臺灣大學文史哲學報》第 40 期(1993 年 6 月)。

施芳瓏《姑娘仔"污穢"的信仰與其社會建構：以北臺灣三間廟宇爲例》，發表於中央研究院民族學研究所主辦"婦女與宗教小型研討會"，1996 年 6 月 8 日。

柳立言《淺談宋代婦女的守節與再嫁》，《新史學》2 卷 4 期(1991 年 12 月)。

唐耕耦、陸宏基編《敦煌社會經濟文獻真迹釋録》第 1 輯，北京：書目文獻出版社，1986。

唐耕耦、陸宏基編《敦煌社會經濟文獻真迹釋録》第 2 輯,北京:全國圖書館文獻縮微複製中心,1990。

徐秉愉《遼金元三代婦女節烈事迹與貞節觀念之研究》,收入鮑家麟編《中國婦女史論集續集》,臺北:稻鄉出版社,1991。

徐道鄰《唐律中的中國法律思想和制度》,收在氏著《中國法制史論集》,臺北:志文出版社,1975。

袁 俐《宋代女性財産權述論》,收在鮑家麟編《中國婦女史論集續集》,臺北:稻鄉出版社,1991。

高世瑜《唐代婦女》,西安:三秦出版社,1988。

高國藩《敦煌古俗與民俗流變——中國民俗探微》,南京:河海大學出版社,1990。

康 樂《從西郊到南郊——國家祭典與北魏政治》,臺北:稻鄉出版社,1995。

張邦煒《宋代婦女的再嫁問題與社會地位》,收入鮑家麟編《中國婦女史論集三集》,臺北:稻鄉出版社,1993。

陳子展《孝經在兩漢六朝所生之影響》,《復旦學報》第 4 期(1937年 1 月)。

陳東原《中國婦女生活史》,臺北:商務印書館臺九版,1990。

陳寅恪《元白詩箋證稿》,《陳寅恪先生文集》第 3 冊,臺北:里仁書局影印本,1982。

陳寅恪《陶淵明之思想與清談之關係》,《金明館叢稿初編》,《陳寅恪先生文集》第 1 冊,臺北:里仁書局影印本,1982。

陳 鵬《中國婚姻史稿》,北京:中華書局,1990。

陶晉生《北宋婦女的再嫁與改嫁》,《新史學》6 卷 3 期(1995 年 9月)。

傅璇琮《唐才子傳校箋》,北京:中華書局,1990。

楊 寬《中國古代陵寢制度史研究》,上海:上海古籍出版社,1985。

董家遵《從漢到宋寡婦再嫁習俗考》,收入鮑家麟編《中國婦女史論集》,臺北:稻鄉出版社,1992 年再版 2 刷。

董家遵《談談贅婿制度的形式與成因》,原載《建國評論》第 2 卷第 2、3 期(1947 年),現收入董家遵著、卞恩才整理《中國古代婚姻史研究》,廣州:廣東人民出版社,1995。

趙和平《敦煌寫本書儀研究》,臺北:新文豐出版公司,1993。

趙 超《由墓誌看唐代的婚姻狀況》,《中華文史論叢》1987 年第 1 期。

趙鳳喈《中國婦女在法律上的地位》,臺北:食貨出版社,1973 年臺灣初版。

劉紀華《中國貞操觀念的歷史演變》,收入高洪興,徐錦軍、張强編《婦女風俗考》,上海:上海文藝出版社,1991。

劉 興《白居易婦女詩婚姻觀探索》,《湖南師大社會科學學報》1987 年第 5 期。

蔣禮鴻主編《敦煌文獻語言詞典》,杭州:杭州大學出版社,1994。

鄭阿財《敦煌寫本"崔氏夫人訓女文"研究》,《法商學報》(中興學報法商篇)第 19 期(1984 年 7 月)。

盧向前《唐代胡化婚姻關係試論——兼論突厥世系》,收在王永興編《紀念陳寅恪先生百年誕辰學術論文集),南昌:江西教育出版社,1994。

錢大群、錢元凱著《唐律論析》,南京:南京大學出版社,1989。

戴炎輝《唐律通論》,臺北:正中書局,1964。

聶崇岐《女子再嫁問題之歷史的演變》,收入鮑家麟編《中國婦女史論集》,臺北:稻鄉出版社,1992 年再版 2 刷。

羅宗濤《敦煌變文社會風俗事物考》,臺北:文史哲出版社,1974。

譚蟬雪《敦煌婚姻文化》,蘭州:甘肅人民出版社,1993。

嚴耕望《唐僕尚丞郎表》,臺北:中央研究院歷史語言研究所,1956。

Chen Jo-shui. "Empress Wu and Proto-feminist Sentiments in T'ang China. " In Frederich Brandauer and Chun-chieh Huang, eds. , *Imperial Rulership and Cultural Change in Traditional China*. Seattle: University of Washington Press, 1994.

Ebrey, Patricia. *The Inner Quarters: Marriage and the Lives of Chinese Women in the Sung Period*. Berkeley: University of California Press, 1993.

Kim Yung-Chung, ed. and tr. *Women of Korea: A History from Ancient Times to 1945*. Originally written under the direction of the Committee for the Compilation of the History of Korean Women. Seoul: Ewah Woman's University, 1976.

Wolf, Arthur P. "Gods, Ghosts, and Ancestors." In Arthur P. Wolf, ed., *Studies in Chinese Society*. Stanford: Stanford University Press, 1978.

Wong Sung-ming. "Confucian Ideal and Reality: Transformation of the Institution of Marriage in T'ang China (A. D. 618-907). " Ph. D. dissertation, University of Washington, 1979.

※ 本文原載《中央研究院歷史語言研究所集刊》第 68 本第 1 分,1997 年。
※ 陳弱水,美國耶魯大學博士,中央研究院歷史語言研究所研究員。

依違於私情與公義之間

——孟姜女故事流轉探析

劉靜貞

現在一般人印象中的孟姜女長篇故事，乃是自唐以來，歷經宋、元、明、清各代人共同的創作。由於各時期、各地方的時勢、風俗以及關心重點不盡相同，因此醞釀出各種歧異的情節。不但孟姜女的生地、死地、哭城地點、尋夫路線有著諸般說法，就連她的姓氏、身世、她丈夫的姓名、死於長城下的緣由、故事的結局也都眾說紛紜。

不過，無論孟姜女與丈夫是如何相遇，爲何成親，也無論她是送寒衣的孟姜女，還是哭城尋找夫骸的孟姜女；在變動不定的各式故事情節發展中，各時、各地不同的說故事人、聽故事人都不曾忘記或放棄的故事主線，乃是孟姜女從一而終，爲了尋找丈夫，不畏艱險，不顧生死，跋涉千山萬水，最後以死相殉，所表現的那份貞烈與堅持。也就是說，無論故事細節如何千變萬化，故事的結局是喜是悲，所有的孟姜女故事的所有鋪陳其實都指向這樣一條尋夫、殉夫的核心主線。[1]

歷經時空流轉，始終在民間社會傳講不歇的孟姜女故事，何以能在不同時空的各個歷史情境中，讓所有說故事人、聽故事人的心弦都爲之觸動？又何以能讓這種原本屬於夫妻間的“私”情，得到社會公開認可的同情？而隨著故事的發展，原本基於“公”義，應保國衛民之需要，該爲公眾所支持的邊塞築城之舉，爲什麼會被貶斥爲秦始皇的暴政？又是什麼樣的生活情境，讓這些說故事人、聽故事人在既有的故事情節中，不斷加入那些令他們自己覺得受到感

---

[1] 絕大部分的孟姜女故事皆以悲劇收場，明代的戲曲、寶卷雖有所謂的圓滿結局，但孟姜女置死生於度外，歷盡千辛萬苦尋夫的基本情節仍在。說見後。

動，而且相信也能感動別人的細節，藉以加強這種褒揚夫妻私情故事的說服力？本文所欲探討分析的，正是此種故事傳講者、聽講者的心態與思想轉折。

一、杞梁妻的知禮與縱情

傳講於民間的孟姜女故事原型究竟伊於何始？顧頡剛先生曾很肯定地說："孟姜女即《左傳》上的'杞梁之妻'。"他認爲，雖然《左傳》上這一段有關"杞梁之妻"的記事還沒有出現哭夫與崩城這兩個基本情節，但是到了戰國，《禮記·檀弓》就增添了她迎柩於路而"哭之哀"的形容；至西漢劉向作《列女傳》，更加上她一哭十日，"城爲之崩"的戲劇性效果，以及最後赴水而死的結局，孟姜女故事的雛型由此浮現。[2]

顧頡剛不是第一個提出孟姜女故事與杞梁妻記事關係的人，不過他從民間文化發展的角度去考量故事如何醞釀鋪展的思考路徑，的確與前人的想法大異其趣。之前學者論及此事，多從歷史的實際演進推求，力圖辨明二者所處時空有相當距離。他們辯稱：杞梁之妻乃春秋時齊人，距孟姜女所哭倒的秦始皇長城築城時間相去三百多年（魯襄公廿三年〔前 550〕，秦始皇〔前 221～前 210〕），故杞梁妻所哭應是齊城（或杞城、或莒城）而非秦之長城。故這兩個故事會混爲一談，都是故事的傳講者不曾好好讀書，缺乏歷史知識。[3] 當然也有學者否認，孟姜女故事是從《左傳》的杞梁故事發

---

〔2〕 顧頡剛《孟姜女故事的轉變》、《孟姜女故事研究》，收入《孟姜女故事研究集》（臺北：漢京出版社影印本，1985），頁 1～23、24～73。

〔3〕 他們都認爲二者相牽連的關鍵，在於唐代詩僧貫休《杞梁妻》一詩中有"築人築土一萬里，杞梁貞婦啼嗚嗚"之語。如顧炎武便嘲笑貫休將杞梁視爲秦時築城之人，"似并《左傳》、《孟子》而未讀者矣。"見《日知録》（臺北：世界書局影印本）卷二五，頁 18 下。其他討論者可參見 Ch'iu-kueiWang（王秋桂），"The Formation of the Early Version of the Meng Chiang-nu Story," *Tamkang Review* 9：2（1978），pp. 128～129n. 1.

對於熟悉歷史典故的知識分子而言，杞梁妻與孟姜女的歷史場景著實相去太遠，一在春秋的齊（杞），一在始皇的秦。不過，把二者混爲一談，雖然是犯了相去數百年的嚴重謬誤，但是對於可能"不知有漢，無論魏晉"的升斗小民來說，"齊（杞）"似乎也很可能音轉成比較可能爲其所知的"秦"。我沒有直接的學術證據，但是遇多了分不清楚（也不想分清楚）是漢在前還是唐在後的現代學生，倒也很可想見會將時空攪得如此錯亂的古人。

展下來的，從而另覓其民間的傳統。[4]

我之所以選擇從《左傳》杞梁妻的故事記載開始討論，倒不是因爲我比較支持顧頡剛先生的論點，而是因爲在處理孟姜女故事中夫妻私情與國防公義的問題之前，我想先討論一下一個社會是如何經由"禮（理）"來安排"情"，藉以辨明一個社會如何設想個人與群體的關係；個人自我及其與他人的關係在群體之中如何被定位；群體的範圍界限又是如何被設定。因爲一個社會如何設定"禮"、安排"情"，又如何架構兩者的關係，有時正反映了該社會如何將個體編排入群體之中，容許個體在群體中保有多少自我，以維護群體共同性（利益）的"公/私"之辨。而杞梁妻在《左傳》、《禮記·檀弓》、《列女傳》作者筆下不同的行爲表現，正可提供我們觀察、思考中國社會所欲設定和所能接受的禮/情、公/私關係，從春秋經戰國到秦漢曾經發生怎樣的歷史變化。

《左傳》、《禮記·檀弓》、《列女傳》三書都報導了杞梁妻在杞梁死後的所言所行，但三者之間卻有極大的歧異，爲了便於討論，先錄列原文於下：

> 《左傳》：（齊侯襲莒，莒人獲杞梁。）齊侯歸，遇杞梁之妻於郊。使吊之。辭曰：殖之有罪，何辱命焉？若免於罪，猶有先人之敝廬在，下妾不得與郊吊。齊侯吊諸其室。（襄公廿三年）

> 《禮記·檀弓》：齊莊公襲莒于奪，杞梁死焉。其妻迎其柩於路而哭之哀。莊公使人吊之。對曰：君之臣不免於罪，則將肆諸市朝而妻妾執；君之臣免於罪，則有先人之敝廬在，君無所辱命。

---

〔4〕　如路工便認爲，形成孟姜女故事的主要原因，是人民經歷了勞役的痛苦。因爲從春秋戰國到明代，長城一直不停止地修建增補，所以每一朝裏民間都可能產生像孟姜女這樣的故事。見《孟姜女故事的人民性及其他》，《孟姜女萬里尋夫集》（北京：中華書局，1959 年第 2 刷）前言，頁 1～10。
　　路工的推論看似合理，其實出於臆測，缺乏實證。王秋桂則從文獻資料如《同賢記》中所載的孟仲姿故事，去發掘孟姜女故事中所謂民間傳統這一面的起源。見氏著，前引文，pp. 113，118～128。
　　李福清（Boris Riftin）也認爲孟姜女的傳說是在民間產生的，後來才筆之於書，征伐和徭役不息，是這一類傳說產生的社會基礎。見《萬里長城的傳說與中國民間文學的體裁問題》，《中國神話故事論集》（臺北：臺灣學生書局，1991），頁 317～333。

《列女傳》：莊公襲莒，殖戰而死。莊公歸，遇其妻。使使者弔之于路。杞梁妻曰：今殖有罪，君何辱命焉？若令殖免于罪，則賤妾有先人之敝盧在，下妾不得與郊弔。於是莊公乃還車詣其室，成禮，然後去。

杞梁之妻無子，內外無五屬之親，既無所歸，乃枕其夫之尸於城下而哭之，內誠動人，道路過者莫不爲之揮涕。十日而城爲之崩。既葬，曰：吾歸矣！夫婦人必有所倚者也；父在則倚父，夫在則倚夫，子在則倚子。今吾上則無父，中則無夫，下則無子，內無所依以見吾誠；外無所依以立吾節，吾豈能更二哉！亦死而已！遂赴淄水而死。（卷四《貞順傳·齊杞梁妻》）

在這三段記錄中，杞梁戰死沙場爲國捐軀的貴族戰將形象是相當一致的，但是杞梁妻的行事作風卻呈現相當大的變化。《左傳》中堅持依“禮”行事，拒絕接受齊侯弔喪於郊的杞梁妻；《禮記·檀弓》中，迎柩於路，縱“情”哀哭的杞梁妻；還有《列女傳》中無所依倚，有死而已的杞梁妻。他們之間的差異，不只是外表行爲上的哭或不哭，更牽扯著文本書寫當時，人們對夫妻間禮/情的認識與安排。

顧頡剛曾用魯國敬姜教訓媳婦們夫死不當有憂容的故事，來說明《檀弓》記杞梁妻哭夫於路的不合禮（理）。因爲就春秋時代對於禮的要求而言，妻子死了丈夫，不但不能夜哭，更不能在人前哭得呼天搶地，一把眼淚一把鼻涕，形容憔悴，憂戚滿面。因爲夜哭有“思情性”（性欲）的嫌疑，而妻子爲丈夫的過世哀哭，則會引人猜想死者生前是否成天留在家中與妻子親暱，不曾在外奮鬥打拼，否則夫妻感情何以會如此之好。[5]

爲什麼要限制妻子表露對丈夫的感情？爲什麼夫妻之間不應該太有感情？雖然沒有直接的答案，但我們或許可以從封建禮制下夫妻

---

[5] 顧頡剛《孟姜女故事的轉變》，《孟姜女故事研究集》，頁9～10。敬姜故事的史書原文見《禮記·檀弓》下（十三經注疏本）：“穆伯（敬姜之夫）之喪，敬姜畫哭。……孔子曰：‘知禮矣。’”《國語·魯語》下（臺北：世界書局，1968）：“文伯（敬姜之子）卒，其母戒其妾曰：‘吾聞之：好內女死之，好外士死之。今吾子夭死。吾惡其以好內聞也。二三婦……請無瘠色，無揮涕，無搯膺，無憂容，……是昭吾子也。’”

之所以結合的目的與緣由來思考這個問題。封建社會的基礎在家族，夫妻結合是爲了合兩"姓"之好，也就是要藉男女的合婚，建立族群（不同姓氏）間的結盟關係，從而發展家族的勢力。這樣的夫妻關係既非如現代婚姻之被設定當出於兩情相悅，合男女個人之兩"性"之好，夫妻之間自應維持在一種有距離的"相敬如賓"的關係上。相敬如賓的夫妻既没有難捨難分的感情，也没有吵吵鬧鬧的不寧。不會因爲夫妻關係不好，影響了兩"姓"之間的結盟關係；也不至於因爲夫妻關係太好，消磨了丈夫向外發展的心志，進而影響到本身家族功業的積累。"好内女死之，好外士死之"，不只是對男性成就形象的期許與評價，更有實際的家族成就利益要求。

爲了不讓夫妻間的私情影響到家族的公義（公益），夫妻之"情"必須受到"禮"的節制。雖然儒家學者一再强調，聖人乃是"緣情制禮"，但實際上，禮的制定是爲了要將"私"人之間的"情"導往一定的方向，並以所要求的節奏强弱來表達，以求有一個穩定的，有助於群體發展的"公"的且合"禮"的人際關係。名義上説是"緣情制（訂）禮"，實際上卻是"緣禮制（約）情"。因此，在合"禮"的且欲成就"公"的夫妻關係中，不會也不能有太多的屬於個人關係的"私""情"；當然，妻子也就不會更不能因爲丈夫之死而"哭之哀"了。

《檀弓》作者之所以書寫杞梁妻拒吊之事，原是爲了對比他人的不知禮不守禮。[6] 然則，如此重禮護禮的作者爲什麽又會讓知禮守禮的杞梁妻在路上哀哭，公然向世人展現自己與丈夫間的私情呢？顧頡剛的解釋是，戰國時齊地正風行哭調，杞梁妻的故事中加入哀哭的情節，甚至被説成是因其善哭而變俗，乃是另一種託古。[7] 不過，延續前面禮與情的課題，或許我們還可以試著從歷史客觀的情勢變遷與人們主觀的認知變化去發掘可能的歷史解釋。

爲合兩姓之好，不得不"相敬如賓"的夫妻關係，原是貴族社會設計出來的禮制，認爲這樣可以穩定人際關係並維繫、延續其家族。但是人非草木，孰能無情，人爲的禮制其實無法完全地限定人們的情感、行爲。知禮的敬姜可以要求媳婦們守禮，卻無法控制她們真能依禮而

---

〔6〕《禮記·檀弓》下記載杞梁妻拒吊之事，是因爲"哀公使人吊蕢尚，遇諸道，辟於路，畫宫而受吊焉。曾子曰：蕢尚不如杞梁之妻之知禮也"。

〔7〕 同注〔5〕，頁3～5。

行。她們在丈夫文伯的喪禮中嚎啕，這讓敬姜發現，自己教養的兒子其實仍是"曠於禮"的。[8] 即使在封建禮制的限制與要求下，人情尚且有時出軌，更何況當封建結構開始鬆動，禮崩樂壞之際，原來被壓抑潛藏的情感如何還能限制得住。

從春秋到戰國，不只是政治制度從封建轉爲郡縣，社會結構也展現了貴族陵夷，平民上昇的流動性。隨著體制的巨變，原本作爲生存準則、生活規範的禮制也隨之鬆動、崩解，人們開始用不一樣的思想、態度來看待世界，處置人事。面對昔日具有壟斷性社會價值的禮樂傳統，富有平民色彩的墨家激烈地加以否定，追求自然的道家則視之爲人類墮落的產品而嘗試超越，唯有儒家一面整理經典一面試圖從內部加以改造。[9]

《禮記》的成書年代不明，保守一點的説法，這是東漢鄭玄編輯和注解的《鄭注禮記》。由於其中一事兩記者或措辭互異，或持論徑庭，故有些學者疑其部分出於先秦之遺文墜獻，部分則出於漢人之作業。其中如《檀弓》一篇一般皆認爲其係摭拾舊記而爲篇。[10] 而無論《檀弓》之作是否成於戰國儒者之手，其中確實明顯存在著欲端正、繼承舊日禮樂傳統的意圖。它之所以要肯定杞梁妻處理吊喪事宜的合禮性，是爲了突顯其他人之不知禮、不守禮；只是它的作者似乎已然在不知不覺間受到戰國以降的時代氣氛浸染，遂於不深思之間承認了昔日非禮的行爲，也接受了杞梁妻爲丈夫"哭之哀"的夫妻關係。

杞梁妻是否真有哀哭的事實，不是我們所能確知，然而《檀弓》作者這信手一筆，卻讓我們不能不驚覺，戰國以下的新社會已然放棄了封建的舊秩序，原本被視爲不合禮的人情宣洩似乎已經是可以被接受的自然流露。而這不只是因爲舊禮制有所鬆動與調整，也關涉家族體制與家庭關係的變遷，尤其是夫妻關係的重新被定義。

春秋戰國的歷史變化不只是在於貴族沒落、禮法崩解等諸表象，更是一連串政治、經濟體制的改革與社會結構、觀念的重組。官僚制的出現，講求用人惟才，新興階級既不能依恃宗族，也無宗族可以依恃。宗族既然失去了存在的意義，個體的小家庭遂成了社會中的普遍形態。這樣

---

〔8〕 敬姜訓子事見杜正勝《古典的慈母魯季敬姜》，《古代社會與國家》（臺北：允晨文化實業公司，1992），頁 942～945。其事見《禮記·檀弓》下："文伯之喪，敬姜據其床而不哭，曰：及其死也，朋友諸臣未有出涕者，而内人皆行哭失聲。斯子也，多曠於禮矣！"

〔9〕 余英時《道統與政統之間》，《史學與傳統》（臺北：時報出版公司，1985），頁 41～50。

〔10〕 王夢鷗《禮記校證總叙》，《禮記校證》（臺北：藝文印書館，1976），頁 7～8。

的轉變或許不能說是全面性的現象,然確是當時社會的趨勢。因爲這也是國家政府的要求,欲集權於己一身的新君主不會容許宗族作爲社會勢力繼續存在。"禮"的設訂,原本是爲讓賢者抑減其情,不肖者興發其情,使個人私情之生發知有所起落與節制,以求穩定人際關係,維繫家族公團體的綿延及擴展;如今不但失去了其規範的對象,本身的合理性亦受到質疑,家庭成員的關係轉而回歸到個人之間自然生發的"情"性。

雖然我們難以經由歷史發展的線索去辨明,要凝聚、維持一個團體,究竟是靠著可節制個人關係發展的"禮",還是能激發個人關係聯結的"情";但回歸到當時社會境況,這意謂著夫妻的結合可以不是爲合兩"姓"之好,他們的家庭生活不是各安己分、各盡己職,以免以私害公的貴族式相處,而是相互扶持、相互依存的平民式交心。不過,無可否認的,社會氣氛固然已容許夫妻之間情感的培養、發展與表達;只是一旦落實到現實生活中,夫妻家人之間不見得全繫於情感上的愛慕依戀,爲謀生計的利益性共存共榮,恐怕仍是同居共處時的主要關係所在。

這樣的歷史氣氛下續至兩漢,至劉向作《列女傳》,不但和《檀弓》作者一樣容許杞梁妻擁有"哭之哀"的心情,還將抽象的情緒與感覺具象化爲時間上的"十日",以及空間上的"城爲之崩"。同時,劉向還透過歷史的想像,讓杞梁妻在投水之前向世人說明她不得不死的理由。但杞梁妻所宣稱:無父、無夫、無子、無誠可見、無節可立的人生困境,其實應該看作是劉向自己對個人在家庭與夫妻關係間所處位置的認知和理想。

劉向作《列女傳》原有他欲藉歷史人物表達教化理想的目的。其中篇傳的分類既不是依母、妻等社會職分爲據,也不是因才性的高下爲別,而是端視個人是否能造就理想社會秩序的成敗而定。[11] 因此,同樣是妻子的身份,同樣是被置放在夫妻關係中,唯有能匡正丈夫行徑,或是能在丈夫死後以適當文辭表揚丈夫德性的妻子才能入《賢明傳》;而那些見識不凡,知德義之所在,卻無法匡正丈夫遠離禍端的妻

---

[11] 《列女傳》的篇章是以社會責任實踐的成敗爲分類準則。相對於《母儀傳》、《賢明傳》中能恪盡社會職分,教子有成,幫夫有道的女性;《仁智傳》中的母與妻,則是空有才智,能預見禍福,卻不能爲相關男性信從,只能退而求自保者;至於《貞順傳》與《節義傳》中的女性則都是在客觀環境不容許其善盡女性社會職分時,her能犧牲自身幸福或所愛,甚至不惜性命以完成禮義期許者。劉靜貞《劉向〈列女傳〉的性別意識》,《東吳歷史學報》5(1999),頁18~23。

子，只能入《仁智傳》；至於被列入《貞順傳》如杞梁妻者，則在故事中幾乎看不到她與丈夫間的互動。她們之所以入傳，不是因爲貞於夫、順於夫，而是因爲其能貞於禮、順於禮。

到底什麼是"禮"？《貞順傳》中有因夫家禮不備而堅不往嫁的"召南申女"，亦有爲了守禮，傅母不至不下堂，寧肯被燒死的"宋恭伯姬"，還有因爲求偶者禮不備，寧可過時不嫁，後又因車乘毀壞，野處無衛而意圖自縊的"齊孝孟姬"。至於其他大部分則都是堅持婦人之道當從一而終，不肯改嫁，甚至毀容或自殺以保貞節者。唯她們所"從一"者，從"禮"守"法"的成分似乎更甚於從"人"守"情"。與丈夫"所務者異"的"黎莊夫人"，就不肯接受傅母"夫婦之道，有義則合，無義則去"的勸告。她堅持順守"壹而已矣"的"婦人之道"；"彼雖不吾以，吾何可以離於婦道乎？"

劉向學問的本質原是以儒學爲宗，以政治現實爲本；[12] 故而在他的認知中，禮就是先聖先賢傳留下來的群體社會秩序準則。而在這個必須守禮的大前提下，個人的生存意義就在於其在群體中是否能維繫既有的禮——社會秩序。故當客觀環境不容許個人善盡社會職分時，個人也就失去了生存的意義。[13] 因此，杞梁妻在劉向筆下所表露的悲哀心情，既不應該起自於她對夫妻之情的執著，也不可能是任情緒傾洩的放縱，而是一種對既有夫妻關係的執著（貞順），以及因喪夫不再有執行社會職分的機會，從而失去己身生存社會空間——不再有家——的悲哀。劉向理想的夫妻關係固然與春秋之前爲求"兩姓之好"、"以禮制情"、"相敬如賓"者的訴求不同，但仍是以整體社會秩序的安排與既存人際關係的穩定爲重。於是，同樣是放聲哀哭的杞梁妻，她的哭聲中卻已没有奔放不羈的感情，有的乃是社會生存空間不再的現實。[14] 問題是做爲歷史上真實人物的杞梁妻，其所處身的乃

---

〔12〕 參考池田秀三《劉向の學問と思想》，《東方學報》50（京都：京都大學，1978），頁 116～123。

〔13〕 參考注〔11〕。

〔14〕 清人羅文治《齊杞梁妻》，《歷代名媛圖説》卷上中的議論，更具體地勾勒出，個人（女性）在群體中當守的職分，那不只限於夫妻間的關係，而是以更大範圍的家之利益（能否嗣續）爲取向。其文曰："杞梁之妻不受郊吊，哀聲感而化俗，枕尸哭而城崩，傷無依以立節，投清流而自甘。可謂知禮守義者矣！然使其通於禮義之大，宜以時啓其夫。謂夫之一身上係五世之重，不孝有三，無後爲大，致爲臣而弗求仕焉，可也；即不得謝，亦宜擇事而任之，襲莒之役，恃大陵小，辭于君而弗敢將焉，可也；夫既無禄，而内無所依，外無所倚，杞梁之鬼不其餒乎？則更爲立後，以繼其絶，可也。三者不能，徒殺身以相從，無益於夫，夫之目愈不瞑於地下矣！"（《孟姜女故事研究集》，頁 263）其實這可能正是劉向未説出的想法，因爲若杞梁妻真能做到這些，她就會被列入《賢明傳》或《仁智傳》，而非我們看到的《貞順傳》了。

是春秋時代的貴族之家,並非劉向自己所習知的戰國秦漢以下的小家庭;如果真有杞梁妻其人,那麼身爲貴族之妻的她在其所應置身的現實時空中,其實很難走到無家的地步。

　　無論各個杞梁妻故事的作者/傳講者是否有意識地知覺到從春秋到戰國並下迄兩漢的那種歷史環境的變遷,但是他們所說的故事與其中人物的表現,的確可以讓我們看到人們對於自我社會定位、人我關係,還有心境與自我情感呈現的表達方式,都已有了相當的不同。換言之,他們各自用不同的心情、方式看待夫妻與外在群體的關係,私情與公義的分量在他們心中各有轉折。

　　杞梁妻的故事關係着人們對"禮"與"情"的認知,也觸及了對個人在群體之中"公""私"分際的安排。不過,基本上其所關注的"公"之範圍,尚局限在"家"的層次。[15] 雖然劉向已將之擴張到維繫社會整體秩序的概念要求上,但是這和後來孟姜女以私我的夫妻情義與國家之公義相抗衡仍有本質上的不同。

二、戍卒妻孟姜女的悲情

　　從杞梁妻三段似同而實異的故事內容可以很明顯地看出,作者及其時代想法對文本記述的影響力。這不能從歷史記載真實與否的角度去追究,我們也無法經由這些記述還原出杞梁妻的原人風貌;因爲它所反映的其實是思想態度上的真實,是作者與其時代如何看待一位死了丈夫的妻子,以及對她應有行爲舉止的期許。[16]

　　真人實事的杞梁妻故事尚且因著記述者各自的思緒、心情與關切,而將同一個人營造爲三位個性、想法、舉止皆不同的人物;在民眾之間傳講的孟姜女故事自然更是添添減減,變化多端。不但故

---

〔15〕《左傳》、《檀弓》的故事重點都在拒郊吊,這件事之所以合禮,似乎也可以從家族公益之得以維護來看。因爲就社會關係重整的角度而言,喪禮與吊喪的行爲不只是爲了某一個人的生死大事而動作,也關係到相關生者社會位置的重新安排。就像服紀是爲藉喪服輕重和喪期久暫來顯示生人與死者之親屬關係而有的制度,喪禮與吊喪的進行則標示了死者生前所有的社會關係團體所承繼。所以齊侯吊喪之舉不只是他與杞梁個人關係的展示,恐怕也是杞梁家族未來社會位置將如何調整的預告。但由於這個問題尚牽涉到喪禮的意義,此處不再深論。

〔16〕《左傳》、《檀弓》的作者意向或難詳細追究,劉向作《列女傳》則是明顯地欲藉"歷史事實"證明六經的"真理性",同時用這些"歷史的"教訓作爲法則,維持漢室的穩定。所以劉向選列歷史故事,教化目的高於一切,歷史史事的真僞則非重點所在。劉靜貞前引文,頁5～10。

事情節的發展越來越豐富，描寫也越來越細緻。從才子佳人式的花園相會、姻緣天定，到送寒衣、收白骨、滴血認親，還有與各種惡勢力的對抗（昏君、奸臣、惡僕），幾乎都有其民俗或社會心理的根源可以追尋或提供解釋。自顧頡剛先生談《孟姜女故事的轉變》，又寫《孟姜女故事研究》，關於各本故事之間的演變承接關係，與其流傳影響作用，學者論說已多。[17] 以下僅就主題所欲追究的"公""私"問題進行討論，重點則在於各本故事中是如何安排孟姜女與其夫杞梁的身份處境；如何描述他們的夫妻關係；如何肯定父母在而遠游的正當性；是否曾解釋築城的緣由；如何處理被哭崩的長城；以及如何設定故事最後的結局。也就是在千餘年間，衆多的傳講者們是如何鋪陳經營，讓這樣一個以私抗公，以情抗義的故事始終傳講不歇。

先不論孟姜女哭夫、崩城的人物特質是否承繼自歷史上的杞梁妻，現今爲一般人所熟知，孟姜女故事中萬里尋夫、哭倒長城的情節基幹，直接見諸文獻記載的最早資料，就目前所知當爲唐人所留《珊玉集》中收錄的《同賢記》。這篇記載似乎只是一份故事提綱，[18] 不過，曾引發學者爭議、論辯其與杞梁妻故事有別的孟姜女故事原型大抵都已出現：[19]

一、時代背景移至"秦始皇北築長城"。

二、男主角杞良[20] 爲一"役人"，因"避苦逃走"，入孟家"後園"。

三、女主角孟仲姿"浴於池中"，被杞良看見，因"女人之體

---

[17] 楊振良曾對孟姜女故事研究概況作過整理與介紹，大致區分爲探源流、廣輯佚、研專題三項。見《孟姜女研究》（臺北：臺灣學生書局，1985），頁 21～32。

[18] 王秋桂即認爲這篇記載比較像是一份摘要，並非當時傳講故事的全貌。見 Ch'iu-kuei Wang, "The Formation of the Early Version of the Meng Chiang-nu Story," pp. 119～120.

[19] 《珊玉集》（古逸叢書）卷一二《感應篇》，文末注稱"出《同賢記》"，頁 26～27。同樣的故事亦見於唐人作品的《文選集注》，收入《羅雪堂先生全集》六編（臺北：大通書局，1976）卷 73，頁 6226～6278。曹植《求通親親表》"崩城隕霜"一詞的注語中，唯其稱典出《列女傳》。雖其故事更爲簡要，且所記人名是杞梁、孟姿，但應源自於同一個故事的摘述。

[20] 魏建功曾從形譌、音訛討論杞梁之名何以在各本故事中或作范希郎、范士郎，或爲萬喜良、萬杞良的問題，見《杞梁姓名的遞變與哭崩之城的遞變》，《孟姜女故事研究集》，頁 193～196。由於杞梁之名的變化並不影響本文討論主題，除此處依《同賢記》記做"杞良"外，之後一般行文間仍一律記爲"杞梁"。

不得再見丈夫"，乃結爲夫婦。

四、杞良婚後前往"作所"，"主典怒其逃走，乃打煞之，並築城内"。

五、仲姿知杞良已死，"向城號哭，其城當面一時崩倒"。

六、城崩之後，"死人白骨交橫，莫知孰是"，仲姿乃"瀝血"，"至良骸，血徑流入"，遂持骨"歸葬之"。

嚴格説來，孟姜女故事和杞梁妻故事間，雖然都有一個很會哭的女人因爲丈夫"爲國捐軀"，所以哭倒了城牆，但是就其各自欲鋪陳的情境來看，這的確是兩套不同的故事：

一、由於杞梁的身份從齊國的貴族戰將一變而爲秦國的築城役人，故事中的人物便都由知禮守分的貴族變身爲任性行事的平民百姓。同樣是"爲國捐軀"，貴族杞梁不貪敵賄，戰死疆場；役人杞良則是不堪辛苦，偷偷逃走。同樣是"哀哭崩城"，無論貴族杞梁之妻是表達心中哪一種悲哀，她都是"内誠"外感；[21] 至於民女孟仲姿則是爲尋求被築在城中的丈夫遺骸，哭到長城崩倒，白骨盡出。

二、杞梁妻是在城郊等候迎接亡夫的棺柩，再撫尸而哭；孟仲姿則必須自己前往長城，哭倒長城後才找到丈夫的遺骸。

三、貴族杞梁夫妻的結合因爲不可能不合"禮"，所以故事中完全不曾也不必提起；役人杞良之所以與孟仲姿結爲夫妻，則是因爲"女人之體不得再見丈夫"，是爲一件失禮（不合規矩）的事進行彌補，卻也使得這段夫妻關係從一開始就有了一點浪漫的感覺。[22]

---

[21] 劉向記杞梁妻夫死後向城而哭，城爲之崩。曹植則説"杞妻哭梁，山爲之崩"（《自誡令》，收入〔清〕嚴可均輯，《全上古三代秦漢三國六朝文》（北京：中華書局，1958 年第 1 版，1999 年第 7 刷）。又名《黃初六年令》）無論是寫崩城還是崩山，基本上都是從感應論解説其事，如西晉時崔豹説"杞都城感之而頹"（《古今注》，臺北：藝文印書館，1965），李白詩"梁山感杞妻，慟哭爲之傾"（《東海有勇婦》，《李太白全集》卷五，頁 275，北京：中華書局，1977）。至於東漢王充雖極力辨明"城，土也，土猶衣也，無心腹之藏，安能爲悲哭感慟而崩"！（《論衡·感虛篇》）但卻正好讓我們看到當時人確是以感應之説來理解杞梁妻哭夫崩城的故事。

[22] 這種浪漫的感覺在此以及之後的各本故事中好像都不曾發展成"一見鍾情"式的結合關係。傳講故事的人雖然加入姻緣天定的意思，但都以女主角身體被看見做爲非結姻不可的理由。

四、《左傳》、《檀弓》中並未對知禮的杞梁妻下落有
所交代，劉向則爲確定她的確"從一而終"（貞順），安排
她在葬事之後赴淄水而死。至於唐人筆下的孟仲姿則是很
實際的帶著丈夫的遺骸歸葬。

不知是否因爲只是摘記重點，抑或是作者有意地簡練處理，《同賢
記》的孟姜女故事内容雖然高潮轉折不斷，但是對於人物的心情處
境幾乎未做任何處理。我們無法知道在故事實際傳講之時，是否尚
有説講者添加勾勒的動人之處。不過故事讀來雖頗爲平淡，只是在
它平鋪直敍的過程交代中，又頗有一種理所當然的味道在。這讓人
聯想到，這樣的故事要在傳講間吸引讀者（聽衆）的注意與共鳴，
或許其所指涉的情境都已然是讀者（聽衆）所相當熟悉的。例如，
"秦始皇北築長城"已在大家心中，明顯地具有負面意義，否則男主
角在一個公共建設過程中"避苦逃走"的軟弱，女主角不惜破壞公
共建設以尋覓丈夫遺骸的霸道，如何引發讀者（聽衆）的認同和移
情？再者，孟姜女與杞梁妻的故事情境、主角行事作風既是相去甚
遠，又何以會在唐人筆下糾結合一？

顧頡剛曾試圖從唐代時勢的反映、樂曲的流行這兩方面，解釋
杞梁妻故事何以至此有如是轉折，孟姜女故事何以在此時以如此面
目出現的緣由。在現實中，隋唐開邊武功極盛，唐太宗還曾經誇獎
他的軍隊，稱他們是比長城更好的長城，然而在這功業背後，乃是
無數戍卒將士與家人生離死別的悲情，長城遂成爲悲哀所集的中心。
至於三國、六朝以來的樂府詩中則多描寫築城士卒的痛苦，歌詞中
築城的罪魁正是暴君秦始皇，士卒思家，閨人懷遠，埋骨邊境，親
人不得再見，則常是所欲表現的主調。在這樣的時代氣氛積累中，
原本是以哭城出名的杞梁妻（孟姜女）遂被要求來哭崩長城，哭崩
那座自秦始皇以來即被視爲國防象徵的長城，以求一吐大家心中的
怨氣；因爲她已漸漸被塑造成"丈夫遠征不歸的悲哀的結晶體"。[23]

於是，在時代氣氛的催迫之下，亟需要古人故事以澆自己心中
塊壘，卻又不熟悉典故史實的民衆（也包括文人）遂誤將文人寫作
時的借喻手法，坐成實事。如皮日休的《卒妻怨》詩云："河湟戍

<hr />

[23] 顧頡剛《孟姜女故事的轉變》、《孟姜女故事研究》，《孟姜女故事研究集》，頁14～
19、28～30。

卒去，一半多不回，……處處魯人髮，家家杞婦哀。"[24]　只是借用
杞梁婦喪夫哀哭的典故來説明戍卒妻盼夫不回的傷心，是一種文學
寫作上的借喻。但是貫休的《杞梁妻》詩則是將他在劉向《列女
傳》中看到的杞梁妻事迹與傳講有貞婦哭倒長城，夫骨出土的故事
合在一起當作歷史來述説。[25]

　　文人的詩作反映了時況，《同賢記》的故事也表現了這樣的心
情。只圖消解自己心中塊壘，不在意真實歷史的説/聽故事的人，唯
有將本爲戰將之婦的杞梁妻改換身份，讓她成了役人（戍卒）之妻，
才能與自己的心境真正貼合吧！而在另一方面，這倒也讓我們理解，
故事中以"私"抗"公"的情節，確實有其現實環境的依憑。因爲
透過這樣一種文學上的嫁接手法，杞梁妻固然被安排成守邊築城的
役人之妻；相對的，要求戍卒應役，迫使他們夫妻家人離散的在上
位者，也就可以找歷史上曾築長城又早被定型爲暴君的秦始皇來扮
演了。於是，現實中原本以代表公意、營造公益自居的國家政府，
被轉化定性成暴君秦始皇一人的私利、私心；而原已被分化成個別
性私我的小民們則藉此建立起一種事起不公，造反有理的正
當性。[26]

　　杞梁婦既取得戍卒妻的新身份，原本只是在故鄉迎柩的她便轉
而（也是應該）遠赴邊塞尋夫。敦煌出土的孟姜女變文、曲子詞等
資料中因此繁衍出"送寒衣"的新情節。因爲遠赴邊塞送寒衣（征
衣），乃是戍卒之妻真實生活的反映。[27]　之後不同本子中的孟姜女
便有了不同的旅行目的，或是因爲送寒衣至長城，始得知丈夫死訊；

---

[24]　皮日休《卒妻怨》，《全唐詩》（臺北：明倫出版社，1976）卷六〇八，頁7019。
[25]　其詩曰："秦之無道兮四海枯，築長城兮遮北胡。築人築土一萬里，杞梁貞婦啼鳴鳴。
　　　上無父兮中無夫，下無子兮孤復孤。一號城崩塞色苦，再號杞梁骨出土，疲魂飢魄相
　　　逐歸，陌上少年莫相非。"見郭茂倩編《樂府詩集》（四部叢刊）卷七三，頁1下。
[26]　誰才能代表"公意"、"公益"，是國家政府？還是平民百姓？溝口雄三《中國與日
　　　本"公私"觀念之比較》（《廿一世紀》21，1994.2）一文中，就"共同體的
　　　'公'"和"政治領域的'公'"作了概念上的區分，提供了此處思考的方向。（頁
　　　85~89）
[27]　唐詩中多有以製作寒衣或寄送征衣爲題旨的詩作，其中王建，《送衣曲》即叙述征
　　　人之妻親自送衣的情景。其詩曰："去秋送衣渡黃河，今秋送衣上隴坂。婦人不知
　　　道徑處，但問新移軍近遠。"（《全唐詩》卷二九八，頁3388）相關討論，見 Ch'iu-
　　　kuei Wang, "The Tun-huang Versions of the Meng Chiang-nu Story," *Asian Culture Quar-*
　　　terly 54（1977），pp. 71~73。

或是已知丈夫死訊，再赴長城尋覓丈夫尸骸。不論是哪一種理由，孟姜女都必須離家遠行，故事中遂摻入大量與旅途情景有關的描述。

敦煌文書中有關孟姜女故事的資料，經學者判斷約爲九到十世紀的作品，現知存世的計有《孟姜女變文》（伯5019、5039）、《曲子詞》（伯2809、3319、3911）、《曲子名目》（伯3718）等。[28] 雖然都是斷簡殘篇，但因爲是說唱時所用的脚本，不是提綱式的故事底本，所以仍可以從殘缺的文字叙述中略略捕捉到作者如何經營故事發展的意境與情緒。

除了加入送寒衣的情節，就與本文分析脈絡相應者論，《孟姜女變文》中最重要的變化是杞梁的形象有了改變。他仍是應徭役的築城夫（自稱貧兵），但卻已是姜女心中有著“玉貌”的“賢夫”；尤其是在姜女祭夫的祭文中，他被形容爲是：“□行俱備，文通七篇。昔存之日，名振響（響）於家邦，上下無嫌，剛柔得所。”[29] 無論變文作者是無心抄録了當時通行的祭文範本，還是有意將杞梁打造成一位有文才又無缺點的儒生，他都爲杞梁營造了新形象。孟姜女的故事由此步入另一個階段，杞梁既不是將軍，也不是戍卒，而是一位“讀書人”。[30] 他們夫妻與“公”權力的對抗得到異於往日的新時代動力；孟姜女的堅持不再只是出於夫妻情重，杞梁有了令她痴情的外在客觀條件。

三、“貞節”楷模的儒生之妻

在現實環境催迫下，經唐人搓合，帶着杞梁妻面具的孟姜女有了自己的故事。進入宋代，她的故事仍然傳講不歇，據說南宋之世

---

〔28〕 關於敦煌文書中孟姜女故事資料的時代斷限，參考 Ch'iu-kuei Wang, "The Tun-huang Versions of the Meng Chiang-nu Story," pp. 68～69. 曲子文字分見《敦煌寶藏》（臺北：新文豐出版公司，1986）第124、127、130、131 册。變文文字見黃征、張湧泉校注《敦煌變文校注》（北京：中華書局，1997）卷一。

〔29〕 黃征、張湧泉校注《孟姜女變文》，《敦煌變文校注》卷一，頁61。

〔30〕 王秋桂認爲這篇祭文只有“起爲差充兵卒，遠築長城，喫苦不禁”一語與故事本身脈絡直接相關，他特別以之與《王昭君變文》、《伍子胥變文》中的祭文作比較，指出後二者的文詞就很清楚地與故事特有情境相切合。Ch'iu-kuei Wang, "The Tun-huang Versions of the Meng Chiang-nu Story," pp. 70～71, 78, n. 22. 又文中記長城邊髑髏與孟姜女對答時自稱“名家子”，但此應只是良家子弟，並不等同是讀書人。《敦煌變文校注》卷一《孟姜女變文》，頁61。

已"演成萬千言"的長篇。[31] 可惜如今我們已無詳細資料可以掌握,也就無法確知宋元時人到底是用怎樣的内容、情節、形式來鋪演故事。不過透過現存的一些劇名、佚曲以及傳世戲文中輾轉引述孟姜女故事的資料,我們還是可以捕捉到一些故事流轉間的蛛絲馬迹。

首先,透過目錄資料,我們可以確定,此時已有數個版本以不同的搬演形式在傳講。[32] 其中可能以"送寒衣"的主題情節最受重視,漫長的旅程被鋪陳爲故事的主要脈絡。[33] 而與之前最大的不同,該是此時期的某些作者改變了以往孟姜女悲情到底的命運,給了她一個圓滿的結局。[34]

完整的孟姜女故事雖然不可得見,但是在其他曲劇戲文中,孟姜女不時會成爲作者欲展現人物性格特質時借用譬喻的對象。無論故事最終的結局是喜是悲,孟姜女仍維持著她一貫哀哭的形象,艱苦的旅程與不惜以身相殉的執著則證明了她對丈夫的忠貞。雖然之前劉向已將她安排在《貞順傳》中,《孟姜女變文》也有"嘆此貞

---

[31] 鄭樵《樂略‧琴操》,《通志》(臺北:新興書局,1965)卷四九,稱:"又如稗官之流,其理又在唇舌間,而其事亦有記載,杞梁之妻,於經傳所言者,不過數十言耳。彼則演成萬千言。顧彼亦豈欲爲此誣罔之事乎?正爲彼之意向如此,不得不如此。不說無以暢其胸中也。"

[32] 就戲曲名目看,陶宗儀《輟耕録》(臺北:世界書局,1963)卷二五,著録院本名目,金院本打略拴搐類有"孟姜女"之名。鍾嗣成《録鬼簿》(臺北:鼎文書局,1974)於鄭廷玉雜劇下有"孟姜女送寒衣"。《永樂大典》(臺北:世界書局,1962)卷13966之南戲目録有"孟姜女送寒衣";卷13991之"宦門子弟錯立身"曲辭詠傳奇名有"孟姜女千里送寒衣"。徐渭《南詞叙録》(臺北:鼎文書局,1974)載宋元舊篇存目也有《孟姜女送寒衣》。王古魯以爲後三種孟姜女同爲一本,見《明代徽調戲曲散齣輯佚》(上海:古典文學出版社,1956),頁31。但楊振良以爲這是臆測之説,非爲信論,見《孟姜女研究》,頁95。羅燁《舌耕叙引‧小説開闢》,《醉翁談録》(臺北:世界書局,1958)甲集卷一一節的"公案"類下有"姜女尋夫"。

[33] 參見前注所引之劇名。至於同時期其他戲文中提到孟姜女送寒衣事者,則有:賈仲名《荆楚臣重對玉梳記》第三折中呂醉春風之"恰便似孟姜女送寒衣,誰曾受這般苦"。李致遠《都孔目風雨還牢末》第三折雙調沽美酒之"你大古是送千里寒衣孟姜女"。馬致遠《馬丹陽三度任風子》第三折中呂石榴花之"想當日范杞良築在長城内,乾迤逗箇姜女送寒衣"。引自臧晉叔編《元曲選》(臺北:藝文印書館,1957)。
王秋桂因此推測,因送寒衣而有的旅途際遇可能也成爲此時期鋪述的重點。Ch'iu-kuei Wang, "The Transformation Of the Meng Chiang-nu Story in Chinese Popular Literature," Dissertation, (Cambridge: Cambridge University, 1977), pp. 57~58.

[34] 羅燁《醉翁談録》將"姜女尋夫"歸於"公案"類下。顧名思義,公案類情節應牽涉司法案件,並以冤情昭雪,圓滿解決爲其結局。"姜女尋夫"既入公案類,王秋桂乃推斷其亦當有一圓滿結局。Ch'iu-kuei Wang, "The Transformation Of the Meng Chiang-nu Story in Chinese Popular Literature," pp. 57~58.

心"的文句，但那只是她個人的故事；如今的她則已成爲人們口中
九烈三貞的典範，丈夫們提醒、教訓妻子婦道的指標性人物。[35] 這
不但暗示了當時一般民衆間對孟姜女故事及其人物的熟悉程度，也
提醒我們她所做的一切（包括破壞公共建設的長城）都可能在這種
正面形象的掩護下取得了合理性。

　　至於杞梁，我們雖然無法找到直接資料以瞭解其身份形象，但
基本上他應該仍沿續著他在敦煌變文中取得的新身份，是位讀書人。
這也幾乎就是杞梁在之後可見各文本中的標準形象。[36] 這樣的身
份，不但在宋代右文政策形塑而成"萬般皆下品，惟有讀書高"的
新時代氣氛中，具有正面的意義；也很容易讓人聯想起一向被視爲
秦始皇暴政之一的焚書坑儒事件，強化了杞梁的被壓迫與受難感，
使他更易博取讀（聽）者的同情。

　　不過，也不是所有的人都能接受並肯定他們的做法。如劉克莊
就對杞梁妻的"惟知哭蒿砧"提出質疑，重點正是在於她不能做到
"忠孝兩關心"。[37] 元人劉詵也嘲諷她"夫死但能哀聲悲"。[38] 當
然，也有士大夫強調她的誠心感人；只是我們有時不太能分辨，他
們筆下的杞梁妻究竟是指劉向《列女傳》中的那位，還是哭倒長城
的這位。[39] 同時，也的確有受儒家教育，讀儒家經典的士大夫們受
到民間傳說的影響，將杞梁妻當做是哭倒長城的秦朝人。[40] 這與某

〔35〕 王秋桂曾就孟姜女在雜劇戲文（主要是元曲）中的形象做了分析整理。見 Ch'iu-
　　　 kuei Wang, "The Transformation of the Meng Chiang-nu Story in Chinese Popular Litera-
　　　 ture," pp. 66 ~ 70. 又早在 1925 年，鄭賓于即有《孟姜女在元曲選中的傳說》一文，
　　　 但著重在故事本身而非孟姜女個人形象（《孟姜女故事研究集》，頁 123 ~ 126）。
〔36〕 錢南揚《宋元戲文輯佚》輯得南戲佚曲十一首，其中"素來儒董，著意在詩書"
　　　 （〔中呂過曲〕〔古輪臺換頭〕）、"儒身掛荷衣"（〔正宮近詞〕〔划鍬兒〕）等唱詞，
　　　 都說明杞梁是位讀書人。（引自楊振良，《孟姜女研究》，頁 99）王秋桂認爲此係輯
　　　 自 1651 年鈕少雅編輯的《九宮正始》一書，雖然書中注稱錄自元傳奇〔孟姜女〕，
　　　 但經過改編的痕迹甚為明顯，不可信其爲元傳奇原貌。不過，即使宋元戲文全然無
　　　 可知見，然由明以後傳世各本中杞梁幾乎無一例外地皆以讀書人身份出現觀之，則
　　　 自敦煌變文以下，杞梁做爲讀書人的身份至少應是各類故事中的主流。
〔37〕 劉克莊《後村先生大全集》（文淵閣《四庫全書》）卷一四，頁 9 下 ~ 10 上，《辟司
　　　 徒妻》。詩云："倉皇問君父，忠孝兩關心，絕勝杞梁婦，惟知哭蒿砧。"
〔38〕 劉詵《桂隱文集》（文淵閣《四庫全書》）卷二《題劉王妻殺虎圖》。
〔39〕 田錫《咸平集》（文淵閣《四庫全書》）卷四《上開封府判書》，"杞梁女子一慟哭
　　　 而長城爲摧，所以感人以言不得不切。"
〔40〕 華岳《翠微南征錄》（文淵閣《四庫全書》）卷二，頁 7 下 ~ 8 上，《柴氏》"又聞
　　　 杞梁妻，秦邦稱烈婦。"

些地區出現"姜女廟",[41] 都可以視爲是孟姜女故事流傳廣泛所造成的影響。

相對於前、後時期，宋元留下的相關資料的確相當少，彼此間的關係也很模糊。如果從資訊流傳的角度來考量：我們不能不先認清，資料的多寡有時並不一定與歷史實際發展的程度形成正比。這可能是歷史資料偶然的失落（或得以存留），也可能是被人刻意的忽視（或重視）；這中間或許與客觀環境的發展有關，也可能出自少數一二人的推波助瀾。如果說，隋唐之開邊，提供了孟姜女故事說講的環境，那麼宋的退守、安定，以及最後不敵異族，易代爲元的歷史情境，又對這個故事提供了怎樣的客觀條件？

處在遼、夏、金、蒙環伺的局面下，宋的邊防壓力始終存在；強調國家至上、民族至上，公而忘私，前仆後繼的楊家將故事，正是在這樣的環境中誕生。這和只顧夫妻恩義的孟姜女故事的確形成強烈的對比，人們對孟姜女故事的態度和心情是否也因此而受到影響？在儒學復興運動中重回儒家傳統的士大夫們對此又是抱持著怎樣的想法？他們和一般民眾的想法之間是否存在著落差，或是有所異同？甚至我們也該把印刷術的發展及其所造成的知識普及效果一起納入考慮，才能真正掌握一個故事對社會的感染力。不過這一切的問題和揣想，在富有解釋力的資料出現之前，都只能存疑。

四、公義私情終難得兼

因爲少有直接資料留存，在宋元時期幾乎難以爲繼的研究窘境，於明清時期出現逆轉，傳世資料的豐富性展現了現實社會中人多樣且複雜的思考取徑。相對於之前受限於資料，只能將故事發展與時代性相結合的討論，明清時代的多種作品紛陳，情節支脈複雜多變，造成了另一種研究上的爲難。我們不能不驚詫於民間故事傳講過程

---

〔41〕 王溥《唐會要》(臺北：世界書局，影印武英殿聚珍版)卷二二"前代帝王"，記天寶二年三月，曾令郡縣長官春秋二時祭其忠臣義士孝婦烈女，濟南郡即將杞梁妻列入祭祀對象。(頁432)至於以孟姜女爲祭祀對象的緣由尚待查考。北宋祥符中(1008～1016)安肅縣已有一座姜女廟；嘉祐中(1056～1063)同官縣令宗諤也重修該地姜女廟。南宋周煇《北轅錄》(續百川學海)記其出使金國，"至雍丘縣，過范郎廟，其地名孟莊，廟塑孟姜女偶坐，配享者蒙恬將軍也。"(頁4上)不過，不是所有的姜女廟都與孟姜相關。《續資治通鑑長編》(臺北：世界書局影浙江書局本)卷五〇，咸平四年閏十二月戊子條記"知靜戎軍王能言：……請於本軍之西，姜女廟東……。"其所言之姜女廟即非孟姜女之姜女。

中旺盛的繁衍力，無論是同時異地，抑或是同地異時，故事皆可能在被傳講、搬演的過程中分岔出與之前歧異的新情節。[42]

從表面的歷史發展看，明代的歷史情境似乎最能提供孟姜女故事發展的空間，那就是幾乎與有明一代相始終的長城重修工程。或許是因為秦始皇築長城乃暴政的歷史解釋早已深入人心，明朝廷還特別避長城之名，將此一城工建築改稱為"邊墙"。顧頡剛整理孟姜女故事時曾提到："從明代的中葉到末葉，這一百八十年中忽然各地都興起了孟姜女立廟運動。""在明代中，各地的民間的孟姜女傳說像春筍一般地透發出來。"[43]似乎長城的工程的確使孟姜女故事更加盛行。不過，深入來看，民間社會經濟力的持續發展，使得人們有錢有閒於精神文化的追求，或許才是支持其蓬勃成長的沃土。因為細辨明代各本故事中的孟姜女，雖然也千里遠行送寒衣，也覓夫骨而哭倒長城，但她的眼淚已經不全然是要代替戍卒妻們鳴不平，而是要賺得觀眾讀者一掬同情之淚。

由明到清，無論是娛樂兼教化的戲曲與小說，還是宣教兼淑世的宗教性寶卷，都有取孟姜女故事為題材的創作，而且往往是長篇累牘，細細鋪陳。除了文詞形容上的加添，人物心情委曲的細述，這些故事的作者還配合送寒衣或尋夫的旅程，增入許多驚險奇遇的情節。[44]

不過，故事雖然繁雜紛擾，孟姜女在宋元時期已為人們所熟悉的三貞九烈典範形象則一逕維持著，而且得到此時期的文人學者極力褒

---

〔42〕 1935 年天津《益世報·讀書周刊》第 8、9 期刊出趙巨淵替顧頡剛整理的《孟姜女故事材料目錄》，分為歷史的系統與地域的系統兩大部分，已可見當時所輯資料的豐富與故事內容的複雜多變。(收入顧頡剛、鍾敬文等著《孟姜女故事論文集》，北京：中國民間文藝出版社，1983，頁 204~228)之後路工又輯錄孟姜女哭倒長城故事的各種民間傳唱文學為《孟姜女萬里尋夫集》，近年尚有徐宏圖據民國八年(1919)抄本校注翻印的《紹興孟姜女》(臺北：施合鄭民俗文化基金會，2000)問世。

〔43〕 顧頡剛《孟姜女故事研究》，《孟姜女故事研究集》，頁 32~35。不過顧頡剛只推測這是因為這個傳說的勢力擴大了，逼得文人學者不能不承認它的歷史上的地位。

〔44〕 注〔32〕引羅燁《醉翁談錄》，提到"姜女尋夫"被歸於"公案"類下。公案類特色除有一圓滿解決為其結局外，尚有懸疑的過程。由於"姜女尋夫"有目無書，如今已無法知悉其懸疑誇張情節究竟如何。但孟姜女故事可能鋪陳出的懸疑場面，在明代留下的《新刊耀目冠場擢奇風月錦囊正雜二科全集》(影鈔本見於《孟姜女研究·附錄三·全家錦囊姜女寒衣記》)《孟姜女寒衣記》中，尚可見一二，如在送衣途中遇歹人逼嫁，又遇山賊打劫，孟姜女哭城悶死後，神仙救活夫妻二人，以及破鏡重圓等。《曲海總目提要》(臺北：新興書局影 1926 年董康重編本)則稱《長城記》安排情節有"蒙恬以杞梁禱神，掘三丈坎埋之。又因孟姜女摧城，懸之百尺長竿，令人射殺。皆空中樓閣，故作極危險事，以表其夫婦團聚之難。"(卷三五，頁 1643~1645)

揚。或贊美她:"以一婦人,不避艱險,不爲苟死,而必負夫骨同歸故里,始殯厥身,其志節可以貫金石,薄雲天矣。"[45]或稱揚她這樣的行爲足以"植倫理,裨名教,以淑人心,以善風俗"。[46] 不但明傳奇的曲目以《孟姜女貞烈戲文》命名;一般民衆傳講的宗教性勸世寶卷,也直接用"孟姜忠烈貞節賢良"、"貞烈賢孝孟姜女"等詞爲寶卷之名。[47]

孟姜女三貞九烈形象的建立,原本出於庶人夫妻間私情的執著,但這也恰恰契合了儒教國家社會欲以三綱五常建構人際倫理的期待。在明代,"國家"爲了提倡貞烈,將自漢以來已有的旌表政策完全地制度化、規律化;士人則將"烈女不事二夫"視爲是與"忠臣不事二主"並立的道德概念。相應於父子兄弟出於血緣關係的"天合",君臣、夫妻乃是缺乏血親連繫,經後天人爲努力而成的"人合"、"義合"。唯無論是天合、人合,還是義合,這都不能只是一種私情的展現,而應該是具有理想實踐性的社會道德之彰顯。如此一來,孟姜女的堅持遂不能再只是出於夫妻間的"情"義,而必須是符合社會道德期待的"理"義。在倫理、名教的要求下,烈女與忠臣既具有一而二,二而一的道德同質性,已成爲典範型人物的孟姜女,當然不能只表現其臨處夫妻間的貞烈,而於君臣大義有虧。[48] 爲此,原本以夫妻私情與國家公義相抗衡的基本情節便不能不有所更動,而位處私情/公義衝突關鍵的應役築

〔45〕 鄭昱《新建孟姜女廟記》(作於明正德己卯 1519),《畿輔通志》(文淵閣《四庫全書》)卷四九。

〔46〕 李如圭(明弘治進士)《貞節祠記》,《直隸澧州志》卷二一(《孟姜女故事研究集》頁134)。此外如澹澹外史氏(馮夢龍)《情史》,《馮夢龍全集》册7(南京:江蘇古籍出版社,1993),《情感類·孟姜》則稱"潼關人重其節義,立像祀之。"錢曾《讀書敏求記》(《海山仙館叢書》)卷二《傳記類》著錄《孟姜女集》二卷後稱:"自元及明季,詩文盈帙,……一種貞烈之氣自在天壤間,予故錄而存焉。"其他資料參見鄭鶴聲《孟姜女事迹考略》、鄭孝觀《〈畿輔通志〉中的孟姜女》,收入《孟姜女故事研究集》,頁134～143、219～222。

〔47〕 其全名分別是《銷釋孟姜忠烈貞節賢良寶卷》(收入《寶卷》初集册11,山西人民出版社影印本)、《佛説貞烈賢孝孟姜女長城寶卷》(收入路工編,《孟姜女萬里尋夫集》)。又路工曾提及尚有一光緒年間抄本之《貞烈尋夫寶卷》,但因其後來發展成《孟姜仙女寶卷》,故《孟姜女萬里尋夫集》中只收錄了後者。又王秋桂曾提到作爲演出底本的《烈女寶卷》。Ch'iu-kuei Wang, "The Hsiao-shih Meng Chiang Chung-lieh Chen-Chieh Hsien-liang Pao-chuan—An Analytical Study," *Asian Culture Quarterly* 7:4(1979), p.60, n.9.

〔48〕 有關國家對貞烈的提倡,以及忠臣與烈女的道德同質性問題,參見費絲言《由典範到規範:從明代貞節烈女的辨識與流傳看貞節觀念的嚴格化》(臺北:臺灣大學文史叢刊,1998),頁126～128、305～307。

城之事與秦始皇的暴君形象亦不得不有所調整。

對於應役一事，文人學者的作者已有人改口：“長城之役，在范郎義所當往。”[49] 或是假設孟姜女也知道：“義于君臣，誠有使事之分。”[50] 至於戲曲作者們則為秦始皇調整暴君形象，讓他雖然對孟姜女的美色動心，但仍嘉其貞烈，賜爵封誥。[51] 無獨有偶，寶卷的作者也對秦始皇的作為和動機重新評價。《銷釋孟姜忠烈貞節賢良寶卷》一開始便稱秦始皇乃是輪轉古佛下界，因為“古佛觀見眾生，亂世如麻，無人整理”，故其降生皇宮“掌管中華，普度天下有緣之人。”（影印本頁285）於是修理長城，乃是“朝廷有道”（頁305）；秀才范喜郎則是“替父親當夫，盡忠報孝”。（頁301）寶卷結尾處作者還“普勸□□孝君王”，同時自稱衲子祝語：“衲子願王少干戈，萬民樂業笑呵呵。衲子願王無士馬，天下齊唱太平歌。衲子願王豐登位，大眾齊聲念彌陀。”（頁586～587）

明清的孟姜女故事發生這樣的轉折，固然與前述儒教國家社會倫理道德觀所帶動的心態與認知變化有關；戲曲小説等文學作品書寫所用文類格套的影響恐怕也不容小覷。宋元公案劇幾經波折，終能解決問題，圓滿結束的創作傳統，以及明傳奇才子佳人大團圓結局的文類風格，都對故事傳説營構新取向具有相當的作用力。[52] 於是，就在這樣的時代氣氛與流行文類書寫風格影響下，新構寫成的孟姜女故事無論是出於何種文體形式，都企圖消解原本因私情與公義對立而呈現的衝突關係，以完成社會倫理道德的期待，並營造圓滿的結局。他們的辦法或是讓孟姜女夫妻成了金童玉女轉世，一再得神仙搭救；[53] 或是讓秦始皇脫離暴君的形象，從根本上解消君王、國家可能有的不義。在這樣的風潮激蕩之下，就連以宗教宣講為目的的寶卷作者，也從眾隨俗鋪陳故事。

寶卷作者之所以援引孟姜女這個當時連“婦孺皆習熟”[54] 的故

〔49〕 李如圭《貞節祠記》。
〔50〕 黃世康《秦孟姜碑文》，收入褚遂良《鬼冢志》附錄（臺北：新興書局，1968）。
〔51〕 見《孟姜女研究·附錄三·全家錦囊姜女寒衣記》，頁 317～321。
〔52〕 明傳奇的戲劇風格一在圍繞才子佳人打轉，一為大團圓的結局。孟姜女故事既以傳奇形式表現，也就不得不屈從於此創作傳統。Ch'iu-kuei Wang, "The Transformation of the Meng Chiang-nu Story in Chinese Popular Literature," pp. 76～77.
〔53〕 同注〔51〕，頁 317。
〔54〕 《曲海總目提要》卷三五《杞梁妻》條，頁 1642～1643。

事,作爲宗教教義宣講的媒介,[55] 當緣於孟姜女故事本身張力與衝突性所具有的吸引力。無論孟姜女的堅貞執著是出於"人情",還是"義理",都讓不可欲更不可及的常人感受到非常人的感動。這對於寶卷作者而言,應該也是一種拉力,但若引發故事張力的衝突處未能妥善處理,則不但其宣講宗教教義的原始目的不能達成,甚至還可能造成人心更大的惑亂。

單以本文所關注的私情/公義問題而言,原本個人私情與群體公宜之間難以兩全的衝突點(遠赴邊塞應役的公益 vs. 留守家園陪伴妻子的私情)被寶卷作者轉化爲孝子甘心應役,卻遭奸臣蒙恬蒙蔽有道君王陷害的劫數。可是孟姜女故事的麻煩尚不止於此。不管如何以貞烈的表象遮掩孟姜女對夫妻情義的執著,要守住這份夫妻間的私情,其所可能引發的衝突面,除了一向被視爲故事核心情節的長城之役──激發了夫妻情誼與國家安全秩序的對立,恐怕還有因夫妻關係過於緊密,對家庭整體和諧穩定所造成的威脅。在杞梁妻故事中已被討論過的夫死能不能哭的疑慮,即表明了對家庭成員過分沈溺於夫妻之情的擔心,唯恐因此而影響到家庭整體的發展。試圖將孟姜女塑造成道德完美典範的《銷釋孟姜忠烈貞節賢良寶卷》作者,則發現到一位妻子的忠烈貞節,可能會對她與其他家庭成員的關係造成排擠效應,影響了她在家庭中其他角色身份的扮演。他在孟姜女爲尋夫欲離家時,安排她與父母起了嚴重的爭執。對孟家父母而言,養兒是爲防老,當初招贅范喜郎也是出於這樣的理由,如今孟姜女爲尋夫而離家棄養雙親,自是有違孝道。對於這種從父(既有家庭關係的維繫)與從夫(新家庭關係的維繫)的兩難,寶卷作者並沒有爲世間的凡夫俗子提出解決之道,他只能藉孟姜女之口,説出他的開解之詞:"大限來臨,不管是老少子母恩情重如泰山,也要離別父母。"(頁426)

顧頡剛曾説:"在民衆的意想中,孟姜乃是極任性的一個人,父母要替她好好的定親她不要,偏要强嫁與見她一身白肉的人;父母翁姑

---

〔55〕 澤田瑞穗《〈增補〉寶卷の研究》(東京:國書刊行會,1975)將寶卷刊行分爲古寶卷時期與新寶卷時期,前者約爲十五世紀到十八世紀初,又可分爲原初寶卷時代、教派寶卷盛行時代、寶卷沈衰時代。(頁35~38)據他推論,《銷釋孟姜忠烈貞節賢良寶卷》應爲康熙以前的古寶卷。(頁120~122)又參見 Ch'iu-kuei Wang(王秋桂),"The Hsiao-shih Meng Chiang Chunglieh Chen-Chieh Hsien-liang Pao-chuan—An Analytical Study,"*Asian Culture Quarterly* 7:4(1979),pp. 46,50.

都勸她不要單身出門她不聽,偏要把嬌養慣了的身子作萬里艱辛的嘗試。她有的是情,何嘗懂得什麼廢禮法咧!"[56]的確,從一己私情出發的孟姜女,雖然在近千年的故事傳講中不斷地被收納入既有的社會秩序中,甚至成爲衆人口中節義、貞烈、賢孝的化身,但是一旦將情節的鋪陳落實在生活中的種種件件時,她的所做所爲究竟是對禮法無條件的獻祭,還是極端的任性任情呢?

《銷釋孟姜忠烈貞節賢良寶卷》的作者將秦始皇改換爲有道明君,在虛構的文學世界中化解了孟姜女和國家安全秩序相對立的困境,但是他仍然無法解決孟姜女盡孝、盡節不能雙全的兩難。[57]必須注意的是,《銷釋孟姜忠烈貞節賢良寶卷》的孟姜女故事只是衆多孟姜女故事中的一個,而從後來衆多孟姜女故事仍以暴君秦始皇爲其抗爭對象的發展看來,《銷釋孟姜忠烈貞節賢良寶卷》作者的努力並沒有被廣大的讀者(聽衆)所接受。

結　語

曾經在學者筆下被形容爲家喻戶曉的孟姜女故事,對於現代學生輩的年輕人來説,其實是有些陌生的。我在外系歷史課程中提到孟姜女哭倒長城的故事時,大概有一半的學生只知道曾有這樣一個很會哭又哭得很有威力的女人,卻少有人清楚知道整個故事的來龍去脈。不過,他們會很直接地判斷,既然長城是暴君秦始皇修建的,哭倒長城應該就是對的。這樣簡單的邏輯思考,是否也曾化解古人面對私情、公義難以取捨的疑慮與不安?

進入二十一世紀,臺灣地方的年輕人(或許也可以直接説是一般人)看到了全新版本的孟姜女故事,因爲電視上出現了一則潤喉藥品的廣告,服用過潤喉藥品不怕失聲倒嗓的孟姜女努力地哭倒一再重修的長城,修城工人們的怨嘆卻直似荒謬劇。[58]這和另一則廣告中孟

---

〔56〕　顧頡剛《孟姜女故事研究集》,頁265。

〔57〕　其實文人學者也注意到這個問題,黄世康的辦法是安排孟姜女在姑亡之後才出去尋夫,見《秦孟姜碑文》。

〔58〕　從築城夫的立場來看孟姜女的哭城,明代演義小説中倒是已有所見,日本内閣文庫藏明崇禎刊本《人物演義》卷三六,稱築城丁夫們因孟姜女哭倒長城而編製歌謡:"築城苦,築城苦,城上丁夫死城下。長號一聲天爲怒,長城忽崩復爲土。長城崩,婦休哭!丁夫往日勞寸築。"引自楊振良《孟姜女研究》,頁122。

母找對房屋經紀商,順利賣掉房子三遷;王寶釧則因爲房子賣不出去而苦守寒窰十八年,同樣是極具後現代顛覆性想法下的產品。

孟姜女的故事乃是前近代的產物只是個人與群體間既有的糾結,依然沿續在後現代的社會中。這樣的糾結其實是多方面的,個人與群體的關係分際,不只是家與國的掙扎,也是夫妻關係與父母子女關係的競賽,養兒防老的需要與國家國防整體需求孰重? 夫妻情重還是父母恩重? 夾處在私情與公義之間,依違皆不能無咎的古人,在參與孟姜女故事創作、傳講的過程中,藉由虛擬的文學世界任情任性,是否真能略消心中塊壘? 他們擬想中神仙庇佑、明君有道的無障礙生活空間,反而映照出現實人生無可補足的遺憾。這樣的思考模式,究竟是強化了他們面對真實生活中“公/私”、“情/義”衝突糾葛的抗壓性,還是反而消磨了他們解構文化框架,思考人我分際的能力呢?

資料本身所傳遞的意見有時並不能完全代表當時歷史發展的實況,杞梁妻故事的記述者們,在有意無意之間透露了自身時代的特色與歷史脈動的方向;孟姜女故事的傳講者,卻以一種衆聲喧嘩的態勢展現在我們面前,前者可以說是上層主流文化的努力推廣,後者則映照出底層民衆的因應之道。但是在故事的傳講之間,始終有著發話與受話的關係,那麼,到底是故事引導著聽衆的心,還是聽衆牽引著故事的去路? 在作者與讀者的力量互相拉扯間,勝利誰屬到底該如何判定呢? 現存殘留的遺本內容只能提供部分訊息,我們無法就這些倖存的資訊判定,那就是當時的流行,是當時人的集體心態。但我們的確看到,社會秩序的被安排、被挑戰,與再被安排、再被挑戰。

※ 本文原載《欲掩彌彰——中國歷史文化中的“私”與“情”—— 公義篇》,臺北: 漢學研究中心,2003 年。

※ 劉靜貞,臺灣大學歷史研究所博士,東吳大學歷史系教授。

淺談宋代婦女的守節與再嫁

柳立言

宋代的婦女問題在社會史上不是一個獨立的問題，它與社會結構和家族制度的轉變息息相關。近年來，社會史研究和女權意識再度勃興，中、日、西先後出現了以婦女爲主題的學術期刊和書籍，婦女研究大有自成局面的趨勢。不過，就宋代來説，目前還没有充分瞭解當時的社會和家族組織，又没有很多的婦女史料，更少利用文學或考古資料，要超越前人例如陶希聖、陳東原、瞿同祖、仁井田陞和滋賀秀三等的成果，不但困難，反易流於小題大作，或只是重複一些歷史常識，縱有新説，總覺不夠深入。較成功的作品，是研究婦女的法律權利，例如離婚權和財產權的提高等，最後仍不免要從社會或家族的角度加以解釋。至於最熱門的題目，非貞節莫屬，但要澄清的問題仍然很多，這就是本文的目的。

貞節的觀念，上古已有，大力鼓吹者，亦不乏女性。漢代爲禮教形成的重要時期，以法令獎勵貞節，不止一次詔賜貞婦順女布帛穀物，並甄表門閭。同時，社會上也出現了後世視爲女訓範本的劉向《列女傳》和才女班昭（曹大家）的《女誡》，後者尤其強調男尊女卑、夫爲妻綱和三從四德，表揚《禮記》"夫有再娶之義，婦無二適之文"。[1] 此後，歷代都有提倡貞烈的言論，唐代才女宋若華（莘）的《女論語》，最後一章就是《守節》。至於守節的行爲，董家遵在 1937 年統計了《古今圖書集成》明倫彙編閨媛典之閨節部列傳和閨烈部列傳，宋以前共有九十二名節婦和九十五名烈女。[2] 不過，從漢到唐，不少再嫁甚至三嫁的婦女還可以在史書上留名甚至立傳，可見當時並不以守貞作爲婦道的必要條件。唐代貞節觀念淡薄，到今天仍是不爭之論。[3]

---

〔1〕 彭衛《漢代婚姻形態》第八章。
〔2〕 董之統計偏低，見劉增貴《漢代婚姻制度》第一章《從再嫁之俗論貞節觀念之變遷》。
〔3〕 高世瑜《唐代婦女》。

　　既然貞節觀在宋以前已被提倡和實踐，它在宋代的發展便可分三方面來探討：第一，宋人是否有新穎的貞節觀？這要研究士大夫的思想。[4] 第二，宋代女子是否普遍守節？在統計時應注意地區、時間和身份，因爲南北的社會經濟和宗族結構不同，城市和鄉村也有差異：南、北宋甚至北宋前、後期的情況有所改變；而宗室貴族、官僚商賈、農夫工人的處境更非一樣。與上述兩點可以一並而論的，是贊成再嫁的言論是否存在和再嫁的行爲是否普遍。第三，守節和再嫁以何種原因爲多？“貞節”只是一個道德名詞，並不能充分解釋行爲，而行爲的發生，有著一定的思想、經濟、社會，甚至政治背景。例如民婦再嫁，常因生計問題；宗室女再嫁，也許是爲了感情生活。同樣，在沒有“宗教化”以前，守節也不是盲目的，而是基於各種實際考慮的。當然，以上三點只是探討的方向，目前的研究成果還不能面面俱到，以下就一面介紹一面發問。

一、貞節觀

　　主張宋代婦女普遍再嫁的學人，大都認爲宋人沒有什麼新穎的貞節觀，而主張宋代是守節由寬向嚴過渡的關鍵的學人，卻認爲宋儒是將貞節觀“宗教化”的始作俑者，使人們盲目相信守節是“天經地義”的事。不過，到目前爲止，筆者還沒有看到從思想史角度深入研究宋代婦女觀的論文。有的只是利用幾條零碎的史料，總是給人一種斷章取義的感覺（詳後）；有的思想史研究者卻集中利用程顥和程頤對《周易》的解釋來斥責他們是“中國封建社會后期廣大婦女的罪人”，也給人一種移花接木的感覺，因爲形而上學裏的男女比喻畢竟不同現實裏的男女關係。總之，資料繁瑣分散和不熟悉前代的倫理學説使學人難以評估宋代貞節觀念的發展。

　　然而，縱使是在象牙塔裏孕育的觀念也要切合若干社會實態才能付諸實踐和流行。有些學人認爲，宋代商品經濟發達，務實精神加強，令士大夫對再嫁的態度和行動都與封建禮教和傳統的貞節觀背道而馳，變得愈發鬆弛。相反，同樣是以商品經濟發達爲前題，另一些學人卻以爲婚姻的商業化，特別是契約制的流行，使訂了婚

---

〔4〕 宋代並無類似《女誡》或《女論語》的婦女著作傳世，故不容易研究婦女的貞節思想。

的女子就要守節。像這種左右逢源的宏觀解釋實有待充實。論文最多和用功甚勤的 Ebrey 教授[5]就較實際地分析士大夫的切膚之痛，以他們所遭遇的婦女問題爲背景，解釋司馬光對婦女和錢財的看法。美中不足之處，是她所列舉的婦女問題看來並不嚴重，而司馬光的《家範》也不過臚列常見的先賢事例，加上簡單引論，主要是給後生小輩參考，並不算一部有深度的著作。利用《家範》來研究婦女問題，恐怕不易討好。無論如何，Ebrey 的研究取向是值得效法的，那就是先界定社會問題，再分析對應觀念的生成。

那麼，婦女再嫁在宋代是不是一個社會問題呢？一些學者喜歡在列舉數個或十來個實例後，便推論再嫁在宋代是"不勝枚舉"或"難以盡數"。平心而論，古代不流行離婚（詳第二節），而夫死再嫁的情況不會太多。宋代法律規定，男、女的最低婚齡是十五和十三歲，現實裏士大夫家庭平均是廿四和十八歲，初次娶嫁最高不超過卅六和廿七歲。[6]據此，當介乎十三歲至廿七歲的妻子喪夫時（假定超過廿七歲的寡婦不可能再嫁），她們的丈夫介乎十五至卅六歲，正屬少壯年華，除非發生天災人禍，否則以宋代人口增長接近一億的情況來看，死亡率不會高。故此，再嫁在當時不會發生積非成是或其他從量變到質變的情形，並不構成一個影響廣泛的社會問題。比較緊張的只屬少數士大夫，而程頤被認爲是代表者。

程頤爲什麼要反對一個不嚴重和不常發生的社會行爲？他主要關注的是什麼？他有沒有提出照顧守節婦女的辦法？當時人，尤其是洛學中人，對他的"餓死事極小，失節事極大"的名言有什麼反應？這些問題都沒有學人深入探討，也許程頤的出身背景有三點可以留意。

第一，程頤出身於世家大族。程氏自高祖出仕太祖開始，因朝廷推恩，至顥、頤兄弟已是五代爲官。程頤《上仁宗皇帝書》就說："食君祿四世，一百年矣。臣料天下受國恩之厚，無如臣家。"讀來頗以家世爲榮。後代雖不如高祖父賜第京師贈太子少師的顯赫，但父親仍官至太中大夫（四品）、勛至上柱國、爵是永年縣伯、食邑是九百户，可以六次蔭庇子孫，不失爲中級官僚，聯姻的對象也以士

----

[5] Ebrey Patricia B (1990b)。

[6] 方建新《宋代婚姻禮俗考述》。

族爲主。程父自開封遷居洛陽，兩地的士族均以注重門風見稱；趙鼎《家訓筆録·原序》就説：“吾歷觀京洛士大夫之家，聚族既衆，必立規式爲私門久遠之法。”在家族裏，程頤一支是主房，父祖以家長的身份編修族譜，照顧族衆，“責子弟甚嚴”，講究居家禮法，注重三綱五倫。程頤之母“事舅姑以孝謹稱，與先公相待如賓客，……雖小事未嘗專，必稟而後行。……其教女，常以曹大家《女戒》”[7] 王安石變法，反對的司馬光、吕公著、邵雍、和文彦博等名臣碩儒聚居洛陽，與程家尤其是二程唱和，以道德性命相高，所形成的學風學説，Freeman 稱之爲“儒學保守主義”（Confucian Conservatism）[8]程頤的個性本較嚴肅，尤其尊古崇理，“動止語默，一以聖人爲師，其不至乎聖人不止也”[9] 司馬光和吕公著聯名推薦，説他“力學好古，安貧守節，言必忠信，動遵禮義”[10] 可説字字有據。他成爲哲宗的啓蒙老師，就更嚴厲；他因司馬光的喪禮與蘇軾齟齬，無寧是因爲他對古禮過於拘泥；傳爲佳話的“程門立雪”，其實有點不近人情。所以陳東原説：“二程因崇理之故，把古説看得太認真了，對於貞節的觀念，遂嚴格起來。”[11] 以上簡單地結合程頤的家庭背景、思想環境和個人因素，可以作爲一個研究的角度，而不要把貞節觀孤立起來，因爲它只是程頤思想體系和生活倫理的一小部分而已。

第二，程母在家族裏扮演一個不可或缺的角色。程頤承認受母教的影響很大：“頤兄弟平生於飲食衣服無所擇，不能惡言駡人，非性然也，（母）教之使然也。”在程頤心目中，進士之女的母親於“女功之事，無所不能；好讀書史，博知古今”。作爲家長之妻，“撫愛諸庶，不異己出。從叔幼孤，夫人存視，常均己子。治家有法，不嚴而整”。更了不起的，是支撐門户，在程父外出任官時主持家務；當時“聚口甚衆，儲備不足，夫人經營轉易，得不困乏”。程父“賴其内助，禮敬尤至”[12] 由此可見一位賢内助對一個並不富

---

[7] 《河南程氏文集》卷一二《上谷郡君家事》。
[8] Freeman Michael Dennis（1973）.
[9] 《宋史》卷四二七本傳。
[10] 《温國文正司馬公集》卷四九《與晦叔同舉程頤》。
[11] 陳東原《中國婦女生活史》第六章《宋儒對於婦女的觀念》。
[12] 《上谷郡君家傳》。

饒的士族的重要性和所受到的尊重。假如家長年輕去世而妻子不甘重擔改嫁，則本房以至整族的現有秩序可能都要重整，諸如分財和分支的問題等。早在真宗初年，大臣謝泌的寡妻在拒絕再嫁時就有"餓死事小"的話："兒以賤婦人，得歸隱居賢者之門已幸矣，忍去而使謝氏無後乎？寧貧以養其子，雖餓死亦命也。"[13] 仁宗時，名臣包拯之寡媳在獨子殤亡後仍拒絕再嫁說："昔之留也，非以子也，舅姑故也。今舅歿，姑老矣，將舍而去乎?"[14] 考慮及此，則寡婦所守的便不單是個人的"節"，也是嫁入夫族時所負上的"志"，對當時以家族而非以個人為中心的士大夫階級來說，後者無寧更為重要。

所以，在道德禮法之外，考察宋代士大夫婦女在家族的實際功能和權利可以幫助瞭解她們留在夫家守節的原因。司馬光、朱熹和袁采等人不約而同地鼓吹起碼的婦女教育，其中一個原因正是因為她們要扮演的家族角色愈益重要。[15] 由此推想，宋代部分士大夫婦女的家族地位，不降反昇，這與社會結構的改變不無關係。當時門第衰落，科舉競爭愈演愈烈，商人地位節節上昇；中下層士人一面維持家庭，一面從事舉業，要單憑一己的經濟力量是很困難的事。教育普及，士子激增，但科舉名額並無相對增加，結果中舉的機會漸低，增加了舉業的時間和投資；何況準官僚雖然倍增，但職位卻無相對增加，結果大幅度延長了授官的時間，要進一步脫離選人的身份得到較高的官職就更難。在此情形下，不少士人乃與商賈聯婚，藉妻子豐厚的嫁奩支持舉業和生計；好運的話，富家千金也是賢妻良母，綜理大小家務，讓夫婿和兒子可以專心發展各方面的事業。[16] 此點正好反映宋代婦女財產權的提高。[17] 總之，婦女在家族的管理和經濟角色愈重要，就愈為族人所依賴，不願她們離開。

第三，程家曾有兩位婦女再嫁。一次由程頤的父親玉成；《河南

〔13〕《宋史》卷四六〇《烈女·謝泌妻侯氏傳》。

〔14〕《宋史》卷四六〇《烈女·崔氏傳》。

〔15〕 Birge, 1989; Ebrey, 1981, 1990。

〔16〕 陳鵬《中國婚姻史稿》卷三《宋之財婚》卷一〇《妻之能力》及《夫妻之財產關係》；黃寬重《宋代四明袁氏家族研究》；梁庚堯《南宋的貧士與貧宦》。

〔17〕 島田正郎《南宋家產繼承法上的幾種現象》；袁俐《宋代女性財產權述論》；柳田節子《南宋期家產分割における女承分について》。

程氏文集》卷一二《先公太中家傳》說："伯母劉氏寡居，公奉養甚至。其女之夫死，公迎從女兄以歸，教養其子，均於子侄。既而女兄之女又寡，公懼女兄之悲思，又取甥女以歸，嫁之。時小官禄薄，克己爲義，人以爲難。"一段文字，三位寡婦，但喪夫的前後不詳，難以推論。門人奇怪程頤的主張與其父的行爲相反，朱熹只是簡單回答："大綱恁地，但人亦有不能盡者。"[18]《宋史》卷四二七《程顥傳》則索性把甥女再嫁之事删去。其實，程頤這段話旨在表揚父親敬宗收族，朱熹也是將之收入《齊家之道》，正好反映程氏照顧家族的苦心。宋代法律規定，除本人外，只有祖父母和父母可強令寡女再嫁，程頤之父無此權力，他設法張羅，讓姐姐母女重聚，又爲甥女辦嫁妝，可謂仁至義盡。雖然是再嫁，但程頤直書不爲尊者諱，可見他並不以爲不對。

另一次再嫁卻令程頤大爲不滿。《河南程氏外書》卷一一《時氏本拾遺》："章氏之子與明道〔程顥〕之子，王氏婿也。明道子死，章納其婦。先生〔程頤〕曰：'豈有生爲親友，死娶其婦者？'他日，王氏來饋送，一皆謝遣。章來欲見其子，先生曰：'母子無絶道，然君乃其父之罪人也。'"其關係可圖示如下：

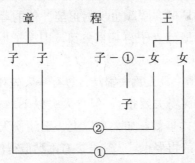

很明顯，程顥之子與王氏之女已生一子，但王女再嫁入姐夫或妹夫之家，其子則歸程家撫養。因一女子之再嫁而改變章、程、王三家之親戚關係，程媳變爲章媳，而程子成爲無父無母，故程頤加以譴責。值得注意的是，章、王兩家均爲士族，竟如此安排兒女婚姻，故程頤譴責的對象，不但是寡婦本人，而且也是這些士人。同時的文瑩《玉壺清

〔18〕《近思錄》卷六。

話》卷二也不滿地說:"膏粱士族之家,夫始屬纊,已欲括奩結橐,求他耦而適者,多矣。"反對婦女再嫁的另一面就是要這些作爲國家精英的膏粱士族的家長也多注意道德禮義,不要隨便主持再嫁。

從上述四個喪夫的例子來看,守節與再嫁的情形實在十分複雜。程頤父親對三位寡婦就有不同的處置,程頤自己也有不同的態度,大抵會考慮到:(1)夫族的處境,(2)寡婦在夫族和本族的地位,(3)寡婦的年齡,(4)寡婦是否有子女,(5)守節或再嫁對家族的影響等。這些考慮的排列組合十分複雜,每個考慮的重要性也因時而變,例如寡婦年輕無嗣,卻可能因爲攜妝奩改嫁而使夫家經濟陷入困境:或年輕無嗣,但姑舅老邁無依;或年輕有子,攜之改嫁則使夫家絕嗣等。[19] 反過來說,"夫死子幼,居家營生,最爲難事",萬一所託非人,"鮮不破家"。[20] 如此又何苦守節?總之,由於"餓死事極小,失節事極大"的上下文並不詳盡,難以判斷程頤所指的是哪一種再嫁情況,目前也不清楚當時人針對此話的討論,到後來被不分青紅皂白地引用,自然變成了不近人情的所謂封建道學教條。較穩當的說法,是程頤在原則上反對再嫁,也就是朱熹所說的"大綱",但也參乎人情,故云"人亦有不能盡者"。

在反對再嫁的同時,程頤也反對再娶。他的尊古崇禮是同時針對男子與女子的,既然女子再嫁爲失節,則男子也不應娶孀婦,因爲"凡取,以配身也。若取失節者以配身,是己失節也。"又說:"大夫以上無再娶禮。凡人爲夫婦時,豈有一人先死,一人再娶,一人再嫁之約?只約終身夫婦也。"但自大夫以下,有不得已再娶者,蓋緣奉公姑,或主內事爾。如大夫以上,至諸侯天子,自有嬪妃可以供祀禮,所以不許再娶也。"[21] 這裏有兩點值得注意:(一)是家族觀念的支配性。男子再娶只是爲了奉公姑、主內事、供祀禮和廣後嗣,女子沒有這些需要,也就沒有理由再嫁。(二)是程頤以古制立論。如果說宋代的居家禮法以古律今,愈趨嚴密,也是同時針對男與女,並不是專門針對女性;例如袁采《世範》卷一《父兄不可辨曲直》就說:"子之於父、弟之於兄,猶卒伍之於將帥、胥吏之於

〔19〕 Ebrey Patricia 1981.
〔20〕 袁采《世範》卷一《寡婦治生難託人》。
〔21〕 《河南程氏遺書》卷二二下。

官曹、奴婢之於雇主。"換言之，家長權威提昇，後輩的男性與女性同受更大的約束，只是形式不同，而針對女性的部分，又不止於夫妻之義，而是整套的三從四德。[22] 總之，從禮教、家長制、和家族組織日趨嚴密這個較大的角度來看，婦女問題只是這個大趨勢的一個環節，並不是獨立的問題。同樣道理，在考察社會地位較低下的女性（如婢、女使）時，亦必須同時考察地位相同的男性（如奴、人力），才能通過比較而得到平衡的看法。[23]

　　程、朱並稱，研究朱熹思想學術的中、日、西論文超過一千篇，但沒有一篇詳細討論他的貞節觀。有一次，朱熹的一位朋友，在朝廷上以直言聞名的鄭鑑死了。鄭氏是大族，族人包括南宋晚年知名的鄭起和思肖父子，鑑本人在《宋元學案》裏是名儒陳傅良的學侶，其妻更是名相陳俊卿之女。朱熹與陳家也相熟，於是寫信給鄭妻的哥哥，勸他鼓勵妹妹守節："令女弟甚賢，必能養老撫孤，以全柏舟之節。……昔伊川〔程頤〕先生嘗論此事，以爲餓死事小，失節事大。自世俗觀之，誠爲迂闊。然自知經識理之君子觀之，當有以知其不可易也。伏況丞相一代元老，名教所宗，舉錯之間，不可不審。"[24] 不過這位丞相之女還是再嫁給鰥夫羅點，羅後亦成爲一代名臣，在《宋元學案》裏是陸九淵的學侶。

　　到目前爲止，這封信是朱熹贊成士大夫階級女性守節的最有力的證據。奇怪的是，朱熹在地方官任上不時發佈勸俗文告，但都沒有大力鼓吹婦女守節。出知福建漳州時，朱熹鑒於當地風俗澆薄，乃揭示北宋名臣陳襄的《仙居勸諭文》，並在其後加上自己的《節次施行勸諭事目》。陳文中有"夫婦有恩：貧窮相守爲恩，若棄妻不養、夫喪改嫁，皆是無恩也"。在《事目》的闡釋裏，朱熹只是呼籲婚姻當遵守禮律，不應姘居或私奔，完全沒有針對"夫喪改嫁"發表任何議論。[25] 他甚至不反對妻子因夫貧而主動離婚，"若是夫不才，不能育其妻，妻無以自給，又奈何？這似不可拘以大義。"[26] 他禁止私奔，後世遂謂他"立法令之〔女子〕纏足極小，使不良於

〔22〕　王玉波《中國家長制家庭制度史》第四節。
〔23〕　王曾瑜《宋代的奴婢、人力、女使和金朝奴隸制》；王延中《中國家長制家庭制度史》。
〔24〕　《朱文公文集》卷二六《與陳師中書》。
〔25〕　同上卷一○○《揭示古靈先生勸諭文》。
〔26〕　《朱子語類》卷一○六《浙東》。

行，借革其澆俗"，[27] 卻没有任何跟他有關的婦女守節傳言。看來
朱熹鼓吹貞節的對象，還是以士大夫階級爲主，也許這也是程頤所
說的大夫以上和以下的分别吧！

有一點要特别强調的是，不是思想史的研究者或許不能充分掌
握思想家的思想體系，但起碼要忠於原文，不能斷章取義。爲了證
明程頤並不反對婦女再嫁，學人時常引用《河南程氏遺書》卷一八
"出妻令其可嫁"的話。事實卻是，程頤主張妻子不賢，便可出之，
但不可張揚其惡，"如必待彰暴其妻之不善，使他人知之，是亦淺丈
夫而已，君子不如此。"門人回應說："古語有之：'出妻令其可嫁，
絕友令其可交。'乃此意否？"程頤稱是。可見此語既非程頤所說，
亦與再嫁無直接關係。同樣，爲了强調理學家反對再嫁，有學人謂
張載"把婦女的守節問題提到了天經地義的高度。他說，夫婦之道
在其初婚時，不曾約再配，所以婦女在丈夫死後，不可再嫁，這好
比天地的'大義'"。其實，這"大義"也包括丈夫的不可再娶。原
文是"夫婦之道，當其初昏，未嘗約再配，是夫只合一娶，婦只合
一嫁。今婦人夫死而不可再嫁，如天地之大義然，夫豈得而再
娶"！[28] 跟程頤一樣，張載認爲鰥夫再娶只是爲了養親承家，繼續
祭祀，日後祔葬的，仍是正室，繼室只能别爲一所。張載有一篇
《女戒》，才一百三十六字，四字一句，讀來頗有温情，没有什麼高
調。還有一句時常被誤用來證明朱熹反對男子再娶的話，是《朱子
語類》卷九〇的"古人無再娶之禮"。事實上，朱熹在此討論的是
祭禮，並非再娶，故下文說："今人雖再娶，然皆以禮聘，皆正室
也。祭於别室，恐未安。"又有一位專門研究朱熹思想的學人，也許
是不熟悉宋代官制，竟把一般地方官吏都要表揚的"孝子、順孫、
義夫、節婦"事迹，尤其是"節婦"一項，說成了是朱熹個人的執
著。最不應該的，是斷裂文句，妄加穿插。例如說："他把封建社會
套在婦女身上的'餓死事小，失節事大'的繩索，說成是婦女的
'天性人心不易之理'。"原文卻是："本軍民俗，號稱淳厚，……
[其孝行、義居、守節] 非他郡之所及。又況天性人心，不易之理，

[27] 胡樸安《中華全國風俗志》下篇卷五《福建·漳州女子之杖林》。
[28] 《經學理窟·喪紀》。

在昔既有，今豈無之？"[29] 此外，他又把陳襄的話硬塞到朱熹口裏，張冠李戴。在學術研究裏，爲了加强或推翻舊説而過當地運用史料是常有的事，不過更重要的，還是取信於讀者和提出新説。

二、再嫁與守節

學人不時將"改嫁"與"再嫁"（再醮）混爲一談，其實改嫁的前題是丈夫休妻或妻子主動離異，而再嫁是丈夫先死，可分別詳稱爲"離婚改嫁"和"夫死再嫁"。由於都關係婦女的婚姻權利，故以下分別討論，但重點仍在關係守節的"再嫁"。

一般將夫權與妻權相對，認爲丈夫可以隨意休妻。其實，古代的婚姻，在合二姓之好，上以事宗廟，下以繼後世，完全是以家族爲中心，並非個人的，丈夫要休妻，並不容易。所謂"婦順者順於舅姑，和於室人，而後當於夫"；舅姑在時，是由他們來決定婚姻的締結和解除。"東風惡，歡情薄"，陸游因爲母親不喜歡妻子唐婉，只好離婚。舅姑謝世，妻子曾持三年之喪，則雖犯七出之五，也不能離異。丈夫要休妻，實受法律的限制，妻子本人或直系親屬有權上訴；《宋刑統》卷一四《和娶人妻》説得很清楚："諸妻無七出及義絶之狀而出之者，徒一年半。雖犯七出，有三不去而去之者，杖一百，追還合。若犯惡疾及奸者，不用此律。"七出是五十無子、淫佚、不事舅姑、口舌、盜竊、妒嫉和惡疾；盜竊一項關乎個人的失德，[30] 其餘六項均關乎家族，並非根據丈夫個人的好惡。義絶是夫對妻族和妻對夫族的毆殺和姦非等，也是關乎家族利益，由法律强制離異。三不去是有所取無所歸、持舅姑之喪、及先貧賤後富貴。換言之，除非是夫婦因無法相安而協議離婚（詳後），否則丈夫不能單方面憑一己好惡出妻，出妻時還要考慮"三不去"。而且這是法律問題，雖不無特例，但應可適用全國和所有階層。妻子被出後可以自由改嫁，娶唐婉的還是個宗室。

妻子主動離婚在法律的規定上就更難。法出於禮，自然體現了維護家族和階級的各種尊卑、貴賤、長幼、和親疏的觀念，其中之

---

[29] 《朱文公文集》卷九九《知南康榜文》。

[30] 瞿同祖《中國法律與中國社會》第六節《七出》。但陶希聖《婚姻與家族》第二章《離婚制度》以爲盜竊包括私貨私畜和私假私與，乃違反家族同居共財的原則。

一即夫爲妻綱和男尊女卑，故夫妻在法律上不平等是無容諱言亦無須大造文章的事。七出之條和對男方較寬容的義絕定義至遲在唐代已經底定，不能用來專責宋人。事實上，宋在唐律的基礎上有所改進。例如唐代鬥訟律在議尊的原則下，姑故殺媳，只流二千里，但宋太宗以敕代律，詔令姑殺媳以凡人論罪。唐律規定，夫失蹤六年後妻可改嫁，宋真宗時改爲只要是夫挾妻財失蹤，妻無以自給，便可改嫁。南宋更鬆："在法：已成婚而移鄉編管，其妻願離者聽。夫外出三年不歸，亦聽改嫁，"而且可保有聘財。[31] 反之，丈夫不能因長久在外而再娶，否則便犯重婚之罪。類似的敕令應該還有很多，只是很分散，有待學人努力。

在法律條文之外，夫妻可以私下協議離婚，由丈夫給離書爲憑，雙方家長爲證，由官府批准。這種離婚方法可能比較常用，也比較能反映女性的婚姻權利，不過目前的研究還不全面，只能簡單地提出三點。

第一，離婚的理由很多，有些幾與今日無別。《宋刑統》卷一四《和娶人婦》："若夫妻不相安諧而和離者，不坐。"所謂"不相安諧"的定義很廣，例如有丈夫因貧窮無法養妻，乃自願放妻。又有婚後夫妻無法相處，"相〔想〕是前世怨家，販目生嫌，作爲後代增〔憎〕嫉。緣業不遂，見此分離。"或妻子不能與夫家相容，以致"六親聚而成怨，九族見而含恨"。[32] 這些理由都相當現實和開放，反映一般民衆的婚姻自由，少受禮教的約束。

第二，從北宋中葉到南宋後期，都有女子本人或直系親屬主動提出離婚。[33]《名公書判清明集》卷九《婚嫁》有一南宋末年的和離案，是妻子的哥哥高中後看不起家道中落的妹夫，迫其寫離書放棄妻子和五個女兒，但妹夫在七年後要求復合。主判的劉克莊贊成復合，但把妹夫和已死的哥哥先罵一頓，說哥哥"壽禄不永，萬里客死，豈非此等事有以累其陰騭歟"？並勸其弟"宜鑒乃兄覆轍，做些好事，以助前程"。至於妹夫，"若真有伉儷之誼，臂可斷，而離書不可寫，今觀乎寫離書，卻翻悔於七年之後，亦已疏矣。"可見即

---

〔31〕《名公書判清明集》卷九《離婚》。

〔32〕 仁井田陞《支那身份法史》第五章《婚姻の解消》；李敖《夫妻同體主義下宋代婚姻的無效撤消解消及其效力與手續》；陳鵬《中國婚姻史》卷一一《庶人之離婚程序》。

〔33〕 宋邦煒《宋代婦女再嫁問題探討》頁591～592。

使是女方要求離婚，但男方不肯寫離書便莫可如何。

第三，縱是協離，也不普遍。統治者的目標是使"男有分、女有歸"，同樣不樂見夫出妻或妻棄夫，所以法律允許爭吵氣憤的妻子暫時離開夫家。《宋刑統》卷一四《和娶人妻》："議曰：室家之禮，亦爲難久，帷薄之內，能無忿爭？相嗔暫去，不同此罪〔指妻妾擅去者徒二年〕。"劉克莊判決復合，無寧也是這種精神，而非學人所說的單方面剝奪了婦女要求離婚的權利。反過來説，男方要協離，未嘗沒有壓力。程頤説："世俗乃以出妻爲醜行，遂不敢爲，……只爲今人將此作一件大事，隱忍不敢發，或有隱惡，爲其陰持之，以至縱恣。"[34] 司馬光也説："今士大夫有出妻者，衆則非之，以爲無行，故士大夫難之。"[35] 南宋時更有士大夫因非理出妻而被免官。[36] 可見不能輕易休妻。大抵士人在離婚之前，總顧慮到雙方家庭的名譽和利益；[37] 佔人口絕大部分的小農，男耕女織，亦不會隨便放棄經濟伴侶。李昌齡《樂善録·孫洪》一節中有一個爲人寫離書而受天譴的故事，與劉克莊所説的"陰騭"和"好事"雷同，可以反映士庶均不樂見離婚。

最後是夫死再嫁，可首先觀察衣食無憂的公主。據董家遵的統計，[38] 唐代兩嫁的公主共廿五位，三嫁的三位。張邦煒則指出，唐代已婚公主一三〇人，兩嫁者廿七人，三嫁者三人，合佔23%；宋代已婚公主四十一人，再嫁者不過二人，佔5%弱；前者可正面證明唐代公主貞節觀念不重，後者可反面證明宋代公主貞節觀念頗重。然而，張氏的目的是要證明"宋代不是貞節觀念驟然增長、婦女地位急轉直下的時期"。對23%與5%的懸殊，他的解釋是"公主改嫁僅見於唐代前期，玄宗以後絕無一例，宣宗進而嚴加限制，降詔：'公主、縣主有子而寡，不得復嫁'，……如果要説公主改嫁現象曾經發生變化，其轉折關頭不在唐宋之際，當在中唐前后。"[39] 這裏

---

〔34〕 《河南程氏遺書》卷一八。
〔35〕 《家範》卷七。
〔36〕 陳鵬《中國婚姻史稿》卷一一《歷代離婚之觀念及概況》。
〔37〕 對妻族的依賴過於本族的例子，見 Walton, Linda (1984)。
〔38〕 董家遵《從漢到宋寡婦再嫁習俗考》。
〔39〕 張邦煒《宋代婦女再嫁問題探討》、《婚姻與社會：宋代》第三章、《宋代的公主》，前兩者的統計略有出入，今從後者。

的問題有二：第一是離婚"改嫁"與夫死"再嫁"涉及不同的貞節觀念。董家遵也間接指出，至少有兩位兩嫁的唐公主不是"無夫之寡"，但因數目不大，不致影響統計的準確程度。第二是張邦煒的百分比計算方法有待商榷。"再嫁"的前題是夫死，假如宋代四十一位主婿只有兩位早死，則大部分的公主自然不用守節，不能説她們有較重的貞節觀念。換言之，不應將"再嫁"與"已婚"總數對比，只能用"再嫁"與"守節"對比。故此，學人應以事實説明公主的守節情況。至於再嫁的兩位，一位是太祖的妹妹，繼夫是擁立太祖代周的大將，看來是政治婚姻；另一位是徽宗之女，靖康恥時北遷，至燕京喪夫，改適習古國王，此時此地也很難講究貞節了。

那麼，宋代有没有像唐宣宗那樣約束公主和縣主（親王之女）再嫁的詔令？張邦煒認爲，在宋代的全部法則中，只有一項獨一無二的禁止婦女再嫁的規定，原文是："宗婦少喪夫，雖無子不許更嫁。［大宗正汝南郡王］曰：此非人情。乃爲請，使有歸。"當時是仁宗年間。[40] 張氏接著説，這法令到英宗時"干脆予以撤銷，公開下令准許'宗室女再嫁'"，並一直遵行到南宋後期。"可見，在宋代，禁止宗室婦女再嫁的規定經歷了一個由施行到廢止的過程，這恰好表明宋代對於婦女改嫁絶非愈禁愈嚴，相反倒是限制愈來愈小，越放越寬。"[41] 既然找不到有關公主再嫁的法令，姑且不論，但將"宗室婦"和"宗室女"合稱"宗室婦女"卻會産生混淆。前者指宗室之妻，在同姓不婚的原則下，一定不姓趙，但所生子卻爲宗室；後者指宗室之女（包括縣主），跟公主一樣，一定姓趙，但所生子只爲外戚；兩者實受不同的法令約束：宗室之妻是否因汝南王的請求而自仁宗朝開始可在年少無子的情況下再嫁，有待查明；宗室之女自宋初開始就没有不准再嫁，但再嫁的條件是否像唐宣宗那樣規定必須無子，亦有待查明，目前難以斷言究竟是愈來愈寬抑或愈嚴，大抵是五服的關係愈近便較嚴，愈遠便較寬，不能以偏概全。

在一篇專論宋代公主的論文裏，張邦煒以爲她們的政治和家庭地位較唐代大爲低落。[42] 政治上不能開府，没有邑司，不能任命官

---

〔40〕　李燾《續資治通鑑長編》卷一九〇，仁宗嘉祐四年十一月庚子。
〔41〕　張邦煒《宋代婦女再嫁問題探討》，頁 592～593。
〔42〕　張邦煒《宋代的公主》。

吏，沒有法外特權，甚至活動也受限制，"家有賓客之禁，無由與士人相親聞"。在家庭也由唐代的以公主爲中心變爲以駙馬爲中心，表現出男尊女卑，公主不但要向舅姑下拜，還要爲駙馬居喪。結果，就是公主的生活較節儉，作風較嚴謹，包括注重貞節。這是發人深省的論文，說明了注重貞節是一連串變化中的一環，並非獨立發生的。

士大夫的妻子是否可以無條件地夫死再嫁？隋文帝時，鑒於"禮教凋弊，公卿薨亡，其愛妾侍婢，子孫輒嫁賣之，遂成風俗"，於是詔令九品以上妻和五品以上妾不得再嫁，[43] 唐代沿之，但張邦煒以爲"宋代對此既未予以重申，更未加以推行，因而官僚妻妾改嫁的事屢見不鮮"。不過他舉的例子都是妾，[44] 在宋代大都是買賣得來，地位甚爲卑下，將之附會貞節觀，未免不倫。[45] 朱瑞熙也以爲，"宗室、士大夫家婦女改嫁的事例極多，幾乎不勝枚舉"。但他的九個例子中，只有兩個是士大夫的妻子，其餘都是一般民婦或無可查證。[46] 在名爲《宋代士大夫的貞節觀》一文裏，宋東俠說："宋代士大夫貞節觀的變化還表現在他們積極支持自己的親屬改嫁，其直系親屬包括母、妻、女等有不少改嫁者。"但是在母親的例子裏，包括學人一再引用的范仲淹、杜衍和朱壽昌的母親，在再嫁時都是生活艱難的民婦或出妾，日後母憑子貴，才變成"士大夫之母"。士大夫向再嫁或改嫁母盡孝，乃母子天倫，恐與貞節觀無大關係。至於妻、女更嫁的真實例子，宋氏沒有提供。宋氏又以十五個例子說明"士大夫聘娶改嫁婦的廣泛性"，其中十四個來自墓誌碑銘，應該可信。可惜的是功虧一簣，既沒有查明其中十一位再嫁婦女的身份，又沒有說明娶者結婚時是否已是士大夫或鰥夫；因鰥夫通常難求閨女爲繼室，只有退而求寡婦，不能說他們不重貞節。換言之，七折八扣後，連同筆者引用的幾個例子，再嫁的士大夫妻女不出十個。假如學人推說是資料的限制，那麼爲何守節的記錄卻十倍於此（見下段）？是否反映士大夫對再嫁總是有點彆扭，所以少提

〔43〕 董家遵《歷代節婦烈女的統計》，頁151。
〔44〕 張邦煒《宋代婦女再嫁問題探討》，頁593。
〔45〕 Ebrey 1986a；唐代劍《宋代妾的買賣》。
〔46〕 唐代劍《宋代婦女的再嫁》，則多用筆記小說的例子，大都難以證實。

爲妙（學人不妨比較初婚與再婚的禮儀），而對守節總覺是種光榮，所以大書特書呢？

筆者只翻查《宋會要輯稿·禮八·旌表》和《儀制十·敘封母妻》，倒發現了十位夫死守節的婦女中有七位是士大夫的家屬，（附表一）其中一位是王安石之子雱的女兒，守志三十餘年，因弟弟上奏表揚而特封令人，說明了王安石嫁媳的故事是可疑的，學人不應隨便引用。（故事大意謂王雱一向有心疾，娶妻後生有一子，因相貌不像自己，便設計害死，王安石不得已把媳婦嫁走，見魏泰《東軒筆錄》卷七）此外，在《宋史》卷四六○《列女傳》的五位夫死守節婦女中，有三位爲士大夫妻。（附表二）梁庚堯論南宋的貧士和貧宦，也根據行狀和墓誌，提供了八個寡婦撫養幼子讀書以繼承父志的例子。[47] 所以，目前士大夫妻女守節比再嫁的實例多。董家遵根據《古今圖書集成》統計出宋代節婦共一百五十二人，[48] 卻沒有分析她們的身份。徐秉愉用同樣的資料統計遼、金、元的節婦烈女，拿較詳細的金代來說，[49] 共節婦七人、烈女三十人，其中平民只有十四名，貴族和官吏妻女卻有廿三名，佔62％。這不禁令人相信，若仔細分析上述的一百五十二名節婦，便會發現更多的士大夫妻女。從附表一和二來看，從北宋前期到南宋後期都有夫死守節，而剛巧以程頤所處的哲宗和徽宗兩朝較多；守節多寡的時間分佈，有待進一步的統計和解釋。

總之，因種種實際的原因，再嫁這個不大不小的"傳統"不可能到宋代便自然地消失，所以一定有士大夫妻女再嫁的例子，但其數量在目前還不足以作出什麼推論。就常識言，貞節觀在士大夫之間本就較易流傳和被接受，加上它是一個經典的、由聖賢傳下來的觀念，要反對較難，要提倡較易，只要（1）有地位的人們（無論政治、社會、或學術）大力鼓吹，（2）這觀念又切合一些重要的需要（如有利於家族的穩定），加上（3）政府的有意贊助，則這觀念就容易成爲風尚（無論是由上而下或由下而上），而特別在它能够切合需要的階層中流行。假如學人要證明貞節觀正在萎縮，方法不在於找出更多的再嫁例子，或專找舊說的漏洞，而在於研究（甲）當

---

〔47〕 梁庚堯《南宋的貧士與貧宦》，頁 116～117、124～125。

〔48〕 董家遵《歷代節婦烈女的統計》。

〔49〕 徐秉愉《遼金元三代婦女節烈事迹與貞節觀念之發展》。

時是否有疑古、革新、甚至反古的潮流，以致波及貞節這個衍生的觀念，（乙）這觀念是否不能配合、甚至阻礙當時的社會發展，和（丙）政府的配合，例如法律上放寬甚至協助再嫁。就宋代來說，貞節觀雖然缺乏了第（3）項，但具備了第（1）和（2）項，而沒有（乙）、（丙）和成功的（甲）項，而且在第（1）項裏的鼓吹人物，還是學派的領袖，有門人弟子可以推波助瀾，形成影響力。所以筆者相信，貞節觀在宋代已有異軍突起的條件，故即使在元代異族統治下，仍然出現了四百五十二位節婦（比烈女還要多出五十位），到了明代，第（1）和（2）項持續而第（3）項加入，貞節觀乃大爲發達，節婦達到二萬七仟一佰四十一人。[50] 沒有了宋代的醞釀，便很難解釋元代的發芽。

　　最後是民婦的再嫁。宋代的士大夫屬官户，享有大小不等的經濟特權，中級以上官員，生前有蔭補，死時有恩恤，即稚子亦可錄官，使孤兒寡婦的生活不致沒有著落，不致沒有希望。何況做官的多會購置田產，一時總無凍餒之患。民户則不同，尤其是小家庭，丈夫去世後遺孀遺孤生活立陷困境的爲數真不少，所以哲宗詔令將難以維生的寡婦居喪期由廿七個月縮短爲一百天，好讓她們早日再嫁，鰥夫反無此優待。可見不少民婦爲生存而不得不再嫁；在法令不及的情況，不少士大夫就利用職權來方便她們再嫁，有仁心的儒者是不會看著她們餓死的。[51] 范仲淹的《義莊規矩》亦有資助寡婦再嫁的條文："嫁女支錢三十貫（原注：七十七陌下並准此），再嫁二十貫。娶婦支錢二十貫，再娶不支。"附帶一提，學人時常根據這些規定，認爲范氏同意士大夫婦女再嫁，而不贊成再娶。但是，當時的婚姻重財，士大夫以三十貫辦嫁妝未免寒酸（神宗時"一最下士人，亦須月費百千［一百貫］以上"。[52] 趙鼎《家訓筆錄·第二十一項》："如有婚嫁，每分各給五百貫足，男女同。"故范氏義莊的規定無寧主要是爲了族中低收入的家庭。而且，仲淹二歲隨母再嫁，在朱家成長，但一旦知道身世，即離家外就，及進士授官，乃迎母奉養，復姓改名；如此，他會再讓范氏子弟隨母再嫁嗎？

〔50〕　徐秉愉《遼金元三代婦女節烈事迹與貞節觀念之發展》；董家遵《歷代節婦烈女的統計》。
〔51〕　宋東俠《宋代士大夫的貞節觀》第二節。
〔52〕　《續資治通鑑長編》卷二五〇，熙寧七年二月辛卯條。

恐怕他同意再嫁,也是有條件的。總之,范仲淹承認有些婦女有再嫁的需要,並且願意資助,至於他是否鼓勵再嫁,則是另一回事。

宋代經濟發達,大批民婦投入生產,提高了個人的經濟能力,有利於守節。游惠遠說:"宋代女子於職業的從事上是相當多樣化的,……其意義有三:一、她們能獨立謀生,不必仰賴他人而活;二、她們能協助家庭生計;三、她們在整個經濟大環境中,也是推動生產和刺激消費的一員。"[53] 此論發全漢昇先生所未發,[54] 也引起筆者三點聯想:第一,城市的謀生路多,有利於寡婦的獨立和守節。[55] 洪邁《夷堅志》的《都昌吳孝婦》、《吳六競渡》、和《鄂渚王媼》等故事的女主角都是獨立謀生的寡婦。[56] 附帶一提,洪巽《暘谷漫録》說:"京都中下之户,不重生男,每生女則愛護如捧璧擎珠;甫長成,則隨其姿質教以藝業,用備士大夫採拾娛侍。"其言或涉誇張,但提醒學人注意城、鄉或商業區、農業區的差別。第二,農産商品化不但造成宋代商業的高度繁榮,而且改變了傳統小農經濟"夫耕婦蠶"的比重,婦蠶數月的成品市值接近甚至超過夫耕整年所得是學人津津樂道的事。在游惠遠論文中就至少有二位寡婦和一位與夫失散廿六年的少婦靠紡織和養鵝來提供兒子教育以至婚娶的費用。[57] 梁庚堯根據行狀和墓誌也提供了三個寡婦靠紡織提供兒子生活和教育的例子。[58] 這也許較多見於東南方的經濟農作區。第三,輕工業發達,手工作坊以至專業市鎮紛紛出現,必須雇用大批女性,不但增加了她們的收入,也把她們從家庭的小社會吸引進一個開放的大社會裏。如果說宋代小農的人身依附關係日漸減弱,這也表示愈來愈多的婦女勞動者逐漸增加了獨立自主的心態和能力。當然,這過程是漫長和不一致的,例如一直要到南宋寧宗開禧元年(1205),經濟落後的夔州路施、黔等州的客户婦女才獲得法律上的人身自由:"凡客户身故,其妻改嫁者,聽其自便,女聽其自嫁。"[59] 再嫁與否,都由她們自主了。總之,宋代農、工和商業的繁榮增加了寡婦獨

〔53〕 游惠遠《宋代民婦之家族角色與地位研究》,頁 182。
〔54〕 全漢昇《宋代女子職業與生計》。
〔55〕 龐德新《從話本及擬話本所見之宋代兩京市民生活》。
〔56〕 游惠遠《宋代民婦之家族角色與地位研究》,頁 146~148。
〔57〕 同上,頁 131~132。
〔58〕 梁庚堯《南宋的貧士與貧宦》,頁 124~125。
〔59〕 《宋史》卷一七三《食貨上一》。

立維生的經濟條件,而政府也協助獨立的寡婦撫養孤兒至十五歲:《慶元條法事類》卷四八《賦役令》:"諸女戶寡居,第三等以上,雖有男子(原注:婿姪之類同),年拾伍以下,其稅租應支移者,免全戶之半;應科配者,降本戶一等。第肆等以下聽免。"從這法令來看,當時似有一定數目的寡婦。

　　士大夫妻女守節,容易令人想到禮教宗族;一般民婦守節,有論者歸究於夫妻的守信與義務。朱瑞熙根據《夷堅志》,[60] 以爲宋代地主階級在民間傳統的迷信觀念裏強調婦女改嫁不得好死。但張邦煒指出,[61]《夷堅志》共有五十五個再嫁和六個三嫁的故事,但只有十三次譴責再嫁,而有廿六次非難再娶。游惠遠進一步指出,[62] 在這些故事裏,固然有丈夫單方面要求妻子不再嫁,但也有妻子單方面要求丈夫不再娶,和雙方都要求對方守節的。宋人一方面痛恨負心的丈夫,另方面特別讚揚不再娶的丈夫。所以她認爲宋代平民所講求的貞節,主要是指夫婦在對方死亡後履行生前許下的承諾、和完成基本的如完喪的義務;最高的理想,乃是夫妻雙方都爲對方守節。這樣看來,民間對守節的重視較士大夫有過之而無不及!只不過,小説多訴諸附會與渲染,學人把想像豐富的情節照單全收,就未免只是替小説家作宣傳而已。《夷堅志》裏充滿了果報的思想,藉各式各樣的故事重複傳達,虛構的不知凡幾?試問洪邁一生曾耳聞目睹五十五次再嫁嗎?筆記小説的"具體"內容,只能用作歷史研究的旁證,若用作主證,就未免太過隨心所欲了。小説固然有現實的一面,也更有想像的一面,重覆出現的想像並不構成事實。研究默默地過活的社會大衆,結果平淡無奇,固然令人失望,但至少讓我們知道,今日的常識,是在怎樣的歷史時空產生,今日的生活,有哪些是傳統的一部分。

三、再嫁與守節的原因

　　彭衛在《漢代婚姻形態》指出:"在漢代,影響婦女再嫁和改嫁的,與其説是'貞節'觀念的擴展,倒不如説是多種因素的合力

〔60〕 朱瑞熙《宋代社會研究》。
〔61〕 張邦煒《宋代婦女再嫁問題探討》。
〔62〕 游惠遠《宋代民婦之家族角色與地位研究》第四章。

結果。"這些因素包括（1）贍養公婆的意願，（2）生育年齡的限制，（3）夫族對穩定和安寧的考慮，和（4）皇權及尊卑觀念的干涉等。[63] 除此之外，宋代常見的有伉儷情深不忍再嫁、守子以存血脈、教子以承父志、和監管產業以待兒女成人等（見附表二之兩民婦）。當然，直系尊長亦有種種理由鼓勵女兒再嫁，很多時的確是為了年輕寡婦的幸福。必須注意的是，對守節與否，妻、妻族和夫族會有不同的考慮。本節特別討論財產在中上層婦女守節問題上的角色。

漢末以來，講求門閥婚姻，經過五代喪亂，至宋代已變成取士不問家世，婚姻不問閥閱，而直求資財。司馬光《書儀》卷三《親迎》注："今世俗之貪鄙者，將娶婦，先問資裝之厚薄，將嫁女，先問聘財之多少，至於立契云：某物若干，某物若干，……是乃駔儈鬻奴賣婢之法，豈得謂之士大夫婚姻哉！"男藉科名為資本，女則唯靠嫁資：在程頤的時代，"近年進士登科，娶妻論財，全乖禮義。衣冠之家，隨所厚薄，則遣媒妁往返，甚於乞丐，小不如意，棄而之它；市井駔儈，出捐千金，則貿貿然而來，安以就之。"[64] 這固然有助於社會階層的流動混合，但士大夫為辦嫁妝而典田賣廬、甚至借高利貸者，比比皆是，雖一代名相如呂端、王安石，名滿天下如蘇軾、汪應辰，三世翰林如李宗諤，冠蓋大族如陸游，均不能幸免。故袁采《世範》卷二《事貴預謀後則時失》說："中產之家，……養女亦當早為儲蓄衣衾妝奩之具，及至遣嫁，乃不費力。若置而不問，但稱臨時，此有何術？不過臨時鬻田廬及不恤女子之羞見人也。"方建新一針見血地指出："這種'娶婦直求資財'風氣的蔓延，而女家為提高女兒在夫家的地位，被迫倒篋傾囊，正是宋代厚嫁成風，以至出現嫁女之資超過娶婦費用的主要原因。"[65] 然而，夫家不一定穩賺豐厚的嫁妝，其變數多在"再嫁"。

首先，雖然禮法上規定妻產並同夫為主，在名義上屬於丈夫，但事實上妻子仍有相當的擁有權和支配權。常見的情形有三：一、

〔63〕 彭衛《漢代婚姻形態》，頁 205～210。

〔64〕 《皇朝文鑒》卷六一丁騭《請禁絕登科進士論財娶妻》。

〔65〕 方建新《宋代婚姻論財》；陳鵬《中國婚姻史稿》卷三《宋之財婚》。這也許是宋代多悍妻的原因，見張邦煒《宋代婦女再嫁問題探討》，頁 603～604。

嫁奩中諸如首飾、衣褥、珍玩、和器皿等在習俗上承認爲婦女的私物。二、難以避免的私房錢，如丈夫的贈予和嫁奩中較易收藏的金銀之類。三、在夫妻協定、丈夫病弱、妻善治家或妻出自富貴之家的情況下，妻自行處理奩物，營置奩田，甚至爲夫族營生。[66] 這些有點難分彼此的財產，妻死夫承，妻家不得追討，但若夫死再嫁，就時常引起哪些屬妻哪些屬夫家的糾紛——帶走前者是合法，後者則可以盜論。真宗時便有一件轟動一時的寡婦再嫁以致夫家破產終而上達天聽的大事。太祖和太宗的宰相薛居正位極人臣，但富不過三代，孫兒安上不得不典押大宅，但事實上有不少家產被安上無子早寡的繼母柴氏秘密收藏。柴氏與安上無法相容，於是盡斂薛家資財，包括書籍綸告，宣佈再嫁。喪妻不久的宰相向敏中向她求婚，但柴氏看中了另一位宰相張齊賢。不料好事難諧，安上到開封府告柴氏吞沒，揭發更多的內幕，結果四敗俱傷：向、張罷相，安上判笞刑，而以柴氏私藏贖宅。故《宋史》卷二六四《薛居正傳》慨嘆其子"御家無法，及其死，家人爭財致訟，妻子辨對於公庭云"。程頤的評論是："本朝向敏中號有度量，至作相，卻與張齊賢爭取一妻，爲其有十萬囊橐故也。"[67] 他反對再婚，也許有"爲財再婚"的社會背景。

其次，夫將物業置在妻之妝奩名下，被妻再嫁時帶走。法律規定，在婚書中開列明白的嫁妝及婚後以之營置的產業都屬夫妻"私財"，不屬家族同居的"共財"（眾分之財），舅姑既無權插手，族人亦不得分享。[68] 於是有私心的丈夫，"竊眾營私，卻於典賣契中稱系妻財置到"，不但私吞利益，而且將"共財"轉化成妻子名下的"私財"，這樣固然可以壯大本家，但也冒一個危險，就是"作妻名置產，身死而妻改嫁，舉以自隨者亦多矣"。[69] 不但早寡無子女者容易爲此，甚至有取財棄嗣。在南宋時就有一件子與繼母爭業的官司。吳貢士喪妻，有子汝求七歲，乃再娶王氏，"續置田產〔四十七種〕，所立契券，乃盡作王氏妝奩"。貢士死後三年，無親骨肉的

---

〔66〕 袁俐《宋代女性財產權述論》，頁 290~292。

〔67〕 《河南程氏外書》卷一〇《大全集拾遺》。

〔68〕 《名公書判清明集》卷五《妻財置業不得分》。

〔69〕 袁采《世範》卷一《分析財產貴公當》、《同居不必私藏金寶》。

王氏盡攜妝奩再嫁，卻被已把所得遺産揮霍净盡的汝求告到官府，要索回四十七種之田，"然官憑文書，索出契照，既作王氏名成契，尚復何説"。故王氏得以保留此田。這樣的判決合乎情理，但判詞頗堪玩味，一開始就説："自柏舟之詩不作，寡婦始不能守義以安其室；……王氏若能守志自誓，扶植門户，且教其子使之成立，不惟王氏可爲節婦，吴貢士亦且有後矣。一念既偏，但知有身，不復念其夫若子，……吴貢士之家道壞矣。"[70] 言下之意，是王氏若肯守節，則汝求不會墮落，吴家亦不致敗壞，也是將"守節"與"家族"連在一起。

事實上，確有地方官强奪寡婦攜妝奩再嫁的權利，務使她們戀産撫孤。南宋時，陳女攜妝田嫁到徐家，生了三女一子，丈夫也添置了不少在名義上屬於她自己的妝田，而且這些新妝田很可能在他死時已超過他其他的産業，故寡妻寧可放棄夫産，留下三女一子來繼承，自己則滿載新舊妝田返歸娘家，徐家於是告陳家取去媳婦和田産。在一般情形下有三種判決辦法：第一，根據寡婦可攜嫁妝歸宗的原則，陳氏無罪，而且原判也是如此；第二，根據寡婦可攜子再嫁的原則，判三女一子歸陳氏撫養；第三，將徐夫添置的妝田歸還徐家，由三女一子繼承。但是，負責再審的黄榦推翻原判，不但將陳氏所有的妝田交給徐家收管，而且下令將陳氏押返徐家，"教其子，嫁其女，庶得允當"。那就是不必再嫁了。[71]

黄榦的判決未嘗没有根據，但也滲入一己的好惡。他根據的原則是"夫死從子"。他説："使徐氏無子，則陳氏取其田以爲己有，可也；况有子［女］四人，則自當以田分其諸子，豈得取其田而棄諸子乎？"既然親子有權繼承父親名義下的所有産業，自然包括母親的妝田，所以"父給田而予之嫁，是爲徐氏之田矣。夫置田而以妝奩爲名，是亦徐氏之田也，陳氏豈得而有之"？同道翁甫在另一件同性質的案子中説得更清楚："蓋夫死從子之義，婦人無承分田産，此豈可以私自典賣乎？婦人隨嫁奩田，乃是父母給夫家田業，自有夫家承分之人，豈容捲以自隨乎？"[72] 更有官府强將死而無子的丈夫

---

〔70〕 《名公書判清明集》卷一〇《子與繼母争業》。

〔71〕 同上附録二《徐家論陳家取去媳婦及田産》。

〔72〕 《名公書判清明集》卷五《繼母將養老田遺囑與親生女》。

的財産置籍看管，由宗族選立繼子，以免寡妻攜産再適。[73] 元明清三代就明文禁止寡婦擅自攜奩再嫁。

但黃榦爲什麼進一步不讓陳氏再嫁呢？因爲跟岳父朱熹一樣，黃榦反對不必要的再嫁。判詞一開始便説：“女子生而願爲之有家，是以夫之家爲其家也；婦人謂嫁曰歸，是以得嫁爲得所歸也。莫重於夫，莫尊於姑，莫親於子，一齊而不可變，豈可以生死易其心哉！陳氏……不幸而夫死，必當體其夫之意，事其姑終身焉；假使無子，猶不可歸。”今既上有至尊的家婆，下有至親的三女一子，又怎應再嫁呢？這無疑是爲了家族的利益而剝奪再嫁的自由。

在夫家守節，不一定受歡迎，很多時是因爲節婦的財産權與夫族的利益發生矛盾。第一，夫家兄弟分析家産時，節婦有子則由子繼承夫分（見下段），無子則由本人代承，行使監管權，以待繼承人出現、或招後夫幫管資財、或直到死後依户絶法處理。無論何種情形，節婦保持夫産免受瓜分，而每一種情形都帶有夫産外流的危險。在無子代承的情況下，亡夫名義下的所有財産都轉登記在節婦名下（即女户），局外人根本難以分辨何者是夫産何者是隨嫁物資，故發生不少攜夫産再適的案件。[74] 在招後夫（俗稱接脚夫）上門的情況下，亡夫産業雖然以節婦之名立户，但“只緣多被後夫計幸，假以妻子爲名，立契破賣，隱錢入己，或變置田産，別立後夫爲户”。[75] 族産爲寡妻所得猶不甘心，落入異姓手中就更不可忍了。

第二，在子承夫産的情況下，節婦至死仍有監管權。若子女已成年，這監管權自然相對減少，但在“父母在子孫不得別籍異財”的原則下，子女要買賣産業仍須寡母首先簽押表示贊同。若子女未成年，節婦的監管權就相當大。在宗祧繼承的原則下，她沒有夫産的所有權，不得以己名典賣，但可以自由支配。有一位節婦就把前夫的穀田三分：一百七十碩給前夫亡妻之子，五十七碩給自己養老，卅一碩給親生女爲日後之隨嫁資。後來前妻之子不肖，將田産變賣，節婦乃立遺囑將養老田留給親生女；不肖子上訴，判決雖裁定母田應遺留給當然的承分人（即不肖子），遺囑無效，但同時認定母、女

---

[73] 同書卷八《檢校嫠幼財産》；又參考《宋會要輯稿·刑法五、六》。

[74] 袁俐《宋代女性財産權述論》，頁306。

[75] 《宋會要輯稿·食貨》之一。

均可保有原分之田，任何人不得改變，也就是承認節婦當初的處分。[76] 何薳《春渚紀聞》卷二《二富室疏財》記載一位守子的富孀貢獻十萬緡家財幫助下户輸納臨時税項，這也許是小説家言，也許是富孀自己的妝奩，否則寡婦處置夫財的權力就很大了。值得注意的是，從附表二及其他例子來看，不少寡婦都是富孀，所以監管夫產的問題值得深入研究。

第三，在同宗昭穆相當的原則下，節婦可自由立嗣，決定夫產的繼承人，也容易引起夫族的糾纏。黄廷吉死而無子，二兄一弟中，兄廷新未有子，弟廷壽未娶，只廷珍有三位與廷吉年紀相若的兒子，不但不肖，而且父子與廷吉交惡已久，甚至不來弔慰。廿三歲的節婦阿毛乃選立表姑廖氏次子爲嗣。"以祖宗積累之難，而外姓得以坐佔"，自然易起糾紛，但阿毛得廷新和廷壽支持，一時無事。十八年後，廷新和廷壽相繼去世，廷珍之子漢龍乃起吞謀之心，告到官府，要逐去嗣子以自立。官府一方面斥責漢龍無行，另方面卻命阿毛在廷新和廷壽子侄八人中再選一人爲嗣，將家產平分，由新舊嗣子各執一分，仍聽阿毛掌管。判詞一開始便盛贊阿毛守節，"若謂其戀黄氏之家業，則七千之税，初不爲富，天下豈無過此者乎"？[77] 由此可見，寡婦無子守節，還要忍受戀產的閒言閒語和爭產的糾紛。幸而書判清明，否則在十八年後換上一個陌生的嗣子，也是够凄涼的。[78]

最後，以一個子姪聯合異姓謀奪寡嫂財產的例子來說明富孀守節的困難。劉傳卿有子季六及女季五，季六娶阿曹爲妻，並收養春哥爲子，季五之夫梁萬三則爲贅婿。傳卿、季六、季五相繼去世，家業由阿曹主管。梁萬三意圖霸佔，而傳卿的兩名子姪"或利於併吞，或利於繼立，反左袒梁萬三以攻阿曹。阿曹自欲守節，則誣以改嫁，阿曹自有子春哥，則告以無子"。判詞痛罵此三人全無良心："死者之肉未寒，爲兄弟、爲女婿、爲親戚者，其於喪葬之事，一不暇問，但知欺凌孤寡，或偷搬其財物，或收藏其契書，或盗賣其田

---

〔76〕《名公書判清明集》卷五《繼母將養老田遺囑與親生女》。
〔77〕《名公書判清明集》卷七《雙立母命之子與同宗之子》。
〔78〕爭立例子可見同書卷七《爭立者不可立》卷八《利其田產自爲尊長卻以親孫爲人後》。

地，或强割其禾稻，或以無分爲有分，或以有子爲無子，貪圖繼立，爲利忘義，全無人心，此風最爲薄惡。非特小人如梁萬三、阿曹等之訟而已，甚至儒衣儒冠，亦有此訟"。最後將劉家財産置籍印押，交阿曹管理，不許典賣，以待春哥成人。[79] 寡婦無財則難守節，有財則覬覦者衆，在當時對大部分的中上層女性並不開放的社會來説，守節最好有夫族或本族的支持，不然就要訴諸法律的保護。要明白程、朱的提倡守節，要先明白他們對家族的觀念和期望。

四、餘　論

　　學人爲了駁倒貞節觀念在宋代由寬轉嚴的舊説，乃盡力發掘再嫁的例子，甚至認爲趙宋不如李唐之嚴。筆者則指出，士大夫妻女再嫁的不出十個，縱使加上民婦再嫁的真實例子和《夷堅志》裏五十多個真假參半的例子，還是不及董家遵一五二個節婦的一半。社會史不同經濟史的研究，由於史料性質的限制，統計數字只應用作旁證。何況，數字本身不能説明守節的原因，把各式各樣的原因籠統稱之爲"貞節"是不科學的。學人不妨反其道而行，先瞭解守寡和再嫁的原因，再研究這些原因是以個人的抑或社會的因素較多，也許便可以推想究竟是守節抑或再嫁會在某一階層較普遍。筆者相信，縱使是在明清，假如個人沒有獨立自主的心態和經濟能力，又沒有外力（如政府）的插手，要一般小家庭的婦女守節撫孤是非常困難的事。所以，明代爲人樂道的資本主義萌芽和小家庭經濟結構的轉變，加上政府禁止攜奩改嫁，也許是守節增加的重要原因。至於士大夫階級，假如守節除了個人的道德意識外還關涉到近世家族制度的成熟和强化，那麼明清的守節超過宋元是自然之事，何況還有政府的獎勵！

　　除了經濟和家族制度發展的原因外，守節作爲一個觀念在宋代不如明清的普遍，大抵有三個主要原因：第一，儒士大夫的看法就不一致，有"主張於配偶死亡後，就不應再婚者；有只要求女人應爲丈夫守志者；有順人情之需要，贊成配偶死亡後，可再婚者。但當時並未擬出任何一套可使人們奉行的規範或制度"。[80] 程朱理學

---

〔79〕　同書卷七《宗族欺孤佔産》。
〔80〕　游惠遠《宋代民婦之家族角色與地位研究》，頁126。

較爲强調守節，但曾遭僞學之禁，後雖被政府承認爲儒學正統，但已是南宋末年，何況政府意在包容，並非真正推崇。到了明代永樂年間，頒《文公家禮》於天下，清代"士大夫所守，惟《文公家禮》一編"。也許要到明清，理學家對禮法的見解才較普遍地被接受和遵行。

第二，貞節觀並未大衆化。程頤主張男不再娶、女不再嫁，是以大家族爲背景，對象主要是士大夫階級，並非一般民庶。袁采就批評説："近世老師宿儒，多以其言集爲語録，傳示學者，……然皆議論精微，學者所造未至，雖勤誦深思，猶不開悟，況中人以下乎！"故他刻意把《世範》寫成一部通俗讀物，"使田夫野老、幽閨婦女，皆曉然於心目間"。[81] 那麽，這位被陳東原先生[82]稱爲"第一個女性同情論者"的袁采對守節有何態度呢？他説："寡婦再嫁，或有孤女年未及嫁，如内外親戚有高義者，寧若與之議親，使鞠養於舅姑之家，俟其長而成親。若隨母而歸義父之家，則嫌疑之間，多不自明。"[83] 看來袁采不但没有反對家庭環境較差的婦女再嫁，還頗替她們的新生活著想。也許要到明代吕坤的《閨範》，著意以淺顯的文字和圖畫去普及女教，貞節的觀念才逐漸滲入廣大的中下階層，到後來發展成爲一種時尚。

第三，政府似無積極提倡。自秦漢以來，歷朝均褒揚孝子順孫義夫節婦，宋代也不例外。對節婦來説，主要是旌表和封號，或另得絹帛。得封賞時已守節十年、廿年、或四十年不等，可見没有制度化。（見附表一）游惠遠認爲政府有資助孀婦再嫁的規定，但從内容來看，只限於軍人的幼女和寡婦，這可能是因爲戰争傷亡的考慮，不能推論及一般百姓。[84] 目前還不清楚宋政府對寡婦的政策，但很明顯是及不上明朝的優待和制度化。明太祖明詔褒揚貞節，規定巡方督學每歲匯報，著爲規條，對節婦（三十以前夫亡守制，五十以後不改節）不但旌表門閭，還免本家差役。既有名，又有利，就算寡婦本人不願，也有可能被本家强迫守節。

---

[81] 《世範》卷三《治家》之跋。
[82] 陳東原《中國婦女生活史》。
[83] 《世範》卷一《睦親》之《孤女宜早議親》。
[84] 游惠遠《宋代民婦之家族角色與地位研究》第四章《政府與民間待再嫁婦的態度》。

後 記

轉瞬十三年(1991～2004)，學人對宋代婦女守節與再嫁的興趣依然不減，可見翁育瑄編撰的書目《唐宋變革期における女性·婚姻·家族の研究》(大澤正昭監修；東京：上智大學文學部史學科，2003)。在此指出一些可以加深研究的問題和甚具啓發性的二手資料。

1. 從民間信仰來看再嫁。鄭克(1124年進士)《折獄龜鑒》卷四《蘇寀請減》收錄了三個案件，皆是兒子把出嫁母的屍體從其後夫的墓裏或家裏偷走，與父合葬。第三個案件把理由説得很清楚："民有母再適人而死者，及父之葬，子恨母不得祔，乃盜喪同葬之。"這固然是出於孝行和感情，也由於民間信仰。父死母嫁，父在另一個世界孤單可憐，孝子乃不惜犯法(發冢乃死罪)，俟母死後強行合葬，學人舉出前夫子女對嫁母盡孝的例子，認爲他們不反對再嫁，但亦有埋怨嫁母的，以至"及其亡也，不肯任送終之責"，結果鬧上公堂，執法者下令前夫之子與後夫共同治葬。[1] 子女對嫁母的態度正反俱有，而士大夫較多顧慮，例如怕不孝之名影響仕途，又多受禮法的束縛，故有較多對出嫁母盡孝的"表現"。這類問題無需過度依賴史料，用歷史想像和常識就可回答。

2. 守節和改嫁孰多孰寡？統計數字不足以回答。陶晉生雖然盡力在北宋文集和其他史料尋找士族婦女再嫁的個案，但也明白指出，"畢竟守節是一件值得稱道的事，而再嫁不是值得稱道的事"，[2]所以形諸筆墨的再嫁必然遠少於實際發生的。扣除再嫁機率不高的年長寡婦，可用的數據就更不足恃了。翁育瑄利用墓誌銘統計唐代和北宋節婦喪夫時的年齡，認爲安史之亂後，年輕節婦佔全部節婦的比例較亂前增多，尤其是三十至三十九歲開始守節者，由亂前的10.9%增加至亂後的23.1%，而在二十至二十九歲開始守節的年輕寡婦，北宋的比例(17.2%)又高過整個唐代(5.4%)，似乎在程頤主張"餓死事小失節事大"之前，守節已有增加的趨勢。[3] 仔細推敲，翁育瑄的統計

〔1〕《從事郎趙繼盛墓誌銘》，收入陳柏泉編著《江西出土墓誌選編》(南昌：江西教育出版社，1991)，頁217。

〔2〕陶晉生《北宋婦女的再嫁與改嫁》，《新史學》6.3(1995)，又見氏著《北宋士族——家族·婚姻·生活》第七章(臺北：中央研究院歷史語言研究所，2001)。

〔3〕翁育瑄《唐宋に家族の研究—墓誌を中心》第五章"唐宋墓誌から見た女性の守節と再婚について"，東京：お茶の水女子大學人間文化研究科比較社會文化學博士論文，2002。

只能指出年長寡婦有守節的傾向,但不能透露年輕寡婦的傾向,因爲她們可能本來就少於年長寡婦,即使大都守節,佔全部守節人數的比例也容易小於年長寡婦。要知道年輕寡婦的傾向,就要找到她們再嫁與守節的比例,那是不可能的。[4]

可研究的不是再嫁的數量,而是同意和反對聲音的消長。再嫁已流行一千多年,爲甚麼到了宋代,尤其是南宋中晚期,被某些士大夫大力反對?反對的理由有些跟再嫁一樣的古老(如《禮記》主張的從一而終等),這些陳腔舊調爲甚麼愈聽愈悅耳?舊瓶裏裝的是甚麼新酒?有些反對的理由則是宋代新創,它們反映了甚麼現實?唯有深入研究各種意見的產生以及流行的背景,才能揭露守節與再嫁在女性史、家庭史和社會史的意義。研究時更要突顯其發展的特點:首先,反對再嫁的意見初現時,不免帶有反對者的個人因素;其次,這些意見逐漸被接受,反映能够滿足某些現實需要(無論是家庭、社會,甚至政治的需要);再次,這些意見可能受到挑戰,在迎擊的過程中去蕪存菁,吸新排舊,在理論架構和對現實問題的回應等方面更爲周全成熟;最後,這些意見大爲流行,人們往往不加思索便視爲真理,使它們蒙上宗教甚至迷信(不要問只要信)的色彩。當然,各個階段不可能截然分隔,但總有個別的特色可作爲研究的重心。

目前的研究不乏探討再嫁的原因,[5] 足以說明再嫁爲何繼續發生(事實上學人從沒否認再嫁與守節是同時並存的),卻不能說明守節爲何蔚成風氣。張彬村研究明清兩代的守節,提出"理性選擇"

---

[4] 例如二十到三十歲喪夫的有二十人,全都守節(100%),而四十至五十歲喪夫的有六十人,只有三十人守節(50%),對研究有用的數據,應是那100%和50%,因爲它們指出這兩種寡婦守節與再嫁的比例。把二十到三十歲守節的二十人加上四十至五十歲守節的三十人,統計出前者佔守節總人數的五分之二,後者佔五分之三,意義並不大。

[5] 例如陶晉生前揭文指出,促使再嫁的原因包括父母的憐愛,不忍女兒年輕守節;寡婦無依無靠、生活無著,再嫁就是唯一的出路等。他也提到寡婦本人的意願,既有自願守節的,也有自願再嫁的。這不禁讓人懷疑,墓誌銘裏既然"提到〔寡婦再嫁〕時則大多把責任推到父母兄弟或族人的身上,而很少說她們自願如此",那麼父母兄弟或族人口中的"宜改適",究竟是他們的真心話,即贊成再嫁,還是因爲女兒自己要求再嫁,他們只好玉成其事,其實是口裏同意,心裏不贊同再嫁呢?法律規定子女的婚姻由父母作主,再婚也不例外,但我們不能由此推論,謂主持再嫁婚的父母都主張或不反對再嫁,也許有時他們只是尊重女兒的決定吧。這透露一個研究上的困難,就是不容易知道墓誌作者對再嫁的態度,也許他真的是贊成再嫁,但也許他只是承認再嫁已成事實,乃直筆不諱,甚至大書她的貢獻以示瑕不掩瑜。

的經濟學概念（追求最大的自利），認爲明代大致繼承元代的婚制，寡婦的財產權和子女權被完全移到夫家，留在夫家守節反可獲取最大的權益，故守節在"道德"之外，還有"利益"的考慮。[6] 當然，任何人都有不理性的時刻，學人無需將歷史處處"理性化"或事事"合理化"，有時同儕和道德的壓力與社會的輿論令人"別無選擇"。守節的風氣形成後，順之則昌，何需大費思量？此時選擇再嫁（如果可以選擇的話），"以便享有正常完整的婚姻和家庭生活"，是不是另一種理性的選擇？

3. 從對夫家的影響來看再嫁。唐宋變革的一個特點是科舉制度成爲主要的入仕途徑，既帶動了階級流動，也取代了世爵世祿，連士大夫家庭也不得不汲汲於營生。Bettine Birge（柏清韵）根據豐富的史料，指出一個從事舉業的家庭的分工：丈夫只管進德修業，而妻子主持家計、侍奉公婆、教育子女和照顧族衆。很多墓誌記載妻子利用自己的私財（主要是嫁妝和承分）來供養夫家（這也許是宋代厚嫁成風的一個原因），且逐漸被認爲是理所當然之事。[7] 士人家庭如此，平民百姓也無例外，例如程民生指出，宋代經濟重心南移，女性是南方經濟發展的重要參與者，不少家庭甚至是男主內女主外，妻子成爲經濟支柱。[8] 宋代以平均七口的兩代同堂家庭居多，寡媳再嫁，夫家就失去她的私財和對家務的管理。若干士大夫乃大力反對再嫁，不能制止也至少把寡婦的財產留在夫家。《禮記》所主張的妻財並同夫爲主，成了執法者口中的法律條文，充分體現傳統中國法律的禮法合一。[9] 反對女性歸宗的言論亦已出現，堅持寡婦在夫家守節。明清兩代把婦女的人身權、財產權和子女權大都歸於夫家，固然是承襲蒙古的習慣法，但也切合當時家族制度的發展。巧合的是，主張敬宗收族，創立宋代兩大家譜法則的歐陽修和蘇洵，都是靠女性起家，前者靠寡母，後者靠妻子。婦女守節、財

〔6〕 張彬村《明清寡婦守節的風氣——理性選擇（rational choice）的問題》，《新史學》10. 2 （1999）。

〔7〕 Birge, Bettine, *Woman, Property, and Confucian Reaction in Sung and Yuan China* （960 ~ 1368）. Cambridge: Cambridge University Press, 2002。詳見第三章。

〔8〕 程民生《宋代地域文化》，開封：河南大學出版社，1997。詳見第一章。

〔9〕 執法者説："又法：婦人財產，並同夫爲主。"見不著人編《名公書判清明集》（北京：中華書局，1987 中國社會科學院歷史研究所宋遼金元史研究室點校本）5: 140。

產與家族發展的關係仍是一個值得深入研究的課題。

　　4. "婦女的寡居與再嫁"。這是徐秀芳博士論文第六章的標題，讀來頗有感觸。[10] 學人花了很多精力探討守節與再嫁的原因，較少討論兩者的生活實況，那才是有血有淚也有歡笑的社會史。也許過來人的切身經驗較士大夫的言論和禮教更能影響下一代女性的選擇。徐文材料豐富，組織甚有條理且能夠呈現重要問題，例如"寡婦生活的面貌"一節分爲"年老寡居"和"年輕婦女的寡居生活"，後者又細分爲"留在夫家"和"返回娘家"；"再嫁"一節分爲"再嫁的實情"、"再嫁的對象"和"再嫁婦女的地位"。學人不妨以此爲架構，加入其他問題，例如翁育瑄博士論文的"未亡人の生活について"一節，討論唐宋的異同，如唐人多重視寡婦護夫歸葬，而宋人多強調寡母教育子女等。

　　無論如何，女性研究如日方中，男性研究宜急起直追。鰥夫的生活也是值得一探的。

　　"後記" 得國科會計畫助理楊士弘先生修改，謹此致謝。

---

〔10〕 徐秀芳《宋代士族婦女的婚姻生活——以人際關係爲中心》，臺北：臺灣師範大學歷史研究所博士論文，2001。

附表一

夫死守節者	夫/親屬	守節時、地	備　注
陳氏（1084~?）	翁朱景山官至朝散大夫	徽宗或前，臺州臨海縣	少喪夫，有二幼子，後皆進士；九十三歲時封安人
張氏	兄張士遜（964~1049）於仁宗時爲樞密院使	真宗或前，開封（?）	晚年得叙封
李氏（約967~?）	夫趙從則；從則兄賀於仁宗時爲太常少卿	太宗，開封	廿一歲時守節，有一女；近六十歲時得叙封
崔氏	夫包繶（?~1052）死時通判潭州；繶父拯（999~1062）於仁宗時爲樞密副使	仁宗，保信軍	養一稚兒，爲繶媵之子，旋亦死；守節三十五年後封永嘉郡君，旌表門閭
孟氏	夫魯有儀死時爲大理丞	神宗或前，揚州	哲宗元祐八年（1093）封旌德縣君，旌表門閭
阿旺	夫盧某（?~約1098）	哲宗，昌州	守節十餘年後封旌德縣君，賜絹五十疋守節時廿二歲，有四歲男；守節廿餘年後封孺人
王氏（約1078~?）	夫孟京傑（?~約1100）	哲宗，開封	
湯氏	不詳	徽宗或前，越州	徽宗宣和五年（1123）封孺人，賜帛十匹
王氏	夫吕安中（?~1093）死時官至通直郎；王氏父爲王雱（1044~1076），祖爲王安石（1021~1086）	哲宗，開封或臨川	守志三十年後封令人
郭氏	夫吳拱（?~1162）死時爲左武大夫中軍統制；拱父璘（1102~1169）於高宗時爲四川宣撫使	高宗，四川	守節十年後請自淑人加封郡夫人，廷臣以婦人從夫之爵爲由，不准。

＊學人可進一步從夫死守節者之夫或親屬之墓誌碑銘等尋找其身份，今從略。

附表二

夫死守節者	夫	守節時、地	備　　注
崔氏（同附表一）			
王氏	陳安節，富家大族	北宋，漢州雒縣	婚時十八歲，守節時約二十歲，有子約兩歲，後入太學，年卅卒；孝宗乾道九年（1173）旌表門閭。
曾氏婦晏	曾某，富民	理宗或前，將樂縣	有幼子
侯氏	謝沁（950～1012）死時官至諫議大夫	真宗，新安	有二幼子
某氏（？～1260）	吳中孚，鄉選爲博士弟子員，嘉定十年（1217）進士，歷官縣尉	理宗或前，中江	少寡，有孤女

近代參考書目（按年代先後排列）：

胡樸安《中華全國風俗志》，臺中：精華書局 1959 年影印 1923 年排印本。

陳東原《中國婦女生活史》，上海：上海商務印書館（1928 年）。

董家遵（1934）《從漢到宋寡婦再嫁習俗考》，《文史月刊》（中山大學）1.1。收入《中國婦女史論集》（鮑家麟編著，臺北：牧童出版社，1979 年），頁 139～164。

全漢昇《宋代女子職業與生計》，《食貨半月刊》1.9，1935 年。收入《中國婦女史論集》（鮑家麟編著，臺北：牧童出版社，1979 年），頁193～204。

董家遵《歷代節婦烈女的統計》，《現代史學》3.2，1937 年。收入《中國婦女史論集》（鮑家麟編著，臺北：牧童出版社，1979 年），頁111～117。

仁井田陞《支那身份法史》，東京：東方文化學院，1942 年。

聶崇岐《女子再嫁問題之歷史的演變》，《大中》1.4，1946 年。收入《中國婦女史論集》（鮑家麟編著，臺北：牧童出版社，1979 年），頁128～138。

牧野巽《近世中國宗族の研究》，東京：日光書院，1949 年。

李 敖《夫妻同體主義下的宋代婚姻的無效撤消解消及其效力與手續》,氏著《歷史與人像》(臺北:文星書店,1964 年),頁 95~188。

島田正郎撰、卓菁湖譯《南宋家產繼承法上的幾種現象》,《大陸雜誌》30. 4,1965 年,頁 15~16。

陶希聖《婚姻與家庭》,臺北:臺灣商務印書館,1966 年。

滋賀秀三《中國家族法の原理》,東京:創文社,1967 年。

趙鳳喈《中國婦女在法律上的地位》,臺北:食貨出版社,1973 年。

Freeman, Michael Dennis (1973) "Lo-yang and the Opposition to Wang An-shih: The Rise of Confucian Conservatism, 1068~1086," Ph. D. diss. , Yale University.

龐德新《從話本及擬話本所見之宋代兩京市民生活》,香港:龍門書店,1974 年。

徐秉愉《遼金元三代婦女節烈事迹與貞節觀念之發展》,《食貨》10. 6,1980 年,頁 21~33。

劉增貴《漢代婚姻制度》,臺北:華世出版社,1980 年。

張立文《朱熹思想研究》,北京:中國社會科學出版社,1981 年。

瞿同祖《中國法律與中國社會》(修訂 1947 年版),北京:中華書局,1981 年。

仁井田陞《中國法制史研究——奴隸農奴法·家族村落法》(補訂 1962 年版),東京:東京大學出版會,1981 年。

Ebrey, Patricia B. "Women in the Kinship System on the Southern Song Upper Class," in *Women in China* (Richard Guisso, eds. , New York: Philo Press):113~128,1981.

朱瑞熙《宋代社會研究》,河南:中州書畫社,1983 年。

謝桃坊《宋代歌妓考略》,《中華文史論叢》1983 年第 4 卷,頁 181~195。

Ebrey, Patricia B. :"Conceptions of the Family in the Sung Dynasty," *Journal of Asian Studies*, 43:219~245,1984.

Walton, Linda "Kinship, Marriage, and Status in Song China: A Study of the Lou Lineage of Ningbo, c. 1050~1250," *Journal of Asian History*, 18:35~77,1984.

方建新《宋代婚姻禮俗考述》,《文史》第 24 期,1985 年,頁 157~178。

方建新《宋代婚姻論財》,《歷史研究》1986 年第 3 期,頁 178～190。

唐代劍《宋代的婦女再嫁》,《南充師院學報》1986 年第 3 期,頁 80～84。

Ebrey, Patricia B. (1986a):"Concubines in Sung China," *Journal of Family History*, 11.1(1986):1～24。

Ebrey, Patricia B. and James L. Watson (1986b):"Introduction" *Kinship Organization in Late Imperial China*, 1000～1940(Patricia B. Ebrey & James L. Watson eds., Berkeley:University of California Press):1～15。

張邦煒《宋代婦女再嫁問題探討》,《宋史研究論文集:1984 年年會編刊》(鄧廣銘、徐規等編,浙江:浙江人民出版社),1987 年,頁 582～611。

王曾瑜《宋朝的奴婢、人力、女使和金朝奴隸制》,《文史》29,1988 年,頁 199～228。

王墨、黃君萍《淺論宋代婦女的社會地位》,《廣東民族學院學報》1988 年第 1 期,頁 101～106。(未閱)

唐代劍(1988)《宋代妾的買賣》,《南充師院學報》1988 年第 4 期,頁 58～64。

高世瑜(1988)《唐代婦女》,西安:三秦出版社,1988 年。

袁　俐《宋代女性財產權述論》,《宋史研究集刊》第 2 集(杭州大學歷史系宋史研究室編,浙江:浙江省社聯《探索》雜誌增刊)1988 年,頁 271～308。

游惠遠《宋代民婦之家族角色與地位研究》,臺灣東海大學歷史研究所碩士論文,1988 年。

彭　衛《漢代婚姻形態》,西安:三秦出版社,1988 年。

潘富恩、徐余慶(1988)《程顥程頤理學思想研究》,上海:復旦大學出版社,1988 年。

王玉波《中國家長制家庭制度史》,天津:天津社會科學院出版社,1989 年。

王延中《宋代奴婢實態研究》,《史學集刊》1989 年 4 期,頁 20～24。

宋東俠《宋代士大夫的貞節觀》,《中州學刊》1989 年第 5 期,頁 119～121。

吳旭霞《試論宋代的貞淫觀》,《江漢論壇》1989 年第 5 期,頁 75 ~ 78。

張邦煒《婚姻與社會:宋代》,四川:四川人民出版社,1989 年。

柳田節子《南宋期家産分割における女承分について》,《劉子健博士頌壽紀念宋史研究論集》(論集刊行會編,東京:同朋社),1989年,頁 231 ~ 242。

Chan, Wing-tsit (1989) : "Chu Hsi's Treatment of Women" in his *Chu Hsi: New Studies* (Honolulu: University on Hawaii Press) :537 ~ 547。

Birge, Bettine (1989) : "Chu Hsi and Women's Education," in *Neo-Confucian Education: The Formative Stage* (Wm. Theodore de Bary & John W. Chaffee, eds. , Berkeley & Los Angeles, Cal. : University of California Press) : 325 ~ 367。

吳寶祺《宋代的離婚與婦女再嫁》,《史學集刊》1990 年第 1 期,頁 77 ~ 78。

陳鵬(遺著)《中國婚姻史稿》,北京:中華書局,1990 年。

張邦煒《宋代的公主》,《思與言》28:1,1990 年,頁 39 ~ 57。

湯勤福《近十年來唐代婦女研究評述》,《中國史研究動態》1990年第 1 期,頁 7 ~ 12。

黃寬重《宋代四明袁氏家族研究》,《中國近世社會文化史論文集》(中央研究院歷史語言研究所編,臺北:中央研究院歷史語言研究所,1990 年)。

Ebrey, Patricia B. (1990a) : "Women, Marriage, and the Family in Chinese History," in *Heritage of China—Contemporary Perspectives on Chinese Civilization* (Paul S. Ropp, ed. , Berkeley & Los Angeles: University of California Press) : 197 ~ 223。

Ebrey, Patricia B. (1990b) : "Women, Money, and Class: Ssuma Kuang and Sung Neo-Confucian Views on Women,"《中國近世社會文化史論文集》(中央研究院歷史語言研究所編,中央研究院歷史語言研究所)。

梁庚堯《南宋的貧士與貧宦》,《國立臺灣大學歷史學系學報》16期,1991 年,頁 91 ~ 137。

Chaffee, John W. (1991) : "The Marriage of Sung Imperial Clanswomen," in *Marriage and Inequality in Chinese Society* (R. S. Watson &

P. B. Ebrey, eds. , Berkeley & Los Angeles, Cal. : University of Califor-nia Press) : 133 ~ 169。

Ebrey, P. B. (1991) : "Shifts in Marriage Finance from the Sixth to the Thirteenth Century," in *Marriage and Inequality in Chinese Society* (R. S. Watson & P. B. Ebrey, eds. , Berkeley & Los Angeles, Cal. : University of California Press) : 97 ~ 132。

※ 本文原載《新史學》2 卷 4 期,1991 年。
※ 柳立言,美國普林斯頓大學博士,中央研究院歷史語言研究所研究員。

綃　山　傳　奇

——賀雙卿研究之檢討與展望

周婉窈

一、本　　事

　　雍正元年（1723）春正月，有位三十歲上下的男子在江蘇洮湖（或名長蕩湖）一帶讀書，準備科舉考試。這位讀書人叫作史震林（1693～1779），字公度，號梧岡（悟岡），江蘇金壇人，雍正十三年（1735）舉於鄉，乾隆二年（1737）考中丁巳恩科進士。中進士後，他在京師留了兩年，歸耕五年，之後當了幾年的淮安府學教授，最後“棄官作近游，往來於淮揚間者幾二十年”。[1] 史震林成進士後，原先授廣東高要縣尹，但以母老改就淮安教授。他生前出版了兩部書：《西青散記》和《華陽散稿》。[2] 史震林總共只當過幾年的正七品教授，沒什麼了不得的事迹。他的存在原本很可能像無數的讀書人一樣，消失在歷史的洪流裏，不被後人所記憶。但是，因爲《西青散記》記載了一位名叫雙卿的女子，雙卿和她的詩詞後來脫離《散記》，有了獨立的生命，雙卿成了一代女詞人，史震林也因此得附驥尾，注定不被歷史遺忘。

　　《西青散記》共四卷，[3] 體例是繫年記事，沒有特定的主題，像是一本“隨手登記”的筆記，記事起於雍正元年正月，迄於乾隆元年九月，自序則寫於乾隆二年十二月十二日。此書無論從哪個觀點來看，都是一部奇怪的書。開卷記載的是作者和友人在洮湖、茅

----

〔1〕　王韜《〈華陽散稿〉序》。本文所用《華陽散稿》版本，在《古今說部叢書》第4集，第21～22冊。

〔2〕　史震林傳記，見夏宗彝修，汪國鳳纂《金壇縣志》（光緒十一年〔1885〕）卷九“人物志·文學”，頁48b～49a。又，馮煦纂修《金壇縣志》（1923年修；1926年鉛印本）卷九之四，頁8a～b，“史震林”條，記史震林尚著有《游仙詩草》，疑爲後人所編。

〔3〕　《西青散記》另有史震林晚年手訂八卷本，詳見注〔51〕。

山扶鸞請仙的事，書中抄錄了女仙們的詩詞。這些女仙有名有號，如碧夜仙娥（謝氏）、琅玕神女、天台龍女（阿音）、娟娟仙子（唐夢娘，梅花之神）、蕭紅（蘭陵女子）、蕭紅侍兒、白羅天女、牡丹公主等等。史震林及其友人透過扶鸞的方式，和這些仙界的女子溝通、唱和，並且知悉她們個別的身世背景。譬如，娟娟仙子是管梅花的花神，西王母以江南梅花三萬樹封給她，但因爲世間愛梅花的人少，所以花數半闕，欠花稅，因此向牡丹公主借貸，以替公主灑掃十二重樓來還債。[4] 又如天台龍女將在雍正十一年元夜"下婚人間"。[5] 這些仙女的詩詞用語不出俗套，唯詞意不甚可解。[6]

《西青散記》前一卷半可以説滿紙仙人仙語，撲朔迷離，不可以常理理解之。但其間也夾雜一些真實的人間物語，記作者之交游、文章與見聞。設若《西青散記》通書只記載諸仙降鸞之事，就不會有它後來的影響力。今天很多人知道《西青散記》是因爲它是雙卿故事的本源，讀《西青散記》的人也往往略過前面的仙女降鸞的記事，只讀雙卿的記載。可見雙卿出現前的部分缺乏文學魅力。

雙卿出現在《西青散記》第二卷卷中，時間是雍正十一年，她出場的場景如下：

> 雙卿者，綃山女子也，世農家。雙卿生有夙慧，聞書聲即喜笑。十餘歲習女紅，異巧。其舅爲塾師，鄰其室，聽之，悉暗記。以女紅易詩詞誦習之。學小楷，點畫端妍，能於桂一葉寫《心經》。有鄰女嫁書生者，笑其生農家，不能識書生面也。雍正十年，雙卿年十八，山中人無有知其才者，第嘖嘖艷其容。以是秋嫁周姓農家子。其姑乳媼也，賃夢覘舍，佃其田；見田主，稱官人。其夫長雙卿十餘歲，看時憲書，強記月、大、小字耳。[7]

自雙卿出現後，《西青散記》可説是以雙卿爲主角，間也雜有不相干

---

[4] 《西青散記》（收在《筆記小説大觀》七編，第三冊，頁 1537~1759），頁 1555。此書另有 1987 年北京中國書店影印本，係根據上海廣智書局 1907 年版，四卷分別計頁。

[5] 《西青散記》，頁 1567。

[6] 茲舉娟娟的一闋詞爲例："水斜山仄處。有寒花三朵，美人家住。夢醒霜天，又坐銷燈影，亂愁無措。碧海雲紅，空自把疏星遙數。夜永如年，烟没江南，雨橫風竪。猶記紅梅仙渚。戲搓碎芳心，剖開嬌乳。小謫人間，被黃鸝時罵，恨纏春樹。解釋東風，應只有鳳凰爲主。待得雙歸明月，深深細語。"（《西青散記》，頁 1549）

[7] 《西青散記》，頁 1610。

的記事，最後幾條記事則無一語及於雙卿。

在史震林的筆下，雙卿是位苦命才女，她嫁了僅略識之無的農家子，姑惡夫暴，雙卿體弱多病，又患瘧，常撐病勞作，受盡折磨。由於雙卿的婆家是史震林朋友張夢覘的佃户，史震林和一群友人們得識雙卿，開始爲時兩、三年的詩文之交。史震林把他的友人們如何驚豔、驚才，甚至神魂顛倒的情形一一寫入《西青散記》，雙卿的詩文也都鈔録在《散記》裏。但是，不同於一般才子佳人的故事，雙卿的反應嚴格地"止於禮"，對才子們的知賞只是報以一股幽然之情，教他們對她真是又愛、又憐、又感、又敬。總而言之，雙卿是最完美的女性，誠如爲《西青散記》寫序的吳震生所言，集色豔、才慧、情幽、德貞於一身。[8]

從《西青散記》本身我們看不到雙卿後來的結果。根據史震林的《華陽散稿》，《西青散記》之問世不會早於乾隆三年春天。[9]不過，我們必須注意的是，《西青散記》中時常提及《西青散記》這本書，儼然是書中書。我懷疑史震林在《西青散記》付梓前已將陸續寫成的文稿集綴成册，在友人間傳閱，雙卿也在讀者之列，曾數次提及此書。[10]《華陽散稿》之記事起於乾隆元年而止於乾隆三十五年。[11]在時間上，可以説是接續《西青散記》而作，也是繫年記事，史震林的一群朋友（如果還活著的話）繼續出現在《華陽散稿》,[12]奇怪的是，通書再無記扶鸞請仙的事，更無一語提及雙卿（有兩處似暗指雙卿，容後詳論）。

換句話説，史震林在往後的日子似乎忘掉了這位曾經讓他和友人們神魂顛倒的女子，也不關心她的下落。雖然如此，雙卿倒是從《西青散記》中走了出來，有了她自己的生命。

二、從雙卿到賀雙卿：一代女詞人的誕生

關於雙卿的研究，到現在還没定論的是：雙卿是真實人物，還是史震林創造出來的？在論及這個問題前，得先交代一下雙卿變成

〔8〕 吳震生《〈西青散記〉序》。
〔9〕 根據《華陽散稿》，乾隆三年春《西青散記》"梓猶未成"（頁18b）。
〔10〕 例見《西青散記》，頁1643、1672、1673 。
〔11〕 見王韜《〈華陽散稿〉序》。
〔12〕 "然而歲易逝，人易凋，《西青》卷中，存没者半"，《華陽散稿》，頁11a。

賀雙卿，成爲衆口交譽的女詞人的經過。

雙卿最初出現在《西青散記》時，沒有姓，也沒籍貫。但是今天我們普遍稱她爲“賀雙卿”。從雙卿到賀雙卿是個漫長的過程。根據胡適的說法，黃韻珊編纂《國朝詞綜續篇》時始冠雙卿以賀姓。[13] 黃韻珊，道光舉人，他在《國朝詞綜續篇》卷二二雙卿詞前小序中介紹說：

> 賀雙卿，字秋碧，丹陽人，金沙綃山農家周某室，有
> 《雪壓軒詩詞集》。

這是目前我們所知道雙卿有姓、籍貫和集子的最早資料，也是日後撰寫雙卿之身世的依據。但黃韻珊所本爲何，則非吾人所知。不過，在道光年間雙卿姓賀一事似乎尚未普遍化，例如，完顏惲珠輯錄的《國朝閨秀正始集》在道光辛卯年間（1831）成書刊行，還沒給雙卿冠上姓和籍貫。[14] 另外，和黃韻珊同時代的陳廷焯，在《白雨齋詞話》裏並未提到雙卿姓賀。[15] 所以，雙卿之成爲賀雙卿大約是道光以後的事。至於爲何姓賀而不姓他姓，大概是因爲丹陽詞人輩出，且有賀潔、賀祿、賀元瑛、賀字和賀吟鳳等女詞人，雙卿既然籍隸丹陽，姓賀則順理成章。

在史震林《西青散記》問世之後和黃韻珊編成《國朝詞綜續篇》之間，雙卿曾經被“張冠李戴”過。胡適指出，董潮（乾隆二十八年進士）在《東皋雜鈔》中引了雙卿兩闋詞，說作者“慶青，姓張氏”。[16] 這是把雙卿訛爲慶青，並冠以張姓。或許因爲雙卿在《西青散記》裏一直沒個姓，作爲真實人物，有點奇怪，所以後人敘述雙卿身世時，有了替她冠姓的衝動。董潮冠雙卿以張姓，並未廣爲流傳，否則今天我們的女詩人就要姓張了。董潮何以訛雙卿爲慶青？胡適懷疑雙卿先訛成“卿卿”，但這個名字不像“以禮自守”的良家女子的名字，所以又被改爲“慶青”。[17]

從《西青散記》的雙卿到《國朝詞綜續編》中的賀雙卿，我們

---

〔13〕 胡適《賀雙卿考》，收在《胡適文存》（上海：亞東圖書館，1931）三集卷八，頁1081。

〔14〕 杜芳琴《賀雙卿集》（鄭州：中州古籍出版社，1993），頁5。

〔15〕 康正果《邊緣文人的才女情結及其所傳達的詩意——〈西青散記〉初探》，《九州學刊》6：2（1994年7月），頁103。

〔16〕 胡適，前引文，頁1081。清人陳銳早已注意到黃韻珊詞選和《東皋雜鈔》在記載上的不同，見陳銳《襃碧齋詞話》，收在唐圭璋編《詞話叢編》（北京：中華書局，1981）第5冊，頁4204。

〔17〕 胡適，前引文，頁1084～1085。“雙卿”可解讀成兩個卿字，訛爲“卿卿”，很可以理解。

看到雙卿由沒姓到有姓有字，也有了籍貫和作品集。換個説法，"層累造成"的雙卿，越到後來越顯得真實。道光以後，"賀雙卿，字秋碧，江蘇丹陽人，有《雪壓軒詩詞集》"，就成了雙卿的基本資料。

雙卿之廣爲人知是拜《西青散記》所記録的詩詞。《西青散記》收有雙卿詞十四闋，詩三十九首，文章五篇。雙卿的作品，以詞勝。清中葉以後幾本重要的《詞話》都提到賀雙卿，如同治年間丁紹儀的《聽秋聲館詞話》，光緒年間陳廷焯的《白雨齋詞話》和陳鋭《袌碧齋詞話》等等。經典詞話《白雨齋詞話》共録有賀雙卿詞六闋，給予相當高的評價。陳廷焯説："余最愛雙卿《摸魚兒》云：……（詞略）纏綿凄惻，隴頭流水不如是之嗚咽也"。[18] 評賀雙卿用叠字寫成的《鳳凰台上憶吹蕭》（贈鄰女韓西），則説："其情哀，其詞苦，用雙字至二十餘叠，亦可謂廣大神通矣。易安見之，亦當避席"。[19] 顯然認爲可以和李清照的"尋尋覓覓、冷冷清清"比美。陳廷焯在《詞則·別調集》録了雙卿十二闋詞，[20] 我們知道雙卿一共不過寫了十四闋詞，可見陳廷焯對雙卿詞的厚愛。

這些詞話蓋皆以賀雙卿爲真實人物。降至民國初年，由於婦女解放運動的影響，國人開始注重婦女史的研究。早期的婦女史研究者十分注重中國歷代婦女的著作，這方面的編著不少，如謝無量著《中國婦女文學史》、《清代婦女文學史》、梁乙真著《清代婦女文學史》、譚正璧著《中國女性文學史話》、潘學增著《中國婦女文學小史》、易順鼎著《清代閨閣詩人徵略》等等。一時之間，許多原先鮮爲人知的女詩人受到讀者大衆的重視。女詩人賀雙卿也隨著這個新浪潮，再領風騷。賀雙卿的貧農身份，在新時代更是受到青睞。

在賀雙卿成爲炙手可熱的貧農女詞人時，胡適可以説是第一個斷定雙卿是虛構人物的當代學者。前面提過，世傳賀雙卿著有《雪壓軒詩詞集》。1929年，胡適讀了張壽林編的賀雙卿《雪壓軒集》，對賀雙卿是否爲真實人物生出懷疑，寫了《賀雙卿考》，認爲賀雙卿是史震林"這班窮酸才子在白晝做夢時'懸想'出來的'絕世之豔，絕世之慧，絕世之幽，絕世之貞'的佳人"。[21] 胡適的《賀雙

---

〔18〕 陳廷焯《白雨齋詞話》，在《詞話叢編》第4册，頁3897。

〔19〕 同上。

〔20〕 陳廷焯《詞則》（上海：上海古籍出版社，1984），《別調集》卷六，頁830～837。

〔21〕 胡適《賀雙卿考》，頁1084。

卿考》文長不到三頁，但仍然是我們今天研究賀雙卿不能不讀的作品。不過，胡適的考證似乎無撼於雙卿之存在的"事實"。降至今日，學者大都視賀雙卿爲當然存在之女詩人。譬如，嚴迪昌在1990年出版的《清詞史》，也在末篇《清代婦女詞史略》，提及賀雙卿的詞。嚴迪昌不唯視雙卿爲眞實人物，還以雙卿原籍丹陽，該地詞人輩出，認爲我們對雙卿之存在是"不應驟生疑竇的"。[22]

雙卿之存在與否是個饒富意趣的問題。長久以來，由於雙卿已被視爲眞實的人物，一般人只讀從《西青散記》抽離出來的雙卿故事和詩詞，因此無須也無從懷疑雙卿的存在。但是我們如果細讀雙卿最初出現的《西青散記》，雙卿是否爲眞實人物的問題就會由不得人地迸跳出來。也就是說，關於雙卿是虛是實的問題存在於雙卿物語的源頭，是雙卿"與生俱來"的問題（見第四節分析）。舉例來說，大陸學者康正果在寫《風騷與豔情》時，尚未得見《西青散記》，以爲賀雙卿是實際上存在的人物。[23] 後來有機會讀到《西青散記》，纔生出疑竇來。[24] 如果雙卿只出現在詞史或詞集裏，她的虛實問題還勉强可以含混過去。但是，近年來中國婦女史研究，繼二三十年代後，再度蓬勃發展。賀雙卿身爲女性，又屬於農人階級，具有當代雙重的優勢（性別加階級），成了熱門的題材。學者一旦以雙卿爲研究對象，就必須面對雙卿是實存或虛構的問題。即使不願直接處理這個問題，也得選定一個立場。以下試論近年來雙卿研究的新觀點，以及學者如何處理雙卿的虛實問題。

三、近年來的雙卿研究

1993年7月，一本由大陸學者杜芳琴編輯、校注的《賀雙卿集》問世了，[25] 這是第一本最完整的賀雙卿全集，收有賀雙卿全部的詩詞、書信和文章，書末並附有從《西青散記》整理出來的《雙卿傳》。這本書不是純粹的賀雙卿集，書中收有杜芳琴四篇長文：

〔22〕 嚴迪昌《清詞史》（鎮江：江蘇古籍出版社，1990），頁549。
〔23〕 康正果《風騷與豔情——中國古典詩詞的女性研究》（臺北：雲龍出版社，1991），頁381。
〔24〕 康正果《邊緣文人的才女情結及其所傳達的詩意——〈西青散記〉初探》，《九州學刊》6:2（1994年7月），頁104。
〔25〕 出版資料見注〔14〕。

《賀雙卿和〈雪壓軒集〉（代自序）》、《史震林、〈西青散記〉與雙
卿——兼論雙卿其人的真實性問題》、《農婦的聲音：十八世紀江南
農村婦女的生活和精神世界》，以及《“佳人情結”與“才子渴慕”：
一種兩性關係的模式及其文化意義》。可以説是作者研究賀雙卿的總
成績。《賀雙卿集》的出版是雙卿研究的一大盛事 。[26]

關於賀雙卿的其他中外研究還有加拿大學者 Grace S. Fong（方
秀潔）的 "Engendering the Lyric: Her Image and Voice in Song" 和
"Constructing a Feminine Ideal in the Eighteenth Century: *Random Re-
cords of West-Green* and the Story of Shuangqing"，以及大陸學者康正果
《邊緣文人的才女情結及其所傳達的詩意——〈西青散記〉初探》。
這三篇原本都是會議論文 。[27] 方秀潔的第一篇論文，收入 1994 年
出版的 *Voices of the Song Lyric in China*，[28] 該文並非以雙卿爲主題，
但雙卿詞是論述架構的重要一環。她的第二篇論文純粹以《西青散
記》和雙卿故事爲主題，預計明年出版 。[29] 康正果的論文發表於
1994 年 7 月的《九州學刊》。[30] 此外，美國學者 Paul Ropp 曾在
1992 年於哈佛大學舉辦的研討會中發表一篇討論賀雙卿的論文，題
目爲 "Shi Zhenlin and the Poetess Shuangqing: Gender, Class and Liter-
ary Talent in an Eighteenth-century Memoir"，[31] 此文尚未正式刊行。
耶魯大學孫康宜正主持編纂一套中國歷代女詩人選集，據悉賀雙卿
和她的作品也佔了極重要的篇幅。

九〇年代的這些關於賀雙卿的研究，除了杜芳琴還努力考證賀雙
卿的真實性外，新的趨勢是刻意避開賀雙卿的真假虛實問題，而改用

---

〔26〕　據悉雙卿詩詞近有英文譯本，惜未得見。

〔27〕　大陸學者蘇者聰和方秀潔、康正果同時參加 1993 年 6 月在耶魯大學舉辦的 “明清婦
女與文學” 的學術會議。蘇者聰發表了一篇題爲 “從賀雙卿詩詞看清代農婦的思想
性格” 的論文，該文似乎尚未出版。根據張靜二的報導，蘇者聰强烈主張雙卿其人
其事的真實性。見張靜二《耶魯大學 “明清婦女與文學學術研討會” 記實》，《當
代》89（1993 年 9 月），頁 9。

〔28〕　Pauline Yu, ed., *Voices of the Song Lyric in China* (Berkeley: University of California
Press, 1994), pp. 107~144.

〔29〕　此文將收入 Ellen Widmer 和 Kang-i Sun Chang（孫康宜）編，*Writing Women in Late
Imperial China* (Stanford: Stanford University Press, forthcoming)。承蒙方教授惠示修訂
稿，以供討論，特此誌謝。

〔30〕　《九州學刊》6:2（1994 年 7 月），頁 87~104。

〔31〕　"The Conference on Engendering China," held by Harvard University and Wallesley Col-
lege, February 7~9, 1992. 此文之徵引係取得 Ropp 教授之同意，謹此申謝。

一些新的文學批評理論來加以論述。他們雖然知道雙卿的存在充滿疑問，但不願陷到考證的漩渦裏，是在打個問號的情況下從事雙卿研究的。例如，康正果自稱"傾向於暫且把此類實證主義研究的真僞之爭在括號中懸置起來"，認爲"考證它是否符合史實，似乎既不可能，也無必要。我們很難斷定其本無，更不應天真地信其必有"。[32]

這些論文基本上都受到晚近研究取向的影響，如從女性主義、文本分析和文化社會史的角度來研究賀雙卿。（由於篇幅有限，以下對各篇文章的介紹只能舉其大概，無法盡述作品之菁華，尚祈作者原諒。）方秀潔在"Engendering the Lyric"一文中採取了女性主義的觀點以探討中國詞史中的"性別"問題。她認爲，詞在類別（genre）上向來被視成"女性"，在內容上，則由早期女性的口吻逐漸演變爲男性凝視下的女性客體，換言之，詞中的女性意象是透過男人的眼睛而呈現的。雖然自古詞人大多是男人，詞的正統語言則是婉約的"女性語言"。但是當女性詞人出現時，在男人所建構的"女性"文類裏，她又將如何呈現她自己呢？根據方秀潔的分析，在賀雙卿的詞裏，男性的凝視不見了，取而代之的是，女性透過自己的眼睛來看她自己。[33]

方秀潔的"Constructing a Feminine Ideal"主要是從"婦女和（男性）欲望的文化呈現"（the cultural representation of women and desire）的角度來討論《西青散記》和雙卿物語。方秀潔首先討論《西青散記》的架構問題，其次是雙卿的故事。文章的重點在於史震林（及其友人）的理想佳人形象，也就是必需德行與才華兼具，但當雙卿的美貌和詩才爲男性的欲望之眼所賞贊時，問題就出現了。就中國傳統的觀念而言，詩是詩人本身的延伸，當男性文人抄録、傳閱、膜拜雙卿的詩詞時，無異於雙卿走出閨閫，與男性互相混雜，威脅到德行的完美。也許意識到這個難題，史震林提供雙卿詩詞的背景説明，試圖控制或形塑雙卿詩詞的解説，但這種脈絡化（contextualization）的努力，終歸徒然，因爲雙卿脱離《散記》，有了獨立的生命。

康正果深受美學理論的影響，他基本上採取所謂的"文本"分析。康正果認爲所謂的"原始文本"是不存在的，我們所面對的只是某種形式的"文本處理"，因此論證雙卿的虛實真僞是沒有意義

---

〔32〕　康正果，前引文，頁87。

〔33〕　Grace Fong, "Engendering the Lyric," p. 125。

的，我們應該考慮的是雙卿軼事的敘述方式，它所產生的閱讀效果，以往讀者群的價值取向和心理慣性以及延伸至今的影響。[34] 康正果在這篇文章裏分析了史震林這班“集窮愁與豔趣於一身”的邊緣文人和雙卿之間的關係。史震林等落魄文人對才高福薄的雙卿的欣賞與渴慕，在在反映了男性文人風流自賞的心理；雙卿崇拜是他們感情的自我完成。史震林離開絹山小院後，雙卿事迹告一段落，但透過文本的接受和閱讀效應，雙卿卻在讀者心中形成了“作者”的概念，成爲“清代第一女詞人”。雙卿，在康正果的分析裏，是“合成視野”（fusing of horizons）的產物。[35]

Paul Ropp 對雙卿的分析著重文化和社會意涵。Ropp 的會議論文用了極大的篇幅介紹賀雙卿和翻譯她的詩文。他指出根據史震林的藝術觀，真實乃心之所造，因此史震林似乎暗示我們雙卿的歷史真實性是不重要的。在《西青散記》裏，雙卿肯定自己的階級，不豔羨上階層婦女的生活，另外，她還認爲男女之間是可以忘掉性別而相知相感的，Ropp 認爲這些都極具有社會、文化意義。Ropp 進一步指出，史震林及其友人們之所以如此激賞賀雙卿不被人知的才華，應該放在滿清統治下激烈競争的考試情境裏來加以考量。他認爲，不管雙卿是否實際存在，重要的是，她在十八世紀是“可以想像的”（thinkable），而且從此活在人們的記憶裏。[36]

杜芳琴的雙卿研究，考證佔了極大的部分，但在《農婦的聲音》一文中，她深入探討雙卿所反映的農村婦女的生活内容和精神世界，認爲雙卿的不幸際遇是“十八世紀的江南農村，社會、家庭與普遍流行的精神文化對農村婦女進行的壓迫控制與同化改鑄”的一個典型。[37] 作爲農婦才女的雙卿，在辛苦的農村生活外，因爲心靈世界與道德規範的衝突抵牾，產生矛盾和痛苦，最後只能在宗教裏尋求慰藉。[38] 在《“佳人情結”與“才子渴慕”》一文裏，杜芳琴分析了諸文士（才子）與雙卿（佳人）的交往模式，也就是才子痛惜佳人和佳人渴慕才子之間的互動關係。史震林在《西青散記》費了許

---

〔34〕 康正果，前引文，頁88。
〔35〕 康正果，前引文，頁100、102～104。
〔36〕 Paul Ropp，前引文。
〔37〕 杜芳琴，前引書，頁160。
〔38〕 杜芳琴，前引書，頁169～171。

多篇幅描寫他的朋友們如何由不信人間竟有集豔、慧、才、貞於一身的佳人到贊嘆、痴迷、傾倒。他們把雙卿引爲同類，認爲在愛才重情的問題上，沒有男女之別。但才子的佳人情結不可避免地陷入兩難：既追慕佳人，又憂慮佳人失節。杜芳琴認爲這是"男性中心文化中性別利己主義所致"。[39] 在雙卿這一邊，長久被壓抑的潛意識則有需要尋找表達的時機和傾訴的對象。這是爲什麼雙卿在遇到知賞時，"藻思綺語，觸緒紛來"（《西青散記》，頁1647）。杜芳琴認爲雙卿的"才子渴慕"是一種創作欲望的衝動。史震林和他的友人們"誘發了她寫作的强烈動機，他們給她的才華高度評價，她在才子們那裏獲得了被肯定的成就感與滿足"。[40] 但是，最後才子和佳人還是在名教世界裏，回到各自的人生旅途上。

如方秀潔、Paul Ropp 和康正果是在打個問號的情況下研究雙卿，杜芳琴則是在堅信雙卿存在的基礎上研究雙卿。杜芳琴在《賀雙卿和〈雪壓軒集〉（代自序）》和《史震林、〈西青散記〉與雙卿》兩篇文章裏力辯雙卿之眞實性。杜芳琴關於雙卿的考證基本上可分成"內證"和"外證"。在內證方面，杜芳琴的論點可歸納爲兩點。首先，她以史震林和賀雙卿的文學作品的水平爲依據，得出賀雙卿不可能出於史震林之虛構的結論。換句話説，史震林本身的詩詞沒有一首勝過賀雙卿，所以他不可能替賀雙卿作詩填詞。[41] 其次，杜芳琴認爲"男性決寫不出獨具農婦生活經驗和情感體驗的詩詞來的"。[42] 關於杜芳琴這兩點主張，頗待商議。史震林的詞自然沒有雙卿詞膾炙人口，但是，史詞果眞不如雙卿詞嗎？男性詩人轉換人格和性別，以女性的口吻創作，在理論和實際上，是否不可能寫出比直描自身感受還要具有詞之美學特色的作品呢？此一論辯牽涉到文學判斷和中國詞學問題，容待第五節討論。

在"外證"方面，杜芳琴的論辯有兩大重點。首先，她認爲《西青散記》是實録，地點人物一一可考，"因此，與一群眞實的文士發生關係的雙卿，對她的記載就不易隨便編造故事，關於雙卿的

---

〔39〕 杜芳琴，前引書，頁190。
〔40〕 杜芳琴，前引書，頁194。
〔41〕 杜芳琴，前引書，頁135。
〔42〕 同上。

真實性就不能打太大的折扣。當然，也不能排斥史震林由於過分崇拜他的佳人偶像而有所渲染"。[43] 但是，書中有真實人物爲背景並不能確保其他人物也是真實的。其次，杜芳琴舉了光緒乙酉年（1885）劉誥等主修、徐錫麟等總纂的《重修丹陽縣志》來佐證雙卿爲真。《重修丹陽縣志》卷三五"書籍"類下"賀雙卿《雪壓軒詩集》"條下注云："字秋碧，蔣墅人，適金壇緔山周姓子"。[44] 杜芳琴認爲這是很強的佐證，因爲："縣志的修纂是一件十分嚴肅的工作，如果是一位子虛烏有的被'創造'出的人物，不會在縣志上入選，更何況雙卿是個毫無社會地位的農家女！她確實是以文才顯世收載于《丹陽縣志》的。至此，應該説對雙卿的姓氏、籍貫、婚姻與著述的記載已最具權威性了……"[45]

杜氏此一論證不能不説相當粗糙，犯了倒因爲果的毛病。首先，修縣志固然是一件嚴肅的工作，即使與事者兢兢業業，並無法保證所記載的就是真實無誤的。若照這個邏輯推論，修正史豈不更嚴肅，但是其中果無舛僞？其次，《重修丹陽縣志》纂修年代去雙卿已有一百五十年之久，很難想像除了世間流傳的雙卿物語外，會有原始文獻可資參考。如果杜芳琴根據的是道光年間或更早前修成的《丹陽縣志》，吾人當可信其"權威性"。但以一本光緒年間修纂的縣志來證明雙卿之爲真，不能不説犯了邏輯上的嚴重錯誤。然則誠如杜氏所言，雙卿所以名列縣志實在是因爲"文才顯世"之故，倘若雙卿在清季不是有名的女詞人，《重修丹陽縣志》諒不會追加一筆。更重要的是，我們應該注意的是，史震林説雙卿"緔山女子也，……山中無有知其才者，……以是秋嫁周姓農家子。"顯然並未遠嫁，而我們知道緔山位於四屏山（方山）下，髻山（丫髻山）附近，在金壇縣郊西南，如果雙卿有傳，應在《金壇縣志》，而非《丹陽縣志》（丹陽縣在金壇縣北）。

根據以上的介紹，杜芳琴是唯一對雙卿的真實性加以考證，並將自己的研究建立在這個基礎上。反觀其他作者則有意迴避這個問題。方秀潔在她的第一篇論文裏，以一連串的問句，表達她以無立

---

[43] 杜芳琴，前引書，頁135。

[44] 《丹陽縣志》（光緒十一年重修；1961年臺北影印）卷三五，頁33b。

[45] 杜芳琴，前引書，頁7。

場爲立場的態度，最後雙卿詞的作者是史震林或賀雙卿，也以不下定論爲結論。[46] 深受晚近文學理論影響的康正果更是勸讀者不要拿手中的實證主義的"水晶鞋"去套意想中的"灰姑娘"，因爲"大概只有史震林本人知道誰是那個灰姑娘"。[47]

從康正果和方秀潔的論文，我們可以看到兩人的研究取向深受文本理論的影響。康、方兩人都是文學研究者，歷史學者或可不加入與他們辯論的行列。但是，對於某些必需大量運用文學材料的研究，歷史與文學之間實在很難劃清界限，這個情況在文化史研究上最爲顯著。在西方學界，新近的文化史研究受到文學批評理論的嚴屬挑戰和影響，新理論強調文本（text）和脈絡（context）之間的對話關係，極端者還主張脈絡只是另一種文本。[48] 面對文學批評理論的挑戰，受歷史訓練的文化史工作者，將如何回應？ 這是西方史學的問題，理想的回應是以開放的態度接受挑戰，以求歷史這個學科能够更上一層樓，作螺旋狀的提昇。[49] 吾人在臺灣是否須要回應這些新理論的挑戰？ 此事見仁見智，且牽涉到本土學術立場的問題，恕不在此申論。值得一提的是，應用理論容易走偏鋒，譬如在文本/脈絡（text-context）這個問題上，我們不止很難做到 Dominick LaCapra 所建議的"對話關係"（dialogical relationship），[50] 反而很容易落入兩個極端——不管歷史背景，只注重文本分析，或是過度強調文本的"資料"價值而忽略文本與脈絡間的落差。我個人認爲我們不應該混淆不同層次的研究取徑。LaCapra 所謂"對話的關係"是高層次的分析，如果我們對文本本身最基本的背景探討都沒做（或沒

---

[46] Grace Fong, "Engendering the Lyric," pp. 131~132. 她的第二篇論文基本上不談賀雙卿的虛實問題。

[47] 康正果，前引文，頁104。

[48] 關於文學理論和歷史研究之關係的簡要討論，可參看 LLoyd S. Kramer, "Literature, Criticism, and Historical Imagination: The Literary Challenge of Hayden White and Dominick LaCapra," in Lynn Hunt, ed., *The New Cultural History* (Berkeley: University of California Press, 1989), pp. 97~128.

[49] Joyce Appleby, Lynn Hunt and Margaret Jacob, *Telling the Truth about History* (New York and London: W. W. Norton & Company, 1995) 代表美國史學界對各種新理論的挑戰所做的總回應之一，很值得參考。

[50] 關於 LaCapra 對文本和脈絡之關係的基本主張，見 Dominick LaCapra, "Rethinking Intellectual History and Reading Texts," in Dominick LaCapra, *Rethinking Intellectual History: Texts, Contexts, Language* (Ithaca and London: Cornell University Press, 1983), pp. 23~71.

做好）的話，實在沒有理由跳到另一個層次去談問題。在雙卿研究上，似乎不宜在考證工作尚待努力時，即去分析文本和脈絡間互相滲透的微妙關係。譬如，史震林晚年曾重訂《西青散記》，大幅度刪削，並析爲八卷。[51] 研究賀雙卿的學者鮮少注意到八卷本的存在，甚至懷疑現在的通行本是刪節本。[52] 實則八卷本是通行本的刪節本。由於版本問題未受重視，一些應做的比對工作還沒人做；我相信版本比對應能够提供我們不少訊息。就雙卿研究而言，陳寅恪的《柳如是別傳》是我們的最佳典範，如果我們能效法他的考證工夫和精神，相信我們對雙卿的瞭解應比現在深刻。在另一方面，我們能說陳寅恪和他的研究材料與人物沒有"對話"嗎？答案當然是肯定的，這是《柳如是別傳》充滿奇特之魅力的原因之一；唯吾輩功力不到，最好從基礎做起，不要輕易嘗試"對話"。以是，除非我們願意揚棄史學方法的實證傳統，在賀雙卿的問題上，我們還是有必要回到史震林的《西青散記》上，做些正本清源的工作，看看雙卿的存在到底出了哪些問題。

四、雙卿"與生俱來"的疑問

如前所述，在賀雙卿已成爲一代女詞人之後，人們會對她產生懷疑，通常是因爲回頭讀了《西青散記》。換句話說，雙卿存在唯一的根據也是疑問的源頭。

胡適在《賀雙卿考》列了五點疑問。前面三點是有關記載上的矛盾：一、如前面提到的，黃韻珊稱雙卿爲賀雙卿，董潮稱之爲張慶青。二、徐乃昌説雙卿是丹陽人，董潮説她是金壇人。三、董潮《東皋雜鈔》提到慶青（雙卿）對以豔詞投之者，"罵絕不答"，《西青散記》裏雙卿並無此態度。第四點則是《西青散記》本身關於雙卿年齡的矛盾，一處説"雍正十年，雙卿年十八"，另一處則説雍正

---

[51] 中央研究院歷史語言研究所傅斯年圖書館藏有八卷本《西青散記》，嘉慶乙丑年句容裝玠刊刻，內附史震林寫於乾隆四十四年的兩篇重訂小記，一以"時年八十有七歲"作結，一署名"八七老人記"。八卷本於原本刪削甚多，雙卿物語亦不例外，連有名的張石鄰畫雙卿像一節皆遭刪卻。

[52] 方秀潔懷疑我們今天擁有的版本或許是刪訂本，進而臆測雙卿可能在刪訂過程中丟掉了姓，而不是後來才增加個姓，見氏著"Constructing a Feminine Ideal"。根據筆者初步比對，雙卿在通行本和八卷本中皆不稱姓。至於通行本之前是否存在過一更完整的版本，則非所知。

十一年"雙卿年二十又一"。這四點質疑，並不是非常有力。胡適對
雙卿的真實性的懷疑以第五點最為重要，他認為《散記》關於雙卿
的事"多不近情實，令人難信"。例如，雙卿寫字以粉不以墨，而且
是寫在花葉上。胡適認為在蘆葉上寫《摸魚兒》長調，在竹葉上寫
《鳳凰台上憶吹簫》長調，都是不近事實，何況雙卿是田家苦力女
子，病瘧最重時還須做苦工，哪有這樣細緻功夫寫這樣絕細的小
字？[53] 據此，胡適認為雙卿是史震林"懸空捏造出來的人物"。

除了以上五點疑問外，其實，胡適判定雙卿為虛構的人物，最
重要的根據有兩端。其一，是關於《西青散記》這本書的性質問題。
胡適認為《散記》除了兩篇游山記之外，"大都是向壁虛造的才子
佳人鬼話"。其二，史震林自己在《散記》中就已透露雙卿非真的
訊息。[54] 第一點，胡適不見得正確，《散記》中有不少篇幅記載的
是真人。出現在《西青散記》中的人物眾多，由於史震林交游以
"邊緣文人"為主，大多不可考，不過也有確實可考的人物，如為
《西青散記》寫序的曹震亭和吳震生，以及書中的主要人物之一的段
玉函。[55] 因此，胡適是言過其實了。不過，書中有真實人物並不能
確保雙卿為真。我們不能排除《散記》以真實為經，以虛構為緯的
可能性。第二點關於作者自露消息的看法，倒是很有見地。

《西青散記》的內在矛盾在於：作者一方面努力要讀者相信雙卿
確實存在，另一方面卻又自扯後腿，有意無意透露出雙卿非真的訊
息。首先，我們知道雙卿在《散記》裏，並沒有姓，這自然不太像
真實存在的人物。當然，我們不能因此判定雙卿非真。為佳人諱，
可能是姑隱其姓的原因。在史震林筆下，"雙卿寫詩詞，以葉不以
紙，以粉不以墨。葉易敗，粉無膠易脫，不欲存手迹也"。[56] 因此，
我們看到雙卿以芍藥葉粉書《浣溪沙》，以玉簪葉粉書《望江南》，
曾剪葉為蝶，兩翅間書《浣溪沙》二首，又曾剪蘆葉三吋，粉書一

---

〔53〕 胡適，前引文，頁1082。

〔54〕 胡適，前引文，頁1082～1083。

〔55〕 杜芳琴，前引書，頁131～132。又，曹震亭，名學詩，字以南，震亭是他的號，
《碑傳集》有傳，見清錢儀吉纂《碑傳集》（北京：中華書局，1993）第9冊，頁
2976～2977。我在前引光緒十一年重修的《金壇縣志》的"人物志·隱逸"裏，也
找到一個《西青散記》中的人物殷南械（霞村），見卷九，頁67a。

〔56〕 《西青散記》，頁1648。

封168字的信給她的舅舅,也嘗題詩在蕙花上,"花乾而句已失"。[57]
諸如此類的記載,不能不讓人感到疑惑。我們可以想像,雙卿是用
極端細的毛筆打濕沾粉來寫蠅頭細楷,這種技藝當然不是不可能。
雙卿最初出現時,史震林即說她"能於一桂葉寫《心經》"。只是以
雙卿整日操勞的情況,似乎很難相信她有餘力從事這等費時耗日的
"雕蟲小技"——先且不去提詩詞創作所需花費的時間。

即使擺開雙卿是否可能寫絕細的字不論,史震林自己的思路給
雙卿的真實性塗上一層迷霧。雙卿出現在《西青散記》後不久,史
震林有條記事,移錄了好友趙闇叔的三首五言古詩,於其後論道:
"眼中無劍仙,意中須有《紅線傳》;眼中無美人,意中須有《洛神
賦》。海外有國,以日之所見爲妄,夜之所夢爲真。夫意之所思,或
得於夢;夢之所見,或有其事。事短夢長,夢短意長。意不長,斯
無可奈何者也。意中、夢中、眼中,寧有異耶?……"[58] 這段文字
說明了史震林對現實世界(眼中)和虛構情境(意中)之關係的看
法。眼前即使沒有美人,意識裏卻須要有美人。胡適說:"懂得這種
邏輯,我們纔可以不上《西青散記》的當。"[59]

《西青散記》最令人懷疑的是,史震林一段"夫子自道"的話。
事關緊要,不嫌冗長,移錄於此。《散記》中記載史震林和友人段玉
函談論到《散記》(讀者當記住:《西青散記》本身常出現在該書
中),史震林:

撫然掩卷曰:"天上人間,事多感慨。愛其文者,或疑
其事;拘於理者,或病其言。余之爲此,本無心也。焚之
何悔?"玉函擊節曰:"雙卿瀟灑,古今未見此女郎也。但
當稍爲之諱耳。"余曰:"昔在維揚,將舊稿十卷,焚於許
曙峰館舍。《西青散記》,亦且自焚。人生如電,性靈不保,
遂至澌滅。語言文字,何足惜乎?"雙卿聞之,爲書曰:
"妾年十五,見舅氏言二南多香奩體,鄭衛皆情豔詩,孔子
不删,七十子莫諫,恨不爲孔子徒也。妾曰:'舅氏止可爲
宰予徒,學畫寢耳。'又言'乞墦(墳)'乃尖酸語,'攘

[57] 《西青散記》,頁1610、1613、1647～1648、1678。
[58] 《西青散記》,頁1612。
[59] 胡適,前引文,頁1083。

鷄'是荒唐話,余爲其徒,必請削之。妾曰:'舅氏從陳仲
子,恐未能學䵷蠅,思與萬章公孫丑爲窗友乎?'夫大道無
方,大教不拘。村學究講中庸,逄涎滿案,流沫沾鬚,子
以爲子思功臣,朱子畏友,而八九蒙童,昏然坐睡。妾窺
而唾之,爲其詿聾而眩瞀也。弄月仙郎(指史震林),乃如
畏首畏尾,言清行濁,語皆釘餖,身似轆轤,雙卿所弗取
也。此書可燒,則口亦可以不言。蝶不言而貪花,蛆不言
而嗜糞,世之不言以欺人者,香則爲蝶,臭則爲蛆。雙卿
見之,瘧且愈篤。夫雙卿猶夢耳。夢中所值,顚倒非一;
覺而思之,亦無悔焉。知我罪我,俱不在此。"

史震林"發現"雙卿後,到處宣揚雙卿的才貌德行,雙卿聲名
遠播,造就了一些雙卿迷,引來文人的詩詞咏和。在這過程中,就
已有人懷疑雙卿的真實性。《散記》中記史震林曾告訴朋友荊振翔
説: "疑雙卿者,咸謂無有;田家女能識字,且通文,通文且悉
工……"。[60] 前段引文中,史震林所謂"愛其文者,或疑其事",顯
然指的是《散記》中關於雙卿的記載。史震林想焚毀《散記》,卻
引來雙卿一封勸阻的信。通信其實是爲《西青散記》之寫作辯護,
爲其保存與流傳尋找理由,口氣不像出自柔弱溫婉的女子,是夫子
自道也。尤其最後一句話: "夫雙卿猶夢耳。夢中所值,顚倒非一;
覺而思之,亦無悔焉。知我罪我,俱不在此。"幾乎道破雙卿不過是
一場夢罷了。"夢"是《西青散記》一個重要主題,史震林在《西
青散記自序》末了寫著: "乾隆二年十二月十二日夢中作"。在在透
露出《散記》"紀夢"的性質高過"寫實"。

只有從"雙卿猶夢耳"這個角度,我們才能解另一個謎。當時
有一位叫申志綸的文人,在得知雙卿其人其事後,深受感動,和雙
卿詩詞數十篇,又爲文六篇(其中一篇爲"擬簡"),自爲序曰:
"……遇非真遇,簡不可達"。[61] 如果雙卿果在綃山,何以"簡不可
達"?而我們知道申志綸同時寫信給史震林,後來還成爲朋友。[62]
《西青散記》雙卿故事快落幕時,曹震亭説: "蓋懷芳子諸人,夢中

〔60〕《西青散記》,頁 1715。
〔61〕《西青散記》,頁 1679～1680。
〔62〕《西青散記》,頁 1681、1705～1707。

之化身也……"[63] 懷芳子是段玉函的號,他爲雙卿顛倒癡狂,是雙卿物語的重要人物,此話殊堪玩味。

史震林爲雙卿捉刀的痕迹還見於雙卿的書信。雙卿致趙闇叔的信是四六文,信中出現"餂泪痕於香腮,舌洗相思;摩汗澤於酥胸,腕醫心痛"的豔句,[64] 令人訝異。又雙卿致舅父書,文末云:"則願來世爲男子身,參斷腸禪,説消魂偈,足矣。"[65] "參斷腸禪,説消魂偈"正是史震林愛用的句子,分別出現在《西青散記》和《華陽散稿》裏。[66] 不能不讓人懷疑此封信也是史震林代勞。史震林的朋友也曾懷疑他爲雙卿詞捉刀,惲寧溪告訴史震林説:"……雖然,雙卿才則美,得君潤色之。見粉書一葉,則無疑。"[67] 也就是説,惲原先懷疑史震林爲雙卿詩詞潤色,但在得到一葉詩後,才釋疑。若用陳寅恪的話來説,這恐是文學家故作狡獪之語了。

以上是《散記》中最令人起疑竇的地方。當然,史震林並未明説雙卿是他虛構的,疑問終歸是疑問,我們仍然無法斷定雙卿非真。雖然雙卿是在一團迷霧中誕生,雙卿是真是假依舊是一樁公案。從目前的情況看來,除非史料上有重大發現,要證明雙卿或虛或實,似乎一樣困難。但是,我們就此罷手嗎?其實,《西青散記》和史震林的另一本書《華陽散稿》蘊含著豐富的材料,還等待我們去開發。即使我們不追求確定不移的答案,雙卿的虛實問題還是大有探索的空間的。

五、可能的研究取徑

要確定雙卿爲真爲假,有賴新證據的出現。《西青散記》記載了與史震林交游的文人,他們當中有些人親眼見過雙卿,如果我們能找到他們存留的文集,或許能發現蛛絲馬迹。不過這類可能的新證據,除非地毯式地搜求,否則可遇不可求。令人遺憾的是,替《西青散記》寫序的曹震亭和吳震生都没親眼見過雙卿(曹有和雙卿

---

〔63〕《西青散記》,頁1731。

〔64〕《西青散記》,頁1679。

〔65〕《西青散記》,頁1648。

〔66〕 見《西青散記》,頁1663;《華陽散稿》上,頁22b。此點曾經康正果指出,見氏著前引文,頁101。

〔67〕《西青散記》,頁1660。

詩）。他們兩人都是史震林極好的朋友，没見過雙卿是有些奇怪。關於這點，杜芳琴有所解釋，蓋時地不凑巧。[68]

在新證據出現之前，從史震林的《西青散記》和《華陽散稿》裏，也可看出許多端倪來。以下簡述幾點。在目前的賀雙卿研究中，《華陽散稿》比較少受重視。如前所述，《散稿》在時間上是接續《散記》而寫的，體例也是逐年記事。令人困惑的是，《華陽散稿》無一語直接提及雙卿，而我們知道史震林還繼續出入絹山一帶。雙卿是生是死，史震林從未明白交代過。《散稿》裏有兩處和雙卿可能有關，[69]其一，史震林在《與玉勾詞客（吳震生）書》中説："……而晚宜園仙眷，長隔暮霞；絹山浣衣，病不復起。感慨人，感慨事。半在閨中，半在夢中也。"[70]晚宜園仙眷指的是《西青散記》提到的茅川金白岩的女兒晚娟和義女宜娟。[71]《西青散記》裏描繪過雙卿浣衣的情形，畫家張石鄰也嘗爲雙卿畫"浣衣圖"，史震林還帶著此圖北游大肆宣揚雙卿，[72]"絹山浣衣"當指雙卿。"病不復起"應是説雙卿已不在人間。不過，按照史震林寫作慣於前後對應，此句可解讀成晚宜園仙眷是"閨中人"，絹山浣衣則是"夢中事"。其二，史震林《慰曹震亭書》云："髻峰之下，絹山在焉，浣衣尚夕陽耳。"[73]此語似乎與雙卿有關，感慨係之，但並未提供具體消息。

史震林的友人們大都是雙卿迷，但真正見過雙卿的並不多。算來只有張夢覘、段玉函、趙闇叔、惲寧溪等人。張是佃主，段、趙迷戀過雙卿，且有密切的文字往來，惲只見過雙卿一面。至於荆振翔雖到過絹山，取得雙卿的和詩，但《散記》中並未明白記載荆見過雙卿。段玉函死於乾隆初，[74]張夢覘（《散稿》作張夢旃或夢瞻）、趙闇叔和惲寧溪繼續出現在《華陽散稿》，但曾無一語涉及雙卿。他們曾經狂熱地崇拜過雙卿，竟然"春夢了無痕"，把佳人給徹底忘了，令人百思不得其解。

---

〔68〕 杜芳琴，前引書，頁136。

〔69〕 康正果提及《華陽散稿》關於雙卿的這兩處記載，但並不是從考據的觀點來看。見前引文，頁102。

〔70〕 《華陽散稿》上，頁10b。

〔71〕 《西青散記》，頁1731～1733。

〔72〕 《西青散記》，頁1635。

〔73〕 《華陽散稿》上，頁11a。

〔74〕 《華陽散稿》上，頁11a。

　　要解決這個疑問,我們應該回頭重新思考《西青散記》到底是怎樣的一本書。1923 年修成的《金壇縣志》,在卷一一《藝文志》裏把《西青散記》放在“子部·小説家類”,《華陽散稿》則放在“集部·別集類”裏。這個分類頗值得我們參考。胡適説《西青散記》“大都是向壁虛造的才子佳人鬼話”,不是没有道理。如果我們拿《華陽散稿》和《西青散記》來作比較,可以發現兩部書相當不同。《散稿》除了記交游外,收了史震林寫的書信、序、傳之類的文章,以及短篇的“小記”,基本上是個文集的形式。《散記》除了記交游外,以極大的篇幅記扶鸞請仙,以及和天上仙女唱和的詩詞。換言之,《散稿》是純粹的文集,《散記》則充滿文學的特質,似乎有意要營造一個如夢似幻的世界。也就是説,史震林藉記事之架構,騁文學之想像。

　　《西青散記》是一部不同凡響的書。史震林爲《散記》寫了一篇奇怪的短序,説明“西青”的來源:

　　　　余初生時,怖夫天之乍明乍暗,家人曰:“晝夜也。”怪夫人之乍有乍無,曰:“生死也。”教余别星,曰:孰箕斗;别禽,曰:孰烏鵲。識所始也。生以長,乍明乍暗,乍有乍無者,漸不爲異。間於紛紛混混時,自提其神於太虛而俯之,覺明暗有無之乍乍者,微可悲也。襁褓膳雛,家人曰:“其子猶在。”匍匐往視,雙雛睍余,守其母羽,輟膳以悲。悲所始也。匍匐墻下,得物謂飴,捧而吮之,家人癥余曰:“石也。”上有字,字爲“西”,字爲“青”,强余讀。讀所始也。其凹如白,至今對之,是爲散記。乾隆二年十二月十二日夢中作。

　　這篇自序講史震林個人“識”、“悲”、“讀”的開始。關於“西青”的來源,具有神話色彩,不是很容易瞭解。此石猜想可能是個石硯,上頭刻有“西青”兩個字。

　　史震林和時人怎樣看待《西青散記》呢? 史震林視《西青散記》爲己命,在還没付梓之前就已在友人間廣爲流傳。《西青散記》中屢屢提到這本“書中書”,可見史震林非常看重它。《華陽散稿》亦有多處提及《散記》。照他自己的説法,時人常以入《散記》爲榮,以不得入爲憾。[75] 甚

─────────────

[75] 《西青散記》,頁 1673。《華陽散稿》下,頁 9b;11a。

至有"石有時以泐,不如附《散記》之不朽也"的説法。[76] 那麼,一般認爲《散記》是怎樣的一本書? 史震林替好友曹震亭的父親曹隱君寫傳,特別提到自己的著作,説曹父"嘗閲《西青散記》,謂震亭曰:'此誘人爲善之書'"。[77] 顯然他自己也同意這樣的一個説法。以《散記》爲"誘人爲善之書",是相當有道理的。史震林受到民間佛教思想中爲善和慈悲的觀念影響至深,無論是在《散記》或《散稿》中,他記下了許多具有濃厚道德、宗教意涵的事迹。雙卿可説是"善書"裏最重要的女主角,除卻那些炫人耳目的才子佳人唱和的韵事,雙卿是"德行的存在",足爲天下女性的楷模。

雙卿的德行在《西青散記》裏,可歸納爲"命苦能忍"與"堅貞不移"兩大端。雙卿的丈夫蠢暴,婆婆凶惡,但雙卿很能忍。例如,"一日雙卿春穀,喘,抱杵而立,夫疑其惰,推之。仆臼旁,杵壓於腰,忍痛起,復春。夫嗔目視之。笑謝曰:'穀,可打矣。'炊粥半,而瘧作,火烈粥溢。雙卿急,沃之以水。姑大詬,挈其耳環,曰:'出!'耳裂環脱,血流及肩,掩之而泣。姑舉杓擬之,曰:'哭!'乃拭曰,畢炊。夫以其溢也,禁不與午餐。雙卿乃含笑,春穀於旁……"[78] 真是忍常人之所不能忍。雙卿的丈夫不識之無,又髒又臭,"狐臊逆鼻,垢膩積頤項,揉可成丸",[79] 但雙卿一點也不嫌棄他。對於來引誘她的人,不論是美少年陳希古或傭人錢磬郎,[80] 雙卿一概不爲所動。如此美麗,如此有才華,受盡折磨,卻能謹守孝道和婦道,這纔更可貴。所以,當農者張天申聽到荆振翔誦雙卿詞時,"輒呼其女屏後聽之,令知雙卿苦能孝敬,效之也"。[81] 在史震林的精神世界裏,美、善和苦難是分不開來的。即使當史震林還沈醉在扶鸞請仙的階段時,我們也可以看到他筆下的女仙大都是美、善、苦的化身。

今天我們若想繼續賀雙卿的研究,我認爲至少有以下幾個取逕。首先,我們應該一改把雙卿從《西青散記》孤立出來的作法,回頭細讀《散記》,看看雙卿到底在《散記》中居於怎樣的一個"有機"的地位。

---

[76] 《西青散記》,頁 1683。

[77] 《華陽散稿》下,頁 1b。

[78] 《西青散記》,頁 1646。

[79] 《西青散記》,頁 1720。

[80] 《西青散記》,頁 1637、1649。

[81] 《西青散記》,頁 1710~1711。

我個人認爲《散記》本身提供了一些極有意義的線索,但似乎尚無人注意到。例如,書中痴迷雙卿的趙闇叔,和雙卿非常相像,活像一對"孿生兄妹"。趙闇叔是史震林極端欣賞的一位朋友,非常有才氣,遠在雙卿出現前,《散記》記載史震林向趙闇叔索詩,他答説:"近者詩無存草,散題翠筠白石、古垣斷碣之上。試閒步尋之。"[82]於是史震林和段玉函以誰找到趙詩多誰即勝利,展開一場尋詩之游。這段文字很有趣,如史震林"仰海棠樹,西南枝微有字痕,登石額觀之,題云:……(略)"。段玉函則在"石闌之角"找到四言詩三章,"字細如豆"。找到的詩或寫在長苔的磚,或寫在枯竹,或寫在斷橋朽柱上……,"又有舊詩一首,淡墨將失,在無皮古楊之背",或用墨,或用白堊丹砵,不一而足。[83]後來史震林説雙卿寫詩"以葉不以紙,以粉不以墨",儼然趙闇叔的翻版。只是一個是男性的版本,一個是女性的版本,前者寫在古楊殘垣,後者寫在嬌花嫩葉上(男女有別,豈不宜哉!)。另外,最值得注意的是,和雙卿一樣,趙闇叔命極苦,且病瘰。[84] 讀《散記》,讓人有"男闇叔,女雙卿"之感。史震林也處處透露出這樣的一個對應關係。他説:"闇叔爲絶世才子,天厄之如是;雙卿爲絶世佳人,天厄之亦宜如是也。"[85]懷芳子段玉函很窮,冬天著單衣,連個裏子都没有,雙卿説:"闇叔病,玉函貧,兼之者,我雙卿也。更爲婦人身,不愈悲乎?"[86]這段話令人想起《紅樓夢》裏的秦可卿,秦氏乳名兼美,因爲在曹雪芹的構想裏,她兼有寶釵和黛玉之美。"雙卿"的名字是否也含有兼具闇叔、玉函兩人(兩卿)之特質的意思在内呢? 雙卿若作"卿卿"解,義爲"親親",有失端莊。[87] 姑記於此,待高明教之。

雙卿是《西青散記》"有機"的一部分,還有一個線索。《散記》録的詩詞特別愛用一個"嫩"字,使用的頻繁令人吃驚。不論是仙女降鸞的詩詞,或趙闇叔、雙卿、史震林及其友人的詩詞,頻頻出現這個字,俯拾即是。仿佛世間美好之物都可用一個"嫩"字

[82]《西青散記》,頁1571。
[83]《西青散記》,頁1571~1572。
[84]《西青散記》,頁1650。
[85]《西青散記》,頁1650。
[86] 同上。
[87] 劉義慶《世説新語·惑溺》曰:"王安豐婦,常卿安豐。安豐曰:'婦人卿壻,於禮爲不敬,後勿復爾。'婦曰:'親卿愛卿,是以卿卿;我不卿卿,誰當卿卿?'遂恒聽之。"這是"卿"作"親"解的根據。

來形容，如"嫩霞"、"衫子嫩"、"香腮嫩"、"嫩白"、"嫩芷"、
"嫩愁"、"可香腮還嫩"、"嫩如雨"、"嫩寒"、"嫩蚤"、"霜嫩"、
"新水嫩"、"嫩雲"……。[88] "嫩"字在詩詞裏，雖然不是什麼罕
見的字，如溫庭筠《玉蝴蝶》（秋風淒切）有"芙蓉凋嫩臉，楊柳
墮新眉"的句子，[89] "嫩草"、"嫩綠"也還算常見，[90] 但一般用來
形容春色春草，像《散記》那樣，凡事（包括愁）皆可言嫩，並不
多見。在史震林自己的用法裏，連曉光都可說是"晶嫩"。[91] 在
《西青散記》裏，"嫩"字似乎是個"暗碼"，透露出背後有個統一
的美學觀念。這個用法是出自一人之手呢？還是一個美學偏愛的集
體流露？此點有待深入研究。

再者，從文學創作的角度和中國詞的特質來探討雙卿問題，也
饒富意趣。前面提到杜芳琴認爲史震林不可能寫出雙卿水平的作品。
史震林的詞固然沒有雙卿詞膾炙人口，但一般評價如何呢？丁紹儀
的《聽秋聲館詞話》，史震林條和雙卿條前後併列，各錄兩首詞。丁
紹儀稱贊史詞曰："翛然之致，雅如其人"。[92] 民國以後，葉公綽編
《全清詞鈔》時，選了四首賀雙卿的詞，也選了兩首史震林的詞。可
見史震林的詞還能受到詞評家的青睞。[93] 史震林的詞其實頗有可讀
之處，有些作品意境和雙卿詞甚近。[94] 雙卿詞和《西青散記》其他
詩詞間的"內在"關係，是可進一步探索的問題。

杜芳琴認爲男性決寫不出獨具農婦生活經驗和情感體驗的詩詞。

---

[88] 依序見《西青散記》，頁 1546、1547、1550、1555、1591、1633、1637、1649、
1657、1713、1715、1715、1750。

[89] 見朱彝尊編《詞綜》，收在楊家駱主編《增訂中國學術名著第一輯·增補詞學叢書
第一集》第 15 冊（臺北：世界書局，1962），上冊，頁 8。

[90] 如歐陽炯有"嫩草如烟"和"筍迸苔錢嫩綠"的詞句，見黃德進選注《唐五代詞
選集》（上海：上海古籍出版社，1993），頁 246、253。

[91] "曉光晶嫩"句，見《西青散記》，頁 1571。

[92] 丁紹儀《聽秋聲館詞話》，頁 2773。

[93] 葉公綽《全清詞鈔》（北京：中華書局，1982），頁 451、1628～1629。

[94] 如史氏入選《全清詞鈔》的《惜餘春慢·採麥郊疇》云："採麥郊疇，標梅庭戶，暖日烘
林陰翳。畫船金粉，蕩盡蘭橈，寂寞渡頭沙尾。幾處靜掩空閨，衣捲紅綃，怕催梳洗。
任連天望眼，佳期難在，新歡無味。　誰見我、愛好天然，偶然隨步，也是惘然情意。
枝扶鳥坐，葉襯蠶眠，人瘦落紅堆裏。今夜憑欄更遲，月挂西樓，暮雲如髻。又嫩寒生
袂，花外束風還起。"（此詞在《全清詞鈔》與《西青散記》用字頗多歧異，茲採《散記》版
本。）史詞中疊用"天然"、"偶然"和"惘然"，和雙卿詞有神貌相近之處。篇幅有限，筆
者無法在此討論雙卿詞，俟他日撰文細論之。

此一論斷的背後假設是：人無法瞭解並描述不屬於自己的階層和性別的經驗和情感。這種説法顯然違反我們對文學創作的基本認識。如果我們相信莎翁能寫出異代異地的十餘歲少女茱麗亞的初戀心情，何以史震林就不可能寫出同時同地的農婦情感？王國維在《紅樓夢評論》一文中也論及文學創作的這個特色，他説："如謂書中種種境界、種種人物非局中人不能道，則是《水滸傳》之作者必爲大盗，《三國演義》之作者必爲兵家，此又大不然之説也。"[95] 我們有時候似乎太低估文學想像的威力。舉例來説，寫《呼嘯山莊》的愛密麗·布朗特，[96] 實際上過的是近乎隱居的生活，短短的一生没接觸過幾個異性，更無實際的戀愛經驗，但她卻寫出了狂風暴雨似的愛情，撼山河、泣鬼神，替英國的情感世界別開生面。在雙卿這個問題上，我們還得記住：史震林雖然是個文人，他過的生活跟貧農差不多，他和他的友人們是混迹農村的邊緣文人，對農村生活和景觀有極爲親切的瞭解。雙卿所看到的景物也都是史震林平日所熟稔的。

關於文學上的性別轉換，我們不應該看得太死，可從中國詞的傳統和特性來加以考慮。我們知道雙卿主要是以詞勝，她的詩乏善可陳。中國詞自《花間集》以來主要是描寫美女和愛情，在女性抒寫上又常以女性形象和口吻擬寫女性情思。[97] 在這裏需要説明的是，由男性詞人用女性口吻倚聲填詞，或替女性代作詩餘，原本就是詞史上常見之事。由於詞的這個特性，男詩人轉換人格性別，以女性口吻可能寫出比直描自身感受還要具有詞之美學特色的作品來。以中國詞史爲背景，史震林換上雙卿的人格（persona）寫出比他自己的詞還要好的作品，並非不可能（詩除了宮詞和閨怨外，較少模擬女性口吻，但有一次史震林和友人分字賦詩，成詩一首，友人殷霞村"以爲似女子"，[98] 可見史震林擅於模擬女性口吻）。另外，我們不能墮入階級意識的窠

---

[95] 王國維《紅樓夢評論》，在《王國維先生全集》（臺北：大通書局，1976），初編（五），《靜安文集》，頁 1754。

[96] 關於愛密麗·布朗特（Emily Brontë）的傳記研究，值得一讀的精彩著作是 Katherine Frank，*A Chainless Soul: A Life of Emily Brontë* (New York: Fawcett Columbine, 1990)。根據一些實例，遺世獨立的隱居生活反而有助於個人的創造力（creativity）。名心理學者 Anthony Storr 曾深入探討孤寂生活和原創性之間的關係，見氏著 *Solitude* (Flamingo: London, 1989)。

[97] 關於詞的女性抒寫，可參看葉嘉瑩《論詞學中之困惑與〈花間〉詞之女性叙寫及其影響》（上）、（下），《中外文學》12: 8 (1984 年 1 月)，頁 4～31；12: 9 (1984 年 2 月) 頁 4～30。

[98] 《西青散記》，頁 1664。

曰,以爲雙卿詞以農村爲背景,就認定它們表達了"農婦情感"。關於雙卿詞的内涵,我們還需作比較精緻的分析。

《西青散記》和《華陽散稿》藴藏著豐富的社會文化史的訊息,這也是賀雙卿研究另一個可入手的途徑。我們對這兩部書的解讀仍嫌不够。史震林和他的友人們是一群自棄於主流文化的讀書人,他們徜徉林泉,喜愛結識奇人異士,並且特重才情;他們自有一套世界觀、人生觀和美學標準。史震林的故鄉金壇靠近道教聖地茅山(句曲山),茅山傳説是漢茅盈、茅衷、茅固兄弟得道成仙的地方,道教十大洞天之一的第八洞天華陽洞就在此山。道教另一重要人物梁朝的陶弘景即隱居於此,稱"華陽隱居"。史震林和友人們常訪茅山,具有濃厚的茅山信仰。《華陽散稿》的書名即帶有强烈的道教色彩。道教之外,史震林等人又深受一般佛教觀念的影響,如特別强調放生、好生、因果報應等。[99] 另外,史震林也相當重視"惜字"。[100] 杜芳琴説:"史震林和他的朋友多是佛、道及民間各種信仰迷信的崇奉熱中者",[101]洵爲的論。杜芳琴也注意到史震林等人扶鸞請仙和江南一帶巫風盛行有密切的關係。[102] 這是很值得繼續探究的課題。如果我們能將《散記》和《散稿》中所透露的佛道思想和民間信仰做有系統的整理,相信能對史震林等邊緣文人的心靈世界有所瞭解,雙卿在他們的世界裏的意義纔能更加彰顯。

史震林的心靈世界有何特色呢?《散記》和《散稿》有一個貫串全局的主題,也就是"夢"。前面提過,作者自稱《散記》是"夢中作",通書給人如夢似幻的感覺。《散稿》的自序開宗明義即説:"我生如戲,嬉笑怒駡,皆戲具耳。我生如夢,語言文字,皆夢囈耳……"[103]《散稿》正文多處談論到"夢",並有一篇《記惜夢》的文章。[104] 史震林的"夢觀",不能用一般"人生如夢"的籠統觀念,輕易帶過。在他看來,不唯人生,連宇宙本身都是一大夢。他説:"雲霧如寐,風濤如鼾,枝木如

---

[99] 例見《華陽散稿·記嗟翁》,上,頁1a;《記孔婺衛媳》上,頁4a;《小記一》上,頁28b。
[100] 《華陽散稿》上,頁1a、4a;《西青散記》,頁1571。
[101] 杜芳琴,前引書,頁121。
[102] 杜芳琴,前引書,頁122。
[103] 《華陽散稿》上,頁1a。
[104] 《華陽散稿》上,頁14a。

臒,噙鳥如囈。吾輩夢短,造物夢長,古今大夢,誰其先醒?"[105] 又説:
"生固爲夢,死亦夢耳。人間固夢,天上亦夢耳……"[106] 史震林的夢
觀,讓我們思考一個問題:這是史震林(及其友人)獨特的看法,還是反
映了一個更爲廣大的集體心靈? 歷史學家在處理一個人(或一群人)
的思想時,常遇到的困難是:研究對象的思想到底具有代表性,還是顯
示獨特性? 無論何者,都假定了"集體心靈"(*mentalités collectives*)的存
在。[107] 在史震林這個例子上,相對於主流文化,他的思想可能相當獨
特,但就邊緣文人的集體心靈而言,他可能具有相當的代表性。

　　大陸學者洪靜淵寫了一篇題爲《〈西青散記〉和〈紅樓夢〉》的
短文,[108] 他懷疑《散記》在思想内容和藝術構思上,可能對《紅樓
夢》有所影響。洪靜淵指出兩書相同的地方,在思想方面,同樣宣
揚佛道思想,著眼一個"幻"字;在文學構思上,相似之處有:一、
同樣以石頭作全書之引子;二、兩書皆寫葬花;三、同樣用女媧煉
五色石補天的典故。洪靜淵認爲《西青散記》成書在前,流傳較廣,
曹雪芹看到此書是有可能的;起碼《散記》所反映的思想傾向和時
代風貌,是研究曹雪芹和《紅樓夢》必要參考的。洪文乍讀之下,
令人有突兀之感,但吾人若細讀《散記》,的確可感覺此書和《紅
樓夢》有些神似的地方,如《紅樓夢》·有天上人間之對應關係,
《散記》亦是──天台龍女阿音下婚人間,雙卿是花神暫貶等,[109]
又如醉書仙申志緺,好讀書,厭惡時文,嘗夢至一石洞,遇仙娥,
入廣室,發現自己是醉郎謫塵,[110] 這個情節讓人不由得想起賈寶玉

---

〔105〕 《華陽散稿·記可村》,上,頁17b。
〔106〕 《華陽散稿》上,頁11a。
〔107〕 "集體心靈"是研究介於思想史與社會史之領域(文化史)的一個很有用的概念,但也
　　　有它的缺點和危險,關於這方面的精湛討論,見 Peter Burke, "Strengths and Weaknesses
　　　of the History of Mentalities," *History of European Ideas*, 7:5 (1986), pp. 439~451。在
　　　該文中,Peter Burke 批評 Carlo Ginzburg 的 *The Cheese and the Worms: The Cosmos of a
　　　Sixteenth-Century Miller* 一書,認爲 Ginzburg 的研究原先是要打破"集體心靈"史,但結
　　　果還是擺脫不了這個概念──從門口丟出去的東西,又從窗户鑽了進來(p. 443)。如
　　　果我們假定相對於主流的"集體心靈",還存在著潛藏的像伏流般的其他"次要集體心
　　　靈",也許可以解決"代表性"和"獨特性"的問題,以及 Peter Burke 所提出的表面不動
　　　如山的主流如何能够發生變化的問題。當然,主流和伏流之間能否容納卓然獨立的
　　　個人思想,則是另一個問題。
〔108〕 在《文獻》第20輯(1984年6月),頁61~65。
〔109〕 《西青散記》,頁1614,玉京秋詞云:"……有誰念,原是花神暫貶。"
〔110〕 《西青散記》,頁1706。

夢游太虛幻境。此外，在史震林的世界裏，似乎凡是才情之人（不分男女），都是神仙下謫。例如他所最欽佩的曹震亭是"謫從天上，名滿人間……才情優絕，誰復如君。"[111]《紅樓夢》重要的"意淫"觀念也出現在《華陽散稿》。[112] 前面提到史震林等人愛用"嫩"字，無獨有偶，秦可卿房間有副對聯正是："嫩寒鎖夢因春冷，芳氣襲人是酒香。"這當然很可能是巧合。不過，我們面對的也許不是誰影響誰的問題，而是隱藏在兩人背後的某類集體心靈的問題。

總之，我們若回到史震林的著作本身，一個豐富的思想的、文學的、想像的世界，還等著我們去探勘。

六、結　語

讀到此，讀者或會問：關於雙卿的存在問題，我的立場在哪裏？在這個問題上，我採取了"折衷"的立場，也就是認爲：綃山可能的確住了一位美麗的農婦，也許略有點才氣，史震林看到後，驚爲天人，以此爲素材，開始一連串的文學想像遊戲。他和友人們一起把她塑造成他們心目中的理想女性，也就是我們今天知道的雙卿。這樣的立場，雖然嫌世故了一點，但這是我反復讀《西青散記》到目前爲止所得來的印象。採取了這樣的一個立場，就解決了雙卿的問題嗎？我想不是的，雙卿物語其實像一張迷宮似的寶藏圖，如果我們能耐心摸索，沿途細心瀏覽風光，即使無法抵達最終的目的地，想像中的終點，雖不中，庶乎不遠矣。

於此應該一談的是，賀雙卿研究的學術意義何在？首先，它對我們瞭解雍乾年間的社會文化史會有相當大的幫助。史震林和他的友人們是一群自外於主流文化的讀書人，他們自有一套世界觀、人生觀、道德觀和美學觀。如果我們能夠重建他們的思想和心靈世界的話，將有助於我們瞭解相對於主流文化的邊緣世界，以及兩者間的異同和互動關係。一個讀書人，無論是自外於主流文化，或迫不得已，就社會結構來講，是居於社會領導層的邊緣位置。明清以來，由於科舉考試日趨激烈，無數的讀書人"以諸生終"，他們是清代社會的重要構成分子，似乎很少受到重視，研究史震林等邊緣文人多少能幫助我們瞭解這個社會階層。

---

[111] 《華陽散稿·與曹震亭書》，上，9b。
[112] 《華陽散稿》上，頁6a。

　　由於雙卿是否爲真實人物還是個重大的爭議,雙卿很難作爲一個婦女的實例,來幫助我們瞭解清初的婦女生活。不過,在想像和理想的領域裏,雙卿的故事具有許多解釋的潛能。本文所引的當代研究大都在這個層次上闡發雙卿物語所透露的"文化涵意"和"兩性關係"。在"性別"(gender)議題上,雙卿研究具有怎樣的意義呢? 於此須稍加說明的是,"gender"和生理意義的男女性別(the sexes)不同,係指根據我們所認知的兩性差異所發展出的文化建構和兩性間社會關係。[113]我認爲透過雙卿研究,我們可以更深入瞭解清初男女界線的光譜。在史震林的世界裏,文化意義的"男性"和"女性"似乎是相通的,沒有明顯的界線。譬如,衆所周知,《紅樓夢》裏葬花的是林黛玉,但在《西青散記》裏,卻是史震林的好友張夢覘。[114] 史震林和曹震亭的友情,比諸男女愛情,有過之無不及,[115]而我們知道那和同性戀不同。在他們的世界裏,男女的質素似乎可以同時出現在一個人身上。再者,如果雙卿詞係史震林所作,那它的"gender"含意又更深一層,表示在文學的創作上,女性的聲音不唯能模仿,還能使文本"性別化",永遠以"女聲"唱將下去(可見我們還擺脫不了"二元化性別"的思考方式)。

　　最後,在歷史學面對新理論的挑戰之際,我們若還想護衛歷史學的基本訓練(如文獻研究,背景分析等),就應該勇於應戰。我相信,透過扎實的"實證主義"的考證功夫與開放廣闊的詮釋視野,我們可以在史震林等邊緣文人的精神世界裏,找到放置雙卿的位置。在歷史的大河裏,我們撐起考證和詮釋的雙帆,探測雙卿之所以成爲雙卿的每個可能性(或不可能)的航道,也許峰迴路轉,柳暗花明,"髻峰之下,雙卿在焉"。

※ 本文原載《新史學》7 卷 4 期,1996 年。
※ 周婉窈,美國耶魯大學博士,中央研究院臺灣史研究所副研究員。

---

〔113〕　關於"gender"和歷史研究的問題,可參看 Joan W. Scott, "Gender: A Useful Category of Historical Analysis," *American Historical Review*, 91:5 (December 1986), pp. 1053～1075.
〔114〕　《西青散記》,頁 1593。
〔115〕　例如,史震林寫道:"余別震亭已八年,所至輒思。思震亭與思趙闇叔同,在登臨時爲尤甚。而聞震亭而思者遍所至也。"見《華陽散稿》上,頁 22b。

婦女無知？清代内府旗婦的法律地位

賴惠敏

一、前　言

十幾年前，近史所郭廷以圖書館曾購置中國第一歷史檔案館出版的《内務府堂人事類》有大量的内務府三旗人丁户口册，自清嘉慶年間至宣統（1807～1911）。[1] 本文擬討論的旗人也指分屬内務府正黄旗、鑲黄旗、正白旗三旗包衣，其人丁分別由佐領和管領來管理，在族群方面則分成滿洲、蒙古、漢軍，由清末統計數字可知内務府三旗總人口約爲十五萬人。内務府户口册原則上每三年一編，登記的内容包括族長的祖先三代姓名和職位、族長的職位、户長與族長的關係、家户中成員的姓名、歲數、婚姻狀況、職業、收入等，這些資料可以用來分析家庭規模與生計的關係。[2]

然而，户口資料有些遺漏，譬如收養、離婚或納妾的資料闕如，分家的記録也很少。從户口册上看來，許多家庭都維持著多重家庭（Multiple family households），越接近清末越增加多重家庭數量，到底什麼因素使然也不清楚。爲瞭解開這些疑惑，2002 年的夏天，我到北京的中國第一歷史檔案館閲讀《内務府慎刑司呈稿》以及《内務府來文》刑罰類的檔案，前者係嘉慶朝至光緒朝（1796～1908）；後者自乾隆朝到宣統（1736～1911）。[3] 這些資料多數是居住北京城的内府人丁訴訟案件。内務府組織分成七司三院，三旗人丁分配到各司、院工作，主要擔任京城防衛和宮廷差事。内府人丁犯罪最初

---

〔1〕《内務府堂人事類》（北京：中國第一歷史檔案館發行微捲，1987），微捲 A 字號，第 001～002 捲。

〔2〕參見拙作《鐵杆莊稼？清末内務府辛者庫人的家户與生計》，《中央研究院近代史研究所集刊》期 38（2002 年 12 月），頁 71～128。

〔3〕《内務府慎刑司呈稿》（北京：中國第一歷史檔案館藏），此檔案中絶大多數爲太監犯罪或犯偷竊罪等。《内務府來文》刑罰類（北京：中國第一歷史檔案館藏），此檔案多爲查抄貪官污吏家產與土地債務糾紛等。

由內務府慎刑司審理。[4] 犯罪在杖一百以下的案件由慎刑司審理定
罪；徒罪以上的案件由慎刑司移送刑部審理定罪。[5] 慎刑司組織有
官員正五品郎中二名、從五品員外郎八名、正六品主事四名，還有
九品之列及不入流的筆帖式十八名。[6] 其司法人員比清代州縣組織
還多，處理案件鉅細靡遺，現今留下的許多婦女史的資料，譬如父
母未呈報女兒出生、違例私嫁女兒、私賣女兒。婦女在婆家與婆婆、
丈夫口角引發婚姻訴訟案件。旗婦於丈夫亡故後領孀婦錢糧，若是
日用不足，告族人不予養贍之案件。在財產繼承方面，以“婦承夫
分”的名義，要求族人分予財產。這些案例約有 210 個，由資料可
以瞭解清代旗婦在法律上的地位。

近幾年來我曾閱讀許多《刑科題本》婚姻姦情類檔案，此資料
多數與婦女有關。案情較輕的有家長因貧窮典賣妻女、縱容妻子犯
姦等；案情重大的如夫毆妻致死，婦女因醜陋、多言、嫉妒、不孝、
惡疾、懶惰等行爲，被粗暴的丈夫毆打致死，她們的命運看起來都
很悲慘。[7] 相對的，內務府的刑罰類檔案則呈現婦女受到法律的保
障的一面。第一，內府的女子必須進皇宮當差，因此父母若隱匿人
口或販賣之，依律杖責處分。[8] 第二，丈夫欲與妻子離異必須證據
確著，否則亦遭杖責。第三，一般漢人婦女不准上公堂，須由家人
代爲呈控；但是內府的婦女遇有任何細故，隨即上公堂呈控，慎刑
司官員得馬上辦理。第四，從性別上來看，婦女生活困難時可以透

---

[4] 祁美琴《清代內務府》（北京：中國人民大學出版社，1998），頁91。慎刑司負責
　　定擬府屬文武官員犯罪；處理太監犯罪案件；管理犯人監禁、發遣等事；收犯人贓
　　款及贖金交廣儲司銀庫。

[5] 《大清會典》（臺北：新文豐出版社據光緒二十五年原刻本影印，1976）卷九五，頁
　　959。府屬莊頭、鷹戶、海戶的刑事訴訟案件按普通民人辦理，奉旨交辦的死刑重
　　要案件會同三法司審理，由內務府主稿具題後交刑部辦理。

[6] 不著編人《內務府爵秩全覽·清光緒二十年秋季》（臺北：中央研究院傅斯年圖書
　　館藏古籍線裝書）。該館藏的內務府爵秩冊還有二十三年、二十四年、二十七年三
　　種版本。

[7] 《內閣題本刑科》婚姻姦情類（北京：中國第一歷史檔案館發行微捲，1999），這批
　　檔案自乾隆朝到宣統朝共 73 936 件，目前乾隆朝部分藏於中研院近代史研究所圖書
　　館、臺灣史研究所圖書館、社科所圖書館，微捲編號自 MC04652 起。參見拙作《檔
　　案介紹：清代〈內閣題本刑科婚姻命案類〉》，《近代中國婦女史研究》期 7（1999
　　年 8 月），頁 163 ~ 168。中研院近史所圖書館最近購買了《清代順天府檔案》，從目
　　錄上看來有許多與婦女相關的資料，期望將來能利用這批資料，比較北京的漢人與
　　旗婦的法律地位。

[8] 單士元《關於清宮的秀女和宮女》，《故宮博物院院刊》1960 年 2 期，頁 97 ~ 103。

過法律訴訟取得族人的經濟支援。但男性所面臨生計困難則較少獲得援助，這是法律和社會對旗人性別之不同待遇。第五，已婚的婦女有些也必須入宮當"婦差"，在清朝社會習俗婦女可以保留私產，透過訴訟程序保障婦女的私有財產。婦女在經濟上既不必依賴兒子，兒子不孝即行控告，不存著"養兒防老"的心態。

在傳統歷史上女性多半沒有聲音，唯一能聽到女性聲音在於司法訴訟的口供。在訴訟案中婦女若勝訴，官方依照《大清律例》來處分男性被告。相反的，若婦女敗訴，遭處分的情況不多，官吏的判決往往是"婦女無知，免議"。法律上認定婦女無知不處分意涵著縱容，許多婦女反而再三提出控告，不達勝訴絕不罷休。因此，旗婦的婚姻自主權和財產權雖不能和現代女性之權益相提並論，若比起清代的平民婦女實有過之而無不及。

過去研究旗人社會史的學者都注意到旗人家庭守傳統禮教，把尊老敬上視爲美德，成爲家教、家風的重要內容。[9] 本文擬從司法檔案來看，旗人重禮教的背後另有一套法律的運作，讓不守禮法者受到制裁，以法律來維繫著旗人社會秩序。

二、內府旗婦的法律地位

（一）女兒的地位

內府的女子在十三歲時，必須參加選驗，合格者進宮當宮女。《舊京瑣記》記載著：

> 清宮女定制不得逾五百人，皆選自內務府包衣下三旗，本皇室之僕御也。間歲一選，出其逾歲者，纔令足額而已。選取之制率於二三月間，凡包衣旗人家生女，皆入冊籍，及歲者，皆得與選日選秀女。[10]

內務府佐領下的女子參加選秀女，選中留下名牌稱爲"留牌子"，

---

〔9〕 楊英杰《清代滿族風俗史》（瀋陽：遼寧人民出版社，1991），頁152～154。

〔10〕 夏仁虎《舊京瑣記》（北京：北京古籍出版社，1986），頁65。《內務府銀庫月摺檔》（北京：中國第一歷史檔案館發行微捲，2001）載：乾隆十九年會計司郎中公益賞內務府三旗挑選女743名，女子每名乘坐車輛給銀一共743兩。由此可知該年參加挑秀女人數爲743人。昭槤《嘯亭雜錄》（臺北：弘文館出版社，1986）卷一〇，頁325。該書記載：後宮使令者，皆係內務府包衣下賤之女，亦於二十五歲放出，從無久居禁內者，誠盛德事也。"

定期復看。不留的叫"撂牌子"。在崇實的《惕盦年譜》記載："道光十六年（1836）冬，吾母送胞姐回京應選。……十七年春間接京信知四姊撂牌，蒙上賜大紅江綢二卷，又皇后賞翠花兩對。"[11] 崇實爲崇厚兄長，屬鑲黃旗滿洲唐武塞佐領下人，他姊姊也必須挑選秀女。《宮女談往錄》記載："旗下人女孩子長到十三、四歲，內務府就要按冊子送交宮裏當差了，這是當奴才應當孝敬的差事。"[12]

關於選宮女的歲數據單士元《關於清宮的秀女和宮女》描述，內務府檔案秀女挑單的年齡是由十一歲起，內務府三旗女子一年一選，由內務府會計司主辦。[13] 選秀女制度之故，必須嚴格管制戶口登記與女子婚嫁，以下是有關內務府人丁漏報女兒戶口或私嫁、私賣女兒的處分。

第一，未報戶口之處分。順治十八年（1661）規定："佐領、管領下之女子、寡婦倘違禁不報。佐領、內管領、領催等私將其嫁給旗民，則將女子父母及娶者一併治罪。並將已嫁之女子、寡婦抽回充爲內奴。"[14]《盛京內務府糧莊檔案彙編》記載許多內務府官莊的莊丁隱匿女子未報，佐領按"比丁時佐領未查出匿丁，罰俸一月。"[15] 北京內府人丁若隱瞞戶口，家長處杖責。有一案例爲二小子之女三姐，於乾隆三十九（1774）、四十二年（1777）次比丁時，二小子隱瞞未報入冊，杖六十。[16]

內府的戶口係三年編審一次，由各族長出具甘結呈報添減人丁，由佐領、管領詳查核對後，方注寫戶冊鈐蓋圖記報堂。[17] 管領下護軍慶祥有一女妞兒。道光二十五年（1845）間辦理戶檔冊內有此女之名，於道光二十六年十二月病故，慶祥即報知族長積善，該族長擬俟二十八年（1848）更換戶檔時報明撤下，彼時未經呈報該旗，經四公主傳挑秀女，該管領飭傳備選。慶祥報稱無此女，由該管領呈送到案。[18] 從

〔11〕 崇實《惕盦年譜》（臺北：文海出版社，1970），頁5。
〔12〕 金易、沈義羚著《宮女談往錄》（北京：紫禁城出版社，1992），頁5。
〔13〕 單士元《關於清宮的秀女和宮女》，《故宮博物院院刊》1960年2期，頁97～103。關於清宮選秀女的檔案亦可參見《內務府會計司呈稿》（北京：中國第一歷史檔案館藏）第1包，嘉慶元年。
〔14〕 關嘉錄、王佩環譯《黑圖檔中有關官莊問題的滿文檔案文件彙編》，收入中國社會科學院歷史研究所清史室編《清史資料》（北京：中華書局，1984）第5輯，頁23。
〔15〕 遼寧省檔案館編譯《盛京內務府糧莊檔案彙編》（瀋陽：遼瀋書社，1993年），上冊，頁150、208、218～222。
〔16〕 《內務府來文》刑罰類，第2137包，乾隆四十四年十月。
〔17〕 《內務府慎刑司呈稿》，道光刑第40包，道光二十五年五月。
〔18〕 《內務府慎刑司呈稿》，道光刑第47包，道光二十八年九月二十一日。

這案例可看出,在編審人丁後的三年内,出生或死亡的人丁都得等到下次編審户口的時候一併更新。所以在户口册中呈現有趣的情況,男性和女性的歲數大多爲三的倍數,三歲、六歲、九歲等等。即在編審之年,將三年之内出生者都記成三歲緣故。

第二,私嫁女兒之處分。未選驗秀女的女子不准出嫁,若私自嫁人者,殊屬違例。如正白旗内管領下已故園丁興福之女大妞,因其父母俱無,由該族長嫡堂叔興山並興山之母媍婦夏氏收養。大妞係未經選驗女子,夏氏將她嫁與民人劉貴爲妻,殊屬違例。[19] 違例者的處分根據《盛京内務府糧莊檔案彙編》記載,康熙四十七年(1708)以前,私嫁之女"令伊與丈夫分開,帶來京城交會計司,配給管領下無妻之末等庸懦額丁"。[20] 四十七年以後則改爲"隱匿之女嫁給莊頭或莊内額丁,停止將其分開,將嫁、娶及隱匿之人交佐領各鞭一百"。不過,内府私自嫁女處分可能更嚴重,連父親的差事都給革退了。正黄旗哲克敦管領下蘇拉長興保違例與漢人段四結親,長興保因窮苦將親女三妞許聘人家作童養兒媳,得財禮錢三吊。長興保説三妞將來還要挑選,因已過門所以没有罷親。長興保因私嫁女兒革去蘇拉的差使。[21]

由此可知,内務府女子出嫁必須在挑秀女之後。張臧氏供稱:"我係正白旗福申管領下蘇拉立住之妻,我男人與馬甲珠爾杭阿平日相好。我兒二十六歲,要聘他十四歲女兒爲妻。他説俟挑過秀女再行商議。今年二月八日挑秀女,二十三日放定,到珠爾杭阿家同他女人將如意簪等給他女兒戴上。"[22] 旗婦冠夫姓,張臧氏的娘家爲臧氏夫家張姓變成張臧氏。以下許多案例中婦女皆冠夫姓,旗人男姓反而都不稱姓氏,這或許與漢人社會不同之處。

第三,私賣女兒之處分。依照《大清律例·略人略賣人》律文記載:"若略賣子孫爲奴婢者,杖八十。"[23] 將女兒出賣爲婢女,必須受法律處分。佟住兒係苑户,有一個小女兒玉兒十一歲,自幼没報名入檔。因家道貧窮不能養活,託素識之梅氏找了買主,有吴黑子作保得身價

〔19〕 《内務府慎刑司呈稿》,嘉刑第 18 包,嘉慶十五年九月。
〔20〕 遼寧省檔案館編譯《盛京内務府糧莊檔案彙編》,上册,頁 226~227、237、283~284、291~293、396~398。
〔21〕 《内務府慎刑司呈稿》,道刑第 9 包,道光五年。
〔22〕 《内務府慎刑司呈稿》,嘉刑第 18 包,嘉慶十五年。
〔23〕 馬建石主編《大清律例通考校注》(北京:中國政法大學出版社,1992)卷二五,頁 749。

八兩,賣給民人趙老兒作女兒。趙老兒做裱褙生理,沒有妻子只有母親陳氏,要抱個女兒養活,玉兒不久病死。[24] 佟住兒私自賣女革退苑户差事,並銷除旗檔。另一案例吉福因貧難度日將女兒大妞賣給人家做使女,由漢人王大説合,送到東單牌樓三條胡同媒人盧姓家養活,言明身價二百吊立有字據,不料被族長長瑞查知喊告。吉福被革披甲差事,並杖八十。[25] 可見内務府對略賣子女的處分較一般百姓杖八十更嚴格,罪犯革去差事、銷除旗檔等於斷了生計。

異姓收養内務府包衣女子,若將她賣了,比照拐賣婦女的律例,發遣黑龍江當差。《大清律例·略人略賣人》律文記載:"凡設方略而誘取良人(爲奴婢),及略賣良人(典人)爲奴婢者,皆杖一百,流三千里。若假以乞養過房爲名,買良家子女轉賣者,罪亦如之。"[26] 班布色楞收留包衣正身之女黑妞兒,轉賣得到身價八千五百文,被發往黑龍江等處充當苦差。黑妞兒堂叔保住及族長站住、領催文林于黑妞兒逃走時未呈報,均屬不合,均照不應重律杖八十。[27] 黑妞兒逃走被轉賣爲婢女,不但賣他的人有罪,連他的親屬、族長和領催都被處分。這比一般漢人被拐逃的處分還重。

由於清廷對内府女子的重視,凡有墮胎或過失殺嬰的情形,也嚴加處分。例如,已革柏唐阿四保之子永魁定得民人高氏之女二妞爲妻,尚未過門,在家與母親做荷包度日。駱六常到高家取送荷包,與二妞調戲成奸。迨二妞懷孕母親誤認膨脹症,四保請李朝鳳醫治,李朝鳳診得二妞懷孕,在二妞肚皮上針刺,給予末藥冲服,是夜二妞身孕打下。不久永魁因癆病亡故,二妞至四保家剪髮守孝,但聲明只守百日。四保將二妞孝衣剥下攆出逐出門。[28] 若按照《大清律例》婦女與人通奸,依照"和奸,有夫者,杖九十"處分。[29] 但此旗人家庭發生奸情案件,被處分的卻是公公四保,他得知媳婦之奸情後令媳婦墮胎,因處置

[24] 《内務府來文》刑罰類,第2137包,乾隆四十四年四月二十五日。吳黑子、梅氏各得説和酬儀錢一千文。
[25] 《内務府慎刑司呈稿》,道刑第24包,道光十五年十月。
[26] 馬建石主編《大清律例通考校注》卷二五,頁749。
[27] 《内務府來文》刑罰類,第2127包,乾隆三十四年。
[28] 《内務府來文》刑罰類,第2155包,乾隆五十二年十二月三日。
[29] 據《犯奸律文》記載:"奸婦從夫嫁賣,其夫願留者,聽。若嫁賣與奸夫者,奸夫、本夫各杖八十,婦女離異歸宗,財物入官。"吳壇著、馬建石、楊育裳主編《大清律例通考校注》卷三三,頁950。

不當,照不應重律杖一百枷號一個月。

有學者認爲清代的旗人溺女嬰的現象很嚴重,高達千分之三十五。[30] 在檔案中有關於過失殺嬰的案例,如劉五係内務府委署主事恒林的奴僕,其妻五兒係主母陪嫁的使女。乾隆三十二年(1767)恒林將五兒配給劉五爲妻,三十七年六月主母生了一個女兒要雇乳婆哺乳,劉五找五兒商量説主母待他們甚好,五兒正好生了女兒有乳,情願乳妞兒,再由主母雇人替劉五乳女兒。五兒因熬夜辛苦,抱著妞兒吃乳的時候熟睡,將妞兒壓悶身死。五兒依例擬絞監候。[31] 由此看來,旗人並不能任意殺女嬰。

(二)已婚婦女的地位

1. 婦女進宮當差

内府旗婦入宮當差被稱爲僕婦,外國畫家卡爾在《慈禧寫照記》提到:"宮中除公主之外,有宮女千百人,常川駐宮,侍奉太后及其他貴婦人。"她還提到"年事較長之女僕無數,專以監察侍女及太監爲務"。[32] 宮女們專門服侍皇太后或皇后等,而僕婦則以做"粗活"居多。康熙四十一年(1702)三月十二日,内管領秦六告稱:暢春園坐班飯婦二十九名、茶婦二十五名、果婦三十三名、小黄米餑餑婦六名、牲婦十名共一百零九名,以每人每日給盤纏費各五十文。[33] 婦女進宮當差每日得盤纏費之外,每月有薪俸。《内務府廣儲司則例》記載各式工匠的薪資:帽房做帽婦女共二十名,每人每月各賞給銀三兩。鍼線房設鍼線婦女四百八十六名,做靴襪婦女四百八十名、做荷包婦女六十六名、做鞍座婦女五十四名、做甲裏婦女十四名,成造衣服等項每人每日給飯制錢八十文。乾隆朝《内務府銀庫用項月摺檔》記載乾隆五十五年六月例香上頭目婦人六名每名各銀二兩,鍋上頭目婦人三名、碓上頭目女人六名、香上婦女二十四名每人錢糧一兩、鍋上婦人十六名與碓上頭目女人三十一名,

〔30〕 李中清、王豐、康文林《兩種不同的社會限制機制——皇族人口中的嬰兒和兒童死亡率》,收入李中清、郭松義編《清代皇族人口行爲和社會環境》(北京:北京大學出版社,1994),頁39~59。李中清等認爲清皇族中的高層貴族殺女嬰的比例佔出生女嬰的35‰,而低層貴族則達57‰。這些説法並没有任何文獻可證明。

〔31〕 《内務府來文》刑罰類,第2129包,乾隆三十七年三月七日。

〔32〕 卡爾《慈禧寫照記》收入《清宮秘史》(北京:團結出版社,1999)第5卷。

〔33〕 遼寧社會科學院歷史研究所等編譯《大連市圖書館藏清代内閣大庫散佚滿文檔案選編》(天津:天津古籍出版社,1991),頁240。

每名錢糧五錢。這些婦女負責坤寧宮早晚祭祀薩滿活動。[34] 此外，宮廷中還有挑水、洗衣等差使的婦女，她們也都領有俸米俸餉。如德顏係正白旗忠誠佐領下柏唐阿，同治九年十月伊妻進宮內當差，十一月應領得錢糧米石零點六九石。[35] 楊張氏爲鑲黃旗音德布管領下幼丁福春之妻，在尚衣監當差，每月在文璽管領下關活計錢六吊四百文。百凌之妻爲水上婦人，即負責挑水差使。[36]

當差婦女之中，以皇帝的保母又稱嬤嬤媽媽地位最爲崇高，獲得賞賜亦多。乾隆朝《內務府銀庫用項月摺檔》記載乾隆五十五年六月例賞媽媽里三十四名、嬤嬤四十四名每名各銀二兩、看燈火媽媽里三十八名每名錢糧一兩。嘉慶的保母李氏呈稱：“我是已故牧丁從善之妻，當過嬤嬤媽媽。我家蒙恩賞給房十四間，銀一千兩。”[37]《紅樓夢》作者曹雪芹家也因曹璽之妻孫氏當康熙的嬤嬤，獲得皇帝恩寵，長期任職織造局。陳康祺《郎潛紀聞》載，康熙三十八年（1699）四月南巡，駐蹕於江甯織造曹寅之署，母孫氏朝謁。康熙見之色喜曰：“此吾家老人也，賞賚甚渥。”會庭中萱花盛開，遂御書“萱瑞堂”三字以賜。此事被譽爲前所未有之曠典。[38] 道光元年賞給嬤嬤祭田，嬤嬤二名、嬤嬤哩二名各應得祭田四頃八十畝。同治三年封賞二嬤嬤潘氏應領祭田地四頃八十畝。[39]

由於內務府當差的婦女有一千餘人，有俸餉俸米，經濟較爲獨立，因而經常有母親控告兒子不孝，將他發遣邊疆的案例。關於此一問題詳見後述。

2. 孀婦的地位

旗人寡婦與一般百姓寡婦不同，她們在丈夫過世後可以領取國

---

〔34〕 佚名輯《總管內務府現行條例（廣儲司）》（臺北：文海出版社，1971）卷一，頁18～19。雍正年間改每名每日各給二十五文，每月應領飯錢該庫移付官房租庫領取。《內務府銀庫用項月摺檔》（北京：中國第一歷史檔案館發行微捲，2003），乾隆五十五年六月。

〔35〕 《內務府愼刑司呈稿》，同刑第 11 包，同治十年十月初九日。

〔36〕 《內務府愼刑司呈稿》，嘉刑第 26 包，嘉慶二十一年九月、道刑第 38 包，道光二十三年十月。

〔37〕 《內務府愼刑司呈稿》，嘉刑第 3 包，嘉慶三年十二月三十日。

〔38〕 陳康祺《郎潛紀聞》（臺北：文海出版社，1971）卷二，頁 47。考史：大臣母高年召見者，或給扶，或賜幣，或稱老福，從無親灑翰墨之事。

〔39〕 《內務府來文》，土地房屋類（北京：中國第一歷史檔案館藏）第 1895 包，道光元年十月八日、第 1952 包，同治三年七月。

家養贍錢糧。《内務府題本》記載："乾隆元年二月十七日具奏，内府三旗佐領、管領下所有寡婦年老無嗣，以及孤子等請自乾隆元年（1736）二月起各賞給一兩錢糧米石。"佐領和内管領下孀婦每月一兩銀、每季給糧二石六斗養贍。孀婦請領孀婦錢糧必須由兒子、丈夫兄弟或族長出具甘結請領。例如族長趙五供稱："本族中已故族弟閒散泳銳之妻金氏應行領孀婦錢糧。因該氏尚有伊夫兄幼丁泳亮應行出結始能轉報本佐領行領孀婦錢糧。現在泳亮因案發遣。趙五情願出結呈報本族給金氏行領孀婦錢糧。"[40]

清代旗人重視貞節，除了寡婦守節的比例高之外，未過門而守節的妻子也不少。這些未過門的妻子和寡婦一樣可以向内務府衙門請領孀婦錢糧。楊吉林之堂弟楊吉慶聘定李清安之女大妞爲妻，李氏尚未過門，吉慶於道光二十七年二月十四日病故，李清安將女兒送至孀母家守節，楊張氏當即留下穿孝，楊張氏願收留伊女行給孀婦錢糧。[41]另一案例係趙氏聘與正黄旗瑞溥管領下幼丁二福爲妻，同治三年五月十九日二福病故，趙氏情願守節照看墳墓，給行領孀婦錢糧。[42]

定宜莊《滿族的婦女生活與婚姻制度研究》一書，從《八旗通志》統計順治、康熙、雍正、乾隆四朝守節二十年的八旗節婦總數爲 15 436 人，她比較當時八旗人口佔全國總數不到百分之一，在乾隆朝五十五年以前旌表節婦 12 400 人，其中 7 600 人是滿洲八旗節婦，佔了一半以上。[43]旗婦守節比例之所以較高與清代優恤之"行領孀婦錢糧"政策有關。

不過，有幾種情形孀婦不准請領錢糧。第一，改嫁婦女。鑲黄旗已故承應人魯黑子之妻張氏領食孀婦錢糧，咸豐四年正月張眼同夫姐趙氏、夫妹陳氏夫嫂鄭氏寫立字據，情願退去錢糧另行改嫁。[44]所謂寫立字據，如德貴寫具結爲："叔祖徐鑑之妾白氏不願在徐門守節，交伊母親帶回，任憑改嫁。如徐門有人不依，有德貴

---

〔40〕《内務府慎刑司呈稿》，同刑第 2 包，同治二年七月一日。
〔41〕《内務府慎刑司呈稿》，道刑第 43 包，道光二十七年五月。
〔42〕《内務府慎刑司呈稿》，同刑第 3 包，同治三年十二月四日。三福遷延不報應照不應輕律，笞四十。
〔43〕定宜莊《滿族的婦女生活與婚姻制度研究》（北京：北京大學出版社，1999），頁136～137。另一參考數字是明代將近三百年時間被旌表的節婦烈女，總數也不過35 000人。
〔44〕《内務府慎刑司呈稿》，咸刑第 6 包，咸豐四年二月二十七日。

一面承管，所結是實。具結人德貴"[45] 在土地買賣契約文書上常寫："倘有內外親疏人等異説，盡是□人（賣方）一方承管。"此孀婦改嫁的案例中亦有族人"一面承管"之用語，可見承管人在契約文書上有著重要地位。

　　與此相關，已再醮之婦女於第二任丈夫死後也不能領孀婦錢糧。傅倉氏喊告祥格等不給伊女行領孀婦錢糧，因傅倉氏之女趙傅氏再醮與正黃旗廣瑞佐領下披甲常玉為妻，再醮之婦不應行領養贍錢糧。[46] 第二、行為不檢點的婦女。胡金氏係正白旗慶瑞佐領下已故紅帽蘇拉入吉之妻。咸豐四年五月該氏赴營領取本身應得孀婦錢糧不給，疑係驍騎校玉努斯剋扣遂喊告。玉努斯赴案結稱：因該氏不守婦道，經佐領將伊孀婦錢糧暫行停留，欲俟悔悟後再行放給。[47] 第三，屯居的婦女。所謂屯居指離開北京城後居住鄉屯。道光二十五年定例：屯居不准行領孀婦錢糧。[48] 有一案例係張氏在屯居住與辦理孀婦錢糧例不符，未能領孀婦錢糧。[49] 第四，婦女因瘋疾逃走。依照清代的例文："瘋病之人如家有嚴密房屋可以鎖錮的，當親屬可以管束，官發鎖鋳嚴行鎖錮。如果痊愈不發報官驗明取具族長地鄰甘結始准開啓鑰匙。"[50] 這條例文似乎只針對男性瘋疾患者，[51]

〔45〕《內務府慎刑司呈稿》，嘉刑第 22 包，嘉慶十八年十一月。白氏改嫁給醫生郗姓，伊女金妞由德貴接回伊家居住。德貴因徐鑑尚有薄産，借撫養之名，圖治餘潤，殊屬卑鄙不堪，德貴應照不應重律杖八十，金妞交該族中誠實之人撫養。

〔46〕《內務府慎刑司呈稿》，咸刑第 4 包，咸豐三年二月二十七日。

〔47〕《內務府慎刑司呈稿》，咸刑第 7 包，咸豐四年閏七月一日。

〔48〕《內務府慎刑司呈稿》，咸刑第 3 包，咸豐二年九月十一日。

〔49〕《內務府來文》刑罰類，第 2146 包，乾隆四十八年十二月二十六日。

〔50〕《內務府慎刑司呈稿》，道刑第 14 包，道光七年十二月。

〔51〕根據《大清會典事例》載："乾隆三十七年奏准：各省及八旗凡有瘋病之人，其親屬鄰佑人等，即報明該地方官、該佐領處。令伊親屬嚴行鎖錮看守。如無親屬，即責令鄰佑、鄉約、地方，族長人等。嚴行鎖錮看守。儻親屬、鄰佑，鄉約，地方、族長人等，容隱不報、不行看守，以致瘋病之人自殺，及殺他人者，照律治罪。如親屬鄰佑人等，已經報明該地方官、該佐領。而該地方官、該佐領、不嚴飭親屬鄰佑人等，嚴行鎖錮看守，以致瘋病之人自殺者。將該地方官、該佐領，照看守疏防例、罰俸三月。若致殺他人者，將該地方官、該佐領。照防範不嚴例、罰俸一年。"卷一三三，頁720。男性瘋疾患者必須鎖禁。如嘉慶九年八月間閒散人郭四兒染患瘋疾，在街混行喊告，經提督衙門咨送本府嚴加管束，經報郭四兒瘋疾業已痊愈，隨傳喚刑部醫士王景華診視，結稱瘋犯現在六脈平和，所有瘋疾已痊愈，將郭四兒鎖鐐開放。《內務府慎刑司呈稿》，嘉刑第 13 包，嘉慶十一年一月。另有一則檔案係刑部醫生魏廷奎給患瘋疾病人崇善服用牛黃丸、清心丸調治未愈，崇善被革贊禮郎之職。道刑第 24 包，道光十五年十月。

女性都沒有被鎖錮、圈禁的記載，婦女發瘋四處亂跑，以致失蹤，其族長必須呈報並取消孀婦錢糧。孀婦王氏素有瘋病時發時愈，嗣因王氏病發逃走，族長將伊孀婦錢糧具呈告退。[52] 關於清朝對瘋疾者的管理和犯罪的處分，《明清檔案》中有許多資料可以研究。

雖然清朝政策對內務府的佐領和內管領下孀婦、獨子均給錢糧，實際上，寡婦領養贍銀比孤子多，根據《內務府題本》呈報，自1826～1844年間孀婦人數每年皆五千餘人，孤子、孤女人數約在十人以下。（參見表一）

表一　孀婦、孤子、孤女人數及養贍錢糧

年代	孀婦人數	孤子人數	孤女人數	銀兩（兩）	米糧（石）
1826	5 398	6		64 443	56 829.6
1827	5 368	7		70 036	61 953.8
1828	5 353	8		64 428	56 961
1829	5 369	9		64 281	56 789.4
1830	5 310	9		69 310	61 428.6
1831	5 303	7		63 429	56 042.8
1832	5 252	8		68 734	60 852.1
1833	5 260	8	2	62 902	55 618.6
1834	5 356	8	2	63 593	55 896.8
1835	5 482	9	1	70 910	62 222.6
1836	-	-	-	68 507	60 205.6
1837	5 553	9	1	66 104	58 1886.6
1838	5 600	9	1	72 540	63 829.5
1839	5 632	8		67 487	59 598
1840	5 536	8		66 916	59 402
1841	5 543	8		72 144	63 705.4
1842	5 513	8		66 514	58 787.8
1843	5 508	8		71 679	63 452.5
1844	5 516	8		66 148	58 371.8

資料來源：《內務府題本》，全宗五，卷九九，號3～卷117，號1。

[52]《內務府慎刑司呈稿》，咸刑第6包，咸豐四年一月。

值得注意的是，孀婦領取養贍銀兩後來衍生了若干弊端。咸豐以後，清廷財政困難，領催卻利用寡婦的名義請領銀兩，當時流傳著"旗兵家內搖錢樹，領催手中聚寶盆"的話語，[53] 即形容領催利用戶口冊中早已亡故的寡婦的名字，於分發糧餉時盜領孀婦銀兩。嘉慶二十年（1815）慎刑司官員查獲原蘇拉之妻張氏，於該年八月九日病故。原蘇拉六十一之妻胡氏，於八月七日病故。該管領造送十月分錢糧冊內，仍將此二件孀婦錢糧開寫支領。[54] 通常孀婦錢糧是由領催核對，領催刻意隱瞞，其上司管領未查出，該名額即爲領催吃空額的對象。有些不孝子孫也在母親、祖母去世後，繼續領取孀婦錢糧。正黃旗護軍安福冒領伊祖母半俸銀米銀四十兩、倉米十九石，折銀十九兩，共計臟銀五十九兩。[55] 庫使福安供稱："嘉慶二十三年十月三日我叔祖母孀婦吳氏病故，兒媳孀婦趙氏是我嬸母，他向我央說若是呈報病故即少一分糧米，就不能養贍，因此我并沒有報故。每月、每季仍關領錢米。"[56] 此冒領錢糧案至自嘉慶二十三年(1818)至道光三年(1823)才被查出。鑲黃旗福祥管領下蘇拉冒食伊祖母徐氏孀婦錢糧，自道光七年（1827）九月至道光十二年（1832）三月止，共領過銀五十五兩、米四十六石八斗。[57] 皂保之祖母於道光七年五月間病故，未報明本旗，每月仍關領錢糧，不料道光十二年被官人訪知，依律杖一百。[58] 冒領孀婦錢糧越來越嚴重，自咸豐朝寡婦人數不斷上昇，即是虛報人口所致。（參見下頁圖一）

另一種情況則是孀婦改嫁他人，領催或族長繼續領取孀婦錢糧。嘉慶二十五年（1820）一案例係孀婦邊氏不能守節，具有情願改嫁甘結。該族長披甲人愛隆阿、領催保慶均未呈報，領過邊氏孀婦錢糧銀五兩、米五石二斗，經審明按律分別治罪。[59]

三、婦女與養贍錢糧

近年來我探討內務府的家戶型態時，發現內府的家戶有逐漸擴

〔53〕愛新覺羅・瀛生、于潤琦《京城舊俗》(北京：北京燕山出版社,1998)，頁160～161。
〔54〕《內務府慎刑司呈稿》，嘉刑第24包，嘉慶二十年。
〔55〕《內務府慎刑司呈稿》，道刑第1包，道光元年三月。
〔56〕《內務府慎刑司呈稿》，道刑第5包，道光三年七月。
〔57〕《內務府慎刑司呈稿》，道刑第20包，道光十二年八月。
〔58〕《內務府慎刑司呈稿》，道刑第20包，道光十二年四月。
〔59〕《內務府慎刑司呈稿》，嘉刑第29包，嘉慶二十五年一月二十七日。

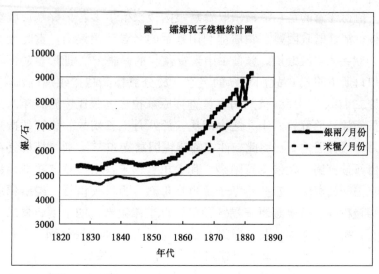

圖一　孀婦孤子錢糧統計圖

大的趨勢。[60] 以內務府兩個管領下食口糧人丁爲例：第一、道光年間七班管領下家戶，多重家庭（Multiple family households）及兩個以上核心家庭（Simple family households），如已婚的戶長與父母居住（5a），已婚的戶長與已婚子女居住（5b），已婚的戶長與長輩以及已婚兄弟居住（5c），已婚的戶長與已婚兄弟居住（5d），已婚的戶長與長輩、兄弟、子女同住，包括叔伯堂兄弟等（5e），佔42. 75%。光緒十六年（1890）多重家庭比例增爲 54. 66%。第二、安立管領下的家戶在嘉慶十二年（1807）的戶口資料中，多重家庭佔11. 11%。光緒十三年（1887）多重家庭佔 34. 68%。多重家庭的5a、5b 指直系親屬三代同堂的家庭，每戶頂多也十幾口，若要組合二、三十口的家庭多係 5e 的家戶形態，不但直系親屬同住也包含了旁系親屬。安立管領的家庭人口與家戶形態，家戶形態發展傾向於多重家庭，尤其以 5e 的家戶形態增加最多。[61]

　　James Lee（李中清）和 Campbell Cameron（康文林）研究遼寧

〔60〕　參見拙作《鐵杆莊稼？清末內務府辛者庫人的家戶與生計》，頁 71～128。

〔61〕　依照 Peter Laslett 的分類：Secondary units up（5a）、Secondary units down（5b）Secondary unit lateral（5c）、Frereches（5d）、Other multiple family households（5e）. 參見 Pater Laslett. *Household and Family in Past Time*（Cambridge：Cambridge University Press, 1972）, pp. 31～42; John Hajnal, "Two kinds pre-industrial household formation," in Richard Wall eds., *Family Forms in Historic Europe*（Cambridge：Cambridge University Press, 1983）, pp. 99～104.

道義屯人丁，有 30% ~ 40% 的人口住在多重家戶中，人數則佔了 70% ~ 80%。[62] 鄉居的民眾依靠土地維持生計，大宅院能够容納比較多的人口。居住北京城的內府旗人爲何要維持大家庭的形態？從制度上來説，內府的户口組織如同軍户，挑差時以"户"爲單位，故不能隨便分户。從居家空間來説，內府旗人居住北京城，他們不能從事工商活動，未挑差者只能依賴親屬的接濟。又由婦女的控訴案中可發現，被告的對象多係同户或同族的族長，可見旗人維持大型家户來保障婦女生計。試舉以下案例説明：

（一）母親告兒子不予養贍

清朝皇帝以孝著稱如康熙皇帝對孝莊文皇后之孝養，乾隆皇帝對母親極盡孝道皆爲時人傳頌。[63] 夏仁虎《舊京瑣記》記載："清廷家法素多儀文，德宗守禮，雖在病中，恒扶疾强行之，殊以爲苦耳。"[64] 由皇帝家庭推衍至旗人家庭，若旗人家庭中有兒子不孝行爲，其處分較常人爲重，往往流放邊疆，絕不寬貸。例如，錫周氏與伊子校尉恩長向係分居。恩長每月給銀一兩，每季給米二石六斗，因兩個月未給銀米。錫周氏提出控告，經官員審訊之後決議："恩長只有校尉錢糧，伊母錫周氏念其貧苦情願令伊自八月起每月給銀八錢，每季仍給米二石六斗。前欠兩月銀兩，伊亦願作錢五吊。"[65]

按照清代習俗，諸子奉養父母常以"輪流管飯"的方式，每月或每旬輪替一回。母親若無人養贍提出控訴，諸子必須共同分攤養贍責任。閆高氏供稱："我生有三子，長子七十七分居另過，我與次子松林三子松奎同居度日，我因没有養贍，控七十七等。"七十七係天慶宮道官，情願每月給養贍銀一兩，每季給米二石，夏冬大季共給錢十吊。松林係天慶宮充當焚修差使，情願每月所得錢糧內給養贍銀一兩五錢，松奎給銀一兩，每季給米二石。[66] 這案例顯示旗人

[62] Lee, James and Campbell Cameron, *Fate and Fortune in Rural China: Social Organization and Population Behavior in Liaoning 1774. 1873* (New York: Cambridge University Press, 1997), pp. 110~111.

[63] 楊珍《康熙皇帝一家》(北京：學苑出版社，1994)，頁 10~51。

[64] 夏仁虎《舊京瑣記》(北京：北京古籍出版社，1986)，頁 78。

[65] 《內務府慎刑司呈稿》，道刑第 52 包，道光三十年九月十七日。

[66] 《內務府慎刑司呈稿》，道刑第 21 包，道光十三年六月。

家庭的長子先分家習俗，父母多半和幼子居住。[67]

還有繼母控告前妻之子不予養贍。張譚氏與前妻之子文元分居另過。咸豐三月十六日張譚氏以不給養贍喊告，文元寫下切結書情願"每月給銀一兩，每季給米錢兩吊以資養贍"。[68]

一般來說，妾在家庭的地位較不受重視，於丈夫死後很可能被嫁賣。[69] 不過，在案例中有一位妾出面要求養贍，得到内務府官員的支持。已故鹽大使光裕使妾張李氏喊告，伊少主人普興不給養贍錢文。因伊家主遺有東直門内出租住房五間，每月房錢給伊作爲養贍，少主人普興指此房借錢房租作利，張氏無養贍。慎刑司官員最後判決是：家務細故由族長料理，張李氏、善興均願自行清理。[70] 此例說明妾的身份如同婢女，故稱丈夫之子爲少主人，但經訴訟的結果，張李氏尚能得到養贍銀兩。

由母親控訴不孝子案可延伸到祖母、叔伯母等長輩控告晚輩不孝。道光十九年（1839）十一月朱福壽病故，其弟朱福元要福壽之子二喜給祖母養贍銀兩，每月給錢二吊，每季米一石，二喜只給五百文，每季米一石。二喜養贍不周被革差事，銷除旗檔，杖一百，徒三年，發順天府定地充徒。[71] 吳六病故，其妻吳祁氏喊告伊侄文志不給養贍錢文。文志因其無養贍，商同伊弟九十兒每月幫給京錢六吊文，至道二十九年（1849）正月文志等因吳祁氏已領行孀婦錢糧，欲每月只給伊錢二吊文，吳祁氏不允喊告。最後協議：文志情

〔67〕 房兆楹《清初滿洲家庭裏的分家子與未分家子》，收入《北大五十周年論文集》（1948 年 12 月），頁 1～16。

〔68〕 《内務府慎刑司呈稿》，咸刑第 7 包，咸豐四年九月十一日。

〔69〕 張氏供稱："我是駐防江南鑲藍旗漢軍王明佐領下撥什庫張成之女，康熙五十四年王保柱娶我爲妾，係江南蕪湖關稅官，五十六年任滿回京。雍正十一年王保柱病故，生子和尚年十一歲。"王八十係鑲黄旗包衣常在管領下人，當南安庫庫長，係王保柱之子，王八十將張氏賣給葛姓五十兩銀。雍正十二年八月又賣給達蘭太得銀四十五兩，配與家人李之通爲妻，生一子五歲。《内務府來文》刑罰類，第 2109 包，乾隆四年五月三日。

〔70〕 《内務府慎刑司呈稿》，道刑第 46 包，道光二十八年五月。另有一妾向夫家要求分産，不得，轉而控告，獲得養贍銀兩。趙氏係正白旗長年管領下已故慶豐司厫副皂慶之妾，皂慶在日原係在外另居，每月給其盤費錢九吊。咸豐三年二月九日皂慶病故，趙氏因無用度向族長爭論家産未遂喊告。皂慶妻張氏每月給伊盤費錢二十吊，外給京錢三百吊作爲添衣贖取當物之用。《内務府慎刑司呈稿》，咸刑第 5 包，咸豐三年八月七日。

〔71〕 《内務府慎刑司呈稿》，道刑第 33 包，道光二十年。

願同伊弟每月幫給京錢三吊文。[72]

（二）孀婦控告丈夫兄弟不予養贍

孀婦控告丈夫兄弟不予養贍，這類的案件共有十三件。旗人家庭因同户的關係共有財產，依照"婦承夫分"的原則，婦女應該獲得一部分財產，若家產未分，其族人應予以養贍。戴楊氏與夫兄樂部署使常泰同居，同治七年（1868）三月間，常祥病故。楊氏欲分家索要養贍銀兩，未允，喊告。常泰情願先幫給錢一千吊，並願每月幫助楊氏養贍錢四十五吊，按月以初五爲期，交族長福全轉給楊氏。[73] 另一案例，據慶麟供稱："我家向與復興米局交易，在該鋪存銀一千兩。因胞兄委署主事病故，我胞嫂張氏無資過度，我與胞兄慶玉商量願將此項銀兩生息十兩幫給張氏養贍度日。不料張氏因利銀未按月付給喊告。復興米局所存銀兩原有利摺，因誤燒毀，今情願每月仍將利息銀十兩給張氏作爲養贍。現已另立每月取利銀字帖一紙，交張氏收執。"[74] 慶麟口供提到家中銀兩存在復興米局，通常北京的米局、碓房常包辦旗人的金融業務。

然而有些案例顯示，已分家的婦女仍控告丈夫兄弟不予養贍，是因夫兄有官職，應予養贍婦女。徐金氏係鑲黃旗嵩林佐領下已故參將福珅之妻，伊夫故後，跟伊翁並夫弟陜西試用游擊福長同居。咸豐六年（1856）伊翁病故，徐金氏與福長不睦，經福長將伊父遺留房產衣物給許氏另度。立有分單。嗣因徐金氏不資養贍呈控。福善結稱：情願當差幫給伊嫂徐金氏六千吊作爲養贍之資，俟伊到任時有養廉銀再行寄錢兩千吊，並結稱徐金氏之子錫順成丁後，情願量力加捐官階佐之。[75]

婦女爲了博取同情，往往以夫兄"霸產"或"借錢不還"的名義妄控，雖然官員查證結果與事實不符，都以"婦女無知，免議"結案。邵李氏係正白旗常山管領下已故八品達長春之妻，與夫兄長

---

[72] 《內務府慎刑司呈稿》，道刑第49包，道光二十九年二月十四日。張劉氏係鑲黃旗唐武塞佐領下披甲人廣升之妻，前與堂弟苑副廣榮同居，廣升之母將廣升分出各度，廣升之妻聞得廣榮將房售賣，找向廣榮索要賣房錢文，廣榮不給喊告。結案：廣榮念伯母及堂史廣升寒苦，情願幫助錢一百七十吊作爲養贍。同上，同刑第7包，同治六年十月二十一日。

[73] 《內務府慎刑司呈稿》，同刑第11包，同治十一年三月初七日。

[74] 《內務府慎刑司呈稿》，光刑第3包，光緒八年三月二十一日。

[75] 《內務府慎刑司呈稿》，咸刑第8包，咸豐九年十二月七日。

增（世襲騎都尉）向不同居。因長春於咸豐十一年（1861）獲罪後無養贍銀兩，夫兄長增等幫資過度。邵李氏因不敷吃用，情急以長增霸產喊告，夫兄長增許給每月幫錢八吊度日，息訟。[76] 正黃旗監生德光與孀嫂、族侄文慶、文恒分居過度。侄兒們時常向德光借貸錢文，德光亦幫過數次。七月四日侄兒又硬要借錢，德光因無力幫給，劉氏至衙內喊告。該氏呈出借欠字據一紙內稱道光二十四年十二月二十五日長兄張德辛借給胞弟張德光錢一百五十吊，當同妻子對明并代筆人祁，此字據係假造，慎刑司官員以"婦女無知，免議"結案。[77]

婦女喊告的對象也包括族堂兄弟。金洪氏係正黃旗松印佐領下已故披甲福興之妻。八品通官福緩係該氏族堂兄弟。咸豐六年九月福興病故，金洪氏孀居獨過不敷養贍。向福緩索要幫助錢文，福緩無力幫給。咸豐十一年八月該氏貧苦難度情急喊告。福緩結稱念同宗之誼情願幫給堂嫂金洪氏京錢十吊，並寫下：嗣後各自過度再不相救等語，該氏亦無置詞。[78]

（三）未婚嫁女子要求養贍

過去我曾探討清代皇族王公的女兒有月費供日常用度。[79] 在內府的未婚女子也有月費。玉福係正黃旗奎伋佐領下閒散，其兄令福係世襲一等男爵。玉福之妹與令福妻口角，玉福隨胞妹搬出另度，後因沒有養贍喊告。經慎刑司官員協調，令福情願將春秋所得俸銀俸米項，每季幫給錢六十吊，每年共幫給一百二十吊，供養胞弟、妹。[80]

未婚嫁女子要求養贍的對象除了兄長外，還可以向叔伯等人要銀兩。董二妞係正黃旗恒恩佐領下已故八品達松林之女，領催松壽係伊族叔。二妞與伊胞兄護軍書章分居過度，書章每月由錢糧內分給錢五千八百文、領催松壽每月幫給錢三吊作爲養贍。咸豐九年六月二妞向

---

〔76〕《內務府慎刑司呈稿》，同刑第 3 包，同治三年六月七日。
〔77〕《內務府慎刑司呈稿》，道刑第 41 包，道光二十五年十一月。
〔78〕《內務府慎刑司呈稿》，咸刑第 11 包，咸豐十一年九月二十一日。
〔79〕參見拙作《天潢貴冑：清皇族的階屬結構與經濟生活》（臺北：中央研究院近代史研究所專刊 81，1997），頁 259。
〔80〕《內務府慎刑司呈稿》，同刑第 2 包，同治二年八月二十一日。

松壽多借錢文不允,喊告。[81] 上述令福的妹妹和董二妞都未婚,她們生計上雖依靠親友接濟,卻不願意和兄長同居,個性相當獨立。

若未婚女子無人養活她,轉而控告族人,這樣的案例經慎刑司官員審判,其族人亦應盡力養贍。李二妞係正黃旗松齡佐領下已故承應人李永興之女,從前因無養贍迭次控告,伊同族每月幫給錢三吊,息案。咸豐元年(1851)因族人校尉德祿、閒散人德山欠付錢十一吊。庫守永慶欠付錢一吊,李二妞再度喊告。[82] 儘管《內務府題本》記載孤女可領養贍銀,但從表一中所見的孤女領養贍銀兩人數相當少,或許孤女之養贍多數來自家族。

(四)孀婦要求族長養贍

在內務府三旗"族長"並無朝廷給予薪俸,不過從戶口冊的記載可發現被族人推舉出來的族長多半是有官職(九品官之列)或者擔任較重要差務者,根據內務府戶口冊三個佐領和管領的族長身份加以統計,族長人數共121人,沒有差務的幼丁為18人佔14.88%,有官職和差務的族長佔85.12%。因而,族長職銜高且係長老,有餘力支助孀婦。

族長處理已婚婦女養贍問題,其中以患瘋疾婦女最為棘手,因婦女得瘋疾,隨處走動,得設法尋回並養贍。例如,富慶與族兄富泰、富永並孀婦王氏同居無嫌。王氏素有瘋病時發時愈,九月間經富永將其接出城外居住調治。嗣因王氏病發逃走,族長將伊孀婦錢糧具呈告退,據族長富倫及披甲人富泰將王氏尋著接回,並情願將王氏收留養贍。[83] 鑲黃旗安祺佐領下閒散雙志因貧苦無力賃房。同妻趙駱氏在各處暫住,趙駱氏素有痰迷病症,道光三十年八月二日趙駱氏舊病復發,找到堂兄雙瑞、堂弟雙錫家借住,雙瑞見伊有痰迷之症未曾收留。趙駱氏遂喊告,該族長雙照同雙瑞等情願公同賃房給伊棲身。[84]

孀婦帶子女度日難過,往往也找族長幫忙養贍。何韓氏供他雖有孀婦錢糧,帶領兩個幼子實在不夠度日。她控告族長五十八不給伊子

---

〔81〕 《內務府慎刑司呈稿》,咸刑第8包,咸豐九年八月十一日。鑲黃旗養育兵辛四之女喊告,因同父親在北新橋地方居住,道光二十五年四月間父親因貧租廟獨居,將她送至舅舅王五家居住,後來舅舅無力養贍,隨赴大伯父時慶家央住。因伯父不肯收留沒有養贍,情急喊告。時慶的理由是因窮苦人口多,無力養贍。《內務府慎刑司呈稿》,道刑第41包,道光二十五年十月。

〔82〕 《內務府慎刑司呈稿》,咸刑第1包,咸豐元年十二月十八日。

〔83〕 《內務府慎刑司呈稿》,咸刑第6包,咸豐四年正月。

〔84〕 《內務府慎刑司呈稿》,道刑第52包,道光三十年十月七日。

挑差,及幫給養贍,不能過度。五十八願將自己匠役錢糧於道光二十
五年六月起每月幫給,俟次子立海得有錢糧時將錢糧退還。[85]

婦女再嫁不能獲得孀婦錢糧,亦由族長出面養贍。正黃旗滿洲
已故馬甲扎普善之妻傅倉氏喊告,族長祥格等不給伊女行領孀婦錢
糧。緣傅倉氏之女趙傅氏再醮與正黃旗廣瑞佐領下披甲常玉為妻。
再醮之婦不應行領養贍錢糧,族長祥格答應給予養贍。[86]

族長負擔養生之外,還得顧及族人喪葬之事。護軍百福係族長,
毛張氏胞兄得惠之妻張劉氏於咸豐元年四月八日病故。其子年幼,
百福因無錢推諉不管,以致張劉氏尸身未能入殮,毛張氏是以喊告
在案,百福趕緊備棺將張劉氏入殮。[87]

漢人社會有族產,養贍孀婦是很常見的。如《海寧查氏族譜·義
莊清冊》記載:"恤嫠,四十歲以上無子,二十名,每月給錢五百文。四
十歲以上有子,五十名,每月給錢三百文。"[88]內府家族養贍孀婦一部
分係由當差者承擔責任。萬中鵬在軍機處充當廚役,他說:"萬家族中
立有字據,凡是承擔廚役差事之人,必須幫助族人銀錢。"萬中鵬曾幫
給族嫂萬陳氏養贍,後來因數目過少,萬陳氏之子萬玉崑將萬中鵬的
鋪蓋一捲、水缸一口,錫一品、鑔兩個、錫湯罐一個、錫酒壺一把、茶壺
一把、錫油罐二個拿去當賣度日。慎刑司官員最後裁決:萬中鵬每月
必須給萬陳氏母子,共錢一百二十吊。[89]

四、旗人的母權

在清代的筆記文集中常見旗人家庭尊敬長上的傳統,夏仁虎描
述旗人虛禮之繁複,譬如在大宴會中,客有後到者必巡行各座,遇
尊長則雙膝著地曰跪安。弟向兄請安,兄以雙手扶之曰接安。平行
則各屈一膝。[90]在外頭重視禮節,家裏的禮數更多,晚輩早晚向父
母請安,年節磕頭。生活上要表現出"安閒彬雅"種種禮節,違背

<hr>

[85] 《內務府慎刑司呈稿》,道刑第40包,道光二十五年五月。
[86] 《內務府慎刑司呈稿》,咸刑第4包,咸豐三年二月二十七日。伊夫胞兄披甲人常
     存,族長披甲人祥格情願自本年2月起每月由錢糧內各給京錢1吊,並自4月米季
     起每季各給京錢1吊500文。
[87] 《內務府慎刑司呈稿》,咸刑第1包,咸豐元年六月。
[88] 查燕緒編《海寧查氏族譜》(臺北:故宮博物院藏微捲)卷一六,《義莊清冊》。
[89] 《內務府慎刑司呈稿》,同刑第8包,同治七年三月二十七日。
[90] 夏仁虎《舊京瑣記》,頁78。

者視爲不孝，父母將不孝子弟交官府杖責或發遣邊疆當差。然而，清朝末年戰亂連連，國家的財政日趨困難，“吃皇糧”的內務府旗人挑差機會降低，工作機會減少，自然不能克盡奉養孝道。本節係討論母親控告兒子、媳婦等不孝的案件，雖然有些控告不近情理，卻使晚輩接受法律上處分，由此看出母親的威權。

（一）控告子孫不孝

慎刑司的檔案出現父母控告子孫不孝的案件，他們對不孝的定義以馬文舒的案例爲代表。馬文舒呈控不肖逆子馬鑰，説其子逢年過節不給祖宗叩頭，父親的生日亦不給父叩頭。馬文舒生病，馬鑰未至床前面見一次。慎刑司官員將馬鑰革去苑副，鎖送刑部審辦。[91] 儘管馬鑰行爲不當，卻因“不孝”的罪名丟了工作，又送到刑部杖責。在西方社會除了繼承家產的長子外，其餘諸子皆早早離家，避免像這樣的家庭糾紛。

由諸多的控訴案件看來，婦女控告兒子不孝較父親或族人控告的案件多。母親責怪兒子不成材，喝酒滋事。如張王氏口供稱：“我係正黃旗得泰佐領下原護軍常生之妻，只有一個兒子慶德，年二十九歲。平日無所不爲，常喝酒回家砸傢伙吵鬧，甚至出言頂撞。此等忤逆不孝之子，我實在不能管教，他不能養活我。只求將他發遣。”慶德鎖送刑部，照例發遣。趙氏係鑲黃旗尚煜佐領下孀婦，年六十歲。生有兩個兒子，大的叫安太係養育兵，小的叫安寧並無差使。安寧素常吃酒，不服教訓，趙氏恐他日後在外生事，連累自身，求將安寧充發以免後累，並具結無反悔字樣。[92] 趙氏出具結讓兒子發遣邊疆。清代刑律處分“棍徒擾害發遣例”、“和誘知情例”、“逃人”、“夥盜免死發遣”等罪犯，發遣至黑龍江、打牲烏拉、寧古塔等邊遠地區，這些棍徒擾民、偷盜，拐逃婦女，影響社會治安發遣邊疆是應該的。旗人不孝之罪，頂多製造家庭糾紛，發遣邊疆看起來好像太嚴苛了。[93] 我發現清代的巴縣檔案中縣官審訊不孝的案例，在母親控告兒子不孝後，縣官要求不孝子寫切結書表示反悔，並沒有發遣邊疆的處分。[94]

---

〔91〕《內務府慎刑司呈稿》，嘉刑第 8 包，嘉慶七年九月。

〔92〕《內務府慎刑司呈稿》，嘉刑第 22 包，嘉慶十八年十二月。

〔93〕《內務府慎刑司呈稿》，嘉刑第 29 包，嘉慶二十五年八月。

〔94〕 四川省檔案館編《清代乾嘉道巴縣檔案選編》（成都：四川大學出版社，1996），頁 475、478～479。

同時，不孝子發遣黑龍江，也要父母同意才能釋回。據黑龍江將軍將在配遣犯造冊送部核辦。查冊開當差遣犯明吉、華山、清明、白二套、吉住、佟七十兒等六名均因觸犯父母，經伊父母呈送發遣。據遣犯白二套、吉住之母均願釋回。清明、七十兒之父母俱不願釋回，明吉之父母俱已經病故。[95] 父母不願釋回者只好繼續待在黑龍江。由於天氣嚴寒，被發遣者受不了逃回，還被父母一再遣送。

由國家法律替母親來管教不孝子，更有繼母利用此特權處分前妻之子。祿保的口供説："貴保是胞兄，嫂劉氏同我母親徐氏居住。我母親酒後每向兄嫂吵鬧是有的，兄弟平日并無違犯頂撞的事。道光十三年(1833)四月二日，我嫂嫂上娘家去住，是母親叫他去的，後來嫂嫂病在娘家，母親叫哥哥去接因病未好沒接回，母親吵鬧。"貴保的繼母提出控告，慎刑司官員認爲貴保不能在繼母前順適其心，以致繼母氣忿呈控，應照不應重律杖八十。[96] 像這樣不孝子遭到杖責，吵鬧滋事的卻是當繼母的。雖然這些不孝子衝動、任性、沈迷酒色，當母親的想維護她在家庭的威權用武逼子女就範，要求子女遵從命令。家庭變成冷酷、疏遠的場所，而不是溫暖的地方。這樣的家庭關係也可以從英國家庭維多利亞時代看到類似的情況，父母對兒女詈罵毒打時常發生，過分壓抑兒女讓他們感受不到家庭的溫馨。[97]

儘管父母責怪兒子好滋事、酗酒等惡習，實際上做兒子的也有許多苦衷。第一、內務府旗人主要工作是維持宮廷的治安和提供皇室物資生活所需，他們到宮廷服役稱爲"挑差"。從户口冊的記錄可看出旗人挑差後才聘娶妻室，他們必須立業後才能成家。佐領和管領中沒有挑差的人丁稱爲"閒散"、"幼丁"，成日游手好閒或者以傭工維生。[98] 在1807年鄂起管領下的男性373人，他們挑差的比例逐漸下降，參見圖二。其各年齡層的結婚比例參見圖三所示。

---

[95] 《內務府慎刑司呈稿》，道刑第16包，道光九年十二月。

[96] 《內務府慎刑司呈稿》，道刑第21包，道光十三年十月。

[97] Lawrence Stone 著，刁筱華譯《英國十六至十八世紀的家庭、性與婚姻》（臺北：麥田出版，2000），頁362。

[98] 參見拙作《鐵杆莊稼·清末內務府辛者庫人的家户與生計》，頁71～128。文中討論辛者庫人屬於清代皇室的奴僕，所謂"鐵杆莊稼"就是説他們吃皇糧、捧鐵飯碗的。舊時北京有句俗話："不分滿漢，但問旗民"似乎説明社會階層以旗人、民人做分野。但是，在內務府的旗人中滿漢地位還是大不相同的，滿洲人和蒙古人挑差的機會高於漢軍，同時他們還有世襲差務的機會。

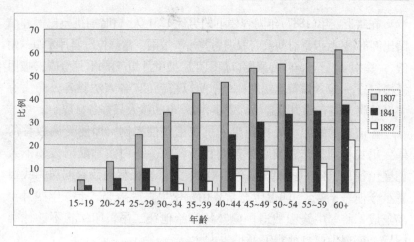

圖二　1807～1887管領人丁挑差比例圖

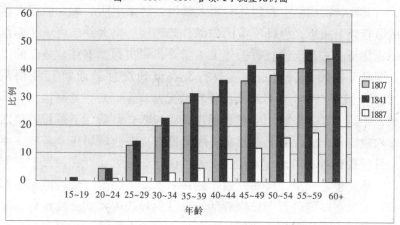

圖三　1807～1887年管領人丁已婚比例

　　道光二十一年（1841）年中英鴉片戰爭，國家的財政較爲困難。同樣鄂起管領下的男性有 351 人，這時期雖然當差機會減少，但一方面基於傳統"不孝有三，無後爲大"的觀念，父母儘量用家裏的積蓄，拼湊銀兩讓兒女成家；另一方面清朝政府還發放旗人婚事恩賞銀兩。根據恩賞銀兩條例：如護軍等喜事賞銀十兩、披甲等喜事賞銀四兩、各項匠役、蘇拉喜事賞銀三兩。[99] 到咸豐十年，英法聯軍之後這些賞銀也停止給予，旗人更娶不起親了。

<hr />

〔99〕乾隆朝《內務府奏銷檔》（北京：中國第一歷史檔案館藏），207 冊，乾隆七年四月二十九日。如嘉慶九年恩賞銀兩，喜事 226 件，喪事 230 件，共銀 4 974 兩，《內務府慎刑司呈稿》，嘉刑第 11 包，嘉慶九年十月。

光緒十三年（1887）年同管領下的男性 1251 人，這時期挑差比例和結婚比例都很低，因爲清朝政府取消恩賞婚事銀兩。當蘇拉每個月才領一兩銀、一季領米二石六斗，養家糊口很困難。披甲月領三兩銀，連登説：“披甲錢糧一分，一家六口養生竭蹶”。[100] 所以俗話説“各人洗臉各人光”，有差事的旗人略有餘力張羅婚嫁之事，無差事的旗人只好各自謀生。

在清末的筆記小説提到旗人挑差由領催控制，即便受過教育的學生仍找不到工作，其心裏苦悶在所難免。正白旗都隆阿佐領下人德豐供稱：“印保是我堂侄，他六歲時父母故後就到我家同居，我撫養至今他三十歲。”印保曾充當景山官學生，於嘉慶二十一年四月年滿無成，將學生錢糧裁退，德豐每月給他錢二吊，印保嫌不够摔啊碗碟，德豐生氣打他幾下並呈告。[101]

其次，從檔案中看到許多旗人貧困，居無定所。來太係正白旗毓恒管領下護軍，伊母王黄氏向係分居過度。來太并無妻子，亦無一定住址。王黄氏因護軍營傳來太當差，屢次尋找不見，是以於二月間具呈在護軍營告退，該營行文都虞司交抄該旗將其錢糧裁汰。[102] 披甲人常山的母親馬氏住在堂兄常青家，常在是蘇拉住在廟裏，年四十二歲未婚。[103] 二黑係正黄旗包衣德舒管領下蘇拉，年四十六歲。父亡故，母七十四歲。因哥哥五福在西城居住，嘉慶二年二月間搬到西華門地方居住。女人杜氏年三十九歲，成親二十多年有一個兒子才三歲、長女二妞十四歲、次女三妞十二歲，因家中窮苦，次女寄在胞弟五十兒家養活。五月間杜氏得癆病，總没好，家中又短用度，杜氏時常愁悶，自縊身亡。五十兒爲正黄旗包衣慶寧管領下馬甲，年三十七歲。[104] 甚至有人到茶館、戲園唱戲雜耍。[105]

北京旗人的父母輩嚴格管教子女，然而子弟卻因無法挑差，當游

〔100〕《內務府慎刑司呈稿》，嘉刑第 11 包，嘉慶九年十二月。

〔101〕《內務府慎刑司呈稿》，嘉刑第 26 包，嘉慶二十一年十月。印保依照不應重律，杖八十。

〔102〕《內務府慎刑司呈稿》，咸刑第 4 包，咸豐三年六月四日。

〔103〕《內務府慎刑司呈稿》，嘉刑第 23 包，嘉慶二十年。

〔104〕《內務府來文》刑罰類，第 2174，嘉慶三年三月二十七日。

〔105〕《內務府慎刑司呈稿》，同刑第 2 包，同治二年二月十二日。洪永福係大興縣人開設泰華茶園生理。茶館向有雜耍均係説白清唱。本年十一月二十六日至二十六日請給掌儀司觔斗人高慶、壽林、吉恩變戲法。打根頭在茶園學演，在招牌上書寫特定“內務府”字樣。掌儀司觔斗人高慶、壽林、吉恩等依照不應重律，杖八十。起獲招牌即行燒毀。

民且終身未婚。北京的俗曲長岔《八旗嘆》描述："內府幼丁甚可憐，聽我訴訴苦楚煩難，牛彔上人多缺又少，要挑差使賽登天。"[106]

（二）婆婆宰制兒媳婚姻

清朝入關之際，旗人家庭畜養大量奴僕，形成龐大的家戶形態。[107] 經過一、兩百年的社會變遷，奴僕幾乎不存在了，媳婦正好頂補奴僕的勞役缺。清末的小說《正紅旗下》描寫大姊的婆婆總以爲女僕都理當以身殉職，進門就累死。自從娶了兒媳婦，乾脆不再用女僕，而把一個小媳婦當作十個女僕使用。全家的飯食、活計、茶水、清潔衛生，全由大姊獨自包辦。[108]

若婆婆嫌棄媳婦不孝要求離婚，這樣的案件經官府斷案後，離婚是可以成立的。例如，富玉娶妻李氏，生一子一女，跟隨母親一處居住，李氏總是不服母親管教。道光九年（1829）五月李氏在家無故尋釁向母親爭鬧并出言頂撞，母親生氣，令富玉喊告，李氏潑悍異常，如今情願不要了。李氏供稱："我因婆婆黃氏管教太嚴，常與分辯頂撞，沒想到男人就告了我。"[109] 不過，有些婆媳不和的案件經過男女雙方的族長調處後，並不一定能將媳婦離異。克陞額於嘉慶六年（1801）憑媒娶得常海之女爲妻，克陞額供稱："我女人素常滑懶嘴饞愚笨，不會做活，又背地裏常埋怨我母親，不聽教訓。因此與她素不和睦。九月八日寫了休書，到丈人常海家叫他另聘，常海不依，把我控告。"此事經兩族長塔坤調處，叫克陞額之妻認罪改悔，克陞額情願將女人收留相安度日。[110]

婆婆因家裏貧困怪罪媳婦命薄，要求離異，這樣的離婚案件並不能成立。孫福志之女聘與那慶生爲妻，自出嫁後並無過失，因丈夫不在家，婆婆打罵孫氏。同治四年（1865）八月三日慶生將孫氏休回給離異字據，孫福志喊告。那慶生供稱，因貧苦難度，母親說

〔106〕《八旗嘆》（臺北：中央研究院歷史語言研究所傅斯年圖書館藏抄本）。

〔107〕旗人蓄養大量奴僕已有韋慶遠等《清代的奴婢制度》（北京：中國人民大學出版社，1982），他們研究清初掠奪人口動輒數十萬人，又投充爲奴的人數也有四、五萬人。還有崇文門也常變賣抄家官員的奴婢，頁23～75。崇文門變賣奴婢的資料可由《乾隆朝內務府銀庫進項月摺檔》（北京：中國第一歷史檔案館發行微捲，2000），找到詳細資料，包括人數與銀兩。

〔108〕老舍《正紅旗下》（北京：人民文學出版社，1981），頁12～13。

〔109〕《內務府慎刑司呈稿》，道刑第10包，道光六年十二月。

〔110〕《內務府慎刑司呈稿》，嘉刑第11包，嘉慶九年十月。

孫氏命薄，常將她打罵，叫兒子把她休回娘家。那慶生將無過之妻離異，依照不應輕律笞四十。[111]

旗人婚姻講究門當戶對，如果鄉下屯居女子嫁到北京城，兩地之間的文化差距，也引發了婚姻問題，婆婆責怪媳婦"蠢笨不能料理家事"而要求離異，官方不給批准。婦女閻氏供稱："母家一向屯居直隸順義縣張喜莊，自幼憑媒聘與鑲黃旗包衣福昇佐領下護軍海福為妻，乾隆五十二年過門，因屯裏生長，蠢笨不曉京中事物，不能料理家事。婆婆與男人屢次教導。嘉慶七年二月十六日婆婆因我沒有做活，說我懶惰。我分辯幾句，婆婆生氣說不要我了，叫男人休我，送回娘家。父親因家裏窮苦不能養活，又送回婆家與婆婆吵鬧。男人將我呈告說辱罵公婆，父親在公婆面前服禮，情願跟男人回去。"此案的判決是依律："妻無應出及義絕之狀而出之者，杖八十。"海福依律杖八十。[112] 在滿族說唱文學的《鄉城罵》中，勸說世人"兩家娶聘應門對，一生榮辱在心憑，屯女配旗原貧富，旗戶迎村摁因窮，此所謂不慎前思忘本分，致有這探女煩難一段苦情"。且說那鄉裏的媽媽進城，看見"門樓兒對縫磨磚清水脊，堂名兒金字填藍在門框上釘，門扇兒挖亮烏黑一淀墨，門環兒繞眼爭光兩塊銅，往門洞裏盼油牌奇凶的惡狗，從門縫兒裏看魚缸後面碧綠的屏風，更有那金鈴小犬汪汪的叫，越勢兒嚷說大姐兒他媽媽進了城"。鄉下的媽媽進城有如劉姥姥進大觀園，發現女兒的婆家處處金碧輝煌，女兒看到頭上和衣衫都被土蒙的老媽自是高興。但婆婆到鄰家打牌回來，看見親家母，一語不合打了起來。[113] 劉姥姥進大觀園，鄉下人的言語舉止引得眾人大笑，之後還被林黛玉揶揄為"母蝗蟲"。本質上，城居的北京旗人對屯居的鄉下人存有鄙夷之心。

在《中華帝國的法律》一書中提到婆婆無故毆打媳婦的事，在中國是非常普遍的。大清律有"非理毆子孫之婦，至廢疾者，杖八十"。婆婆除非將媳婦打成殘疾，否則沒事。[114] 實際上，婆婆毆死

〔111〕 《內務府慎刑司呈稿》，同刑第 5 包，同治四年十月十一日。

〔112〕 《內務府來文》刑罰類，第 2185，嘉慶七年五月七日。

〔113〕 《鄉城罵》，《清蒙古車王府藏戲曲本》（北京：北京古籍出版社，1991）第 304 函，第 4 冊。

〔114〕 吉貴娶韓氏為妻，因其粗笨，常被母親申斥。3 月 15 日因做活計，母親教訓他，韓氏不服，母親打了他幾下，韓氏跑到弟弟韓安慶家，韓安慶帶女人送回。母親氣忿，令吉貴連安慶一并喊告。吉貴的母親打人還告人，該官府並沒引"非理毆子孫之婦"來消彌婆婆的氣焰。《內務府慎刑司呈稿》，道刑第 42 包，道光二十六年五月。

媳婦處分也很輕，特別是婦女可以收贖，只要付銀 0.75 兩，等於無
刑罰處分。五十一之子拴住於乾隆四十九年（1784）間娶民人陶自
亮之女至家童養，是年冬間成婚。婆婆楊氏因陶氏年輕時常偷竊食
物管教不服，將陶氏毆責幾次。乾隆五十一年（1786）八月間楊氏
買得一顆白菜，將菜葉食盡，剩下菜心留做午間食用，被陶氏竊食。
楊氏將陶氏按倒炕上用手抓其穀道，又用燒火木棍毆打成傷。適拴
住拾柴回家，楊氏隨令拴住用鞋底毆其右後肋，楊氏取豬毛繩毆傷
陶氏腮頰，經鄰人六十三聞生往勸歇手，陶氏受傷深重，延至九月
一日身亡。楊氏依非理毆子婦致死者，杖一百徒三年律，婦女照律
收贖。[115] 楊氏毆死媳婦處徒刑其後繳交贖罪銀兩，比凡人毆死人命
處絞監候的刑罰輕得多。

　　根據郭松義教授的研究，華北等地區童養媳婚姻的比例要低於
南方。同時，郭教授也對童養媳婚姻中的婆媳矛盾現象做分析，他
認為童養婚引出的悲劇是童養媳受婆婆虐待。因為童養媳來自貧窮
的家庭，沒有實力相當的娘家做後盾。[116] 清季内務府旗人窮困後童
養媳的人數也增加不少。[117]

　　婆婆為了管教兒媳，導致家破人亡那就更得不償失。得福供稱：
"係正黃旗包衣福成阿佐領下披甲。兒子六十七、兒媳白氏。我女人
楊氏與白氏的母親是同胞姊妹。六十七與白氏是兩姨兄妹，自小結
親。於乾隆五十四年四月二十七日迎娶成親。兒媳懶惰時常斥罵，
並常罵兒子不能管教媳婦。十一月十四日兒子出門當差，我女人斥
罵媳婦不肯做活，兒媳不服頂嘴吵鬧。楊氏向兒子告狀，打了左腮
並用木片打了幾下。十五日兒媳儘管生氣睡在炕上並不做活。晚上
楊氏又告狀，兒子不說媳婦，楊氏就將兒子、兒媳一併斥罵。隔日
兒子、兒媳兩人用麻繩一根同在樹上上吊死亡。"得福、楊氏後悔常
哭泣說年紀老了，只有一子一媳都死了如何是好。兩老也投水自

---

[115] 《内務府來文》刑罰類，第 2155 包，乾隆五十二年八月。
[116] 郭松義《倫理與生活—清代的婚姻關係》（北京：商務印書館，2000），頁 257、
　　　307~308。
[117] 《内務府慎刑司呈稿》，道刑第 9 包，道光五年。蘇拉長興保因窮苦將親女三妞許聘
　　　人家作童養兒媳，得財禮錢 3 吊。長興保說三妞將來還要挑選，因已過門所以沒有
　　　罷親。長興保革去蘇拉差使。三妞出嫁後諸事懶惰不聽教管，被打過幾次，三妞乘
　　　間逃走了。

盡。[118] 這個案例中得福和兒子六十七都有工作，每月的俸銀俸米收入至少十兩以上，家境情況應該還不錯。況且，媳婦是兩姨親，白氏結婚時才十七歲，尚年幼不懂事。婆婆常常怪她懶惰、頂嘴，還叫兒子打罵，這樣不快樂的家庭，兒子與媳婦紛紛被逼得上吊，兩位老人家恐怕年老無依也投水自盡，真是何苦來哉！

婆媳緊張的關係也表現在婆婆與媳婦娘家對簿公堂的局面。例如正黃旗觀德管領下柏唐阿裴世英呈訴，兒媳之母吳氏調唆兒媳不服訓教。吳氏以裴世英夫妻折磨伊女等情互相呈控。[119] 婆媳問題是中國千古以來的棘手難題，漢朝"孔雀東南飛"的故事歷代不斷的發生，這説明法律賦予婆婆嚴格管教媳婦的權力，從而使得婆媳之間關係更加緊張。

五、婚姻與法律

《英國十六至十八世紀的家庭、性與婚姻》一書提及，英國女孩在家庭保母及女家庭教師嬌寵，未被教導克制脾氣或口舌。太太經由"壞脾氣與冷心腸"使先生不快樂，而先生經由"怠慢"、暴力及外遇使妻子不快樂。許多男女覺得與自己同性友人共處比較自在。[120] 旗人女性在家時父母兄長百般驕寵，出嫁後卻得依照禮法，遵守三從四德，內心的挣扎與衝突在所難免，夫妻之間如何相處便是一種考驗。

（一）丈夫要求妻子貞節

英國女性的貞節在私有制階級社會的婚姻市場被賦予很高價值，女性嚴守婚姻忠貞，能確保繼承人的合法性。世上所有財産都繫於女性貞操，女性數千年來被認爲是男人的性財産。[121] 要求妻子嚴守貞節，清代的旗人也是如此。（俄）史禄國在《滿族的社會組織——滿族氏族組織研究》一書中提及，新婚之夜妻子在自己身下鋪一塊白布或紙，她以後將處女的證據埋在正房後面留給婦女們用的地方。如果没有處女的證據，在這一夜裏，爭吵也許會隨之而來。[122] 慎刑司檔案有

---

[118] 《内務府來文》刑罰類，第2158包，乾隆五十五年三月十六日。
[119] 《内務府慎刑司呈稿》，道刑第16包，道光九年。
[120] Lawrence Stone 著、刁筱華譯《英國十六至十八世紀的家庭、性與婚姻》，頁316～317。
[121] Lawrence Stone 著、刁筱華譯《英國十六至十八世紀的家庭、性與婚姻》，頁398。
[122] （俄）史禄國著、高丙中譯《滿族的社會組織——滿族氏族組織研究》（北京：商務印書館，1997），頁103。

幾件訴訟案與婦女貞節有關。其一爲玉魁年二十七歲，於道光二年二月二十五日娶孫氏過門，二十六日晚間圓房，女人并無元紅，而疑她不是處女再三盤問，孫氏生氣口角，玉魁一時氣忿即告知父母，於吃酒日將孫氏休了，叫其母何氏領回，孫氏母舅何富德控告玉魁，玉魁四處各處打聽孫氏素日并無什麼不好風氣。情願領回。[123] 孫氏供稱無落紅的原因可能是："自幼多病身體軟弱，又因家貧諸般活計都是我作，想是勞碌所致。"

烏凌阿係正黃旗福全管領下護軍，有女聘與正白旗延裕管領下披甲人善福之子長升爲妻。道光二十七年五月二十四日迎娶過門，長升年幼，初婚以爲妻子不是處女，向伊父母告知，善福夫婦信以爲實，當以伊女患病將烏凌阿夫婦誆至家中告知其情，并令寫立領回字據將女帶回。烏凌阿負屈呈訴，經審訊長升不能指出實據。情願退還字據，另行擇日迎娶完聚。[124] 在清代男子十六歲才成丁，長升年幼娶妻，應該不到成丁的年紀，沒有性經驗，還怪罪妻子不是處女。

（二）關於離婚的判決

清律中有七出條文：無子、淫洪、不事舅姑、多言、盜竊、妒忌、惡疾。事實上，除了淫洪、不事舅姑之罪，其他理由判婦女離異必須視實際情況而定。[125] 如惡疾一項，傳統醫學視麻瘋、癩痢、瘋癲皆屬惡疾。過去，我曾在皇族愛新覺羅氏的專屬檔案《宗人府堂稿來文》中讀到一個離婚案件是惠福之妻於出嫁當天復發瘋疾，惠福要求離婚，他的理由是瘋症非醫藥可治癒，屬惡疾。[126] 但是從慎刑司檔案和刑罰類檔案看到許多婦女瘋疾的案例，男方皆無請求離異。這些案例出現在檔案中是因婦女得瘋疾後自盡身亡。例如，七十四供稱："娶劉氏十七歲過門，過門時就有瘋病。女人養過四個兒女，俱是出花死了，本年又生一女，現患痘疹，女人甚覺著急，舊病漸漸發起。"劉安氏説女兒幼時曾得瘋迷病症。[127] 劉氏

---

〔123〕 《內務府慎刑司呈稿》，道刑第 3 包，道光二年三月。

〔124〕 《內務府慎刑司呈稿》，道刑第43 包，道光二十七年六月。

〔125〕 吳壇著、馬建石、楊育裳主編《大清律例通考校注》（北京：中國政法大學出版社，1992）卷一〇，頁 452～453。離婚的條件大約與親屬、尊卑、族群的有關。如典妻、有妻更娶妻者，後娶之妻離異歸宗、同姓爲婚者離異、外姻有服者通婚，離異、娶樂女爲妻、僧道娶妻、良賤爲婚，旗民通婚、與回民通婚、臺灣漢人與番人通婚，漢人娶蒙古婦女爲妻，違者離異。

〔126〕 《宗人府堂稿來文》（北京：中國第一歷史檔案館藏）第 436 包，乾隆四十九年十月二十八日。

〔127〕 《內務府來文》刑罰類，第 2161，乾隆五十七年六月。

婚後生了五個兒女，小孩有四個出天花亡故，第五個女兒又患痘疹，劉氏過度憂慮自殺身亡。另一案例係方本與妻子沈氏結婚二十多年，沈氏因屢生子不育，時常憂悶，得瘋迷病症，自縊身亡。[128] 李氏因只有一女於嘉慶七年病故，該氏時常想念，於嘉慶十二年正月間得痰迷之症，自縊身亡。[129] 這些婦女皆因生子不育而憂鬱成疾，反映出婦女緊張的心態，她們選擇自殺來逃避人生的痛苦。在清末貧困更增加自殺的人數，其人數遠遠超過史祿國所看到偷情、賣淫的旗婦。[130] 旗婦個性強、絕不服輸，她們寧可選擇輕生自殺，也不做沒臉的勾當。

黃宗智教授研究寶坻縣有些妻子明明回娘家常住，但丈夫控告她"出逃"，目的是讓她們的行為在縣官面前顯得有罪，被判離異。《大清律例》載："若夫無願離之情，妻輒背夫在逃者，杖一百。"妻子逃走除了杖一百外，還離異歸宗，因此有些丈夫利用妻子出逃名義要求離婚。內務府郎中善寶以妻子馬佳氏私行逃走，欲將馬佳氏離異。馬佳氏呈稱："因口角爭鬧被丈夫責打欲暫回母家躲避，走至鄰近已辭雇王氏家令其代為雇車，并非私逃。"由王氏出面作證表示馬佳氏並非私自潛逃，她不願離異，這案子轉交由族長代為調處令其完聚。[131] 妻子回娘家並不算出逃，故無法判離異。

慎刑司官員判決離婚的案件必須丈夫掌握實據來證明妻子有違婦道。例如，陸二格於道光元年（1821）聘娶民人陶二之妹陶氏為妻，生有一女年四歲。陸陶氏在伊姑陸王氏前多不孝順，伊母將陸二格夫妻一并分出另過，二格因此憎嫌伊妻，除赴園當差外，常在伊母家居住。陶氏亦往楊大家居住，并將家用器具給楊大使用。屬有乖婦道有犯應出，陶氏交伊兄領回另嫁。[132]

傳統觀念都以為妻子犯錯被休離，但檔案也記載男性犯錯判離婚的案例。巴彥布娶妻金氏，乾隆六十年（1795）十二月間因酒醉要將女人衣服當錢使用，金氏不肯，巴彥布用菜刀砍傷女人額角，

---

〔128〕 《內務府來文》刑罰類，第 2161，乾隆五十七年七月。
〔129〕 《內務府慎刑司呈稿》，嘉刑第 13 包，嘉慶十二年十一月。
〔130〕 （俄）史祿國著、高丙中譯《滿族的社會組織——滿族氏族組織研究》，頁 168～169。
〔131〕 黃宗智《清代的法律、社會與文化：民法的表達與實踐》（上海：上海書局出版社，2001），頁 30。《內務府慎刑司呈稿》，道刑第 23 包，道光十五年六月。《大清律例》載："若夫無願離之情，妻輒背夫在逃者，杖一百。從夫嫁賣，其妻因逃而輒自改嫁者絞監候。其因夫棄逃亡三年之內，不告官司而逃去者，杖八十。"
〔132〕 《內務府慎刑司呈稿》，道刑第 25 包，道光十六年七月二十四日。

並將她的鼻子、右耳咬落一塊、左耳全行咬落。父親呈首送部，部裏擬徒恩赦免徒。五月又打傷金氏，被官人拿獲，巴彥布同金氏都願分離，把金氏交給娘家領回。[133] 女性面對丈夫之暴力，離婚對她來說是一種解脫。另一案例是丈夫欲嫁賣妻子爲妾被判離異。孫氏嫁給郭興阿爲妻，郭興阿因貧苦，夫妻時常不睦。乾隆四十二年間有郭興阿素識的廣亮到家裏來說與他堂哥拌嘴，出來找房子居住。郭興阿向他借錢所以允應他過夜，但孫氏家只有兩間通連房間、一個炕。婆婆不在家，孫氏說年輕人如何一炕睡宿，郭興阿說："我的相好朋友與我同睡，和你何干？"打了孫氏幾下。孫氏害怕不敢攔阻，只得晚間做些針線和衣打個盹過夜。廣亮借給郭興阿銀兩，故郭興阿慫恿廣亮娶孫氏爲妾。孫氏想到尼姑庵，將頭髮全行剪下撩在炕上，走到東直門外五里溝地方住下。郭興阿依照抑勒妻妾與人通奸律，杖一百枷號兩個月。孫氏離異歸宗。廣亮不避瓜李之嫌與郭興阿夫婦一炕睡宿，依照不應重律杖八十，枷號一個月。[134] 郭興阿欲將妻嫁與人爲妾，取得銀兩花用。孫氏卻堅守貞節，最後判離異歸宗，她再也不用忍受丈夫的精神虐待。

海關氏於咸豐九年聘給福壽爲妻，咸豐十年二月間福壽回閒話將海關氏毆打，海關氏害怕跑回伊母關張氏家躲避。岳母關張氏氣忿感告，經屢次飭旗查傳幼丁福壽外出無從傳喚。關張氏供稱情願將女休回。[135] 據"出妻"第二條例文："夫逃亡三年不還者，並聽經官告給執照，別行改嫁。"這案件是丈夫長期離家而判離婚。

（三）丈夫對婦女行使暴力

從前我利用《內閣題本刑科》婚姻奸情類的檔案觀察清前期的旗人家庭暴力，問題的起因係旗人當差的時間長、工作壓力大，對妻子的行爲充滿猜忌。還有些人好虛榮、好揮霍，卻要控制妻子花費，致而引起家庭糾紛。[136] 清中葉以後，旗人挑差的機會降低，丈夫沒工作心情不好，喝酒滋事，對妻子粗暴，導致妻子輕生，依照雍正三

---

〔133〕《內務府來文》刑罰類，第2171，嘉慶二年五月二十日。
〔134〕《內務府來文》刑罰類，第2134包，乾隆四十二年十二月十六日。
〔135〕《內務府慎刑司呈稿》，咸刑第9包，咸豐十年。
〔136〕參見拙作《從檔案看清前期的旗人家庭糾紛》（與朱慶薇合著），收入游鑑明主編《無聲之聲（Ⅱ）：近代中國的婦女與社會（1600～1950）》（臺北：中央研究院近代史研究所，2003），頁53～84。

年頒發條例"妻與夫口角,以致妻自縊,若毆有重傷縊死者,其夫杖八十",丈夫毆妻導致她自殺,丈夫遭受處分。在慎刑司檔案中有許多婦女自盡的案例,多數的原因是被丈夫毆打,丈夫依律杖八十。

保瑞係鑲黃旗包衣達翰管領下馬甲,娶妻王氏五年並無兒女。乾隆五十二年（1787）十月間五達子因家貧將保瑞分開居住,保瑞因没有用度吃了酒和王氏争鬧,又毆打她,王氏上吊身亡。保瑞依律杖八十。[137] 嘉慶元年（1796）桂寶娶劉氏爲妻,生有一個兒子已經死了。嘉慶四年十二月十四日點燈時,桂寶當差回家叫劉氏煮飯,劉氏不理,桂寶毆妻以致劉氏上吊。桂寶依照妻與夫口角,以致妻自縊,若毆有重傷縊死者,其夫杖八十。[138] 富有亮娶妻陳氏,因女人素性懶惰,不理家務。前年九月間曾同陳氏拌過嘴,她就往娘家去住著總不回家。乾隆三十四年七月間陳氏不籠火做飯,又把布衫當了四百錢買東西吃,富有亮生氣打了她幾下,陳氏在炕上窗户檔上用皮條吊死了。富有亮依律杖八十。[139]

旗婦因瑣事與丈夫口角,選擇自殺來逃避痛苦,讓她的丈夫受法律制裁。《中華帝國的法律》一書提到:"自殺者都是抱著一個讓仇人或欺負自己的人,因自己自殺而承擔法律責任的願望而自殺。"[140] 我在《刑科題本》檔案看到若干漢人婦女不滿丈夫婚姻暴力便離家出走。[141] 然而旗婦爲何不選擇逃走的方式呢?其原因是北京的旗人被限制行動,離開京城得有路引,況且婦女穿著旗裝爲人所矚目,行爲稍有踰矩即被識破。

(四) 婦女與娘家的關係

夏仁虎《舊京瑣記》記載:"滿人家與府第節親,往往破家。蓋房族多儀文煩不堪酬應也。"[142] 旗人有重内親習俗,實係母系社會之遺留風尚。金啓孮描述他在家中雖得祖母寵愛,但因越禮受責

---

〔137〕 《内務府來文》刑罰類,第2156包,乾隆五十三年五月二十四日。

〔138〕 《内務府來文》刑罰類,第2180,嘉慶五年二月二十六日。

〔139〕 《内務府來文》刑罰類,第2127包,乾隆三十四年九月七日。

〔140〕 D·布迪·C·莫里斯著,朱勇譯《中華帝國的法律》（南京:江蘇人民出版社,1993）,頁181。

〔141〕 參見拙作《婦女、家庭與社會:雍乾時期拐逃案的分析》（與朱慶薇合著）,《近代中國婦女史研究》期8（2000年8月）,頁26～27。

〔142〕 夏仁虎《舊京瑣記》,頁78。

的事仍不能免。在外祖母跟前則沒有什麼禮教的束縛。[143] 旗人家庭如有小孩出痘要舉行跳神活動，娘家親戚都來道賀。例如，富受係正黃旗包衣成善佐領下馬甲，在南鑼鼓巷口外居住，乾隆四十六年一月十日因兒子出痘酬神，舅子大住兒同他叔叔常德並常德兒子觀音保、母舅玉成都到家燒香賀喜。[144]

老舍的《正紅旗下》敘述他的姑姑回家守節。清代法律允許寡婦回娘家守節。披甲人福玉係正黃旗中祥管領下人，因兒子舒英憑媒娶得陳于氏之女爲妻。光緒五年八月七日舒英病故，兒媳之母陳于氏欲將女兒接回伊家過度，并要領孀婦錢糧，未允口角。此案件官員的判決：福玉同意陳于氏將女兒接回伊家守節過度，她所得錢糧由她自行關領，嗣後陳于氏承管其女。[145]

相對於婦女在婆家所遭受的壓力，娘家往往成爲婦女獲得溫暖的地方，娘親不僅提供精神上的安慰，也提供物質的支援。老舍描述他大姊在婆家受折磨，渴望回娘家歇歇腿兒，順便向娘家人要一點買脂粉、梳頭油的零錢。但是有些婆婆卻叨嘮一堆家務，讓媳婦死命幹活，回娘家成遙不可及的夢。在實際的案例中，我發現婦女回娘家常導致婆婆媽媽們對簿公堂。如此芝麻綠豆事上公堂，看起來似乎太小題大作，然事關婆婆媽媽們的顏面和權力問題，非得使勁地角逐不可。譬如徐文瑞的女兒聘與李生爲妻，徐文瑞同妻子張氏向他婆婆李吳氏商量要接女兒回家住幾天，李吳氏以家內尚有洗做活計，未允，彼此口角。[146] 黃李氏係正黃旗全義管領下已故幼丁黃三令之妻。咸豐三年六月十五日因娘家有事回家，未及向其婆婆黃張氏告知，黃張氏控伊媳倔强。[147] 若媳婦娘家有人生病，回家探望，婆婆也不客氣上公堂呈告。陸吳氏因兒媳王氏母親患病，欲回家瞧看，陸吳氏不肯，王氏一時著急拿著衣服回娘家，被陸吳氏喊告。[148] 旗人論婚時重視"門當戶對"，果真在婆婆嚴加管教媳婦之際，娘家得適時做回應，免得姑娘受太多委屈。清中葉後旗人生活

〔143〕 參見金啟孮《北京郊區的滿族》（呼和浩特：內蒙古大學出版社：1989），頁52。
〔144〕 《內務府來文》刑罰類，第2145包，乾隆四十六年四月二十二日。
〔145〕 《內務府慎刑司呈稿》，光刑第2包，光緒五年十二月初一日。
〔146〕 《內務府慎刑司呈稿》，同刑第4包，同治四年六月二十四日。
〔147〕 《內務府慎刑司呈稿》，咸刑第5包，咸豐三年九月十七日。
〔148〕 《內務府慎刑司呈稿》，同刑第5包，同治五年三月二十一日。

困頓，娘家也成爲婦女的收容場所，以免她漂泊在外。例如三達色因家貧難度，於乾隆五十一年十一月七日從家出來各處傭工度日，並没一定住處，妻子常氏因無用度到娘家居住。[149]

旗人家庭特別重視喪葬儀式，婦女身故後娘家的人也會來看是否予以厚葬。若婆家失禮，娘家人便吵鬧不休。李三供："我在西華門外開雜貨攤生理，原有三個女兒，大女兒十七歲。乾隆六十年正月有相識的田廚子做媒，將她説給旗人孟姓的長子披甲人豐順爲妻。嘉慶元年十二月裏過的門。我女兒過門後就有病，今年（三年）四月二十八日親家孟永安親身送的信説女兒身故。"李三見女兒衣衿棺殮不美，向永安吵鬧。[150]

其次，若有旗婦身亡，娘家的人必須出具證明，婆家没有虐待情形。高氏供稱："這吊死的傅氏是我女兒，年二十九歲。嫁與正白旗蘇拉慶福爲妻。他們夫妻素日和好的，我跟著女婿過日。我女兒素有瘋迷病症，時發時愈。於本月十日夜裏聽女婿嚷喊，我女兒吊在後門櫃。他婆婆素日待他甚好，是和氣的，平日並無拌嘴争鬧的事。"[151]

六、婦女與財産繼承

過去，我曾就旗婦財産問題提出討論，從契約文書和訴訟案件來看，旗婦可以争取其財産權。[152]《内務府慎刑司呈稿》及《内務府來文》刑罰類的檔案中包含更多婦女争取財産權的面向，有未婚的女兒繼承家産、已婚婦女保有私産以及孀婦争取家族公産等。當時的旗婦雖然不像今日享有男女平等的繼承權，透過訴訟案件可以瞭解法律保障婦女的財産權。

（一）女兒的繼承權

據《大清律例》户律户役"卑幼私擅用財"之條例規定："户絶財産果無同宗應繼之人，所有親女承受。"女兒繼承的財産有房産，也有水

---

[149]《内務府來文》刑罰類，第 2154 包，乾隆五十一年十二月二十四日，三達色逃走被獲在一個月内應依例鞭一百交旗管束。另一案例是德成患病房東令其搬家，德成之妻即至母舅黄氏家中居住，德成即賃廟宇房間獨居。《内務府慎刑司呈稿》，咸刑第 1 包，咸豐元年閏八月七日。

[150]《内務府慎刑司呈稿》，嘉刑第 2 包，嘉慶三年。

[151]《内務府來文》刑罰類，第 2130 包，乾隆三十八年五月二十五日。

[152] 參見拙作《清代旗婦財産權之淺析》（與徐思泠合著），《近代中國婦女史研究》期 4（1996 年 6 月），頁 3～33。

井等。如二姐供稱："我係正黄旗包衣原任四川屏山縣知縣濟倫之女，年六十六歲。父母俱故，弟兄也無，也無出嫁。一人在馬市橋抄手胡同居住，家有祖遺西安門酒醋局井一眼、鈎擔四付、水槽二面，每月給租錢四吊。"[153] 二姐像許多旗人未嫁的姑奶奶，在家操持家務，等父母年老之後繼承祖遺水井收井租維生。據趙潤齡的回憶説："北京的一些官吏、貴族和富商出錢，在自己的家門口或院子裏打井。他們找人給挑水，同時也給别人送水，收取‘井租’。"[154]

其次，若父母亡故後女兒可否將父母財産攜至夫家？有一案件係光緒十一年（1885）間福山之女出嫁，她並無弟兄姊妹，過門時將父親遺留下房産帶往婆家。不料有遠房族叔福壽以所帶房契係屬公産，呈告。福山之女所帶住房鋪面共有八所，立有字據可證並非閤族公産。[155] 因而福壽的控告不成立。

（二）已婚婦女的私産

滋賀秀三討論婦女勞力所得的私産，爲其私有，長輩也不能侵奪。[156] 此雖爲民間習俗，婦女若訴諸法律行動尚可保有私財。以内府已婚的婦女來説，她們入宮當婦差有薪俸，其私産應屬於她自己保管。有一案例係楊張氏在尚衣監當差，每月在文璽管領下關活計錢六吊四百文，嘉慶二十年十月間公公二常因手乏用，指兒媳名下錢糧向民人龐三借錢二十五吊，每月打錢四千二百文，十個月完結。楊張氏呈控，二常具結"以後我兒媳每月應關錢糧俱著他自己關領度日，我也不要了"。[157]

若婦女財産遭親族盜賣，仍依律處理。吳趙氏有鋪面房十七間，係該氏自置之産。咸豐九年（1859）吳趙氏因乏用將地安門外三益公等鋪取租房交給家人龔順押借郭姓錢八百吊，有族人達桂在該氏家居住，因貧起意盜賣房産，將趙氏地安門外鋪房四處、西安門外廣濟堂藥鋪取租房摺竊出，賣給榮治爲業，共錢四千八百六十

〔153〕 《内務府慎刑司呈稿》，嘉刑第 24 包，嘉慶二十年十二月。
〔154〕 趙潤齡《井窩子》收入中國人民政治協商會議、北京市委員會文史資料研究委員會編《北京往事談》（北京：北京出版社，1988），頁 276。
〔155〕 《内務府慎刑司呈稿》，光刑第 5 包，光緒年十三年八月二十四日。
〔156〕 滋賀秀三《中國家族法的原理》（東京：創文社，1967），頁 447～449。
〔157〕 《内務府慎刑司呈稿》，嘉刑第 26 包，嘉慶二十一年九月。

吊。[158] 達桂依照盜賣他人田產律處罪。

婦女財產若因族人代管而喪失，亦可提出控告。吉存與伊胞叔彤舒向係同院居住，各自另度，伊胞叔在日所有銀錢衣物，係伊經手收存。同治五年（1866）七月二十九日彤舒病故，孀妻韓氏喊告吉存私自藏了錢銀，有乾發茶舖錢五百吊、銀十五兩、灰布棉襖一件、花緞褥面兩塊、褲子兩條、單棉袖子四對、毛藍布衫一件、翠花一支、玉耳挖一支、斑指一個、磁烟壺三個、錶一個、玉烟壺一個、帳子一塊、青布皮馬褂一件、當票一張、取錢摺一分、存錢摺一分，均交韓氏。[159] 彤舒無子，其財產由妻子繼承而不是侄子，這也是旗人與漢人社會不同的。

（三）孀婦爭取家族公產

如上例吉存所述，與叔叔同院居住、各自另度，此爲旗人居家生活的模式。同院居住也代表他們共有財產的意思，若有兄弟亡故，其妻是否可以分得家產？從許多訴訟案件看來，清代法律支持婦女爭取財產。案例之一爲李耿氏係正黃旗常祿管領下已故閒散從善之妻，夫在日與夫兄恒善在武清縣夥開天順祥糧店，本錢一千七百五十吊，每年得利均分。從善過世後，恒善每年給制錢七十吊。同治元年起分文未給。又，從善之叔祥林借錢六百吊，在武清縣開惠成祥糧店，每年應給錢一百四十吊，咸豐六年（1856）祥林告稱糧店關閉，給李耿氏錢四百吊。祥林與恒善供稱願給李耿氏每年六十吊錢作爲養贍，耿氏不允喊告。[160]

趙鄭氏係正黃旗官銘佐領下已故候補筆帖式寶慶之妻，從前寶慶及胞兄寶善均與胞叔春林同居，咸豐三年間經春林分給寶善、寶慶傢俱並變賣公產錢文叔侄三人遂各分居另度。八月六日寶善病故，伊妻帶領二子在母家度日。適春林因辦理喪葬事務乏用，將叔侄分家所得住房變賣得錢五千五百吊。趙鄭氏疑係未分祖產找向夫叔春林欲分賣房錢文。春林不給，喊告。春林呈稱情願將伊與寶善分家所得良鄉地八十一畝並白姓所欠錢五百吊借字一張一併幫給該氏。

---

[158]《內務府慎刑司呈稿》，同刑第 3 包，同治三年二月二十一日。
[159]《內務府慎刑司呈稿》，同刑第 7 包，同治六年正月二十一日。
[160]《內務府慎刑司呈稿》，同刑第 4 包，同治四年五月四日。

該氏向白姓取用利息與地租。[161]

夫死妾願意守節，亦可分得家產。庫掌興裕之妾尚王氏，於丈夫死後遺留一女四歲。興裕的胞弟福寧說："興裕遺言叫尚王氏改嫁"族侄重祿與尚王氏打鬧，尚王氏呈控說情願撫女守節，不願改嫁。慎刑司官員將興裕的財產斷交尚王氏。又，興裕另一胞弟媳王氏告尚王氏霸佔財產，原先興裕曾許給她清河縣地畝三頃、西直門取租房糧食店一座。興裕在世時每月給王氏十一吊錢、米四斗。興裕故後，尚王氏不再給予，王氏與二女至尚王氏家中吵鬧。尚王氏拿出契書取租房一處、清河縣地畝皆係自置資產非祖遺公產。[162] 我們從《內閣題本刑科》婚姻姦情類的檔案中看到許多族人逼迫寡婦改嫁，無非是覬覦寡婦家的財產，像尚王氏這樣的妾室地位比嫡室更低，故其族人屢次興訟。

又從李任氏、李劉氏的案例可以瞭解妾室在丈夫亡故後艱苦的處境。李任氏、李劉氏係原任總兵武慶之妾，同治五年三月間武慶病故。武慶之子亦經早故，遺有二孫廣江、廣年俱年幼，李任氏交銀給族人德慶代辦喪事，共花了銀二百九十兩，錢三百五十二吊。在武慶做五七、六十日並百日，一切祭品及代買衣物等項，德慶又花用錢三百吊。李任氏交給德慶金銀珠寶變賣，共有：珊瑚手串一掛，念珠一掛、花翎十二支、朝珠八掛、瑪瑙玉烟壺四個、珊瑚頂珠四個、玉翎管兩個、玉鎖一個、包金帶板一個、紅繡花彩子一個、鞍韉一個、琺瑯鞦爵一分、踢胸三付、撒袋一付。德慶為圖謀李任氏的房產，叫她和李劉氏搬到德慶家同居。李任氏不允，德慶又找族人福慶之子候補庫使海順、七品苑副海齡商量，欲將武慶住房變賣，李任氏不給房契，德慶將箱櫃砸壞。德慶不知檢束，照不應輕律笞四十。[163] 以上兩件訴訟案中都提到婦女掌握房產契書，遇有不肖族人覬覦財產，法律仍保障她們權益，將爭產者繩之以法。

七、結　論

清代北京的旗人首要工作是防衛京城以及負擔宮廷差事，相對

〔161〕《內務府慎刑司呈稿》，咸刑第9包，咸豐十年閏三月二十一日。

〔162〕《內務府慎刑司呈稿》，嘉刑第27包，嘉慶二十一年七月。

〔163〕《內務府慎刑司呈稿》，同刑第5包，同治五年九月四日。

來説，朝廷也必須提供他們無虞的生活環境。男性當差長期在外，婦女包辦各項家務，她們鍛鍊出强悍個性。這樣的環境再加上法律上的保障，顯示出旗婦的獨特地位。以下爲本文幾點結論：

第一、清代的法律保障内府旗婦的生計。婦女在丈夫去世後可以獲得國家給予的養贍銀兩，若不敷所需且要求親屬養贍，透過訴訟程序，其親屬在經濟許可範圍給予養贍銀兩並出具甘結，日後族人養贍不足，此甘結爲有效證據。此因内務府旗人特殊身份，清朝對他們的户口管領較爲嚴格，由親屬（Kin）關係組一個"户"。[164]由族長組成的"户"下，對婦女有養贍的義務。漢人社會的家族組織有族産養贍孀婦等，若沒有族産的家族，孀婦無以維生，往往選擇改嫁。因此，清代社會漢人孀婦改嫁似乎較旗人孀婦普遍。

第二、清代旗人家庭相當重視儒家禮法觀念，嚴守尊卑長幼秩序，若卑幼犯上處分較常人爲重。例如母親呈控兒子不孝，可以要求慎刑司官員將他發遣黑龍江等地。在清代法律中，凡"棍徒擾害發遣例"、"和誘知情例"、"逃人"罪、"夥盗免死發遣"罪等發遣至黑龍江、打牲烏拉、寧古塔等邊遠地區，這些棍徒擾民、偷盗，拐逃婦女，影響社會治安發遣邊疆是有道理。旗人不孝之罪只是製造家庭糾紛，母親要求官員將兒子發遣邊疆似乎過於嚴苛，爲了樹立尊長的權威，旗人子弟得背負沉重的禮法枷鎖。

第三、離婚案件，婆婆控告媳婦不孝獲得官方批准離婚的比丈夫控告妻子滑懶多，此亦即旗人尊敬長上的傳統道德。若丈夫要求與妻子離異，必須有犯姦或其他行爲不檢點的理由，否則不能隨便離異。若干案件顯示，丈夫長期離家或者作奸犯科，女方的娘家也可以提出離婚。這説明旗人的離婚案件不僅是女性犯法才判離婚，男性犯罪也判離婚，這樣的判決讓長期受精神壓力的女性獲得解脱。

第四、黄宗智教授在《清代的法律、社會與文化：民法的表達與實踐》一書强調民間協調的效用。本文所討論的内務府旗人間的訴訟案多數由慎刑司官員處理完畢，最後的協調才轉交族長處理，

---

[164] Kin（親屬）是世系群成員中目前在世者，他們由於親屬這層關係而被視爲對忠誠、服從或支持有特殊的要求權。親屬關係負擔"獻身榮譽和忠誠的意識形態包袱。" Lawrence Stone 著、刁筱華譯《英國十六至十八世紀的家庭、性與婚姻》，頁15～17。

此與民間協調的說法有很大出入。清代每一州縣衙門統轄數十萬名百姓，其正式官員只有七品縣官一名、典史數名。內府的人丁不過十餘萬，慎刑司衙門的官員比地方州縣多好幾倍，能夠處理各種家庭細故，其司法功能顯然大於州縣。

第五、清末的旗人生活情況處於貧窮邊緣、家庭破碎，男性因窮困居住廟宇，或者離鄉背井外出當傭工；女子則透過訴訟，要求族人養贍。還有許多婦女憂慮生計問題而罹患瘋疾、自殺的案例。在法律上雖寬容女性患瘋疾免枷梱和圈禁，然她們生活素質一直往下沉淪，悲劇遂不斷上演。

※ 本文原載《近代中國婦女史研究》第 11 期，2003 年。
※ 賴惠敏，臺灣大學歷史研究所博士，中央研究院近代史研究所研究員。

才女徹夜未眠

——清代婦女彈詞小說中的自我呈現

胡曉真

　　中國文學史上，女性作家被納入文學正典而得以流傳者雖不乏其人，但是點綴篇章，終究是個別的例子，其他大多數恐怕都湮没無聞了。一直要到明清時期，才有女作家大量出現的記錄，而這個文學史上的特殊現象近年也引起了中外學者廣泛的注意。明清兩代女性作家所從事的文類相當廣泛，舉凡詩詞、戲曲、批評論述等等，皆有所及，而目前學者的注意力大半放在女詩人身上，這當然和詩詞雅道在中國文學史上一向所居的領導地位有關。至於女性與古典敘事文學發展的關係，則向來不太爲人道及。一般的認識中，女性通常是男作家的小說中被描寫、被呈現的客體，最多也只是通俗小說消費群中的一小部分而已。然而，這樣對婦女史的瞭解是全然正確的嗎？在中國古典敘事文學的創作上，女性真的缺席、留下了"空白的一頁"嗎？[1] 她們真的從來不曾從事於敘事文學的寫作、從來不曾追求敘事創作的主體性嗎？如果我們單單考慮文言小說與白話章回小說的傳統，那麼女性的敘事創作似乎的確付之闕如。[2]可是，我們卻忽略了一個橫跨於詩詞跟小說之間、男性創作與女性創作之間的文類，那就是韻文體的"彈詞小說"。彈詞小說是清代女作家特別喜好的一種文類，爲此竭神運思的代有人出，自清初以迄於清末甚至民初，有多種"巨著"問世，其在婦女文學史上的重要性不言可喻。但是，彈詞小說與民間講唱淵源深厚，在正統文學史上只能聊備一格，在早期的婦女文學史上不留痕迹，[3] 甚至在近年

---

[1]　有關女性在文學史上創作的"空白頁"(the "blank page")的觀念，參見 Susan Gubar, "'The Blank Page' and the Issues of Female Creativity," *Critical Inquiry* 8 (Winter 1981)。

[2]　據筆者個人所知，到清末才首次有婦女創作白話章回小說的記錄。

[3]　例如謝無量編的《中國婦女文學史》(1916；河南：中州古籍出版社，1992 重印) 止於明代，自然不會收錄有關清代女性彈詞的記錄；而梁乙真編的《清代婦女文學史》(1915；臺北：中華書局，1979 重印) 討論的全是女詩人、女詞人。

鑽研婦女文學史的學者之間，也很少獲得青睞，殊爲可惜。筆者因此不揣淺陋，有心一探清代女作家與彈詞小説的各種面貌。這篇文章討論的重點在於界定清初到清中葉間，女作家創作長篇彈詞小説的現象，包括其定義，作者與讀者，隱含的性別與階級意義，尤其是女作家選擇創作文類的態度。

一、"彈詞小説"的文類劃分

"彈詞"一詞通常被定義爲"流行於江南一帶（以蘇州爲代表地），以三弦或琵琶伴奏的説唱藝術，韻（唱）散（白）交雜，韻文唱段以七字體爲主"。作爲説唱藝術的彈詞，其起源衆説紛紜，變文、諸宮調、淘真（或陶真）等似乎都跟彈詞有所淵源；不過，説唱藝術是活的，發展演進，到了明清時代，尤其是清代，彈詞演出的形式趨於穩定，才出現了彈詞的正式記録。這樣的定義雖然大體指出了彈詞的特點，但最大的缺點是無法反映彈詞一體的發展中"實際説唱演出"與"案頭叙事作品"分途的重要轉折。其實，定義的模糊化並不始於現代的文學史家，早在清代，即彈詞的全盛時期，這個稱呼所可能指涉的範圍就已經相當大了。在不同的地方，它指的可以是彈唱家在公開書場或私人府第所作的實際演出，可以是彈唱演出的底本（有如説話人的話本），可以是供消閒閱讀的案頭作品，也可以泛指以上全部。民國以來，幾位重要的通俗文學學者如鄭振鐸、趙景深、李家瑞、阿英等，開始注意"彈詞"一詞的指涉問題，並且分別試圖加以分類。就中，鄭振鐸主張以語言——即"國音"或"土音"（即"吳音"）——來區分現存的彈詞作品，從而暗示了其中閱讀/演出的相對關係。[4] 李家瑞則以"叙事體"、"代言體"來區別，所謂"叙事體"純以第三人稱叙述故事，而"代言體"則可以第一人稱模擬角色聲口；參照實際演出的情形，則所謂"代言體"與彈詞演出的形式符合，是脚本，而"叙事體"不合演出的體例，是文人的擬作，僅供案頭欣賞。[5] 趙景深也有類似

〔4〕　參見鄭振鐸《中國俗文學史》（1938；上海：上海書店，1984），下冊，頁348～383。
〔5〕　參見李家瑞《説彈詞》，原刊於《中央研究院歷史語言研究所集刊》第6本第1分（1936），收於王秋桂編《李家瑞先生通俗文學論文集》（臺北：學生書局，1982），頁73～101。

的觀察，但是他以"文詞"一詞來指稱作爲案頭讀物的彈詞，即李家瑞的"敘事體"，以"唱詞"一詞來指稱供演出的彈詞，即李氏的"代言體"。[6] 至於阿英，則似乎對此分野較不在意，但是從他文章的重心看來，顯然他受意識形態的影響，比較偏重更具"民間性"、更"俚俗"的土音唱詞，或晚期倡言改革或革命的政治宣導式的彈詞作品。[7] 這幾位早期大師的研究已經將"彈詞"的範圍界定爲兩種不同的作品，一種是可供演出的唱詞，一種是僅供閱讀的文詞，也就是我這裏所說的"彈詞小說"。[8] 不過，雖然已經作出了這樣的分野，但是迄今爲止所有的彈詞書目，在編排上都不曾據此做任何的分類，[9] 而一般在通論性介紹彈詞時，也仍然會發生混淆的情形。[10]

正因爲前輩學者的討論尚未完全釐清問題，故近期彈詞研究者仍有致力於此者。Nancy Hodes 的博士論文廣泛處理彈詞的演出及"腳本"文本的問題，我在此僅略述其有關分類的論點。基本上，Hodes 將"彈詞"劃分爲三個範疇。[11] 首先，她認爲彈詞小說是純供閱讀的作品，乃是文人或閨秀的仿作，所以她仿效"擬話本"一詞的涵義，創造了自己的術語"擬彈詞"（simulated tanci）。而坊間流傳的所謂"彈詞小書"或"小本彈詞"，使用吳語，一般相信是彈詞演出的底本，而其實與實際演出的關係也不清楚。據 Hodes 在蘇州上海等地所作的田野調查，實際的演出有"底本"可循的可謂絕無僅有，因爲彈詞基本上是師

---

〔6〕 參見趙景深《〈彈詞考證〉序》（1937；臺北：商務印書館，1960 重印），頁 1。

〔7〕 可參見阿英《彈詞小說論》及《彈詞小說二論》，收於《小說閒談》（1936）；《馬如飛的珍珠塔及其他》、《彈詞小說引》、《彈詞論體》，收於《小說二談》（1957）；《女彈詞小史》及《讀〈天雨花〉舊抄二十六回本札記》，收於《小說三談》（1978）。有關晚清的改革派政治宣導彈詞，則參見其《重刊庚子國變彈詞叙》，收於《小說二談》；《小說新談》中論及《女界文明燈》與《法國女英雄彈詞》部分，收於《小說二談》；《關於秋瑾的〈精衛石〉》，收於《小說三談》；《晚清小說史》（1958）。

〔8〕 "彈詞小說"一詞，在清代已開始使用，但是並不專指供閱讀的案頭作品，而與"彈詞"一樣，是泛稱。阿英也使用"彈詞小說"一詞，但也是泛稱。

〔9〕 例如，鄭振鐸的《西諦所藏彈詞目錄》（1927）、凌景埏的《彈詞目錄》（1935）、胡士瑩的《彈詞寶卷書目》（1957），以及近年譚正璧、譚尋父女的力作——《彈詞叙錄》（1981）及《評彈通考》（1985）。

〔10〕 例如，人民文學出版社的《中國文學史》（北京：1983）第 4 册，頁 283～286。

〔11〕 參見 Nancy Hodes, "Strumming and Singing the 'Three Smiles Romance': A Study Of the Tanci Text"（哈佛大學博士學位論文，1990）。Hodes 的論文以研究"與演出有關的彈詞"如《三笑姻緣》、《珍珠塔》等作品爲主。

徒口耳相傳的藝術，其傳承並不訴諸文字，前輩藝人甚至多不識字。至於以前是否有人"記錄"演出的內容，因爲目前仍缺乏具體證據，也不能妄斷。所以，Hodes 對這一類的彈詞本子存疑，但仍承認其與演出有某些關係，所以稱之爲"與演出有關的彈詞"（performance-related tanci）。[12] 而"彈詞"的最後一種指涉，自然就是實際的演出了。筆者個人認爲這可算是目前對彈詞定義最清楚周密的考量，值得徵引。

另外，Marina H. Sung（宋秀雯）最近發表專文，主旨在將彈詞小說與彈詞演出嚴格劃分，將僅供閱讀、不備演出的彈詞作品定義爲韻文的小說，並強調它與演出用的彈詞應該劃歸兩種不同的文類範圍。[13] 此文雖較後出，但是並未沿用 Hodes 的三分法。宋是傳統脚本理論的支持者，她基本上相信所謂的"唱詞"的確是說唱家演出的底本，並以此解釋爲什麼這些作品的作者總是佚名。[14] 奇怪的是，宋在稍後論及彈詞的演進時，承認說唱藝人常常利用現成的故事加以改編，但並不使用脚本，[15]而她卻似乎並不重視這項觀察與脚本理論之間的矛盾，因此也未提出使人信服的解釋。此外，宋在這篇文章中對彈詞小說作了一些結論，因爲事關對彈詞小說作爲一個文類的整體觀察，在此簡略提出幾點不同的意見。第一，宋提出女性作家利用寫作彈詞的機會順便練習寫詩。[16] 稍後，她又將彈詞的語言形式歸類爲"七言排律"。[17] 誠然，彈詞小說幾乎全篇以七字體的韻文寫成，女性作品中精緻、堆砌、用典的詩化語言也很多，但是通俗敘事文學巨細靡遺的情節描寫及掏心挖肺式的感情泛濫，不但與傳統詩的美學相左，與比較傾向柔美的詞的美學也有很大的距離，甚至與可以鋪陳細節的歌行也不可同日而語。因此，若遽爾將彈詞小說的七字體跟七言詩畫等號，不免有模糊彈詞風格的危險。第二，宋爲了强

---

[12] 近年學者對"脚本"理論作了相當的修正。例如宋代的"話本"，本來一向被認爲是說書人的底本，但是現在很多人已經將它定義爲當時的一種白話文類，雖然與說書傳統有關，卻不見得是演出的底本。Hodes 之所以使用"與演出有關的彈詞"一詞，與近年對脚本理論的質疑，有直接的關係。

[13] 參見 Marina H, Sung（1993），"T'an-tz'u and T'an-tz'u Narratives"，收於 *T'oung Pao*, Vol. LXXIX，頁 1～22。

[14] Sung，頁 1～2。

[15] 同上，頁 13。

[16] 同上，頁 17。

[17] 同上，頁 18。

調彈詞小説是"閲讀的小説"而不是"演唱的底本",便提出"彈詞小説與其他中國小説的不同僅在於其風格形式",[18] 也就是説,除了彈詞小説中韵文的成分較大之外,其實它跟《水滸傳》、《紅樓夢》、《儒林外史》等傳統章回小説没什麽差别。[19] 我認爲這個結論雖然重點在强調彈詞小説之爲"小説",但是同樣有誤導的危險,因爲彈詞小説之所以不能完全劃歸章回小説的範疇,其實有許多風格、内容、認同上的理由,其間恐怕不僅是韵文、散文這一個分野而已。第三,宋承襲鄭振鐸在《中國俗文學史》中的説法,認爲女性寫作彈詞小説始於《再生緣》的作者陳端生。[20] 鄙見以爲這個説法過於保守。陳端生開始寫作《再生緣》時已是乾隆中葉,更何況她在作品中已明白表示出自己寫作的原始動機乃是有感於前輩(女)作家的彈詞作品而發。[21] 因此,由鄭振鐸一脈而來的這個結論,是必須加以修正的。

無論如何,早期與近期彈詞研究者的結論,都支持彈詞的内部劃分,而這也是我將"彈詞小説"或"文詞"獨立爲一個文類來探討的背景。對我來説,"彈詞小説"一詞的重點在標舉其爲書面叙事文學的一種,而"文詞"一詞則暗示其中"文"的,"文字創作"的成分。近年來,大陸方面出現了頗多彈詞的研究,但是或者由於意識形態的影響,多數的研究集中在更能"普及大衆",發揮公衆影響力的彈詞演出及 Hodes 所謂"與演出有關的彈詞作品"上。而彈詞小説,則泰半被遺忘了。

二、彈詞/婦女/女性文學

關於彈詞,另有一個非常普遍的認識,就是彈詞是屬於女性的。風格上細膩纏綿,唱將起來經年累月的彈詞演出,以及讀起來也曠日費時的彈詞小説,都被認爲是舊時代婦女長日消閒的最佳娛樂。彈詞的演出可以在公開的書場,也可以在私人的府第;而請"女先兒"到家

---

[18] 參見 Marina H, Sung (1993), "T'an-tz'u and T'an-tz'u Narratives", 收於 *T'oung Pao*, Vol. LXXIX, 頁 1~22。

[19] 同上。

[20] 同上,頁 17。

[21] 所謂《再生緣》,題目已點出其作爲續書的特質。陳端生是看了《玉釧緣》彈詞小説,不滿其結局,才起意寫作《再生緣》的。至於《玉釧緣》作者之爲女性,問題較爲複雜,後文將詳細論之。

彈唱,其取悅的對象就主要是家庭中的婦女了。[22] 至於識字的婦女
嗜讀彈詞小説,也多有記錄。再加上彈詞小説或敷演才子佳人,或
彰顯女子之才華志向,此所以鄭振鐸、趙景深等學者宣稱彈詞是
"of the woman, by the woman, and for the woman" 之故。不過,誠如
譚正璧提醒我們的,雖然婦女的確對彈詞(包括演出及小説)有特
殊嗜好,但是婦女並沒有"壟斷"彈詞,彈詞一樣有男性的演出者、
寫作者、聽衆、讀者。[23] 即以供閲讀的彈詞小説爲例,"講史"式
彈詞敷演國家興亡、英雄事迹,與講述才子佳人的"羅曼史"式彈
詞就不太相同,[24] 而前者雖無法查考作者,也沒有確切的證據,但
一般猜測可能多出於男作家之手,也對男讀者較有吸引力,而後者
才是女性喜愛的形式。所以,彈詞小説與婦女的關係,不如説是女
性對彈詞小説的嗜好常常甚於對白話章回小説的嗜好,[25] 而男性也
習於將彈詞劃歸女性的範疇,一個女性的寫作及閲讀形式。因此,
指稱彈詞小説爲女性文學,有現實的背景,也有象徵的意義,而可
能象徵的意味還要更大一些。在這種情形下,彈詞小説成了一種
"被賦予了性別的文類"(a "gendered" genre)。在此,我們不妨考
慮,彈詞小説在文學史上的没落命運是否與其"象徵性別"有關?
雖然彈詞小説作家,尤其是寫羅曼史式彈詞的女作家,行文務求雅
馴,自詡爲琳瑯之章,但是,拜其與彈詞演出的淵源之賜,彈詞小
説一直被視爲"通俗文學"的一種。職是,彈詞小説的文類屬性與
象徵性別,的確跟它在文學史上的邊緣地位不無關係。

　　曾經有人觀察到,歐洲女作家似乎對小説這個文類情有獨鍾,以
小説成名者衆,而以詩作成名者寡,因此,小説可以説是歐洲女性從事
創作時所選擇的文學形式(the female form)。[26] 以比較的觀點,中國

---

〔22〕 有關女先兒在家庭宴會上彈唱的情形,可參見《紅樓夢》第五十四回,另《玉釧
　　　緣》、《筆生花》等彈詞小説中也多次提及。
〔23〕 譚正璧《中國文學進化史》(上海:光明書店,1931),頁 309～312。
〔24〕 所謂"講史"式彈詞(historical *tanci*)著例如《安邦志》、《定國志》、《鳳凰山》
　　　三部曲,雖然不乏英雄兒女之情的描寫,但是主力仍在朝代更替的演義。而我這裏
　　　使用"羅曼史式彈詞"(romantic *tanci*)一詞,旨在使其與講史式彈詞有所區別,並
　　　不表示這些作品只談才子佳人的愛情遇合。
〔25〕 譚正璧《中國女性的文學生活》(上海:光明書店,1930),頁388。
〔26〕 參見 Rosalind Miles 著,*The Female Form-Women Writers and the Conquest Of the Novel*
　　　(London;New York:Routledge & Kegan Paul,1987),頁 2。

的情形自是南轅北轍,因爲單是有清一代,經著錄的女詩人詞人可以千計,而小説家則不著一人。然而,正如前揭,這樣的結論並不完全反映實際情況。清代固然不曾出現女性的白話章回小説家,但是女彈詞小説家則不少,只是未曾引起文學史家及批評家的注意而已。雖然在尚未對彈詞作通盤檢視之前,不宜輕下結論,推斷彈詞小説是一種"女性文學",但是彈詞小説與清代識字婦女的密切關係,的確引人入勝,也爲重新審視彈詞小説的工作,平添相當的重要性。近年來,由 Elaine Showalter 提出的"gynocriticism",[27]在西方學界造成發掘女作家、改寫文學史的風潮,早已成就斐然,而中國文學的研究也受到不少影響。反諷的是,雖然女性主義的要務之一就是解構"父權中心"與單一價值標準,當落實在文學批評上時,卻仍然常常傾向於建立新的"中心"。批評家很容易就被極少數大放異彩的女作家所虜獲,震懾於其超乎時代限制的才力與勇氣;批評家從而汲汲於追索這些作家作品中的"女性意識",並且渾然忘我地趨附主流文學批評的態度,迅速將這極少數的女作家樹立爲新的文學典範(canon)。[28] 至於這樣是否會將絕大多數的女作家摒棄於文學史的門墻之外,重蹈傳統文學批評的覆轍,就無暇顧及了。因此,如果有心重估女性在中國文學史上的角色,就不能只繞著極少數的女性"宗師"打轉,而必須廣爲蒐羅考慮才行。基於這樣的認識,在我們重新審視中國婦女文學史時,更必須將觸角自詩詞等菁英文類,延伸到標籤爲"通俗文學"的形式(如彈詞小説)上來。以文學傳承而論,彈詞小説對現代小説家也具相當意義,尤其是女性小説家。中國小説自晚清迄今,不論是繼承、修正或力求反抗、推翻古典小説的傳統,都還是受到古典小説的影響。但是在這個影響傳統裏,現代女性小説家似乎找不到屬於"自己"性別的前人遺緒。既然清代的女作家明明有自己的叙事文學傳統,爲什麼這個傳統會中道斷絕,沒有延續到後代的女小説家呢?究竟是文學的内在因素,還是特定的歷史時空有以致之的呢?彈詞小説的興起與沒落,以及其與女性的關係,由此而更饒興味。

---

〔27〕 所謂"gynocriticism",最簡單的解釋就是女作家與作品的重新發掘。參見 Showalter, "Feminist Criticism in the Wilderness," 收入 *Critical Inquiry* 8(Winter 1981)。

〔28〕 例如,王德威就曾指出,在中國現代文學的研究中,學者的目光常常只集中在少數女作家如丁玲的身上。參見氏著《小説中國》(臺北:麥田出版,1993),頁 301～302。

如果再將眼光放在全面的中國文學史上，則我們必須考慮，女性文學傳承下的彈詞小說的重新發掘，是否將修改吾人瞭解古典小說的角度。誠然，女性創作的彈詞小說使用韻文，與明清小說的主流——白話章回小說——有別，但是如果擱置韻散的分別，那麼小說史就可以——而且必須——同時考慮白話章回與彈詞小說，而彈詞小說與白話小說其他特質上的不同，自然會迫使我們重新定義古典小說這個文類。事實上，鄙見以爲清代女作家在創作叙事文學時，之所以棄白話小說的體裁不用，而採取彈詞小說的形式，乃是一種有意識的選擇，其目的正在自創不同的傳統，以求跳出男作家早已掌握的形式（白話小說）；以特異的姿態，將自己塑造成文名足以傳世的（女）作家。這一種對自我"作家形象"的堅持，在婦女文學史上不可不謂爲一個重要的里程碑，意味著女作家已發展出對創作與發表的自覺意識，而"發表"又正是傳統上對女性創作最大的質疑點。有關女作家的作家自覺意識，下文將舉例論證之。

彈詞小說在此之前其實並非沒有學者研究。鄭振鐸、譚正璧等人對彈詞資料的整理考證，本已包括彈詞小說，只不過他們做的是宏觀的論述，極少觸及個別作品的分析詮釋。討論個別作品的重要著作，首推早期陳寅恪的《論再生緣》，[29] 以及二十世紀七十年代 Toyoko Yoshida Chen 對"彈詞三大"的研究，[30] 最近則有宋秀雯的《再生緣》研究。[31] 這三篇先驅性的研究，基本上都是受到彈詞小說中的"經典之作"的啓發。而我們現在的出發點既是重寫彈詞小說史，則自然必須考慮其他較不爲人所重視的作品，才能得到更全面的瞭解。另外，以上三篇彈詞小說研究有兩大共同訴求。第一，他們試圖證明彈詞小說之佳者，其美學價值足以與古典白話小說之傑作並肩而無愧。第二，他們都多少在這幾部經典之作中找到了女性主義的因子。例如，由於《再生緣》的女主角——赫赫有名的孟麗君——對父權體制發出明目張膽的攻訐，因此這部作品一向被評者斷爲彈詞小說中最具靈視（vi-

---

〔29〕 收入《陳寅恪先生論文集》（臺北：九思出版社，1977 增定 2 版），頁 1037～1111。

〔30〕 Toyoko Yoshida Chen, "Women in Confucian Society：A Study of Three T'an-tz'u Narratives" (Ph. D. diss. ,Columbia U,1974)。所謂"彈詞三大"即號稱與《紅樓夢》齊名"南花北夢"的《天雨花》，及《再生緣》、《筆生花》三部彈詞小說。

〔31〕 Marina H. Sung, "The Narrative Art of Tsai-sheng-yuan—A Feminist Vision in Traditional Confucian Society" (Ph. D. diss. ,U. of Wisconsin,1988)。

sionary）及企圖心之作。陳寅恪的研究細細推究作者的人生經驗與其思想成長的關係；宋秀雯直接點出該作中的女性主義意識；而 Toyoko Yoshida Chen 則追溯《再生緣》中寫作態度由"浪漫主義"轉向"寫實主義"的變化。這些觀察都言之成理，也奠定了幾部彈詞作品的經典地位。不過，我以爲雖然女性創作的彈詞小説大多對婦女問題有所關懷，但是作品的價值所在，不一定取決於其中是否對女性議題有公開表態的"前進"思想；也就是説，不一定要女主角公開負隅頑抗社會體制，該彈詞小説才值得一讀。彈詞小説對女性生命情境時有細微的觀察，並且化用表面上傳統保守的内容與文學成規，而我認爲或許這樣的特質，比公開向"君、父、夫"三位一體的權威宣戰的涵義要更深遠得多。一位批評家在處理女性藝術家時説過：

> 女性主義文學理論的要務就是如何以批判的角度去閲讀以前（以及現在）的作品，而又不能將其簡化；比方説，我們不能把每一種對立的情況都化約爲"男性"與"女性"之間的質異；我們也不能總是讀出（或寫）同一個故事，不管這個故事聽起來多хайдо德的啓發性，或在意識形態上有多"正確"。[32]

這樣的警語，我想不但對彈詞小説的研究適用，對所有有關婦女與文學的研究也都饒富意義吧。

三、彈詞的"階級性"

清代婦女創作與閲讀彈詞小説的記録，首先讓我們考慮到的就是文字與女性的關係。識字率如果不高，文字自有其特權的地位，是權力的象徵；而在文學作品中，也出現過女性獨攬文字權的想像。[33] 對現代人來説，文字自然是通向權力的鎖鑰之一，但是對清代的識字婦女來説，又具有什麼意義呢？掌握書寫文字之後，這群女性以之何用呢？彈詞的創作，或可一探這個問題的一面。

大衆取向的讀物在明代市民文化及出版業興盛的背景下早已開

---

〔32〕 這段話出自 Susan Rubin Suleiman, *Subversive Intent: Gender, Politics, and the Avant-Garde*（Cambridge: Harvard Up, 1990），頁 16。Suleiman 處理的是參與法國前衛派的女性，雖然與中國南方彈詞小説時空迥異，但是對女性彈詞小説創作的研究仍具意義。引文爲筆者暫譯。

〔33〕 例如《鏡花緣》中，唐小山入山尋父，途遇仙碑，而不但碑文只有小山能解，甚至碑文所預示的天下文運也盡屬女子。

始普遍起來,而婦女接受教育的機會也增多了,使得識字的婦女成爲讀者群的一部分。[34] 而其中更有些人不肯止於消費,起而生産某種形式的文學。如果參照胡文楷的《歷代婦女著作考》(1957;修訂版,上海:上海古籍,1985),就會發現絕大多數可考的婦女作者都出在明清,尤其是清代。彈詞小説是清代婦女參與叙事文學創作的代表,而由作品本身,可以看出創作彈詞小説的活動,對當時的文學淑媛是有特殊意義的。

女性創作的彈詞小説所使用的語言傾向典雅,前已申之。[35] 彈詞小説不必爲一流文學作品,不必爲菁英文類,但是其作者恐怕也絕不是僅僅略識之無之輩。[36] 而没有受過一定水準教育的讀者,也未必能完全欣賞。[37] 因此,彈詞小説可説不僅有性別屬性,還有階級屬性。許多彈詞小説中充斥著賦詩雅集的場面,簡牘來往的情節,雖然未必是好詩妙文,卻仍然有界定讀者層面的意義。江永女書的發現,足以説明這一點。女書作品也使用七字句,可供閱讀或吟唱,在形式上與彈詞不無平行之處。然而比較女書與彈詞小説,其間内容與風格上的距離顯而易見:擱置地域與族群的因素不論,後者的作者與讀者必然具有較高的社會地位與文化水平。[38] 雖則如此,叙事文學在傳統上終究是受烙印(stigmatized)的文類,閨秀如果從事創作,詩詞雅道似乎是更自然的選擇,我們很難想像她們會公開選擇小説這個體裁。然而,事實與此卻似乎有所出入。以《再生緣》的原作者陳端生爲例,她的家世不凡,祖父陳句山是文壇名人,父親陳玉敦也曾任高官。[39] 續作者梁德繩的家族德清梁氏是當時浙江

---

〔34〕 學者已觀察到,明清兩代江南地區中上以上的人家多習於令女兒受教育。

〔35〕 譚正璧就説過,彈詞小説之所以不能演出,原因之一就是"太文"。見其《中國文學進化史》(上海:光明書店,1931),頁312。

〔36〕 譚正璧曾認爲彈詞女作家皆爲此略識之無之輩。見其《中國女性的文學生活》頁388。這個看法與注〔35〕的觀察顯然有自相矛盾之嫌。

〔37〕 彈詞女作家在作品中常表示期待"知音"的心情。這雖然是作家的套語,也未始不暗示彈詞作家預期跟自己處於類似水平的讀者。尤其跟行文較俚俗的小本彈詞比較起來,更顯示出長篇彈詞小説所訴求的讀者不同。

〔38〕 女書作品多使用口語化的語言,講述的主題,則傾向於節烈女的載道故事,或平民婦女生命中的痛苦磨折。女書作品的例子,可參見宮哲兵編《女書:世界唯一的女性文字》(臺北:婦女新知,1991)。亦可參考 Cathy Silber, "From Daughter to Daughter-in-Law in the Women's Script of Southern Hunan," in Christina K. Gilmartin et al. eds. ,*Engendering China*:*Women*,*Culture*,*and the State*(Cambridge, Mass. ;Harvard UP,1994),頁47~68。

〔39〕 參見《歷代婦女著作考》,頁589;亦見陳寅恪《論再生緣》。端生的姊妹陳長生嫁入著名的葉氏家族,其家以家族女詩人輩出聞名。

的望族，其父梁敦書曾任工部侍郎，丈夫許宗彥是當時學者，官至兵部車駕司主事。她本人名列女詩人之林，其詩集題爲《古春軒詩鈔》。[40] 身兼彈詞小説編選家及作者的侯芝，其父侯學詩在乾隆朝及進士第，其夫梅冲則是嘉慶間舉人。[41] 彈詞小説《筆生花》作者邱心如的背景較模糊，然而她的家族在其家鄉原爲士族，[42] 在她作品的自述中也明白表示其父曾爲官宦游。另一部作者姓名不可考的彈詞小説《玉釧緣》，由書中自叙的細節也可以看出作者的家庭背景必然在中上以上。當然，通俗叙事與婦女道德的曖昧關係十分複雜，但是以上這些例子告訴我們，彈詞小説對閨秀淑媛來説並非絕對的禁忌，這也是一個值得注意的現象。至於讀者的範圍，自然較爲寬泛。清初傳爲衛泳所作討論女性美的《悦容編》，其中“博古”一條論及讀書識字使女子有“儒風”，更增美色，作者所建議的“書單”中，也包括彈詞作品。[43] 衛泳所討論的對象是“閨中”，雖然不必定爲家妓者流（如李漁在其《閒情偶寄》之“聲容部”中所述），卻也不限於大家淑女。所以，論及彈詞小説的“文類階級”，或者可以説它是一項“介中”的文類：單以女性來説，它的作者常是閨秀，而其訴求的對象則可包羅較低階層的識字婦女。

不過，雖然彈詞的吸引力上及於名門閨秀，但其與通俗文學的關係仍舊不可忽視。第一，與大多數閨秀才女所從事的詩詞等比較起來，彈詞小説的語言無論如何是較爲淺近的。第二，雖然彈詞小説實質上等於韻文體的小説，完全以文字的形式存在，但是仍不可否認它與演出的彈詞之間的淵源。雖然上階層的婦女不太可能出入

---

[40] 參見胡文楷，頁 544。此外，梁德繩還是著名女詩人與編選家汪端的姨氏，汪端幼年並且曾寄爲其共居，根據陳文述爲汪端所作的《孝慧汪宜人傳》：“宜人受撫於姨母梁楚生夫人，……愛宜人如所生。”阮元《梁恭人傳》則説：“恭人有女兄適於汪，早卒，遺女端，恭人鞠養之，授以詩。”可見汪端曾受教於她。可參見葉德均，《再生緣續作者許宗彥梁德繩夫婦年譜》，收於氏著《戲曲小説叢考》（北京：中華書局，1979）。汪端的公公陳文述廣收女弟子，其支持女教之名與袁枚比肩。梁德繩與當時上層階級才女文化的淵源可想而知。

[41] 參見胡士瑩《彈詞女作家侯芝小傳》，收入氏著《宛春雜著》（浙江：浙江文藝出版社，1984），頁 263~265。

[42] 參見譚正璧《評彈通考》，頁 289~290，以及葉德均《彈詞女作家小記》，收於氏著《戲曲小説叢考》。

[43] 原文爲“如宮閨傳、列女傳、諸家外傳、西廂玉茗堂還魂二夢，雕蟲館彈詞六種，以備談述歌咏”。

公開演出彈詞的"書場"，但是她們可以請女先兒到家表演，甚至可以一連數日。[44] 所以，閨秀背景的彈詞女作家除了閱讀他人的彈詞小說作品之外，仍有機會接觸彈詞演出，並且可能由此觸動創作的動機。在這一點上，再次印證了彈詞小說是一種"介中"的文類。

四、書寫/成名/作者權

即使是在所謂"才女文化"盛行、女作家輩出的時代，書寫對傳統婦女來說，仍是一項在定義上逾越分際的舉動。因此，歷來出現了各種論述，由不同的角度，或者解釋，或者支持，或者質疑，或者批評婦女的文字教育以及其寫作的行爲。理論上，女性寫作，最沒有道德問題的應該是寫"閨範"類的文字。女人寫作這類文字來定義並框範女人，通常總是符合男性的主流意識形態的。[45] 所以在現代人看來，這些寫作閨範文字的女性，不無"假面"（masquerading）之嫌——挾當權階級（男性）之聲口以令自己的"同胞"。[46] 不過即使是這樣的例子，仍然可以解釋爲婦女爲爭取發言權而採取的手段。有趣的是，雖然閨範文字是最安全的書寫形式，而且清代正是這類書籍出版發行的巔峰期，[47] 但是這類作品出自女性而傳世的卻顯然不多，反而是充滿道德爭議的文學作品汗牛充棟。

---

〔44〕 明代田藝蘅(1570 前後在世)的《留青日札》卷二一《綉花娘·插帶婆·瞎先生》條描述其時女先兒到家表演的情形："曰瞎先生者，乃雙目瞽女，……大家婦女，驕奢至極，無以度日，必招致此輩，養之深院静室，晝夜狎集飲宴，稱之曰先生……淫詞穢語，汙人閨耳，引動春心，多至敗壞門風。"見《留青日札》(上海：上海古籍出版社，1992)，頁 400。這段話的背景是明代，其中並且透露出傳統對大家婦女"耽於逸樂"的不滿，以及對彈詞故事"引動春心"的恐懼。清代的《紅樓夢》也常被用來引證女先兒的私邸演出，因爲第 54 回有賈府請兩名女先兒來表演的情節，不過這一節的重點在賈母對彈詞演出中常見的才子佳人題材所表示的批評。

〔45〕 有關男性及女性寫作的閨範類作品，可參見 Tianchi Martin-Liao, "Traditional Handbooks of Women's Education," 收於 *Women and Literature in China* (Bochum: Studienverlag Brockmeyer, 1985)，頁 165～189。當然，女性寫作閨範，有時仍不免欠學之譏，如章學誠在其《婦學》中就認爲《女論語》、《女孝經》的作者雖然"趨向尚近雅正"，但是"才識不免迂陋"，之所以能傳世，不過是嘉其志而已。

〔46〕 "假面"（masquerade）一詞爲法國女性主義者 Luce Irigaray 所使用，不過我在此只是借用來傳達一個較爲簡單的概念，即女性爲了以"主體"（subject）的身份出現發聲而趨奉襲男性的觀點。

〔47〕 由於清代知識分子特別關心婦女的家庭角色，因此出現大量的閨範、家訓等文字。可參見 Susan Mann, "Grooming a Daughter for Marriage," 收於 Rubie S. Watson and Patricia Ebrey Eds., *Women and Inequality in Chinese Society* (Berkeley: University of California Press, 1991)，頁 216。

可見，雖然主流文化對女性的創作行爲多有保留及限制，女作家卻總是有運作的空間、有縫隙可鑽。誠然，女性是在男性的主流論述背景下寫作的；但是換個角度看，她們終歸還是動了筆，並且還隱隱約約建構了一種與男性文字參差相對的不同論述。

詩詞之作的問題足以說明女性文學創作的曖昧性。[48] 學者觀察到，明清兩代無數的女才子，其才既不能施之於廟堂，至少可以選擇退而浸潤於文學的清明世界。[49] 因此，"才"對女性也是正面的特質，而詩詞更被認爲最適於女性的本質，更足以爲閨閣增色，使男性更得以優游於溫柔之鄉。[50] 但是另一方面，人們也關切文學的追求有礙於婦女在家庭中的職司，更可能啓發少艾幼女心中危險的傷春悲秋之思，甚至引發春情，導致越禮的行爲。簡單地說，文學可以刺激女性的欲望而敗壞其德性。所以文才與婦德（尤其是貞節）是可能直接發生抵觸的。當然另一個關切的焦點是"拋頭露面"（exposure）的問題。有時文才的培養以及習作被當作婦女私下的修養，不必爲過，但是如果談到公開出版，或者只是將作品的手稿示之於人（特指男人），問題就變得複雜了。正是出於這種考慮，才會有那麼多筆記軼事，記載有德的才婦堅持自己的作品不可流傳於外，並且在易簀之際焚稿。一般總是以《禮記‧內則》的"內言不出於外"一句來解釋這樣極端"保護"婦女著作的行爲，因爲兩者的基本動機都是爲了嚴男女之防。不過我們大可作進一步的引申解釋。在所謂男女之防的論述中，任何由女性所從出、或與女性相關聯的事物，其實都被等同於她的身體，而她的書寫創作也不例外。如果我們相信傳統上女性的身體一向被視爲"客體物"（object）的話，那麼其實她的書寫也逃不過同樣的命運。以此理推之，則防止婦女作品流傳於外，跟防止婦女的身體被偷窺，對維護其貞節的重要性簡直一樣重要。當然，這種恐懼拋頭露面的心理，令人不期然想起

---

[48] 有關女性與文學的複雜關係可參見 Ellen Widmer, "Xiaoqing's Literary Legacy and the Place of the Woman Writer in Late Imperial China," *Late Imperial China* 13, 2（1992）：111～155。Widmer 處理的雖然主要是十七世紀的女作家，但是對清代婦女仍然相當適用。

[49] 陳東原《中國婦女生活史》（1986〔1928〕），頁257～273。

[50] 李漁的《閒情偶寄》中"聲容部"就詳述如何教導女郎吟誦詩詞（尤其是纏綿悱惻的詞），藉以發揮其陰柔的女性美。

"女性作爲男性偷窺的客體物"（object of male voyeurism）這個主題來。換句話説，女性没有成爲主體的權利。

以上所述雖然是以女性從事詩詞創作爲主，然而，女性彈詞這樣較爲通俗的文類中，其實也存在著同樣的矛盾態度，可能還添上了更複雜的因素。同樣的，女性對叙事文學的興趣可以有正面的價值，也可能有潛在的危險。傳統上，小説的寫作本來就被目爲"小道"，甚至有惑亂人心之嫌，所以小説家永遠需要以道德爲名目來爲自己辯護。對女性來説，小説更是與情慾牽上解不開的結——婦女心志軟弱，最易於惑於小説,[51] 不過，女性彈詞作家對作品"曝光"的態度，與女詩人卻不大一樣；即使是同一個人，當她從事不同文類的創作時，態度也自不同，可以説是採取不同的身份認同（identity）而發言。我們不妨由多方面來考慮這個問題。

首先就是"作者權"（authorship）的問題。Nancy Hodes 在其討論彈詞的專論中曾觀察到，"與演出有關的彈詞"通常作者是完全匿名的，並且無可查考，而"擬彈詞"（彈詞小説）的作者卻常知名，並且多有中上階級的婦女。[52] 不過，這個論點其實應當加以補充：我們仍然必須經過相當的考證才能得知女性作者的身份。彈詞小説的女作家，一如從事小説創作的男作家，通常總是不具名的；我們總是得通過序文或軼事的蛛絲馬跡，層層假設、追索、求證，才得以確定某作品的作者歸屬。[53] 這一點與詩人詞客就大大不同了。詩詞究竟是菁英文類，總是有許多士族階級婦女以真名參加活動，或結社，或出版，而彈詞小説卻關乎俚詞俗曲，閨閣淑媛自然應善重令名，隱形藏迹（我們不可忘記連男性寫作小説也需要一大堆自我辯護）。如果説婦女詩詞的傳世會引起爭議的話，那麼彈詞女作家的隱姓埋名就更是不容二詞了。正如 Virginia Woolf 所説，婦女受制於社會的婦道規範如此之深，以致於匿名對婦女來説簡直淪肌浹

---

〔51〕 女性閱讀與寫作小説，似乎造成放諸四海皆準的顧慮。西方也有類似的爭議。例如，英國十八、十九世紀時號稱 "by, for and of women" 的 "家庭小説"（domestic fiction）盛行，而當時 "misleading" 也同樣形成議題。參見 Nancy Armstrong, *Desire and Domestic Fiction-A Political History of the Novel* (Oxford: Oxford UP, 1987)。

〔52〕 Hodes，頁 21。

〔53〕 陳寅恪在《論再生緣》中追溯其作者爲陳端生，就是最好的例子。

髓。[54] 然而，細讀之下，我們卻發現有些彈詞女作家雖然在表面上遵守傳統規約，匿名寫作，而骨子裏卻似乎有一股衝動，要緊緊抓住自己的作者權不肯放手。作者權的意義，並非來自經濟上的理由（窮一生之力寫作一部彈詞，是不可能以此牟利的），而比較可能來自彈詞小説本身對女性作者與女性讀者所産生的特殊魅力。我們可以假設，創作彈詞小説是女作家一項自我呈現的活動（an act of self-representation），而這批女作家盡力使讀者讀到作者的現身説法，即使身份曝光也不在乎。

既然作品不能署名，又如何讓讀者看到作者的存在呢？根據筆者的觀察，有一些女作家將彈詞演出的一個成規（convention）加以轉化，而成爲彈詞小説中的一個新成規——這個新成規就是將作者的生平資料夾插在作品文本中。

翻閲現存的"與演出有關的彈詞"，可以發現某些作品中，每一章回的開頭都有一段吟咏，其内容與情節發展似乎完全扯不上關係。這種吟咏都有題目，像是"花名唱句"、藥名唱句等等（即以花名、藥名串聯成誦）。一部作品中，每一回開頭的"唱句"都有不同的名目。[55] 這個成規還不僅止於寫成的作品，我們也有證據顯示真正的演出中也有類似的情況。例如《筆生花》這部彈詞小説的第十五回，記錄了内眷聽彈詞的情況，説道説書的女先兒：

> 唱出《小金錢》一集
> 卻是那
> 月嬋求子去燒香
> 梅蕊白　　菊花黄
> 連串花名數得長

可見在彈詞演出中的確有"數花名"這一部分。而根據現存的本子，"月嬋求子"的確是《小金錢》的開場情節，所以"數花名"非常

---

[54] Woolf, *A Room of One's Own*（San Diego：HBJ, 1929），頁 52。

[55]《蘊香丸》（1817）就是這樣的例子。該作品有二十回，每一回都有某一名目的"唱句"，分別是："菜名唱句"、"游春唱句"、"半字唱句"、"雙文拜月集戲文名唱句"、"梅雪聯絡唱句"、"春曉閨思"、茶名唱句"、"春夏秋冬四季唱句末用千家詩兩句"、"曲牌名唱句"。"优儸調情唱句"、"摘西湖景唱句"、"悼亡妻唱句"、"集千字文唱句"、"蟲名唱句"、"漁樵問答唱句"、"用二十四節再以戲文名貫串唱句"、"望良人來集棹歌唱句"、"烟名唱句"。

可能是開場的吟誦段落。或許"數花名"與話本傳統中的開場詩及
入話雖然形式跟內容都不同，但作用相似，本來是説書者在開書時
打發時間、準備聽衆用的，而雖然在閲讀時讀者大可跳過不看，有
些寫作者仍然保留了這個成規。[56]

　　至於彈詞女作家，筆者認爲她們承襲並且轉化了這個傳統成規。
在好些女作家的作品中，每一回的開頭也都有一長段吟誦，只不過
其內容不再是"數花名"，而是提供作者的家世背景、寫作動機、情
緒起伏、以及創作的過程。有時甚至連作者個人的文學批評看法也
寫進去。同樣的用法，有時也出現在回末。[57] 經由這種方式，這些
女作家雖然仍舊遵守社會對婦女的行爲要求，隱姓埋名，但其實卻
達到了保留並且强化其作者權的目的。出版對婦女來説向有露才揚
己、拋頭露面之譏，但是彈詞小説中對私人生命的細節描寫卻等於
迫不及待地揚己露面——幾乎到了自我展示（exhibitionism）的地
步。筆者以爲正是女作家對作者權的迷戀，才導出這個寫作成規的
轉化與建立。筆者同時也相信作者權的問題饒富隱微的顛覆寓意，
因爲女作家對作者權的堅持象徵著成爲主體的主動意願（will），同
時也是表現及詮釋自身經驗的主權——此二者在傳統的婦女觀中都
是不受許可的。我們也可以説此中泄漏出相當的佔有欲，而相對的
在現實以及法律中，明清婦女擁有的並不太多。女作家寫作以成爲
能發言的主體，呈現自我，佔有事物；同時她們還盡力維持對自己
創造的文本的主控權，因此她們自身就必須時刻現身於文本中。當
然，彈詞女作家在作品中的自我呈現絕非驚世駭俗，總還是相當壓
抑，不致於引起嚴厲批評的。事實上公衆意見對此似乎也十分容忍，
雖然婦女的文學活動本身受到爭議，但就個人所知，婦女彈詞作品
中對私生活的自我展示，卻並未引起特別的物議。

　　以下願就筆者接觸過的婦女彈詞小説，選擇一部代表性作品，
以進一步舉證説明卷首卷末吟誦法的使用及發展，以及其中所暗示
的歷史因緣。

---

〔56〕　"數花名"應當與後來所謂的"開篇"類似，可參見李家瑞《説彈詞》。不過"開
　　　篇"一詞，似乎特指後期文詞典雅，成爲表演中單獨一項的短篇唱詞部分。
〔57〕　在拙文的審查意見中，一位審查學者指出，彈詞小説中這種自我指涉的設計成規，或
　　　許與清代傳奇中"字門"以及"下場詩"有關。筆者在戲曲方面學淺，目前不敢隨意論
　　　證，當俟日後請教方家並研究比較後，再將此一觀點加以適當的補足或修正。

五、《玉釧緣》中的自我指涉

《玉釧緣》部頭龐大，而且書中明言“安排彩筆作長篇”，蓋爲案頭之作的文詞無疑。雖然目前所見最早的版本是 1842 年文成堂的，但是一般相信此書的成書年代相當早。[58] 筆者的意見是，陳寅恪考證的《再生緣》（於 1770 年左右開始寫作）很明顯是繼《玉釧緣》而作，所以《玉釧緣》之成書及流傳無論如何不能晚於十八世紀下半葉。學者也認爲作者非常可能是女性，而且是母女二人合作而成。[59] 由於缺乏確切的歷史證據，並沒有下定論。然而該作品中其實還有很多内部的證據尚未被利用，尤其是卷首卷末段落。我認爲《玉釧緣》的確是目前所知最早的女性彈詞作品，也正是第一部轉化卷首卷末自傳性段落的彈詞小説。

若以現代人的眼光看來，《玉釧緣》講述的可以説是一個陳腐不堪的才子揚名顯親、佳人宜室宜家的故事。男主人翁謝玉輝以英姿少年之身護君衛國，成就了一番文武雙全的大事業。而隨著他的仕進之途，他一共娶了七位妻子及一個小妾，其中甚至包括兩位封爲公主的皇帝義女，以及他所征服的番邦公主，故事最後以夫妻各登仙位結束。此書的情節梗概表面上只是一個超長篇的才子佳人故事，不值一哂，而其實彈詞小説的重要性全在細節部分。《玉釧緣》在彈詞小説形式上的典範創立，以及其描繪居家生活的女性觀點等等，在在值得吾人重新評價。全書分三十二卷，而在目錄中，每一卷下又有大約十二個回目。不過書中並不分回，所以目錄中的回目其實比較像是情節提示，而“卷”才是我們一般認定的章回。每一卷可分爲五個部分，即開卷詩，自我指涉的卷首段落，[60] 前情提要，正文，自我指涉的卷末段落。其中卷首卷末段落透露出甚具價值的資訊，對我們瞭解該作者個人以及明清女作家，都有幫助。

---

〔58〕 范煙橋認爲《玉釧緣》是今日所見最早的彈詞小説，成書於明末。不過他並未提出具體的證據。參見氏著《中國小説史》（1927；臺北：河洛出版社，1979），頁 158。

〔59〕 鄭振鐸已經懷疑過作者爲兩名女性，而譚正璧在其《彈詞叙錄》中則直指爲母女二人，其使用的證據是第 31 卷卷首段落中有“女把紫毫編異句，母將玉緒寫奇言”二句。有關作者的問題下文將進一步分析。

〔60〕 此處所謂的“自我指涉”（self-referential）意謂作者的自傳資料，或其寫作行爲的資料。

　　有關作者的身份，最明顯的指涉出現在第二十四卷、第三十卷、第三十一卷。第二十四卷的卷首段落有云：

　　　　春睡不醒長廢筆　　寒威難久而偏耐
　　　　厭來便倩連枝續　　困云還叫阿母仝
　　　　待得此書功業了　　成名一半屬萱年

而在第三十卷則有：

　　　　初九起文臨廿一　　完篇就是賴萱堂
　　　　若知以後如何事　　母女同編部細詳

第三十一卷已近全書結尾，該卷卷首段落說道：

　　　　小窗燈火揮濃墨　　長晝風清作短篇
　　　　昨日完時今日起　　再調詞句入冰弦
　　　　……

　　　　女把紫毫編異句　　母將玉緒寫奇言
　　　　篇篇日益心加勝　　事事俱成意倍歡

由前引三個段落可以觀察到三點。第一，《玉釧緣》的作者當時是一名未婚少女。第二，她家庭中的女性（句中的“連枝”當指姊妹）也參與她的創作，尤其母親更稱得上第二作者。[61] 第三，雖然句中並沒有提到自己的姓名家世，讀者卻可以意識到她追求文名的強烈意願。

　　當然，以上的結論奠基於我們對作者自述的信任。誰說我們不能懷疑這些自我指涉的段落的真實性呢？換句話說，如果單從字面上來看，說這一切都是某位男作家編造的，也不無可能，畢竟中國文學史上偽託作者的例子不可勝數。不過，以筆者個人閱讀此書所有卷首卷末段落的經驗，發現其中指涉到作者私人的部分實在太多也太逼真，應該足以讓我們暫時放棄這個男性偽造的可能性。

　　除了以上三段直接指涉作者的部分，書中的卷首卷末段落中，還多的是背景資料。例如，作者在每卷開頭結尾總是會描述寫作當

---

〔61〕　在此我提出的假設與前人“母女二人合作”的結論不同。如果閱讀全書所有的自傳
　　　　性段落，可發現母親雖一再被提及，但始終是由女兒的立場提及，表示母親是扮
　　　　演輔助她寫作的角色。因此，《玉釧緣》的作者不妨認定為該少女，而以其母為積
　　　　極的輔助者，其他姊妹為參與者。

時的季節。[62] 逐卷追溯，可以發現她是在春天開始寫作的，然後創
作不斷，以大約每季一到二卷的速度進行，最後在第三年的五月完
成全書。也就是説，她總共花了兩年多一點的時間創作了三十二卷
的彈詞小説。以該書的長度而論，這位作者可以説是相當多產了。
此外，作者於寫作過程中不斷使用季節符號，雖然可以説是一種成
規，卻也透露出作者强烈的時間感，而時間感對女作家而言自有特
殊意義，下將論及。

　　季節與時間還只不過是自我指涉段落中的小部分而已。更多的
資料是作者的私人日常生活。我們可以看出她有相當好的家庭背景
（第六卷卷首："玉碗盈盈香茗萃，金爐裊裊篆烟清"），使她得以受
教育並且有餘暇培養文學興趣；她頗受雙親鍾愛，常常與家中的兄
弟姊妹一同舞文弄墨（第二十卷卷首："夜來姊妹争朝起，早旦分箋
共學吟；呵凍競書偏有興，揮毫閣寫倍多情"）。我們看到作者是家
庭中文學小團體的一員，興致勃勃地從事創作。總的説來，在卷首
段落中，作者的自我呈現是無憂無慮的文學少女。至於其社會地位，
至少也是中上。像這樣的定位，在明清才女中應該是有相當代表
性的。

　　不過真正有趣的是作者如何描寫她寫作的動機與對寫作的迷戀；
還有作者如何安排處理自己的時間，以及他人如何看待這種安排。

　　爲了依照傳統要求爲寫作小説辯護，作者在第一卷的開場發表
了一段非常載道的言論。她反省歷史，進而勸導世人盡忠盡孝以成
功揚名。她認爲生而爲人，絕不可安於逸樂，而應該盡力追求現實
成就。她説道：

人道静當高似動　　我言勞卻勝與安
身存化日光天下　　若不施爲也枉然
羅綺衣裳非久在　　英雄事業可長談
……

豈可收心惟盡興　　那堪立世只圖安
人生在世須剛烈　　莫羨林泉水石緣

〔62〕 例如，第五卷的卷首，作者説是："窗外雪花霏絮絮，牆邊梅萼影疏疏"；第六卷卷
　　　首説："爆竹聲中催舊臘，桃符家裏換新春"；第三十二卷卷首説："已過清和日正
　　　長，又看佳節是端陽"。

勸人心

立心須要存忠孝　　莫把安閒誤少年

……

此番一表書中事　　永寫忠貞節義言

作者聲稱這部小說是"忠貞節義言"，這一點也不意外。但有趣的是，這位少女作者深信人生在世必須有所成就，而安閒之樂是沒有價值的。這個宣言對女性來說不可不謂大膽，倒不是因爲她強調道德實踐，而是她宣揚積極參與理想性的探險活動。問題是，這樣的信念如何施之於己——一個閨中少女？她所謂的"人生天地間"，似乎並不僅指男性。容我超越時代與文化，引述十九世紀的英國女作家 Charlotte Brönte 在其 *Jane Eyre* 一書中藉女主角之口所呼喊的話："説人類應當滿足於安詳是沒有道理的：他們一定要有行動……"[63]我們這位十八世紀的彈詞女作家也發出了類似的吶喊；然而，正如十九世紀英國的 Brönte，身爲女性，她並不具有理所當然的行動者的身份。那麼，這位女作家要如何解釋自己對行動的堅持呢？由書中的自述段落，可以看出其實她是處在不斷的矛盾中：成就感與自卑感。

我們可以輕易論證，説明對當時的才女來説，公衆事業既不可得，文學便是唯一的選擇，而寫書是她能想像到的最高成就。因此，寫作對婦女來説是一項具有意識意義的行爲（an ideological act）。寫作等於是在爲自己於女兒/妻子/母親的無名社會角色之外，另外建立一個自我，並且成就聲名。這種野心的證據在《玉釧緣》的自述段落中所在多有。許多彈詞學者認爲婦女常將自己的對性別限制的挫折感投射到作品中，而《玉釧緣》中也的確有詞句顯示這種情況。例如第二十八卷的卷首段落：

愁心不論人間景　　壯志還全卷裏書

作事未成真可恨　　編文將就意偏和

休言今日閒情少　　爲矜我懷有所思

她有何思呢？由文推之，應是世間的成就不容婦女追求（作事未成），而成就卻正是她最重視的。另一方面，寫作又成了野心，而完

---

[63] Charlotte Brönte, *Jane Eyre*, 第 12 章（引文爲筆者暫譯）。

成作品則是她最終的目的。

作者以寫作爲成就的觀念隨著她的寫作過程愈加强化，她也發展出很强的自信心。在第十二卷她仍然很傳統地謙卑自視："陽春美聲還無念，白雪佳名未敢傳"；但是到了結尾的第三十二卷，她卻大膽自稱："篇篇錦綉生奇異，字字琳琅出異香"。這一卷的卷首段落的結論是："玉釧良緣三十二，世人由道此無雙"。女作家的謙卑毋寧是比自信更容易瞭解的，何況一般的作品中，擊節贊賞的工作應該是出現在序跋或點批中，而不是由作者在正文中夫子自道的。可見《玉釧緣》的女作者不但對自己的創作有特別的感情，還有强烈的"成名"意願。最後，在第三十二卷的卷末段落中，作者回溯到她第一卷對人生目的的聲明：

　　此書不勸圖安樂　　我語惟祈奪利名

"利"與"名"已經是强烈的字眼了，更何況她還用了"奪"這樣的動詞！在中國文化傳統中，有幾個作家肯公然擁抱追求名利的觀念？《玉釧緣》作者在這一點上是相當極端的，尤其對女性來說，對"名"的追求更是極具爭議性。例如，章學誠在他 1797 年的《婦學》篇中，就特別指摘近世才女好名之非禮與有悖教化。[64] 所謂"婦人文字非職業，間有擅者，出於天性之優，非有爭於風氣，騖於聲名者也"。他因此攻擊袁枚與其女弟子將婦女的才學公諸於世。章氏認爲求名本是腐敗的根源，閨中清静，絕不可沾此惡習，所謂"丈夫而好文名，已爲識者所鄙，婦女而騖聲名，則非陰類矣"。雖然章學誠的攻擊矛頭指向袁枚，也不能代表當時公議，但是他的確點出以婦女而騖聲名，是可能被認爲有傷男女千古大防及名義綱常的。

猶有甚者，該作者還洩漏出佔有的欲望——佔有英雄功業或文學令名。她在最後的自述段落中表達她對作品的期望：

　　人將詩集傳世上　　我以彈詞託付心
　　休向琵琶邀俗賞　　願爲閨閣供清聽
　　今朝玉釧良緣就　　回思再做巧姻緣

---

[64] 有關章學誠的《婦學》，可參見 Susan Mann, "Fuxue（Women's Learning）by Zhang Xuecheng: China's First History of Women's Culture." 收於 *Late Imperial China* 13, 1 (1992): 40～62。

由此可見,她之所以不發表詩詞之作,而轉向彈詞小說,是一項非常自覺的選擇。由她的自述中,我們得知她也學詩,但是談到成就與發表,她卻選擇了較不雅正的彈詞小說。其中決定的因素,筆者認爲正是傳世的觀念。她堅持成名,而彈詞小說比起詩詞來,較不受男性的壟斷,因此是更好的成名工具。她的計劃是寫作更多的彈詞作品(例如續作《巧姻緣》),使之公開流傳,藉以成名;只是她的續作計劃似乎並未實現,而是由後來的陳端生續作了《再生緣》。像這樣公開宣稱選擇彈詞是爲了傳世的例子,在其他的女性彈詞作品中仍常常出現,並不是單一的特例,限於篇幅,在此不贅述。

以上所述,似乎顯示作者對作品充滿信心。其實,相反的情緒卻也如影隨形。她有時稱自己的作品爲"殘香剩色"或"斷簡殘篇"(第十五卷卷首),又說她的創作是"無爲編書"(第二十二卷卷首)。同時,她還表示並不期望有人欣賞:"修就彈詞惟自玩,曲中亦不望誰憐"(第十二卷)。當然我們也可以說這些都是成規的修辭,但是既然這些謙詞與自信之詞互相重叠,就的確顯露出作者對讀者反應的關心。她越是聲稱不在乎別人的反應,我們越是看清楚她介意批評,可能尤其是男性讀者的批評。所謂"願爲閨閣留清聽",意謂限定讀者爲閨閣中人,或許正反映出這種關心。而她的自謙,聽來更像是自我維護。

這種"野心"與"無爲"之間的矛盾,又可以用作者對時間的態度來說明。一個人安排時間的方式,可以暗示出他在社會中的定位(包括階級與性別)。彈詞學者常常把彈詞對婦女的吸引力,部分歸功於特定階級婦女享有的充裕閒暇。例如,鄭振鐸就說:

　　彈詞爲婦女們所最喜愛的東西,故一般長日無事的婦女
　們,便每以讀彈詞或聽唱彈詞爲消遣永晝或長夜的方法……
　　正投合了這個被幽閉在閨門裏的中產以上的婦女們的需要。
　　他們是需要這種冗長的讀物的。[65]

當然,這段話頗有可議之處。首先,所謂"中產以上"婦女是否真的"長日無事"? 次者,即使這種婦女無事纏身,他們之讀、聽、寫彈詞是否只有排遣時間這個理由呢? 我們至少已經看到野心勃勃的《玉釧緣》作者是個例外。不過,在長篇巨部、曠日費時的彈詞中,時間倒的

---

[65]　鄭振鐸《中國俗文學史》,頁353。斜體字強調部分爲筆者所加。

確是舉足輕重的因素，畢竟創作或僅僅傳鈔一部彈詞小説，可能花上數月甚至數年的時間。前面我曾經以閒暇的特徵來界定《玉釧緣》的作者爲來自中上階級的未婚少女，因爲她的家庭背景顯然使她可以免於勞力，至少家事從來不曾出現在她的自述段落中。當然，或許她只是没有寫到這些事情，但即使如此，也表示她不認爲家事勞力是她生活中的重要部分（如果比較其他詳述家事負擔的彈詞女作家，這一點尤其明顯）。另一方面，她的性別則排拒她從事公開意義上生産性（"productive"）的活動。因此，她的閒暇正是她的社會定位的象徵——階級與性別。

而當她把大量的閒暇時間花在寫作或閲讀彈詞小説上時，家庭與社會的主流意識是否認爲這是無害的呢？如果説主控階級認爲受控階級享有過多空閒時間是危險的話，那麼時間的管理是否也是社會控制的一種形式？《玉釧緣》的例子似乎也可以讓我們考慮這個問題。

在《玉釧緣》的卷首卷末段落中，作者不厭其詳的提醒讀者，她是如何日復一日焚膏繼晷地從事創作。在第十五卷她表示白天寫作還不够，必須延續到晚上（"芸窗晝短功夫減，蘭室宵遲磨硯勤"／"惱殺我來偏晝短，總由殘筆到黃昏"），後來，黃昏也不够了，更深夜半也要寫（第十八卷："晝短不妨長夜在，漏遲何礙小窗遲"、第二十一卷："遲遲不問更深否，切切惟隨墨迹游"）。我們注意到在這些段落中，似乎作品的品質倒不是重點，反而是她花了多少時間才重要。我們也發現她總是埋怨白天時間不够。這是説白天本來很短，還是説她在白天有其他的事情（女紅？），文義並不清楚，不過我們至少知道她在晚上放棄了休息或甚至其他工作，以專心寫作。

她這樣處理時間是否可以爲他人接受呢？作者似乎没有提起，只是告訴讀者她個人很喜歡如此的創作生活。只有一處她隱約提到別人對她的時間安排的反應。這是在第二十五卷的卷首段落，當時她因正月過年而停筆了一陣子，正重新拾筆，所以想要解釋自己爲何有所停頓。她説：

> 弟姊引頑心自倦　　爹娘珍惜筆稍寬

這是説手足試圖以玩樂分其心，而父母又介入勸導，使她暫歇筆墨。句中看似完全正面的詞——"珍惜"——其實暗示了父母對她的寫作習慣的不滿或顧慮。這層顧慮我認爲正是針對著她的時間觀念而發的,因爲寫作剝奪了她的休息時間,或者有礙她從事其他的婦女日常工作。

我們不妨假設作者父母的態度代表社會主流的思考方式。在這個思維中,時間的處理並非女子得以完全掌控的私人事件,而《玉釧緣》的作者在此暗示的正是她長時間從事寫作,是有可能引起疑問的(即使疑問的出發點是爲了維護青年女子的健康)。女作家意識到外界對此的可能批評,也自覺其時間利用方式的可能危機。不過,長時間寫作的行爲越是有潛在的危險性,似乎女作家卻反而越是想公開自己日以繼夜的努力畫面。我們甚至可以懷疑其中是否有些誇大的成分呢。彈詞女作家的創作時間感,反映了掌控自己生活的慾望;而時間感在作品中的呈現,更象徵表明自己創作者身份的努力。

六、結　論

清代的女性彈詞小説家,其實與女詩人女詞人份屬同類,也就是所謂的"才女";雖然女詩人未必垂青彈詞,但是凡以彈詞小説名家者,多半都有作詩填詞的記錄。當時,論雅正抒情則有詩詞曲賦,論通俗敘事則有白話章回小説,而某些女作家卻獨獨鍾情於介乎其中的彈詞小説。彈詞之受女性歡迎,自有各種外在與内在的因素,但是論到創作,則不得不考慮女性對文名與作者權的自覺意識。

明清兩代的部分文人本來就發展出一種對女性文化的推崇,將女性"清"的美學特質與男性文化實務性的"濁"加以對比。[66] 在這種論述下,男性文人得以投射自己受挫的理想,而女性則獲得施展才情的縫隙。婦女創作彈詞小説,其實也是在這種對才情的重視下進行的,只是敘事文學的本質,並不著重超越性的清空性靈,所以現身在彈詞小説中的女作家,其自我呈現便不同於女詩人。女作家一方面符合通俗敘事文學以情節爲重的習慣,一方面卻又轉化口頭演出的成規,在卷首卷末經由自傳性的煩言絮語,叨叨念念展示自己的作家身份與意識。筆者所徵引的《玉釧緣》彈詞,其實只是這種寫作方式的早期範例而已;後來的女作家,對此還發展出各種變體,各有側重。但是她們的

---

〔66〕　參見孫康宜《走向男友雙性的理想——女性詩人在明清文人中的地位》,《中央日報》1995 年 3 月 5 日至 9 日。亦可參考 Susan Mann,"Fuxue (Women's Learning by Zhang Xuecheng:China's First History of Women's Culture"。

重點,都在於情節之外呈現自己。此外,經由女作家的自述,我們知道選擇彈詞小說來創作,除了這個文類本身對婦女的吸引力之外,更是一種策略性的選擇,因爲寫作彈詞比寫作詩詞更易於成名,也利於流傳。這種成功成名的慾望,其實與理想中女性文化的清靈之氣是相悖的,但是我們卻也可以觀察到當時女性試圖建立主體性(subjectivity)的另一個角度。如果彈詞小說是象徵性的女性文學,則其意義並不止於其女性讀者與作者的數量比例,而在於清代致力於叙事文學的才女,如何將這個文類詮釋成同時與詩詞或章回小說相對的文類,從而暗示出女性文化異於(男性)大傳統的某些特質。

※ 本文原載《近代中國婦女史研究》第 3 期,1995 年。

※ 胡曉真,美國哈佛大學博士,中央研究院中國文學研究所副研究員。

前近代中國的女性醫療從業者

梁其姿

在前近代中國社會，具名望的專業醫者幾乎全是男性，而適合良家婦女待的場所就只有家庭。然而，女醫或參與其他醫療行爲的女性仍大不乏人。這個現象必定值得仔細探索。很明顯地，女醫提供了男性醫者所不能提供的服務，這符合了社會的需求，這種需求極大部分是因爲性別隔離所造成的，自宋朝（960~1279）以來，這種區隔就日益嚴格。

女醫不受信任主要由於她們是不可或缺的，這種弔詭的情況逐漸形成一種關於她們的論述，本質上是受到理學意識形態的污名化。這種論述自元明時期（1279~1644）開始就特別盛行，顯示這些婦女的出現所造成的焦慮，而不是她們的實際社會影響力。

首先，這篇論文將嘗試描繪這種論述形成的歷史，然後評價歷朝以來這些婦女的社會影響。透過這篇研究，我們希望評估女性醫療從業者的形象與現實之間的差距，這裏所謂的女性醫療從業者包括了大多名不見經傳且不識字的產婆和各式女醫，以及有能力撰寫醫書的女性。

一、有關"三姑六婆"論述之演變

近來費俠莉（Charlotte Furth）所作的有關明代女醫者的一篇研究，將這些女性醫療者在文學裏的再現以及自十四世紀起有關"三姑六婆"的用語，作了很好的分析，費俠莉將這個用語譯爲"三個姑姑和六個奶奶"。[1] 三姑實際上指的是宗教婦女（尼姑、道姑、卦姑）；六婆則是"牙婆、媒婆、師婆、虔婆、藥婆、穩婆"。其中六婆中的三個明顯是與醫療專業有關。這個家喻戶曉的名稱在些微不同的脈絡下仍沿用至今，一般認爲這個用法是由元代學者陶宗儀

---

[1] Charlotte Furth, "Women as healers in the Ming", 1995, manuscript. 於此感謝費教授讓我引用她未發表的論文。

（1316～1402）在 1366 年的《輟耕錄》中首次提及。[2] 陶在書中還加入了這些婦人是社會亂源的看法，宛如她們是蛇蝎，而尊貴之家應當迴避。明清時期（1368～1911），“三姑六婆”的説法隨著許多文學作品，將女醫描繪爲無知和邪惡的，並且廣受社會揶揄。女性醫療者的這種負面形象以及“三姑六婆”的説法到底是如何形成的？

（一）宋代（960～1279）

對專業婦女所帶來的不良社會影響的關注始於北宋（960～1127）末年理學家。目前尚存的最早的官箴之一《作邑自箴》，作者李元弼在書中警告説：“勿放尼婦出入，收生婦事畢亦然。”[3] 作者沒有提出這個告誡的理由。同時代類似的另一官箴也警告家長不要讓舞妓以及“百姓婦女出入貿易機織”，因爲會“教子弟姦淫”。[4]

不受信任的專業婦女的類型在宋代逐漸定型。南宋（1127～1279）著名的《袁氏世範》的作者袁采（1140～1190）告誡説：“尼姑、道婆、媒婆、牙婆及婦人以買賣針灸爲名者，皆不可令入人家。”[5] 這裏對“壞”女人的定義已相當清楚：宗教婦女、仲介以及靠醫療服務維生的婦人。要再約一世紀後，九種被卑視的職業婦女才被“三姑六婆”用語定格下來。

（二）元代（1271～1368）

“三姑六婆”這個用語很可能在元代正式形成。事實上，至少有另一位學者在陶宗儀前提過這個名稱：官箴《吏學指南》（1301 初版）的作者徐元瑞。在這本官箴中，他警告説，這九種婦女除了會招致敗德外，還常會藉由不當行爲干擾行政，帶來腐敗。據徐元瑞的説法，爲地方官首要之道應該盡職去取得有關這類女性的訊息，就如同在調查小偷、強盜、酒店、妓院、客棧等等。[6] 從徐使用“三姑六婆”一詞的方式看來，此詞在十四世紀初就已經明顯帶有不道德的含義。

---

〔2〕 陶宗儀《輟耕錄》（1923 武進影印本）卷一〇。
〔3〕 李元弼《作邑自箴》（1117 自序）（《四部叢刊》續編影印宋板）1:3 上。於此感謝柳立言先生向我提及此書的重要性。
〔4〕 陳襄《州縣提綱》（長沙：商務印書館，《叢書集成》初編，1939）1:4。
〔5〕 袁采《袁氏世範》，（《筆記小説大觀》四編四册，影印明初板）卷三〈治家〉。
〔6〕 徐元瑞《吏學指南》，《居家必用事類全集》（臺北：中文出版社影印 1673 日本版，1984）辛集，15:75 下，78 下。

因此，陶宗儀在他 1366 年出版的名著《輟耕錄》中用了一個其實已經通行的詞。像徐元瑞一樣，陶宗儀首先説明何謂這九種專業婦女，然後強調她們的敗壞道德的本性，並警告持善之家與之保持距離。

經由上面的簡單描述，我們可以歸納出以下幾點：首先，參與構成這個詞的文人基本上是不具醫學背景的學者。他們主要是道學家和帶有道學理念的官員。"三姑六婆"一語或許在十二世紀中葉開始形成。有一點要指出的是，司馬光（1019～1086）在其《家範》中，並没有提到這些婦女。其次，在受質疑的專業婦女中，宗教婦女和産婆是逐漸被鎖定爲主要的批判對象。這九種婦女有一個共同點：由於職業的特性，她們是少數能够接觸内闈中"良家"婦女的公衆人物。第三點，歷代以來社會對這些婦女的不信任增強了。這種改變或許與性別隔離的加强有關，當時良家婦女活動的範圍只侷限在家内。除了對家庭生活構成威脅外，這些專業婦女亦逐漸被視爲是公共危險，因爲只有她們是與官府有直接接觸的職業婦女。我們可以經由《吏學指南》中"正内"一段有關"三姑六婆"的描寫來證實這項事實。[7]

"三姑六婆"的用語後來通過明清時期説書人，傳播了這些職業婦女的負面形象。每當作者需要創造滑稽的效果，或者要挑起讀者的反感情緒時，他們往往以"三姑六婆"的角色來達到目的。很快地，對庸俗的、無知的、粗鄙危險的産婆的諷刺描述，就在許多明清的通俗小説和戲劇中出現。[8] 所有這些都强化了這類婦女是卑賤的和不名譽的刻板印象。

然而，這些專業婦女的形象與她們的真實社會地位有何差距？特別是那些我們所感興趣的女開業醫？這個問題相當難以回答，因爲産婆和各式女醫的身份和社會角色在歷史中一直變化著。我們將探查她們的歷史發展，特別是自宋以來的變化，因爲中國的醫學知識和制度到宋代逐漸達到成熟的階段。這個時期的理學亦有長足發展，大大影響了婦女的活動，因此也影響了社會對女醫的看法。

---

〔7〕　徐元瑞《吏學指南》，《居家必用事類全集》15：71 下。

〔8〕　Angela K. Leung, "Autour de la naissance：la mère et l'enfant en Chine aux XVIe siècles", *Cahiers internationaux de sociologie* 76，1984，p. 59；Furth，1995，p. 24～25.

我們主要將透過醫學文獻、方志和各式不同資料，來分析產婆和女性治療者的情況。

二、女醫角色的改變

(一) 產婆

1. 南宋以前

接生是一個歷史悠久的職業。從漢到晉，我們可以讀到一些以接生技術（助產、看產）著稱的個人——特別是婦女的零星資料。[9] 那時尚未有專門的名稱來稱呼"產婆"這種專業。唐代的產科醫書，即中國醫學史中最早的產科文獻，以"產時看生人"指稱接生者，像咎殷九世紀中葉所著的《經效產寶》就是其中一例。[10] 不僅沒有合適的詞彙來稱呼這種專業，這些工作者的性別也沒一定。接生者的面貌是抽象與模糊的。儘管今日我們會推測或許大多是女性。

甚至到了北宋，在醫書中仍沒有對接生者慣用的名詞。楊子建1098 年所寫的產科名著《十產論》，後來被收錄在第一部全面討論婦女疾病的醫書《婦人良方》（1237 出版）中，書中對接生者常稱作"看生之人"或"收生之人"。和咎殷相較，楊子建並未讓我們對這些接生者有更清楚的認識，卻提醒我們這些人之中少有真正的專家。[11]

這個時期的非醫學文獻中，各種有關照顧生產或因生產導致的疾病的專業婦女的稱謂混雜在一起。北宋官員郭茂恂在 1101 年撰一文，後來收在上述陳自明的《婦人良方》中，文中指出他在 1068 年正在山東濮郡任幕府，郡上一位胡姓蓐醫透露給他一帖治產後疾病的秘方。[12] 然而從這個名稱我們仍看不出這位醫者的性別。

不過類似"產婆"這種隱涵了具有一定歲數的婦人的稱謂，自十一世紀以來偶爾會出現在非醫學文獻中。知名的儒臣歐陽修（1007～1072），在一篇寫於 1063 年有關宮女假冒懷孕的文字中，告訴我們負責產科的醫官共有十二位，另有三位名爲"坐婆"的產婆，這些人

---

〔9〕 李貞德《漢唐之間醫書中的生產之道》，《歷史語言研究所集刊》第 67 本第 3 分，1996，頁 563。

〔10〕 咎殷《經效產寶》，《中國醫學大成》第 28 冊（上海：科學技術出版社 1988）3：21。

〔11〕 陳自明《婦人良方校注補遺》（上海：科學技術出版社 1995）17：454～458。

〔12〕 同前書，18：468～479。

是都由宮廷使喚。[13] 在北宋，"坐婆"這個詞（可能是來自"坐草"），[14] 有可能是第一個用來指稱接生婆的稱呼。

另一個北宋王易（1004～1081）所寫的遼代宮廷嬰兒生產慣習的記錄中亦提到接生婆。他告訴讀者，替契丹皇后接生的"穩婆"是燕京某位高姓婦人。然而，目前這段文字是由陶宗儀所編輯的，他對"三姑六婆"一名詞的定型有較深入的興趣，讓我們懷疑是否原先的名詞已被他更改成迎合明初讀者的"穩婆"。[15] 前面我們提到的十二世紀作者李元弼，仍然使用"收生之婦"（見上文）來指稱產婆，並建議行旅中的官員，若有孕婦隨行，無論到哪裏都應調查當地的接生婦，以備接生之用。[16]

因此，十二世紀前的醫書對於接生的專業人員，並沒提出一個特定的形象，而一般社會開始逐漸把執行接生的人視爲上了年紀的婦女。還有很重要的一點要提的是，除了李元弼的著作外，這個時期沒有任何文獻將產婆描寫成道德低劣的人。在王易所舉的例子中，從稱謂"高夫人"看來，該產婆似乎享有不錯的社會地位。另一個有趣的例證是在王易的描述裏，除了高夫人外，另一個幫助皇后生產的人是個男的，同時還是翰林院士，契丹抹卻眼。[17] 由於遼代相當漢化，可以想像中國一直到這個時期，爲婦女接生者未必清一色是女性，上層社會尤甚。

2. 南宋時期

在南宋時（1127～1279），婦科成爲醫學知識的一門專科，以至於我們可以更清楚地知道接生者的面貌，不僅在文學作品裏，而且實際出現在醫學著作中。

在文學作品中，各式指稱產婆的通俗詞彙被沿用。例如洪邁（1123～1202）的名著《夷堅志》就經常用"乳醫"來稱呼接生的人。書中一則故事叙述了衢州（浙江西部）一名叫做龔濤的出生經過，當他母親正準備就蓐時，叫來接生的是位"乳醫"。[18] 《夷堅

〔13〕 《歐陽文忠公全集》1819，119：9 下。
〔14〕 有關"坐草"一詞的解釋，參看李貞德 1996。
〔15〕 王易《重編燕北錄》，（陶宗儀《説郛》1827 重印明刻版）38：17 上。
〔16〕 《作邑自箴》10：51 上。
〔17〕 同注〔15〕。
〔18〕 洪邁《夷堅志》，乙集 18：3 下。

志》中另一則故事記載了一名資州（四川）的乳醫，名叫趙十五
嫂，被一名修道成仙的老虎找去幫牠難產的太太接生。[19] 從這故事
中我們可以看出，此時乳醫大概是女性，或者簡單地説，就是產婆。

另一方面，這個時期的醫學文獻詳述了待產的適當方式以及所
需的"正確"的助產。專業生產照顧者的名稱更進一步決定了她的
形象是一位成熟的婦女。

南宋初期朱端章所編的產科醫書《衛生家寶產科備要》
（1184），對生產的準備提供了詳細的建言："產婦房門常須關閉，選
一年高性和善產婆，又選穩當恭謹家人壹倆人扶持".[20] 這個"經
典的"意見後來被一再地引用在產科醫書中。

朱端章亦大篇幅徵引了另一位南宋初年的醫生虞充的看法："大
抵有孕婦之家，選擇老娘最爲先務，既得之則令與產婦游處情熱，
入月則令守月，不可歸時倉促呼喚，卻致誤事。又老娘收生，風俗
多有不同，閒時宜先令詳説次第，或有未便款曲，與之商量，不可
一切任之。此若選擇得人，則上下安心，產婦亦免憂疑".[21] 朱端
章和虞充對當時產婆的處境感同身受，給予產家合適的忠告。後來，
醫者才逐漸開始對產婆越來越不信任。

上文提到的陳自明是首位沿用朱端章的看法的醫生。在他的經
典醫書中，他告訴讀者，應擇年高歷練生婆一人，以及可靠、有經
驗的婦人一二人來扶持產婦。[22] 在同書中，陳自明數次使用了"坐
婆"這個詞來稱產婆，其實這在一世紀前就被歐陽修所用。他不時
明確指出接生時必須有諳練的坐婆。[23] 南宋時代，出生的場景顯然
已全由婦女主導，而且特別是經驗豐富且有一定年齡的女性。

從陳自明的書中，我們可以領會正統男性醫者對在純粹女性環
境中執行任務的產婆所產生的複雜情緒：他們清楚應該要依賴產婆，
她們是順產的唯一關鍵；但同時，產婆亦被懷疑無法勝任這種工作。
一個技術不精的產婆被視爲難產的罪魁禍首，所謂："多端下手，惊
動傷早，則橫、倒之憂，從此而致也。"的確，男性醫者主要的憂慮

〔19〕 洪邁《夷堅志》，乙集4:6 下～7 上。
〔20〕 朱端章《衛生家寶產科備要》（1184），(北京:人民衛生版社 1956 影印宋版)3:27。
〔21〕 同上，引自虞充《備產濟用方》（1140），6:54。
〔22〕 《婦人良方校注補遺》16:441。
〔23〕 同上，24:618。

是産婆過早或過多的干預，導致産婦疲勞。的確，"坐草太早，兒轉亦難，致令産難……抱腰之人又不穩當，致令坐立傾側，胎死腹中"。因此他認爲"不可輕信坐婆，妄用方法，多有因此而亡。"[24] 此後數個世紀，男性醫者一直傳達出這種憂慮。

然而，正統男性醫者都必須承認，他們往往也從産婆那裏學會一些知識：在楊子建的《十産論》的註脚中（可能是陳自明自己寫的，或者是其他南宋的專家），作者説他在福建從一位坐婆那裏學到如何處理産後腸子不收的問題。他然後説："此良法也，後學不可不知。"[25]

這種對産婆的複雜情懷來自她們已經成爲生育過程中不可或缺的人，並且常在産房獨挑大梁。這種不可逆轉的趨勢，起因於社會性別隔離的加強，此外還有把生産視爲污穢之事，爲男性的禁區，因此將産婆送上接生的關鍵位置。這對無論在外貌上或内涵上都已逐漸偏向理學的宋代主流男醫是最爲莫可奈何的事。

3. 明清時期

就如同上述我們所見，男性儒醫和産婆間的這種微妙但擴增的對立引起了"三姑六婆"詞彙的出現，此發展不會晚於十四世紀初。男性醫者已經開始描述無知産婆可怕的魯莽。[26] 就像同時代法國的"收生婆"（matrone）是"衆矢之的，她們背負難産最大的責任。有時被指謫太消極，有時罪名是介入太多，但無論如何，總是被認爲愚蠢野蠻。"[27] 當醫學正統正致力於建立和鞏固的時候，對非我族類的産婆的不信任有普世性。

另外，産婆因替社區所執行較不受尊重的職務，加深了人們對産婆的猜疑。例如她們是女性性器官的專家，明清時期的産婆常被官府徵調去爲刑案檢驗年輕婦女是否處女。明代的學者馮夢龍在他編的小説《錢秀才錯佔鳳凰儔》中，描述了地方官如何藉由"喚到老實穩婆一名，到舟中試驗高氏是否處女"，[28] 破了一個案子。她們也被要求去監督女性的罪犯和罪案受害者。清初經驗老到的縣官黄六鴻建議

[24] 《婦人良方校注補遺》16：441、17：453、18：486。

[25] 同上，17：458。

[26] Leung, 1984, pp. 59~60, 引張從正（1156~1228）；Furth, 1995.

[27] Mireille Laget, Naissances. L' accouchement avant l' âge de la clinique, (Paris: Seuil 1982), p. 206.

[28] 馮夢龍《錢秀才錯佔鳳凰儔》，《醒世恒言》（香港：中華書局，1980）7：148。

爲官者雇用老成"媒婆或穩婆",看守盜匪之妻以及被誘拐和强暴的
婦女,以防她們自殺。[29]

明代的宮廷產婆除了接生嬰兒外,還需執行其他職務:檢查待
選入宮的乳母的"乳汁厚薄,隱疾有無。"她們也參與待選宮女的檢
查,要"辨別妍媸,可否如選"。[30] 這裏的標準包括了外貌以外的
條件。應當隱含了她們的生育能力,甚至還包括是否處女在内。

產婆或許不是最具聲望的人,有時只是地方驗尸官的助手。不
管何時發生牽涉女性死者的命案,就要靠她們出馬。她們必須去檢
查女性尸體的性器官,看與性犯罪有無關聯,或者女死者是否懷孕
等等。[31] 產婆因經常與女性身體有接觸,因此沾染上一種顛覆性的
力量,使她們往往被懷疑介入各種陰謀,更鞏固了她們不潔的形象。
就像法國的"收生婆"一樣,中國產婆的角色"超越了生育的範
圍。有時候她們也醫治男人,甚至動物,有時也替死人净身。這些
'萬能幫手'操弄著生命的兩端。教士指控她使弄魔術,甚至懷疑她
是個巫婆。"[32] 這個形象與中國產婆的形象極爲相似。

然而,儘管產婆有這些負面的形象,在專業接生上,她依然是
無可替代。中國的男醫不碰觸接生,歐洲的情形類似,直到啓蒙時
代,西方男醫生才接掌接生的工作。[33] 在中國,雖然對產婆猜疑和
侮辱的字眼從不間斷,但產婆一如往常地繼續她的工作,完全地瞭
解她的不可或缺性。對產婆的批評用語和她的真實社會角色及重要
性間有相當大的鴻溝。

更仔細地看各種不同的文本或許可以提供我們另一個角度看問
題。儘管道學者、正統男醫塑造了產婆的刻板印象,但對各種社會
階級的家庭而言,產婆依然無可替換,除非有緊急狀況(富有人家

[29] 黃六鴻《福惠全書》(臺北:九思出版有限公司按日本汲古書院影印和刻本影印,
1978),13:2 上、18:9 下。

[30] 沈榜《宛署雜記》(北京:古籍出版社,1983),84。

[31] 《福惠全書》16:2a。

[32] Jacques Gélis, *La sage-femme ou le médecin*: *Une nouvelle conception de la vie* (Paris: Fa-
yard, 1988), p. 18.

[33] 有關男助產在法國的歷史發展,參看 Gélis 1988. 有關在英國的男性接生者,參看
Adrian Wilson, *The Making of Man-Midwifery*: *Childbirth in England*, 1660~1770 (Cam-
bridge, Mass.: Harvard University Press, 1995). 在兩國,男性專業外科醫師在十八
世紀早期以後就漸取代了傳統收生婆的角色。

在此情況下可能會另外找正統男醫生）。對男性醫生而言，產婆也是一個寶貴訊息的來源。靠著專業，產婆有時獲得特權、財富以及受人尊敬的社會地位。

首先，事實上，男性醫者可辨別優秀產婆的能力。大部分可將有經驗、技術高的產婆和笨拙的產婆作區別。在諸多醫生中如此做的，其中一位是虞摶（1438～1517），他建議產家應雇用年長有知識的產婆。[34] 隱約說明社會中這類產婆大有其人。更重要的是，男性醫者繼續視有經驗的產婆爲寶貴的知識來源。明代名醫薛己（1487～1559）在校註陳自明的經典醫書中，常透露出他對產婆的尊敬。他"經常詢諸產婆"如何處理產婦的各種產後症狀：像"胎衣不出，腹胸痛等等"。[35] 薛己經常與產婆接觸也使得他成爲產婆們的傾訴對象。她們告訴他有關專業的個人經驗，他也把這些經驗寫進醫書中。他甚至親自參與一位產婆女兒的接生，並救了這個他形容爲"勤苦負重"的女性的性命。[36] 另一位名醫武之望（？～1629）也承認在解決產婦氣虛問題上，許多產婆給了他有效的處理方式。[37]

另一位名醫萬全（1495～1580）也承認各種難產、橫生等危急情況，只有有經驗的產婆才能解決問題。[38] 在一個男性不親自參與生產過程的制度下，男醫生所撰的醫學著作中有關產科的討論極多根據與他們所認識的產婆溝通的經驗。其次，專業上獲得名聲的產婆在她們的社區中是可敬的人物。十八世紀的揚州一位王氏將她的開業場所命爲"收生堂"，一個衆所周知的地方事業。這位夫人在她六十歲時以她傑出的技藝和再版產科的通俗著作《達生編》聞名。[39] 重印這本以白話寫成的清初醫書被視爲那個時代的慈善行爲（因此書不但方便醫家，也方便了一般家庭），特別是這本書的內容仍有對產婆的刻板印象和侮辱的話。這說明了王氏的職業精神和非凡的信心。至晚到了清統治後期，我們仍然可發現在主要城市有非

---

〔34〕 虞摶《醫學正傳》（1617 序版）7:45 上。

〔35〕 《婦人良方校註補遺》18:486～487。

〔36〕 同上，17:454。

〔37〕 武之望《濟陰綱目》（1728 序版）11:4 下。

〔38〕 Furth, 1995, pp. 26～27.

〔39〕 李斗《揚州畫舫錄》（1795）（臺北：學海影印版，1969）9:25a。《達生編》的版本很多，此書的初版多認爲是 1715。作者匿名，有關此問題的最近研究，可參看賈治中、楊燕飛《達生編及作者考》，《中華醫史雜誌》26/2，1996:103～105。

常多的民間產婆。一位北京的文人視產婆是無知和無情的典型，他觀察到北京產婆，地方上叫"姥姥"，"一般無知的愚人信如天神，細一問他，連《達生編》都没念過（不識字）"。[40] 儘管作者沿用了傳統對產婆的批評，但從遼代的高夫人到清揚州的的王氏，以至清末北京的姥姥，我們看到一個不間斷的和可敬的產婆傳統，爲城市較富裕的家庭、名醫、甚至宮廷所信任。

宮廷的需求的確是產婆傳統得以維持在最高水準的一個因素。Victoria Cass 的文章是第一篇探討徵召到明代宮廷中的產婆、女醫和乳母的研究，提供我們一個獲選入宮的這些婦女的一般圖像。[41] 明代官員沈榜（1550～1596）在《宛署雜記》（1593）中告訴我們，宮廷產婆是由在京師執業的產婆中所挑選的。"如内庭有喜，則先期預集老于事者直宿，日夕候之，事定乃罷。諸婆中有一經傳宣者，則出入高髻彩衣如官妝，以自別於儕伍。民間亦以此信而用之。"[42]

成功的都市產婆不僅享有社會認可，也享有財富。清代來自杭州的名士袁枚（1716～1798），他對所見所聞的民間習俗特感興趣，告訴了我們有關嘉興縣一位名叫阿鳳的穩婆的奇遇。她"以收生致富，遠近生育之家必延之至，始無難產。"[43] 阿鳳的奇遇就是替鎮間的楊老爺的夫人接生。雖然這個故事本身可能是虛構的，但故事的社會情境卻是真實的。在十八世紀的中國都市，財富無疑地影響了一個人的社會身份。[44] 因此，體面人家不太可能如道學家所寫的家訓一樣，將富有的產婆視爲蛇蝎般拒絕她們。

一位有技術和有經驗的產婆，對一個家庭延續命脈的重要性是簡單顯而易見的。同樣地，記載"三姑六婆"用語的明初陶宗儀在同一著作中告訴讀者，自十四世紀以來，"穩婆"的普遍稱呼實際上是"老娘"。"老娘"一詞其實隱涵著對這個專業的一種尊敬之意。[45] 這個詞在江南地區可能較普遍，它在北宋時就已經被虞搏所

[40] 待餘生《燕市積弊》（北京：古籍出版社 1995）2:55～56。
[41] Victoria Cass, "Female Healers in the Ming and the Lodge of Ritual and Ceremony", *Journal of the America Oriental Society* 106/1, 1986, 233～240.
[42] 《宛署雜記》84。
[43] 袁枚《續新齊諧》，《隨園全集》（文明書局 1918）9:5 上。
[44] 梁其姿《貧窮與窮人觀念在中國俗世社會中的歷史演變》，黃應貴主編《人觀、意義與社會》（臺北：中央研究院，1993），頁 129～162。
[45] 《輟耕錄》14:12 上～下。

用，持續到清代都還在流行，是"老手"的同義詞。一句表達經驗價值的民間俗語是："豈有三十年爲老娘而倒綳孩兒者乎！"[46]

十四世紀以來成形的產婆的負面刻板形象，是由道學家的文字及通俗文學所塑造出來的。這些產婆與其他職業婦女被描寫爲壞女人，但是這個形象與她們真正的社會角色與形象是有一段距離的。

（二）女醫者

1. 宋代以前

女醫者也有一段長遠的歷史。我們知道，早在漢代，就有女醫者被召入宮中爲皇后與妃子診療。例如，在漢宣帝時期（前73～前49）的淳于衍，她是皇后患病時的女醫，但是在後來卻捲入了殺害皇后的陰謀中。[47]鮑潛光（約309～363）乃知名道教思想家葛洪的妻子，也是一位知名的煉丹家與女醫。[48]這個傳統一直持續到清朝。我們大多從地方志或文人著述中得到關於早期女醫的資料。宋遼金元時，她們許多人都被記載爲道教醫者，或甚至成爲仙人。道教對於醫學發展的影響甚鉅，但我們對此影響所知仍少。在這段時期，教道女醫的出現只是冰山一角。

相較於產婆的名聲基本上是根據她們的經驗，女醫的名聲則常是基於特殊技能或處方。有關她們如何獲得技能或處方的方式常帶有神秘色彩：例如得自仙人或是神明等等。馬守明這位金朝山西永和縣民家的年輕姑娘即爲典型的例子。雙親過世後，她成了女冠張妙清的弟子。她具有無邊神力，能使"疾者不假砭藥，呵禁頓愈"。[49]前文所提到的蒐羅奇聞異事的宋朝學者洪邁的《夷堅志》中，也有一些關於類似女醫的記載。其中一個是武元照，同是出身普通人家，來自會稽縣，她後來成爲仙人。據說，她受到神明恩賜，被派下凡間來醫治病痛，特別擅長按摩。[50]另一位名爲張小娘子的女醫者，據說擅長使用神人授與的異方，來醫治癰疽之症。[51]一位

〔46〕錢大昕《恒言錄》（1805 序版），4:4 上；翟灝《通俗編》（1741 版）22:5 上。

〔47〕李貞德，1996，頁 537，引自《漢書》8:251，97 上:3966；《中醫人物辭典》（上海：上海辭書，1988），頁 557。

〔48〕曾時新《晉代名醫鮑姑》，《中華醫史雜誌》11/2，1981:75～76。

〔49〕《山西通志》（北京：中華書局，1990 年影印 1892 版）卷一六一，頁 11114。

〔50〕洪邁《夷堅志》，丁志 14:1 上～下。

〔51〕陶御風、朱邦賢、洪丕謨編《歷代筆記醫事別錄》（天津：天津科學技術出版社，1988）頁 136。

來自南宋首都開封的巫醫張氏，她以艾灸與針灸術聞名。[52] 我們可以在文人的著作和地方志中看到類似的例子。

這個時期的理學尚未像明清時期成爲思想的主流，不只女醫者常被描述爲具有神力，甚至男醫師也常被説成有仙人相助。北宋時期錢塘婦科的專家郭昭乾，據説他之所以能成爲名醫，乃因有仙人贈他三朵牡丹，以及專治婦科的十三方。有了這些後來被稱爲"牡丹方"的藥方，郭家成了專精婦科的世家。後來郭家當中的一位馮氏，在高祖建炎元年召入宮治孟太后之病，並因此獲封安國夫人等各種至高榮譽。[53]

除了這些受人景仰的道教女醫外，我們可以見到有一些醫藥世家的女性開創了家族事業。有北宋的金華郭家擅長婦科，始創此家族事業的爲族中王氏，她曾入宮服務内宮女性。[54] 金元交替時期，我們開始可以見到不少"女醫"被富裕人家徵召去治療各種疾病。[55]

在明朝之前，開業醫的訓練常披上神秘面紗，他們往往因有道教的背景而具名望，女醫似乎也享有社會地位與游走活動的充分空間。這些來自平常百姓家的女醫者有較專精手藝式的醫療技術，例如針灸、艾灸或是皮膚疾病的手術等等。然而，那些來自與皇室較有關係的大家族的女醫，則完全是婦女疾病的專家。但無論是何種專家，她們都不被描述成侵入男性醫者活動場域的不受歡迎者。

2. 明清

這種民間女醫的傳統一直持續到明清時期，但如同男醫師，女醫的道教色彩漸淡化。民眾對她們的批評也日漸激烈。明代醫者蕭京即認爲世上有許多傻子，將他們妻妾子女的生命交託女醫手中，使得許多人受害於她們的治療。他認爲許多男醫也只是無知的江湖郎中，至於目不識丁、連把脈都不會的女醫，更不在話下。蕭京認爲她們無所不用其極。什麼骯髒的事都做得出來，所以他同意家訓中不准"六婆"入家門的警告。[56]

儘管有數不清的類似警告，女醫者仍有相當可觀的市場。在最

〔52〕 江休復《江鄰幾雜誌》，《稗海》（乾隆本）卷一五，頁 24 下～25 上。
〔53〕 《浙江通志》（1899 重刻 1736 版）卷一九六，頁 3 上～下。
〔54〕 《浙江通志》卷一九七，頁 14 下；《蘭谿縣志》1888 版，卷五，頁 1 上。
〔55〕 羅天益《衛生寶鑒》（1846 版）卷三四，頁 3 下。
〔56〕 Charlotte Furth, 1995, pp. 2～3.

高尚的場合中，例如宮廷，女醫者就像產婆和乳母一樣不可或缺。在這三種任職於明宮廷的女性（三婆）中，女醫者明顯地是最有地位的。這些醫婆在"開藥方與診脈"上相當熟練。她們先由地方政府指名，再由皇室揀選。這些中選者會將這視爲一項至高的榮耀。沈榜記錄了這種體系，他告訴我們，有一位年約十五六的女子，在一場醫學知識的口試中應答如流。"考其醫業，則應對有條，即大方脈家不過焉。蓋素習以待用者，習俗然也。"[57]

這類難得的工作機會並不全都保留給住在京城的婦女。外省女醫只要聲譽顯著，一樣可能會徵召入宮。十五世紀初葉無錫名醫徐孟容的妻子陸氏，即是這樣的一位女性。她於永樂中入宮服務，直到晚年才帶著宮廷的饋贈衣錦還鄉。[58] 可以説，在女性有較多接受教育機會的地區，女醫相當活躍地施展所長。

安徽是明中葉以降許多名醫的出生地，一些醫藥世家的女性，也成爲醫生。十五、十六世紀的程家就是産生著名女醫的家族。其中程邦賢的夫人蔣氏繼丈夫成爲一位知名的小兒科醫師。她甚至能施行手術。她兒子程相的妻子方氏也與丈夫一樣是名醫，時人評程門醫術有婦勝於夫之説。因爲她太有名了，所以她們家總是門庭若市，據説她每年醫治的病患不少於一千人。[59]

另外，在社會地位上較低的女醫，雖然沒有顯赫的世家背景，但是她們公開執業，也獲得了些許成功。我們對她們的社會背景與她們的訓練過程所知甚少，甚至連她們的名字也無從得知。幸而有男醫師記錄了她們的活動，我們因此對她們仍有大略的認識。

明中葉安徽名醫孫一奎的醫案就記錄了幾個女醫的活動，我們可以從中略知一二。孫一奎的一位二十五歲的女病患，她在難產導致嬰兒死亡後，出現了暈厥和四肢抽搐的症狀。她信任一位女醫，這位女醫讓她吃人參，以及其他用以摻入粥中的補品。然而孫一奎認爲，這些補品就是患者抽搐的原因。他使法讓病患吐出這些粥，以停止抽搐，但女醫卻持續開讓她胸中積痰的補帖。據孫一奎的記載，最後他讓病患進大量的山楂以清除體內壅塞，再輔與補血品，

---

〔57〕 Victoria Cass, 1986, p. 237. 《宛署雜記》，頁 83。

〔58〕 《無錫金匱縣志》1888 版，卷二六，頁 20 下。

〔59〕 《中醫人物辭典》1988，601，72。

最後終於醫治了病患。[60]

另外一個病例中，孫一奎甚至在醫治一位男病患時，得與另外一位女醫競爭。這名患有楊梅瘡的年輕人在科舉考試落榜後覺得不適。他腎臟劇痛，持續咳嗽，體重下降，不同的醫生對此症狀有不同的診斷。這個沒耐性的人家所信任的女醫（孫一奎認爲這家人喜速效）給病人開玄明粉來治療便秘，但這只加劇了他腎臟的疼痛。孫一奎一再告訴我們，他得彌補女醫所犯的錯誤。[61] 另外一位他在宜興所治療的女病患，在她發怒時，會產生暈厥及四肢冰冷，並且在頸上會生出瘰癧。她曾服用女醫所開的草藥及其他"專家"所開的"毒"藥而傷及脾胃。孫一奎說道，他必須開出祛風藥（用以調整氣血）及活血藥，以調理其身體。[62]

孫一奎在江南行醫的經驗不僅透露出女醫受歡迎的程度，同時也顯示，在選擇醫師時女病患與女性家族成員的影響力。在一個關於一位年長名媛的詳細醫案中，我們可以發現，在選醫方面，不只孫一奎，而是整個家族的男性成員都必須與他們的女人爭論不休。女眷偏好一位專精女科的王姓醫生。據特別厭惡專科醫師的孫一奎的記載，這位女科醫師不斷地開一些"寒"藥，增加了病患的痛苦。但由於這位王醫生得到這個家族的女眷的完全信任，因此，這個家族的男性成員（他們支持孫一奎）爲了安撫女性成員，只好敷衍王醫，仍讓他繼續診病，但禁止病患服他開的藥。最後，據孫一奎記載，老婦服用他所開的補帖後便痊愈了。[63]

孫一奎的醫案故事透露出，某些女醫師是極具競爭力的，至少在江南地區是如此。不單是家族女眷，有時連男性成員也信任她們。可能是因爲在一個家族中，選擇醫師的決定權通常是在女性手中的關係，尤其當病患是女人或是小孩時，因此女醫的影響力益發廣大。

我們繼續在更通俗、更廣泛的層次來看這些女醫，她們施行針灸、艾灸、小型眼科或是皮膚手術，且延續了從宋以前就有的傳統。[64] 一

---

[60] 《孫文垣醫案》，在《中國醫學大成》（上海科學技術出版社，1988）册36，卷二，頁27~28。
[61] 同上，2:37~38。
[62] 同上，5:17。
[63] 同上，4:39~41。
[64] Furth, 1995, p. 13~14.

些將醫術與巫術結合在一起的女醫,有時會獲得廣大的社會影響。透過刑事檔案資料,Paola Paderni 訴説了一個巫醫的故事。1729 年這位孫巫醫在三十四歲時,在直隸的家鄉便已遠近馳名。她不僅藉醫術來獲得聲望,同時也用醫術來維持她家族的家計。[65]

另外一位順義本姓李的張巫醫在十八世紀末以施行神蹟般的治療而聞名。結果,甚至連官夫人們都争相邀請她治病。仰慕她的群衆後來在一間佛寺裏膜拜她,把她當作菩薩一樣。在 1785 ～ 1786 年間,由於她吸引了大批信徒,官府深感威脅,因此下令逮捕她,並將她處死,以制止這股狂熱。[66] 儘管少有文獻記載,但是這類的女醫想必遍佈中國各地,並且延續至今。

理學家以及一些男醫在他們的著作中描述這些女醫的刻板形象,並不能説明這些活躍的女醫的所有種類以及她們真正在社會上的影響力。然而,這個刻板形象創造出一種幻想,那就是所有女醫應該和可以被醫學正統所建立的標準所控制。

三、對女醫的控制

一些理學家以及正統的醫師們漸漸覺得,為了保障生命,應該有一個機制來控制和監督產婆及女醫。當政者往往制定一些窒礙難行的官僚手段。而更有效及可行的監督機制則産生在士族中,讓其女眷有正規的醫學教育。

1. 官僚控制

產婆及巫醫們尤其受到關切。產婆們常與一些不道德的行為有所關聯,如墮胎或殺嬰等。同樣的,這種事不只在中國發生,就算在十九世紀後期的美國,"控制產婆似乎是解決許多社會問題的方法"。[67] 對於像孫一奎這樣的名醫而言,未完整受訓且缺乏經驗的醫生,尤其是女性醫療從業者,乃是許多不必要的死亡與痛苦的根

---

〔65〕 Paderni, Paola, "Between constraints and opportunities: widows, witches, and shrews in 18th-century China", in *Chinese Women in the Imperial Past: New Perspectives.* H. Zurndorfer ed., 1999.

〔66〕 昭槤《嘯亭雜録》 (近代中國史料叢刊 73,影印 1880 版,臺北:文海出版社,1967) 7:19 上。

〔67〕 Reagan, L. "Linking midwives and abortion in the progressive era", *Bulletin of the History of Medicine* 69. 4 (1995), pp. 569～598.

源。相當關心這件事的晚明官員呂坤（1536～1618）認爲，在一個社群中必須更嚴格地控制這些人，以保障生命安全。

然而在西歐，十四世紀以後，由於男醫師的專業團體的强力施壓，女醫生、女郎中及傳統的"收生婆"（matrones）都逐漸消失。[68] 在中國，如上文所及，中國的女醫生和產婆仍然存活下來。她們的存在造成了東西方社會的差異。爲了排除"異己"，歐洲男醫生們有系統地建立和成功地運用特別的工具：强大的醫療專業團體是由男性主宰的大學，正統的醫學因而建立、傳承和强化，並與逐漸强大的中央集權化的國家相結合。相反地，這些制度與工具在中國既存的社會知識結構中，是無從産生，甚至是無法想像的。對殷切的改革者而言，解決方式依然得在現存體制中探索。

到了晚明，官方的醫療機構已式微。[69] 呂坤抱怨道，地方的醫療組織"醫學"完全失去既有功能。駐守"醫學"的官僚完全不懂醫藥，只是整天做些無足輕重的差事。他認爲，由於缺乏監督與控制，才造成了這麼多招搖撞騙的江湖郎中和女醫。他提出一些當時對於女醫的刻版印象，"巫婦師婆等衆，專治婦人小兒，毫髮不知，極蒙信任，有命者或活二三，誤殺者十四五。""女醫師婆一毫不明，每向庸醫買殘壞丸散，更不問治何病疾，婦女小兒諸証，先尋此等之人，前掐後扎，亂灸胡針，下過藥，拔火罐，打青筋，送鬼祟，至於收生不知節法，痘疹只是針挑，誤生害命，其罪尤多。"[70] 由於這些女醫如此地受人信任，即便她們誤診而使病患喪命，也不承擔任何後果，這點讓他十分憤慨。

呂坤在他的著作《振舉醫學》中提出一個解決地方醫療體系缺陷的方案。[71] 他的改革方案主要有二部分：增加大衆醫療資源，並改善醫師的素質。後者包括對所有醫者加强控制，尤其是對女醫。首先，他建議爲地方"醫學"規劃合理的預算（從二十兩至四十兩不等，依照行政區域的大小而定）。這個金額必須足以應付訓練地方

〔68〕 Bourdillon, H., *Women as healers: A history of women and medicine* (Cambridge University Press 1998), pp. 14~15.

〔69〕 Leung, A. "Organized medicine in Ming-Qing China: State and private medical institutions in the Lower Yangzi Region", *Late Imperial China* 8/1 (1987), pp. 134~166.

〔70〕 呂坤《實政錄》，（在《呂氏全書》，民初版）2:52 下；6 下；27 上～28 上。

〔71〕 呂坤《實政錄》，（在《呂氏全書》，民初版）2:47 上～53 上。

醫師及購買官員所需藥品的支出。其中，他最關心的是醫生訓練。他主張委派有名望而經驗豐富的醫師來訓練並監督新醫師。受訓者必須確實學習一至二部醫學經典。他們每月都會被要求背誦其中段落，以確定進度。他們可以在確實學習至少一部醫學經典之後，並在導師的監督之下，爲病患進行治療。病患需填寫新手醫師的醫冊，以示醫療的效果。這些醫冊每年都會被審查，治癒超過三十名病患的新進醫師可以獲得嘉獎。

另一方面，根據呂坤的改革方案，女性醫療從業者們必須受另一種監督。他認爲這些女人知識能力有限，無法學習醫學經典。首先，男醫必須將基本的醫療方法，改寫成簡單的口訣，以教導他們的妻子；其次，他們也得教導妻子一些關於產科、經期規律、痘疹及治療小兒"受驚"症狀的基本知識。這些妻子們則輪流把這類基本知識教導地方女醫。若有任何女醫者未接受這種正式訓練便執醫，則她會受到杖刑及流放，而她的丈夫也會被重懲。被禁止行醫的、最缺醫治能力的男女醫者的名單，則公佈於所有村落及遠近的行政區。[72]

顯然，呂坤將產婆及巫醫歸類爲需要較低級的訓練及監督的人。由於正統男醫可能會對這些人感到不耐煩，且認爲大部分的醫療知識對她們而言是不必要的，因此她們只配接受醫師妻子所教導的"二手的"且簡化過的醫療教學。另外，由於這些女人可能對社區帶來巨大的危害，因此對於行爲疏失的懲罰也特別的重，甚至會連坐到其家庭。但無論如何，呂坤的改革方案仍將女醫納入醫療體系，雖然改革並不曾落實。她們仍被視爲是女人及小兒病症的專家，且只要有額外監督，她們也可以在技能及道德上有所精進。呂坤從未考慮將這些職業女性禁絕於社會。

呂坤還出另一想法，清楚地表明將女醫納入醫療體系中，地方"醫學"的官員必須"令四境行醫人等，不分男婦，俱委佐貳，會同醫官考試，各認方科，分爲三等。上等堪以教習授讀醫書；中等不通文理，令記單方；下等止許熬膏賣生，不許行醫。"[73]

顯然，呂坤比多數道學家有見識，且未被有關"三姑六婆"的

---

〔72〕 呂坤《實政錄》，（在《呂氏全書》，民初版）2：52 下～6 下；27 上～28 上。

〔73〕 呂坤《實政錄》，（《呂氏全書》，民初版）6 下 29 上～28 上。

論述所迷惑，承認有一類別於產婆及巫醫，而屬於另一範疇的、可以如同男醫一樣來管理的女醫類別。但由於官方從未實行呂坤的建言，因此對醫生的督導也並未落實。在這個行政散漫的時期，不但女治療者未被禁止，還出現了一種新類型的女醫，就是能以正統醫學方法撰寫醫書的女醫生，她們基本上由其家族所訓練。

2. 家族教育

我們已談過早期服務於宮廷中的有素養的女醫，及開創醫藥世家的女醫，但只有到了明代，才出現我們所知悉的醫書女作者。很可能是由於家族逐漸重視女性的教育及出版業的興盛造成了這個結果，特別是在江南地區，這兒的女作家現象最爲明顯。[74]

中國女性醫學作家是罕見的，在西歐十六世紀後，也有類似的女性醫書作者，當時西歐的女性醫學教育乃屬私領域的活動。如同近代歐洲女醫師所寫的著作，中國女性的醫學著作亦透露出女性通常從她的母親或祖母傳承知識。"學習醫藥與治療乃是撫育一個貴族年輕女子的過程的一部分。"[75] 同樣地，明清中國與近代歐洲的上層社會的女性醫家都不能公開地行醫。

明代女醫談允賢（1461～1554）就是這樣的一個例子，費俠莉將詳盡地研究她。談允賢來自無錫的一個書香世家，從小就向她祖母習醫。她後來爲家族中厭惡由男醫師治療的女眷治病，甚受愛戴。在她五十歲時，她叫她兒子抄寫她的醫學著作，並以《女醫雜言》的書名出版。[76]

明清時期，書香世家對於女兒的醫學訓練，可能比我們所想的都來得要普遍，因爲文學與醫學訓練在傳統上是互不抵觸的兩種知識追求。所用的教學方法與呂坤建議用來訓練產婆與巫醫的方法類似。晚清的江南鹽官謝元福於 1892 年編的《訓女醫學》提供給我們一個好例證。在書序中，謝元福告訴讀者應該教導他們的女兒"有用的"知識。對於終將爲人妻母的女孩而言，醫學乃是所有學問中最有用的，可以用以照顧丈夫及子女。這本書以大字抄寫由名醫所

〔74〕 Ko, D. *Teachers of the Inner Chambers.* Stanford：Stanford University Press, 1994. 第一章。

〔75〕 Bourdillon, 1998, p. 16～17.

〔76〕 Furth, 1995, p. 21～24.

作簡單的和押韻的口訣，口訣的目的之一是教導基本醫學原規。從
這本書的構想，我們可以猜想，謝元福的女兒顯然必須規律地抄寫
這些口訣，並將之熟記。儘管呂坤的行政改革不曾成功，但是謝元
福卻在士族的體系中輕易地實現了呂坤部分的理想。

因此，我們稍後才能見到較多明清女性醫學作者的資料。四川
曾懿（1853～?）即是一個傑出的例子。她的雙親來自望族，而且她
本身多才多藝，精通歷史、詩詞與醫學。父親死後，她開始研究娘
家所藏的醫書，並且憑著自身的努力成爲這方面的專家。她所寫的
書當中有《醫學篇》（1907）一種。在書中她表明尊崇張仲景的醫
學傳統以及宋金元時期的大師們。[77] 顯然，談允賢與曾懿無疑地都
致力於在醫學正統中耕耘，要成爲可敬的儒醫主流，而且她們確是
兩個頗爲特殊的成功例子。

呂坤與其他道學家不可能找到比談允賢與曾懿更好的例子來作
爲女醫的楷模。她們是一種典型，但只能是極爲少數仕紳家族的產
物，因爲沒有任何醫學教學機構可以爲一般的婦女提供所需的
訓練。[78]

四、結 論

儘管中國與西方社會對於助產婦與女醫都有一些類似的偏見，
前近代中國社會實際上仍提供了較大的活動空間給女醫。

在十二世紀之前，大眾對於助產婦與女醫，並沒有特別的憎惡。
直到十二世紀之後，大眾對於這些女醫們的不信任才逐漸地增強起
來。批判女醫者與宗教女性爲"三姑六婆"的辭語，乃起因於一種
特別的歷史發展，那就是：排斥非我族類如女醫、巫醫等的正統醫
道的形成；這個發展配合著反對女人進入公領域的理學在十二世紀
後的興起。在明清時代，當理學在社會上的控制力逐漸增強及正統
醫道逐漸穩固後，反"三姑六婆"的說法在十四世紀之後便益發普

---

〔77〕 與談允賢不同的是曾懿活在一政治與文化變動激烈的時代。除了《醫學篇》外，她
還寫作了有關男女平權、提倡婦女教育等問題的著作。

〔78〕 我們在清晚期才開始見到女性在家族以外受正統的醫學訓練。如江蘇女醫馬玉書
（1879～?），她啓蒙自一著名婦科醫生而畢生爲江蘇名醫。她的著作結合了中西醫
的知識。見《江蘇女中醫馬玉書》，《新華日報》1961 年 8 月 20 日。這類的例子在
清末民初間非常多。

及。費俠莉近來的研究清楚地描繪出此種發展。

然而，意識形態與社會現實並不吻合。女醫及產婆並没有遇到太大困難，便得以繼續她們治療與助產的傳統，且一直到帝國晚期。當中不少人甚至藉由執業來獲得名聲與財富。其中最優秀的女醫甚至還得到男醫師們的認同。十二世紀後没有具體的社會或是制度變動足以改變她們在傳統上的職業活動。宋明理學所強調的男女有別的意識形態，讓社會對她們的服務的需求有增無減。

官員及主流醫師要控制女醫的意圖一直未能落實，清楚地顯示社會對女醫與產婆的需要。對於要提高產婆及女巫醫的職業水準的微弱呼籲，其實所透露的仍是她們的不可或缺和難以控制。至於有素養的、遵循正統醫道的女醫，則産生在理學發展的晚期，主要在仕族中。然而，這些少數女儒醫的影響力卻受限於家族之內。到了帝國末期至近代，此種正統女醫楷模的普及化終於迅速地實現了。不同種類的女性醫療者在中國社會持續活動了超過千年，對晚近的這個重要轉變或許有一定的貢獻。

（蔣竹山譯）

※ 本文原載 H. Zurndorfer ed. , *Chinese Women in the Imperial Past: New Perspectives. Leiden: Brill*, 1999 年。

※ 梁其姿，法國高等社會科學研究院歷史研究所博士，中央研究院歷史語言研究所研究員。

清季的婦女不纏足運動 (1894~1911)

林維紅

一、序　論

　　不纏足是近代中國婦女生活與地位轉變的重要里程碑。今天來看,纏不纏足似乎是一件微不足道的小事,在清末民初卻是批評傳統思想,救國運動和社會改革運動下重要的一環。清季提倡放足,形成組織,蔚為運動,實非偶然。蓋自十九世紀以降,維新之士普遍認為接受新知,調整或革除舊習是中國救亡圖存的主要手段。在追求近代化的浪潮下,構成中國一半人口的婦女,應如何擺脫傳統的束縛,成為中國近代化的動力,自然引起嚴重的關切。而當時中外人士不論維新派、革命黨、外國傳教士或受到西方思想影響的人,無論他們的基本關懷為何,幾乎一致認為要改變傳統婦女的生活或角色,應自不纏足始。他們發為言論,創立組織,以各種方式呼籲婦女放棄那塊將近千年的裹腳布。

　　不纏足的呼聲在中日甲午戰前已有所聞。甲午戰後,戰敗之恥激起有志之士尋求更進一步的圖存之道。至此婦女問題受到真正更廣泛的注意,而不纏足才成為有言論、有組織、有行動,在社會上引起較多回響的運動。1911 年的革命,不僅推翻了君主專制,也造成許多傳統價值的崩解。小腳為美的觀念逐漸動搖,不纏足運動的實際成效雖尚有限,但不纏足以強種強國的理念,經過宣傳已為越來越多的人所認識。此其間,不纏足運動也曾偶受阻撓,例如 1898 年維新失敗,清廷詔令黨禁,不纏足會亦受池魚之殃。1900 年義和團和八國聯軍的動亂,不纏足運動也曾暫時停頓。民國以後,纏足的陋習,已經成為激烈反傳統人士所要打倒的"祖宗造的罪孽";五四運動以後,城市中纏足的風氣漸漸消逝。民國十五年陳東原寫《中國婦女生活史》時,已有"那時(1897)大腳姑娘之嫁不掉,就同現在纏足女子底沒人娶一樣"的話。[1] 社會習俗的改變本不如政治的變動那麼快速。在中國近世

---

[1]　見陳東原《中國婦女生活史》(臺灣商務印書館,1970 年臺三版),頁 317。

近代化的過程裏,不纏足可説是收效較顯著、較快的社會運動之一。本文即試圖對自甲午至民國建立前後之不纏足運動,就其發展與意義,作一歷史的考察。

不纏足運動的史料相當豐富,分散在基督教會、在華外人、維新派和革命黨的各式記載中。本文無意對不纏足運動加以全面性地評估。而前此對於不纏足運動的研究,或著重基督教會社會改革的努力,或就不纏足運動做爲清季變法運動的一環來加以討論。本文所感到興趣的則是試圖藉由考察自甲午至民國建立前後的不纏足運動,來説明一個歷史的問題,亦即在近代中國的客觀環境中,改善婦女生活的努力,有何特殊的意義,又有什麼樣的限制。希望藉由這樣的討論,能對近代中國婦女生活的變動,尤其是婦女運動的發展提出一些初步的看法。[2]

二、清代纏足風俗概述

纏足究竟始於何時? 衆説紛紜,已經不易確實查考。有人認爲南北朝時已有女子纏足,一般認爲起於十世紀末的南唐後主時期(961～975)。至宋神宗(1068～1085)以後,風氣漸及中國各地。[3] 蒙古人雖不纏足,但元朝漢人纏足可能已漸成普遍的習慣。奇怪的是元代到

---

〔2〕 有關不纏足運動做爲變法運動的一環的討論,可參:深澤秀男《變法運動と不纏足會》,《四國學院大學論集》35(1976),頁25～37。基督教的不纏足運動,則可參 Virginia Chui-tin Chan, "The Anti Footbinding Movement in China(1850～1912)", M. A. Thesis, Columbia University, 1966。這篇碩士論文採用大量教會會務報告及各種在華外人的記載。就西文史料的整理而言,本文不試圖再多加增益。本文關心的角度與該文有所不同。該文主要在説明基督教教會,尤其是天足會對不纏足運動的貢獻,重點在於教會的社會改革。筆者在此要特別謝謝李又寧教授影印寄贈這份論文。

〔3〕 關於纏足的起源,説法不一。顧頡剛以《樂府詩集》卷四九《西曲歌·雙行纏》爲證,認爲南北朝時代已見其事,參《顧頡剛讀書筆記》(聯經出版事業公司,1990年)卷七,頁5335。依陳東原的看法,纏足似起源於南唐。陳説大致採自余懷和袁枚。見余懷《婦人鞋襪考》;袁枚《纏足談》。二文皆收於清人蟲天子所輯《香艷叢書》(臺北古亭書屋影印本),二集,卷四,頁16下～19上。陳東原的討論見陳東原,前引書,頁125～128。其他關於纏足起源的討論參:賈伸《中華婦女纏足考》,《史地學報》3卷3期(1924),頁63～72;永尾龍造《支那民俗志》(序於昭和17年,臺北東方文化書局影印)卷六,頁833～838;Howard S. Levy, *Chinese Footbinding*: *The History of a Curious Erotic Custom* (N. Y., Walton Rawls), 1966, pp. 37～52;那珂通世《支那婦人の纏足起源》,《史學雜誌》9:6(1898),頁32～33;岡本隆三《纏足物語》(東京:東方書店,1990),頁52～58。林語堂認爲纏足成俗是經過相當長時間的發展,因此爭論其起源並無太大意義,見 Lin Yu-tang, *My Country and My People* (N. Y., Reynal & Hitchcock), 1935, p. 166。到目前爲止,纏足起源和盛行的爭論雖多,但依據的材料大體相同,僅僅是少數詩詞,勉強解釋,難下定論。不過纏足在宋代應確已存在,南宋晚期的車若水在《脚氣集》(筆記小説大觀四編)卷七,已痛陳纏足之弊。

中國的馬可孛羅（Marco Polo,1254～1324），在他的遊記裏未曾提到纏足。倒是一位稍後到中國華北的修道士奧多鋭（Odoric of Pordenone，死於1331）首先記錄了當時纏足的習俗[4]。在明代，纏足已成爲地位的象徵。明太祖即曾詔令浙東的丐户男不得參加考試，女不准纏足[5]。清人入主之初，順治和康熙都曾頒諭禁止纏足。順治十七年（1660）詔：“其女若婦有抗旨纏足者，其父若夫杖八十，流三千里。”康熙三年重申禁令，將杖數減爲四十[6]。可是顯然積習已深，地方官也未嚴格執行。有一位禮部官員王文簡甚至上摺要求弛禁纏足[7]。纏足禁令在清代空爲具文而已。

　　清代婦女纏足之風雖盛，卻非人人都纏足。目前並没有可靠的普遍的調查可據。1878～1879年間，《萬國公報》卷一一《裹足論》説：裹足之風已久，“於城市則染之較深，於鄉曲染之較淺，故縉紳富貴之家鮮不裹足，而農民之女則鮮有裹足矣。”[8]大體而言，纏足之俗可因地區、種族、宗教和社會階層而有不同。以地區言，據錢泳（1759～1844）《履園叢話》：“其足之小者，莫如燕、趙、齊、魯、秦、晉之間”，“而兩廣、兩湖、雲、貴諸省，雖大家亦有不纏者。今以江浙兩省而言，足之大莫若蘇、松、杭、嘉四府……然則蘇、杭皆大足耶？曰否。得其法則小，不得其法則大。”[9]這是十八世紀末、十九世紀前期的一般觀察和印象。其纏與不纏足區域的分佈，與日人永尾龍造在二十世紀初所作的調查記載大體相符。據永尾《支那民俗志》，江蘇省長江北側地區，廣東、廣西的鄉間，安徽北部，江西的吉安、贛州、雩都，四川和福建的鄉下，湖北襄陽，湖南的沅陵、辰溪，再加上浙江西部的某些區域，多不纏足。這些區域纏足的只見於都市，可能由他地移入的一部分婦女。此外，南方的畬民和散在各省的客家人也不纏足[10]。唐才常曾提到他家鄉

〔4〕　奧多鋭於1324年左右到過華北。據他説當時中國婦女甚以小脚爲美。這可能是目前
　　　所見外人最早關於中國人纏足的記載，見Levy, op. cit., p. 48. 關於馬可孛羅未報導
　　　纏足的原因的推測，可參矢澤利彦《西洋人の見た十六～十八世紀の中國女性》（東
　　　京：東方書店,1990），頁13。
〔5〕　轉引自姚靈犀編《采菲精華録》（天津書局,1941），頁1。
〔6〕　見《湖南臬臬司黃勸諭幼女不纏足示》，《湘報類纂》（臺灣大通書局影印本），公牘戊
　　　下，頁4～6。
〔7〕　王文簡《請廢禁纏足》，《清朝野史大觀》，頁38。
〔8〕　《裹足論》，《萬國公報》（華文書局影印本）卷一一（1878～1879），頁30～31。
〔9〕　錢泳《履園叢話》（清代筆記叢刊之五,七海雜記上,文明書局），頁629～630。
〔10〕　永尾龍造，前引書，頁831。

湖南瀏陽之東郊義甯縣，有土客二籍，客籍即不纏足。[11] 不過據姚靈犀《采菲精華録》，廣東南海、番禺、順德和香山纏足者十有其八，南海則幾全纏足。[12] 這就無分都市或鄉村了。纏足似更流行於黄河流域及以北的區域，尤以甘肅、察哈爾、綏遠、山西、陝西、河北和河南爲最盛。[13] 河南、河北和山西等省甚至有賽足會、賽脚會、小脚會或稱之爲晾脚會的風俗。其中以山西大同八月十五日，河南汝州正月一日至五日，河北永平清明前後十日，以及察哈爾宣化在清明前後十日、五月十五前後三日的兩度賽會，爲最有名。屆時各家婦女坐於門口，伸足於外，任人觀賞品評。[14] 其他則以福建之漳州，長江流域及長江以南之揚州、寧波，湖南之益陽，西江流域以廣東東莞等地著名。[15] 以種族言，纏足基本上是漢族之俗，蒙古、滿、藏、苗、黎族婦女多不纏足;[16] 以宗教言，回教婦女不纏足。[17] 以社會階層言，纏足主要流行在上層富有或官宦人家;客家人雖不纏足，但富有人家的女子也頗有纏足的。[18] 社會階層的劃分並非絶對。在一些纏足之風盛行的地區，纏足似無分貴賤貧富。根據一些清季外人的記載，在甘肅、山西、陝西以及内蒙可以看見鄉間小脚農婦跪在田中勞動。[19] 光緒廿六年，《萬國公報》有《天足會陳詞》一文，文中謂:"試觀近世直隸、山西、山東、河南等北省，雖窮鄉僻壤，貧苦女兒，其足無不纖小，而傍長城之宣大永平等府爲尤甚。南方各省，則鄉間良民之女不纏足者居多。"光緒三十一年，一錦州人謂錦州雖滿漢雜處，凡屬漢人，"舉城鄉貧富之家"，不纏足者僅"千百中偶有一二"。[20] 由於並没有較完整的統計和

---

[11] 唐才常《書洪文治戒纏足説後》，《湘報類纂》，論著甲下，頁25～26。

[12] 姚靈犀編，前引書，頁213。

[13] Levy, op. cit., pp. 54～55。姚靈犀編《采菲録》初編(天津時代公司,1936年再版),頁280～282;《采菲精華録》,頁206～210. Edward A. Ross, *The Changing Chinese* (N. Y., The Century Co., 1920),p. 175; R. Logan Jack, *The Black Blocks of China*(London, Edward Arnold, 1904), p. 151.

[14] 永尾龍造，前引書，頁846～847. 姚靈犀編《采菲録續編》(天津時代公司,1936),頁198、242～245。

[15] 永尾龍造，前引書，頁830。

[16] 同上，頁831。

[17] 同上。

[18] Ross, op. cit., p. 175。

[19] 同上。

[20] 《天足會陳詞》，見《萬國公報》卷133，光緒廿六年正月號，頁8上～9下;高國光《錦州勸戒纏足淺説》，《萬國公報》卷199，光緒卅一年七月號，頁16下～17上。

調查，我們已難評估清季婦女纏足的比例。西洋人到中國，甚至日本人到臺灣，最引起他們注意的風俗之一就是纏足。清季婦女纏足相當流行，相當普遍，應屬無疑。不論是否人人纏足，確實的纏足比例如何，清季反纏足人士通常並不計較真正有多少婦女纏足，而是將纏足當作女界"二萬萬人"的共通現象和問題來看待，這是必須澄清和強調的。

三、清季反纏足言論的特色

清季反纏足運動不是一個單純的社會改革運動。它是清季面臨內憂外患，爲救亡圖存，整個政治和社會維新以及革命運動中的一環。反纏足立論的依據甚多，不過其根本關懷在國族命脈之存亡絕續者多，在女子本身之福祉者少。這可以說是這一時期反纏足言論的一大特色。這個特色和較早的言論相比可以清楚看出來。以下我們即大致以甲午之戰前後爲界，略論在此前後反纏足論的特色。

（1）甲午之戰以前的反纏足論

自纏足成俗，反纏足之論即時有所聞。南宋晚期，車若水在《脚氣集》中即說："婦人纏脚，不知起於何時。小兒未四、五歲，無罪無辜，而使之受無限之苦，纏得小來，不知何用？"[21] 這是從殘害肢體，婦女自幼無辜受苦，而有的同情之論。明代李贄雖然對傳統禮教提出嚴厲批評，對纏足一事卻未直接有過評論。清中葉以後，袁枚、李汝珍、俞正燮、龔自珍，都曾基於審美或對婦女的同情，主張天足。[22] 不過，這些偶然一聞的呼聲，在近千年的纏足史裏，實在太零星和微弱了。較值得注意的是和李汝珍同時的錢泳（1759～1844）。錢泳在《履園叢話》中引《莊子》及古代經典之言，認爲纏足違反自然，並且認爲纏足適足以導致亡國。他說："考古者有丁男丁女，惟裹足則失之。試看南唐裹足，宋不裹足得之；宋金間人裹足，元不裹足得之；元後復裹足，明太祖江北人不裹足得之；明季后妃宮人皆裹足，本朝不裹足得之，從此永垂萬世。"[23] 其說儘管有強詞奪理之處，不過他似乎是將纏足與國之興

---

〔21〕　車若水，前引書，卷七。
〔22〕　參見鮑家麟師《辛亥革命時期的婦女思想》，《中華學報》》1 卷 1 期，1974 年，頁 109～130；《李汝珍的男女平等思想》，《食貨月刊》復刊 1 卷 12 期，1972 年，頁 12～21。
〔23〕　錢泳《履園叢話》，雜記上，頁 631。

亡關聯起來的第一人。此外,值得注意的是太平天國時期曾因特殊的
宗教信仰和許多複雜的現實理由,在"天王"控制的區域宣傳並行放足
的政策。

洪秀全受到若干基督教思想的影響,在金田起事之前,即有天
下男女皆兄弟姊妹,不應因性別而歧異的想法。這個想法不但構成
太平天國放足政策,也成爲其他許多解放婦女措施的思想基礎。他
在起事前六年（1845）所寫的《原道醒世訓》裏説:

> 天下多男人,盡是兄弟之輩;天下多女子,盡是姊妹
> 之群,何得存此疆彼界之私,何可起爾吞我併之念?

在《天情道理書》裏又説:

> 我們兄弟姊妹……今者深沐天恩,共成一家,兄弟姊
> 妹,皆是同胞,共一魂爺所生,何分爾我,何分異同?[24]

這種基督教徒互爲兄弟姊妹,無所異同的觀念,雖不敢説絕對蘊含
了男女平等,不過,與當時社會根深蒂固的男尊女卑的觀念,的確
形成了強烈的對比。從太平天國設女軍、女館,嚴禁娼妓,定都天
京後,在《天朝田畝制度》中規定:"凡分田照人口,不分男、婦",
予女子同等分田之權,甚至創立女子科舉,使女子經經常之管道與
男子同享任官之權,[25] 使我們不能不承認太平天國軍所到之處,迫
令女子放足,除了希冀她們和男子一樣擔任戰鬥、生產和勞役以外,
的確有源於他們信仰的因素。此外,客家人原本不纏足,太平天國
之反對纏足,與其從衆多客家人或許有關。然而正如有些學者指出,
太平天國對婦女的態度並未完全從傳統的束縛中挣脱。其《幼學詩》
中仍充滿諸如"妻道在三從,無違爾夫主,牝鷄若司晨,自求家道
苦"之類的話。[26] 施友忠和劉巨才都曾指出太平天國對婦女的政策
有不一致和局限性。[27] 粗略來説,太平天國早期較富理想性,定都
天京後,理想漸失。其不分男女一律分田的政策是見於1853年定都

〔24〕 參羅爾綱《太平天國史事考》（三聯書店,1955）,頁318;鄭鶴聲《太平天國婦女
　　解放運動及其評價》,《文史哲》8（1955）,頁42。

〔25〕 酈純《太平天國官制軍制探略》（上海人民出版社,1958）,頁68～78;沈茂駿《太平天
　　國婦女問題》,《羅爾綱與太平天國》（四川省社會科學院,1987）,頁481～485。

〔26〕 同上,鄭鶴聲,頁43～44;沈茂駿,頁487～489。

〔27〕 Vincent Y. C. Shih, *The Taiping Ideology*: *Its Sources*, *Interpretations*, *and Influences*（Se-
　　attle and London, University of Washington Press, 1967）, pp. 72～73. 劉巨才編著《中
　　國近代婦女運動史》（中國婦女出版社,1989）,頁66～68。

天京後，所頒佈的文件《天朝田畝制度》。它是否確曾實行，實行到什麼程度，十分可疑。恐怕紙上宣傳的成分要大於實際施行。其女館、女營制度自 1855 年初以後廢止。[28] 有關放足的記載十分有限。在天京確曾迫民放足，但在天王控制的區域，實行到什麼程度，有待進一步查考。太平天國未嘗一日真正穩定，時日不長，江南纏足的習俗顯然未因太平天國而中止或改變。總之，不論實行程度如何，太平天國所提出一連串有關婦女的政策，相對於當時中國社會的傳統，其激烈程度確實是足以使曾國藩之類"衛道之士"視爲蛇蝎猛獸。這些政策包括不纏足，在思想上並非來自傳統的資源，而是受到洪秀全所認識的若干基督教教義影響的結果。[29] 基督教義此後雖然繼續成爲傳教士反纏足的依據，但不纏足運動中中國人的立論，一般卻不在此。太平天國在不纏足上所做的努力，也並未成爲甲午以後不纏足運動興起的資源。

（2）甲午之戰以後的反纏足論

十九世紀末以後的反纏足論，基本上是鴉片戰爭失敗，尤其是甲午戰爭失敗以後，在日益嚴重的生存危機感下，爲救亡圖存，整個改革維新呼聲裏的一部分。這種危機感是所有以前的反纏足論所不曾有的特殊背景。出於危機意識而提出反纏足主張的，較早的可以陳虬和鄭觀應爲代表。陳有感於"通商以來，時局大變，拳毛深準，自古侏儷不通中國者，群挾其智巧技能，與吾爭聲名文物之盛"，於是發爲救時要議，以求富强。其求强十六策之一即"弛女足"。他説：

> 何謂弛女足？泰西男女入學，故材亦相等。山鄉女多大足，故可代工作。裹足之禁不嚴，承平之日，已漸過其生機（注：中國生人根基漸弱未必非母氣被過所致）；亂離之秋，無異坑之死地，宜嚴禁裹足。又設女學以拔取其材，分等録用，此自强之道也。且以中國丁口約五萬萬，今無故自棄其半於無用，欲求爭雄於泰西，其可得乎？[30]

他明顯有感於西洋人競爭的壓力，爲爭雄於泰西，力主嚴禁纏足，使二萬萬五千萬本"無用"之婦女能因學而有富强之用。此文收於其文集

---

〔28〕 酈純，前引書，頁78。
〔29〕 Shih, op. cit., pp. 147～164, esp. 159～160.
〔30〕 《戊戌變法》（1）（神州國光社，1953），頁 217～228。

《治平通議》，序於光緒十八年（1892）。同年，鄭觀應作“女教”，力斥女子無才便是德，引泰西“女學與丁男並重，人生八歲，無分男女，皆須入塾”，倡議女子受教育，“庶他日爲賢女，爲賢婦，爲賢母，三從四德，童而習之，久而化之，紡綉精妙，書算通明，復能相子佐夫，不致虛糜坐食”。[31] 在同一文中，他又説：“至婦女裹足，合地球五大洲萬國九萬餘里，僅有中國而已”，“苟易裹足之功，改而就學，罄十年之力，率以讀書，則天下女子之才力聰明，豈果出男子下哉？”[32] 鄭觀應反纏足主要因爲纏足殘酷不人道。他想要使中國的女子得到解放，因學而發揮其聰明才智，則與陳初無二致。值得注意的是他們兩人都將纏足與女子教育相提並論。這點常見於以後的相關言論。基本原因乃在強國，不得不有身心健康的女子。反纏足在求身體之強健，女子教育在求心理知識之強健。

在反纏足理論上有推進之功的是嚴復。嚴復在十九世紀末譯介赫胥黎的《天演論》，將物種進化，物競天擇，適者生存的一套社會達爾文主義理論帶進中國，對充滿危機感的中國知識分子造成極大的衝擊。嚴復本人受進化論的影響，提出強國必先強種的主張。強種要務之一即在有健康之女子，要有健康之女子，即不得不去纏足之習。他在《原強》中説：

> 蓋母健而後兒肥，培其先天而種乃進也……此真非以裹脚爲美之智之所與也。故中國禮俗其貽害民力而坐今其種日偷者，由法制學問之大，以至於飲食居處之微，幾於指不勝指，而沿習至深害效最著者，莫若吸食鴉片，好纏足二事……孰知種以之弱，國以之貧，兵以之窳，胥於此焉。階之屬耶，是鴉片纏足二事，不早爲之，則所言變法者，皆空言而已矣。[33]

張之洞也認爲要強國，必先衆其民，強其民，智其民。婦女纏足不僅害其一身，更使“家政廢，醫藥繁”，所生之子女體弱多病。如此，不但爲中國人口一半之婦女不能爲國所用，其所育之國民亦病

〔31〕 鄭觀應《盛世危言》，見《戊戌變法》（1），頁76。
〔32〕 同上。
〔33〕 嚴復《原強》，《嚴幾道文鈔》卷一，頁21上～22上，見沈雲龍主編《近代中國史料叢刊》，文海出版社。

而弱，欲國强，何可得乎？他又説“吾不惟傷此中華二萬萬婦女，
廢爲閒民僇民也，吾甚懼中華四萬萬之種族，從此尫瑣疲薾以至於
漸滅也。”[34] 他的話清楚流露出種不强則亡國滅種的危機感。這是
面對列强，中國知識分子共有的感受。湖南士紳劉頌虞等公懇示禁
幼女纏足禀即清楚反映這樣的感受：

> 夫今日之急務，必咸曰富家富國以新氣象，强種繁種
> 以固基本，而不禁纏足，終無起點之術。何者？天生一人，
> 即有一職業以令自養，今二萬萬女子，嗷然待哺，重困男
> 子，生計艱窘，家既如此，國亦隨之⋯⋯然此事猶小，若
> 强種繁種之法，必令婦人皆習體操，而後其子膚革充盈，
> 筋力雄健。今中國舉步艱寒，滯其血輪，故婦人多產難，
> 生子多羸瘠，致令舉國之人，潛消暗蝕⋯⋯[35]

基於這種感受，從强國强種出發的反纏足論，幾乎成爲維新人
士反纏足一致的基調。要强種，除了以革除纏足爲起點，就是興女
學以提高婦女的知識水準。甲午以後，各地不纏足會紛紛成立。各
不纏足會的啓事或章程中往往將不纏足與興女學並提。以梁啓超的
《戒纏足會叙》爲例，他説：

> 且中國之積弱，至今日極矣。欲强國本，必儲人才；
> 欲植人才，必開幼學；欲端幼學，必禀母儀；欲正母儀，
> 必由母教。人生六、七年，入學之時也。今不務所以教之，
> 而務所以刑戮之，倡優之，是率中國四萬萬人之半，而納
> 諸罪人賤役之林，安所往而不爲人弱也⋯⋯[36]

他在不纏足會的章程裏又清楚説明，不纏足會的目的除了使會中不
纏足的同志互爲婚姻，另外重要的功能即在印發《勸女學歌》，立女
學，設婦孺報館、醫院等。[37] 自梁啓超之章程一立，澳門、上海、
湖南、杭州等地之不纏足會幾無不以興女學爲立會的宗旨之一。[38]

---

〔34〕　張之洞《不纏足會章程序》，收入麥仲華編《皇朝經世文新編》卷一七，見沈雲龍
　　　　主編《近代中國史料叢刊》，頁9～10。
〔35〕　《湘報類纂》，公牘戊中，頁18～19。
〔36〕　梁啓超《戒纏足會叙》，《時務報》（華文書局影印本）第16册，頁4上。
〔37〕　梁啓超《試辦不纏足會簡明章程》，《飲冰室文集》之二，頁20～23。
〔38〕　李又寧、張玉法主編《近代中國女權運動史料》（以下簡稱《女權》）下册（臺北：
　　　　傳記文學社，1975年），頁845～865。

革命運動自甲午以後也逐漸發展。革命黨與維新派對滿清政權的態度雖有不同，但對國將亡，種將滅的危機感，對解放婦女，以求強國的期盼，與維新派初無二致。革命黨發行的報刊、雜誌中也可見到宣傳不纏足以強種強國的言論。光緒二十九年"愛自由者金一"的《女界鐘》可爲代表。他説：

> 從古滅種亡國，皆由於自造，而非人所能爲。今吾中國吸烟纏足，男女分途，皆日趨於禽門鬼道，自速其喪魄亡魂而斬絶宗嗣也。[39]

他又力主恢復女權，六大女權之第一項即"入學之權利"。[40] 同樣地在《浙江潮》第二期有高白叔夫人金氏在杭州張公祠第一次放足會上的演説，演説中十分明白扼要地表達了不纏足須與興女學並論，才是強國不受外人欺侮的重要手段：

> 今天放足的事，不過是小小的一點兒起根，將來還有別事，要與諸位商量。今日先把兩件緊要的告訴諸君罷！一放足的事，不過是養身體，強種族的一端，並非不纏足，便能強國，若説不纏足，便能強國，那江北地方，和各省的鄉村婦女，大脚的不知幾多，爲什麼也和我們一樣，受外人欺侮，這可不是沒有學問的緣故麼？那雖如此，那大足的婦女，比起纏足的身體到底強些，舉動到底便些，同是中國的婦女，比起來便兩樣，不過是他們沒有學問，所以仍舊同我們一樣的受辱，若説有人教育他，豈不是更強呢？這樣看來，振興女學的事情，是萬不能再緩了。[41]

他明白地指出，不纏足只是女子強種救國的起點，更重要的是女子須受教育，有知識，才能"更強"，免於外國的欺凌。這一類的論調還有很多，光緒三十一年六月十七日《順天時報》有《女子爲國民之母》一文，文中十分清楚交代了不纏足和女學與強國強種的關係：

> 女學堂不開，國不能強，女學堂不多開，種不能強，這是怎麼説呢？女智不開，實由女子不學的緣故，果能多開女學，共明強國強種的理，第一樣，可以破除纏足的惡

〔39〕 轉引自陳東原《中國婦女生活史》，頁330~331。
〔40〕 同上，頁337。
〔41〕 高白叔夫人《張公祠第一次放足會演説》，《浙江潮》第2期，頁5~6。

習，強；第二樣，不纏足可以練習體操，強；第三樣，凡
有一切算數、輿地、格致、製造等科都可以學，強；做女
子時強，做母時必強，母強子必強，種強國必強，所以要
國民強，必先女子強，這是世界的公理，這是天演的
公例。[42]

在這裏，作者將天演的公例當作"世界的公理"，而爲求強國強種，
中國的女子遂不能不放足並入學。光緒三十三年，《中國新女界》有
留日女學生孫清如的《論女學》一文，她像前者一樣將體質的強弱，
德性的賢否和國家種族的興衰存亡聯繫在一起，而體質的轉弱爲強，
第一步即在不纏足。她甚至將這一訴求口號化："勿纏足，強種族，
勿纏足，強種族！"[43] 她們共同的特點是她們雖然主張女子不纏足，
女子應受教育，但關懷的重心並不在婦女本身的福祉，而勿寧在中
國四萬萬人的存亡絕續；婦女的解放和知識的提昇只是一個更高遠
目的——強國強種的手段。

　　一般而言，這種以強國強種爲目的的不纏足論最足以反映甲午
前後中國知識分子的想法。不過，這並不意味當時所有的不纏足言
論都屬這一類型。纏足畢竟是深入民間，根深蒂固的習俗。對絕大
多數尚待啓蒙的村夫，甚至士紳而言，具有近代意義的"國家"觀
念還很模糊，以強"國"爲訴求，要求他們放棄舊俗，無異於緣木
求魚。因此，當時有不少人，將強國強種的深層關切隱藏起來，不
談深刻的理論，偏向自小民生計等切身的利害出發，呼籲放足。西
洋文學翻譯家林紓所作的《小腳婦》詩，就很能具體反映這一類型
的反纏足論：

　　　　小腳婦，誰家女？裙底弓鞋三寸許，下輕上重怕風吹，
　　一步艱難如萬里，左靠嬤嬤右靠婢，偶然蹴之痛欲死。問
　　君此腳纏何時？奈何負痛無了期。婦言儂不知五歲六歲纏
　　腳衣，阿娘作孽命纏足，指兒尖尖腰兒曲，號天叫地娘不
　　聞，宵宵痛楚五更哭。床頭呼阿娘，女兒疾病娘痛傷，女
　　兒顛跌娘驚惶，兒今腳痛入骨髓，兒自凄涼娘弗忙。阿娘
　　轉笑慰嬌女，阿娘小時亦如汝，但求腳小出人前，娘破工

[42] 光緒三十一年六月十七日《順天時報》，轉見《女權》頁607。
[43] 轉見《女權》頁560。

夫爲汝纏，豈知纏得脚兒小，筋骨不舒食量少，無數芳年
泣落花，一弓小墓聞啼鳥。

　　破屋明斜陽，中有賢婦如孟光，搬柴做飯長日忙，十
步九息神沮傷。試問何爲脚不良，婦看脚，淚暗落，纏來
總悔當時錯。六七年前住江邊，暴來大水聲轟天，良人負
販夜不返，嬌兒嬌女都酣眠，左抱兒，右抱女，娘今與汝
歸何所，阿娘脚小被水搖，看看母子隨春潮。世上無如小
脚慘，至今思之猶破膽。年來移家居傍城，嘻嘻火鳥檐間
鳴，鄰火陡發神魂驚，赤脚抛履街上行，指且裂，足心染
上杜鵑血。奉勸人間足莫纏，人間父母心如鐵，聽儂訴苦
心應折。

　　敵騎來，敵騎來，土賊乘勢吹風埃，逃兵敗勇闖成堆。
挨家劫，挨家殺，一鄉逃亡十七八。東鄰健婦赤雙足，抱
兒夜入南山谷，釜在背，米在囊，藍布包頭男子裝，賊來
不見身幸藏，西家盈盈人似玉，脚小難行抱頭哭，哭聲未
歇賊已臨，百般奇辱堪寒心，不辱死，辱也死，寸步難行
始至此，牽連反累丈夫子。眼前事，實堪嗟，偏言步步生
蓮花。鴛鴦履，芙蓉縧，仙樣亭亭受一刀。些些道理説不
曉，爭愛女兒纏足小，待得賊來百事了。[44]

這樣從纏足的痛苦，纏足難避水火及兵災等實際的問題來鼓勵不纏
足，或許比一些高調更能打動一般民心。纏足的痛苦過去早有人提
到，難避賊亂，卻和十九世紀中國兵匪之亂頻仍的時代背景有關。
十九世紀天災人禍不斷，百姓苦於流亡逃難。因此，不少人從逃難
的難易立論，鼓吹大脚的便利。趙增澤、羅惇融、黃鵠生都是例子。
其中羅惇融舉張獻忠之亂爲例，[45] 黃鵠生則舉近世捻亂爲例。捻亂
發生時，"東南十省小足婦女，一遇賊無不死者，什九皆赴井飲刃，
投繯服藥，先期自裁。即或有路可逃生，而有死之心，無生之望，
蓋不纏足，或猶尚可逃，纏足則更無可逃也。"[46] 據説，福建汀州

<hr />

[44] 林琴南《小脚婦》，《時務報》第 50 册，頁 11～12。
[45] 羅惇融《順德戒纏足會叙》，見麥仲華編《皇朝經世文新編》卷一七，頁 10。又見
　　《知新報》第 29 册，光緒廿三年八月一日。
[46] 黃鵠生《中國纏足一病實阻自强之機並肇將來不測之禍説》，見于寶軒輯《皇朝蓄
　　艾文編》卷七九，頁 17 下～19 下。

府有七縣婦女，就是因爲逃難的教訓而放棄了纏足。[47] 這些活生生的教訓，在不少宣傳不纏足的人士看來，應該是較有説服力的。

不纏足的理由還有很多，除了常見的有礙健康，不便行動，不利謀生，[48] 還有一大類型的言論是從倫理道德出發。或基於親情，認爲纏足殘忍，有違“母女之情”，有乖“慈愛之心”；[49] 一類是從傳統“人之髮膚受之父母，不敢毀傷”之類儒家道德教訓，或從反駁纏足可防淫禍等方面立論；[50] 這些論點可以説從南宋車若水開始，就不斷出現在同情婦女纏足之苦的言論裏。而另一大類以基督教爲立場的反纏足論，則是近世東西接觸後的新生事物，須稍作討論。

前文提及西洋人到中國很早即注意到纏足的風俗，而太平天國的反纏足在思想上曾受基督教的影響。不過，太平天國的信仰内容十分複雜，並不能爲基督教的西方傳教士所認可和接受。西方教會人士反纏足自有他們的方式和看法。大家都知道自十九世紀中葉以後，沿海城市和口岸不斷湧入西方的商人和傳教士，教會和學校逐漸設立。在傳教和教學中，他們將不同於中國傳統的思想和習俗介紹到中國。影響深遠的尤其是幾種傳教士開辦的報章刊物，傳教士林樂知創辦的《萬國公報》即其中之一。《萬國公報》鼓吹放足不遺餘力，較早的一篇《裹足論》發表於 1878 年 8 月 31 日。[51] 此文從“裹足之事，戕乎天質，逆乎天理，斯爲最酷者也”立論。從基督教立論的有同年抱拙子的“厦門戒纏足會”，1889 年英國傳教士秀耀春的《纏足論衍義》1895 年，天足會閨秀著《纏足兩説》1899 年，美國卜舫濟《去惡俗説》等。現在可考最早的不纏足會可能是

---

[47] 《纏足兩説》，《萬國公報》卷77，頁14上～16上。

[48] 參注〔34〕。

[49] 例如，鴛湖痛定女士賈復初稿《纏足論》，《萬國公報》卷91，光緒二十二年，頁5上；前引《纏足兩説》，頁15下。

[50] 例如，高白叔夫人《奉勸婦女放足説》，《浙江潮》第2期，頁2；《湖南辦理不纏足會啓》，楊鳳藻編《皇朝經世文新編續集》卷一七，頁6上～7上；永嘉祥《戒纏足論并序》，《萬國公報》卷118，頁12下～13上；羅惇融《順德戒纏足會叙》，頁10下。有趣的是一方面傳統衛道之士認爲用小脚限制婦女，可以防淫，然而另一方面，小脚卻又可以成爲一種感官性刺激。H. Levy, *Chinese Footbinding: the History of a Curious Erotic Custom* 一書的一個主要論點就認爲中國婦女纏足與男性性心理關係密切。永嘉祥一文也指出纏足不但不能防淫，而且女子以小脚取悦男子，實是傷風敗俗。

[51] 《裹足論》，《萬國公報》卷11（1878～1879），頁31下～31上。

1875 由教會在廈門所設的戒纏足會。該會成立三年後，抱拙子在
《萬國公報》上介紹該會，並力陳纏足之害，除了提出一些審美和健
康的理由，更從基督教義申論：

> 且我教會中人，有聆聖書訓示，益當樸素，如保羅云：
> "我欲婦女衣素衣，金珠文繡勿以爲飾"，若仍紐於習俗，
> 是背聖書之訓也。不第此已也，纏足之事，實僭上帝之權，
> 犯罪匪輕。稽考古昔，上帝搏土爲人，噓氣入鼻，而成血
> 氣之身，次令亞當酣睡，取其一脅骨成爲女人，四肢五官
> 純備無缺，由是生育衆多，無論男女手足皆同。今觀天下，
> 除中國以外，婦女均無纏足，可見上主造人之足形，男女
> 無二致，此古今之通義也。惜乎蚩民作孽，始由妖姬作俑，
> 其女子生成之善足，纏束緊扎，欲其金蓮尖小，殆嫌上帝
> 造女子之足尚未盡善，當加以矯揉之功，而後全美，是謂
> 己之才智超越於上帝矣！其僭妄之罪不亦大乎？……耶穌
> 曰："見色而好者，心已淫之也，雖則他人之孽，實由我之
> 孽以引之也。"又曰："陷人於罪，事所必有，但陷人於罪
> 禍哉！斯人也。"可見纏足實閨門之敗風大獲罪於上帝，我
> 教會切宜速除此弊焉！[52]

抱拙子後來又有《勸戒纏足》一文，與上文除介紹廈門戒纏足會部
分，餘幾全同。[53] 秀耀春所論大旨與抱拙子相近，有趣的是他引中
國古經以證教義：

> 詩云"天生蒸民"，夫所謂天者，非蒼蒼之天，乃即宇
> 宙之大主宰，上帝是也……生命之畀，實自上帝主之，非
> 本身而有，亦非自能爲有也明矣……夫上帝生人，不分男
> 女，各予兩足，原以使之健步，男則爲國爲家奔走東西，
> 女則事親教子，內助分勞……今任女子纏足，竟將重用之
> 肢，歸於無用之地，辜天恩，悖天理，逆天命，罪惡叢
> 生……[54]

卜舫濟倡天足，提到天主之前，男女平等，不應以纏足作賤女子，他說：

---

[52] 抱拙子《廈門戒纏足會》，《萬國公報》卷 11（1878～1879），頁 406 上～408 上。
[53] 抱拙子《勸戒纏足》，《萬國公報》卷 15（1882～1883），頁 84～85。
[54] 秀耀春《纏足論衍義》，《萬國公報》，光緒十五年四月號，頁 19 上～20 上。

況我聖教之意，在我天主之前，男女無分輕重，泰西
興盛之國，大都合乎斯道，故近來世上至強之國，如英、
如美、如德，皆重視婦女之國也。苟使婦女纏足，非重之
也，實欲大肆其作踐之私，矯揉造作，強彼爲男子賞心悅
目之物，故今欲整頓中國，則重視婦人一端，所當首
及也。[55]

《萬國公報》上之反纏足論非皆自基督教立論，也非皆傳教士所寫。
例如寫"纏足兩說"的"天足會閨秀"，從文中可知即是一"泰西
婦女"。當時中土入教人士尚極有限，在報端以基督之理說放足，對
一般中國人，甚至讀書識字的士紳都難有效果。這位"泰西婦女"，
一字不提上帝，而從違天意，蔑古制，召痼疾，戕生命，妨生計，
廢人倫七端立說，並謂：

以上七條，語雖淺近，意實周摯，華人試靜言思之，
孔孟之母，非皆天然之足乎？（本會故命名天足）五洲萬國
之婦女，有如是之受盡苦楚者乎？我泰西婦女，全身皆自
由自在，無殊於男子，比來作客中華，目睹澆風，意良不
忍，是用列此七說，以勸華女之父母。[56]

這些教會人士鼓吹天足，有時引用中國古典，有時據基督教義，有
時出乎人道的觀點，但絕少自物競天擇，優勝劣敗，自強救國的論
點出發的。這一方面是因爲"救亡圖存"本不是教會的基本關懷，
另一方面或許是因爲達爾文式的進化論與主張上帝創造世界的基督
教義有著根本衝突。有趣的是與中國留日女學生多所接觸的日本女
教育家下田歌子，卻曾從優勝劣敗的觀點，建議中國人勿纏足：

至於體育一端，則吾聞貴國女子，皆好纏足，摧折其
骨，束縛而捆扎之，使成馬之形，以博世人之贊美，此則
國俗之至惡，其妨礙民族之進步甚非淺鮮者也。何以言之？
則以如此者不獨女子一身孱弱病苦，已成廢物，爲男子之
大累，即其所生子女亦決不能強健，弱種相傳，愈傳愈弱。
今日之世界乃種族競爭之世界，優者勝而劣者敗，強者存
而弱者亡，五洲雖大，豈能容此弱劣之民族並立於大地之

〔55〕　卜舫濟《去惡俗說》，《萬國公報》卷131（光緒二十五年十一月號），頁10上～11下。
〔56〕　前引《纏足兩說》，頁14上～16上。

上乎? 纏足之不禁, 吾其爲支那人種前途慮矣。[57]

大體而言, 西方傳教士雖不以纏足爲然, 可是教會是否應干涉諸如纏足一類中國傳統的習俗, 基督教和天主教的傳教士有不同的看法, 各教派內部的意見也不完全一致。例如 1895 年 4 月 26 日的《The North China Herald》報第 54 號上, 即有通信稿認爲爲使中國人接受基督信仰, 傳教應從隨中國之俗入手。有些基督教士認爲纏足陋習宜任其自然消失, 不必刻意反對。1869 年 9 月, "The Chinese Recorder" 第二號上有 J. J. Dudgeon《論華婦小脚》(The Small Feet of Chinese Women)一文, 以爲大力反纏足, 將使中國的士紳階層看不起傳教士, 而使福音引起爭論。此外, 如要求入教會學校者須放足, 將使士紳的子女裹足不前。同年 11 月同一刊物上, 有另一人舉六點理由反駁此文, 認爲纏足是違反上帝的罪行, 必須除之。1870 年, 又有傳教士以筆名 "H. G." 投稿辯稱, 纏足並不如一般所説的可怕, 纏足婦人仍可走上十五、六里去上香。他主張纏不纏足, 應由中國信徒自行決定。此文又激起一連串更強烈的反對。這些不同的意見一直到 1878 年, 基督教派在中國召開的傳教士會議上仍被提出來。其爭論的根本癥結在纏足到底是不是一種 "罪" (sin)。如果是罪, 則中國信徒必須放足; 如果不是, 則教會不必爲此妨礙福音的傳播。1878 年會議的最後結論是: 纏不纏足不是教會的事, 由信徒的家人自作抉擇。因此, 整體而言, 十九世紀教會在不纏足運動中雖曾扮演了重要的角色, 基本上是基督教會教士或各個教會個別的行動。[58] 儘管如此, 基督教士在激起國人反纏足意識上的作用是不容否認的。

歸結而言, 十九世紀末中國的士紳和對中國纏足之俗有所見聞的外國人士, 都曾發出不纏足的呼籲。他們的理據十分複雜, 有些純粹基於人道的關懷, 認爲裹足過於殘忍痛苦, 有損健康; 有些基於歷史的理由中國本無纏足, 纏足出於教坊娼妓, 上流何須效之; 有些考慮生計與生活的便利; 有些則本儒家 "身體髮膚受父母, 不敢毀傷" 之義言纏足之不當; 有些則指纏足實與婦女之貞節或風俗之良否無關。林林

---

〔57〕 天津張緒口譯、湘潭楊度筆述《華族女學校學監下田歌子論興中國女學事》,《游學譯編》第 1 册, 頁 11。

〔58〕 以上資料討論, 參見: Virginia Chui-tin Chan, The Anti-Footbinding Movement in China (1850～1912), pp. 34～38, 56～58。

總總，這些觀點幾乎反覆出現在所有的不纏足言論中。不過，從根本關懷的重點看，傳統士大夫如車若水、袁枚、李汝珍、錢泳偶有同情婦女，出乎人道的表示；清初政府下令禁纏足，與下令剃髮同樣有政治統治上的寓意。太平天國反纏足，一方面受基督教義的影響，一方面又爲有效利用婦女之勞動力。從宣傳文件上看，在意識形態上太平天國並未完全擺脫傳統對婦女三從四德的要求，其關懷嚴格而言，十分浮面與形式。西人東來，有部分傳教士或非傳教士，對受纏足束縛的中國婦女確曾有人道主義的同情，並以言論和行動企圖改變這種習俗。但是當傳播宗教的目的與人道的努力發生衝突時，基督教會的立場仍以宗教的目的爲重，對婦女的解放只能默默地祝福。深受甲午戰敗刺激的中國官員、知識分子和士紳，在外强環伺的强大壓力下，救亡圖存自然成爲最基本的關懷。他們又因物競天擇，優勝劣敗思想的刺激，遂從强國强種的立場出發，强力主張從身體和智力上解放婦女，希望透過放足和女學，使二萬萬婦女能從國家的累贅，成爲强國强種的助力。換言之，對他們而言，女子之不纏足和受教育，最大的意義並不在婦女本身的尊嚴，而在使一半的人口成爲達成一更高目的的工具。這可以説是甲午戰後，維新派及革命黨反纏足論的最大特色。

這種從維新圖存著眼的反纏足論並不必然意味對婦女的地位、權利或作爲一個"人"的基本價值有真正的關懷或重視。鄭觀應主張不纏足，但他仍認爲男主外，女主内是應有的角色格局，他説女子入學以後，"他日爲賢女，爲賢婦，爲賢母，三從四德，童而習之，久而化之，紡繡精妙，書算通明，復能相子佐夫，不致虛糜坐食，愚賤皆知禮義，教化具有本原，此文武之所以化行俗美也。"[59] 黃鵠生曾作《中國纏足一病實阻自强之機並肇將來不測之禍説》一文反對纏足。他所申論的一個重要理由是纏足令中國婦女成廢疾，不能相夫教子，使丈夫兒子只得畢生廝守，失去四方之志，因而"纏足一事，到天下婦女之足者患猶小，喪天下男女之志者，患無窮也"。[60] 即使女子對自身的獨立和權利也少有充分的認識。例如長沙一名女子劉曾鑒曾撰《論女學塾及不纏足會未得遍行之故》，雖主張女子不纏足，入學求知，最後目的在作讀書

---

[59]　鄭觀應《訓婦女書》，《盛世危言》後編，卷一五，頁37下～38下。
[60]　黃鵠生《中國纏足一病實阻自强之機並肇將來不測之禍説》，于寶軒輯《皇朝蓄艾文編》卷七九，頁18上。

明禮之婦，"無細故勃谿之患，無吝儲錢作苦之心"而已。[61]

在清末反纏足的言論中，發自婦女本身的很少。這與傳統婦女多數無識，不出閨門，不問外事有關。在極少數由女性撰寫的反纏足文字中，能注意發揮女子本身才能，追求女子本身的成就，爭取女子自主之權利者，以清季的革命黨爲較多。高白叔夫人可爲一例。她認爲放足是女子本身的事，自己可以作主。世界文明各國都是男女平等，女子要能自立，婦女對國家一樣有責任，並不在男子之下。要振興女學，不纏足只是一個起點，因爲只是大腳並不能强國，"應該逢人勸勉，到處儆戒，事事腳踏實地，人人盡心竭力，做些事業出來，才算把二萬萬的同胞姊妹吐氣。"[62]像這樣從婦女本身立場呼籲不纏足的只佔極少數。秋瑾是另一例。她反對纏足，到處宣傳演說。她認爲纏足是束縛婦女的枷鎖，要興女學，振女權，必自放足始。[63]基本上這種婦女獨立於男子之外的自覺，在五四以前是極其少見的。能從這種立場言纏足的也不多。

四、清季反纏足的組織與活動

清季反纏足組織，依目前可考的資料看，是以由教會在廈門所創的"戒纏足會"爲最早，時間是 1875 年（光緒元年），距 1860 年，允許外國教士入中國內地傳教有十五年，甲午之戰前二十年。創會者是廈門教會的牧師光照（Rev. John MacGowan）。光照牧師主持教會，勸信徒革除陋俗，以成效不著，乃立戒纏足會。每年聚會兩次，凡有不願爲兒女纏足者，依自願於會中立一約紙，書女兒姓名，以其親押號爲憑，約紙各執一半，若有背約，會衆共責之。戒纏足會成立三年，入會者共八十餘家。光緒元年正月初九，會衆聚於新街仔禮拜堂，有葉牧師著《戒纏足論》，抱拙子時爲該會紀事，遂錄其著，刊於報端。這是最早一個不纏足組織的概況。此後由教會、非教會之外人、維新人士、革命黨或地方士紳組成的不纏足會陸續出現。陳東原先生在其名著《中國婦女生活史》中說西洋人"等到中國人自己倡導天足的時候，他才來幫忙不纏足運動"，[64]這

---

〔61〕　劉益鑑《論女學塾及不纏足會未得遍行之故》，《湘報類纂》(1)，頁 10 下～11 下。

〔62〕　高白叔夫人《張公祠第一次放足會演說》，頁 4～6。

〔63〕　有關秋瑾提倡纏足的言論，請參鮑家麟師《秋瑾與清末婦女運動》，收入鮑師編著《中國婦女史論集》（臺北：稻鄉出版社，1988 年再版），頁 368～371。

〔64〕　陳東原，前引書，頁 319。

話與事實顯有出入。依目前可考的資料來看，西人組成戒纏足會，以有組織的方式推動反纏足運動，實在任何中國本身的組織之前。以下先依時間先後爲序，列表説明各會成立時間、地點、創始人、宗旨、規章組織、經費等，然後就其活動試作若干分析討論。

（1）組織概況

不纏足會組織成立表

1. 戒纏足會[65]

　　時　間：1875（光緒元年）

　　地　點：廈門

　　創始人：廈門教會光照牧師

　　宗　旨：革除陋俗

　　規　章：依自願入會，入會者兒女不纏足，立約爲憑，每年聚會兩次，背約者會衆共責之。

　　組　織：上有牧師主持，下有紀事，餘不詳。

　　參加者：成立三年，入會立約者八十餘家。

　　經　費：不詳。

2. 不裹足會[66]

　　間　時：1883（光緒九年）

　　創始人：康有爲、區諤良

　　規　章：凡入會者，皆注姓名，籍貫，家世，年歲，妻妾子女，已婚未婚，約定凡入會者，皆不纏足，已纏者聽，已纏而復放者，同人賀而表彰之。

　　其　他：康有爲自謂這是中國人自創最早的不纏足組織，且參加者甚多。後以會名犯禁，才漸散去。

3. 天足會[67]

　　時　間：1895（光緒二十一年）

---

[65] 抱拙子《廈門戒纏足會》，《萬國公報》卷11（1878～1879），頁406上～408上。Virginia Chui-tin Chan, op. cit. , pp. 43～46, p. 57。

[66] 康有爲《康南海自編年譜》，光緒九年，頁13。見沈雲龍編《近代中國史料叢刊》，文海出版社。

[67] 參林樂知輯、任保羅譯《天足會興盛述聞》，《萬國公報》卷18，頁17上～19下；立德夫人《勸戒纏足叢説》，頁10下；文夫人《中國婦女宜戒纏足説》，頁16下。另可見《中國女報》第1期，頁57。Virginia Chui-tin Chan, op. cit. , pp. 70～95, 116～139。

地　點：上海

創造人：英律師擔文夫人，瑞總領事柏古夫人，英總領事韓能夫人，英領事安而福夫人，法總領事白纊夫人，英女士栗得爾，醫生黎夫斯乃逗。

宗　旨：以放足爲起點，進謀教導之法。

規　章：入會者皆先釋放其家中女人之足，且於他日永不再裹女子之足，又不娶裹足之女爲兒媳。

組　織：設有董事，專司勸戒纏足。

經　費：捐款

其　他：此會自光緒三十二年（1906）以後，交由中國人自辦。

4. 粤中不纏足會[68]

時　間：1895（光緒二十一年）

地　點：廣東

創始人：康有爲、康廣仁

規　章：凡入會者，皆注姓名、籍貫、家世、年歲、妻妾子女、已婚未婚。約以入會者，皆不裹足，其已裹足者聽之，已裹而放者，同人賀而表彰之。

5. 龍山戒纏足會[69]

時　間：1896（光緒二十二年）[70]

地　點：廣東龍山

創始人：陳默庵、賴弼彤

規　章：入會者不纏足，婚姻相通。

組　織：注會者數百人

6. 不纏足會[71]

〔68〕　前引康有爲《康南海自編年譜》，頁13。

〔69〕　梁啓超《戒纏足會叙》，頁4下；羅惇融《順德戒纏足會叙》；《順德陳村、赤花不纏足會叙》，見揚鳳藻編《皇朝經世文新編續集》卷一七，頁7上～7下；《南海九十六鄉倡辦不纏足會叙》，見麥仲華編《皇朝經世文新編》卷一七，頁11。

〔70〕　羅惇融《順德戒纏足會叙》謂龍山戒纏足會成立於光緒二十三年，但光緒二十二年十二月一日出版的《時務報》第16冊刊有梁啓超爲此會所作《戒纏足會叙》，此會似應成立於光緒二十二年。

〔71〕　梁啓超《試辦不纏足會簡明章程》，《時務報》第25冊，頁2下～4上；羅惇融，前引兩文；亦可參賴光臨《梁啓超與近代報業》（商務印書館，1968年），頁30。

時　間：1897（光緒二十三年）

地　點：總會設於上海，各省省會皆設分會，各州縣市集就入會人多之處，設小分會。

創始人：張通典、鄒凌瀚、吳樵、龍澤厚、譚嗣同、賴振寰、張壽波、康廣仁、汪康年、梁啓超、麥孟華

宗　旨：使會中同志可以互通婚姻；如有餘貲，或設女學校，或設婦孺報館，或設婦嬰醫院，或設恤嫠局。

規　章：入會者書姓名、年歲、籍貫、居寓、仕履、妻之姓、子女之名，以備刊登會籍。入會人所生女子，不得纏足；其已纏足者，如在八歲以下，須一律放解，如在九歲以上不能放解者，須於會籍報名，方准其與會中人婚娶。入會人所生男子，不得娶纏足之女。

組　織：各總會分會，隨地皆立主會、副主會，主釐訂會例，稽查清册，不受薪水。總會設司事四人，分會設司事二人，小分會設司事一人，主設各處報名單及辦理雜務，酌給薪水。

經　費：入會者自由樂捐，並由社會人士贊助。事實上，本會主要由時務報支持。

7. 澳門不纏足會[72]

時　間：1897（光緒二十三年）

地　點：澳門

創始人：張壽波、張灝、張壽浯、吳節薇、何廷光、陳桐若、陳蔚秋、康廣仁

宗　旨：以勸導女子不纏足，男子擇婚娶婦亦以不纏足爲主。

規　章：見《女權》，頁845

經　費：不單獨領受捐款，但上海不纏足會總會則接受樂捐贊助，而總會所得利益，澳門分會也一體霑受。

其　他：此會辦理預期以三年爲率，是否續辦，史料不足，俟考。

8. 佗城不纏足會[73]

---

〔72〕　前引羅惇融《順德戒纏足會叙》、《南海九十六鄉倡辦不纏足會叙》、《澳門不纏足會別籍章程》。

〔73〕　前引《南海九十六鄉倡辦不纏足會叙》。

　　　　時　　間：1897（光緒二十三年）

　　　　地　　點：佗城

　9. 佛山不纏足會[74]

　　　　時　　間：1897（光緒二十三年）

　　　　地　　點：佛山

　10. 大良不纏足會[75]

　　　　時　　間：1897（光緒二十三年）

　　　　地　　點：大良

　11. 順德陳村、赤花不纏足會[76]

　　　　時　　間：1897（光緒二十三年）

　　　　地　　點：廣東順德陳村、赤花

　　　　宗　　旨：婚姻相構，學校踵開

　12. 南海九十六鄉不纏足會[77]

　　　　時　　間：1897（光緒二十三年）

　　　　地　　點：廣東南海九十六鄉

　　　　宗　　旨：婚姻相通

　13. 湖州不纏足會[78]

　　　　時　　間：1897（光緒二十三年）

　　　　地　　點：湖州

　14. 岳州戒纏足會[79]

　　　　地　　點：湖南岳州

　15. 福州戒纏足會[80]

　　　　時　　間：1897（光緒二十三年）

　　　　地　　點：福建福州

　　　　創始人：陳寶琛、葉恂予、廖執齋、王筱希、劉少如、林純友

　　　　宗　　旨：使不纏足婦女無慮締婚之難

---

[74]　前引《南海九十六鄉倡辦不纏足會叙》。

[75]　同上。

[76]　同上；《順德陳村、赤花不纏足會叙》；羅惇融《順德戒纏足會叙》。

[77]　前引《南海九十六鄉倡辦不纏足會叙》。

[78]　王爾敏《晚清政治思想史論》（臺北，1969），頁140。

[79]　《湖南吳溫仲來書》，《時務報》第49冊。

[80]　《福州戒纏足約章》，《時務報》第50冊，頁13～14。

規　章：入會者書姓名、籍貫、住址、已婚未婚、男女年庚。入會人所生男子，在八歲以下，無論與約中人約外聯姻，概不得娶聘纏足之女；女子在八歲以下，不得纏足，已纏者解放。男已定聘，女已許字者，不在此例。

經　費：入會者量力酌捐經費。男女婚嫁，各納喜金四百文。

16. 嘉定不纏足會[81]

時　間：1897（光緒二十三年）

地　點：嘉定

創始人：不詳，主要成員爲士商。

宗　旨：爲挽回本地積習而設。

規　章：入會者，書姓名、爵秩、籍貫、住處，交經理人注冊。入會人之女未纏足者，不得纏，已纏者，年十歲以內，未聯姻者，亦須漸解放。若與會外人聯烟，須先聲明。至於續弦者，在十年以內，儘可通融；二十年之外，即續娶亦不可通融。至娶子婦，無論年期，概不得背約。與會人士，履式方圓華樸，各隨所便，惟不得上大下小，以致不纏如纏，亦不得前著後脫，近於放蕩。

組　織：設經理人，負責會籍。以創會人內眷，作爲會員，負責考察。

17. 香山不纏足會[82]

時　間：1897（光緒二十三年）

地　點：香山

18. 廣州不纏足會[83]

時　間：1897（光緒二十三年）

地　點：廣州

創始人：康廣仁

19. 順德戒纏足會[84]

---

[81]　《嘉定不纏足會章程》，《時務報》第50册，頁12～13。
[82]　羅惇融《順德戒纏足會叙》；王爾敏，前引書，頁140。
[83]　同上，王爾敏，前引書，頁139。
[84]　羅惇融《順德戒纏足會叙》；王爾敏，前引書，頁139。

時　間：1897（光緒二十三年）

地　點：廣東順德

創始人：梁劭穆、龍笙咳、龍舜臣、羅惇融

宗　旨：婚姻相通

20. 湖南不纏足會（又名衛足會）[85]

時　間：1897（光緒二十三年）

地　點：總會設於長沙，各州縣市集就入會人多之處，隨時設立分會。

創始人：黃遵憲、譚嗣同、唐才常、洪文治、劉曾鑑

成　員：專約士紳

宗　旨：廣糾同志，互訂婚姻。如經費充實，當廣開女學，或設婦孺報館，或設婦嬰醫院，或設恤嫠局。

規　章：入會者書姓名、籍貫、居寓、仕履、子女年庚。入會人所生女子不得纏足，八歲以下，須一律解放，入會人所生男子，不得娶纏足之女。入會者之子女，日後有違約者，罰洋銀角，不願罰者，會譜除名，同會不得與通婚，已訂婚者聽。已纏之婦，有丈夫能令妻妾解雙纏著巨屨，本會贈銀牌一面，上鐫巾幗英雄四字，並代撰閨中豪舉，記付刊日報，爲天下女子勸。

組　織：各總會分會，隨地皆立正主會、副主會，主釐訂會例，稽查清冊，不受薪水。各總會分會皆設董事，主勸人入會，不受薪水。總會設司事四人，分會設司事二人，小分會設司事一人，主收各處報名單，辦理雜務，酌給薪水。

經　費：入會者自由捐獻，不捐亦可（本會主要由湘報館支持）。

21. 臺北縣天然足會[86]

時　間：1900（明治三十三年光緒二十六年）

地　點：臺北縣大稻埕日新街普願社

---

[85]　《湖南辦理不纏足會啓》；《湖南不纏足總會章程》；《湖南不纏足會嫁娶章程》，《湘報類纂》(2)，章程丁上，頁22～24；王爾敏，前引書，頁139。

[86]　王一剛《日據初期的習俗改良運動》，《臺北文物》第9卷第2、3期合刊，頁13～22。按此文係譯自日文原著，臺灣史料保存會《日本統治下的民族運動》上卷，（東京，1969）第五節，《本島人の解纏足と辮髮廢止の經過》，頁741～746。

創始人：黃玉階

規　章：凡入會者於入會後出生之女兒，不得纏足；如纏
足，不得與其家婚娶。

組　織：會員分爲掌理會員，贊助會員和鼓舞會員三種，每
一地方獲得會員百人以上時，設立分會。

經　費：會員醵金和一般贊同者之樂捐。發起時資金二千
餘元。

參加者：發起人、贊助者及與會者共二百五十名。會員六百
餘人。

22. 臺南天足會[87]

時　間：明治三十五年（光緒二十八年）？

地　點：總會設於臺南，鳳山、嘉義各立一支會。

規　章：入會者書姓名、年歲、籍貫、居寓、妻之姓、子女
之名。入會人所生之女子，五歲以下不得纏足；婦女願放足
者，當加獎賞。入會人所生男子，不得娶纏足之女。會中男
女互通婚姻，如會外人亦係不纏足者亦可；有生女子如再纏
足，當即議罰告退。

組　織：設有會長、幹事員、評議員、勸誘員、贊助員

經　費：入會者自由贊助。

23. 蘇州不纏足會[88]

地　點：蘇州

24. 天足會[89]

時　間：1898（光緒二十四年）

地　點：天津

25. 杭州放足會[90]

時　間：1903（光緒二十九年）

地　點：浙江杭州錢塘門外張勤果祠

創始人：高白叔夫人金氏、孫淑儀、顧嘯梅、胡畹畦

〔87〕 《臺南天足會會則》，見楊鳳藻編《皇朝經世文新編續集》卷一七，頁10下～11上。

〔88〕 前引高白叔夫人《奉勸婦女放足說》，頁4。

〔89〕 王爾敏，前引書，頁140。

〔90〕 高白叔夫人，前引文《張公祠第一次放足會演說》；江東《記杭州放足會》，《浙江潮》第2期，頁1～2；《杭州放足會第二次調查信》，《浙江潮》第3期，頁5～6。

宗　旨：因積習難除，只有女、姑、嫂、姊等一概放足，幼
年女子自然不纏足，故名放足會。以改舊習，免誤後來，將
來更擬設女校。

規　章：凡幼女年及四、五歲者，會員有勸戒纏足之義務，
凡成年婦女已纏足者，會員有勸令放足之義務。協商放足免
痛之法，及放足會所穿鞋履之式樣。

26. 武昌不纏足會[91]

地　點：湖北武昌

27. 瀏陽不纏足會[92]

時　間：1903（光緒二十九年）

地　點：湖南瀏陽縣垣某處

創始人：宋氏女

宗　旨：不纏足，設女學堂

成　員：一時來會簽名者數百人。

28. 通州天足社[93]

時　間：1904（光緒三十年）

地　點：順天府通州

創始人：通州紳民

宗　旨：招集同志，挽回積習，革千載澆漓之俗。

規　章：同人所生子女在五歲以內者皆不纏足；已纏足者或
放或隨其便；每年同人最少聚集一次，酌商一切事宜；聚集
之時，意見不合，惟人數多者是從，不可固執己見；增減規
章，須同人三分之二允准。

組　織：諸同人每年當輪二人值年，以司銀錢帳目及一切雜
務；每年聚集，由本年司事者酌定日期，隨將一年經手事
件，銀錢，帳目交次年司事者接管。

經　費：本社用款最要者在印刷報紙，同人當量力助賛；有
願襄辦者，當在司事處言明，隨心助賛若干；不願列名者，

〔91〕 王爾敏，前引書，頁140。

〔92〕 1903 年 10 月 6 日《國民日日報》，轉見《女權》，頁867。

〔93〕 《順天府通州紳民公議天足社勸世淺説》，《順天時報》光緒三十年十一月十一日，
轉見《女權》，頁527～528。

亦可在司事處交納助貲。

29. 黎里不纏足會[94]

時　間：1904（光緒三十年）

地　點：吳江縣黎里鎮汝家橋東民立求我蒙塾

創始人：王壽芝女士

宗　旨：開通女界，掃除惡習

規　章：青年女士同情本會者，開示籍貫、住址、年齡、姓氏，爲會員；會員以時集會，所開茶話會，懇親會，或討論學術，或提議治事。

組　織：本會設會長一人，由會員投票公選

經　費：由發起人負擔

其　他：欲知放足之法，及靴鞋樣式者，至本會所問詢，遠處來函，當速奉覆。

30. 淮安不纏足會[95]

時　間：1904（光緒三十年）

地　點：淮安

創始人：淮安何君，上虞羅君

31. 成都天足會[96]

時　間：1903（光緒二十九年）

地　點：四川成都府

成　員：上年有六十戶，今（光緒三十年）有一百戶

32. 重慶天足會[97]

時　間：1904（光緒三十年）以前

地　點：重慶

規　章：每年聚會四次，皆借某花園爲會所，聚會之時，各會友皆得邀其親友入座聽講；其會規未規定不放足不准入會，惟相約於入會之後，不准再纏其女之足，違者罰銀如例。且其定例，凡屬會友亦不准再娶纏足之女以爲兒媳。

---

〔94〕　《黎里不纏足會緣由》，《警鐘日報》，1904年3月13日，轉見《女權》，頁867～869。

〔95〕　《警鐘日報》，1904年4月28日，轉見《女權》，頁869。

〔96〕　林樂如《天足會興盛述聞》，《萬國公報》卷184，光緒三十年四月號，頁17上～19上；《成都天足會近狀》，《萬國公報》卷186，光緒三十年六月號，頁29上～30上。

〔97〕　同上，《成都天足會近狀》。

成　員：光緒二十九年一百六十戶，次年增至二百戶。

33. 南豐天足會[98]

　　時　間：1904（光緒三十年）

　　地　點：南豐

　　宗　旨：本會遵禁止纏足旨意，以爲吾邑開化起點；本會爲強種，女子纏足，禍如暗殺，不得不除；養成女界文明，創興女學。

　　規　章：凡十歲以内女子，必使盡歸真品，十歲以外酌聽，總以能放爲佳；會員有實行家庭永遠不纏足之責任；會員有勸説，演説纏足之害之責任；會中同志互通婚姻，凡會外人不纏足者，無妨與通婚姻；本會稽查員查出有違纏足者，罰銀三十元，與纏足女通婚者，罰五十元；本會每年開常議會二次，有大興革，別開臨時特別會議。

　　組　織：設會長一人、正副董各一人、會計二人、稽查一人、監督一人採訪一人

　　經　費：入會者捐助

34. 湖北不纏足會[99]

　　時　間：1904 之前

　　地　點：總會設湖北省城，分會設武昌、大冶、黄岡、蘄水、安陸、應山、天門、漢陽，及湖北以外金陵、揚州、鎮江、嘉興

　　創始人：宋康德（敦甫）

35. 衢州不纏足會[100]

　　時　間：1904（光緒三十年）

　　地　點：衢州

　　創始人：詹石甫

　　宗　旨：不纏足，立女學堂，改良社會風俗

　　經　費：創始人及會員捐助

---

〔98〕《南豐天足會章程》，《警鐘日報》，1904 年 7 月 25 日，轉見《女權》，頁 875～877。

〔99〕《記不纏足會》，《順天時報》，光緒三十年八月十四日；《不纏足會之建設》，《警鐘日報》，1904 年 9 月 15 日；《鎮江開辦天足會》，《警鐘日報》，1904 年 9 月 20 日，轉見《女權》，頁 877～878。

〔100〕《衢州不纏足會》，《警鐘日報》，1904 年 9 月 23 日，轉見《女權》，頁 878。

36. 廈門天足會[101]

　　時　間：1904（光緒三十年）

　　地　點：廈門

37. 龍游縣不纏足會[102]

　　時　間：1905（光緒三十一年）

　　地　點：龍游縣城

38. 叙郡天足公會[103]

　　時　間：1905（光緒三十一年）

　　地　點：四川叙郡城北街真道堂

　　創始人：英美教堂教士

　　成　員：教內外男婦允從放足者六十餘家

39. 烟台天足會[104]

40. 登州府天足會[105]

41. 香港天足會[106]

42. 九江天足會[107]

　　（以上 40～43 皆上海天足會之支會）

43. 直隸天足會[108]

　　時　間：1907（光緒三十三年）

　　規　章：在會的人與在會的人作親。

44. 無錫天足社[109]

　　時　間：1907 之前

　　地　點：無錫

45. 上蔡天足會[110]

　　時　間：1909（宣統元年）

---

[101]　《廈門天足會約章叙論》，《萬國公報》卷202，光緒三十一年十月號，頁19下～20下。

[102]　《警鐘日報》，1905年1月20日，轉見《女權》，頁887。

[103]　《天足會演說》，《順天時報》，光緒三十一年一月二十二日。

[104]　《天足會第十次之報告》，《萬國公報》，光緒三十一年十一月號。

[105]　同上。

[106]　同上。

[107]　同上。

[108]　《直隸創辦天足會演說》，《中國新女界》第4期，轉見《女權》，頁899～905。

[109]　《記天足會（無錫）》，上海《女子世界》2年6期（1907），轉見《女權》，頁905～906。

[110]　《上蔡之天足會》，《順天時報》，宣統元年十一月二十三日，轉見《女權》，頁906。

地　　點：上蔡

創始人：陳嘉麟

46. 汝陽天足會[111]

　　　地　　點：汝陽

　　　創始人：郭君

47. 灤州天足聯姻會[112]

　　　時　　間：1911（宣統三年）

　　　地　　點：灤州奔城鎮

　　　創始人：士紳雷雲會、劉昌瑞、松葆貞等百餘人

　　　宗　　旨：互爲婚姻，以倡天足

48. 安肅縣天足會[113]

　　　時　　間：1911（宣統三年）

　　　地　　點：安肅縣

　　　創始人：該縣勸學總董劉文灼

　　　經　　費：不收會費

49. 文水縣天足會[114]

　　　時　　間：1911（宣統三年）

　　　地　　點：山西文水縣城

　　　創始人：縣令徐春浦、士紳蕭子靈、李泮池、杜存真

　　　經　　費：每年籌二百五十千文

50. 順直天足總會[115]

　　　時　　間：1911（宣統三年）

　　　地　　點：天津

　　　成　　員：到會者約百餘人

51. 天津縣天足會[116]

　　　時　　間：1911（宣統三年）

---

〔111〕《上蔡之天足會》，《順天時報》，宣統元年十一月二十三日，轉見《女權》，頁906。

〔112〕《士紳提倡天足會》，《順天時報》，宣統三年二月二日，轉見《女權》，頁906～907。

〔113〕《士紳提倡天足之熱忱》，《順天時報》，宣統三年三月二十九日，轉見《女權》，見907。

〔114〕《文水縣天足會之成立》，《順天時報》，宣統三年三月十日，轉見《女權》，頁907。

〔115〕《天足會已舉定幹事員》，《順天時報》，宣統三年五月廿一日，轉見《女權》，頁908。

〔116〕《天足會開成立會詳志》，《順天時報》，宣統三年閏六月九日；《天足會開會補遺》，《順天時報》，宣統三年閏六月十二日，轉見《女權》，頁908～909。

　　地　點：天津縣襪子胡同城議會會場

　　會　長：陳蔗圃，副會長：郭東潮

　　因爲有關的記載十分零散，以上的資料必然不夠完備。就這有限的資料來説，顯然有以下幾點值得注意：

　　第一，從創始人和組成成員來看，不纏足會基本上包括以下三類人：（1）在華外人，尤其是與基督教會有關的外人；（2）維新派知識分子，地方士紳及地方官員；（3）革命黨及其支持者。在華外人所成立的組織以 1895 年在上海成立的天足會及其後陸續成立的各天足分會爲中心。而中國人中最早開始成立不纏足組織的則以康、梁等維新派與地方士紳的結會爲最先。他們所成立最主要的組織是 1897 年在上海成立的不纏足會及 1897 年至 1898 年左右在廣東、福建、湖南等地所成立的各不纏足會。政府官員積極支持不纏足運動的，此時只有張之洞等少數人。維新派的活動因 1898 年戊戌政變而中止。中國士紳的組織不纏足會要到 1902 年左右，慈禧下令禁纏足以後，才再度陸續成立。此時則可見到地方官吏和士紳的合作。在上表中與革命黨有關的不纏足組織可能只有四個，這可能和革命黨無法公開活動有關。值得注意的是，在上表中有四個組織的發起人是婦女：（1）1895 年上海天足會，（2）1903 年杭州放足會，（3）1903 年瀏陽不纏足會，（4）1904 年黎里不纏足會。其中前兩者創始人的背景可考。天足會係由在華外人所辦的團體，創始人多在華外交官或商人的夫人，有基督教會支持，但出力最多的則是一英商眷屬立德夫人（Mrs. Archibald Little）。立德夫人所表現的基本上是人道的關懷，爲減少中國婦女的痛苦，奔波於中國各地。[117] 杭州放足會倡辦人是高白叔夫人金氏。由於該會相關活動的報導皆見於革命刊物《浙江潮》，判斷其與革命黨有關。整體而言，外人之反纏足與中國婦女的自覺無關，而中國人本身的不纏足運動，幾乎主要靠男性的倡導。就此而言，不纏足運動仍不能視爲是一種婦女主動參與，自覺地爲改善婦女生活而從事的婦女運動。由於這時期不纏足運動

---

[117]　立德夫人的活動可參見 Virginia Chui-tin Chan 文中關於天足會的討論。立德夫人本人有著作敘述她個人的中國經驗，諸如：Archibald Little, *Through the Yang-tze Gorges: Trade and Travel in Western China*（London：Sampson Low, Marston & Co., 1898）；*Intimate China-the Chinese as I have seen them*（London：Hutchinson & Co., 1901）；*In the Land of the Blue Grown*（London：T. Fisher Unwin, 1902）.

的主要目的又並不真正著眼於婦女本身的權益，因此也不能説是一種女權運動。[118] 另一值得注意的現象是，不纏足運動受到維新派、革命黨和清官僚共同的支持。[119] 在中國近代化的過程中，這可以説是一項超越不同政治立場的社會改革運動。他們共同的目的都在強國強種，以救中國。這正足以説明中國近代化努力的特色。其次，誠如李又寧教授所指出，中國的近代化並非只是學習西方的船堅砲利，制訂憲法，設立議會，改造婦女也是其中重要的一面。[120]

第二，就不纏足組織的地區分佈而言，首先值得注意的是，兩個最主要的不纏足會，即外人創辦的天足會（1895），和維新派在1897年創辦的不纏足會，總會皆設在上海，顯示不纏足運動與整個中國近代化自沿海區域，尤其是通商大埠，開始的大勢相一致。而十九世紀末年，廣東設立的地方性不纏足會遠超過其他地區（十九世紀末二十個不纏足會中佔十一個）也可看出維新派的影響力。另一方面，二十世紀初年的不纏足組織，卻頗有設於內陸地區的，又顯示纏足積習於內陸依然流行，於是開始於沿海城市的不纏足社會改革運動，將其方向轉向風氣蔽塞地區。

第三，不纏足組織的出現時間雖有些不可考，但以上述可知者而言，主要出現在甲午戰後的光緒二十二、三年間，1898年戊戌政變，不纏足組織隨維新運動的失敗而瓦解，到光緒二十九、三十年以後，不纏足組織才又再度紛紛出現。不纏足運動雖可説是一社會運動，但從其組織的起伏，可知它頗受到政治局勢的左右。

第四，不纏足會的組織明顯有全國性，區域性和某一地組織的不同。全國性的如光緒二十三年張通典、梁啓超等人組織的，總會設於上海，各省省會皆設分會，甚至於各州縣市集入會人多處，置小分會。不過各地的分會是否真正設立了，可考資料甚少。可考者如湖北不纏足會的分會，據1904年9月15日《警鐘日報》的報導，不但設於湖北的武昌、漢陽、大冶、黃岡、蘄水、安陸、應山、天門，也在省外的金陵、揚

---

[118] 不纏足運動並非中國的婦女運動或女權運動的開始。請參見李又寧《中國新女界雜誌的創刊及內函》，收入李又寧、張玉法編《中國婦女史論文集》（臺北：商務印書館，1981年），頁198～199。

[119] 關於這一點，李又寧教授也曾指出。正由於各群人本均支持不纏足運動，所以後者能成爲中國社會近代化的一個重要組成部分，參見李又寧，前引文，頁198。

[120] 中國近代化與婦女問題的相關討論，參見李又寧，前引文，頁180～184。

州、鎮江、嘉興設有分會。[121] 區域性的多以省爲單位如湖南、湖北、直隸的不纏足會。其餘則爲各地以某一縣市或府爲範圍的地方性組織。全國，區域或地方組織之間有無關係，關係如何？限於資料，已難全然知道。不過有些創始人先後在不同地區創設不纏足會並成爲會員，例如康廣仁於光緒二十一年創粵中不纏足會，於二十三年又爲總會設在上海之不纏足會及澳門不纏足會之創始人之一；譚嗣同除參加光緒二十三年之上海不纏足會，又是長沙湖南不纏足會的創始人之一。這樣的結果，是不同組織的規章、宗旨和組織方式頗多類似，上表中上海和湖南長沙的不纏足會即爲明證。[122] 西人所創不纏足會或天足會設在各地，創設人多爲各地的傳教士或與教會有關的西人，他們透過教會，互通聲氣，定期召開天足大會（詳見下節），在橫的聯繫上似較中國人所創的組織爲緊密。

　　第五，這些組織的經費，除西人所創者有教會支持，中國人所組者基本上由地方士紳贊助及會員自由樂捐或繳納固定的會費。有些如直隸安肅縣的天足會，明訂不收會費，其經費顯然即由創始人籌措。此外，有些不纏足會訂有罰則，入會者如在婚嫁或纏足上違反會規，須納一定罰金作爲組織的經費。這些罰金收入顯然不固定，是否能如約收到也是問題。較特別的是光緒二十三年上海不纏足會和湖南長沙的不纏足會，分別有時務報和湘報館支持。從不纏足會的創始人，出現的地區和經費的來源可知，甲午戰後各地興起的不纏足組織實與當時的維新派人士關係密切。

　　（2）不纏足會的活動

　　不纏足會的實際活動與成效是檢討清末不纏足運動較爲困難的部分，原因在資料的欠缺。目前可考的資料以各會的章程和一些鼓吹式的言論較多。章程反映的是理想，鼓吹式的言論雖偶爾提及活動或入會情況，但是否有誇大成分，則甚難説。以梁啓超《飲冰室文集》中所收"試辦不纏足會簡明章程"爲例。章程第二十條説："本會所收入會捐及助資，除按年實銷，開列清單外，如有餘貲，或

---

〔121〕《警鐘日報》，1904 年 9 月 15 日，轉見《女權》，頁 878。

〔122〕梁啓超《試辦不纏足會簡明章程》，《時務報》第 25 册，頁 2 上～4 上，又見《飲冰室文集》之二，頁 20～23；《湖南不纏足總會章程》，《湘報類纂》，章程丁上，頁 22～23，轉見《女權》，頁 842～846、857～859。

設女學校，或設婦孺報館，或設婦嬰醫院，或設恤嫠局，皆由臨時酌議。"[123] 同樣或類似的工作目標亦見於澳門、湖南等地的不纏足會章程。實際各會是否有餘力，又是否曾以餘力設立女校，報館或醫院都是疑問。《湖南署桌司黃勸諭幼女不纏足示》是一篇典型的宣傳不纏足的文字，其中提到"南皮張公，今湖廣總督部堂，遂手書一叙，普告於衆，近而滬蘇，遠而閩廣，以小生鉅，異步同趨，行之未及一年，入會已逾萬衆"，[124] 所謂未及一年，入會已逾萬衆，就頗似虛張聲勢的文字游戲，難以信據。又西人天足會司事立德夫人（Mrs, Little）撰《勸戒纏足叢說》謂："前更有華人創立不纏足會於上海，入會者三十萬餘衆，中國西方各郡縣，亦皆設有不纏足支會"，[125] 這些話和數字也難以盡信。我們在討論活動和成效時，暫時將這一類資料剔除。以下就入會人數，入會者的身份，各會存在時間的長短，活動方式與内容以及成效，略作分析。

在入會人數方面，幾乎沒有任何一會有確實的統計，僅有部分不纏足會曾留下約略的數字。這些數字或以人計，或以户計，雖不盡可靠，不過大體可以使我們對當時組織的規模有一粗略的印象。一般而言，規模在數十户至數百人之間。例如：

廈門戒纏足會——"自設此會，於今三年，入會立約者，計八十餘家。本年春正月初九日，爲此會之期……添入會者又數人。"[126]

龍山戒纏足會——"光緒二十三年，順德陳君默庵……倡戒纏足會於龍山，注會籍者數百人。"[127] "去歲順德陳君默庵……倡戒纏足會於龍山，於是聯約而來者，已數百人。"[128]

杭州放足會——"今歲正月……十九日，乃於西湖之濱，張勤果公祠，大開放足會，士紳眷屬，來會者八十餘人。"[129] "計是日到會者凡八十餘人，別類如左：已放足者十餘人，即時願放足者，三

---

〔123〕 梁啓超《試辦不纏足會簡明章程》，《時務報》第25册，頁2上~4上，又見《飲冰室文集》之二，頁20~23；轉見《女權》，頁844。

〔124〕 前引《湖南署桌司黃勸諭幼女不纏足示》，《湘報類纂》，公牘戊下。

〔125〕 立德夫人《勸戒纏足叢說》，《萬國公報》，光緒二十六年六月號。

〔126〕 前引《廈門戒纏足會》，《萬國公報》卷11（1878~1879）。

〔127〕 前引《倡辦順德戒纏足會叙》，《知新報》第29册，光緒二十三年八月一日。

〔128〕 《順德陳村、赤花不纏足會叙》，《知新報》第50册，光緒二十四年閏三月一日。

〔129〕 前引江東《記杭州放足會》，《浙江潮》第2期。

十餘人，將來不願兒女纏足者，二、三十人。"[130]

瀏陽不纏足會——"今春起議於縣垣某處，一時來會簽名者數百人。"[131]

成都天足會

重慶天足會——"重慶天足會，華會友上年不過一百六十戶，本年增至二百戶……成都天足會華會友上年有六十戶，今有一百戶。"[132]

叙郡天足公會——"教內教外男婦允從放足者約六十餘家。"[133]

烟台天足會——"烟台天足會報告……烟台長老會，共約有女教友八十人，天足者七十餘人。"[134]

登州府天足會——"本會女教友之能本身作則也，現有女教友五人已經放足。"[135]

廈門天足會——"查支會之最興盛者，莫如廈門。廈門有陳紳所設之支會，會友約有一百人，其中有上等紳商二十人，皆在董事之列。"[136]

無錫天足會——"無錫天足會，在競志女學校開第八次例會……來賓凡三百餘人。"[137]

灤州天足會——"該州士紳……百餘人發起天足聯姻會……"[138]

順直天足總會——"到會者約有百餘人。"[139]

從以上可知，不纏足會會衆並不甚多，會址幾乎全設立在城鎮。參加不纏足會的，除了與教會有關的以及一些領銜倡導的地方官，絕大多數是城市的"士紳"或"紳商"以及他們的親戚眷屬。以成員而言，清季不纏足運動在相當大程度上可以說只是以城市官宦和士紳階層爲主的運動。這可能是有感於時勢，得風氣之先的總是資訊

---

〔130〕　前引《杭州放足會第二次調查信》，《浙江潮》第3期。

〔131〕　《國民日日報》，1930年10月6日，轉見《女權》，頁867。

〔132〕　前引《成都天足會近狀》，《萬國公報》，光緒三十年六月號。

〔133〕　《天足演說》，《順天時報》，光緒三十一年一月二十二日，轉見《女權》，頁887。

〔134〕　前引《天足會第十次之報告》，《萬國公報》，光緒三十一年十一月號。

〔135〕　同上。

〔136〕　《天足會上年第九次年報單》，《萬國公報》卷206，光緒三十二年二月號，頁87～89。

〔137〕　《記天足會（無錫）》，上海《女子世界》，二年六期（1907），轉見（女權），見906。

〔138〕　《士紳提倡天足會》，《順天時報》，宣統三年二月二日，轉見《女權》，頁906～907。

〔139〕　《天足會已舉定幹事員》，《順天時報》，宣統三年五月廿一日，轉見《女權》，頁908。

較靈通的城市，尤其是沿海的城市居民。在城市居民中倡導新風氣，又非得地方士紳及地方官之支持不可。不纏足會的“階層”屬性，可從 1903 年第 2 期上海《女學報》的一篇《論杭州不纏足會》文章中清楚看到。文章説：

> 正月，杭州紳衿有不纏足會之設，假地於錢塘門外張勤果祠中。見之者謂事由紳衿傳柬邀集，而非紳衿不與也。既曰紳衿，則不拘其明達事理與否；苟非紳衿，雖明達不與也。紳衿所邀，非族即黨，則雖有明達，苟非紳衿聲氣之所同，亦不與也。[140]

如非紳衿或與紳衿聲氣不同，即使明達事理，也不可參加不纏足會。這些話可以説有强烈的排他性。杭州不纏足會的態度雖不能代表所有的不纏足會，不過參加的人的確以各地的士紳，商紳或官宦爲主。光緒二十五年十二月號《萬國公報》有天足會紀事一篇，爲倡天足最力的英國立德夫人（Mrs. Little）所寫。她的記載充分反映了參加者的身份：

> 聞江西南昌府一華官在其私第亦立此會，其妻，其媳，其女，其孫女，皆願自解雙行纏，鄰里鄉黨多巳聞而化之矣（按此官當係鄔殿書部郎）又聞湖北武昌有無數官家，皆不許再染纏足之惡習。漢陽縣令且更列名本會，願終其身。蓋張孝達制軍前作天足會序，剴切詳明，故人盡聞風而興感也。又有蕪湖縣令，一如漢陽縣故事。而湖南北交界處，更有一宦家，不但放其女之白蓮，且聚人作小本書，勸人盡復天然之素足。浙江金華府則有一民家女，向不喜纏足而酷喜讀書，近有一大貴人願娶爲媳，是皆足以傳矣！夫華女之不改跌圓六寸者，恐以丫角老也，不知李中堂之太夫人，李伯行星使之夫人及女公子皆不纏足，李筱荃制府之孫女亦不肯矯揉造作。上月餘在漢口邀集官紳宣講此事，赴會者有貴官十五員。今定於臘八日在上海工部局練兵堂，特請名流會講，已柬邀中國官紳一百五十人，濟濟一堂，當必有崇論閎議，足以喚醒痴男騃女，而不讓上文

---

〔140〕 《論杭州不纏足會》，上海《女學報》2 年 2 期（1903），轉見《女權》，頁 859～860。

所稱之諸君子專美於前也。[141]

在檢討不纏足會的成效以前，必須先一查各不纏足會存續的情況，活動的方式和內容。改變社會習俗須要長期持續的努力，不能長期持續，效果必難宏大。以清季的不纏足會而言，大部分組織存續的情況不清楚。而大部分的不纏足會因與維新人士關係密切，戊戌政變以後，隨著維新人士的失勢而中輟。待庚子清廷重申詔令，禁民纏足，不纏足會才又再度紛紛出現。《浙江潮》第2期有《記杭州放足會》一文謂："丁戊之間，上海志士首創不纏足會，各省應之。廣東、湖南兩省尤電掣飆，號稱最盛，吾浙闇如也。八月政變，各省不纏足會，相繼瓦解。庚子以後，風氣久鬱之餘，復漸開拓。"[142] 所謂"丁戊之間"指丁酉、戊戌，光緒二十三、二十四年之間，實際上各省不纏足會從前表可知自光緒二十一、二十二年開始增多，二十三年爲高潮，到二十四年戊戌政變發生，不纏足會即多告瓦解。不纏足會實際存在活動的時間十分短暫。光緒二十六年七月《萬國公報》也說："曩年旅滬紳商倡辦不纏足會……嗣後因事中止，未能推廣"，[143] 所謂"因事中止"即指戊戌政變。又1903年上海《女學報》載杭州不纏足會自"戊戌上海之會中輟後，其他繼起者寥寥無聞，杭州紳衿知急急於此，是誠知天足之於今爲要務矣"！[144] 不纏足會自戊戌中輟，到庚子後再起，基本上是清廷對一些過去維新派提倡的變革，採取了較積極的支持態度，辛丑年（1901）再度明令戒民纏足，而維新派散播的思想種子，並沒有隨不纏足會的中輟而煙消雲散，反而因清廷態度的轉變得到士紳階層更進一步的認同與支持。這是清季十年改革反而加速的根本原因。[145]不纏足會在庚子後的再度勃興，是在這一大背景下出現的。

在一個纏足風氣盛行的社會裏，鼓吹不纏足第一個遇到的障礙就是女子的婚姻問題。女子不纏足即無以匹配。因此當時不纏足會組織的第一義即在保障會內不纏足婦女的婚姻機會，有些不纏足會

---

[141] 《天足會紀事》，《萬國公報》，光緒二十五年十二月號，轉見《女權》，頁854。

[142] 江東《記杭州放足會》，頁1。

[143] 《天足旁論》，《萬國公報》，光緒廿六年七月號，轉見《女權》，頁518。

[144] 《記杭州不纏足會》，上海《女學報》2年2期（1903），轉見《女權》，頁860。

[145] 關於二十世紀初年，清朝改革背景及改革與權力運作關係的討論，參見古偉瀛《清廷的立憲運動（1905～1911）處理變局的最後抉擇》（臺北：知音出版社，1989）。

的會名甚至就稱爲"天足聯姻會",如灤州天足聯姻會。幾乎所有的會都明訂以互爲婚姻爲宗旨,甚至特另訂定嫁娶章程。《湘報類纂》輯有《湖南不纏足會嫁娶章程》十條,以下略錄其要旨,以概其餘:

> 本會所以立會之旨,原爲同會之人,互通婚姻,不致以不纏足之故,爲世俗所棄。故會籍以姓分冊,男女載明年歲,正以備同會擇婦相攸之用。今依此意,定爲同會嫁娶章程。凡同會皆可互通婚姻,然必須年輩相當……不得由任指一家……强人爲婚。同會之人,籍貫非一,苟平素兩家相得,而兩家中有力能遠就者,即可爲婚……訂婚之時,以媒妁婚書爲憑……以簡省爲宜,女家不得絲毫需索聘禮。女家置備嫁奩,亦應簡省,男家尤不得以嫁奩不厚,遽存菲薄之意。婚姻之禮,久矣廢絕,古禮既不適於今,能依大清通禮,固亦可矣,有時不能不從俗從宜,總擇其簡省者爲宗旨。不纏足之女,其衣飾仍可用時制,惟著鞋襪,與男同式。此節凡同會皆宜一律,不可獨爲詭異……凡人莫不願其女之賢,則女學萬不可不講;即無女亦莫不願其婦之賢,則應出貲隨地倡立女學塾……[146]

這些嫁娶章程值得注意的是它們不僅訂定會員互爲婚姻,還提到婚禮改革和女學的問題,反映出當時士紳對與纏足相關的一般社會習俗的改革理想。可惜的是不纏足會雖以互爲婚姻爲宗旨,卻沒有任何資料足以説明會內成員婚姻的實況。其中一個原因可能是不纏足會存在的時間過短,入會者多爲已婚配之士紳,其子女放足成長而論及婚娶,必待一段時間之後。

清季不纏足會的主要活動在以各種方式宣傳纏足之弊,不纏足之利。其方式不外會員之定期聚會、對內對外之演說、於報端雜誌撰文鼓吹、刊印宣傳小冊、編印放足歌、提供放足藥方、舉辦徵文和上書地方政府,要求出示勸戒纏足。由廈門教會最早創立的戒纏足會是規定每年聚會兩次;重慶天足會每年聚會四次,上海天足會則例有年會,此外有不定期的大會。但是在大多數不纏足會的章程裏看不到有關聚會的規定,它們在成立以後,如何聚會,不清楚。以演說方式宣傳不纏

---

[146] 《湖南不纏足會嫁娶章程十條》,《湘報類纂》,章程丁上,頁24~25。

足是不纏足會的主要活動之一，於報紙雜誌撰文的也極多。前文所引
有關不纏足的言論大部分即據演説詞或報紙上的文章而來。以這一
時期而言，《湘報》、《時務報》、《警鐘日報》、《女學報》、《順天時報》、
《知新報》、《浙江潮》和《萬國公報》、《中國新女界》等都是不纏足言論
的主要陣地。英文報刊則以 the North China Herald, the Chinese Repos-
itory, the Chinese Recorder 爲常見。

　　編印歌曲和小册也是這時期宣傳上特色。這些刊物或以贈送，以
廣宣傳，或出售，以所得充作會内經費。光緒三十年四月《萬國公報》
有《天足會興盛述聞》一文，文末附上海天足會刊印出售的小書目録，
甚有代表性，可供參考：《莫包脚歌》（每本十文），《纏脚兩説演義》（每
本九文），《救弊良言》（每本九文），《勸放足圖》（每本十六文），《去惡
俗論》（每本五文），《官話履坦説》（每本十文），《天足會章程》（每本
五文），《天足會序》（每本四文），《安而行之》（每本五文），《枉吃冤
苦》（每本五文），《勸説纏脚論》（每本四文），《張尚書勸戒纏足章程
序》（每本七文），《勸戒纏足叢説》（每本七文），《放婦女纏足説》（每
本三文），《殘疾可憐》（每本二文），《纏脚有害身體論》（每本二文），
《皇太后上諭》（每本二文），《勸戒纏足示諭》（每本七文），《恭録懿
旨》（每本八文），《莫纏足論》（每本三文），《勸放脚論》（文理每本十
文，官話每本八文），《袁宮保勸戒纏足示》（每本六文）。[147] 同文提到
"本會所售出之各種勸戒纏足小書，爲數亦日有所增"，唯確實數目不
可考。不過，據光緒三十一年十一月號《萬國公報》刊《天足會第十次
之報告》説該會"分送之小書單張在上海一處，發出九萬五千五百九十
六本，合成都、西安兩處計之，共有十餘萬本，實較歷年爲更多"。[148]
又光緒二十六年三月號《萬國公報》載《天足會紀事》謂"楚督張香帥
手製一序，語語透澈，字字著實，會中人已代印萬紙，合諸四川叙州府
人某君之論，陸續贈人。別有自杭州、寧波等處寄來者，以圖畫補文字
之不逮，共合二萬紙，亦以贈人"。[149] 地方大吏也有熱心推動不纏足
運動，刊贈不纏足小書者。四川制軍岑春不但出示戒纏足，並撰官話

---

〔147〕　前引《天足會興盛述聞》，《萬國公報》，光緒三十年四月號。
〔148〕　前引《天足會第十次之報告》，《萬國公報》，光緒三十一年十一月號。
〔149〕　前引《天足會紀事》，《萬國公報》，光緒二十六年三月號。

淺説之勸戒纏足文,刊印五萬本,分贈所屬之各官紳。[150]

　　大體而言,不論刊印小書贈人或懸賞徵文,都須要較大財力,自可考的材料看,教會和西人支持的天足會似乎在這方面貢獻較大。光緒二十一年五月《萬國公報》上有天足會懸賞徵文啓事,第一名贈洋銀三十圓,第二名二十圓。光緒二十四年十月號《萬國公報》刊出當年徵文的第一名作品,並有序一篇,從序可見當時徵文的情形:

　　　　西國士女憫中國受纏足之害,務期設法戒除,乃創立天足會以勸導之。今幸各省風氣日開,湘南諸紳宦亦力爲提倡,著有莫包脚歌,言淺意深,雅俗共賞。漢口福音會堂牧師楊君格非取而讀之,喜其有合天道,爰即加叙,付諸剞劂,並録張制軍戒纏足叙文,識者多韙之。是年春,漢陽府屬院試,本會敬送數千册,並懸獎徵論,共得二百三十餘卷,批閲之餘,美不勝收,惟選其有當於立天足會之本意者,取録永嘉祥……共十五名,復擬於武昌府院試後,再徵諸君讜論,若異日合璧付梓,想有益於世道人心必非淺鮮。[151]

　　在不纏足會的許多活動中,有一項特別值得注意的是設女學校。這和當時維新人士主張强國强種,須放足以强身,讀書以增知識的理論相一致。大概自梁啓超爲不纏足會立章程,列興女學爲宗旨之一開始,後續模仿的各地組織幾乎都將興女學列入章程。但是中國人創辦的不纏足會真正能因而設立女學的似乎只有少數。確實可考的有上海天足會女學堂,湖北不纏足會第一女學堂,[152]倒是教會附設的女學堂則規定或勸入學之女學生須放足。[153]上海外人所辦天足會也設有女學堂。[154]有些不纏足會在女學堂中召開會議,但這些學堂和不纏足會的關係並不清楚,例如無錫天足社在競志女學校開第八次例

〔150〕　前引《天足會興盛述聞》,《萬國公報》,光緒三十年四月號。
〔151〕　《戒纏足論并序》,《萬國公報》,光緒二十四年十月號。
〔152〕　《女學生旅行》,《時報》,1911 年 3 月 26 日,轉見《女權》,頁 908。
〔153〕　前引《天足會第十次之報告》,《萬國公報》,光緒三十一年十一月號。
〔154〕　前引《天足會上年第九次年報單》,《萬國公報》,光緒三十二年二月號。

會,[155]　蘇州振華女學校校長在校中召開放足拒賭大會,[156]浙江埭溪發蒙學堂總教習借女課堂爲女學生開放足紀念會。[157]　一般而言，這一時期各省設立的新式女學堂是不纏足運動推展的重要基地和對象。光緒卅年九月《萬國公報》有天足會來函指出"近日中國十八省總督皆有戒纏足之示……閩浙督爲湖南人，想亦必甚喜此事。彼之湖南本鄉於天足會甚爲興盛，且有女學堂四十處，爲他省所不及",[158]言下之意，即女學堂與天足會之工作關係密切。上述埭溪發蒙學堂即曾獲黎里不纏足會寄贈靴鞋樣各一及放足之法。[159]　只可惜相關的材料十分有限，其詳不得而知。

　　不纏足會在活動上另一點值得注意的是，這些參加的士紳，甚至西人都十分重視爭取地方大吏的支持。這些支持包括由大吏出名告示戒纏足以及經費上的支助。光緒三十年六月《萬國公報》有李德夫人自成都來函，其中有一段充分反映不纏足會人士對地方大吏支持的渴望：

　　　　成都天足會……該會中之領袖，余皆見之，類皆熱心求得制臺制之諭禁告示，以助其勸戒之力。一月之前曾有播道二教士向制台當面提及，制台允爲出示諭禁，但尚未踐其言。迨後有一日，英國領事赴制臺之宴會，余囑其當面再爲提及，制臺答云，此示已經發刻，但尚未印成發行耳。制臺之告示，實爲必不可少之端。有如今日，余從資州得一信息，謂在該處曾有一婦攜一女孩來謁見，此女孩雖屬大脚，仍有痛苦難行之象。因前任川督曾出告示嚴禁纏足，其母遂放此女孩之足，迨後川督易人，舊任去而新任來，並未重申禁令，於是前任川督之告示，遂視爲具文。於是此孩之母，因念大脚難以配親，遂重纏此孩已放之足……[160]

在《近代中國女權運動史料》上册中即錄有《湖南士紳劉頌虞等公

〔155〕《記天足會（無錫）》，上海《女子世界》，二年六期（1907），轉見《女權》，頁906。
〔156〕《放足拒賭特開大會》，《民吁日報》，1909年10月18日，轉見《女權》，頁906。
〔157〕《記埭溪發蒙學堂女學生蔡愛花放足紀念會事》，《警鐘日報》，1904年12月31日，轉見《女權》，頁882～883。
〔158〕《天足會來函》，《萬國公報》，光緒三十年九月號。
〔159〕同注〔153〕，頁882。
〔160〕《成都天足會近狀》，《萬國公報》，光緒三十年六月號。

懇示禁幼女纏足稟》、《士紳劉頌虞等稟懇示禁幼女纏足批》、《湖南署稟司黃勸諭幼女不纏足示》、《澄海縣禁纏足約示》、《直督袁慰帥勸不纏足文》、《通州何刺史示禁纏足之告示》、《論東撫請設纏足禁令事》、《政務處奏覆東撫請禁漢人陋俗摺》、《前兩江總督端札飭各屬禁止纏足章程》、康有為《請禁婦女裹足摺》等士紳及維新人士籲請地方和中央諭示禁纏足之文獻。在他們看來，正如西人立德夫人所說，官方的出示禁止，是推行不纏足的重大助力。到光緒三十年時，據《萬國公報》記載，"中國十八省總督皆有戒纏足之示，所缺者惟浙閩與陝甘而已。"[161]

官方的另一大幫助是出資印行宣傳刊物。例如揚州紳士李新田等人編有普勸婦女不纏足歌，呈請江督李興銳發交官書局印刷多本，以廣流傳。[162] 又同報同年六月二十五日載鄂垣天足會因各地分會須費甚巨，開支不敷，遂稟兩院請捐巨款，[163] 是日常經費亦有待地方政府的資助。光緒三十年八月十四日《順天時報》報導，湖北漢陽宋敦甫創不纏足會，省內省外分會達二十餘所。湖北官場如繼蓮溪、王福東兩觀察，楊子勤太守，劉仲章大令等皆極力贊成，捐款相助者頗多。[164] 其餘如天足會開會時，請吳淞薩軍門選派軍樂隊一班，來會場演奏，又請沈敦和觀察出售天足會佩章以籌經費等等，[165] 都是士紳與不纏足會可自地方官得到的助力。而地方官也樂於施此小惠，建立與地方維新派士紳或西人之間的關係。

五、結語：清季不纏足運動的性質與意義

根據前面的討論，清季經過這些有組織，有意推動的不纏足運動，究竟成效如何呢？這是極不易回答的問題。由於缺乏科學的社會統計，我們無法以任何具體的數字說明清末數十年間婦女纏足人數變化的情形。雖然如此，就目前所知的種種不纏足組織和活動，仍可尋出若干歷史的線索，說明清季不纏足運動的性質，尤其是做為改革婦女生活的早期努力而言，它們具有的歷史意義。

---

[161] 《天足會來函》，《萬國公報》，光緒三十年九月號。
[162] 《勸不纏足之助力》，《警鐘日報》，1904 年 10 月 24 日。
[163] 《天足會之擴張》，《警鐘日報》，1904 年 6 月 25 日。
[164] 《記不纏足會》，《順天時報》，光緒三十年八月十四日。
[165] 《天足會第十次之報告》，《萬國公報》，光緒三十一年十一月號。

　　纏足是一幾百年相沿的習俗，關係到女子的身份、地位和婚姻。大體而言，清季呼籲不纏足言論和組織的出現，是西方傳教士或與教會有關的西人本於教義或人道主義，以及中國少數官紳與知識分子，在受西方刺激，有感於亡國亡種的危機意識之下，力圖救亡圖存的產物。這種意識或關懷，除了少數人，並非當時社會大眾，尤其是二萬萬婦女所共有。纏足習俗在中國最終雖然逐漸消失，但與婦女的自覺卻並無必然的關係。

　　從當時的記述考察，清季婦女放足大部分是個別而非普遍的現象。以光緒二十六年六月《萬國公報》天足會立德夫人的話爲例即可見一斑：

　　　　兩湖總督張香帥曾著論說，歷指女子纏足之非法……近者，余往廣東，謁見督憲李傅相，猥蒙款接……表其願爲天足會領袖之意，余甚敬之，傅相且曰：“予雖不能使中國婦女盡人而不纏其足，惟兒子李經方之婦，終不使其女纏足也。”粵紳鄧鐵香京卿、李由農方伯、區海峰主政等，前在北京，曾共訂各不纏其女足之約，實與今督部有同心。漢陽府及漢口同知某某二公，並湖北各官僚，則皆仰體香帥之意，多以解羈釋縛爲宗。[166]

立德夫人是西人所組天足會的領袖。從她見聞所及，可見上層官僚家庭之婦女是否放足或不纏足，往往是個別且暫時的，並隨地方大吏如張之洞、李鴻章輩的意向而轉移。前文提到川督前後任態度不同，即使放足的婦女，又會隨時放了又纏。這種情形從光緒三十年的報告中也可看出來：

　　　　直隸總督袁慰庭宮保亦喜延接天足會西董事，與川督岑制軍及李文忠任粵督時相同。但言欲除民間陋習，非先使本家女子放足，不能得力。遂先釋放其女子之足，然後出示勸戒……天津官場中，尤爲風行，不但袁制軍之女不纏足，又有唐觀察署中，其女子從未裹足，蔡觀察之女，向來裹足，近亦放足，此外官家女子之相率放足者，指不勝屈。

天津官場風行放足自然如湖北官場是“仰體”袁制軍和香帥之意。這個報告值得注意的是接著的幾句話：

---

〔166〕　《萬國公報》，光緒二十六年六月號。

> 如各省盡能若是，豈非天足會之大幸乎？然而難以驟期
> 也，雖在直隸一省，上有皇太后之勸諭，下有袁制軍之倡率，
> 亦不過於省垣中略著小效，未能推行於外府州縣也。[167]

換言之，放足只是官場中少數人逢迎上意的結果，與"省垣"外的整個社會並無關聯。外府州縣社會上的主導力量是地方士紳。他們實際是清季社會中，傾向維持固有傳統，較爲保守的一群。願意參加不纏足會或同情不纏足論的僅是部分地區，士紳中的極少數。這是中國人自辦的不纏足會組織雖多，成效有限的根本原因。

在社會上造成較顯著放足效果的反而是教會。以西人教會爲背景的天足會存續的時間最長。它們較少受到清季政潮的影響。以上海天足會爲例，自1895年創立，到1906年交由華人接辦，最少在西人領導下有十一年之久。其分會分佈最廣，光緒卅二年（1906）的報告謂：

> 方今中國各處支會大盛，近如蘇州，遠如四川之叙府，皆
> 著有成效；若山西、甘肅兩省，甫經開辦；至於蒙古邊境，及浙
> 江之溫州，則尚未設立支會；又如上海虹口一隅，亦無進步，
> 深望諸董事設法提倡之。[168]

可見沒有支會的只餘少數地區。其支會透過各地教會形成一相互支援的體系，造成較有形的效果。以光緒卅一年的情形而言，各地教會及天足會都向上海天足會報告工作成果。上海天足會第十次報告中包括各地報來的消息，報告中指出烟台長老會有女教友八十人，天足者七十餘人；又鄉間一小教堂，有女教友十二人，未放足者唯二人；登州府天足會有女教友五人放足；濰縣報告當地大會，女賓到者四百餘人，其中不纏足者居四分之一，散會時，簽名願放足者有二百零五人，數月之間，放足者已有一千人；泰安府報告，教會女學堂中倡興放足，初頗抗拒，今則女教員及讀聖經女人，女學生皆無纏足之人。[169] 這樣的數字如果可靠，實較其他不纏足會的成效高出甚多。但是我們不要忘記，即使如此，這些放足女子和二萬萬婦女同胞相比，仍然少得不成比例。依據永尾龍造《支那民俗志》引用民國二十一年下半至二十二

---

〔167〕 《萬國公報》，光緒三十年四月號。
〔168〕 《萬國公報》，光緒三十二年十二月號。
〔169〕 《天足會第十次之報告》，《萬國公報》，光緒三十一年十一月號。

年上半期的人口統計,山西省三十歲以下婦女仍有近百萬人纏足。又據作者於民國十一年左右在大同附近旅行所見,大同各地張貼的各種禁纏足告示,以省長及各式機關團體署名的滿目皆是。因此他覺得仍有百萬人纏足實在是一驚人的數字。他又指出中國官方的統計其實甚不可靠,因為民間對官方調查並不據實以告,實際還有大量纏足者未列入統計。中日戰爭爆發後,東京同仁會在華北醫療班提出的報告指出,大同地區中年以上婦女纏足的仍非常的多。[170] 他另引用民國十八年河北定縣一個較可信的調查記錄,提到當時十歲以下幼女已少有纏足者,但二十五至二十九歲纏足的佔百分之八十一點五,三十至三十四歲佔九十四點一,三十五至三十九歲纏足的佔百分之九十四點五,四十歲以上佔百分之九十九點二。[171] 如果將這些婦女倒推回她們出生的時代,就可以知道清季的不纏足運動,最少在這些地區實際成效極小。又根據外人二十世紀初期在雲南、四川的觀察,除了士紳階層家庭和入教的婦女有人放足,絕大多數中、下階層的婦女因婚姻的考慮,仍然不改舊習。[172]

情況不同的是臺灣。日據時期臺灣的不纏足會雖由本地士紳發起,但得到日本總督及地方長官強力的支持,效果較為顯著。明治三十三年(光緒二十六年)黃玉階為首在臺北縣成立天然足會。總督兒玉源太郎、民政長官後藤新平和臺北縣知事村上都到會發言。其後因風氣未開,地方官制改革,會務漸呈停頓,兒玉為鼓勵支持,曾捐一千元維持會。明治三十六年,臺南廳長召開廳參事會,根據與會者意見,在臺南廳轄下由吳道源、陳鴻鳴、王靈農等擬訂規約,透過地方街庄和農業組合組織,推行不纏足。大正四年(民國四年),更在保甲規約中增加放足和禁止纏足規定。根據統計,該年全臺解纏足者達七十六萬三千人,其後逐年增加。纏足之俗在臺灣遂漸成過去。[173]

中國本地的成效雖小,並不意味清季的不纏足運動不具意義。實際上它是中國近代一連串社會政治改革運動的一環。從整個中國歷史來看,不纏足運動可以說是第一次在中國社會出現的,以有組織的

〔170〕 永尾龍造,前引書,頁824～826。
〔171〕 同上,頁826～827。
〔172〕 Edwin J. Dingle, *Across China on Foot: Life in the Interior and the Reform Movement*, (N. Y. : Henny Holland Co. , 1911), pp. 436～438。
〔173〕 同注〔86〕。

方式進行的婦女生活改革運動,甚至也可以說是現代中國一連串社會習俗改革運動的先鋒。但是最早的發動不是由婦女,也不是由中國人,而是來華的傳教士。光緒元年廈門首先出現教會創設的戒纏足會,接著上海天足會也由西人所立。康有爲雖早在光緒八年即倡戒纏足,但他真正能領導中國人組成不纏足會要到光緒二十一年。以存續時間之長,成效之著而言,也以西人和教會的天足會最值稱道。從這方面說,我們不能不承認西方教會入中國,對中國社會的正面意義。

其次,清季不纏足運動清楚顯露當時提倡不纏足者,真正的關懷並不在婦女本身的福祉,而在視身體與知識解放的婦女爲強國強種的工具。運動本身是危機意識下,救亡圖存工作的一部分罷了。這種特色甚至一直延續到民國時期,少有改變。這是治婦女史者不可不注意的。正由於現代中國改變婦女生活的努力,具有這種特色,婦女本身既不是改革的目的,現代婦女運動之總是不能在中國生根,這恐怕是決定性的因素。

最後,從不纏足組織出現的地區分佈和創始人看,可見這一運動和中國現代化發展的大勢相一致。地區上,都是從沿海城市開始;參加者,則以士紳、紳商、官僚和維新派的知識分子爲主。廣大的農村人口只是默默地等待啓蒙。由於士紳本身意識形態上的限制(不纏足會員必以與衿紳聲氣相通者爲限),造成他們主導的運動注定不能成爲廣泛深入下層社會的運動。這也是中國現代化過程中普遍的現象:士紳參與,甚至主導現代化的事業,但也同時在某種程度上成爲現代化的絆腳石。

※ 本文原載《國立臺灣大學歷史學系學報》16 期,1991 年。
※ 林維紅,臺灣大學碩士,臺灣大學歷史系副教授。

千山我獨行？
二十世紀前半期中國有關女性獨身的言論

游鑑明

籠子外面的鳥想住進去，籠內的鳥想飛出來，所以結而離，離
而結，沒有了局。[1]

——錢鍾書

婚姻包含許多痛苦，但獨身生活缺少了愉快。[2]

——約翰遜（Samuel Johnson）

一、前　　言

婚姻在人類史上是一項相當重要的課題，不僅涉及男女兩人的生
活，也與婚姻制度、法律、社會規範、醫療衛生及男女性愛等問題息息相
關。婚姻的背後既然伴隨著這許多複雜的社會與文化面相，那麼男女兩
性若不發生任何婚姻關係，各自選擇獨身的生活形態，是否可以讓人類的
生活變得單純而平靜？很顯然的，這個答案是否定的。二十世紀初期中國
出現倡導獨身的聲音時，隨即遭到强烈的質疑和關切，特別是女子的獨身。

事實上，二十世紀以前中國便有女性獨身，儘管各朝代對男女的
成婚年齡有成文或不成文的規定，甚至將不婚者的父母處以重罪，以
防範怨女曠夫的產生，仍無法禁絕女性不嫁。[3] 較常見的是，因廢疾
而不婚、爲當尼姑而出家；[4] 另是出於孝順而不婚，戰國時代齊國北
宮的女兒嬰兒子“徹其環瑱，至老不嫁”便是爲奉養父母。[5] 較特殊

---

〔1〕 引自錢鍾書《圍城》（臺北：書林出版公司，1947 年上海初版，1999 年重印 8 刷），
頁 96～97。

〔2〕 引自伍緯彝譯《未婚女子的自白》，《西風》期 43（1940 年 3 月），頁 60。

〔3〕 詳見陳顧遠《中國婚姻史》（臺北：臺灣商務印書館，1987 年 6 月臺 6 版），頁 125～129；郭
松義《倫理與生活——清代的婚姻關係》（北京：商務印書館，2000 年 8 月），頁 180～184。

〔4〕 李兆民《中國過渡時代的家庭》（廣學會，1925 年），頁 30；麥惠亭《中國家庭改造問
題》（商務印書館，1935 年），頁 226；鏡明女士《我的獨身主義研究》，“獨身主義專
號”，《京報》號 8，1925 年 2 月 4 日，頁 63。

〔5〕 《齊王使使者問趙威后》，劉向集錄《戰國策》（上海：上海古籍出版社，1978 年重印）卷
一一，頁 418。

的是,因才華過人不願婚嫁,最後被延攬入宮司教,以藝學揚名顯親,例如唐代的宋若昭:"憲、穆、敬三帝,皆呼爲先生,六宮嬪媛、諸王、公主、駙馬皆師之,爲之致敬"[6] 還有女性則是採"慕清"方式拒絕出嫁,也就是刻意嫁給已死的男子,讓自己過着没有實際婚姻生活的清靜日子,廣東許氏女子和她的小姑便是以"慕清"名義,絕意于歸[7] 再是地方婚俗或不婚傳統造成的女性結伴獨身,華南地區便流傳不落夫家和自梳的風俗,其中不落夫家的部分女性爲保持獨身,寧願替夫買妾,臨終時才落夫家,自梳女則終身不嫁,終老於姑婆屋[8] 由於女性獨身的例子在中國的傳統社會畢竟是少數,這些少數個案又多被合理化,因此未曾引起太多的爭議[9]

然而,二十世紀以來女子獨身問題卻備受關注,並以老處女、老姑娘或老小姐等辭彙稱呼不婚女性,甚至稱不婚是病態或變態的現象,與目前稱不婚者爲單身貴族,實大異其趣[10] 嚴格而言,在近代適婚

---

[6] 宋若昭爲宋庭芬之次女,家中姊妹五人,皆聰慧能詩文,其中若莘、若昭"文尤清麗,性復貞素閒雅,不尚紛華之飾,嘗白父母,誓不從人,願以藝學揚名顯親"。《女學士尚宮宋氏》,劉昫《舊唐書》卷五二《后妃下》,頁2198~2199。

[7] 廣東的風俗中有"未婚夫死不嫁曰守清",而"未許嫁而締婚於已死之男子,往而守節曰慕清"。根據俞樾記載,廣東許女以她的姊妹遇人不淑,要求父母讓她當慕清女,巧遇"陳氏子將婚而夭,所聘之婦不能守清,……乃訪求慕清者",於是許女嫁入陳家,她的小姑因欽羨嫂嫂的清閒生活,雖然已許嫁他人,也要求慕清,最後終能如願以償,姑嫂同住一屋,至於白首。俞樾《右台仙館筆記》卷一,收入《筆記小説大觀》16編(臺北:新興書局,1976年),頁3758~3760。

[8] 這曾是廣東順德、番禺、南海、中山、新會、廣州等地的舊習俗,葉漢明《妥協與要求:華南特殊風俗形成假説》,熊秉真、吕妙芬主編《禮教與情慾:前近代中國文化中的後/現代性》(臺北:中央研究院近代史研究所,1999年),頁251。有關這方面的討論另可詳見Marjorie Topley, "Marriage Resistance in Rural Kwangtung," Margery Wolf and Roxane Witke, eds., *Women in Chinese Society* (Stanford, California: Stanford University Press, 1975); Janice F, Stockard, *Daughters of the Canton Delta: Marriage Patterns and Economic and Strategies in South China*, 1860~1930 (Stanford, California: Stanford University Press, 1989).

[9] 例如"慕清"其實不爲禮法所容,但據俞樾表示,出於人情,許女和她小姑的"慕清"在親族眼中"或頗稱焉",因此"真所謂非禮之禮矣"。俞樾《右台仙館筆記十六卷》卷一,頁3760。

[10] 有人認爲聽到老處女這個名詞便不由産生悲哀的感覺;但吳詩真認爲"假使這是一個不敬的名稱,那基督頭上的荆棘圈,豈不曾變爲榮耀的冠冕? 假使這是一個不幸的名稱,那荆棘冠冕所刺出的血,豈不曾凝爲萬人的傷痕"? 吳詩真《老小姐》,《婦女》卷2期9(北平,1947年12月),頁9;1943年北平出版的《婦女雜誌》曾以"變態生活"來討論老處女的問題;此外,應申、月心的文章中也有這種説法,《寫在前面》,"老處女變態生活談"《婦女雜誌》卷4期9(北平,1943年9月),頁32;應申《獨身主義的看法》,"婦女園地"期52,《申報》,1935年2月17日,頁20;月心《獨身主義之錯誤(下)》,"婦女專刊"期23,《申報》,1936年6月27日,頁18。

人口中,不婚女性所佔的比例有限。根據 1920～1940 年代對農家女
性的調查顯示,這段時期女性平均初婚年齡爲十七至十八歲,以雲南
呈貢縣爲例,二十歲以前結婚的女性高達 90%,陳達還特別指出,這地
區的女性很少過了二十五歲以後才出嫁,而三十歲以後才結婚的女性
幾乎不曾見。[11] 但由於當時被視爲有獨身傾向的女性主要是受教育
的城市女性,因此她們的人數才是觀察指標。首先必須界定的是,適
婚而未婚的女性年齡標準,從陳達的說法可以看出,他將二十五至三
十歲的不婚女性視爲遲婚,當時人的看法也大致如此,有人甚至稱這
類年齡的不婚女性爲老處女。[12] 其次是,這群被稱爲老處女或獨身
的女性究竟有多少? 因迄至目前尚未有這方面的統計資料,此處僅能
就一般人的調查或觀察進行說明,1943 年一份對抗戰末期重慶沙磁地
區女學生的調查,曾指出在 272 名學生中,主張不婚的女學生僅 9 人,
佔被調查者的 3.4‰。[13] 另有論者也發現抗戰時期各文化機構或官
署中鮮有女職員超過三十歲而不婚。[14] 根據這些資料顯示期望獨身
的知識女性其實不多,但論者何以充滿焦慮與不安? 基本上是因當時
有不少女性將不婚當成口號;再加上在贊成結婚的女性之中不少人傾
向晚婚,例如重慶沙磁地區的女學生便多主張二十五至三十歲才結
婚。[15] 由於這段年齡的女性是一般人界定的老處女,她們的遲婚有
可能導致失婚或不婚,因此引發多種討論。[16]

　　結婚與否多半是一種隱私,鮮少有獨身者願意向大衆告白,論者

---

〔11〕　1928～1933 年,金陵大學農經系對農家調查發現,鄉村女子的平均初婚年齡是十七點
　　　七歲;並發現“三十歲以後,曠夫殊少,處女絕無,此南北通有之現象也”。1940～1946
　　　年,陳達在雲南呈貢等縣進行的婚姻登記,也指出當地女子初婚年齡約爲十八點三
　　　歲。以上參見吳濤《中國近代人口史》(杭州:浙江人民出版社,1993 年),頁 308～
　　　309;陳達著、廖寶彣譯《現代中國人口》(天津:天津人民出版社,1981 年),頁 62;卜凱
　　　(J. Lossing Buck)主編《中國土地利用》(臺北:臺灣學生書局重印,1971 年),頁 527。
〔12〕　《寫在前面》,頁 32。
〔13〕　本刊資料室《重慶沙磁區戰時女生生活調查》,《婦女新運》卷 5 期 6(1943 年 6 月),頁
　　　34～35。
〔14〕　梅子《事實如是》,“老處女變態生活談”,《婦女雜誌》卷 4 期 9(北平,1943 年 9 月),
　　　頁 33。
〔15〕　瑟廬《文明與獨身》,《婦女雜誌》卷 8 號 10(上海,1922 年 10 月),頁 7;孔襄我《獨身
　　　的我見》,《婦女雜誌》卷 8 號 10(1922 年 10 月),頁 11;據調查重慶沙磁區的女學生大
　　　多贊成晚婚,她們認爲應在學業結束並具社會經驗後才論婚嫁。本刊資料室。《重慶
　　　沙磁區戰時女生生活調查》,頁 35。
〔16〕　潘予且即指出很多女子不嫁是超過“及婚年齡”,潘予且《不嫁論》,《女聲》卷 3 期 6
　　　(1941 年 10 月),頁 4。

究竟如何建構獨身者不婚的態度或行爲？這不但引發我的興趣,也激起我成串的問題:不婚既不犯法,何以女性提出不婚的主張時,受到嚴重的關切？而論者究竟如何勾勒女性不婚的圖像？他們是否真的瞭解婦女不婚的因素或處境？重要的是,這些論述是在爲誰說話？獨身的論述是否僅是個引子？其背後是否有更大的問題受到注意？那是什麼樣的問題呢？另外,儘管獨身女性的聲音是微弱的,甚至有部分是試探性的提出,但我也想瞭解獨身女性是如何回應有關獨身的言論？並以何種態度接受獨身？這些問題都將在本文中進行研究。

必須說明的是,當時論者對獨身或獨身主義並沒有明確區別,但大多認爲不娶或不嫁、過着獨身生活的就是獨身或獨身主義;本文所討論的獨身女性便是終身未曾婚嫁,至於與配偶離異或因配偶死亡而營單獨生活的女性不列入討論。[17] 在資料方面,有關近代中國家庭婚姻的二手研究相當豐碩,主要集中在新文化運動時期的婚姻議題,包括自由婚姻、自由戀愛、家庭改革與廢除婚姻等;至於女子獨身的討論,目前僅有徐建生和藍承菊的論文略有涉獵,但也僅限新文化運動時期,尚未有論者對女子獨身從事廣袤的研究。[18] 至於一手史料,1922 年上海的《婦女雜誌》、1943 年北京的《婦女雜誌》及 1925 年的《京報》曾開闢專號討論女子獨身問題,其他論述不是散見於各專書、期刊報紙中,便是呈現在小說、故事、新聞報導、劇本、口述記錄、回憶錄裏,於是這項議題的研究必須爬梳自多元的文本。

文本中有關獨身的討論大體上是男女兼論,但論者對女性的獨身著墨更多（詳見附錄）。更重要的是,由於獨身的言論多半是由他者對獨身者的觀念或行爲進行探究或描述,受論者自身的思想與文化背景的影響,不免產生偏見、選擇與虛構的論述;同時,獨身在當時被視爲是違反婚姻制度的行爲,所以有不少文本刻意將它誇大。再者,論者多半是匿名,因此無法得知這些聲音是出自已婚的男性或女性,還是未婚的男性或女性。儘管如此,這些文本或討論方式

〔17〕 孔襄我《獨身的我見》,頁 10;符致遠《獨身主義研究》,"獨身主義專號",《京報》號 8,1925 年 2 月 4 日,頁 74。

〔18〕 相關研究可參見徐建生《近代中國婚姻家庭變革思潮論述》,《近代史研究》期 63（1991 年 3 月）,頁 139～167;藍承菊《五四新思潮衝擊下的婚姻觀（1915～1923)》,臺灣師範大學歷史學研究所碩士論文,1993 年 6 月。

能幫助我瞭解二十世紀前半期中國女性的獨身現象，並可藉此探討
這些言論的背後所蘊含的意義。有關本文的時間斷限，由於獨身的
言論自二十世紀初便受到關注，並持續不斷，所以本文以二十世紀
前半期的討論爲焦點。

二、探尋女子獨身的原因

在中國的傳統宗法社會，兒女的婚姻大事是由家長決定，直到
清末民初，西方的婚姻自主觀念傳入中國之後，開始有知識分子對
傳統的婚姻制度不滿，而新文化運動時期討論婚姻的話題則普遍爲
知識分子關切。其中婚姻自由的倡導更是風行，例如沈兼士提出
"獨身、結婚、離婚、夫死兩嫁，或不嫁，可以絕對自由"的主張，
使婚姻有自由的發展空間。[19] 但事實上，不是所有婚姻的選擇方式
都受到支持，獨身或不嫁便是爭議最多的一種，因此當女性發出獨
身的聲音時，許多論者試圖阻止或防範獨身的事實，探索女子獨身
的原因便成爲解決女子獨身的前提。論者不但從西方的獨身現象進
行觀察，也反思與婚姻有密切關係的中國家庭制度、社會思潮，同
時也關注獨身女性本人的不婚態度與觀念。值得一提的是，當時討
論的內容不斷被重複引用，反映出論者對獨身因素的看法有不少是
一致的（詳見附錄）。

（一）從西方説起

儘管女子獨身早在中國傳統社會便已存在，不少論者認爲獨身
主義這個名詞是出自西方，與自由婚姻一同傳入中國。[20] 基於此，
論者從西方進行瞭解，例如有人根據魏斯脱馬克（Edward Wester-
marck）的研究，指出上古時期並沒有獨身的情形，直到近世獨身的
人數才在歐美地區不斷增加，因此認爲獨身是文明社會的特有現象，
這種現象包括生活程度的提高、精神文明的進步等。[21] 但是論者也

---

〔19〕 沈兼士《兒童公育》，《新青年》卷 6 期 6（1919 年 6 月），頁 565。

〔20〕 波羅奢館《獨身主義之研究》，《婦女雜誌》卷 5 號 2（上海，1919 年 2 月），頁 1。

〔21〕 論者認爲"生活程度的提高，使一般青年男女不敢輕易結婚以加重負擔"、"文明人
精神力進步，性的感情因而減少"、"精神力既進步，故理想的生活亦高，一般青年
男女，當沒有找著他或她的理想的對偶時，絕不肯冒昧結婚"，以上參見，瑟廬
《文明與獨身》，頁 4~5；溫壽鏈《獨身主義的因果及其補救的方法》，"獨身主義
專號"，《京報》號 8，1925 年 2 月 4 日，頁 60。

提及生活理想雖然提高，兩性的戀愛卻仍受社會束縛，於是歐美地區的青年男女唯有尋求獨身。[22] 論者又發現男女人數的不平均是造成獨身的另一項因素，從人口調查顯示，一次大戰前歐洲的女性人數已超過男性甚多，而這種情形至戰後更是明顯，導致許多女性不得不獨身。[23] 另有論者則認爲西方獨身主義是受"不自由毋寧死"的學說影響，一些女性因此主張不嫁男子、不育兒女；對於兩性之間，大抵"隨意的臨時行樂，全無正式婚姻的形迹，只有彼此淫亂的行爲"。[24] 論者認爲這是因中國知識分子崇拜歐風，對外來學說不加選擇、盲目採用，造成有的女性將獨身主義視爲是"可喜的新名詞"，是"能高尚女子人格"，反認爲嫁人是可恥的事，於是主張打破這種矯情的獨身主義。[25]

　　無疑的，上述説法多數來自報導或個人推想，但有人是出於自己的觀察。胡適即以他所接觸到的美國婦女爲例，發現美國婦女之所以不嫁是與知識程度的提高有關，他指出因知識的提高，這些婦女的結婚對象便"可遇而不可求"，於是"往往寧可終身不嫁，不情願嫁平常的丈夫"。由於胡適從這群獨身的婦女身上看到自立的精神、"超於良妻賢母"的人生觀，因此他能認同她們的不婚。[26] 不過胡適也承認這是美國的社會讓這群婦女無所顧忌：

　　　　美國不嫁的女子，在社會上，在家庭中，並没什麼不便，
　　也不致損失什麼權利。他一樣的享受財產權，一樣的在社會
　　上往來，一樣的替社會盡力。他既不怕人家笑他白頭"老處
　　女"（old maidens），也不用慮著死後無人祭祀！[27]

簡言之，根據胡適的瞭解，美國婦女的不婚一則是教育的提高，另則是社會未給予壓力。

　　至於中國女性的獨身因與西方不完全相同，於是多數論者從中國社會究根，藉此檢視中國女性的獨身因素。討論最多是與婚姻有

[22] 瑟廬《文明與獨身》，頁4~5；温壽鏈《獨身主義的因果及其補救的方法》，頁60。
[23] 據調查，一次大戰前，歐洲有15個國家出現女多於男的情形，這15個國家的女性人口合計超過男性約8 062 000人。瑟廬《文明與獨身》，頁6；温壽鏈《獨身主義的因果及其補救的方法》，頁60~61。
[24] 李劍儔《打破獨身主義》，"獨身主義專號"，《京報》號8，1925年2月4日，頁78。
[25] 李劍儔《打破獨身主義》，頁79。
[26] 胡適《美國的婦女》，《新青年》卷5號3（1918年9月），頁213、221。
[27] 胡適《美國的婦女》，頁220。

關的家庭及其制度，1908 年胡漢民分析廣東 "不落家" 風俗的原因時，曾將矛頭指向家庭制度：

> 夫粵俗男女之辨最嚴，可爲各省之冠，而順德等處，家庭之壓制尤甚。壓制既大，抵力旋生。其所以結爲團體力持不婚主義，甚或至于同時自殺者，乃真野蠻惡風所生之反動力也。[28]

至新文化運動時期，女性獨身是爲了擺脫家庭束縛的説法更被緊密扣合，署名健孟的，便推想女性不婚是出自於如下的一種反應：

> ……不幸遇到不忠誠的丈夫，不承認她的愛情時，她沒有別的生活可以來慰藉她。與公婆本是陌生人，一有齟齬，感情更加隔膜，疏解也愈加爲難，她既不能經濟獨立，又沒有離婚或承受遺產的權利，即使在悍姑惡夫的家庭受虐待，也只好依然俯首聽命的生存著。……有些青年女子的主張不嫁大概便是這種原因的反響罷。[29]

而這種尋找不幸女子的例子爲不婚女性代言的論調，成爲當時千篇一律的格式。周建人則明確的指出，當女子發出獨身的喊聲時，這是對男子專制舊家庭壓迫的反抗。[30] 周甚至樂觀的表示：

> 從來社會上存活不住的，一生只有從母家走到夫家一條路的女子，今日居然能夠高叫獨身，覺悟舊家庭的迫壓，在社會上獨起立來，這不能不説是思想、社會的進步，和一切奮鬥能力的進步；實在是女子有點覺悟，在社會上已經有一部分地位的表現。[31]

這些言論明顯的指出中國傳統家庭制度是導致女性不婚的主要因素。

（二）既是因又是果： "獨立自主" 的一刃兩面

傳統社會所衍生的各種束縛讓部分女性不願婚嫁，爲協助女性擺脫家庭束縛，清末以來的女權思潮及新文化運動不斷以西方的個人主義、自由主義與社會主義所倡導的觀念，鼓勵女性追求獨立自主。1916 年之後，《新青年》雜誌刊載不少以鼓吹女性追求獨立自

---

〔28〕 胡漢民《粵中女子之不嫁者》，《新世紀》號 60（1908 年 8 月），頁 10。
〔29〕 健孟《新舊家庭的代謝》，《婦女雜誌》卷 9 號 9（上海，1923 年 9 月），頁 14。
〔30〕 周建人《中國女子的覺醒與獨身》，《婦女雜誌》卷 8 號 10（上海，1922 年 10 月），頁 9。
〔31〕 周建人《中國女子的覺醒與獨身》，頁 9。

主的言論。從陳獨秀的"勿自居被征服地位"、"勿爲他人之附屬品"到胡適的"他們（美國婦女）以爲男女同是'人類'，都該努力作一個自由獨立的'人'"，無不在提醒女性脫離附屬地位，走向獨立自主。[32] 同時，爲落實女性的獨立自主，論者主張女性接受教育或追求經濟獨立。嚴格而言，這種爲對抗舊制度而産生的解放思潮是期待女性不再是家庭或男性的附屬品，甚至冀望女性能與男性一樣經營家庭，不成爲家累，還有論者以爲獨立自主能解決不婚問題。簡言之，獨立自主的言論未必鼓勵女性獨身，但其影響卻使部分女性在獨立自主後走向不婚，這種觀念從鼓勵女性獨立自主的内涵可以看出其間的矛盾。

就教育言，倡導女子教育基本上是顧及女性，使之能獨立自主，或者以教育女子來滿足男性對配偶的期待或避免男性獨身。根據陳鶴琴的調查，當時受新思潮影響的男學生多半期望自己的配偶有知識。[33] 而《獨身主義之研究》一文也發現，男子獨身"大抵皆感於女性無學，致爲男子之累，因之抱獨身主義"。[34] 因此女子教育的倡導其實是在達成不同的需求。

然而在受教育女性加增、晚婚與不婚女性日增之後，論者對女子受教育的結果感到懷疑，認爲教育女子反而造成她們不願結婚。《老處女何其多》一文以高等教育爲例，指稱女子教育的日益進步，就是婚姻失敗的最大主因。[35] 該文甚至批評女子大學是老處女的製造廠，作者認爲學校教育讓女學生誤以爲運用腦筋和努力，來追求男性社會的名譽地位才是人生的最大幸福，同時也讓她們忽略了感官上合理的快樂，而産生肉體的禁制。[36] 除此之外，有論者分別發現受高等教育的女性因容易有擇偶條件太高或不願吃苦耐勞等問題，導致男性寧可選擇年紀較輕、智能或身份地位較低的女性爲結婚對

---

〔32〕 陳獨秀《一九一六》，《新青年》卷 1 號 5（1916 年 1 月），頁 2；胡適《美國的婦女》，頁 214。

〔33〕 在已婚的男學生中，不滿意妻子缺乏知識的人最多，約計有 57.71%，而未婚的男學生不願未婚妻不學無術也高達 43.95%。陳鶴琴《學生婚姻問題之研究》，《東方雜誌》卷 18 號 4（1921 年 2 月），頁 108～109；陳鶴琴《學生婚姻問題之研究（續）》，《東方雜誌》卷 18 號 5（1921 年 3 月），頁 105。

〔34〕 波羅奢館《獨身主義之研究》，頁 4～5。

〔35〕 甯華《老處女何其多》，《婦女雜誌》卷 4 期 5（北平，1943 年 5 月），頁 38。

〔36〕 甯華《老處女何其多》，頁 38。

象，而這些受高等教育的女性也因此失婚，不得不過獨身生活。[37]

這種矛盾的說法，同樣出現在倡導女子經濟獨立的言論上，有的論者鼓動女性爭取就業是期待她們追求自身獨立，同時也認為女性的經濟若得以獨立，便可以減輕男性在經濟上的負擔，甚至可以避免男性的壓迫。[38] 後一項說法，在男性因經濟壓迫而致獨身的現象日趨增加時，更被視為合情合理。田助特別就中日戰爭末期經濟景氣萎縮的情景為例，強調經濟破產使一般人無力養活妻子，更不敢談結婚，而女性為避免失婚，應該：

> 從事於職業，求自身之獨立得到和男子同樣的機會，而努力於女性最適宜的活動，使婚姻完全建築於純潔的愛之基礎上，而毫無任何物質上之希圖，使男子再沒有物質供養上的嬌［驕］傲，亦使無產階級的男子，不復有供養困難之顧忌。[39]

不過，與教育問題一樣，女性經濟獨立是否能改善男女兩性的失婚現象，都是難以取得共識的話題。從前述胡漢民對廣東"不落家女"的觀察，他強調這地區的女性能持續不墜的拒婚，是因為她們靠着繅絲業自營生活。[40] 換言之，經濟獨立反而助長女性不婚。當女性教育程度提高、就業能力日益增強之後，這種情形更加顯著，阮學文即表示，知識婦女的獨身問題就是在婚姻與事業衝突中產生，因為愈是在事業上有成就的女性，愈是不願受家庭羈絆。[41] 還有論者雖然不否認女性之社會服務是二十世紀覺悟女性的新要求，但卻提醒道：

> ……以一般女性的天性而論，獲得他人的崇拜和愛戀，是比事業的成功更有意義，我們知道，任何事業的成功，都不如幫助丈夫事業成功那樣快樂。[42]

〔37〕 書琴《上等社會女子的悲哀》，《婦女雜誌》卷 4 期 5（北平，1943 年 5 月），頁 39；田助《婦女失婚的原因和心理》，《婦女雜誌》卷 5 期 5（北平，1944 年 5 月），頁 3。

〔38〕 華林《社會與婦女解放問題》，《新青年》卷 5 號 2（1918 年 8 月），頁 161；王會吾《中國婦女問題—圈套—解放》，《少年中國》卷 1 期 4（1919 年 10 月），頁 10～12；根髪《現代女子的苦悶問題》，《新女性》卷 2 號 1（1927 年 1 月），頁 27～28。

〔39〕 田助《婦女失婚的原因和心理》，頁 4。

〔40〕 胡漢民《粵中女子之不嫁者》，頁 10。

〔41〕 阮學文《知識婦女的獨身問題》，《婦女新運周刊》號 89，收入《中央日報》（1941 年 1 月 20 日），版 4。

〔42〕 瓊《結婚生活與育兒》，《婦女雜誌》卷 4 期 10，頁 38。

論者甚至表明女性若僅在創造自己的獨立生活，將"失掉此生建設家庭做丈夫賢內助的特權"。[43]

就前述的討論得知，提昇知識和倡導就業原本是用來激勵女性獨立自主，同時是女權運動與新思潮的主要內容，然而獨立自主的結果卻成爲促使女性遲婚或不婚的誘因。

（三）不同的人生觀與自我看待

由於獨身與本人的不婚態度或觀念有關，論者從各種情形進行瞭解。首先，胡宣南發現"自由"是獨身女性的主要口號，他提到有的女性高唱："我願在我未死之前完全享受我的自由，我絕不願爲婚姻，失去自由"；也有女性表明"最自由的婦女，就是抱著獨身主義的女子"，因爲獨身女性可以不受公婆、姑嫂、丈夫乃至兒女的壓迫或束縛，能隨心所欲的享受自由。[44] 高希聖則明白的提出，這是與現代人傾向個人主義有關，爲了過自由獨立的生活，在兩性間逐漸形成回避婚姻的風氣。[45] 無疑的，這種人生觀的形成是深受獨立自主言論的影響。

其次，有論者提到有不少女性是因不願重蹈前人覆轍而拒婚，她們的理由是"鑒於別人不良婚姻的苦痛，不敢嘗試"、"也有爲了想避免生產的痛苦而行獨身"，[46] 其中"避免生產"的不婚論調更是討論焦點。《獨身主義之研究》一文指出生產既危險又困苦：

> 生產之事，危險之事也。性命寄於呼吸之間，固不待言矣。即產前之妊娠，產後之鞠育，亦爲生人［人生］最困苦之事。

因此爲回避生產，有女性投向獨身。[47] 然而李宗武從另一個角度強調"孕妊確是苦事，但這是女子的天職"，他同時認爲避免孕妊而獨身的女性是持片面的人生觀，因爲她們以爲：

> 我們做"人"，終不是專爲生殖而生的；生殖終不是人生

〔43〕 瓊《結婚生活與育兒》，頁38；王柏天也説："小姐，不要常説你們坐在室內，實在不平等，對國家、社會都太無用，其實你能作能安慰一個男人，使他快樂從事，豈不是間接造福社會，造福國家。"王柏天《家庭問題的複雜》，《方舟》期10（1935年3月），頁38。

〔44〕 胡宣南《婦女對於婚姻問題》，《婦女雜誌》卷1期2（北平，1940年10月），頁19。另外，孟真也高唱："奉勸沒有掉在網裹的人須理會得獨身主義是最高尚最自由的生活，是最大事業的根本。"孟真《萬惡之原（一）》，《新潮》卷1號1（1919年12月），頁127。

〔45〕 高希聖《家族制度ABC》（上海：ABC叢書社，1929年），頁99。

〔46〕 李兆民《中國過渡時代的家庭》，頁31；麥惠庭《中國家庭改造問題》，頁225。

〔47〕 波羅奢館《獨身主義之研究》，頁5。

的目的事件，人生終當以事業爲前提。與其留下肉體的子
女，毋寧留下事業的功績。……所以做人，不應該把"婚姻"、
"生殖"等事，當作大事體看，而拋棄那天賦能力所能做的偉
大事業！雌雄相交，子孫繁殖這些事，是下等動物所共能，並
不是人的特色。人之所以異於禽獸者，人之所有的本以得稱
"萬物之靈"者，就是在能"獨身"〔48〕

　明白的説，這些因害怕生產而排斥婚姻的女性，認爲生育是相當危
險的事，加上照顧小孩會影響事業或學問，因此她們不願在結婚之
後成爲生產和養育子女的工具。〔49〕

　再者，論者從宗教信仰與性道德中探討女性不婚的因素，他們
以宗教的獨身主義爲例，指出宗教界將兩性關係和結婚當作不潔，
並主張苦行禁慾以取悦神，因此不但受戒的男女兩性抱持着終身不
婚不嫁的信念，連帶着信徒也主張獨身。〔50〕 根據李兆民的觀察，受
宗教片面的暗示或誤解，一些人視"獨身爲貞静高潔"，而小江也同
意宗教的獨身觀對年輕女性具有潛移默化的作用。〔51〕 爲抵制因聖潔
觀念而獨身的論調，俊文指責爲了神而犧牲的獨身主義是不道德的
禁慾行爲；而李宗武則嘲諷爲"我以爲如結了婚，能有純潔的戀愛，
能真誠的保守貞操，那才可稱得'高潔'"。〔52〕 然而儘管禁慾或聖潔
的獨身理由不斷被反獨身者複製，有的論者認爲這是近世以前的觀
念，對當代社會並無太大的影響。〔53〕 有趣的是，另有論者也從性道

〔48〕 李宗武《獨身問題之研究》，《婦女雜誌》卷 7 號 8（上海，1921 年 8 月），頁 3。
〔49〕 小江即指出："雖然現在像山格夫人一流人，有任何可以制限產兒的方法發明，但
　　 此尚在'靠不住'與'不安全'的程度。"小江《女子獨身生活的研究》，《婦女雜
　　 誌》卷 12 號 11，頁 24。
〔50〕 李兆民引用聖經中的一段話爲例："没有娶妻的，是上帝的事罣慮，想怎樣叫上帝
　　 喜悦；没有出嫁的是爲上帝的事罣慮，要身體靈魂都聖潔。"李兆民《中國過渡時
　　 代的家庭》，頁 31～32；瑟廬《文明與獨身》，頁 4；俊文《獨身主義的檢討》，《申
　　 報》，1935 年 4 月 14 日，本埠增刊 1 版；小江《女子獨身生活的研究》，頁 20～21；
　　 陳既明《革命的婦女問題》（上海：三民書店，1930 年），頁 142。
〔51〕 李兆民《中國過渡時代的家庭》，頁 33～34；小江《女子獨身生活的研究》，頁 24。
〔52〕 俊文《獨身主義的檢討》，版 1；李宗武《獨身問題之研究》，頁 2。
〔53〕 例如開明稱："現代的男女對於童貞的獨身主義當不會有多大信仰，似可以付之不
　　 論"；瑟廬認爲"一到了科學昌明知識進步以後，便没有存立的餘地"；而俊文也指
　　 出："除了足以表現出那時代人類知識的低淺外，實在更没有其他的意義存在"，以
　　 上分別參見開明《是一種辦法》，"獨身主義專號"，《京報》號 8，1925 年 2 月 4
　　 日，頁 57；瑟廬《文明與獨身》，頁 4；俊文《獨身主義的檢討》。

德的角度，提出與聖潔完全相反的獨身觀，温壽鏈以西方國家爲例，提出由於滿足性慾的地方很多，一些游蕩青年寧可獨身而不婚；[54]但這個説法是專指男性，《談女人》一書則專就女性提出，有的女性獨身是"不願僅爲一個男子所佔有"，她們的目的是"多玩弄幾個男人"，作者還進一步説，這種行爲在俗人眼中並不是獨身而是多夫主義者，但作者也表示"這是特種摩登女人的哲學"。[55]

另外，有部分論者是從容貌、性格、情感問題來觀察女性如何自我看待婚或不婚。賀玉波和胡宣南分別發現相貌醜陋或感情受挫的女性，多以獨身主義回拒婚姻；[56]但賀玉波又提到，相貌美麗的女子也容易失婚，主要是美麗使女性流於驕傲，不願輕易許人，致而錯失良緣。[57]而陸費逵則直率的指出良緣的錯失是與個性過於保守有關：

> 不脱舊女界習氣，羞羞澀澀，對於婚姻，不但自己不好意思説；有時人家説了，還要佯羞假怒，以致弄僵。[58]

這些獨身的理由是較普遍而不足爲奇，但有論者發現有些獨身者的不婚原因是千奇百怪，例如小江發現，有的女音樂家爲保持歌喉，必須獨身，她們的説法是"一旦與男性結婚，喉音多要敗壞，所以想保守美譽，情願壓抑性慾的衝動"。[59]另外，同性愛、厭世思想、"以結婚爲不祥"或"鑒於戰争殺戮的情形，不願空費力製造國民，等到成年轉瞬化爲炮灰"等不婚的理由，也都異於一般。[60]

綜括上述，獨身這個名詞雖然來自西方，而部分論者也試圖從西方的獨身例子或失婚現象尋找對中國影響的程度；但事實上，從論者的分析可以看出，中國女性的不婚主要與中國的家庭、社會或獨身女性本人有關，包括家庭制度、教育程度、經濟能力、生活價值觀、生育概念、宗教信仰、性道德、容貌、個性與感情問題等方

---

[54] 温壽鏈《獨身主義的因果及其補救的方法》，頁60。

[55] 薛君編《談女人》（上海：益華書局，1933年），頁70~71。

[56] 賀玉波《獨身主義的女子》，婦女問題研究室編《新女性》卷4（1929年2月），頁223；胡宣南《婦女對於婚姻問題》，頁20。

[57] 賀玉波《獨身主義的女子》，頁223。

[58] 陸費逵《婦女問題雜談》（上海：中華書局，1926年），頁11~12。

[59] 小江《女子獨身生活的研究》，頁24。

[60] 薛君編《談女人》，頁70；孔襄我《獨身之我見》，頁10。陳既明《革命的婦女問題》，頁142；李兆民《中國過渡時代的家庭》，頁31。

面的影響。由於這些影響有出於自發、也有來自外在影響，因此論
者提出不同的看法。對於自發的獨身主義，論者多半能以理解的態
度看待，周建人便表示：

> ……獨身如純是出於自發的意志，無論爲了志在事業
> 學問上的發展而無暇顧到結婚，或沒有相當的對手，或遭
> 戀愛失敗的痛苦等，別人都不能加以非難或勸告。[61]

周的理由是這種自發的獨身只出現在文明較高的社會中，因爲低文
明國家的人很少專心事業或學問，戀愛的藝術也不發達，自然不會
發生因失戀而獨身的事。[62] 李宗武也不否認"謀個人發展"是最有
力的獨身理由。[63] 另有論者則更釋懷的指出，如果抱獨身主義的人
仍存著"兩性間的快活，是天性生成的"，同時，獨身是爲了尋找適
當的配偶、專心學業或考慮身體健康，這些人的獨身想法僅是一時，
只要時機一到，便會結婚。[64]

至於對外在影響的獨身主義，論者多半不表贊同，特別是因宗
教信仰而禁慾的獨身主義，周建人雖然對女性獨身頗爲同情，也
認爲：

> 但如其不純出於自己的意思，而別有神秘的教訓，引
> 導他們守獨身的生活——即如以獨身爲清潔高尚之類——
> 這卻有些不可。[65]

不過除此之外，並非所有因外在因素而引致的獨身想法都被批駁，
有的論者發現女子之所以獨身是新舊衝突下的犧牲：

> 一般處在舊禮教縛束〔束縛〕下的新女性，她們感到
> 畸形社會背景下結婚的痛苦，又感到缺少新舊社會奮鬥的
> 勇氣，於是在這種情形之下，產生消極的思想，在無抵抗
> 中，探求孤獨之生活。[66]

《我的爲了愛可以獨身》一文也呼應，人類是爲了愛而存在，社會是

---

〔61〕 周建人《中國女子的覺醒與獨身》，頁 8。
〔62〕 周建人《中國女子的覺醒與獨身》，頁 8。
〔63〕 李宗武《獨身問題之研究》，頁 2。
〔64〕 鏡明稱這些形態的獨身主義爲"相對的獨身主義"，鏡明女士《我的獨身主義研究》，頁 63。
〔65〕 周建人《中國女子的覺醒與獨身》，頁 8。
〔66〕 梅子《獨身的觀念》，《婦女雜誌》卷 4 期 9（北平，1943 年 9 月），頁 34。

爲了愛才組織，但是"處此新舊嬗替的現世，愛園裏橫生荊棘，塑隔鐵壁，舊道德偏阻其所好，投其所惡，……她的愛之信念，遂變成獨身的信念"。[67] 作者甚至歌頌"我覺世間愛最偉大，爲了愛獨身更較偉大"。[68] 另有論者則對這種現象作進一步分析，陸費逵直接了當的指出這完全是"社會害的"[69] 瑟盧也明白的説：

> 這是我國女子對於他們地位的不滿足，這種舉動，可説是對社會的一種反抗，確係促社會改革的動機。[70]

由是可知，論者認爲女性不婚有自發與外在影響兩種，論者對自發的獨身主義較能理解，有人甚至認爲這些人的獨身想法僅是一時而不會永久；但對因宗教信仰而不婚的外在影響，論者多不苟同。唯有出自家庭制度與社會不合理現象的外在影響，才能受到較多同情，因爲不少論者將女性不婚的原因歸咎於此，也因此改革家庭與社會成爲如何解決女子獨身的重要議題。

三、解決女子獨身的問題：爲誰説話？

根據論者對女子獨身原因的分析，她們不否認女子的不婚固然與新思潮和社會文明的演進有關，但更認爲傳統家庭制度的不合理、社會制度的缺乏保障是造成女性無所適從、追求獨身的重要因素，因此論者試圖從這些方面尋求解決之道。由於他們發現不婚女性多半爲了事業或學問而獨身，於是提出化解兩難的方法，論者同時從家庭制度、婚姻形式與生兒育女等女性較關心的議題進行討論。但在論述的過程，論者有不少困惑與矛盾，於是出現不同論辯。

（一）家庭與事業孰重？

1927 年《新女性》雜誌曾根據"爲妻爲母與盡力社會及學問是否並行不悖"？這個問題，以《現代女子的苦悶問題》爲題，向社會各界徵稿。據編者表示：

> 現代女子，都抱有攻究學問，改造社會的大願望，但同時她們卻不能不盡天賦的爲妻爲母的責任。然照現在實

---

[67] 冰天《我的爲了愛可以獨身》，"獨身主義專號"，《京報》號 8，1925 年 2 月 4 日，頁 62。

[68] 冰天《我的爲了愛可以獨身》，頁 62。

[69] 陸費逵《婦女問題雜談》，頁 11。

[70] 瑟盧《文明與獨身》，頁 7。

際社會的情形，這兩種任務，常不免發生衝突，因此每易使她們感到絕大的苦悶，究竟女子應該拋棄了爲妻爲母的責任而專心攻究學問，改造社會？還是不妨把學問和社會事業暫時置爲緩圖而注重良妻賢母的責任？或者另有一種調和這衝突的方法？這實在是目前最重大的問題。[71]

二十二篇徵文中，多數人的意見是這兩種情形可以並行不悖，雖然有人不反對"如果學問興趣實在濃厚，絲毫不願他事妨礙"的人守獨身；但論者仍不希望所有女性拒婚，認爲委身學問或社會的不婚女性是特例，不足爲一般女性的模範，甚至指出"所有的女性都行獨身主義，恐怕世界將要起兩手動物滅亡的恐慌了"。[72] 爲了不讓女性陷於家庭與學業或事業的衝突中，論者多半著眼於女性的自我建設，他們認爲目前的社會尚無法在短時間進行改造，以解決女性的苦悶，易言之，無論是"拋荒了爲妻爲母的責任而專心攻究學問改造社會"或是"把學問和事業暫時置爲緩圖而注重良妻賢母的責任"，都沒有調和的辦法，於是有論者以消極或無奈的態度指出，在這種情形下，女性只能繼續處在衝突中或者必須靠自己的力量去解決。[73] 還有論者認爲女性不應有這種苦悶，這完全是出自男人的"越俎代庖"，伏園表示，有這種苦悶的人是因爲他們將這兩件事的範圍看得太大，事實上，隨着文明的進步，現代女性所需擔負的責任不如傳統女性。[74] 樊仲雲則怪罪女性的苦悶是女性不够努力、過於徬徨所致，甚至反問，男性一樣需要工作和照顧家庭，但何以男性鮮少爲此而苦悶？因此樊一再强調女性應勇敢的面對這些問題。[75]

爲鼓勵女性自我努力或自我解決，有人贊成女性做賢妻良母，

---

[71] 編者《現代女子的苦悶問題》，《新女性》卷2號1（1927年1月），頁21。
[72] 潘家洵《現代女子的苦悶問題》，《新女性》卷2號1，頁60；蔡孑民《現代女子的苦悶問題》；《新女性》卷2號1，頁53；周寸中《現代女子的苦悶問題》，《新女性》卷2號1，頁49。
[73] 論者的看法包括"只能這樣衝突地做去"、"是在太太小姐們的努力而已"、"請各人自己去謀解決"，以上參見周作人《現代女子的苦悶問題》，《新女性》卷2號1，頁25；伏園《現代女子的苦悶問題》，《新女性》卷2號1，頁26；覺農《現代女子的苦悶問題》，《新女性》卷2號1，頁31。
[74] 伏園《現代女子的苦悶問題》，頁25～26。
[75] 樊仲雲《現代女子的苦悶問題》，《新女性》卷2號1，頁31～32。

周峻以羅蘭（Rolland）夫人和居禮（Marie Curie）夫人爲例，提出"注重良妻賢母的責任，並且要研究學問，改造社會也不難"的説法。[76] 當然這種注重賢妻良母的説法並不被部分人接受，陳學昭即強烈反對，她認爲有些女性名爲賢妻良母，卻是過著享樂生活，反增加男性對女性的鄙視；同時，她也指出這群女性沒有自己的思想和行爲，一切都附屬於男性。[77]

針對賢妻良母會失去自我，有人建議女性在爲妻爲母的職權中實現自己，例如徐調孚認爲家庭事業，也是一種社會事業；[78] 後覺則希望女性做良妻賢母，而且是"好比具有革命精神的教誨不倦的清苦教員"，根據後覺的解釋，所謂的"良妻賢母"不是"丈夫底忠順的奴隸"、也不是"兒女底義務的看護婦"，而是能經由家務，間接有利她的丈夫事業並能爲社會撫養有爲的青年。[79] 換言之，後覺並不同意女性委屈求全的過良妻賢母的生活，應該"在一生中既做著'女人'，也不失其爲一個'人'"，如此一來，便無需苦悶，也不會與攻求學問或改造社會背道而馳。[80]

然而有論者不同意這種看法，認爲女性不可能在爲妻爲母中發揮自己、實現自己，沈雁冰提出另一種建議，他認爲女性應從事婦女運動以自救：

> 所以真正要使女性爲妻爲母的忙裏發揮自己，實現自己，不處奴隸地位，重要的前提還是改革環境，結論於是就落到女性的一面要求自身利益奮鬥，一面爲改造環境而與同調的男性作政治運動了！[81]

陳學昭則進一步強調這項問題是不能僅靠女性獨立解決，男性也應有所覺醒，她特別以倡導自由戀愛、主張與有學問、有才幹女性結合的新男性爲例：

> 初初戀愛的時候，自然是男子尊敬女子，女子也欽仰男子，但一到有夫婦形式，一有了小孩，男子漸漸的不知

---

[76] 周峻《現代女子的苦悶問題》，《新女性》卷2號1，頁54。
[77] 陳學昭《現代女性苦悶的尾聲》，《新女性》卷2號3（1927年3月），頁354～355。
[78] 徐調孚《現代女子的苦悶問題》，《新女性》卷2號1，頁57。
[79] 後覺《現代女子的苦悶問題》，《新女性》卷2號1，頁47。
[80] 後覺《現代女子的苦悶問題》，頁48。
[81] 雁冰《現代女子的苦悶問題》，《新女性》卷2號1，頁44。

不覺的成了他們兩者結合中的主權人物, 一切都要受他們
的指使, 不能保持原來對於女子的尊敬。[82]
陳學昭認為這是由於女性需要照顧小孩和從事家政, 無法工作營生,
於是夫婦之間便有主婢之分, 加以男性仍舊保持舊禮教遺傳奴性,
致使知識女性婚後的境遇與一般女性並無不同。[83] 陳還不平的表
示, 一般人勸勉女性作賢妻良母, 何獨不教訓這群奴性男子做賢夫
良父? 因此她強調要解除現代女子的苦悶, 唯要求女性受教育、能
自立之外, "男子他也非得將他們根本禮教所遺的奴性連根拔起不
可"! 否則女性苦悶增進的結果, 只有更不願意為妻為母。[84] 同年
11 月刊載在《青年婦女》的《對於 "英國婦女: 獨身運動" 的感
受》一文也感同身受的指出, 改革人的心理比摘星還難, 但作者仍
希望真正覺悟的男子, 應該對婦女的獨身運動, 有深切諒解, 應該
設法使婦女界不致有憎惡兩性同棲, 而要獨身的觀念。[85]

嚴格言之, 專盡為妻為母的責任或盡力社會及學問是可以由個
人自由選擇, 但為避免女性走向獨身, 第二項選擇通常是不被鼓勵
的, 如前所述。但又如前述論者的顧慮, 純為良妻賢母很可能會失
去做一個 "人" 的地位, 只是附屬於男性; 更何況這是心懷大志女
性不婚的主要因素。因此 "盡為妻為母的責任, 同時攻究學問、改
造社會" 是另一種選擇, 但期望達成這兩全其美的境界並不容易,
這既不能僅靠女性個人努力, 也無法因男女兩性的共識能真正落實,
甚至如吳煦岵所說, 這不是依靠一部分的男子或女子在思想上討論,
就可以解決; 社會一日不改進, 女性的苦悶是永無解除的一日。[86]
換言之, 從事兩性心理的改造不如致力社會觀念或社會制度的改革
是另一部分論者的期望。在《現代女子的苦悶問題》徵文中, 有些
論者即提出這方面的建議, 包括主張廢除家庭制度、實施節制生育
與兒童公育、設置公廚, 也有建議保障已婚婦女職業, 不過論者並

---

[82] 陳學昭《現代女子的苦悶問題》,《新女性》卷 2 號 1, 頁 37。
[83] 陳學昭《現代女子的苦悶問題》, 頁 36~37。
[84] 陳學昭《現代女子的苦悶問題》, 頁 39。
[85] 呵梅《對於 "英國婦女之獨身運動" 的感想》, "青年婦女", 上海《民國日報》,
1927 年 11 月 15 日, 版 1。
[86] 吳煦岵《現代女子的苦悶問題》,《新女性》卷 2 號 1, 頁 40~41。

未對這些辦法做進一步説明。[87]

（二）從改革家庭到自由戀愛

由於徵文中的建議是新文化運動時期廣受重視的議題，其他刊物不乏這類論述。有不少討論是從家庭入手，周建人即强調：

> 我們固不願家庭制度的壓迫，以致使人生畏懼，想逃避，但要救這等逃避家庭的苦心，當從改良家庭入手，須加上極無束縛的自由，卻不願由社會壓力來抵制婦女，使不能獨身生活。[88]

同時，他也鼓勵高唱獨身的人應將反對婚姻的力量轉嫁於改造家庭。[89]

這種主張從改革家庭入手的論調，自清末民初以來便受到注意，當時已出現家庭革命、社交自由、戀愛自由、婚姻自由、廢止三綱等言論，至新文化運動時期這類討論更加廣泛而深入。[90] 這個時期的言論大致包括從大家庭到小家庭、家庭成員的平等、從戀愛自由到婚姻自由、廢除婚姻及兒童公育等。[91] 前兩項固然有助於女性地位的改變，進而避免女子獨身主義的倡導，但關心獨身問題的人並未對這兩項辦法做較多的討論，論者主要的關懷是從婚姻制度、戀愛自由及兒童養育來解決女子獨身。早在清末無政府主義者便提出"婦不屬于夫，夫不屬于婦"的廢除婚制和自由戀愛的言論。[92] 至新文化運動時期，由於知識分子普遍對家庭制度的存在缺乏信心，其中倡導無政府主義和共產主義的社會主義派更大張旗鼓的倡導毁婚廢家。[93] 劉大白認爲"無家庭"才能讓人類真正解放，他强調家庭是人類自由的"絶大障礙物"，只要家庭存在的一天，無論男女，

---

〔87〕 根髮《現代女子的苦悶問題》，《新女性》卷 2 號 1，頁 28；陳宣昭《現代女子的苦悶問題》，頁 29～30；樊仲雲《現代女子的苦悶問題》，《新女性》卷 2 號 1，頁 32；蔡孑民《現代女子的苦悶問題》，頁 53；顧頡剛《現代女子的苦悶問題》，《新女性》卷 2 號 1，頁 58。

〔88〕 周建人《中國女子的覺醒與獨身》，頁 9。

〔89〕 周建人《中國女子的覺醒與獨身》，頁 9。

〔90〕 張玉法《新文化運動時期對中國家庭問題的討論，1915～1923》，《近世家族與政治比較歷史論文集》（臺北：中央研究院近代史研究所，1992 年），頁 902。

〔91〕 此處説法部分來自張玉法的分析，張玉法《新文化運動時期對中國家庭問題的討論，1915～1923》，頁 912。

〔92〕 真《三綱革命》，《新世紀》號 11（1907 年 8 月），頁 2。

〔93〕 張玉法《新文化運動時期對中國家庭問題的討論，1915～1923》，頁 916～917。

都不能得到真正的自由。[94] 1920 年上海《民國日報》還展開"廢除婚制"的論戰,首先發起廢婚建議的馬哲民是針對沒有自由戀愛又無法離婚的現象,提倡拒絕婚姻,他的看法是,婚姻制度一旦廢除,就可實行自由戀愛,甚至設置公產、兒童公育與公共養老院的制度。[95] 而施存統的見解也與馬哲民無異,不過,他是主張暫時抱持獨身主義來實現廢婚及自由戀愛。[96] 這種獨身的主張其實是將不婚當成手段,而不是目的,因此有論者固然視獨身主義是不合理的,卻支持把獨身當成改革的手段。[97]

值得注意的是,毀家廢婚的主張是奠基在追求自由戀愛、公育和公廚上,而當時在論戰中反對廢婚的人其實也同意藉自由社交、自由戀愛或自由婚姻來達成改革家庭的目的。[98] 進一步說,主張自由戀愛是當時不同論派的共同指標。而自由戀愛其實也是解決女子獨身的要素,瑟廬指出由於多數人不重視戀愛,既不給青年男女戀愛的訓練,又加諸各種束縛,於是青年男女不是不敢輕言戀愛,便是誤用戀愛,終導致走向獨身,他譴責道:

> 淺薄的社會學者,往往以獨身的增多,爲家庭衰滅社會破裂種族滅亡的預兆,因而歸咎於個人的不負責任,而對於男女的戀愛,卻以爲無關重要,甚至斥爲個人自私自利的行爲。[99]

他甚至引用日本社會主義者賀川豐彥的看法,認爲爲減少獨身,應該讓"青年男女以充分戀愛的訓練,使戀愛有完全的獨立和十分的自由"。[100] 而這種藉外國學說來支持自由戀愛是新文化運動時期的時尚,其中愛倫凱(Ellen Key)的戀愛觀更經常被引證,例如"無

---

〔94〕 《婦女解放從那裏做起》,《星期評論》號 8(1919 年 7 月 27 日)。

〔95〕 馬哲民《關於廢除婚制》,"覺悟",上海《民國日報》,1920 年 5 月 8 日,頁 1。

〔96〕 存統《青年所應受的兩重苦痛》,"覺悟",上海《民國日報》,1920 年 5 月 22 日,第 4 張。

〔97〕 應申即指出:"那種把獨身當作一種手段而奉行的人,反而是爲了根本埋葬這種'不合理'的現象,正如有的人的死是爲了別的人的生一樣",他否認這種意義下的獨身主義不是"不抵抗主義",應是"堅壁清野",應申《獨身主義的看法》,頁 20。

〔98〕 張玉法《新文化運動時期對中國家庭問題的討論,1915～1923》,頁 918;藍承菊《五四新思潮衝擊下的婚姻觀(1915～1923)》,頁 76。

〔99〕 瑟廬《文明與獨身》,頁 5。

〔100〕 瑟廬《文明與獨身》,頁 6。

論怎麼樣的結婚，凡是有戀愛的，便是有道德。雖經過法律上種種
手續而結婚，倘没有戀愛，便是不道德"。這句話成爲論者引用愛倫
凱戀愛觀的名言。[101] 甚至有論者認爲因失戀而不婚是愚昧的，應在
佈滿荆棘的戀愛路上繼續前進。[102]

然而，這種極端崇拜自由戀愛的説法，引來部分論者反對。張
東蓀即表明：

> 現在歐美人通行的是戀愛的結婚，而不是自由戀愛，
> 自由戀愛是極端社會主義者所夢想的。其實這種夢想毫無
> 價值。若真實行起來，必定恢復太古時代的亂交狀態，這
> 是很危險的。[103]

而田助在分析女性失婚的原因時，也歸咎已婚婦女之所以被棄，是
出於自由戀愛。[104] 針對田助的説法，賈林進一步指出，在新舊思想
衝突下，從自由主義解放出來的男女並不瞭解戀愛，他們"不是來
入精神至高的戀愛主義，便是走入肉體戀愛主義"，不以爲"戀愛是
靈與肉的一致結合"。[105] 而否定戀愛價值的人甚至強調，抱定不婚
的人有不少是相信"戀愛是幸福之路，結婚是地獄之門"，這些人指
責盲目戀愛是不利於結婚。[106]

嚴格言之，提出自由戀愛的人是否真爲女性著想，頗令人懷疑。
在傳統婚姻制度仍存的時代，受到婚姻桎梏的應不限於女性，許
多知識男性也面臨相同的處境，例如不少男性自幼便因指腹爲婚的
約束，必須與性情不相和、才能不相稱的女子結合，因此當他們接
受新觀念之後，没有不想衝決網羅爲自己尋找自由的婚姻。由是觀
之，如果説教育讓女性不願受傳統婚姻的束縛，但受教育的女性畢
竟是少數，所以渴望透過自由戀愛擺脱包辦婚姻的應以知識男性居
多，如此一來，鼓勵戀愛來取代女子不婚的言論，多半似在爲男性
服務。

---

〔101〕 藍承菊《五四新思潮衝擊下的婚姻觀（1915～1923）》，頁84。
〔102〕 胡宣南《婦女對於婚姻問題》，頁20；金滿成《没有所謂獨身主義》，"獨身主義專號"，《京報》號8，1925年2月4日，頁59。
〔103〕 東蓀《婦女問題雜評》，《解放與改造》卷1號8（1919年12月），頁4。
〔104〕 田助《婦女失婚的原因和心理》，頁2。
〔105〕 賈林《對婦女失婚的一點檢討》，《婦女雜誌》卷5號4（北平，1944年8月），頁47。
〔106〕 媛《向智（知）識女性進一言》，《婦女雜誌》卷5號4（北平，1944年4月），頁13。

（三）生兒育女是女性天職？

論者不但倡導自由戀愛來勸導女性結婚，更關心生兒育女的問題，其中生育問題因受生理上的限制，男性不能分勞，因此討論焦點完全針對女性（詳見附錄），基本上他們是透過母性天職（motherhood）、優生學及國族觀念進行規勸。論者不斷的呼籲生育兒女是女性的天職，他們強調女性擁有上天賦予的乳房、卵巢和子宮等生育機能，當然必須活用身體上的這些特質。[107] 沙蘭還特別解釋“這決〔絕〕非把女人當爲生殖作用使用，這乃是女人底最高的任務，也可說是特權”。[108] 基於此，有的論者提出母性愛，説明成爲母親是件光榮的事，既可獲得樂趣又能得到子女的安慰。[109] 有的則引用紀爾曼（Charlotte P. Gilman）與愛倫凱的話，強調母職的重要，認爲母親不僅在撫育子女，還包括子女精神的陶鑄，所以母職應由女性去做。[110] 甯菱秋則要求女青年視養育子女、爲社會創造新生命爲應盡的責任。[111]

倡導優生學的專家則站在改善人種的立場呼籲，不結婚的女性多數從事大事業或盡力學問，他們若放棄生育的職務，也等於是斷絕優良的民族幼苗。[112] 有人甚至指出耶穌（Jesus）曾説“好的樹結好果子，不好的樹結不好的果子”，優秀的男女若都獨身絕嗣而由劣等男女生產繁殖，這世界將不堪設想。[113] 其中以不利國家民族前途爲言論的，多半是民族主義的支持者。爲強調國族觀念，1912 年便有論者指稱獨身會亡國滅種，當時反對女性參政的人即對參政團體中倡導無夫主義的風氣深表不安，並提出一旦無夫“吾國人種行將

---

〔107〕 沙蘭《戀愛與結婚》，《婦女雜誌》卷 6 號 3、4（北平，1945 年 4 月），頁 11；周建人也提及許多人認爲“女子既爲女性，又分明有着乳房和子宮，不爲妻子爲母做什麼呢？”周建人《現代女子的苦悶問題》，頁 33。

〔108〕 沙蘭《戀愛與結婚》，頁 11。

〔109〕 萍《青年人的兩種病態》，《婦女雜誌》卷 1 期 2（北平，1940 年 10 月），頁 57。

〔110〕 例如紀爾曼表示爲母的責任是“一方能發育子女生理到完全，一方能發展子女精神到完全”；而愛倫凱也説：“婦女撫育子女，在生理一方，已經對社會盡了極重要的母職，還有精神一方更重要”，參見雁冰《評兒童公育問題》，《解放與改造》卷 2 號 15（1920 年 8 月），頁 2~3。

〔111〕 甯菱秋《我國女青年的傾向》，《婦女雜誌》卷 15 號 5（上海，1929 年 5 月），頁 10。

〔112〕 周建人《中國女子的覺醒與獨身》，頁 10。

〔113〕 李兆民《中國過渡時代的家庭》，頁 35~36。阮學文也認爲優秀兒童的減少，對未來的民族前途是一大損失。阮學文《知識婦女的獨身問題》，版 4。

滅絕，安有參政權"[114] 的警訊。

然而，這種不斷強調生育重要而反對獨身的言論，引起部分論者不滿，周建人指出：

> ……有些人雖然是女性的身體，可是她們並不適於爲妻爲母。這種事情醫學家知道的很明白有些女子情慾極淡泊，並無做妻的慾望，又有些女子則體制〔質〕上天生的不適於爲母。[115]

他同時提醒那些憂心人種會滅絕的論者"……小孩在自來的母職下，生存的還是夭折的多。"[116] 惲代英更提到生殖是因性慾相引的自然結果，而不是"先有生殖之責任而生殖"，也不是"無生殖之責任而不生殖"，他特別反對"不孝有三，無後爲大"這句話，並稱"西國未聞有此無後之不孝罪，未見其亡國滅種"，惲代英甚至諷刺"而吾國有此無後之不孝罪，仍有獨身者，不生殖者，蓋此非人力所得而干涉"。[117]

有些論者則提出折衷辦法，例如王光祈雖然表示，男子有種種權利，而女子卻沒有，應該打破"生育爲女子義務"的觀念；不過，他卻反對因生育而抱獨身主義，於是他提出減育主義，他的理由是：

> 兩性相愛本出於天然，因相愛而有夫妻事實，亦是天然的趨勢，我們對於家庭束縛生育痛苦，均有法使之減少或消滅，又何必堅持"獨身主義"，違背天然呢?[118]

1922 年減育觀念於山額（Margaret Sanger）夫人來華倡導生育節制（birth control 或譯產兒制限）的學說之後更受到關注，也爲害怕多產而拒婚的人提供解決之策。[119]

但無論如何，生育在多數人心中是女性責無旁貸的事，主張民

---

[114] 張孝芬曾指出參政同盟中有人倡導無夫主義，因此她引用張紉蘭的説法 "……頗有倡無夫主義者，果爾，則數十年以往，吾中華民族行將滅盡，又安用參政權爲耶?"《投函：張紉蘭女士來函》，《民立報》502 號，1912 年 3 月 9 日，頁 2；《女子參政之討論：張孝芬女子來函》，《民立報》511 號，1912 年 3 月 18 日，頁 12。

[115] 周建人《現代女子的苦悶問題》，頁 33。

[116] 周建人《現代女子的苦悶問題》，頁 34。

[117] 惲代英《結婚問題之研究》，《東方雜誌》卷 14 號 7（1917 年 7 月），頁 8。

[118] 王光祈《答 A. Y. G 女士》，"與本月刊記者論婦女問題書"，《少年中國》卷 1 期 6，頁 50～58。

[119] 根據李伯重的研究，早在南宋後期江浙地區便開始採各種節育方式控制生育。李伯重《墮胎、避孕與絕育：宋元明清時期江浙地區的節育方法及其運用與傳播》，李中清等編《婚姻家庭與人口行爲》（北京：北京大學出版社，2000 年 1 月），頁 172～196。

族主義者即反對節育，他們以爲"實行產兒制限，人口必將減少，種族及國家將因此衰弱以至滅亡"。[120] 而認爲生育不是人生唯一目的的李宗武也提出，相當的生育是對人類本能的一種要求，也是人類應盡的義務，因此儘管他提出抱獨身主義"應該盡過相當的生育義務後，才得實行"，他對獨身的看法是相當悲觀：

> 儘管決［絶］不是個人發展的捷徑，獨身決［絶］不
> 是社會改造的良藥。假使我亦獨身，你亦獨身，則婚姻廢
> 而嗣續絶；社會與家庭，可以霎時烟消雲散；熙來攘往的
> 社會，進化不已的世界，從此可以破裂，從此可以
> 沉淪。[121]

生產既無法避免，那麼如何協助女性解決養育兒女的問題呢？倡導兒童公育、設置託兒所或公廚以及保障已婚婦女職業成爲主要言論。前三項提議有部分來自社會主義派，他們推出公廚和兒童公育的概念，其實是爲了達成無家庭的主張；另外受紀爾曼言論的影響，有部分人以維護女權、減輕女性的家務負擔，贊成公廚和兒童公育。[122] 有關兒童公育的觀念，有論者提出設置託兒所或幼稚園的想法。例如阮學文爲糾正知識婦女走入獨身，即建議大量設置近代化託兒所。[123] 至於保障已婚婦女職業的論述，除了是對已婚婦女工作不被保障的一項回應，同時是在解決工作女性不願進入家庭的難題，這種情形在新文化運動時期已開始討論，而三〇年代之後更針對少數機構限用女職員的問題進行論辯。[124] 在拒用女職員的規定中，由於有些機構表明不用已婚女性或限用未婚女性，導致已婚婦女產生"結婚是罪惡"的恐懼。[125] 基於此，阮學文建議各機構應不設未婚限制，並讓已婚職業婦女在生產期間有充分的假期和津貼。[126] 由是觀之，論述的最終目的是期望經由制度的改革排除女性對養兒育女的戒懼，阮學文即清楚的表示：

---

〔120〕 瑟廬《產兒制限與中國》，《婦女雜誌》卷 8 號 6（1922 年 6 月），頁 12。
〔121〕 李宗武《獨身問題之研究》，頁 4~5。
〔122〕 張玉法《新文化運動時期對中國家庭問題的討論，1915~1923》，頁 918。
〔123〕 阮學文《知識婦女的獨身問題》，版 4。
〔124〕 這項問題曾引發激烈論爭，詳見呂芳上《抗戰時期的女權論辯》，《近代中國婦女史研究》期 2（1994 年 6 月），頁 82~99。
〔125〕 蕪清《結婚是罪惡嗎》，《益友月刊》卷 4 期 3、4（1940 年 9 月），頁 16。
〔126〕 阮學文《知識婦女的獨身問題》，版 4。

知識婦女的獨身問題，乃是過渡時代的產物，若以後
社會進化，兒童及家庭，不再是婦女的枷鎖，婦女可以從
事於社會事業，可在經濟上獨立，而其他方面的自由亦可
獲得，則一般知識婦女也不會對結婚具戒心了。[127]

總之，爲解決女性獨身問題，論者著眼於觀念糾正與制度改革，有
不少論者偏重女性思想的改造，對徘徊在家庭與學問或事業兩難的不
婚女性，論者建議女性應自行解決或自我實現。對逃避生育的獨身女
性要求她們明白母性天職、優生學及爲國家傳種的重要。不過，有部
分論者致力男性的心理建設或社會觀念、社會制度的改革，包括主張
男性自覺、參與婦女運動、從事家庭革命、倡導婚姻自由與戀愛自由、
實施節育與兒童公育、保障已婚婦女職業等。嚴格而言，論者的反復
論辯，固然觸及當時女性不婚的基本問題，並試圖從制度或思想層面
進行解決，唯有些解決方法顯然不完全針對女性，例如自由戀愛的倡
導，其實也在處理男性的婚姻問題；再者，部分技術性的問題卻被偏
忽，在討論生育問題時，只反覆提醒女性應善用身體的功能，而未替女
性設想如何解決生兒育女可能帶來危險或問題。

四、建構女子獨身的處境：是虛擬或真實？

論者除試圖透過女性的自我建設、社會觀念或社會制度的改革
來解決獨身問題之外，同時還從不同視角建構女性獨身後將面臨的
處境，這些言論有勸導、也有警告或諷刺，並著眼於生理與心理的
觀察，由於近代以來有關家庭與婚姻的討論不乏性慾的論述，加以
論者發現女性不婚部分是受禁慾觀念的影響，輿論因此多在性慾與
禁慾問題中游離。

（一）禁慾是罪惡？

爲糾正禁慾的獨身觀，論者提出各種性觀念或性知識，例如前
述主張爲廢婚而暫時獨身的施存統即將性慾比附食慾，認爲反對性
慾是忘本，又強調性慾並不妨礙道德：

性慾和食慾一樣，動物底一種自然的慾望──就是所謂
獸性。我們要想得著幸福，總要滿足這兩種慾望。如果因

---

〔127〕 阮學文《知識婦女的獨身問題》，版4。

爲性慾是一種獸性，是卑鄙的，是齷齪的，便去抱獨身主
義，那便叫做忘本。要曉得人是動物進化來的，我們自己
就是性慾滿足的結果，是神聖不到哪裏去的。如果有人說
滿足性慾，是和道德有妨礙的，那麼滿足食慾，爲什麼就
和道德沒有妨礙呢？[128]

劉延陵則嚴厲的指責"獨身主義塞絕性覺，則更同於挖目割耳"。
他批評這種情形是"違逆自然"、"不善不德"。[129] 至於神龍因發現禁
慾主義者誤解性慾的原意，並以爲性衝動不易駕馭，於是堅持禁慾；於
是神龍提醒他們，現代人的生活及人的性格大異於野蠻時代，性的衝
動多少已昇華，應以"坦白的態度"去應對性生活。[130]

此外，古今中外有關性慾的言論更是論述的基調，論者除引用
中國的"飲食男女，人之大欲存焉"、"孤陰不生，獨陽不長"的說
法之外，對西方學者的論調特別重視，於是不斷的援引。[131] 李寶梁
在研究禁慾問題時，曾針對絕對禁慾"有益於吾人的思想、工作效
益和創造能力"的這項說法提出反駁，他特別列舉西方學者的言論
作爲證據，並說明生殖器官作用的發達和施用得宜，是與思想和創
造效能有密切關係。[132] 1935 年刊載於《申報》上的《獨身主義的
檢討》一文，則一方面解釋男女交合是自有人類以來便存在的事，
另方面藉由康德（Kant）的話說明兩性結合的重要：

男女相合才能成爲一個完全的人，人類健康的發達，
以兩性的正當的結合爲基礎，性慾的滿足，是男女身體康
健和精神發達的要素。[133]

不過，該文作者也引用倍倍爾（August Bebel）的意見，指出人類不是禽
獸，肉體的調和實不能滿足比欲望更高尚的要求，因此需要精神的調
和，何況"假如沒有精神，性交只成爲機械的不道德的行爲而已"。[134]

前項論述基本上是環繞在性慾意義的闡明，讓獨身女性明白性慾

〔128〕　存統《通訊：廢除婚制問題的討論》，"覺悟"，上海《民國日報》，1920 年 5 月 23
　　　　日，頁 4。
〔129〕　劉延陵《婚制之過去現在未來》，《新青年》卷 3 號 6（1917 年 8 月），頁 9。
〔130〕　神龍《"性"的禁與弛》，《血湯》卷 1 期 20（1931 年 3 月），頁 12～13。
〔131〕　陸費逵《婦女問題雜談》，頁 27；麥惠庭《中國家庭改造問題》，頁 226。
〔132〕　李寶梁《禁慾的研究》，《新女性》卷 1 號 7（1926 年 7 月），頁 535～536。
〔133〕　俊文《獨身主義的檢討》，版 1。
〔134〕　俊文《獨身主義的檢討》，版 1。

是自然而非邪惡、不道德,但不少論著更進一步强調禁慾或没有正常性生活將導致不幸。其中有論著根據女性的生理結構强調禁慾不利身體健康。例如賓璋在《性與老處女》一文中,先引用柏拉圖(Plato)的話:

> 子宫是希望受胎的猛獸,凡是女予發育完成,經久不得滿足,就要溢布全身,有因而阻塞氣道而窒息者。[135]

接著又稱有人說:"子宫内有女神。因爲禁慾而起腐敗,有使全身顯出中毒症狀。"[136]

阮學文則以女性内分泌的活動説明獨身女性體弱多病是因爲:

> 在人體的生理機構方面,有所謂腺的作用,從各種腺内分泌的各種液體,流轉全身,人的一切生理發展、行爲、性格,多受這些腺作用的支配。兩性結合後的腺體,都各有變化,這種變化,是正常發展上所必須的。[137]

《我們爲什麼要結婚?》一文也持同樣的看法,作者特別以女性爲例,提出女性在思春期的時候。身心開始急速變化;而進入青年期之後,是女性生活中最旺盛的時期,因此女性應該在這時期結婚,以"宣洩生活上積聚的能力,圖自己悠久生命的連鎖"。[138] 作者又進一步提出,結婚後的女性因内分泌常受到適當的刺激,於是體内器官的機能得以保持平衡,有利身心健康。[139]

其實這些言論多半毫無根據,甚至是危言聳聽,卻成爲當時反對禁慾而不婚者的論據。不過,也有論者根據醫學調查或人口統計提出證明,陸費逵既採西醫報導:"二十八歲以上的獨身女子,大半都有疾,甚至成癆瘵",又取中醫説法:"癆病之因非一,總緣情志不舒。……室女、尼姑、婢女之年長者最多患之。"[140] 麥惠庭則從德國斯密斯(Mayo Smith)的調查發現,未婚男女的死亡率高於已婚男女,於是他認爲這是因獨身的人缺乏伴侶安慰和看護,所以"每病必死"。[141]

論者還利用女性愛美的心理,强調禁慾會使女性容顏失色、身體

---

[135] 賓璋《性與老處女》,"老處女變態生活談",《婦女雜誌》卷4期9(北平,1943年9月),頁34。

[136] 賓璋《性與老處女》,頁34。

[137] 阮學文《知識婦女的獨身問題》,版4。

[138] 梅《我們爲什麼要結婚?》,《健康生活》期3(1944年9月),頁115。

[139] 梅《我們爲什麼要結婚?》,頁116。

[140] 陸費逵《婦女問題雜談》,頁27~28。

[141] 麥惠庭《中國家庭改造問題》,頁227~228;李兆民《中國過渡時代的家庭》,頁34。

老化。1938 年 5 月《健康生活》刊載芝華的《"老處女"的性慾問題》一文時，特別在文前插置這樣的句子：

> 日月似水般的進馳着，爲了性的飢餓，在她的面角上早
> 早露出了惱人的皺紋，丟掉了容顏的豐潤，消蝕了體態的苗
> 條，枯乾的瘦骨，在這樣的年華，就做了她的身架。[142]

這段話其實是芝華文中的一小段，但編者卻刻意强調；而芝華也將這種情境的釀成解釋爲是女性不用腺體與器官所致，並認爲這樣的年華如果是在一位快活的妻子或幸福的母親身上則截然不同，反而是"搖曳着傲人的豐姿，顧盼撩人的時節"。[143] 藉此凸顯已婚女性和不婚女性姿容上的强烈對比。

論者認爲禁慾不利身體健康與容貌之外，又强調禁慾會造成心理偏差，例如有論者指稱，獨身女性由於不能自然抑制或自然流露性慾，精神和身體都會呈現不愉快，無法保有女性圓滿的人格；[144] 甚至還說："在精神現象上，抑鬱、忌妒、幻想、偏見的程度增高，喜怒哀樂不能出於天然，性情亦非常激烈而怪異。"[145] 阮學文的看法也不出其右，認爲獨身會使人生缺乏樂趣，並妨礙工作效率。[146] 至於署名"沙蘭"的論者，雖然不以爲獨身會影響身體健康，並指出獨身會使"卵巢萎縮"或"過剩賀爾蒙衝上頭部"的説法是無稽之談，但並不否認獨身會使心理起變化，他認爲"老處女底〔的〕乖戾或拗僻，煩惱者多數人"。[147] 李兆民更根據一份"某著名專門研究精神病的醫生"的報告，稱"一種悲慘的瘋狂病爲高潔生活的老處女所獨有的，他們起初對於自己的境遇很滿意，但過多少年後，卻漸漸顯出不可抑制的煩惱與色情衝動"。李認爲這是因違反生理原則所導致。[148]

從這些論述可以看出，論者試圖透過專家或醫學報導，增强他們

---

〔142〕 芝華《"老處女"的性慾問題》，《健康生活》卷 12 期 3（1938 年 5 月），頁 73。
〔143〕 芝華《"老處女"的性慾問題》，頁 75。
〔144〕 梅《我們爲什麼要結婚？》，頁 116。
〔145〕 小江也説："性情偏執，行爲怪特，亦爲女子獨身者的通病"；梅《我們爲什麼要結婚？》，頁 116；小江《女子獨身生活的研究》，頁 26。
〔146〕 阮學文《知識婦女的獨身問題》，版 4。
〔147〕 沙蘭《戀愛與結婚》，頁 10。
〔148〕 這份報告事實上引自英國學者藹理斯（H. Ellis）的書，除李兆民之外，另有論者也引用這些論述。李兆民《中國過渡時代的家庭》，頁 34～35；天廬《生活的藝術與獨身主義》，"獨身主義專號"，《京報》號 8，1925 年 2 月 4 日，頁 67。

的説辭;同時不論報導是否屬實或過於武斷,他們主要的目的是使獨身女性放棄禁慾觀念,接受婚姻生活。

(二)移轉情慾

論者不但關心獨身女性的身心問題,也對她們如何移轉性慾做了各種揣測,這其中固有不少來自觀察所得,但卻不乏想像。麥惠庭認爲男女在未結婚以前,常犯一種手淫病,但結了婚以後,就不再犯,足見結婚可以減少一種性病。[149] 另有論者視獨身和自慰,是青年人的兩種病態,指出手淫是不自然的替代法,僅能讓人得到實行的便利和暫時的快感。爲解除變態的性慾,論者主張用工作、運動及其他樂趣來轉移,並建議培養對異性的感情和興趣;[150] 志剛雖認爲在强制禁慾下,女性偶而採自慰並非犯罪行爲,卻仍指出,女性自慰所產生的危害性儘管不及男性,唯經常實行會損害女性的道德品格,也是值得非難。[151]

論者除認爲獨身者會採用自慰方式滿足性慾之外,還擔心獨身者會選擇同性之愛。由於當時女學生群中流傳着相互崇拜、彼此鍾情有關的風氣,有些女學生遂產生與同性摯友共同生活的想法。[152] 一位專爲人解答情感問題的"某夫人信箱"便曾收到"靜女士"的這麼一封信:

> 我就這二十餘年的經驗觀察,世上的人心太險詐了,(我並沒有談過戀愛),所以我想以後我絕對過着獨身主義的生活,並且我還有位同學,她的主義也和我一樣,我想將來我們在一起,生活一定很美滿,(並不是什麼同性戀,不過是志同道合而已),憑我們的力量,自吃其力,真是太舒適了。[153]

由於"靜女士"僅提出想法,並未實際去做,於是"某夫人"只淺簡的回答:"至於女友,並不能代表異性伴侣,兩個不完全加在一塊,仍舊是不

---

[149] 麥惠庭《中國家庭改造問題》,頁 223。

[150] 萍《青年人的兩種病態》,頁 57。

[151] 志剛《"女作家"性的苦悶》,《健康生活》卷 12 期 3(1938 年 5 月),頁 70。

[152] 當時女校盛行"拖朋友"或"吵朋友"的風氣,校園中不時出現兩個形影不離的同姓伴侣。SY《一年前的生活》,《婦女雜誌》卷 11 號 6(上海,1925 年 6 月),頁 943;周瑞珍《女校中"崇拜同學"的風氣》,《婦女》卷 2 期 3(1947 年 6 月),頁 28。

[153] 靜、王娟娟《獨身主義與急於出嫁》,某夫人編《某夫人信箱》(上海:萬象書局,1944 年),頁 135。

完全的。"[154]但當同性愛成爲事實或釀成悲劇時,輿論卻往往毫不留情,將一切歸咎於獨身主義。1932年陶思瑾慘殺劉夢瑩的女同性戀案件轟動各界時,署名"眉子"的論者,即對獨身主義大加撻伐,同時爲防範劉陶事件再度發生,再三強調:

> 更須將具有宗教作用的"獨身主義"視爲洪水猛獸,而不任其一日之存在,才是滅火抽薪的辦法。……世有注意劉陶善後的,曷注意此最凶惡最殘忍的獨身主義![155]

對於爲了追求"高潔"而禁慾的不婚女性,論者也抱著強烈的懷疑,不認爲獨身者確實能守身如玉、保持貞操。[156] 他們的理由是,阻遏性慾的衝動必是違背生理和自然的反常舉動,即使是教堂寺院中的修道者都很難嚴守清規,遑論一般男女。[157] 而這種懷疑獨身者無法自制性慾的看法,還被延伸爲會傷風敗俗。[158] 例如志剛以撰寫色情小說的未婚女作家爲例,譴責她們將色情思想傳播給讀者,並指出她們對異性不起反應,卻把性的慾念寄託在作品中,於是肉體或許是守貞,但精神上卻是放縱。[159] 有論者甚至認爲娼妓或秘密賣淫者便是獨身主義的變相。[160] 不過有的論者較悲天憫人:

> 果能孑然一身自營生活詎不甚善,但人非聖賢不能毫無缺點,縱女子守身如玉,而誘惑之人沓來紛至,至陷於不幸境遇,亦良可憫也。[161]

由懷疑獨身女性能否守貞的言論中顯示,處女貞操受到相當的重視。例如新文化運動時期,反對貞操論甚囂塵上,但所討論的多止於片面貞操,包括反對寡婦守節與要求已婚男性守貞,至於女性

---

〔154〕 靜、王娟娟《獨身主義與急於出嫁》,頁137。

〔155〕 眉子《從同性戀愛説到異性戀愛》,《星期評論》卷1期8(1932年6月),頁3。

〔156〕 陳既民認爲"保守貞操"純是一種迷信和封建思想。陳既民《革命的婦女問題》,頁142。

〔157〕 俊文以十一世紀的歐洲爲例,指出"在那許多名爲修道的庵堂寺院中的生活,比了妓院中的生活更要富於浪漫性;而十字軍東征時,不少女性因結婚困難,組織娘子軍到戰場上當士兵的安慰者"。俊文《獨身主義的檢討》,版1。此處的論述尚可見溫壽鏈《獨身主義的因果及其補救的方法》,頁61。

〔158〕 《禁早婚議》一文即稱:"……則單身獨居,非常人之情所能久堪,其間能自節制者少,男女皆釀種種惡德,因此以傷害健康,敗壞風俗也。"《禁早婚議》,《新民叢報》號23(1902年12月1日),頁10。

〔159〕 志剛《"女作家"性的苦悶》,頁71~72。

〔160〕 李兆民《中國過渡時代的家庭》,頁38。

〔161〕 盧壽箋、陸黃逵等撰《婚姻訓》(上海:中華書局,1917年),頁12。

婚前應否守貞的問題並未多做論述，顯示未婚女性必須保持貞操是毋庸置喙的。而 1932 年一份對重慶、成都地區二百五十位大學男女學生的調查報告中固然反映出，這些學生對於貞操觀念和婚前性行爲已不若傳統保守，但明顯可以看出，女學生較男學生重視守貞觀念。[162] 平心而論，這完全出於社會對同是獨身男女的性生活有不同的標準所致，原因是：

> 查男子的獨身者，可依結婚以外的方法，即幾多社會的寬容與社會的設施，使他有接觸異性的機會，但女子獨身者，從極嚴肅的社會的批評，與特殊的道德慣例所限制，使她的性生活，不能如男子，有隨便可以發泄的特權，因此她們的心身，當然與異性不得不在嚴格隔離的境遇了。[163]

無疑的，這種截然不同的兩套貞操説，讓獨身女性必須獨享"片面貞操"。無怪乎有論者規勸獨身女性爲保護自己的貞操，以早嫁爲上策，免落人口實。[164]

另有論者從另一種角度來觀看性慾移轉的問題，《女子獨身生活的研究》一文認爲戀愛可以使性慾"高級的醇化"，因爲獨身者不是沒有戀愛的意識，她們只是把激烈的愛轉移到別處，例如將愛戀的對象轉移至信仰宗教、熱心事業、寵愛動物或從事旅行等方面。[165] 芝華也表示，老處女喜愛飼養寵物，是因爲他們以"母親"自居，而"此種撫愛與珍護小動物的原始衝動，是舒解潛伏本能的替代方式"；她同時指出"在那裏可以調理一切不可救助的性的衝動"。[166] 值得注意的是，論者之所以有這樣的聯想，多半來自西方，梅子即曾舉英國一位老處女與貓同桌共食的例證。[167] 其中有不少説

---

〔162〕 吕芳上《另一種"僞組織"：抗戰時期婚姻與家庭問題初探》，《近代中國婦女史研究》期 3（1995 年 8 月），頁 102。

〔163〕 小江《女子獨身生活的研究》，頁 26。

〔164〕 徐宗澤指出，"吾國社會習俗，受外教思想的影響，見有不嫁的婦女，往往多持異議，加以猜疑；她們的一舉一動，受人監視；凡與異性交談，就以爲暗昧的事情了！爲穩妥起見，倘無特殊理由，自然女子以嫁人爲妙。"徐宗澤《婦女問題雜評》（上海：土山灣印書館，1931 年），頁 39～40。

〔165〕 小江《女子獨身生活的研究》，頁 24～25。

〔166〕 芝華《"老處女"的性慾問題》，頁 75。

〔167〕 梅子《事實如是》，頁 34。

法出於西方小説，芝華不諱言的指出，法國小説家巴爾札克（Balzac Honore de）的作品中便曾有生動的描述。[168]

很明顯的，上述的言論都是以負面、譏諷的方式勾勒女性不婚後的形象或處境，甚至將已婚和不婚女性的形象作强烈的對比，以讓有意獨身的女性放棄不婚的想法。但也有論者爲已獨身或不得不獨身的女性建構另種圖像，建議他們以積極態度面對獨身生活。例如有人提出"獨身女性不可孤單的生活，當慎擇品德優良的同性相往來，這樣可使那無處發洩的潛力有所發洩，且可學知愛的秘密就是施。"[169] 這個説法與前述的同性愛並不相同，提議者的目的在鼓勵獨身者主動去排解他人的孤寂，如此一來，自己的孤寂也能解除。[170] 此外，論者又認爲最有效的排遣方法是利用生命力服務社會，藉此代替教養子女的責任，而其中樂趣也可代替異性的安慰。[171] 至於前述的芝華雖指出没有性生活女性的容顏與身體會變樣，但也認爲一個四十歲的女性能透出少女的活態、春風得意的情容是因，她的性的本能用在不斷的工作上；芝華甚至表示，這樣的女性在生理的意義上，不算是禁慾，而且能保持體質康健、精神飽滿。[172] 她進一步表明工作讓内分泌或精神方面有關的疾病無法在這些女性的體内立足；她又説從創造工作中，不婚女性找到解除性苦悶的方法。[173]

雖然上述論述試圖從正面、樂觀的方式顛覆其他人或自己的説法，爲獨身女性展開健康的生活圖像，但多數論者基本上認爲悲觀、孤獨、缺乏活力是獨身女性的寫照。有論者甚至以國外女性爲例，隱喻女性不婚會遭政府處分、社會遺棄的窘境，例如甯菱秋指出，美國的羅斯福（Roosevelt）總統主張對獨身者課税。[174] 而《處女夢》一文則根據倫敦 800 名老處女要求英國政府發給養老金的一則新聞，虛構英政府的處理方式：一則規定"英國女子有及時出嫁的

---

〔168〕 芝華《"老處女"的性慾問題》，頁75。
〔169〕 潄蘋《女子獨身的檢討》，《婦女雜誌》卷1期4（1930年12月），頁13。
〔170〕 潄蘋《女子獨身的檢討》，頁13。
〔171〕 潄蘋《女子獨身的檢討》，頁13。
〔172〕 芝華《"老處女"的性慾問題》，頁76。
〔173〕 芝華《"老處女"的性慾問題》，頁76～77。
〔174〕 甯菱秋《我國女青年的傾向》，頁10。

義務”；另則規定“凡現年四十以下，非以不能人道或其他不可抗力之原因而繼續獨身至於無人過問之年齡者，屆時政府不負給養義務”。[175] 儘管這些規定全是作者憑空捏造，但這背後卻在暗示老處女會走向無人奉養的處境。

五、獨身女性的態度：妥協乎？堅持乎？

論者提出各種推論來探尋女性獨身的原因、建構女性獨身的處境，甚至試圖爲她們解決獨身問題，但所有的設想只有獨身女性本人能夠解答，包括走向獨身是個人選擇、家庭促使、社會造成或另有他因？以及獨身之後的處境是孤寂或快樂？不過，獨身女性自我表述的文本相當有限，多半是經由他者的轉述，包括新聞報導、專論、故事或劇本等。同時，無論是自述或他述都無法證明是否確實發自獨身女性的肺腑之言，因爲從自述的文本中，很難辨識陳述者的身份或性別真僞，而他述的文本則易出現陳述者的動機、被敘述對象的虛實等問題。儘管如此，爲掌握女性本人的獨身態度，自述或他述的文本是較能貼近的一種。

（一）妥協乎？

由於矢志獨身並不容易，有不少女性於中途變卦而走入家庭，因此要瞭解獨身女性選擇不婚的理由以及獨身後的處境，從她們對現實的妥協以及獨身的堅持中可略窺一班。就妥協言，據孔襄我觀察，五四時期固然有不少青年男女因環境的壓迫，立志要抱獨身主義，但能抱徹底獨身主義的僅有十分之六七，他特別舉五四運動之後，由男女學生組成的天津學生會聯合會爲例：

> 當時有許多青年男女，他們深恨一般人假借社交公開的美名，實行他們的拆白式的戀愛主義；於是便立下終身的志願，要抱獨身主義。可是到了現在，便不然了；當時抱獨身志願極其堅決的男女，今日許多都成了夫婦了。[176]

這種無法堅持獨身主張的例子，深受反對獨身者青睞，成爲他們反獨身的有力證據。極力主張打破獨身主義的李劍儔便指出，長沙第一女子師範畢業的一位女學生向來崇拜獨身主義，不屑與任何

---

〔175〕 燕曼人《處女夢》，“姑妄言之”，《宇宙風》集 2（1935 年），頁 491～492。

〔176〕 孔襄我《獨身的我見》，頁 11。

男性結婚，後來卻與一位留洋學生發生關係，經這位留學生的勸說，放棄獨身主義，但寫下懺悔文：

> 我從二十歲講獨身主義講到三十歲爲止，辜負好些青春的心事，消受了如許清苦孤棲。我的五官百骸，我的知覺聰明，本來是同普通女子一樣，爲什麽我這樣好奇？仔細一想何尚不是中了獨身主義的毒？

> 我的姻緣，幸喜現在還是不差。只是那個從前我守那個不該守的寡，（因爲我本來不是寡婦）白白地苦了十年，誰還嘆惜〔息〕我呢？

> 我因爲這個獨身主義既犧牲我的人生幸福，又幾乎弄得身敗名裂，清夜自思，真是心痛！希望青年姊妹們，大家把我爲前車之鑒。那麽我雖辱猶榮了！[177]

文末還附上“一個獨身主義試驗失敗者對於女同胞的忠告”。[178]

清水則在《獨身主義》這齣諷刺短劇中，透過 M 君和 F 女士的對話，呈現 F 女士如何由堅持不婚到結婚生子的尷尬過程。從第一景可以看到 F 女士是獨身主義者，因此對 M 君的媒妁，她堅決的婉拒：

> 不，我曾仔細想過，不嫁總比較自由，無論爲讀書計，爲事業計，總是獨身佔便宜。[179]

當時 M 君頗爲失望。但其後四景卻有顯著變化，經編者的安排，F 女士在短短一年間既交男友，又訂婚、結婚和生子，於是引來 M 君的調侃。劇中的 F 女士雖以否認戀愛、準備晚婚、延後生育及節育等堅持她的主張，不過至最終，作者卻以諷刺性的對白落幕：“M、‘但是未必依你的心罷，而且我總希望……哈哈哈’”、“F、‘聽到他（指 M 君）的哈哈哈……’的聲音便默然了。”[180]

---

〔177〕 李劍儔《打破獨身主義》，頁79。
〔178〕 李劍儔《打破獨身主義》，頁79。
〔179〕 清水《獨身主義》，《新女性》卷1號12（1926年12月），頁892。
〔180〕 在第二至五景中，女士的回應是：“你真能講笑話，也不瞞你說，我和他們倆近來的確常常碰著，而且常常通信。但自己覺得這不過是一種 Friendship，並沒到達 Love 的程度。”“不，因爲我在學校，要再過兩年半畢業，而且畢業後，想再到美國去入哥倫比亞大學，結婚終須待留美歸國以後。”“嗄唷！M 先生，這次結婚，還是因特別事故提早的，如果再生了小孩，那是非但讀不了書，怕連人也做不明白了。我預備五年以內絕對不生育。”“謝謝罷，生了一個夠了，想此後不再生了，只是五年以內不再生，昨晚我還與靜邨商量呢。”清水《獨身主義》，頁892~895。

　　至於 1943 年 9 月出刊的《婦女雜誌》爲鼓勸尚無意結婚的老處女
走入婚姻生活，更以"老處女變態生活談"爲專欄，記述一些老處女的
生活百態。在李可來的《老處女的故事》一文中，便以他女友的姑母劉
蓮蕊爲例，道出這位三十七歲老處女的行爲舉止。據李可來描述，劉
女是一個自稱終身不結婚的老處女，獨自住在樓上，很少與外界接觸，
每天只是不斷的思索，總以爲別人輕視她，而且有自卑、易怒、懷疑的
毛病。例如她寫給李可來的兩封信，信中除希望李可來和他的侄女真
誠熱愛之外，更對李可來對他侄女的感情充滿疑惑，她甚至表明："我
爲着生活而思索、不安。在夢中，我爲許多我所不知道的幻象所追迫
着"。[181] 此外，劉女躲避男人，卻經常談男人，也不時數落男人的缺點，
李可來認爲那是因"有一種愛在她的心里［裏］燃燒著"、"孤獨的愛使
她生出了孤獨感的内在的嫉恨，於是對於一切都很熱烈的憎厭
著"。[182] 不過，讓李可來驚異的是，劉蓮蕊最後並不是選擇孤獨過一
生，而是和她的十七歲男僕同居。[183]《事實如此》一文也報導，一位年
過四十的未婚知名女校長原本皈依上帝，擔任傳福音的工作，卻因通
貨膨脹的逼迫，而打算透過媒妁之言尋找歸宿。[184] 無疑的，"老處女
變態生活談"專欄中，所選擇的都是向現實妥協的老處女，主要是在達
成編者的目的："希望生活於這種不入正軌的變態生活的婦女們，能振
作起來。"編者甚至呼籲已被稱爲老處女的女性，仍應去"抓住"身邊
的機會。[185]

　　雖然上述故事的可信度值得懷疑，但仍不乏真實的例子，例如
女權運動者張若名與抗戰時期的國民參政會參政員史良便是明顯的
個案。童年時的張若名曾因父親娶妾影響母親地位，而有長大後將
削髮爲尼、永不依附男人的心志。[186] 當她就讀天津直隸第一女子師
範學校之後，不但積極參與五四愛國運動與婦女運動，1919 年更在
《"急先鋒"的女子》一文中提出"要打算做'女子解放'的急先鋒

〔181〕　李可來《老處女的故事》，"老處女變態生活談"，《婦女雜誌》卷 4 期 9（北平，1943 年 9
　　　　月），頁 33。
〔182〕　李可來《老處女的故事》，頁 33。
〔183〕　李可來《老處女的故事》，頁 33。
〔184〕　梅子《事實如此》，頁 33～34。
〔185〕　《寫在前面》，頁 32。
〔186〕　黃嫣梨編著《張若名研究及資料輯集》（香港大學亞洲研究中心，1997 年），頁 45。

的人，最合式［適］的還是抱獨身主義"的主張。[187] 其後，她個人
爲了逃避父母代辦婚姻，於 1920 年離家出走，轉赴法國勤工儉
學。[188] 這段期間，張對獨身的觀念相當堅持，而這顯然是與解放女
子的理想有關；然而，最後張還是走入家庭，1930 年嫁給同是留法
的楊堃。[189] 至於張若名何以放棄當年振振有辭的不婚論調，是否就
同前述施存統的倡導，爲了實現主張，獨身僅是暫時的；還是如陳
衡哲的說法，從事解放的女性是不會變成獨身的。[190] 但這個答案不
是任何人可以代張若名回答的。

　　史良的故事也相當有趣，據鄒韜奮表示，他與史良有一面之緣，當時
他對這位口若懸河又做男性化裝扮的史良充滿好奇，於是向史良的同學
打探，得知史良是個抱獨身主義的書記官。史良的同學告訴鄒，在上海
法科大學讀書期間，史良便不談戀愛，決定終身從事法律事業；雖然曾有
仰慕者窮追不捨，她不但明白的表態，還將自己的妹妹介紹給對方，擺脫
對方的苦迫。[191] 針對史良的不願嫁人，他以《一位不嫁的女書記官》爲
題，在《生活週刊》述說這段故事，雖然在文中表明"嫁"是"常道"，"不
嫁"不足爲訓，是不值得提倡，但他也認爲嫁不嫁是個人的自由，並指出：

　　　　我們以爲得到願嫁的人就嫁，未得到願嫁的人就不嫁，

　　倒也是很正常的態度，不過要能自立，才能如此自由。[192]
而史良學有專精又具有獨立工作的能力正符合鄒的看法。[193] 然而，
有趣的是，十一年後，重慶的《中央日報》的一則啓事，不但推翻
史良自己原來的結婚態度，也使鄒韜奮的這篇文章成爲歷史，因爲
這則啓事醒目的登載著："史良、陸昭華宣佈結婚"。[194]

〔187〕 張若名認爲沒有婚姻問題的人可以精神貫注的做女子解放的工作，並視之爲終身事
　　　　業；她又指出"能實行正當婚姻結合的人，固然可以加一種模範力量去引導別人去實行
　　　　'女子解放'，但是無所謂'婚姻'問題的人，去提倡'女子解放'也萬不會不發生效力；並
　　　　且還容易在現在社會上得到一種信用，信用力同模範力比較起來，還是信用力在引導方
　　　　面佔合式［適］的地位"。三六《"急先鋒"的女子》，《覺悟》期1（1920 年 1 月），頁 5～9。
〔188〕 黃嫣梨編著《張若名研究及資料輯集》，頁 53～54。
〔189〕 黃嫣梨編著《張若名研究及資料輯集》，頁 67。
〔190〕 陳衡哲指出解放女子的生活仍與家庭分不開，但她們不做家庭的奴才，而是站在家庭之
　　　　上，做指揮地的主人翁。陳衡哲《新生活與婦女解放》（南京：正中書局，1934 年），頁 13。
〔191〕 鄒韜奮《一位不嫁的女書記官》，《生活周刊》卷 4 期 2（1928 年 11 月），頁 11。
〔192〕 鄒韜奮《一位不嫁的女書記官》，頁 11。
〔193〕 鄒韜奮《一位不嫁的女書記官》，頁 11。
〔194〕 《中央日報》，1940 年 1 月 1 日，版 4。

前述的女性曾清楚地表明不婚不嫁；但另有女性則是無意不婚，卻因某些因素才走向遲婚，因此她們也對被列為老處女、老姑娘，發出悔恨、無奈的聲音。胡宣南曾自雜誌中轉述一位女性追悔錯失婚姻的經過，胡指出這位年近半百的老處女自稱出身世家大族，曾受過高等教育，年輕時無論相貌、學問、人品都十分出眾，卻因眼光太高、擇偶條件過苛，拒絕不少追求者，於是始終待字閨中，過著寂寞的獨身生活。[195] 有人則是向"某夫人信箱"投書，道出自己對遲婚的害怕和無助，一位自稱"芰芳"的女性悲切的寫道：

> 我有無限底熱淚，因為我已走入遲婚途。那催人老的歲
> 月，將來要使我變為老處女，我害怕，我要哭，我要自殺。[196]

芰芳在信末還特別希望"某夫人"為她解決婚姻困難的問題。[197]

（二）堅持乎？

為了不受婚姻束縛，有一群女性堅持獨身，她們不是消極對抗便是積極挑戰。採消極對抗的不外是出家或自殺，其中選擇出家的例子最多，在民間傳唱的歌謠中不乏這類聲音，例如河南衛輝便流傳著一個七歲女童要出家的歌謠，歌謠的內容是，女童的父母因留不住女童，請了對門大娘來勸她，但大娘雖以"大了尋個好婆家"遊說，女童仍執意出家，並唱道：

> 也不要驟，也不要馬，也不要樓來也不要瓦，也不要綠紗
> 配紅紗，也不要相公配奴家，也不要轎車走娘家。俺一則不
> 受公婆氣；二則不受丈夫打；三則不領孩子叫抓抓（按：此處
> 指小兒哭聲）；四則不受小姑罵，開開廟門活菩薩。[198]

這種寧可出家、不願有家累的歌謠應不是出自七歲女童之口，但卻廣為流傳，包括河北的唐縣和安徽的旌德都出現類似的歌謠。[199]

---

〔195〕 胡宣南《婦女對於婚姻問題》，頁20。

〔196〕 芰芳、賈淑文《老姑娘們的悲哀》，某夫人編《某夫人信箱》，頁133。

〔197〕 芰芳、賈淑文《老姑娘們的悲哀》，頁133。

〔198〕 劉經菴編《歌謠與婦女》（上海：商務印書館，1928年再版），頁216。

〔199〕 在直隸唐縣的歌謠中女童回唱道："我也不使驟子不使馬，我也不住高樓瓦屋並大廈，我也不要珍珠瑪瑙點翠花，我也不要針線笸籮兒坑上拉，我也不要坑上的孩子虫ㄨㄚ虫ㄚㄚ虫ㄚㄚ（按：此處指小兒哭聲）：一心要出家。"安徽旌德則是："紅娘子，子紅娘，五個大姊游花園：大姊嫁給開茶館，二姊嫁給開染坊，三姊嫁給做買賣，四姊嫁給個武官；唯有五姊不肯嫁，剃頭削髮要出家。大姊勸你不要出家，留著烏雲戴紅花。二姊勸你不要出家，冬穿綸羅夏穿紗。三姊勸你不要出家，又戴金釧又戴釵。四姊勸你不要出家，留攀小腳走娘家，唯有五姊一定要出家：一來不受公婆氣，二來不受丈夫敲，三來懷中不抱子，四來散蕩又逍遙"。劉經菴編《歌謠與婦女》，頁217～218。

不但民間婦女以出家來逃婚，不少知識女性也做這樣的選擇，根據1933年《上海時報》的報導，蘇州有姊妹二人，姊姊李曼倩曾就讀上海女中，妹妹李曼蘋在婦孺醫院當看護，由於兩人都抱獨身主義，堅拒媒妁或親友說親，因此有天曼倩得知父親有意爲她訂親後，便協同妹妹離家出走，並從杭州發信給他父親，信中清楚的說明她們對婚姻的迷惑，決定出家以了終身：

> 社會齷齪，人心奸惡，今朝結婚，明日離婚，時有新聞，是以抱獨身主義，不與齷齪社會爲，阿父不諒，強以婚事說合，咄咄逼人，不得已出去杭州，即日落髮爲尼，以了終身，幸阿父勿以兒等爲念。[200]

不過，比出家更爲執著的是自殺，1920年畢業於上海城東女學校的趙瑛因家人不允許她出家，精神因此錯亂，終致跳井自盡。趙自殺的事件當時轟動上海，沈定一還爲趙作傳，記述她的生平並分析她自殺的原因，沈定一發現趙的輕生是與宗教有關，因爲趙生前的師長蕭退公、楊白民都帶有佛教色彩，而李叔同的皈依佛門、丁寶琳的傳授佛經也對她不無影響。[201] 此外，沈定一還發現趙曾爲了堂姐的出閣，有意抱獨身主義。[202] 不過，沈定一固然不否認這些因素都是罪魁禍首，他更認爲這完全出於"因襲的社會制度"，因此他強調趙瑛是"死在全社會面前"。[203] 姑不論趙瑛輕生的真正原因，但顯然趙對女性的歸宿充滿徬徨，不婚或出家雖曾是她的選擇，自殺卻讓她的徬徨有了著落。

嚴格而言，趙瑛固然有不婚和出家的傾向，也曾向親友表示她的意願，但這些獨身思想不曾出現在她的遺稿中；反觀，同樣採自殺方式的陳賜端則清楚的留下文字。據陳賜端友人的兄長彭有方記述，陳向來抱持獨身，雖曾向父母表白，但父親不僅不允許，還暗自爲她訂親，當她獲知此事之後，便投海自殺；並留下遺書，說明

---

〔200〕《獨身主義不願嫁人·姊妹倆出走》，《上海時報》，1933年10月29日，頁6。
〔201〕玄廬《評論：死在社會面前的一個女子趙瑛》，"覺悟"，上海《民國日報》，1920年11月15日，頁2。
〔202〕玄廬《評論：死在社會面前的一個女子趙瑛》，頁1~2。
〔203〕沈定一還表示："但看現實社會，哪里〔裏〕有一個青年女子不依不傍的立脚地。全社會底空氣，被男子'盜領'盡了，男子之中，又被資本階級'盜領'盡了"。玄廬《評論：死在社會面前的一個女子趙瑛》，頁2。

她的心志：

> ……苟目賭養兒育女之婦人，蓬首垢面，終日忙忙碌
> 碌；及觀乎爲人妻媳，常時兢兢業業之種種作婦難處，則
> 心不刺而痛；甚至悲從中來，而爲世之人灑淚者屢矣。嗟
> 乎！吾於今猶如此，若他日身歷其境，尚能自遣乎？不外
> 亦積鬱而死耳！嗚呼！死於他日蒙垢積鬱，不如死於今日
> 潔身保貞之爲爽快也。吁！……[204]

事實上，消極的對抗畢竟是少數，較多的女性則是以積極的態度
接受獨身或爭取不婚。《她爲什麼不嫁》一文中的毓秀女校校長何若
蘭便是代表之一，就憶紅女士敘述，何若蘭之所以抱“不嫁主義”是鑒
於她兩個姊姊和一個同學的不幸婚姻：她的大姊守著七歲時的婚約出
嫁，竟因丈夫早逝不得不守寡，最後抑鬱而終；二姐雖是自由戀愛結
婚，但難產而死，而姐夫則旋即再娶；她的同學則遇人不淑，嫁了紈袴
子弟，只能自怨自艾。由於這三個故事讓何若蘭“視男性如蛇蝎
［蝎］，以獨身爲榮幸”，即使有人認爲她的拒婚只不過是“留得青山
在”，或是猜測她是情場失意、聊自懺悔，但何始終堅持她的宗旨，不予
置理。[205]

最有趣的例子是廣東香山的何順姑，何畢業自師範學校，自幼和
唐聯輝訂有婚約，其後唐出洋失蹤，何仍執意過門守節，引起親友不
解；但當唐無恙歸來，何卻又拒婚，並寫信告訴唐，表明自己是主張獨
身主義者。[206] 信中還解釋何以願意爲唐守節：

> 我到你家過門守節並非束縛於舊禮教，乃是借［藉］此實
> 行我的主義，這五年以來，我覺得非常安適，我以爲這便是我
> 的幸福。[207]

同時，她指出唐的出現打亂了她的獨身主張；何甚至堅決地指出，唐若
逼婚，她將宣告她的宗旨，以毀棄婚約。[208]

何若蘭和何順姑堅持不婚的故事是出於他述，而浙江女師的魏瑞
芝則以自撰方式寫下《吾之獨身主義觀》一文，她提到她既反對舊式婚

〔204〕　紫湖《兩個自殺的處女》，《婦女雜誌》卷 8 號 2（上海，1922 年 2 月），頁 45～46。
〔205〕　憶紅女士筆述、謝豹潤詞《她爲什麼不嫁》，《快活》期 9，頁 1～7。
〔206〕　天笑《獨身主義者》，《星期》號 14（1922 年 6 月），頁 1～8。
〔207〕　天笑《獨身主義者》，頁 8。
〔208〕　天笑《獨身主義者》，頁 8。

姻也不贊成自由戀愛,寧可效法終生未嫁的嬰兒子和宋若昭,於是寫
了一首詩以誌景仰:"卻笑他人鬥畫眉,自慚寡學每傷悲,若昭何幸逢
知己,典掌六宮作帝師"。並將這首詩當做向父母要求不婚的請願
書。[209] 魏不否認服務家庭或組織家庭的重要,不過,她將家庭的定義
擴大爲"凡吾所託足之地,皆吾之家庭",因此認爲"勉强服從習慣風
俗,組織新家庭,以消磨其一生有限之光陰,珍貴之精力"是愚蠢
的。[210] 她進一步表示:

> 吾以爲家庭爲小組織,社會爲連[聯]絡家庭之大組織。
> 社會之主持無人,而社會力分散矣;各顧一己,而社會之幸福
> 亡矣。吾既有鑒於此,故極願犧牲一切,委身社會。社會即
> 吾家族也。[211]

另外,魏解釋她反對戀愛是"有戀愛者,必有所懸掛,以致兩地分心,不
能專於研究上進",所以她抱持"吾不願受人之戀愛,人即不爲吾而有
所懸掛"的心志。[212] 當魏發表這項獨身意見後,有人指出不願婚嫁僅
是她個人想法,其他人不會追隨她不婚不嫁。但魏接獲友人致函呼應
時,她滿足的表示,有志求進或願擺脫苦惱的青年男女並非無其
人。[213] 爲堅持她獨身的理念,她强調"不自由,毋寧死,不得志,毋寧
死,此則吾之所不肯屈撓者也"。[214]

　　從上述獨身的例子可以看出這群女性有明確的獨身信念,同時,
她們的不願婚嫁是基於對傳統婚姻、社會制度的不滿與懷疑。但有人
則雖持獨身信念,卻另有他因,或者未曾刻意不婚,卻終生未嫁。例如
一位自稱"秉芬"的女性在向《晨報》請教如何拒婚時,曾表明自己因
幼時慘遭狼爪失身,只好走拒婚獨身一途;[215] 另有人獨身是同伴的相
互援引,這種情形多出現在女學生群中,據丁丁回憶,在讀書期間,他

---

[209] 魏瑞芝《吾之獨身主義觀》,《婦女雜誌》卷9號2(上海,1923年2月),頁25～26。

[210] 魏瑞芝《吾之獨身主義觀》,頁26。

[211] 魏瑞芝《吾之獨身主義觀》,頁27。

[212] 魏瑞芝《吾之獨身主義觀》,頁27。

[213] 魏稱:"幾月前,接冠兄來書,略謂'日前某友來此,談及妹品學舉止,擬爲妹相攸。兄
告以妹之志願,某友終於贊善而罷。'日來又接遠姊來書云:'令姊身體大弱,而洪水爲
災後,家務益繁,遠頗憐之;但愛莫能助,爲之奈何? 於此亦可知家累之苦,恐天下之
勞勞者,正不止令姊一人已也。前聞吾妹鑒於時勢之不良,抱獨身主義以行素志,遠
不勝佩服,望堅持之!'"魏瑞芝《吾之獨身主義觀》,頁27。

[214] 魏瑞芝《吾之獨身主義觀》,頁28。

[215] 《時代的反映》,《晨報》,1932年6月11日,頁10。

們一群十四、五歲的女孩最喜歡提倡獨身主義,如果有人附議便視之
爲同志。[216] 不過,有不少例子是爲了國家而未婚,據載,名醫張竹君
之所以持不嫁主義,是因張常說:"當捨此身,擔當國家的義務,若嫁了
人,兒女牽累,必不能一切自由。"[217]而這種爲國家而不嫁的女性以獻
身戰場的女性最多,1932年《申報》曾報導有七位女子與骷髏團的團
員一同加入東北十九軍麾下,她們的表現因無異於男子,深爲師長區
壽年感動,《申報》形容道:

> 諸女子日夕寢處沙場,此身已早許國,故無暇整理其服
> 飾,亦不願留其美容,迄乎今日,莫不科頭洗足,易旗袍爲戰
> 袍矣。[218]

《女兵自傳》也寫著女兵是不談戀愛的,好比她們學會《奮鬥歌》
之後,每個人的嘴上都哼著:

> 快快學習,快快操練,努力爲民先鋒。推翻封建制,打破
> 戀愛夢;完成國民革命,偉大的女性![219]

即使有人談戀愛,也必須以真正願爲革命犧牲的男性爲首要條件。謝
冰瑩表示,對女兵而言,戀愛是個人的私事、是有錢有階級的小姐少爺
們的玩意兒,她們寧願把生命獻給國家民族。[220]

此外,有女性是因獻身教育而不婚,例如曾寶蓀(1893~1978)曾
表明她立志獨身是因:

> 一個人結婚,頂多只能教育三、五個子女。……如果獻
> 身教育,卻可以教育千千百百人。[221]

還有是熱愛宗教而不嫁,但他們不走向出世,而是從事宣教工作,汪佩
真便是以逃婚來達成獻身宗教的宿願,終成爲終生未婚的傳教士。[222]

---

[216] 丁丁指出她們有四個同班同學,住在同一間寢室中,毓曾問她:"'你會出嫁嗎',我說,
'不論如何不出嫁',於是毓興高彩烈地說:'真的嗎? 那我們是同志呀!'同房間的華
也就說:'我何嘗不是你們的同志呢? 像我們這樣多麼開
心呀!……'"以上見自丁丁《爲了'獨身主義'》,《申報》,1933年12月8日,頁1。

[217] 《張竹君女士歷史》,《順天時報》號1140,1905年11月16日,版1。

[218] 石顏也《骷髏團之七女子》,"自由談",《申報》,1932年4月18日,頁9。

[219] 謝冰瑩《女兵自傳》(臺北:東大圖書公司,1985年再版),頁76。

[220] 謝冰瑩《女兵自傳》,頁77。

[221] 李又寧《近代中華婦女自叙詩文選》第1輯(臺北:聯經出版事業公司,1980年),
頁630。

[222] 薛伊君《中國基督教婦女生活的研究(1900~1937)》,中正大學歷史研究所碩士論文
(1999年7月),頁38。

至於呂碧城（1883～1943）的不願嫁人則有不同看法，多數人認爲是與被夫家退婚有關，再加上家事和世變給她的刺激，使她最後寄情山水，並以宣揚佛學爲志向，撰寫不少佛書。[223]

（三）孤寂一生或熱鬧一場？

上述所提的女性，雖不是完全主張獨身主義者，但其中部分人和堅持獨身者一樣不曾結婚，始終過着獨身生活。在獨身生活中，有人孤寂一生，例如《我的姑母》一文中的姑母靠信奉道教度日，每天念經茹素、靜坐修煉，最後枯槁而亡。據作者描述，他的姑母是個讀過書的女性，而且家境優渥，但生性傲慢，又未覓得合意對象，也不曾擁有事業，因此原先還會與親友打牌或與孩子們説笑，卻因精神缺乏寄託，虛擲了生命。[224] 但有人則熱鬧一場，前述的魏瑞芝便爲她自己建構幸福快樂的未來：

> 吾當善養吾氣，善修吾志，以地球之大，何患無吾託足之地，以事業之多，何患無吾立身之處。吾之貢獻苟有補於人，吾之言行倘有用於世，則不愧爲人類之一分子，而吾之幸福與快樂亦在於此矣，至於甘食美衣，嬉游消遣，吾所不取也。萬一不得償吾宏願，即爲一小學教師，亦無不可。[225]

魏還提到，雖然有人認爲女子嫁人老時有人奉養、死後有人祭祀，但她反駁這種説法，因爲“嫁人者未必皆有子，有子者亦未必皆能孝養”；她甚至表明自己死後“或委諸山野，或投之水火，或供醫院之解剖，均無不可”。[226]

然而，魏瑞芝爲自己獨身所勾勒出的幸福遠景多少存着想像，而吳詩真的《老小姐》一文卻清晰的呈現這樣的圖像。吳以素描的

---

〔223〕 有關這些説法來自方豪、李又寧，而呂碧城在《予之宗教觀》一文中也指出，她曾爲婚事占卜，得示道：“兩地家居共一山，如何似隔鬼門關？日月如梭人易老，許多勞碌不如閒”，這項啓示堅決了她的獨立志向。不過，黃克武認爲呂興嚴復之間一直存著公、私、情、禮的交戰，導致其終生未嫁。以上參見方豪《英斂之筆下的呂碧城四姊妹（上）》，《傳記文學》卷6期6（1965年6月），頁45；李又寧《近代中華婦女自叙詩文選》第1輯，頁196、220；黃克武《嚴復的異性情緣與思想境界》，黃克武主編《第三屆國際漢學會議論文集：思想、政權與社會力量》（臺北：中央研究院近代史研究所，2002年），頁121。

〔224〕 《我的姑母》，《中央日報》，1941年2月3日，版4。

〔225〕 魏瑞芝《吾之獨身主義觀》，頁28。

〔226〕 魏瑞芝《吾之獨身主義觀》，頁28。

手筆將老小姐的形象、獨身經過及生活情景一幕幕的呈現，首先出現在讀者眼前的老小姐是"……短短的個兒，圓圓的臉，加上一對近視眼，從來沒燙過頭髮，也沒有穿過高跟鞋"。[227] 吳特別指出這位老小姐雖然像是一個靠微薄薪水度日的職業婦女，卻不能以同情、憐憫或輕蔑的眼光看待她，因為在另一種場合，她是深受愛戴：

> 一大圈衣着不整，既不時髦，更不高貴的女孩子們正
> 笑嬉嬉的凝神聽她的話，她告訴她們為什麽該識字讀書，
> 更進一步的該求更多的知識。她又告訴了她們很多現實的
> 知識，然後又教她們唱歌，玩游戲，女孩子們不但很感興
> 緻〔致〕的聽，而且眼睛也跟着她的動作轉動。[228]

據吳的描述，老小姐在中學時代曾參加罷課，大學畢業後，又積極的抗拒媒妁之言的婚姻，最後反抗成功，從事作育英才的工作。[229] 吳認為老小姐的能幹、缺乏女人的柔弱，處處表現反抗和挑戰，固然讓男性生畏；不過對老小姐而言"事業是她的安慰，青年是她的愛人"她既不悲嘆命運也不懷着報復心理，生活中充滿歡樂和希望，還不斷的汲取新知，向青年人請益。[230]

為強調獨身生活的自在與快樂，除如吳詩真採素描方式之外，還有人套用西方獨身女性的自白，張丐尊的《一個未婚女子的獨身生活》一文，便是將伍緯彝譯作中的"我"轉變成她自己。[231] 這篇文章中的"我"是不反對婚姻，但也不為結婚而結婚，因此是以愉快的心情過獨身生活。[232] 她指出儘管通俗小說認為結婚女子的精神安定、壽命較長，而電影或無線電台的廣播也經常教導女性如何與異性交往，但她無動於衷。[233] 她強調人們不瞭解老處女的生活，是因為他們是以電影或小說中的意見下評論，而不是從婚姻本身的價值下結論，因此她

---

〔227〕 吳詩真《老小姐》，頁9。
〔228〕 吳詩真《老小姐》，頁9～10。
〔229〕 吳詩真《老小姐》，頁10。
〔230〕 吳詩真《者小姐》，頁10。
〔231〕 吳緯彝的這篇譯文《未婚女子的自白》是節譯自 1939 年 Caroline Fuhn 的原著，並於 1940 年 3 月刊載於《西風》；筆者發現，同年 11 月張丐尊於《婦女雜誌》發表的《一個未婚女子的獨身生活》一文，與伍的譯文幾乎雷同，故斷定張文是抄襲之作。這兩篇文章分別刊登於《西風》期 43，頁 57～61；《婦女雜誌》卷 1 號 3（北平，1940 年 11 月），頁 78～80。
〔232〕 張丐尊《一個未婚女子的獨身生活》，《婦女雜誌》卷 1 號 3，頁 80。
〔233〕 張丐尊《一個未婚女子的獨身生活》，頁 78。

以已婚夫婦的生活為例提出反駁。[234] 例如她發現已婚女性常處在孤寂的生活中，甚至同床異夢；而未婚的她固然也有孤寂的時候，不過，已學會如何排遣寂寞，因此寂寞的時間遠少於結婚的女性。[235] 她又指出，她過着處女生活，經濟卻是獨立的，同時，清靜的生活讓她無須醋海興波，反觀，結婚的女性不但需要仰賴丈夫過活，還經常對丈夫吃醋。[236] 她還表示，自己沒有親生的孩子，而學校中學生帶給她的快樂多過她們的父母。有趣的是，她不否認年輕時，看到戴眼鏡、挾手袋匆忙行走的老處女，會興起草率結婚的念頭，但此刻的她，寧可找尋她所鍾情的男子，過著目前舒適的生活，即使錯過適婚年齡，而致戴眼鏡、挾手袋也並不在乎。[237]

　　無疑的，張丏尊轉化成的"我"與吳詩真描繪的中國老小姐差別不大，同時，辯證的內容也是當時中國反獨身者經常提出的問題，因此，張的抄襲顯然有特殊的意涵；也可看出西方獨身女性如何的被中國化。而更重要的，這種經由轉述或複製所呈現的獨身女性的形象，確實可在一些真實的人物身上看到類似身影，從事教育事業而終生未婚的江學珠（1911～1988）便是個子不高、戴著眼鏡，始終穿著素色旗袍、平底鞋，並梳著"清湯掛麵"式短髮。[238] 此外，凡是因學有專精、事業有成而獨身的女性，多半懂得排遣生活。除前述的張竹君（1879～?）、汪佩真（1899～?）、曾寶蓀、江學珠、呂碧城之外，另如作家李曼瑰（1906～1975）、學者冼玉清（1893～1965）、教育家俞鈺（1898～1968）、護理人員周美玉（1910～2001）與婦女運動者談社英（1891～1978）等都曾在各自的專業領域展現長才，從資料中顯示，她們的獨身生活是忙碌而多彩多姿。[239] 例如冼玉清致函給楊果庵時，曾揭示她

[234] 張丏尊《一個未婚女子的獨身生活》，頁78。

[235] 張丏尊《一個未婚女子的獨身生活》，頁79。

[236] 張丏尊《一個未婚女子的獨身生活》，頁79～80。

[237] 張丏尊《一個未婚女子的獨身生活》，頁80。

[238] 曾永莉《教育、是她完全的生命》、汪其楣《送校長》、歐陽子《江校長與北一女》，以上見殷正慈編《江學珠校長紀念集》（臺北，1989），頁239、305、309。

[239] 她們的生平事迹詳見《民國人物小傳》第3冊（臺北：傳記文學出版社，1975年），頁63～65；李又寧《近代中華婦女自叙詩文選》第1輯，頁713～741、559～566；曾寶蓀《曾寶蓀回憶錄》，收入張玉法、張瑞德主編《中國現代自傳叢書》第1輯（臺北：龍文出版社，1989年）；劉秀麟等《懷念俞鈺校長》，《蘇州史志資料選輯》第24輯（蘇州，1999年），頁32～37；張朋園訪問、羅久蓉記錄《周美玉先生訪問記錄》（臺北：中央研究院近代史研究所，1993年）。

個人的治學樂趣：

> 小姑居處，寢饋之書一床，龜甲古文，蠅頭小楷。秋燈夜雨，搦管伸縑。一卷偶成，寸心自喻，人皆以爲枯寂者，以正樂其清净耳。[240]

但進一步觀察，這些女性是否從不寂寞或也鼓吹獨身，從江學珠對婚姻觀念的轉變可略窺一斑。據江的同僚與學生的轉述和回憶，江與其姊妹三人都是受過高等教育的獨身女性，江本人是爲專心事業而拒婚。[241] 年輕時，她曾鼓勵女學生保持獨身，爲國家社會貢獻力量；也曾因不准女學生交男友，被學生視爲心理不正常；同時，她對已婚女教師能否專業頗有異議。[242] 中、晚年以後，她逐漸體會獨身是一條漫長而寂寞的道路，自己固然可以堅持獨身，卻不能要求別人同樣的付出；此外，江曾表示，當年拒婚是異常心態，結婚才是正常的人生之路，並稱"如果人人獨身，人類豈不滅絕"?[243] 因此，她曾透過學校導師轉知學生不要效法她的不婚，甚至親口鼓勵女學生進入大學之後，應結交異性，尋覓好的歸宿。[244] 儘管江學珠提供給學生的僅是交友之道，並未闡述結婚的價值，但可以看出江的婚姻觀念至晚年有極大的轉變，而這種轉變究因寂寞所致或恐學生步其後塵，抑或另有它因，誠非他人能解。嚴格而言，上述僅是江學珠的個人案例，其他人的獨身態度是否也曾起伏變化，則不得而知。

從獨身女性的態度顯示，有部分獨身女性不婚的理由是與前節論者的推測相一致，不過，其中有不少複雜的因素未能爲論者掌握。

---

[240] 李又寧《近代中華婦女自叙詩文選》第 1 輯，頁 729。

[241] 殷正慈《長留遺愛在人間》、曾永莉《教育、是她完全的生命》、陳艾妮《江校長，生日快樂!》，以上收録殷正慈編《江學珠校長紀念集》，頁 218、244、269。

[242] 曾永莉《教育、是她完全的生命》、巢珂卓《爲教育而終身奉獻——江校長》，以上收録殷正慈編《江學珠校長紀念集》，頁 244。

[243] 曾永莉《教育、是她完全的生命》、殷正慈《長留遺愛在人間》，以上收録殷正慈編《江學珠校長紀念集》，頁 218、244。

[244] 根據殷正慈轉述江學珠的話："你們作導師的，應該隨時轉告在學女生，將來在婚姻道上，千萬不要學習江校長，以免重蹈覆轍。"官麗嘉也回憶，江學珠曾對她們説："……上了大學之後不要繼續作書呆子，要懂得多讀課外書，參與各種活動，也要結交異性朋友，不要過度矜持，才能够有好的婚姻。"這些話也同樣出現在曾永莉文中。殷正慈《長留遺愛在人間》、曾永莉《教育、是她完全的生命》、《學生説當年》，以上收録殷正慈編《江學珠校長紀念集》，頁 218、244。

事實上，女性具有獨立自主的意識後，容易將婚姻的抉擇擺盪在妥協與堅持中，因此，她們的婚姻態度往往是捉摸不定的。再者，論者所建構的獨身處境多半是負面的，雖然有部分是反映自真實的例子，卻有不少虛構或附會，當然獨身女性的自述使真相得以浮現。最明顯的例子是，有論者認爲獨身女性易短命，而實際上本文所列出的獨身女性絕大多數是高壽。唯值得一提的是，獨身女性的自白僅代表個人，不能涵蓋全部；同時，隨著時空的轉換，追憶的文本不一定是獨身者當時的想法或處境；更何況獨身女性所陳述的仍不免滲雜虛構，因此，此處所呈現的也僅是部分真實。

六、結　論

在二十世紀前半期的中國，獨身女性只是芸芸衆生中的蕞爾小群，但由於部分女性將獨身化成一種口號，加以可能走入獨身的晚婚女性有日益加增的傾向，於是引起諸多的討論與想像。獨身者的不婚理由各有萬千，而關心獨身問題的論者卻試圖從他們的所見所聞尋找答案，其中不乏想像建構，不過，也有與獨身女性的自述相契合的。無論論者的看法是誇大附會或符合真實、是反對不婚或支持獨身，他們的目的都是在解決女性的不婚問題，有的論者甚至藉由女子獨身的話題來彰顯當時不合理的家庭婚姻問題，於是解決的方式除針對獨身女性本人之外，也包括家庭與社會制度的改革。爲使他們的觀點合理化或有所依據，論者不但觀察西方女性的獨身現象，援引西方的論述，更在中國社會尋找答案。因此在這段時期討論二十世紀中國女子獨身的文本中呈現既多樣又複雜的言論。

綜括本文得到三項觀察，首先女性的自主性在女子獨身的言論中面臨挑戰，二十世紀以來因女權運動、社會改革思潮與解放運動的鼓吹，女性獨立自主意識甚囂塵上，致使部分女性在接受教育或獲得就業能力之後，渴望獨立自主，既不願意受家庭的束縛，也不肯生養子女。而自由婚姻、自由戀愛言論的此起彼落，更使不少女性與男性一樣憧憬自主的婚姻，遲婚或不婚便是自主婚姻下的產物。但儘管女性的獨立自主受到多數人鼓勵，女性可以放足、讀書或就業，也能要求婚姻自由、離婚自由或戀愛自由，自由的選擇不婚卻不是一般人所樂見。可以理解的是，婚姻是兩性的結合，女性獨身有可能阻絶女性個人對性愛的追求，也會影響男性在這方面的期待，因此不少言論不斷强調性慾的重要，顯示在婚姻的路上，女性是不能踽踽獨行。

　　然而，論者的更大關懷是，女性不婚撼動了中國的家庭結構與傳宗接代的根基，加以這群不婚女性多數是知識分子，她們更不能輕易跳脱爲家庭或國家民族傳播良種的責任，於是論者分別從優生學、國族觀念或母性天職等角度，告誡女性不能放棄生育責任，雖然有論者提出節制生育或主張盡過生育義務之後才實行獨身的建議，甚至指出不是每個女性都能擔當母職，但由於生育的任務不是男性所可取代，一旦有女性藉不願生育而拒絶婚姻，便受嚴厲指責，並被貼上國家罪人的標籤。值得注意的是，這種將國族論述扣緊女性生育文化的話題在當時相當普遍，而女性不婚所帶來的嗣續問題尤其引發論者的焦慮。因此爲了滿足性欲與人種繁衍，這時期的女性不容易自主的選擇獨身，只有極少數的女性能在譏諷或同情的聲浪中堅持不婚信念，但這其中有人是以自殺、出家等消極方式換取獨身自由；有人則須抱持堅定意志、克服社會壓力，並具備獨立生活的經濟能力與健康的身心才能走向不婚。進言之，儘管自新文化運動以來不斷倡導自由獨立的觀念，然而在兩性尚未平等的時代，這種以個人爲出發的自主概念更不易落實在女性身上，因爲女性在追求獨身之前或獨身之後都不能忽略對家庭、社會或國家的責任。[245]由是可知，何以二十世紀以來中國知識分子在討論女性獨立自主時是如此矛盾，而女性本身也在妥協與堅持中徘徊。

　　其次，在中國的傳統社會，婚姻是屬公領域的範疇，個人鮮有權利選擇自己的配偶，連婚嫁年齡也受規範；然而當西方的個人主義、自由思潮傳入中國之後，人們的婚姻抉擇一樣無法私有化，反而因新舊思潮的衝突、公私領域的混沌更受到矚目。這時期婚姻論述普見於各類傳媒中，有論者認爲女性拒婚是向不合理的傳統社會觀念與家庭制度挑戰，所以他們將女子獨身問題放在公領域的範疇

---

〔245〕黃克武指出西方的"自主之權"或"權利"等觀念傳入中國之始就不單純是屬於個人的，而是與群體目標糾結爲一；同時，他也表示，在中國沒有出現 Steven Lukes 所描寫的西方的"個人主義"。黃克武《從追求正道到認同國族：明末至清末中國公私觀念的重整》，收入黃克武，張哲嘉主編《公與私：近代中國個體與群體之重建》（臺北：中央研究院近代史研究所，2000 年 6 月），頁 84～85、111。

中討論，提出自由戀愛、自由婚姻、家庭改革、兒童公育和保障已婚婦女工作等主張，以解決不婚問題；但也有論者毫無保留的深入到極私密的個人身體、生理、心理或情緒等領域，於是自慰、同性愛或貞操等問題一一呈現在眾人眼中。無可否認的，由於傳媒的流通，以及這時期傳媒對有別於舊傳統的新女性作風特別有興趣，女學生、女球員或女演員的報導處處可見，報導的內容更是深及她們的隱私，根據這種現象不難瞭解女性的獨身問題為何會成為公領域的一環。

不過，值得注意的是，女性獨身問題的公開化固然與論者或傳媒的刻意炒作或挖掘有關，而這時期部分獨身女性對個人的不婚觀念或獨居生活似乎也毫無顧忌，甚至公開陳述。且不論獨身的敘說是來自第三者或獨身者本人，這是否是近代中國女性進入公領域的一種方式？或也是女性自主的表現？但這種不懂得尊重女性隱私或當事者本人也不明白如何保護個人私密的情形，究竟對二十世紀前半期中國的社會或女性帶來何種影響？均有待深入討論。

另外，如果這是因中國二十世紀以來公私領域的相互滲透，導致女性沒有隱私權，但從論者大量挪移、複製西方的獨身言論來看，何以同時期的西方對獨身問題也一樣缺乏清楚的公私界限？當然，誠如前述所言，女性不婚會影響另一性的生活或新生代的延續，因此這種會牽涉公私的私人行為，使女性獨身的私權很難抗拒輿論的侵犯，不過，儘管在公私概念上，中西方對女子獨身問題都相當模糊，中西方在這個議題上的表述內容或方法是否有程度上差異，這顯然可以進行比較分析。[246]

其三，論者討論女性的不願婚嫁以及解決不婚問題多從中國傳

---

[246] 1998 年 7 月至 1999 年 6 月內，中央研究院近代史研究所文化思想史組曾以“公與私：近代中國個體與群體的重建（1600 年迄今）”為議題，舉辦系列演講及研討會，論者多認為中國“公與私”的概念與西方的 public、private 是無法“互訓”。許多學者也同意：“對中國近代史之演變過程持一長時期眼光之考慮，將公領域與私領域之活動內容，視為不斷互動、相互審定，永遠流動而非僵化對執的範疇，對於瞭解數百年來個體與群體之重建，頗有助益”。張哲嘉、黃克武《學術會議：“公與私：近代中國個體與群體之重建（1600 迄今）”系列活動報導》，《近代中國史研究通訊》期 28（1999 年 9 月），頁 12。有關中國公、私領域的討論可參見黃克武、張哲嘉主編《公與私：近代中國個體與群體之重建》；王汎森《近代中國私人領域的政治化》，《當代》期 125（1998 年 1 月），頁 110～129；李淑珍《私領域中的梁啟超》，《當代》期 157（2000 年 9 月），頁 100～123。

統制度進行檢討，但獨身主義這個名詞傳自西方，加以二十世紀以
來，知識分子對西方思想與文化的飢渴，不斷選譯並引介外國的學
說與知識，西方的獨身論述也因而被大量移植。[247] 無論西人的思想
學說、醫學知識、統計資料、文學作品或新聞報導都成爲支持他們
的論據，其中與婚姻生活有關的性慾觀念，更是援引自西方。由於
有的論者不管西方的知識或報導是否正確，幾乎照單全收，於是在
今人眼中，這時期有關女子獨身的言論呈現不少荒誕或不合邏輯的
語彙、觀念或推論。事實上，這種書寫方式不但普遍存在當時的各
種文本中，同時不限於女子獨身的討論，在我研究近代中國女子體
育時也有同樣發現。[248] 由是觀之，二十世紀前半期中國女性走向獨
立自主或近代化的過程中，這樣的書寫方式應有一定的意涵，它究
竟想爲讀者呈現何種訊息？所帶來的影響又如何？這些都值得持續
探討。

　　總之，由於論者是從各種聽聞，建構不婚女性的形象及其生活，
於是呈現多樣、重疊的女子獨身圖像，甚至將西方文本中獨身女性
的處境也複製在中國獨身女性的身上，導致反對女性獨身者所勾勒
出的獨身女性生活，僅呈現部分真實，或是西方樣板。這除了受論
者的文化背景、論述目的與論述方法影響之外，更重要的是，獨身
問題因牽涉私人的情感與抉擇，不是任何人所能體會或瞭解，即使
是由獨身女性自傳或口述的文本也可能出現含糊或虛構。[249] 因此嚴
格言之，這些不同形式的文本固然讓我瞭解這段時期中國女性獨身
的原因及其複雜面，並觀察到獨身女性的生活形態，但我所觸及的
也僅是一部分。具體而言，在探究與個人情感有關的議題時，不能
遽下定論，否則真相更難以大白。

---

[247] 呂芳上指出，五四時期的知識分子患了知識飢渴症，其症狀一方面是不加選擇的譯
　　介外國的思想和學說，另一方面則囫圇吞棗似的吸收西方知識。因此當時國內的期
　　刊有四百種以上，引介的學說流派實難以估計。呂芳上《五四時期的婦女運動》，
　　收入陳三井主編、鮑家麟等著《近代中國婦女運動史》（臺北：近代中國出版社，
　　2000 年），頁 217。
[248] 游鑑明《近代中國女子體育觀初探》，《新史學》卷 7 期 4（1996 年 12 月），頁 119～156；
　　游鑑明《近代華東地區的女球員（1927～1937）：以報刊雜誌爲主的討論》，《中央
　　研究院近代史研究所集刊》期 32（1999 年 12 月），頁 57～122。
[249] 游鑑明《傾聽她們的聲音：女性口述歷史的方法與口述史料的運用》（臺北：左岸
　　文化事業有限公司，2002 年），頁 76、77。

附錄: 二十世紀前半期中國關於獨身原因的分析 (1919～1941)

作　者	篇　　名	獨 身 因 素	資料來源	備　注
波羅奢館	獨身主義之研究	1. 無妻子之相累而易於謀生也 2. 無妻子之分其愛情而便於研究學問也 3. 無所牽慮而能盡瘁社會公益且能以身許國也 4. 無色欲伐性而利於衛身也 5. 避生產是也 6. 畏束縛是也	《婦女雜誌》卷5號2(上海，1919年2月)，頁1～5	5～6項是專指女子;但作者指出1～4項雖專就男子而言,但女子的獨身理由大抵與男子相同。
李宗武	獨身問題之研究	1. 得不到滿足自己理想的配偶 2. 有鑒於別人的惡婚姻的苦處,恐自己也入此漩渦 3. 恐怕受經濟的壓迫,恐結婚後家庭負擔過重 4. 以獨身當作高潔者 5. 爲避孕妊之苦 6. 要努力發展自己的能力,不願受婚姻之累	《婦女雜誌》卷7號8(上海，1921年8月)，頁2	包括女性
瑟　廬	文明與獨身	1. 宗教的禁慾主義,把兩性關係和結婚當作不潔及有罪的觀念 2. 生活程度的增高 3. 文明人類精神力的進步,性的感情因而減殺 4. 男女人數的不平均	《婦女雜誌》卷8號10(上海，1922年10月)，頁3～6	同上
孔襄我	獨身的我見	1. 信仰宗教,服從教規的獨身者 2. 因厭世思想而抱獨身主義者 3. 因受經濟上的限制,不得不始終獨身者	同上,頁10	同上
開　明	是一種辦法	1. 因生活程度增高,一時尚無贍養妻兒的實力 2. 因爲知識程度增高,一時找不到適合的配偶 3. 因爲怕結婚後不自由,離婚不容易 4. 如有些人所說,要做政治及社會運動,或研究學問藝術,怕家累分心,故不婚嫁	同上,頁57～58	同上

作　者	篇　名	獨　身　因　素	資料來源	備　注
温壽鏈	獨身主義的因果及其補救的方法	1. 受宗教家禁慾主義的影響 2. 生活程度的提高，使一般青年男女不敢輕易結婚以重纍負擔 3. 文明人精神力進步，性的感情，因而減少 4. 精神力既進步，故理想的生活亦提高，一般青年男女，當没有找著他或她的理想的對偶時，絶不肯冒昧結婚 5. 因興論法律風俗道德等束縛，使不能實行自由戀愛 6. 性的道德的頽廢 7. 男女數目的不平均	"獨身主義專號"，《京報》號 8（民國 11 年 2 月 4 日），頁 59～61	同上
符致遠	獨身主義研究	1. 社會上一般生活的困難 2. 婚姻制度的不良	同上，頁 75～76	專指西方
李劍儔	打破獨身主義	1. 要保全身體的清潔 2. 是抱最高的希望，要想成仙成佛	同上，頁 78	專指女性
李兆民		1. 富於高尚清潔的思想而爲高尚清潔的服務 2. 得不著自己所理想的配偶，或自己心驕氣傲，過於選擇，致失結婚時期 3. 鑒於别人不良婚姻的苦痛不敢嘗試，或鑒於戰争殺戮的慘酷，不願空費力製造國民，等到成年轉瞬化爲炮灰 4. 怕受經濟的壓迫 5. 避孕妊生産的苦楚 6. 看獨身爲貞静高潔 7. 立志努力發展個人的能力，不願受婚姻的連累	《中國過渡時代的家庭》（廣學會，1925 年），頁 30～31	包括女性
小　江	女子獨身生活的研究	1. 思想的變遷 2. 抱大志的新女性 3. 職業女子的經濟獨立 4. 怕生育 5. 環境的感化與模仿 6. 其他	《婦女雜誌》卷 12 號 11（上海，1926 年 11 月），頁 23～24	專指女性

續表

作　者	篇　　名	獨　身　因　素	資料來源	備　注
陳既明		1. 找不著滿足自己理想的配偶 2. 有鑒別人的罪惡婚姻恐自己蹈其覆轍 3. 怕受經濟壓迫 4. 以獨身當作高潔者 5. 有特殊的心理 6. 避孕妊之苦 7. 要努力發展自己的能力 8. 因容貌醜陋恐無人愛	《革命的婦女問題》（上海：三民書店，1930 年），頁 140～144	包括女性
萍君編		1. 還沒有找著情人 2. 避免自己所看不起的男子求婚 3. 發生了同性愛 4. 不願僅爲一個男子所佔有	《談女人》（上海：益華書局，1933 年），頁 70	專指女性
麥惠庭		1. 經濟困難，不能結婚，所以不得不獨身 2. 教育程度愈高，擇配愈難；有時因爲得不到自己理想的配偶，而年齡也已過大，所以不得不獨身 3. 有許多人因爲信了某種宗教，如佛教、道教等，所以不得實行獨身 4. 也有爲了想避免生產的痛苦而行獨身的（專指女子而言） 5. 有許多是爲了戰爭也有不能結婚，而不得不獨身的 6. 有了癈疾，或性病或惡性遺傳質的人，不能結婚，所以要獨身（這是應該的） 7. 有些人是看見別人所受惡婚姻的痛苦，而起了厭世的心，才實行獨身的	《中國家庭改造問題》（商務印書館，1935 年），頁 225～226	包括女性
月　心	獨身主義之錯誤（上）——獻給獨身思想的姊妹們	1. 受到失戀或婚姻上的困難 2. 爲了完成自己的事業 3. 看破世情以爲人生不過如此	“婦女專刊”期 22，《申報》，1936 年 6 月 20 日	專指婦女
漪　蘋	女子獨身的檢討	1. 自願獨身 2. 未遇合意人	《婦女雜誌》卷 1 期 4（北京，1940 年 12 月），頁 12	同上

作　者	篇　　名	獨　身　因　素	資料來源	備　注
阮學文	知識婦女的獨身問題	1. 事業心重 2. 自由心重 3. 社會上對女子貞操的觀念	《婦女新運周刊》號 89，《中央日報》，1941 年 1 月 20 日	同上
潘予且	不嫁論	1. 母親的境遇太悲慘 2. "La Garconne（單身女郎）"思想之作祟 3. 進攻的困難 4. 性情的偏僻	《女聲》卷 3 期 6（1944 年 10 月）	同上

※ 本文原載《近代中國婦女史研究》第 9 期，2001 年 8 月。

※ 游鑑明，臺灣師範大學歷史研究所博士，中央研究院近代史研究所副研究員。